对外汉语教学论著总目大系

总主编 李无未

对外汉语
教学论著
指要与总目

第一册

主编 李无未 陈珊珊 秦曰龙

作家出版社

《对外汉语教学论著总目大系(国别)》前言

　　对外汉语教学，又称"汉语作为第二语言的教学"，也曾叫做"外国留学生汉语教学"、"汉语作为外语教学"。它有两个层面的含义：既指对母语非汉语的外国人进行汉语教学的活动，也指代概括这种教学研究活动的学科。

　　中国的对外汉语教学兴起于何时？目前还没有统一的说法，不过，肇始于汉代，大兴于唐代的观点，大体可以得到肯定。东汉时期，伴随着佛教的传入，西域高僧在中国学习汉语口语语言，可以说是较早接受对外汉语教学的典型范例。东汉明帝永平年间，印度高僧摄摩腾、竺法兰，受蔡愔等大臣相邀，到达洛阳城西雍门外的精舍，即洛阳白马寺。他们在这里半天学习汉语半天翻译佛经。根据有关资料记载，他们十分重视汉语口语的学习，这就为他们用汉语口语翻译佛经打下了坚实基础。公元 7 世纪到 9 世纪前后，日本派出大量遣隋使、遣唐僧、遣唐使到中国，学习隋唐王朝的科学、文化以及政治制度，他们首先遇到的问题就是语言关。他们学习汉语的过程，实际上就是对外汉语教学的进行过程。以后中国的历朝历代都有对外汉语教学的实证：明代意大利人利玛窦最初在广东，后来在南京、北京学汉语，为便于学汉语，他还创制了系统的拉丁字母汉语拼音方案，即《西字奇迹》；英国人威妥玛 1842 年跟随英军来到中国，在中国生活长达 43 年之久，从事对华外交、中文教学，以及汉学研究工作。在华期间，他编写了汉语课本《寻津录》、《语言自迩集》，创造了以拉丁字母拼写与拼读汉字的方法，即"威妥玛法"。

1950 年 7 月，清华大学设立东欧交换生中国语文专修班，以此为起点，新中国开始了对外汉语教学与研究。近六十年间，尤其是近二十年来，随着我国综合国力迅速增强，国际政治、经济、文化地位不断提高，世界各国对中国研究的日益重视，以及实际应用中对汉语人才需求的大幅增长，到中国学习汉语的人越来越多，对外汉语教学日渐成为中国文化走向世界的窗口。为适应这种需要，中国政府于 1987 年成立了"国家对外汉语教学领导小组"（2006 年改称"中国国家汉语国际推广领导小组"）。"中国国家汉语国际推广领导小组办公室"为领导小组的日常办事机构，设置在中华人民共和国教育部内。对外汉语教学正式成为我国国家战略的重要组成部分。中国的大学在原有基础上，增建了许多专门的对外汉语教学与研究机构。目前，我国已形成从长短非学历班到本硕博学历班完整的教学体系，每年吸引世界各国到中国学习汉语的留学生多达 12 万人。

国外对外汉语教学开展的具体时限，大体与中国国内的对外汉语教学同步。汉代以前，中国周边国家学习汉语者不乏其人，例如，中国大陆北方汉族流入朝鲜半岛，朝鲜半岛的朝鲜人学汉语与汉族人学朝语形成了"互动"。汉代以后，汉字文化在朝鲜、日本、越南等国迅速传播，对这些国家的汉语学习产生了重要影响。长期以来，朝鲜、日本、越南的政府均设有汉语学习的相关机构：朝鲜半岛李朝时代，中央政府设立"司译院"与"承文院"，培养高层次汉语人才，有明确的教科书鉴定制度与考试制度；明清之际日本的"通事会馆"制度就是政府特定非常重要的汉语学习制度之一。"通事会馆"培养的"唐通事"活跃在长崎港口与中国东南沿海港口之间，成为中日文化和贸易交流的"使者"。明治维新后，日本开始了"中国语"教育的非常时期，出于侵略中国的野心，日本政府与民间结合，都对"中国语"教育倾注了极大热情，有名的东京外国语学校就多次聘请中国教师教授汉语。仅在清末，日本出版各类"中国语"教科书与工具书就达几百种。

欧美地区的汉语学习起始与传教士到中国活动直接相关。早期的意大利人利玛窦、罗明坚,学习汉语回国后传播中国文化,引起了欧洲人的兴趣。而中国明清两朝在吸收西方文化的同时,也使中国文化流传到了欧美,直接推动了欧美人汉语学习与研究的热情。当然,欧美列强对中国的关注还包藏着"祸心"。欧美人编写的汉语学习与研究著作十分引人瞩目,目前所知较早的是明清时期意大利传教士卫匡国的《中国文法》,写成于17世纪中叶。其他比较著名的,如西班牙人瓦罗的《华语官话语法》(1703)、法国人马约瑟《汉语札记》(1831)、英国人马士曼《中国言法》(1814)、英国人马礼逊《汉语语法》(1815)、法国人雷慕萨《汉文启蒙》(1822)、德国人洪堡特《论汉语的语法结构》(1826)、英国人艾约瑟《官话口语语法》(1864)、法国人儒莲《汉文指南》(1866)、英国人威妥玛《语言自迩集》(1867)、美国人高第丕和张儒珍《文学书官话》(1869)等,显现了当时欧美国家汉语学习与研究的兴盛局面。

进入20世纪,欧美各国学者对汉语学习与研究的热情更加高涨,出现了一批世界级的汉语教学与研究大师。如瑞典的高本汉、法国的马伯乐等。欧美各国政府对汉语学习与研究的政策制订,虽然出于不同目的,但还是显示了与以往不同的策略,并采取了相应措施,欧美各国许多大学设置中文系,培养专门的"中国学"人才,欧美汉语教育进入了实质性的实施阶段。

2004年,国务院批准了国家对外汉语教学领导小组制定的对外汉语教学事业2003年至2007年发展规划——《汉语桥工程》,在海外建立"孔子学院"是其重要举措之一。孔子学院是在借鉴国外有关机构推广本民族语言经验的基础上,在海外设立的以教授汉语和传播中国文化为宗旨的非营利性公益机构。它秉承孔子"和为贵"、"和而不同"的理念,推动中外文化的交流与融合,以建设一个持久和平、共同繁荣的和谐世界为宗旨。自2004年11月全球首家孔子学院在韩国成立以来,已有300余家孔子学院遍布全球70多个国家,成为传播中国文化和推广汉语教学的全球性品牌和平台。据统计，全世界现在有 5 千万母语非汉语的人在利用各种方式学习汉语。专家们预测，未来十年，还将有几千万人加入到汉语学习的行列中来。对外汉语教学正面临着最为宝贵的世界性历史发展机遇。

经过近两千年，尤其是最近一百多年的历史积淀，世界各国学者在对外汉语教学研究的各个领域取得了丰硕成果，可以说，比较成型的"对外汉语教学学"已初步形成。人们认识到，适应对外汉语教学发展的新形势、及时科学地总结对外汉语教学研究的经验与教训，是推动"对外汉语教学学"向更高层次迈进的有效途径，也是"对外汉语教学学"发展的客观必然。因此，有学者着力编写"中国对外汉语教学史"、"中国对外汉语教学发展概要"之类的论著；有学者集中整理世界各国"对外汉语教学"学术成果。搜集与整理世界各国对外汉语教学研究资料成为进一步完善"对外汉语教学学"的当务之急。

我们认为，本着对对外汉语教学事业负责的精神，从最基础的"对外汉语教学论著总目"编撰做起，搜集整理迄今为止发表的"对外汉语教学"论著，做出摘要，客观介绍著作内容，编订出版论著目录以供索引，是投身"对外汉语教学研究资料集成"的第一步，更是满足目前世界各国几十万对外汉语教学工作者与几千万母语非汉语的汉语学习者迫切需求的首要任务。由此，《对外汉语教学论著总目大系》应运而生。

《对外汉语教学论著总目大系》先行编撰的卷次是：1. 对外汉语教学论著总目·指要卷；2. 对外汉语教学论著总目·中国卷；3. 对外汉语教学论著总目·日本卷；4. 对外汉语教学论著总目·韩国朝鲜卷；5. 对外汉语教学论著总目·北美洲卷；6. 对外汉语教学论著总目·俄罗斯卷；7. 对外汉语教学论著总目·东南亚卷，等等。

《对外汉语教学论著总目大系》第一册和第二册，由《对外汉语教学论著·指要卷》、《对外汉语教学论著总目·日本卷》、《对外汉语教学论著总目·中国卷》三部分构成。

《对外汉语教学论著·指要卷》，精选中国 298 部有代表性、对对外汉语教学学科发展发挥过重要作用的著作，按出版时间为序，以一题一书的形式逐一做出提要，包括该书作者、出版时间、内容简介、主要特点、最新研究成果，并予以实事求是的评价。

《对外汉语教学论著总目·中国卷》、《对外汉语教学论著总目·日本卷》以时间为序，排列 13683 条（"中国卷" 8727 条、"日本卷" 4956 条）著作、论文发表的时间、形态（报纸、期刊、论文集以及学术集刊）。时间上限不限，下迄 2007 年 12 月。

《对外汉语教学论著总目大系》依据对外汉语教学学科体系的基本框架，将其分作十大类：（一）对外汉语教学理论研究，包括学科语言理论、语言学习理论、语言教学理论、对外汉语教材基本理论（涵盖对外汉语教材编写理论、对外汉语教材编写的通用原则、对外汉语教材评估）、对外汉语教学流派及教学法、跨文化教学论；（二）对外汉语语言要素及其教学研究，包括汉语语音与语音教学、汉语词汇与词汇教学、汉语语法与语法教学、汉字与汉字教学、汉语与中国文化教学；（三）对外汉语课程教学研究，包括对外汉语听力教学研究、对外汉语口语教学研究、对外汉语阅读与写作教学研究、对外汉语综合课教学研究；（四）汉语作为第二语言的习得研究，包括第二语言学习者的语言系统研究、第二语言学习者的习得过程研究、第二语言学习者的汉语认知研究；（五）语言测试理论及汉语测试研究，包括汉语水平考试（HSK）研究、语言测试评估、语言测试理论及汉语测试；（六）对外汉语教师素质与教学技能研究，包括对外汉语教师素质与教学技能、对外汉语课堂教学技巧；（七）现代科学技术与多媒体教学，包括对外汉语计算机辅助教学的理论研究、对外汉语计算机辅助教学的实践研究、对外汉语远程教学；（八）世界汉语教学史研究，包括世界汉语教学历史和现状、海外华文教育史、世界汉语教育制度史研究；（九）汉外语言对比与对外汉语教学研究，包括汉英、汉日、汉韩、汉法等语言之间的相关语音、语法、词汇对比及其与对外汉语教学相关的比较教学研究；（十）对外汉语教学学术集刊及其他。

需要特别说明的是，《对外汉语教学论著总目大系》在编撰过程中有选择性地参考了北京语言学院世界汉语教学交流中心信息资料部编写的《世界汉语教学书目概览》(第一分册)，许高渝、张建理等编著《20世纪汉外语言对比研究》的两个附录：即《学术期刊上发表的汉外语言对比研究论文篇目索引（1954-2000）》、《汉外语言对比专著、论文集索引（1955-2000)》；李泉《对外汉语教学理论思考》附录（《对外汉语教材编写研究文献辑录》)，以及相关著作中的"参考文献"；还有如《日本中国学会报》等记载的外国学者们编纂的相关书目、论文索引文献。这些文献是我们进一步工作的基础，对此，我们诚挚地表示敬意，也十分感谢他们为对外汉语教学事业做出的巨大贡献！

《对外汉语教学论著总目大系》的编写又是吉林大学"课程与教学论"专业、"对外汉语教学"方向，厦门大学"汉语言文字学"、"语言学和应用语言学"专业的"对外汉语教学"方向硕士研究生课程建设的重要环节之一。对外汉语教学课程学习，我们认为，首要的是要让学生了解"对外汉语教学论著指要"，这是对外汉语教学入门之基础。从读书入手，是中国式"治学"的传统。我们把"对外汉语教学论著指要"作为教学的起点，就是基于让学生具有学术史的基本功力、基本眼光而学会如何进行研究的考虑。这种中国式"治学"的传统在今天的对外汉语教学研究生教学中不但没有过时，而且更具有现实"治学"的价值和意义。

以《对外汉语教学论著总目》为基本视野，推而广之，向更深、更高层次研究迈进，培养高素质的对外汉语教学研究人才，向世界推广汉语、传播中华文化，对外汉语教学研究的前景不可限量，我们愿意为此而尽一份心力。

编撰《对外汉语教学论著总目大系》，历经十年时间，克服了种种困难。全书是目前所见收集最为完备的中国和世界相关国家"国别"对外汉语教学论著总目汇编，总字数为 1200 万字。全书编排体例力求合理科学，还从便利读者的角度考虑，提供了一定的检索办法。

本书适用的读者对象是国内外母语非汉语的汉语学习者、从事对外汉语教学与研究的工作者、爱好者；其他学科如文学、历史、哲学、法律等方面的学者、爱好者也可以参考；国内外各种类型图书馆、资料室也可以把它当作专业性的资料加以收存。

由于编写时间仓促，加上我们的视野所限，我们还有许多论著没有收罗到，也可能存在不少应该避免的谬误，造成了本书的缺憾。我们愿意以诚挚的态度倾听读者的呼声，更愿意了解专家的意见和建议，以便于在今后的修改过程中加以完善。

李无未 2008 年 5 月 26 日

凡　例

一、《对外汉语教学论著指要与总目》（第一册）由上卷《对外汉语教学论著指要》和下卷《对外汉语教学论著总目·日本卷》两部分构成。

二、上卷《对外汉语教学论著指要》精选 298 部有代表性、对对外汉语教学学科发展发挥过重要作用的著作，按出版时间顺序排列，以一题一书的形式逐一做出提要，包括该书作者、出版时间、内容简介、主要特点、最新研究成果等，予以实事求是的评价，进而确定各自在对外汉语教学历史上的地位和作用。

三、下卷《对外汉语教学论著总目·日本卷》以时间为序，收集日本自 1949 年至 2002 年期间，以中国语研究为对象的著作、论文 4956 条，力求内容准确，国别清楚。

四、上卷《对外汉语教学论著指要》依据对外汉语教学学科体系的基本框架，将其分作十大类：（一）对外汉语教学学科理论研究，包括对外汉语教学的基本理论、对外汉语教学理论、对外汉语教材建设、对外汉语课程、大纲及教学模式研究；（二）对外汉语语言要素及其教学研究，包括汉语语音与语音教学、汉语词汇与词汇教学、汉语语法与语法教学、汉字与汉字教学、汉语与中国文化教学；（三）对外汉语课程教学研究，包括对外汉语听力教学研究、对外汉语口语教学研究、对外汉语阅读与写作教学研究、对外汉语综合课教学研究、对外汉语文化教学；（四）汉语作为第二语言的习得研究，包括第二语言学习者的语言系统研究、第二语言学习者的习得过程研究、第二语言学习者的汉语认知研究、汉语语言要素学习偏误分析研究；（五）语言测试理论及汉语测试研究，包括汉语水平考试（HSK）、语言测试评估、语言测试理论及汉语测试研究、国际汉语相关标准的介绍与研究；（六）对外汉语教师素质与教学技能研究，包括对外汉语教师素质与教学技能、对外汉语课堂教学技巧研究；（七）现代科学技术与多媒体教学，包括对外汉语计算机辅助教学理论、对外汉语计算机辅助教学实践研究、数字化汉语教学研究和应用；（八）世界汉语教学史研究，包括海外华文教育、世界汉语教育史研究以及对外汉语教学史重要文献资料的发掘、整理与研究；（九）汉外语言对比研究，包括汉英、汉日、汉（朝）韩、汉法等语言之间的相关语音、语法、词汇对比及其与对外汉语教学相关的比较教学研究；（十）对外汉语教学学术集刊及其他，扼要介绍当今较为重要的对外汉语教学学术集刊、中国（世界）对外汉语教学学会等编辑的重要学术会议论文集所收文献。提供书名、作者、出版单位、时间、页数、提要等基本信息，这些信息以编者所藏版次为准，不求版本的印次与流传。

五、下卷《对外汉语教学论著总目·日本卷》所收论著包括篇名、作者、文章出处和出版或发表的时间。整个编辑以论文、著作、辞典分出三大类别，每一类别下又分出五个细目，即总记、教育、语法、文字、语汇。每一类别均按论文发表的时间先后顺序进行排列，同一类别下同一年代的论文目录，按月份次排列。

六、下卷《对外汉语教学论著总目·日本卷》书末附人名检索、日语假名索引，均按照人名姓氏拼音为序进行编排，每个人名之下列有人名所在条目的序号。

七、下卷《对外汉语教学论著总目·日本卷》编排原则：（一）发表期刊或出版机构相同的论著编在一处；（二）所涉及到的字体繁简、期刊卷/次的书写形式、人名书写形式等，均以援引文献材料为参照。

上　卷

对外汉语教学论著指要

下　卷

对外汉语教学论著总目
（中國語教學論著總目）·日本卷
（1949——2002）

上卷主编

陈珊珊　秦曰龙　魏　薇

编写者

陈珊珊　秦曰龙　魏　薇　李无未　杨颖虹
时　光、闫　峰　高彦怡　吴　菲、李　逊

下卷主编

陈珊珊　秦曰龙　吴　菲

编写者

陈珊珊　秦曰龙　吴　菲　李无未　魏　薇
杨颖虹　时　光、闫　峰　高彦怡　李　逊

目　录

上卷：对外汉语教学论著指要

一、对外汉语教学学科理论研究...3

  1. 汉语第二语言教学理论概要...3

  2. 让科学成就教学——对外汉语教学研究.........................4

  3. 对外汉语教学理论与实践关系问题综论.........................5

  4. 对外汉语教学探新..6

  5. 对外汉语教学概论..7

  6. 对外汉语教学理论思考..8

  7. 对外汉语教学研究..9

  8. 对外汉语研究与评论..10

  9. 对外汉语教学中的理论和方法....................................11

  10. 汉语教学新理念..12

  11. 对外汉语教学概论...13

  12. 对外汉语教学入门...14

  13. 跨文化传播：对外汉语教学与留学生教育探索.............15

  14. 对外汉语研究的跨学科探索——汉语学习与认知国际学术研
     讨会论文集..16

  15. 对外汉语教学思考集..18

  16. 对外汉语教学通论...19

  17. 对外汉语教学的理论与实践.....................................20

  18. 对外汉语教学概论...21

  19. 认知功能教学法..23

20. 汉语教学：海内外的互动与互助..................................24

21. 对外汉语教学的心理学探索..................................25

22. 对外汉语教学难点问题研究与对策..................................26

23. 对外汉语教学心理学引论..................................27

24. 钟榘对外汉语教学初探..................................28

25. 对外汉语教学理论研究..................................28

26. 多元文化背景下的对外汉语教学..................................30

27. 对外汉语教材研究..................................31

28. 外国人学汉语难点释疑..................................32

29. 实用对外汉语教学语法..................................32

30. 中文教材与教学研究：刘月华教授荣退纪念论文集............33

31. 探索与创新：华东地区对外汉语教学论文集..................34

32. 对外汉语教学的全方位探索——对外汉语研究学术讨论会论
    文集..................................35

33. 对外汉语教学语法..................................36

34. 对外汉语教学的教学研究..................................37

35. 实用对外汉语教学法..................................39

36. 语言教育与对外汉语教学..................................40

37. 对外汉语教育学科初探..................................41

38. 汉语与对外汉语研究文录..................................41

39. 作为第二语言的汉语本体研究..................................43

40. 对外汉语教学及汉语本体研究..................................44

41. 新中国对外汉语教学发展史..................................45

42. 外语学习策略与方法..................................46

43. 汉语语言学和对外汉语教学论..................................47

44. 对外汉语一对一个别教授研究..................................48

45. 对外汉语教学：回眸与思考..................................49

46. 对外汉语教育学引论..................................50

47. 对外汉语教学与教材研究论文集..................................50

48. 对外汉语教学目的原则方法..................................52

49. 对外汉语本科教育研究..................................53

50. 对外汉语教学语法体系研究......................54

51. 中国少数民族双语教育概论......................54

52. 对外汉语教学法研究..............................56

53. 对外汉语教学语法探索..........................56

54. 中高级对外汉语教学论..........................58

55. 对外汉语教学论文选评（1949-1990）.........59

56. 中高级对外汉语教学论文选......................60

57. 对外汉语教学研究................................62

58. 对外汉语教学发展概要..........................63

59. 语言教学原理.....................................64

60. 对外汉语教法学..................................65

61. 现代外语教学法——理论与实践..............67

62. 汉语研究..68

63. 对外汉语教学论集（1979-1984）..............69

64. 国外外语教学法主要流派........................71

65. 对外汉语课程、大纲与教学模式研究.........72

66. 对外汉语教学中高级阶段功能大纲............73

67. 对外汉语教学中高级阶段课程规范............74

68. 对外汉语教学初级阶段教学大纲（1）.........75

69. 对外汉语教学初级阶段教学大纲（2）.........76

70. 中高级对外汉语教学等级大纲(词汇·语法)........76

71. 对外汉语教学初级阶段课程规范............77

72. 对外汉语教学语法大纲..........................79

73. 汉语和汉语教学探究..............................79

74. 吕必松自选集.....................................81

二、对外汉语语言要素及其教学研究......82

75. 汉语词汇·句法·语音的相互关联...............82

76. 言语交际学基本原理..............................83

77. 汉语研究与对外汉语教学........................84

78. 现代汉语节奏研究..85

79. 对外汉语语音及语音教学研究.............................86

80. 对外汉语语感教学探索.......................................87

81. 汉语普通话语音教程...88

82. 外国学生汉语语音学习对策...............................89

83. 语音研究与对外汉语教学...................................90

84. 汉语声调语调阐要与探索...................................91

85. 汉语词语与对外汉语研究...................................92

86. 汉语虚词 15 讲...93

87. 对外汉语学习词典学国际研讨会论文集（二）.........93

88. 汉语书面用语初编...95

89. "国别化"对外汉语教学用词表制定的研究.........95

90. 现代汉语词汇讲义...98

91. 对外汉语词汇及词汇教学研究...........................98

92. 对外汉语教学虚词辨析......................................100

93. 对外汉语教学中的副词研究..............................101

94. 词汇、文字研究与对外汉语教学......................102

95. 世界汉语教学主题词表......................................103

96. 现代汉语八百词...104

97. 句式语义的形式分析与计算..............................105

98. 组合汉语知识纲要...106

99. 汉语篇章语法..106

100. 汉语教学参考语法..107

101. 对外汉语语法及语法教学研究........................108

102. 对外汉语教学语法释疑 201 例........................110

103. 对外汉语教学语法研究....................................110

104. 对外汉语教学语法探索....................................111

105. 外国人实用汉语语法..112

106. 现代汉语语法与对外汉语教学........................113

107. 现代汉语动词的句法语义属性研究................113

108. 肯定和否定的对称与不对称（增订本）.........114

109. 汉语特殊句法的语义研究...115

110. 汉语语义语法范畴问题...116

111. 新视角汉语语法研究...117

112. 汉语的语义结构和补语形式...119

113. 对外汉语教学实用语法...120

114. 外国人学汉语病句分析...121

115. 实用现代汉语语法...122

116. 现代汉语语法讲话...123

117. 语法修辞讲话...125

118. 汉字教学理论与方法...126

119. 汉字的认知与教学——西方学习者汉字认知国际研讨会论
　　文集...127

120. 汉字教学中的文字学...127

121. 对外汉字教学研究...129

122. 古代汉语汉字对外传播史...130

123. 汉字的应用与传播...131

124. 汉字与汉字教学研究论文选...132

125. 科学地评价汉语汉字...133

126. 汉语汉字汉文化...134

127. 对外汉语文化教学研究...135

128. 中国传统文化和语言（增补本）...136

129. 中国文化概论（修订版）...138

130. 中国文化要略...139

131. 汉语与中国文化...140

132. 语言文化教学策略研究...142

133. 汉语与中国文化（汉日对照本）...143

134. 汉语文化语用学...143

135. 对外汉语教学与文化...145

三、对外汉语课程教学研究.................................147

136. 怎样教语法.................................147
137. 课堂教学理论与实践.................................148
138. 学习策略的原理与实践.................................149
139. 对外汉语课堂教学概论.................................151
140. 对外汉语教学课程研究.................................152
141. 汉语听力课教学法.................................152
142. 经贸汉语课程研究.................................153
143. 汉语阅读教学理论与方法.................................154
144. 汉语报刊教学理论与方法.................................155
145. 对外汉语阅读教学法.................................156
146. 对外汉语听力教学研究.................................157
147. 对外汉语口语教学研究.................................158
148. 对外汉语阅读与写作教学研究.................................159
149. 汉语综合课教学法.................................161
150. 对外汉语综合课教学研究.................................162
151. 对外汉语书面语教学与研究的最新发展.................................162
152. 对外汉语阅读研究.................................163
153. 汉语口语与书面语教学——2002 年国际汉语教学学术研讨会论文集.................................164
154. 对外汉语写作教学研究.................................165
155. 对外汉语修辞学.................................167
156. 听力训练八十一法.................................168

四、汉语作为第二语言的习得研究.................................170

157. 跨文化的语言传通——汉语二语习得与教学.................................170
158. 第二语言习得论著选读.................................171
159. 第二语言习得的语言学视角.................................172
160. 汉语作为第二语言的学习者语言系统研究.................................173

161. 汉语作为第二语言的学习者习得过程研究........................175

162. 对外汉语教学学习者习得过程研究........................176

163. 汉语作为第二语言的学习者与汉语认知研究........................177

164. 对外汉语教学习得研究........................178

165. 语言迁移与二语习得：回顾、反思和研究........................180

166. 对外汉语教学的跨文化视角——旧金山对外汉语教学学术
会议论文集........................180

167. 第二语言习得入门........................181

168. 母语习得语法研究........................182

169. 似同实异——汉语近义词表达方式的认知语用分析........183

170. 英语、日语、汉语第二语言教学学科研究........................183

171. 日本学生汉语习得偏误研究........................185

172. 对以英语为母语者的汉语教学研究........................186

173. 语言理解与认知........................187

174. 儿童句式发展研究和语言习得理论........................188

175. 汉语作为外语教学的认知理论研究........................190

176. 汉外语言对比与偏误分析论文集........................191

177. 第二语言习得研究........................192

178. 第二语言习得概论（英文版）........................193

179. 第二语言习得研究（英文版）........................193

180. 第二语言学习理论研究........................195

181. 语言获得理论研究........................196

182. 外国人学汉语语法偏误研究........................197

183. 韩国学生汉语学习策略研究........................198

184. 外国人学汉语语法偏误分析........................200

五、语言测试理论及汉语测试研究........................201

185. 汉语水平考试（HSK）研究........................201

186. HSK 语言测试专业硕士论文精选........................202

187. 中国汉语水平考试（HSK）研究报告精选........................202

188. 语言测试及测量理论研究...........................203

189. 语言测试和它的方法.............................204

190. 对外汉语教学理论与语言学科目考试指南............205

191. 语言测试理论与实践.............................206

192. 对外汉语教学语音测试研究.......................206

193. 语言测试科学与艺术.............................208

194. 中国汉语水平考试大纲（基础）...................209

195. 汉语水平测试研究...............................209

196. 汉语水平等级标准与语法等级大纲.................210

197. 首届汉语考试国际学术讨论会论文选...............211

198. 汉语水平考试大纲（高等）.......................212

199. 中国汉语水平考试大纲（高等）...................213

200. 汉语水平考试研究论文选.........................214

201. 汉语水平考试研究（续集）.......................215

202. 汉语水平词汇与汉字等级大纲.....................216

203. 汉语水平考试大纲...............................217

204. 汉语水平考试研究...............................217

205. 汉语水平等级标准和等级大纲（试行）.............218

206. 国际汉语能力标准...............................219

207. 国际汉语教师标准...............................220

六、对外汉语教师素质与教学技能研究...................221

208. 汉语可以这样教——语言技能篇...................221

209. 汉语可以这样教——语言要素篇...................222

210. 对外汉语教师素质与教师培训研究.................223

211. 对外汉语课堂教学技巧研究.......................224

212. 对外汉语的课堂教学技巧.........................226

213. 对外汉语课堂教学教案设计.......................227

214. 汉语课堂教学技巧与游戏.........................227

215. 对外汉语课堂教学技巧...........................228

七、现代科学技术与多媒体教学 230

216. 对外汉语计算机辅助教学的理论研究.............................230

217. 对外汉语计算机辅助教学的实践研究.............................230

218. 数字化汉语教学的研究与应用..232

219. 现代化教育技术与对外汉语教学：第二届中文电化教学国际
研讨会论文集..233

八、世界汉语教学史研究 235

220. 华文教学概论..235

221. 对美汉语教学论集...236

222. 印度尼西亚华文教育发展史...237

223. 马来西亚华文教育发展简史...238

224. 欧美汉学研究的历史现状...239

225. 朝鲜时代汉语教科书丛刊...240

226. 汉字传播与中越文化交流...241

227. 《老乞大》四种版本语言研究...242

228. 华语官话语法..243

229. 汉字在日本的文化意义研究...245

230. 西方人早期汉语学习史调查...246

231. 日本中国语教学书志...248

232. 日本近代汉语名师传...248

233. 《语言自迩集》——19世纪中期的北京官话.................249

234. 原本老乞大..250

235. 汉语研究在海外...252

236. 琉球官话课本研究...252

237. 日本中国语教育史研究...253

238. 世界汉语教学概况...254

239. 中国语与近代日本...255

九、汉外语言对比与对外汉语教学研究..................257

240. 中韩语言文字关系史研究..................257
241. 20 世纪汉外语言对比研究..................258
242. 日汉比较语法..................259
243. 汉日篇章对比研究..................260
244. 日汉语言对比研究与对日汉语教学..................261
245. 汉外语言对比研究..................262
246. 汉法语言对比研究与应用..................263
247. 韩汉翻译基础..................263
248. 韩汉范畴表达对比..................265
249. 语言接触与英汉借词研究..................266
250. 汉语语言学..................266
251. 中韩日同形异义语..................268
252. 汉日比较语法（中日比较文法）..................269
253. 朝汉语语法对比..................271
254. 英汉语研究与对比..................272
255. 汉英语对比纲要..................273
256. 汉外语言文化对比与对外汉语教学..................273
257. 语言对比研究与对外汉语教学..................274
258. 中西文化比较研究..................276
259. 汉朝双语对比研究..................276

十、对外汉语教学学术集刊及其他..................278

260. 汉语研究与应用(第五辑)..................278
261. 第八届国际汉语教学讨论会论文选..................278
262. 汉语国际推广论丛（第 1 辑）..................281
263. 汉语教学学刊（第 2 辑）..................282
264. 对外汉语研究(第二辑)..................283
265. 汉语研究与应用(第四辑)..................284

266. 对外汉语教学与研究（第二辑）.......................................285
267. 中国、日本外国留学生教育学术研讨会论文集(2004) ...286
268. 对外汉语研究(第一辑)...288
269. 汉语教学学刊（第一辑）...289
270. 汉语研究与应用（第三辑）..290
271. 语言学与应用语言学研究（第一辑）...........................291
272. 对外汉语论丛（第四集）...292
273. 汉语研究与应用(第二辑)...293
274. 汉语研究与应用(第一辑)..294
275. 对外汉语论丛（第三集）..295
276. 对外汉语教学与研究(第 1 辑)...................................296
277. 对外汉语教研论丛（第二辑）......................................297
278. 中国对外汉语教学学会北京分会第二届学术年会论文集.298
279. 对日汉语教学国际研讨会文集...................................300
280. 北大海外教育（第三辑）...300
281. 语言与文化论丛（第二辑）.......................................301
282. 对外汉语教研论丛（第一辑）......................................302
283. 北大海外教育（第一辑）...303
284. 中国对外汉语教学学会第六次学术讨论会论文选............304
285. 对外汉语教学探讨集(北京地区第一届对外汉语教学讨论会
　　论文选）...306
286. 语言文化教学研究集刊（第一辑）..............................307
287. 汉语速成教学研究（第一辑）....................................309
288. 中国对外汉语教学学会第五次学术讨论会论文选............310
289. 中国对外汉语教学学会成立十周年纪念论文选.............311
290. 中国对外汉语教学学会第四次学术讨论会论文选............312
291. 双语双文化论丛（第二辑）.......................................313
292. 双语双文化论丛（第一辑）.......................................314
293. 中国对外汉语教学学会第三次学术讨论会论文选............314
294. 第二届国际汉语教学讨论会论文选 315
295. 对外汉语教学研究会第二次学术讨论会论文选..............318

296. 对外汉语教学（第一期） 319

297. 国际汉语语言学文献索引(1997-2003) 320

298. 世界汉语教学书目概览（第一分册 1899-1990.3）.......... 322

下卷：对外汉语教学论著总目（中國語教學論著總目）· 日本卷（1949—2002）

一、论文索引 325

   1. 總   記 325

   2. 教   育 342

   3. 語   法 431

   4. 文   字 520

   5. 語   彙 525

二、著作索引 582

   1. 總   記 582

   2. 教   育 590

   3. 語   法 649

   4. 文   字 654

   5. 語   彙 657

三、辭典索引 663

附录：《日本中國語教學研究總目》人名檢索 673

         日语假名索引 755

上　卷

对外汉语教学论著指要

一、对外汉语教学学科理论研究

1. 汉语第二语言教学理论概要

《汉语第二语言教学理论概要》，朱志平著，北京大学出版社出版，2008年1月，共428页。

该书从总体上讨论与汉语第二语言教学有关的一般理论，研究范围主要涉及与汉语第二语言教学相关的语言学理论、心理学理论和教育学理论及其他一些与第二语言教学互动的理论。

为了能将语言理论、语言学理论、语言教学与学习理论与汉语第二语言教学打通，该书紧守住三个出发点：汉语第二语言教学"教什么"、"怎样学"、"怎样教"；在介绍相关语言学理论的基础上，该书紧紧围绕在汉语第二语言教学中"应用哪些"理论和"怎样应用"的两个问题展开。因而，书中十分强调语言教学与语言学的互动，这种互动体现在三方面：语言理论对语言教学有直接的影响；语言教学检验语言理论，并为语言理论提出新的课题；语言教学展现了对语言理论的应用过程。该书在介绍第二语言学习与习得理论的时候，并没有就汉语习得规律、习得过程、习得特点加以展开，而是详细地讨论了第二语言习得与学习的研究方法从方法论的角度，授人以渔。

全书分为六章。

第一章，应用语言学与汉语第二语言教学。该章着重介绍"应用语言学"概念的源起、研究范围，特别是汉语第二语言教学研究的发展、成熟、现状以及未来趋势，具体内容包括应用语言学说略，汉语第二语言教学的成熟与发展，汉语第二语言教学研究领域的形成。

第二章，语言与语言学习。该章集中讨论语言性质和语言学习的关系，其落足点在于如何看待第二语言学习，具体内容包括语言的本质，第一语言与第二语言，第二语言学习的目标，衡量第二语言水平的标准。

第三章，语言学与第二语言教学。该章着重从汉语第二语言教学的视角讨论与第二语言教学相关的语言理论，具体内容包括作为领先科学的语言学，历史比较语言学与比较研究方法的借鉴，结构主义语言学与结构主义思潮，乔姆斯基语言学与语言教学，功能主义语言学与语言教学，语言教学与语言学的互动。

第四章，第二语言学习与习得理论。该章主要介绍第二语言学习与习得理论，并在此基础上讨论第二语言学习与习得的研究方法，具体内容包括第二语言学习与习得研究的性质，第二语言学习与习得理论的研究内容，第二语言学习与习得理论流派，第二语言学习与习得研究的方法。

第五章，第二语言教学法的选择与应用。该章集中阐述语言教学传统、介绍教学流派及其方法，并从汉语第二语言教学的角度讨论其优劣，具体内容包括语言教学法的性质与特点，历史上的第二语言教学法，侧重语言理论的第二语言教学法，侧重心理学理论的第二语言教学法，前苏联第二语言教学法简介，语言教学法的比较与评估。

第六章，学习者母语文化传统与跨文化语言教学。该章重点讨论学习者的母语文化传统与第二语言教学的关系，具体内容包括文化的概念与特点，第二语言教学的跨文化性质，第二语言教学在教育学上的特殊意义，学习者母语文化传统与第二语言的课堂教学。

该书内容丰富，理论与实践结合，教学与习得并重，既是语言学概要，又是应用语言学概要，更是汉语第二语言教学习得理论概要。

2. 让科学成就教学——对外汉语教学研究

《让科学成就教学——对外汉语教学研究》，孙德金著，北京师范大学出版社，2007 年 9 月出版，共 322 页。

该书是著者二十年来对外汉语教学研究的论文结集，内容涉及语法研究、学科建设、汉语水平考试等方面，其中分量最重、数量最多的是有关语法研究的论述。

全书共分五章。

第一章对外汉语教学学科建设研究，包括对对外汉语教学研究的定量分析、语言研究及基于 www 的远程对外汉语教学课程设计；

第二章汉语言专业（对外）建设研究，着重探讨对外汉语本科教学的专业建设、语言知识课的定位问题；

第三章对外汉语语法教学研究，阐述分析汉语作为第二语言教学的语法体系问题、对外汉语语法教学中的形式和意义问题以及对外汉语语法教学的两个原则和词性标注的目的性问题；

第四章汉语水平考试研究，包括对汉语水平考试（HSK）的科学本质、新形势下汉语水平考试的改革与发展及《HSK 词汇等级大纲》中若干问题的分析与思考；

第五章汉语诸要素教学研究综述，包括语音、词汇、语法、汉字诸要素的教学研究综述。书后附录《现代汉语主谓谓语句的范围问题》、《受事句 VP 前的多项 NP 句的考察》两篇学术论文。

该书的"对外汉语教学研究的定量分析"一文可谓近年来研究学科建设的力作，作者从分析《语言教学与研究》杂志创刊二十周年（1979-1999）来发表的 200 余篇对外汉语教学研究文章入手，以小见大，高屋建瓴，从三个角度进行了定量统计与分析，从一个侧面刻画了对外汉语教学研究发展的轨迹。研究显示，无论从研究范围、研究方法，还是学术性，都显示了整个学科正在不断进步，不断成熟。

3. 对外汉语教学理论与实践关系问题综论

《对外汉语教学理论与实践关系问题综论》，程棠著，北京语言大学出版社，2007 年 8 月出版，共 401 页。

该书就教学理论与教学实践的关系问题，分别系统地介绍了国外外语教学法主要流派，以及中国外语教学界、中国对外汉语教学界在这个问题上的观点及其发展演变情况。

全书分为三章。

第一章，介绍国外外语教学法主要流派在语言知识和言语实践关系问题上的主张。重点介绍翻译法、直接法、功能法、自觉对比法、自觉实践法以及美国外语教学法主要流派的社会和理论背景。

第二章，介绍中国外语教学界在语言知识和言语知识实践关系问题上的主张。包括旧中国和新中国外语教学界专家学者的观点和主张，并提供了大量具体材料。

第三章，介绍中国对外汉语教学界在理论和实践关系问题上的主张。作者将对外汉语教学理论与实践的发展分成五个历史时期，并对每一时期的特点和发展情况进行了高度概括，即：

1. 注重基本语法教学，注重听说读写技能训练（50年代）；2. 贯彻实践原则（60年代）；3. 在贯彻理论与实践相结合原则前提下，强调实践第一（70年代）；4. 结构—功能—文化相结合（80年代）；5. 从不同角度研究理论和实践的关系（90年代至今）。每一章基本上都按照时间的先后顺序来叙述，分别介绍三个不同领域在理论与实践关系问题上的观点及其演变概况。

该书为"汉语教学名家讲坛"系列丛书，通过对国外外语教学法的系统介绍及对国外外语教学法应用于中国对外汉语教学实践的评论两方面内容的结合，反映了作者对国外外语教学法的理解和对中国对外汉语教学实践的思考，具有较高的文献价值和视点价值，是中青年对外汉语教师理论学习的必读著作。

4. 对外汉语教学探新

《对外汉语教学探新》，高顺全著，北京大学出版社，2005年3月出版，共254页。

对外汉语学界一直比较重视特殊语法格式的教学。但是，一方面，语言学界关于汉语特殊语法格式的研究成果还没有很好地被对外汉语教学界合理吸收和有效利用；另一方面，还有一些特殊语法格式的意义和用法尚未得到深入的探究。该书在这两方面都做出了积极的尝试。

汉语中书面语和口语两者的关系由于运用的汉字是形音义结合的语素文字，与其他语言中这两者的关系有很大的不同，而且各自的相对独立性颇高，在运用时往往言文不一，规则上具有相当的不一致性。这一特点要求我们在语言教学中采取不同的策略。以往的对外汉语教学和研究偏重口语，对书面语规律及其教学策略的认识颇为不足。该书作者敏锐地注意到了这个问题，并就如何根据书面语的特点进行课堂教学特别是口语课和新闻听力课的专利法进行了比较深入的研究，提出了不少有价值的看法。

全书共分六章。

第一章：语法理论与对外汉语教学语法，讨论了三个问题：1. 传统语法、结构主义语法与对外汉语教学语法体系，2. 三个平面理论与对外汉语教学语法，3. 认知语言学与对外汉语教学语法；

第二章：语法化现象与对外汉语语法教学，讨论了三个问题：1. 动词虚化与对外汉语教学，2. 跟了 1 相关的有标记现象，3. 复合趋向补语引申用法的语义解释；

第三章：特殊语法格式及其教学；

第四章：对外汉语教学中的书面语教学问题；

第五章：任务型教学法与对外汉语课堂教学；

第六章：世纪之交的对外汉语教学研究述评。

5. 对外汉语教学概论

《对外汉语教学概论》，陈昌来著，复旦大学出版社，2005 年 2 月出版，共 208 页。

该书是对外汉语专业本科生和语言学及应用语言学专业对外汉语教学方向硕士研究生的基础课教材，较为全面系统地介绍了对外汉语教学学科的性质、特点、学科地位，对外汉语教学的基础理论、教学过程、教学阶段、教学类型以及对外汉语教学研究等主要方面的内容。

全书共分六章。

第一章对外汉语教学学科论，包括对对外汉语教学学科性质、特点、任务、内容及学科体系、发展历史、现状趋势的总体介绍；

第二章对外汉语教学基础论，重点介绍汉语作为第二语言的教学特点、教学法流派及其与第一语言教学的关系；

第三章对外汉语教学过程论，阐述对外汉语教学涉及的相关问题，包括对外汉语教学的总体设计、测试评估、师资培养，课堂教学的特点和要求，教材的评估和选用原则等；

第四章对外汉语教学阶段论，包括阶段划分的基本原理，以及初级阶段教学、中级阶段教学、高级阶段教学和速成教学；

第五章对外汉语教学课型论，重点对听力教学、阅读教学、口语教学及写作教学进行了讨论；

第六章对外汉语教学研究论，首先是对第二语言教学的教学理论和学习理论，包括对对外汉语教学法和课堂教学技巧的理论思考，其次介绍了与之相关的对比分析、偏误分析、中介语理论以及汉语水平考试研究等内容。

书中吸收了应用语言学研究和对外汉语教学研究的最新成果，并针对对外汉语教学学科特点和社会对人才的需求而有所侧重，体现出科学性、实用性、针对性有机结合的特点。

6. 对外汉语教学理论思考

《对外汉语教学理论思考》，李泉著，教育科学出版社，2005年1月出版，共287页。

该书为作者自1991年至2004年以来从事对外汉语教学实践与研究的文章结集。

全书包括以下三部分内容：

第一部分是学科理论探讨，收录了《对外汉语教学学科理论研究概述》、《对外汉语教学的学科理论基础》、《对外汉语教学的学科理论体系》、《对外汉语教学的学科基本理论》、《对外汉语教学理论和实践的若干问题》、《有关语言教育研究的几个问题——兼谈对外汉语教学的学科定位》6篇文章。

第二部分是教学理论思考，收录了《试论对外汉语教学的教学原则》、《对外汉语课堂教学的理论思考》、《面向对外汉语教学的语体研究的必要性》、《面向对外汉语教学的语体研究的范围和内容》、《基于语体的对外汉语教学语法体系构建》、《语法在对外汉语教学中的地位和作用及相关问题》、《第二语言教学中的功能及相关问题》、《中高级阶段对外汉语教学的性质和任务》、《论语感的性质、特征及类型》、《对外汉语教学释词的几个问题》、《广播新闻听力课教学论略》、《〈骆驼祥子〉中所见的语言文化现象》12篇文章。

第三部分是教材编写理论与实践，收录了《对外汉语教材编写和研究概述》、《近二十年对外汉语教材编写和研究的基本情况述评》、《第二语言教材的属性、功能和基本分类》、《第二语言教材编写的通用原则》、《第二语言教材编写的基本程序》、《论第二语言教材评估》、《论对外汉语教材的趣味性》、《论对外汉语教材的针对性》、《〈新编汉语教程〉的设计、实施及特点》、《〈汉语文化双向教程〉的设计与实施》10篇文章。后附《对外汉语教材编写研究文献辑录》。

该书是国家对外汉语教学领导小组办公室首批资助的对外汉语教学界青年教师出版著作之一，集中反映了作者多年来在对外汉语教学理论与实践方面的研究成果。所收文章既有对学科理论及教材编写理论等国内外研究状况的阶段性总结与评述，又有对学科体系、教学及教材编写理论的思考与分析。辑录的对外汉语教材编写研究文献，为该领域的进一步研究提供了丰富的资料。

7. 对外汉语教学研究

《对外汉语教学研究》，刘颂浩著，教育科学出版社，2005年1月出版，共291页。

该书收录了作者自1994年至2002年所写的对外汉语教学研究论文27篇，其中9篇是与人合著的。

全书包括以下四部分内容：

第一部分是阅读教学研究，收录了《预设与阅读理解》、《阅读教学中的若干问题》、《怎样训练阅读理解中的概括能力》、《阅读课上的词汇学习》、《论阅读教材的趣味性》、《论阅读教学研究的若干思考》、《关于在语境中猜测词义的调查》、《对9名日本学生误读现象的分析》、《汉语学习者阅读中的理解监控行为考察》9篇文章。

第二部分是听力教学研究，收录《影响听力理解的几个因素——对一次听力测验的分析》、《对外汉语教学听力研究述评》、《基础听力教材编写四题》3篇文章。

第三部分是练习形式及测试研究，收录了《多项选择题应用中的一些问题》、《再谈多项选择题》、《注释式词语练习试析》、《"把"字句练习设计中的语境问题》、《听力练习的一种尝试——对比听写》、《听写及其运用》、《汉语等距离完形填空测试报告》、《交际策略与口语测试》、《口语测试的组织与实施探索》、《口语分班测试题型研究》10 篇文章。

第四部分是语用、语境及其他，收录了《留学生汉语语用情况调查》、《语境及其在对外汉语教学中的作用》、《论"把"字句运用中的回避现象及论"把"字句的难点》、《自然会话中学习者对语言形式的关注与领会》、《"对以英语为母语者的汉语教学讨论会"述评》5 篇文章。后附中外参考文献 26 页。

该书是国家对外汉语教学领导小组办公室首批资助的对外汉语教学界青年教师出版著作之一，作者在对外汉语教学研究方面所取得的成绩，基本是建立在课堂教学实践与研究基础上，依据教学实践提炼升华而成的，是作者努力将"课堂教学——科学研究——教材编写"三者有机结合而结出的丰硕成果。

8. 对外汉语研究与评论

《对外汉语研究与评论》，张旺熹著，教育科学出版社，2005 年 1 月出版，共 158 页。

该书收录了作者自 1994 年至 2002 年所写的对外汉语教学研究论文 27 篇，基本反映了 15 年间作者在对外汉语教学领域所获得的思考和体会。

全书包含三方面内容：

现代汉语词汇学研究文章 4 篇，包括：《现代汉语行业语初探》、《色彩词语联想意义初论》、《色彩词语意义形成的社会因素》、《一种相反相成的命题形式》。

对外汉语研究文章 6 篇，包括：《建设对外汉语教学学科理论的基础平台》、《关于对外汉语教学用工具书编纂的几点思考》、《对外汉语教学语法问题研究的基本态势》、《关注以句子为核心的三重关系研究——谈对外汉语教学语法系统的建设》、《从句子的及物性看欧美学习者汉语"被"字句的偏误》、《从汉字部件到汉字结构——

谈对外汉字教学》。

会议综述和书评 7 篇，包括：《语言学习理论研究座谈会纪要》、《语言教育问题座谈会纪要》、《中国对外汉语教学学会第六次学术讨论会论文述要》、《第六届国际汉语教学讨论会论文述要》、《汉语各要素及汉字教学研究概述（1994-1997）》、《对外汉语教学理论认识的深化——〈对外汉语教学语法探索〉读后》、《贯通汉语言和汉字文化研究的可喜成果——读〈汉语和汉语教学研究〉》。

该书是国家对外汉语教学领导小组办公室首批资助的对外汉语教学界青年教师出版著作之一，集中反映了作者多年来在汉语本体研究及对外汉语学科理论研究方面所获得的成果，既有高屋建瓴的理论思考与分析，更有对对外汉语事业发展轨迹的描述与记录。

9. 对外汉语教学中的理论和方法

《对外汉语教学中的理论和方法》，黄锦章、刘炎主编，北京大学出版社，2004 年 10 月出版，共 246 页。

该书是对外汉语教学研究丛书之一，是综述性的理论和总结。对外汉语教学经过 50 多年的发展，特别是近 20 年来的飞速进步，已经取得举世瞩目的成绩，而且也出现了一些在理论上加以总结的论文，但始终缺乏一本全面的宏观性的专著。这本书的出版正好弥补了这方面的不足。

该书总分四个章节。

导言部分，分别介绍了我国对外汉语教学学科发展概况、对外汉语教学的理论基础、对外汉语教学中的理论与实践和本书的研究目的及范围。

第一章是对外汉语教学中的语言理论，包括对语言理论、语言的本质和特征与对外汉语教学、汉语本体研究与对外汉语教学、语言分支学科与对外汉语教学等五个部分的论述，最后提出编者自己的建议与思考；

第二章是对外汉语教学中的语言学理论，对六个问题展开论述，分别是：普遍语法理论、中介语理论、偏误分析与对外汉语教学、语言监控理论、话语分析理论、第二语言习得领域内的其他热点问题及学习主体；

第三章是对外汉语教学中的语言教学理论，包含六小节：语言要素教学、言语技能教学、对外汉语教材建设、多媒体语言教学、中国汉语水平考试（HSK）及关于教学主体——教师的研究；

第四章是对外汉语教学中的跨文化交际理论研究，介绍了六个问题：跨文化交际理论研究概况、对外汉语教学中的文化意识、跨文化交际研究、对外汉语教学实践与跨文化研究、"非语言交际"的文化问题、对外汉语教学中文化研究之不足和反思。

该书章节编排合理、专题论述清晰、观察的角度也较独特。四个章节几乎覆盖了对外汉语教学领域的所有范围，既有有关语言本体研究，也有相对应的语言应用研究；既有学习者的方法论，也有教学者的方法论；既考虑了语言的角度，也考虑了文化的层面。

10. 汉语教学新理念

《汉语教学新理念》，丛铁华主编，北京大学出版社，2004 年 3 月出版，共 292 页。

该书是 2002 年香港科技大学和云南师范大学共同主办的"新视角学的理论与实践"国际研讨会的论文集，主要探讨了汉语教学新理念和汉语师资培训问题、汉语语法和语言教学、新科技在汉语教学的应用、现代汉语写作教学、对外汉语教学等问题。

该论文集共分为五个专题。

第一部分收录的论文有：《语文教学改革的前提条件——更新观念树立新的教学理念》、《教室汉语：一个假想的标准语》、《学校态度参差　教师进修踊跃——在香港中小学使用普通话教授中国语文科的可行性》、《试论香港普通话教师课堂语言的使用》；

第二部分重点讨论汉语语法和语言教学，包括：《从认知语言学的角度看一些汉语语法问题》、《从"V 着 A"结构的分化条件看汉语教学中语义指向和语义特征分析方法》、《香港人汉语发音难点的分析》、《香港人说普通话声母 h 念 k 现象的探讨》等论文；

第三部分围绕新科技在汉语教学的应用而展开；

第四部分收入的论文是探讨现代汉语写作教学的；

第五部分是关于对外汉语教学的论文。该论文集每篇论文都记载了从事汉语教学的专家学者对汉语教学及其研究的新尝试、新思考和新观念。

11. 对外汉语教学概论

《对外汉语教学概论》，赵金铭著，商务印书馆，2004 年 7 月第 1 版，2005 年 3 月第 2 次印刷，共 516 页。

该书是应用语言学系列教材之一，是一部对外汉语教学研究的系列教材。

全书分十章，后附术语表和后记。

第一章绪论，包括"对外汉语教学"名称之由来及发展、对外汉语教学的学科地位和学科属性、对外汉语教学的学科框架、对外汉语教学研究的范围与内容；

第二章对外汉语教学的教学设计和大纲，包括对外汉语教学的教学设计、汉语水平等级标准与等级大纲、对外汉语教学的教学类型和教学模式、对外汉语教学的课程与课程设置；

第三章对外汉语教学的基本理论，包括对外汉语教学理论研究概述、对外汉语教学的学科理论基础、对外汉语教学的学科理论体系、对外汉语教学的学科基本理论；

第四章对外汉语教学的教学法，包括对外汉语教学法回顾与展望、对外汉语教学的教学技巧、语言技能训练、语言交际能力培养；

第五章对外汉语教材的基本理论研究，包括对外汉语教材编写和研究概述、第二语言教材的属性和功能、第二语言教材的基本分类、第二语言教材编写的通用原则、第二语言教材编写的基本程序、第二语言教材评估；

第六章汉语作为第二语言的习得研究，包括第二语言习得研究的学科性质、第二语言习得研究的基本概念、第二语言习得理论的介绍与探讨、汉语学习者语言系统的描写、海外学者的汉语习得研究、目前汉语习得研究的趋向；

第七章汉语作为第二语言的测试研究，包括语言测验的基本类别、语言测验的开发、语言测验题目的编写和题目分析方法、语言测验的质量评估（信度和效度）等内容；

第八章汉语本体研究与对外汉语教学，包括汉语语音与语音教学、汉语词汇与词汇教学、汉语语法与语法教学、汉字与汉字教学；

第九章现代科学技术与对外汉语教学，包括现代科技在对外汉语教学中的应用、与对外汉语教学有关的中文信息处理环境、汉语计算机辅助教学、多媒体汉语计算机辅助教学、汉语远程教学的现状及发展、现代教育技术与对外汉语教学；

第十章对外汉语教学前景展望，包括对对外汉语教学与研究所取得的重大进展、对外汉语教学与研究存在的问题、对外汉语教学研究的广阔前景等问题的讨论。

全书系统地介绍了对外汉语教学的性质、特点及学科的理论基础，立足于对外汉语教学的汉语本体研究、对外汉语教学的教学理论和学习理论、对外汉语教学的总体设计和教材编写、语言测试及现代科学技术在对外汉语教学中的应用等方面，服务广大对外汉语教学工作者以及将汉语作为第二语言的学习者。

12. 对外汉语教学入门

《对外汉语教学入门》，周小兵、李海鸥著，中山大学出版社，2004年4月出版，共454页。

该书为国内较早的一部全面、系统阐述对外汉语教学全过程和相关理论的学术著作。

全书分上、中、下三编。

上编：涵盖的主要是学科建设及教学法等相关理论的论述，由对外汉语教学简论、第二语言习得研究、第二语言教学法三部分构成。第一部分介绍第二语言教学的性质、任务，语言学习的基本概念及学科发展等；第二部分介绍第二语言习得的对比分析、偏误分析、中介语现象等理论，对学习者的个体差异、学习策略、语言普遍性假说等理论进行了简要概述；第三部分则较为全面地介绍了第二语言教学法的主要流派以及语言教学法的发展趋势。

中编：教学篇，重点探讨语音、词汇、语法、汉字及文化课教学，包括每门课的教学原则、教学方法及教学对策等。

下编：语言技能教学及语言测试分析，重点针对对外汉语教学的技能课，如听力课、精读课、写作课、报刊阅读课、初中级口语课及语言测试和成绩分析等进行了有效的分析与研究。

该书内容全面系统，涉及对外汉语教学的全过程和相关的教学管理。概念解释清楚，叙述简洁明了，还吸收了国内外最新的对外汉语教学研究成果，将对外汉语教学知识的讲述和相关教学手段、技巧的解释结合起来，具有规范性、科学性和易操作性。它不但可用于对外汉语的本科教学与硕士生教学，还可以用于海内外各类对外汉语教师的师资培训。

13. 跨文化传播：对外汉语教学与留学生教育探索

《跨文化传播：对外汉语教学与留学生教育探索》，张福贵、刘富华主编，高等教育出版社，2003 年 12 月出版，共 277 页。

该论文集收录了吉林大学国际交流学院、文学院、大学语文教研部等机构从事对外汉语教学科研者的研究成果，一定程度上代表了当时吉林大学对外汉语教学的师资实力和水平。共收论文 35 篇：

刘富华《言语输出在汉语学习中的作用》、岳辉《搭配理论在对外汉语中高级词汇教学中的应用》、周芳《第二语言课堂教学中的言语操练》、吕文杰《汉语作为第二语言学习过程中的母语负迁移现象》、李春红《初级汉语综合课的教师语言问题与策略》、孙克文《中高级汉语教学阶段课文的处理》、李轶《词义变异的认知分析》、宋晖《对外汉语教学中成语教学的几个问题及相关对策》、祝东平和王艳玲《对外汉语词汇教学中语素的重要性》、李冬梅《"语言实践课"在对外汉语教学中的价值与意义》、王巍《"有"字双动句的结构与意义》、陈珊珊和祝东平《副词"还"、"再"》、袁永锋《非受事类"把＋NP"的语义特征》、王光全《关于"又 VP$_1$ 又 VP$_2$"结构》、沈文雪《古今字与通假字辨析》、李子君《语音对比在对外汉语教学中的应用》、杨文昌《对外汉语口语教学中的重音问题》、梁亚东《日本短期留学生的语音教学问题》、韩建立《留学生汉语声调偏误分析及其纠正》、吕明臣《汉语中日语"汉语"的性质和用法》、柳英绿《韩国语和汉语的转折类复句》、李无未《清末日本学者的北京官话"四声之辨"——以日本学者所编四种日本人学习汉语工具书与教科书为依据》、任玉华《教学手段的改进与快速阅读能力的提高》、禹平《现代技术手段与对外汉语教学》、张卓《对外汉语课堂教学中的师生互动研究》、张晋涛《非言语交际与对外汉语教学》、冯炜《跨文化交流中的非言语行为》、胡柏一《试论对外汉语教师工作角色的多重性与职责修养》、王进《对外汉语教学中的文化视野》、李梦《对外汉语教学中的文化冲突与文化融合》、丛瑞华《语言教学与文化教学的深层互动关系》、谢稚《特定文化背景下的对外汉语教学》、沈芝霞《韩国留学生汉语教学中的文化异同》、孙杰生《试论日本大正至二战时期的中国语教育》、张福贵《留学生教育理念中的中国价值观与世界价值观》。

14. 对外汉语研究的跨学科探索——汉语学习与认知国际学术研讨会论文集

《对外汉语研究的跨学科探索——汉语学习与认知国际学术研讨会论文集》,赵金铭主编,崔希亮、张旺熹副主编,北京语言大学出版社,2003 年 3 月出版,共 426 页。

该书为北京语言大学对外汉语研究中心书系之一,它的出版受教育部人文社会科学百所重点研究基地建设经费支持。该书是将"汉语学习与认识国际学术研讨会"上所提交的论文进行筛选后,选出具有代表性的论文共 28 篇结集而成的一部论文集。书中所收论文集中体现了该研讨会的主题"对外汉语研究的跨学科探索",将对外汉语教学与心理学分支——认知心理学相结合进行研究,开拓出一条研究对外汉语教学的新途径。

全书共收论文 28 篇,其中不乏名家名作,具有很强的理论探讨和使用价值。论文按照内容分为三部分:语言学与认知心理学研究、汉语认知心理学研究和汉语学习研究。

　　第一部分：语言学与认知语言学研究。包括 5 篇论文：崔希亮的《认知语言学：研究范围和研究方法》、沈阳的《"VP 的"转指的认知解释和句法制约》、杨德峰的《用于将来的"动+了+趋"初探》、张美兰的《从偏正结构的认知基础看近代汉语比拟结构的发展》、王建勤的《第二语言习得顺序研究的理论争议》。

　　第二部分：汉语认知心理学研究。包括 5 篇论文：彭聃龄的《汉字识别与连接主义模型》，江新的《初学汉语的美国学生汉字正字法意识的实验研究》，徐彩华、陈绂、张必隐的《中文心理词典中单音节词的加工》，高立群的《"把"字句位移图式心理现实性的实验研究》，方经民的《论汉语空间区域范畴的性质和类型》。

　　第三部分：汉语学习研究，包括 17 篇论文。这部分论文又可以分为两个方面。一是运用认知心理学的成果分析汉语作为第二语言学习过程中有关的心理问题，收有 7 篇论文：李晓琪的《母语为英语者"再、又"习得过程的认知心理分析》、徐子亮的《学习主体感知和记忆汉语的特点》、吴勇毅的《听力理解与汉语作为第二语言(CSL)的习得》、郑艳群的《汉语 CAI 设计与认知学习》、李泉的《对外汉语教学理论和实践的若干问题》、陈桂月的《新加坡受英文教育的成年人学习华语的困难》、铃木基子的《与汉日表示存在的句子相关的认知问题》；二是关于学习汉语语法、词汇、汉字所遇到的语言问题，有 10 篇论文：陆俭明的《英汉回答是非问句的认知差异》、赵金铭的《外国人语法偏误句子的等级序列》、周国光的《汉语儿童否定范畴习得研究》、梁莉莉的《从三个典型的粤语句式探讨香港大专生学习普通话的特点》、肖奚强的《外国学生汉字偏误分析》、刘勋宁的《现代汉语句尾"了"的语法意义及其解说》、鲁晓琨的《助动词"会"和"能"的隐喻对比》、金立鑫的《趋向补语和宾语的位置关系》、施春宏的《比喻义的生成基础及理解策略》、邢红兵的《留学生形声字声旁规则性效应调查》。

　　该书理论新颖、逻辑性强，对于将对外汉语研究与其他学科研究相结合做了有益的尝试，并取得丰硕的成果。心理学是对外汉语教学研究的一个基础理论学科，加强在对外汉语教学中应用心理学研究的成果可以更好地促进对对外汉语教学的研究。

15. 对外汉语教学思考集

《对外汉语教学思考集》，鲁健骥著，北京语言文化大学出版社，1999 年 7 月出版，共 230 页。

该论文集是作者多年来在对外汉语教学领域所获得的思考，所收文章大多是围绕《初级汉语课本》的编写而获得的体会。

该书中收录的文章分为三部分。

第一部分是中介语理论与偏误分析，包括七篇文章，分别是：《中介语研究中的几个问题》、《偏误分析与对外汉语教学》、《中介语理论与外国人学习汉语的语音偏误分析》、《外国人学习汉语的语法偏误分析》、《外国人学习词语的语法偏误分析》、《外国人学习汉语的语用失误》、《中介语研究十年》。

第二部分是对外汉语教学及教材编写的思考，共收录文章十篇，其中有：《基础汉语教学的一次新的尝试——教学实验报告》、《教材与教学实践》、《从教学法的角度看趋向补语》、《"上"类动词作补语的性质和意义》、《状态补语的语境背景及其他》、《状态补语的句法、语义、语用分析在教学中的应用》、《对外汉语教学基础阶段处理文化因素的原则和做法》、《多项选择答案测试》、《出题技巧与题目分析》、《一本有特色的古汉语教材——〈文言入门〉读后》。

最后一部分是对外汉语教学学科建设及其他，收录五篇文章，分别为：《对外汉语教学学科建设的一个重要课题——谈对外汉语教学历史的研究》、《汉语语法研究与对外汉语教学语法体系》、《"它"与"it"的对比》、《英语情态助动词与汉语能愿动词的比较》、《人名与称谓中的排行》。

对外汉语教学中有许多问题需要解决，作者把他自身的教学经历和教学经验结合起来，从"学"的角度思考问题，对中介语的研究和偏误分析发表了自己的看法和见解，并且呼吁开展对对外汉语教学历史的研究。

16. 对外汉语教学通论

《对外汉语教学通论》，赵贤州著，上海外语教育出版社，1996年6月出版，共321页。

该书综述了对外汉语教学研究各方面的研究内容，涉及对外汉语教学学科理论、对外汉语教学基础理论、对外汉语教学过程理论以及对外汉语习得研究等多个方面。

该书共分二十三章，在正文前有序言和前言。

第一至四章是关于对外汉语教学的性质和特点、任务和内容、历史演变以及现状和发展趋势的论述；

第五章回顾了对外汉语教学的理论研究；

第六、七章先论述了第一语言和第二语言教学的异同，然后总结了汉语作为第二语言的教学特点；

第八、九章对国外第二语言教学理论研究的情况做了评介，还介绍了外语教学法的主要流派和发展趋势；

第十章论述了外语教学与语言学、心理学和教育学的关系；

第十一、十二章论述汉语与汉文化的关系，提出汉语文化课的教学导向和教学原则；

第十三至十六章是关于对外汉语教学中语音、词汇、语法和汉字教学的论述；

第十七至二十章是关于对外汉语教学"四大环节"的论述，即论述了对外汉语课堂教学的原则与方法、总体设计、教材编写以及 HSK 考试与课堂教学的关系等；

第二十一、二十二章关于对外汉语习得研究的，包括中介语理论和错误分析的原则与方法等；最后一章论述的是对外汉语师资素质及其评估。

该书较全面地介绍了对外汉语教学的各个方面的内容，在当时，为对外汉语全方位的研究做出了贡献。但是，由于时代因素和研究理论与方法等方面的原因，该书也存在着局限，例如有关对外汉语教学研究中的对比、文化、计算机辅助教学等相关内容几乎没有提及。

17. 对外汉语教学的理论与实践

《对外汉语教学的理论与实践》，柳英绿、金基石主编，延边大学出版社，1997 年 12 月出版，共 551 页。

该书所选论文共分为对外汉语教学的理论探索、对外汉语教学教法研究、汉语水平考试与《大纲》研究、语言对比研究、语病与偏误分析、对外汉语教材问题和语言与文化七个栏目。

对外汉语教学的理论探索方面的文章，包括：《汉语（第二语言）教学理论研究的新进展——读〈汉语学习〉上刊载的几篇文章》、《关于对外汉语教学的几个问题》、《我对发展汉语教学的几点认识》、《汉语研究和对外汉语教学》、《关于"对外汉语教学"的思考》、《母语制约第二语言的学习》、《"汉语交际语法"的构想》、《第二语言教学的基本特征和策略》、《关于对外汉语教学若干议论和思考》、《关于设立面向外国留学生的"中国语言文化专业"（本科）刍议》、《跨文化非语言交际研究及其与对外汉语教学关系》、《拓展对外汉语教学问题的思考》、《论第二语言教学中的简化原则》、《从"雅言"到"华语"——寻根探源话名号》。

有关对外汉语教学教法研究的，包括：《汉语第二语言习得研究述评》、《对外汉语语法教学的重点和难点》、《语义在句型、句式教学中的重要性——兼谈从语义范畴建立教学用句子类型系统的可能性》、《应该重视作为口语体的口语教学》、《对外汉语教学的速读训练》、《"预设"在对外汉语教学的运用》、《从留学生的口语应变能力看汉语口语的表达特点》、《初级阅读理解专利法探析》、《从章法与篇法的同一性看对外汉语写作教学》、《听写及其运用》、《学习主体与外部条件》、《对外汉语文化课教学刍议——关于教学导向与教学原则》、《我是怎样教韩国学生汉语副词的》、《建立科学的训练体系——中高级汉语教学技能训练问题》、《对外汉语课堂教学特殊性之分析》。

汉语水平考试与《大纲》的研究，包括：《汉语水平考试（HSK）的理论基础探讨》、《中国汉语水平考试十年》、《对汉语水平考试质量控制的一点思考》、《〈HSK 词汇等级大纲〉中形容词和副词的词类标注问题》、《〈汉语水平词汇等级大纲〉中的中韩同形词比较分析》、《〈汉语水平汉字等级大纲〉中的汉字与韩国教育用汉字字义的比较》。

语言对比研究方面的论文，包括：《对比语言学和对外汉语教学》、《朝汉语宾语比较》、《朝汉语存在句对比》、《"穿戴"语义场与语言的民族特点》、《副词"只"和"only"的句法、语义和语用比较》、《日汉语无主句同异比较》、《日汉翻译时的主语省略问题》、《汉韩英三种语言烹调动词对比》、《朝鲜语中的汉字词——论汉语和日本语对朝鲜语的影响》、《朝鲜语汉字成语与汉语成语》。

语病与偏误分析的，有：《非对比性偏误浅析》、《外国人学汉语的语用失误》、《留学生汉语写作语病问题》、《论跨文化交际中语言语用失误》、《语音偏误与语音对比——谈对朝鲜人汉语语音教学》。

有关对外汉语教材问题的成果，包括：《从信息处理角度看对外汉语教材建设》、《偏误例析与对外汉语教材编写》、《视听说课的教材与课堂教学》、《对中级汉语课本选篇原则思考》。

最后是关于语言与文化的，包括：《试谈陈述性文化知识和程序性文化知识》、《文化考察的新视角：语言文化与超语言文化》、《论对外汉语文化教学》、《"交际文化"质疑》、《语言跨文化研究管见》、《数字姓、称、名——汉语数文化一奇观》、《说"〇"》、《方块汉字与方形文化》、《汉语与饮食文化》、《语言与服饰文化浅探》、《现代汉语社交称谓系统及其文化印记》。

18. 对外汉语教学概论

《对外汉语教学概论》，刘珣主编，北京语言文化大学出版社，1997年6月出版，共465页。

该书共八章。

第一章：对外汉语教学学科的性质和特点。简述学科的基本属性和学科名称、汉语作为第二语言的教学，介绍以语言交际能力为目标、技能训练为核心的基础汉语教学和以语言对比为基础的语言教学，明确中高级阶段汉语教学的性质和任务，提出了汉语教学的新路。

第二章：对外汉语教学是一门新兴的学科。简述对外汉语教学学科体系、对外汉语教学的结构、我国对外汉语教学学科建设的巨大进展、我国对外汉语教学的发展简史、历史上的对外汉语教学和国外外语教学学科的发展过程。

第三章：对外汉语教学学科的理论基础。概述学科的基础理论，明确语言是不是知识，解释语言交际能力与话语的会话含义，介绍跨文化研究的新维度：学习者的中介文化行为系统、学习主体与外部条件和对外汉语教学的几项基础研究工作。

第四章：对外汉语教学理论和教学法。预测了外语教学法流派的发展趋势，简述对外汉语教学的目的和内容和对外汉语教学的基本原则，阐述关于功能，论述"教学有法而无定法"，概括五六十年代对外汉语教学的主要特点并对对外汉语教学法研究进行回顾与展望。

第五章：对外汉语教学的总体设计。简述对外汉语教学的总体设计、"汉语水平等级标准"的制订、汉语教学大纲的制订和外国人学习与使用汉语情况研究。

第六章：对外汉语课堂教学与现代化技术的应用。包括对课堂教学活动的研究、课堂教学技巧、提高课堂教学质量、汉语信息处理技术在对外汉语教学中的应用和多媒体汉语教学的特点。

第七章：对外汉语教材的编写。包括对外汉语教材的回顾与展望、基础汉语教材纵横谈、速成初级汉语教材的总体构想及编写原则、中级汉语教材的课文与词汇、高级汉语教材的框架构想与设计、文学作品与中高级汉语教材、美国《标准汉语》评介和组合式——教材编写的另一种思路。

第八章对外汉语教师的业务素质。包括做出色的对外汉语教师，介绍对外汉语教师的知识结构与能力结构，明确教师培训的目标、课程与教学特点和对外汉语教学工作的评估。

该书是对外汉语教学研究丛书之一，旨在对对外汉语教学学科所涉及的诸多理论问题进行比较全面的、系统的、而又是概略的论述。全书以"论"为主，略顾到"史"；以今在为主，兼及过去；以我国为主，必要时也涉及国外第二语言教学的大背景，共选用了北京语言文化大学 36 位作者的 46 篇文章。

19. 认知功能教学法

《认知功能教学法》，邵菁、金立鑫著，北京语言大学出版社，2007年8月出版，共158页。

该书为"汉语教学名家讲坛"系列丛书，旨在建立一种新的高效的与语言学理论相关的外语教学法——认知功能教学法。这套教学法是建立在当今国际语言界最著名的"转换生成语言学"和"功能主义语言学"这两大语言理论基础上的。

该书包括四部分，共九章内容。

第一部分论证语言观和语言学理论与教学法之间的关系，包括对以往教学法的回顾和评价。

第二部分论证认知功能教学法的理论来源、认知和功能两种理论结合的可能性与合理性，包括介绍转换生成语言学和功能主义语言学的语言观及其对应的语言教学法；

第三部分阐述功能教学法的基本精神，包括对"认知"与"功能"概念、关系的阐释以及认知功能教学法的基本原则，并提出了"有效语料"和"无效语料"的概念；

第四部分展示认知功能教学法在对外汉语教学活动中的应用，包括认知功能法在语音、汉字、词汇、语法、语篇教学中的应用以及认知功能教学法思想指导下的对外汉语教材编写的原则和方法，运用认知功能教学所作的一些教学实验。

该书研究介绍了一种新型教学法——认知功能教学法，这种教学法强调教师在教学中向学生提供足够的、规范的语料，由学生积极主动地归纳语言规则，同时也强调在交际语境和上下文语境中选择恰当句型。它对该教学法在语音、汉字、词汇、语法以及语篇等各方面的应用作了详细阐述，内容兼具理论意义和实践意义。该书语言浅显，例证丰富，分析透彻，对使用认知功能教学法及相关教材从事教学工作的教师，提供了必要的背景知识介绍和具体应用指导，对一般的对外汉语教师及相关研究者也有一定参考意义。

20. 汉语教学：海内外的互动与互助

《汉语教学：海内外的互动与互助》，崔希亮主编，商务印书馆，2007 年 8 月出版，共 435 页。

该书是 2004 年 12 月 23 日在北京语言大学举行的"新世纪对外汉语教学——海内外的互动与互助"学术交流活动的论文结集，全书汇集了来自海内外专家、学者就第二语言教学的基本技能、基本理论以及对外汉语教师的培训等问题所进行的专题演讲。

该论文结集主要就三方面内容进行了探讨及交流。

第一方面探讨的是对外汉语教学的基本理论及基本原则问题，包括：赵金铭的《"十五"期间对外汉语学科建设研究》，吴勇毅的《从交际语言教学到任务型语言教学》，朱永平的《控制式操练教学法在不同年级汉语教学中的运用》，梁新欣的《对外汉语微型操练课的设计原则与技能》，温晓虹的《对外汉语教学语言习得的理论基础》，张洪明、宋晨清的《对外古代汉语教学平议》。

第二方面探讨的是对外汉语教学方法及教学策略问题，包括：石峰的《汉语语音教学笔记》，周小兵、吴门吉的《培养猜字技能的教学设计》，李晓琪的《汉语虚词教学方法探讨》，顾百里的《高级汉语口语语法与词汇的训练：对汉语非其母语学生的教学法研讨》，卢福波的《对外汉语语法教学的基本环节与模式》，李泉的《对外汉语汉字教学综观》，崔颂人的《对外汉语成绩测试管窥——兼谈试题编写的改进》，冯胜利的《论汉语书面语法的形式与模式》。

第三方面探讨的是对外汉语教师的培训问题，包括：周质平的《汉语热的沉思：在学匠与匠人之间》，崔希亮的《试论对外汉语教师的知识和能力》，孙朝奋的《对外汉语教师必备的汉语史知识》，邢志群的《对外汉语教师培训——篇章教学》，张和生的《简论对外汉语教师的基本素质》，何宝璋的《对外汉语教材浅谈》。

该论文专集，展示了海内外从事汉语教育的著名学者及专家专门就汉语教学及师资培训等问题进行的学术探讨与思考，其特点是理论与实践结合、海内与海外互补。

21. 对外汉语教学的心理学探索

《对外汉语教学的心理学探索》，江新著，教育科学出版社，2007年4月出版，共303页。

该书将心理学的理论研究（特别是认知心理学）与对外汉语教学联系起来，包括对外汉语教学的心理学基础、计算机辅助汉语学习、外国人汉语学习的认知因素和情感因素、双语的认知研究及其对教学的意义等方面的内容。

全书共分九章。

第一章对外汉语教学的认知基础，分为理论基础和方法基础两个部分，论述认知心理学的研究领域、认知心理学的历史、学习的认知观点与对外汉语教学之间的关系，阐述认知心理学和对外汉语教学的研究方法，第二语言习得研究与教学应用的关系；

第二章记忆研究与对外汉语教学，阐述了记忆的信息加工模型与教学和信息的编码过程和提取过程；

第三章汉字认知与教学；论述母语者和第二语言学习者的汉字认知，分别阐述汉字认知的影响因素、讨论字音在认识过程中的作用，提出认知模型和学习策略；

第四章汉语词汇认知与教学，分别阐述母语者和第二语言学习者的词汇认知。

第五章汉语语法认知与教学，从儿童语法习得理论和汉语儿童语法习得研究两方面来谈母语者的语法认知，从第一语言和第二语言语法习得的比较和外国人汉语语法习得的研究两个方面来谈第二语言学习者的语法认知；

第六章汉语语音认知与教学，分母语者的语音认知和第二语言学习者的语音认知两个部分，主要从研究语音和声调的习得入手，研究语音认知；

第七章计算机辅助汉语学习的认知研究，从多媒体环境中的汉语学习和计算机辅助汉语学习的认知研究两个方面来谈；

第八章外国人汉语学习的个人差异，阐述第二语言习得的社会教育模型、语言能力倾向和智力、语言学习策略、态度和动机与语言焦虑五个问题；

第九章双语者的认知研究与教学，分析双语者的类型，讨论汉英双语者的语言加工和儿童双语者与第二语言学习，并提出了促进汉语学习的原则。

该书包括相关理论、研究方法和研究成果的综述，更为难得的是，还包括作者在字词认知、学习策略、学习动机等领域所做的调查和实验研究。这些内容可以帮助读者运用心理学的观点和方法去认识外国人汉语学习的过程和规律，这为对外汉语教学提供了一个新的视角，使对外汉语教学研究又深入了一步。

22. 对外汉语教学难点问题研究与对策

《对外汉语教学难点问题研究与对策》，朱芳华著，厦门大学出版社，2006年11月出版，共243页。

该书是厦门大学海外教育学院海外华文教育研究系列之一，以教师的教和学生的学为视角审视对外汉语教学的难点，并从对外汉语课堂教学出发，对教学策略和方法进行探讨。

全书共八章。

第一章绪论，简述对外汉语教学难点研究的意义和作用，明确难点研究的对象、任务和目标，提出研究的现状与面临的问题；

第二章就几个与难点研究相关的问题，阐述对外汉语教学的性质、目标和任务，并对几个重要关系提出自己的理解；

第三章难点研究理论篇，提出了难点研究遵循的原则；

第四章课堂教学难点研究篇，提出有关课堂教学的几个问题，并给出课堂教学难点化解原则，明确课堂教学难点，提出运用课堂教学手段化解教学难点，提高教学质量；

第五章教师篇，从教师的素质和教学任务入手，提出影响课堂教学效果的几个问题，以及教师在教学中容易产生困惑的问题及化解，明确教师组织课堂教学的难点，并说明如何进行课程测试，给出了化解和处理教师教学难点策略的原则和方法；

第六章学生篇，论述学生学习难点表现和产生的原因并提出化解和处理学习难点策略的原则和方法；

第七章课程教学篇，分别阐述听力课、口语课教学、阅读课、写作课、语法课、汉字教学课、词汇课、HSK 辅导课的教学；

第八章实战篇，针对语言点的课堂教学和课型教学举例。

该书研究对外汉语教学特别是课堂教学的难点，总结对外汉语课堂教学经验，探索了对外汉语课堂教学的架构，力图建构听力、综合、阅读、口语、汉字、词汇、写作等多层次的教学模式并提出相应的教学策略和教学方法，进而探索对外汉语课堂教学的评估体系，探索对外汉语教学难点的解决方案，是一部能够进一步完善对外汉语教学理论的著作。

23. 对外汉语教学心理学引论

《对外汉语教学心理学引论》，张灵芝著，厦门大学出版社，2006年11月出版，共303页。

该书是厦门大学海外教育学院海外华文教育教材系列之一，论述了对外汉语教学的心理学问题。

全书共三个部分，分为十五章。

绪论简述心理学与对外汉语教学。

前五章为第一部分，阐述学生与对外汉语教学实践，包括：个体发展理论、多元智能理论、学习动机、学习风格、跨文化差异。

第二部分由第六章到第十二章构成，论述了学习理论与汉语作为外语的学习过程，包括：汉语作为外语教学的行为理论、汉语作为外语教学的认知理论、汉语作为外语教学的建构理论、汉语作为外语学习的认知过程、汉语作为外语的学习迁移、汉语作为外语的学习策略，以及记忆与遗忘。

第三部分涵盖第十三、十四和第十五章，论述教师与对外汉语教学实践，包括：对外汉语教师的成长、对外汉语课堂教学实施、对外汉语课堂教学效果评估。余论是留学生心理健康教育。书后附录：1. Felder 学习风格测验表；2. 社会适应能力自测；3. 焦虑自评量表；4. 综合心理健康度测试量表；5. 与不同国家的人士交往应注意的礼俗。

作者将该书定位为汉语作为第二语言教学师资培训的教学用书或自学参考书，目的是理论联系实践，将国内外教育心理学的研究成果运用于对外汉语教学中，力图形成一个初步的系统，以供研究参考。

24. 钟梫对外汉语教学初探

《钟梫对外汉语教学初探》，钟梫著，北京语言大学出版社，2006年8月出版，共145页。

该书为编著者多年来从事对外汉语教学实践与研究的思考和体会，共选收论文十三篇。

《十五年(1950~1965年)外国留学生汉语教学总结》论述了教学特点以及由此产生的教学要求、教学原则与教学安排的问题，还论及了教材编写和教学法等问题；《怎样教"半上"声?》、《什么时候不用词尾"了"?》是教学笔记，对课堂实际教学情况做了翔实的记录；《关于汉语语音的若干问题》列出了"声韵拼合总表"、"辅音元音表"、"元音舌位图"并作说明，提出有关汉英语音对比的一些问题；《一份教案》是1978年7月26日在法国汉语教师暑期进修班上一次讲座用的教案；《谈怎样分别词和语》提出分别是"词"还是"语"应首先研究词和语的语法上的特点；《"打仗""打架"是不是词?》谈及动词和受词的问题；《标注词性的若干问题》论述词同语、词同语素的界限问题；《略论汉语的主语》主要谈的是汉语动词谓语句的主语问题；《汉语漫谈》主要谈的是汉语发展的概况、所谓发展快慢的问题和现代汉语的一些特点；《同出国汉语师资谈汉语作为外语进行教学的问题》谈了汉语教学工作中的体会；《词与非词的区分问题》主要谈词与比词大的东西和比词小的东西的不同；《语言和语文词典》论述词语的阶级性问题。

该书所收文章对对外汉语教学的启发性之强不言而喻，体现出作者在语言教学方面的深刻理解和独特见解。

25. 对外汉语教学理论研究

《对外汉语教学理论研究》，李泉主编，商务印书馆，2006年7月出版，共 302 页。

该书为对外汉语教学专题书系之一，是一部对汉语作为第二语言的学习者语言系统研究的著作，系统介绍了对外汉语教学理论研究、对外汉语教学理论探讨、对外汉语原则和教学法研究等内容。该书的编写者绝大多数都是多年从事对外汉语教学与研究工作并有丰富经验的中年教师，他们在继承前修与时贤研究成果的基础上，融入了个人对对外汉语教学理论和实践问题的长期思考。该书作为一部教材来编写，就是为了满足应用语言学的教学需要，也是为对外汉语师资培训提供一部较为全面的参考资料。

全书包括四章内容。

第一章，首先回顾了对外汉语教学理论研究的历史，简要概述了从 20 世纪 50 年代至今对外汉语教学在不同时期理论研究的基本情况。20 世纪 50 年代对外汉语教学刚刚起步，理论研究尚属探索阶段；60 年代，教学经验更加丰富，代表性的成果是钟棱执笔的《15 年汉语教学总结》，文章中提出的"实践性"教学原则、"语文并进"等主张，有许多至今仍有重要的理论和现实意义；70 年代，吕必松在《汉语作为外语的实践性原则》中对"实践性原则"进行了新的解释；80 年代以来，随着对外汉语教学规模迅速扩大，教学层次不断增加，对外汉语教学理论的研究也更深入和系统化。教学理论研究涉及汉语作为第二语言教学的整个过程及其相关的要素、理论和应用等诸多问题。

第二章，全面介绍了教学理论基本问题的研究现状。在教学性质和类型、教学理论和教学目标等方面，关于对外汉语教学理论探讨的研究成果是比较丰富的，该章选录了八篇较有代表性的论文：赵金铭《对外汉语研究的基本框架》主张找准对外汉语教学的位置以便寻求准确的研究切入点并从中国的应用语言学谱系的视角，对对外汉语教学研究进行了学术定位；陈宏的《第二语言能力结构研究回顾》指出中介语边续体是语言能力结构研究的新视角，使我们对语言能力及相关问题有了新的认识；陈健《论突出以目标为导向的交际能力训练》一文总结了非常实用的教学实践经验；吕必松《汉语教学路子研究刍议》指出在汉语教学理论和教学方法研究上存在的最大问题就是对汉语的特点缺乏足够的认识，应探索出一种有"汉语特色"的教学路子；

刘英林《中高级阶段对外汉语教学的理论探讨》和李杨《高级阶段的汉语教学问题》至今仍是中高级教学理论研究的代表性文献；崔永华《略论汉语速成教学的设计》和马箭飞《汉语速成教学的最优化策略》讨论了速成汉语的本质特点等，对对外汉语教学理论研究做出了重要的研究贡献。

第三章是"对外汉语教学原则和教学法"研究，这也是对外汉语教学理论研究的核心内容，收录文章六篇：刘珣《试论汉语作为第二语言教学的基本原则》总结了十条基本的教学原则；李泉《试论对外汉语教学的教学原则》提出了以"学生为中心，以交际能力的培养为重点，以结构、功能、文化相结合为框架"的原则；陶炼《"结构—功能—文化"相结合教学法试说》进一步提升了李泉的观点；之后，吕必松的《中国对外汉语教学法的发展》系统地总结了从 20 世纪 50 年代到 80 年代末中国对外汉语教学法的发展历程；刘珣《关于对外汉语教学法的进一步探索》提出制定"功能大纲"；杨惠元《论"教学有法而无定法"》论述了如何把教学方法的科学性艺术性有机地结合起来。

第四章是"对外汉语课堂教学及评估研究"，收录六篇文章，包括孙德坤的《关于开展课堂教学活动研究的一些设想》、杨惠元的《试论课堂教学研究》、崔永华《基础汉语阶段精读课课堂教学结构分析》、王德珮《基础汉语课堂教学方法》、施光亨《关于基础汉语教学中的课堂操练》和杨惠元《课堂教学评估的作用、原则和方法》。

教学理论是与对外汉语教学实践关系最为直接和密切的理论，是学科理论建设的核心和主流，是学科理论建设及其成熟程度的标志，从整体上影响着对外汉语教学的质量和效益，因此，该书对对外汉语教学的重要意义自不待言。

26. 多元文化背景下的对外汉语教学

《多元文化背景下的对外汉语教学》，朱永生、彭增安主编，学林出版社，2006 年 7 月出版，共 454 页。

该书为复旦大学国际文化交流学院教师的论文集，对多元文化背景下的对外汉语教学涉及的许多热点问题进行了探讨，内容包括对外汉语教学研究、语言理论研究、中国文学研究、文化研究与教学、海外学者论坛五个部分。其中对外汉语教学研究的论文 18 篇具体篇目如下：《语法的词汇化教学》、《"得"的语义解释及相关语言点的安排》、《语序的功能研究及汉语语序教学》、《汉字教学的理念和模式》、《"义场"观与对日汉语词语教学》、《中日汉语教学若干问题的比较——以大学非汉语专业的汉语教学为例》、《韩国词语"同形异义"现象与对外汉语教学》、《同义词互释在对外汉语初级阶段词汇教学中的应用》、《口语语体形容词的重叠及其教学对策》、《针对汉语言专业本科生的口语教学法探索》、《外国留学生中文报刊阅读取向调查——基于中文报刊自由阅读作业的定量研究》、《留学生语素组词实验研究》、《谈改进阅读教材中的词语教学内容》、《对英语国家留学生的汉语词汇教学》、《谈谈经贸词汇教学中的方法》、《如何在对外汉语教学中融入更多的文化要素和语言实践——兼谈"中国现当代话剧艺术赏习"选修课的开设》、《汉语言专业文化课教学的定性、定位与定量问题》、《关于汉语水平考试改良的探索》。

该书引入了海外学者的声音，反映了全球汉语热这一现象，但是在全球多元文化的背景下如何搞好对外汉语教学，还面临着许多新的问题。这部论文集无疑代表了对外汉语教学领域专业人士对所出现问题进行深入思考的最新成果。

27. 对外汉语教材研究

《对外汉语教材研究》，李泉主编，2006 年 7 月出版，商务印书馆，共 334 页。

该书共五章。

第一章教材编写研究回顾，概述对外汉语教材编写和研究，主要包括教材编写的成就、问题和出路，教材编写理论研究的总结和探讨；

第二章教材编写原则的研究，概说教材编写的通用原则、教材编写的基本原则、教材编写的针对性原则和教材编写的趣味性原则；

第三章教材编写的基础研究，简述教材的属性、功能和基本分类，简述教材编写的基本程序，明确教材编写的基本问题研究，阐述教材语料难度的定量分析、教材课文的编写、教材语法项目排序和教材练习编写；

第四章教材编写的理论探索，涵盖对外汉语教材编写的展望，对外汉语教材的现代化、对外汉语教材的创新、组合式教材设计、字本位教材研究和教材研究与开发等内容；

第五章教材评估研究，介绍教材评估的作用和标准，阐述教材评估的类型和原则。

该书是商务印书馆对外汉语教学专题书系之一，书中所选文章为近年来在对外汉语课堂教学中有丰富经验的学者发表的文章，并按照章节的形式编排成书，具有较强的学术参考价值。

28. 外国人学汉语难点释疑

《外国人学汉语难点释疑》，叶盼云、吴中伟著，北京语言大学出版社，2006 年 3 月出版，共 321 页。

全书收入的 200 多个条目，都是在对外汉语教学实践中经常遇到、学生非常感兴趣的问题，按照词汇、语法、语音、文字的顺序排列，其中语法部分又按词法、句法、语篇表达排列。由于该书没有翻译（个别较难的词语有英文注释），所以作者尽量少用语法术语，语言力求浅显；对问题的说明不求面面俱到，而是择要而谈，重在别正误，辨异同，用典型例句来启发学生，使他们既知其然，又知其所以然。为了便于表达、加深理解、帮助记忆，部分条目采用了图解、表格、公式等形式。大部分篇目附有练习题，书后有练习答案和索引，便于查阅。

该书参考了大量的研究文献，吸收了最新的研究成果，反映出作者自己的研究心得。针对性、实用性、可操作性强，是一本供初、中级汉语水平的外国人阅读的参考书，也可作为对外汉语教师及其他本国人辅导外国人学汉语时的参考用书。

29. 实用对外汉语教学语法

《实用对外汉语教学语法》，陆庆和著，北京大学出版社，2006 年

2 月出版，共 501 页。

　　该书系"实用对外汉语教学"丛书，主要介绍以外国人为教学对象的语法教学及语音、文字、词汇教学的基本要点，对这些方面教学中的重点和难点，均有比较详细的说明与分析。

　　全书共五编。

　　第一编汉语语音、汉字与词汇教学，包括三章，分别介绍汉语语音教学、基础汉字教学、词汇基本知识及在教学中的应用；

　　第二编是汉语词类教学，包括十章内容，分别介绍名词、代词、数词、量词、动词、助动词、形容词、副词、介词、连词和助词；

　　第三编是汉语句子成分教学，包括五章内容，分别介绍主语、谓语、宾语、定语和状语；

　　第四编是汉语单句教学，分别论述了单句的类型和特殊句式；

　　最后一部分写汉语复句教学，用四个章节分别介绍复句的类型、复句中的关联词、复句中成分的省略和复句方面常见的偏误与教学建议。

　　书中罗列了大量外国人学习汉语时经常出现的各类偏误，并针对教学内容与学生习得特点，探索行之有效的教学方法，提出一些建设性的意见，可供对外汉语教师教学与研究时参考。

30. 中文教材与教学研究：刘月华教授荣退纪念论文集

　　《中文教材与教学研究：刘月华教授荣退纪念论文集》，姚道中等编，北京语言大学出版社，2006 年 1 月出版，共 368 页。

　　该书是为纪念著名对外汉语教学专家刘月华教授从哈佛退休而举办的学术会议论文集，共收论文 21 篇，其中 18 篇是根据 2003 年 7 月在夏威夷会议上发表的论文修改而成，内容涉及高年级教材、电脑技术在教学中的应用、汉字教学方法理论、最新语法观点等。

　　教材与语法论文：《中文教材的课文和语法》；教材论述论文：《初议美国大学"高级"汉语课程的名与实》、《试论高年级教材的语料问题》、《对高年级汉语教学若干问题的思考》、《走向用中文思考——高级中文综合语言课程设计与教材编写》、《高等院校对外汉语教学中影视作品的运用》；有背景学生的教学论文：《有背景学生汉语初阶课程与〈中文听说读写〉》、《华裔学生中文教学的特点——兼谈为配合〈中文听说读写〉而作的补充阅读材料的编写和使用》；语法及中文教学论文：《全球语法与华语教学》、《对比分析与语法教学》、《汉语语法教学中的几个偏误问题》、《试论能愿动词"会"、"能"、"可以"的语义特征》、《舌灿莲花：从认知视角看"朵、就"等语素在语言演变中所显示的隐喻》；汉字与汉语论文：《汉字教学与汉语习得》、《汉字教学方法的功用和局限》、《"视象诗学"：中国古代文学文字观与汉字的表意性》；课堂活动论文：《分组活动的互动性及教学形式探讨》、《〈中文听说读写〉第一册活动手册"另类"课堂操练方式》；电脑辅助教学论文：《电脑科技及网络在中文教室的使用：普及湾大学汉语教学实例报告》、《对外汉语教学中电脑化生词卡的应用》、《以图片操练来丰富口语练习》。

该论文集中背景不同的作者从不同角度来探讨中文教材与中文教学，使这本论文集成为一部多方位与多层面的中文教学研究著作，每一篇文章都是作者多年研究成果与实际教学经验的结晶，有些文章侧重于阐释理论，有些文章则侧重于探讨教学实践，但每一篇都言之有物，值得参考。

31. 探索与创新：华东地区对外汉语教学论文集

《探索与创新：华东地区对外汉语教学论文集》，朱立元主编，北京大学出版社，2006 年 1 月出版，共 314 页。

该论文集是第八届华东地区对外汉语教学青年学会研讨会的论文集，收录论文 30 篇。

其中教学研究论文包括：《二语学习者口语学习难点和教学的应对策略》、《初级班的有声语言技巧教学》、《话语分析理论在初中级汉语听力教学中的运用》、《认知语境与语篇理解》、《汉语听力教学中预测能力的培养》、《关于高级阶段新闻听力课教学的几个问题》、《HSK 与留学生学历教育》、《对外汉语语法教学的简约性》、《中级水平日韩、欧美留学生学习策略研究》、《注重"商务交际汉语"教学，拓展对日汉语交流渠道——对日汉语教学的发展趋势初探》。

多媒体教学研究论文包括：《基于网络的对外汉语教学多媒体素材库之设计与系统构建》、《多媒体网络教育与对外汉语教学》。

汉语本体研究论文包括：《日本留学生习得汉语"了"的偏误分析——兼与日语过去助动词》、《汉语与日语被动句应度的探析》、《说"寒""冷"》、《"更"和"还"》、《现代汉语时间量度词说略》、《N_1+A+N_2+Q句式的配价及其相关问题》、《"去+VP"与"VP+去"结构的分类对比》、《"是不是"附加疑问句研究》、《单重复句省略初探》、《以性别语素"男、女"构成的词语及其类推问题》、《"过来""过去"引申用法的认知分析》。

教材及汉字研究论文包括：《繁简字与异体字的纠葛》、《试谈如何提升面对外国读者的汉语学习词典的亲和力》、《对外汉语高级教材超纲词统计分析》、《留学生汉语言本科教育的"专"与"通"问题》、《汉语言专业文化课教学的定性、定位与定量问题》、《新思路、新视角和新体例——评〈当代中文〉和〈跟我学汉语〉》、《词语的文化意义不应曲解——评杨元刚、张安德〈英汉植物词文化联想意义对比分析〉一文》。

32. 对外汉语教学的全方位探索——对外汉语研究学术讨论会论文集

《对外汉语教学的全方位探索——对外汉语研究学术讨论会论文集》，赵金铭主编，商务印书馆，2005 年 12 月出版，共 488 页。

该书收录了 2004 年 11 月 20－21 日在北京举行的"对外汉语研究学术讨论会"论文 28 篇，系"对外汉语研究中心书系"之三。

论文分为四个专题：

1. 对外汉语教学的宏观论述，包括《对外汉语教学的基础研究与应用研究》、《"十五"期间对外汉语学科建设研究》、《开展面向对外语教学的词汇语法研究》、《第二语言的学习和教学》4 篇论文，分别论述了对外汉语教学的基础研究、应用研究、学科建设等方面的问题；

2. 面向对外汉语教学的本体研究，包括《特殊动词的句法语义属性研究与对外汉语教学》、《时态限制词在区分不同句型方面的作用》、

《语气词"罢了"和"而已"》、《从及物性角度看汉语无定主语句》、《"据……看/说"及相关格式》、《现代汉语语法项目的标注及统计研究》、《对外汉语教学助词"着"的选项与排序》、《"张三追着李四直气喘"以及相关句式》、《简单短语及线性邻接属性研究》、《"其他"和"另外"的综合考察》10 篇论文，着重讨论语法问题，另有 4 篇论文《对普通话同构异焦句的重音和尾句的初步研究》、《HSK 单双音同义动词研究》、《海峡两岸词语差异及其原因——基于〈两岸现代汉语常用词典〉的词汇对比研究》、《对外汉字教学所需查字法研究》讨论语音、词汇、汉字等方面的问题；

3. 对外汉语教学的教学理论研究，收入《导引 脉络 准绳——〈汉语 100〉编写思路的构拟与实施》、《试论定向汉语教材编写的环境文化因素》、《语言教学中形式与意义的平衡——任务教学法研究之二》、《试论汉语教学的语感培养》、《HSK 等值方法的改进》5 篇论文，涉及教材编写、任务教学法与汉语水平考试等问题；

4. 汉语作为第二语言的习得研究，收入《欧美学生汉字形音意识发展的实验研究》、《针对西方学习者的汉字教学：认写分流、多认少写》、《方位词"上""下"的语义认知基础与对外汉语教学》、《成功的汉语学习者的学习策略分析》、《国内汉语第二语言习得研究二十年》5 篇论文，涉及汉字习得、学习策略等问题。

该论文集一方面是对论文集论题的概括，另一方面沿袭"对外汉语研究中心书系"命名的惯例，并从中体现我们对对外汉语研究的新期盼。

33. 对外汉语教学语法

《对外汉语教学语法》，齐沪扬著，复旦大学出版社，2005 年 10 月出版，共 385 页。

该书是普通高等院校对外汉语专业本科生和汉语言专业外国留学生使用的教材，主要依据《高等学校外国留学生汉语言专业教学大纲·语法项目》，吸收了近年来比较成熟的现代汉语语法研究成果，描述对外汉语教学语法系统，内容涵盖汉语语素、词类和句子成分、汉语语法偏误分析等。它对汉语语法中诸多问题作了详细的说明，具有较高的实用价值。

全书共十一章。

引言部分概述了语言与符号、汉语与现代汉语、现代语言学和汉语的现代化等内容。

第一章介绍对外汉语教学语法，对其特点、地位和方法作了整体性的描述，利于读者从整体上把握对外汉语教学语法。

第二至十一章重点讨论的是语素、词、词类、短语，以及句法成分、句型、句类、句式、复句、语法偏误分析等语法问题。其中对词类的描述占了三章的篇幅，包括名词、数词、量词、动词、形容词、副词、区别词、代词、介词、连词、助词、语气词、叹词，从结构类别、功能类别、复杂短语和短语的层次分析四个方面论述了短语；句法成分部分包括主语和谓语、宾语和补语、定语和状语；对主谓句、非主谓句、陈述句、祈使句、感叹句、疑问句、句子的变化的论述构成句型和句类部分；句式部分分别对"把"字句、"被"字句、连动句、兼语句、存现句、比较句、"连"字句等语法现象进行了讨论；复句部分从构成、类型、多重复句与紧缩复句三个角度进行描述与分析；汉语语法偏误分析部分主要谈了偏误分析的原则与方法和常见的语法偏误。

语法是对外汉语教学中的重要组成部分，该书全面地对对外汉语教学语法进行了详细地解说和分析，并结合了实际教学中出现的偏误，可以说是兼顾理论性与实用性。作者吸取前人之成果，而又不拘泥于前人，重点描述教学中应用广泛的部分，既体现全面性，又有侧重，给人以耳目一新的感觉。

34. 对外汉语教学的教学研究

《对外汉语教学的教学研究》，崔永华著，外语教学与研究出版社，2005 年 7 月出版，共 296 页。

该书是世界汉语教学与研究丛书之一，收录了作者十多年来对外汉语教学研究的主要成果。这些文章结合作者多年从事汉语教学和教学研究的经历，试图综合运用语言学、心理学、教育学、计算机技术的理论和方法，探索对外汉语教学的实践和理论问题。讨论的问题涉及学科建设、教学设计、课堂教学、语法教学、汉字教学以及计算机技术在汉语教材的编写测试方面的运用等内容。作者对其中的一些问题有独特的视角和见解。

该书收录的文章共分五个专题：

1. 学科建设研究，包括《对外汉语教学学科概说》、《关于对外汉语教学学科的方法论问题》、《以问题为导向的对外汉语教学学科建设刍议》、《科研课题和对外汉语教学学科建设》、《教师行动研究和对外汉语教学》、《二十年来对外汉语教学研究热点回顾》；

2. 教学设计研究，共有《汉语教学的教学类型》、《关于汉语言（对外）专业的培养目标》、《略论汉语速成教学的设计》、《基础汉语速成教学的设计》、《基础汉语教学模式的改革》、《中英汉语本科学历教育比较》；

3. 课堂教学研究，有《语言课的课堂教学意识略说》、《基础汉语阶段精读课课堂教学结构分析》、《课堂教学技巧略说》、《对外汉语课堂教学技巧·导言》、《对外汉语语语法课堂教学的一种模式》；

4. 语法和汉字教学研究，收录《语法研究和对外汉语教学》、《关于对外汉语教学语法体系的思考》、《汉语中介语中的"把……我……"短语分析》、《汉字部件和对外汉字教学》、《关于汉字教学的一种思路》、《非汉字圈汉语学习者汉字使用情况分析》、《影响非汉字圈汉语学习者汉字学习因素的分析》；

5. 教材编写和计算机技术的应用，计有《〈核心汉语〉第一阶段选材和编写原则》、《"基础汉语精读课成绩测试自动选题系统"的设计思想》、《计算机和对外汉语教学的科学化》等文章。

附录部分收有三篇文章：《加强学科建设，提高教育质量》、《在首届世界汉语教育史学术研讨会上的总结发言》、《一本颇具新意的汉语语法教材》。

35. 实用对外汉语教学法

《实用对外汉语教学法》，徐子亮、吴仁甫著，北京大学出版社，2005 年 7 月出版，共 207 页。

该书为国家对外汉语教学领导小组办公室规划项目，系"实用对外汉语教学丛书"。

全书共十章。

第一章总论，概述教学法的理论支柱和对外汉语教学法的基本特点；

第二章语言教学法流派介绍，主要是语法翻译法、直接法、听说法、视听法、自学对比法、认知法、功能法；

第三章课堂教学的过程与原则，阐述课堂教学的基本要素、教学的一般过程、课堂教学的基本原则；

第四章课堂教学的内容与对象，包括教材的选择与处理和教学对象；

第五章课堂教学的基本方法，分为课堂教学的准备、教案的撰写、组织教学、文化导入与跨文化意识的培养、课堂教学与课外实践五个方面；

第六章阅读课型的课堂教学的实施，分别论述精读课和泛读课的理论基础、教学要点和操作方法；

第七、八、九章分别论述口语课、听力课、写作课的课堂教学实施。

第十章是测试研究。

该书是一部探讨对外汉语教学法的专著，主要介绍和阐述的内容是对外汉语教学具体的教学措施和方法。这些措施和方法是在语言学、教育学、认知心理学等理论的指导下，对教学实践中经常使用的教学过程、活动和方法的理论总结。该书重在探讨课堂教学的同时，还对课堂教学的过程、原则、内容和对象以及课堂教学基本方法进行说明，实用性强。

36. 语言教育与对外汉语教学

《语言教育与对外汉语教学》，吕必松著，外语教学与研究出版社，2005 年 7 月出版，共 204 页。

该书是"世界汉语教学与研究丛书"之一，收集了作者 1993 年以来关于语言教育和教学问题的部分论文和会议讲话，共 17 篇，主要讨论对外汉语教学问题。

该书内容大致分为三类：

第一类是关于汉语作为第二语言教学本体研究的，其中涉及教学思路、"字本位"教学和书面汉语教学等问题，是作者近年来研究的重点；第二类是研究语言教育和汉语作为第二语言教学的发展问题的，强调发展和加强语言教育的重要性，支持建立语言教育学科的主张；第三类是关于学科理论建设，总结了对外汉语教学学科理论建设的经验和理论研究成果。

该书收录的文章篇目如下：《关于语言教学的若干问题》、《汉字教学与汉语教学》、《试论汉语书面语言教学》、《汉语教学路子研究刍议》、《汉语的特点与汉语教学路子》、《谈谈语言教学中的技能训练》、《汉语教学中的说话训练》、《汉语教学中技能训练的系统性问题》、《汉语词汇和词汇教学》、《我对发展汉语教学的几点认识》、《在第七届国际汉语教学讨论会开幕式上的致词》、《在第一次语言教育问题座谈会开幕式上的致词》、《语言教育与语言教学》、《在对外汉语教学的定性、定位、定量问题座谈会上的发言》、《对外汉语教学学科地位的确立和学科理论研究》、《对外汉语教学学科理论建设的现状和面临的问题——在中国少数民族双语教学研究会成立 20 周年暨第八届学术讨论会上的报告》、《谈谈对外汉教学的性质与对外汉语教学的本体理论研究》。

该书反映了作者最近十多年来为发展祖国的语言教育事业和让汉语更快地走向世界所进行的不懈努力，也留下了作者为对外汉语教学的学科建设和理论建设而孜孜不倦探索的足迹。

37. 对外汉语教育学科初探

《对外汉语教育学科初探》，刘珣著，外语教学与研究出版社，2005年7月出版，共311页。

该书系"世界汉语教学与研究丛书"，选收了作者从上世纪80年代以来所写的论文23篇，涉及四个部分：对外汉语教学的学科建设、对外汉语教学法、对外汉语教材编写、师资和专业人才的培养等方面的内容，反映了作者四十多年来从事对外汉语教学和理论研究以及专业人才培养的工作中所形成的观点与看法，其中很多文章经常为本学科研究者所引用，或作为本专业学习者的阅读资料。

该书收录的23篇文章具体篇目如下：《语言教育是一门重要的独立学科》、《也论对外汉语教育学科体系及其科学定位》、《谈加强对外汉语教学的教育学研究》、《汉语教学大发展形势下学科建设的断想》、《有关对外汉语教育学科理论的两点感想》、《借鉴与启示》、《以语言交际能力为目标、技能训练为核心的基础汉语教学》、《语言学习理论的研究与对外汉语教学》、《迈向21世纪的汉语作为第二语言的教学》、《近20年来对外汉语教育学科的理论建设》、《试论汉语作为第二语言教学的基本原则——兼论海内外汉语教学的学科建设》、《探索对外汉语教学法新体系》、《关于对外汉语教学法的进一步探索》、《美国基础汉语教学评介》、《新一代对外汉语教材的展望——再谈汉语教材的编写原则》、《结构—功能—文化结合的一次探索——〈新实用汉语课本〉的编写思路》、《〈实用汉语课本〉编写原则的再思考——兼谈"Proficiency-Orientation"的争论》、《试谈基础汉语教科书的编写原则》、《汉语水平考试的设计与测试》、《对外汉语教育学科专门人才的培养——兼谈"〈对外汉语教学〉课程与教学论"硕士专业的建设》、《关于汉语教师培训的几个问题》、《论对外汉语教学研究方法》、《我爱我们的事业我爱我们的学科》。

38. 汉语与对外汉语研究文录

《汉语与对外汉语研究文录》，赵金铭著，外语教学与研究出版社，

2005 年 7 月出版，共 328 页。

该书收录了作者 1997 年以后在汉语与对外汉语研究方面的论文 23 篇，收入外语教学与研究出版社《世界汉语教学与研究丛书》。

全书包括汉语研究和对外汉语教学研究二方面内容。

汉语研究方面的论文收录 4 篇，即：《现代汉语 "V·de" 格式的分化及其后续成分的省略》、《论汉语的 "比较" 范畴》、《汉语差比句的南北差异及其历史嬗变》和《差比句语义指向类型比较研究》。作者既从宏观角度规划了对外汉语研究的学科框架，总结了 "九五" "十五" 期间的研究成就和薄弱环节，又论述了对外汉语教材研究、开发与创新等中观问题，还细致讨论了教案、教材评估的细目等微观问题。

对外汉语教学研究包括两方面内容，即对外汉语教学研究和对外汉语教学评论，前者收录论文 14 篇，后者收录论文 5 篇。对外汉语教学研究论文包括：《 "九五" 期间的对外汉语教学研究》、《 "十五" 期间对外汉语学科建设研究》、《对外汉语研究的基本框架》、《汉语的世界性与世界汉语教学》、《 "对外汉语" 断想》、《对外汉语教材创新略论》、《跨越与会通——论对外汉语教材研究与开发》、《论对外汉语教材评估》、《论对外汉语教材文化取向》、《外国人语法偏误句子的等级序列》、《 "说的汉语" 与 "看的汉语" 》、《对外汉语教学语法与语法教学》、《汉字教学与学习的新思路——评〈多媒体汉字字典〉》、《论教案及相关问题》。作者既从宏观角度规划了对外汉语研究的学科框架，总结了 "九五" "十五" 期间的研究成就和薄弱环节，又论述了对外汉语教材研究、开发与创新等中观问题，还细致讨论了教案、教材评估的细目等微观问题。对外汉语教学评论论文包括：《〈似同实异——汉语近义表达方式的认知语用分析〉序》、《〈汉字演化说略〉序》、《〈汉语阿拉伯语语言文化比较研究〉序》、《〈对外汉语教学青年学者丛书〉序》、《〈对外汉语教师参考系列丛书〉序》。作者以序言的方式总结汉语语言学跨世纪的学术潮流，评说对外汉语研究中语法、语义、汉字、跨文化比较与心理学研究等多个侧面，对近年来对外汉语教学界的青年学者的研究成果公允评述，展现了对外汉语教学与研究的广阔前景，传承了对外汉语研究的学风与文风。

39. 作为第二语言的汉语本体研究

《作为第二语言的汉语本体研究》，陆俭明著，外语教学与研究出版社，2005 年 7 月出版，共 300 页。

该书为作者三十年来从事汉语本体和对外汉语教学研究的文章结集。

全书包括三部分内容。

第一部分，根据汉语作为第二语言教学的需要而展开的服务于汉语教学的语音、词汇、语法、汉字研究，包括：《说"年、月、日"》、《现代汉语时量词说略》、《"多"和"少"作定语》、《表疑问的"多少"和"几"》、《"更加"和"越发"》、《动词后趋向补语和宾语的位置问题》、《数量词中间插入形容词情况考察》、《关于"支+VP"和"VP+去"句式》、《英汉回答是非问句的认知差异》。

第二部分，根据汉语作为第二语言教学的需要而展开的学科建设理论研究，包括：《汉语作为第二语言之本体研究》、《增强学科意识，发展对外汉语教学》、《对外汉语教学是汉语本体研究的试金石》、《对外汉语教学与汉语本体研究的关系》、《对外汉语教学需要语言学理论的支撑——配价分析的实际应用》、《汉语走向世界与"大华语"概念》。

第三部分，根据汉语作为第二语言教学的需要而展开的教学模式理论研究，包括：《对外汉语教学中经常要思考的问题——为什么？是什么？怎么样？》、《对外汉语教学中的语法教学》、《对外汉语语法教学中需要关注的语义问题》、《关于汉语虚词教学》、《对外汉语教学中要视词汇教学》、《要重视讲解词语和句法格式的使用环境》、《汉语教员应有的自尊自重意识》。

该书的作用在于：

首先，作者就汉语作为第二语言教学的学科建设、基础研究、汉语教师应有的意识和能力以及汉语走向世界等问题，提出了富有创见的中肯意见，对汉语作为第二语言教学的学科发展具有指导性作用。其次，作者就汉语作为第二语言教学中的语法教学、虚词教学和词汇教学等具体的问题进行的研究和分析，观点鲜前，分析透辟，极具参考价值。最后，作者针对外国留学生容易混淆、容易用错的词语或句法格式，从留学生学习的角度，进行了细致而又精辟的分析、描写和说明，其成果可以直接应用于对外汉语教学的实践。

40. 对外汉语教学及汉语本体研究

《对外汉语教学及汉语本体研究》，李宝贵著，北京大学出版社，2005 年 5 月出版，共 172 页。

主要分为五部分。

第一部分汉语语法的理据性与对外汉语教学，包括汉语语法的理据性与对外汉语教学、汉字的理据性与对外汉字教学、汉语词汇的理据性与对外词汇教学等方面。作者认为汉语语法具有很强的理据性，研究理据性对揭示汉语语法规律、扩大汉语的国际传播有着十分重要的意义，并对运用汉字理据性和词汇理据性进行教学提出了具体的建议。

第二部分语言规划与对外汉语教学研究，介绍《国家通用语言文字法》与对外汉语教学、汉字规范与对外汉字教学、推广普通话与对外汉语教学、汉语拼音正词法及其在对外汉语教学中的应用四个问题，主要从具体事例引出规范的重要性，并提出了解决问题的策略。

第三部分基于对外汉语教学的本体研究，分别阐述外国人学习汉语"把"字句偏误分析、隐性否定的语用分析、新建住宅名称及其结构特点、字母词的"入侵"及原因分析、街名的构成方式及其拼写、语段及其在对外汉语教学中的运用。具体而言之，主要是从汉语本体角度论述产生偏误的原因、提出防止偏误的措施；从语用效果方面分析隐性否定，提出隐性否定在语用效果上具有委婉作用或强调作用；考察住宅名称，讨论了住宅名称的拼写问题；分析字母词"入侵"的原因，提出汉语词语与外文的夹杂使用并不会破坏汉字的完整之美；对街名的构成方式、拼写、命名提出建议；提出从形式和意义两个方面来理解语段。

第四部分是文化与对外汉语教学研究，讨论了文化因素与对外汉语教学，包括第二语言教学中的文化差异、跨文化负迁移产生的原因及其对策等问题。

第五部分是对外汉语教学实践研究，介绍了加拿大华裔中文教育的现状、问题及对策；多媒体与短期汉语强化教学；中外合作办学的实践与思考；素质教育与对外汉语教学等内容。该部分的论述步步深入，从对外汉语教学的现状到课堂引进方式、合作办学、素质教育等逐层展开，勾画出了对外汉语教学的前进方向。

该书探讨了对外汉语教学中应用广泛的一些理论问题，结合教学实际中的具体例子，深入浅出，分析留学生在学习过程中出现的偏误，提出解决问题的策略，对实际生活中出现的汉语实例深入分析，突出热点，但不脱离本质。既从宏观上说明了结构、语义、表达之间的相互关系，又在教学细节上给对外汉语教师大量的参考，是该书的核心价值所在。

41. 新中国对外汉语教学发展史

《新中国对外汉语教学发展史》，程裕祯主编，北京大学出版社，2005 年 3 月第 1 版，共 386 页。

该书是国家对外汉语教学领导小组办公室 2001 年的规划项目，系统地讲述了从新中国成立至 2000 年 50 多年间我国对外汉语教学发展状况、教学成果，在理论、实践中的新进展，以及发现的一些问题。此外，还论及在面对对外汉语教学中的问题时所做的一些努力和探索。

该书以介绍新中国成立前的对外汉语教学简况为"开篇"，接下来以时间为标准划分了三个阶段分三编论述，最后附有北京大学、北京师范大学、中国人民大学、南开大学、吉林大学、华东师范大学、暨南大学等七所大学对外汉语教学发展概况。

第一编：事业开创时期（50 年代初始——70 年代后期）。该编共分四章：

第一章初创阶段（50 年代初始——60 年代初期），主要讲述了新中国对外汉语教学的开始，南宁与桂林的越南留学生汉语学校以及对驻华使团人员及海外汉语教学的开端；

第二章巩固和发展阶段（60 年代初——60 年代中期），主要讲述了对外汉语教学基地北京语言学院的建立，大批越南留学生来华与对外汉语教学规模的扩大以及有计划培养对外汉语教学师资的开始；

第三章受挫和恢复阶段（60 年代中期——70 年代后期），讲述了"文化大革命"中断对外汉语教学及 70 年代对外汉语教学的恢复，以及复校后的北京语言学院；

第四章处于雏形中的对外汉语教学学科建设，分别从教学法、教材、教学研究三方面论述了学科建设的起步。

第二编：学科确立时期（1978—1987）。该编共分四章：

第一章学科的组织建设和思想建设；

第二章学科教育体系和课程体系的建立；

第三章教学方法和教材编写的改进与提高；

第四章学科理论的加强与学术交流活动的开展。

第三编：学科深化时期（1987—1999）。该编共分八章：

第一章对外汉语教学由"经验型"向"科学型"的转变；

第二章对外汉语教学朝"科学化"、"规范化"、"标准化"方向迈进；

第三章对外汉语教学学科建设的重要举措；

第四章对外汉语教学师资队伍建设；

第五章学科深化的重大举措；

第六章教学方法的改革与多媒体技术的应用；

第七章对外交流日益频繁与国外汉语教学蓬勃发展；

第八章对外汉语教学机构的发展壮大。

该书从施光亨、杨俊萱的《新中国对外汉语教学大事记》（未刊稿）中得到了有益的参考，是目前对外汉语学界出版的第一部对外汉语教学史著作。

42. 外语学习策略与方法

《外语学习策略与方法》，潘亚玲著，外语教学与研究出版社，2004 年 11 月出版 2006 年 5 月第 5 次印刷，共 219 页。

该书介绍了一些科学的学习方法，旨在给外语学习者更多的启发。

全书共分十四章：学习怎样学习、记忆、学习者的自我了解与认识、工欲善其事必先利其器——学习工具、发音训练、词汇、语法、阅读、听力训练、口语训练、写作训练、跨文化交际能力对外语学习的重要性、课堂学习的补充形式、培养健康的学习心理。通过不同的角度向读者介绍了外语学习的方法，尤为可贵的是该著作选取了外语学习中十分重要的几个环节分别进行讲解：听、说、读、写、词汇、语法以及学习工具，从而更加系统详细地介绍了外语学习的各种方式、方法和技巧。

该书内容深入浅出，版式活泼，文中穿插了图表和插图，用外语举例或说明时，采用德语和英语两种语言，扩大了读者的群体范围，对读者学习外语起到很大的指导作用。

43. 汉语语言学和对外汉语教学论

《汉语语言学和对外汉语教学论》，李开编著，中国社会科学出版社，2002 年出版，共 331 页。

全书十五章，由"名理篇"、"本体篇"、"文化篇"三篇构成。

"名理篇"侧重讲语言理论和语言教育理论，选择几个特定的视角，论述汉语语言学在中西文化交流中的新发展以及由此而逐步形成的第二汉语教学理论系统、第二汉语教学实践过程中形成的对外汉语教育学。"本体篇"是全书的核心，侧重讲解汉语知识和汉语教学实践，就对外汉语教学中的语音教学、汉字教学、词汇教学、句法教学，还特别就词组教学、复句教学作了具体的探讨和评价。该篇论述的角度不是汉语本体，而是汉语教学本体，是对外汉语领域内迄今内容最为全面、材料最为丰富的关于汉语教学实践的论述，也体现了作者关于学科定位的思想。此篇内容对总体设计、教材编写、课堂教学、测试以及教师培训等都有重要的参考。"文化篇"侧重讲述汉语教学与汉文化教学的关系及相关问题，就中华文化海外传播中的知识结构和文化素养、对外汉语教学中的素质教育、文化哲学背景下的中外文化交流作具体研究。

凡此三篇，由基础理论到教学理论到教学实践，由普通语言学到汉语语言学到汉语教学，由汉语与汉文化的关系到汉语教学中的汉文化教学，广铺细析，层层深入、使对外汉语教学这一新型学科的面貌更加全面而具体地展现在人们的面前。全书考虑到建构对外汉语教学理论系统的需要，理论抽象性较强，然亦不乏抽象之具体和价值评判观念。

该书用较大的篇幅论述汉语语言学的发展，重点介绍了方光焘先生的理论，又从汉语(第二语言)学习和教学的角度分析汉语的特点，这不但有益于对外汉语教学本身，而且对从汉语的特点出发研究汉语也有启示作用。

44. 对外汉语一对一个别教授研究

《对外汉语一对一个别教授研究》，吴仁甫主编，中国社会科学出版社，2002 年出版，共 252 页。

个别的一对一教授是对外汉语教学的基本形式之一，该书是对这一基本形式的研究。书中收录了 20 余篇论文，共分为 3 个部分：教学理论、教学实践和教育管理。

这些论文比较集中地反映了汉语个别教育中的诸多问题以及为解决这些问题而采取的各种措施，从不同角度论述、阐发、丰富、充实了汉语个别教育的基本理论，对汉语个别教育的实践也有一定的借鉴作用。在教学实践方面，关于教学内容和教材的选定、教师在这种特殊环境下的应对策略、具体课型的教学方式的运用，甚至于教学管理的探讨，都提示我们不仅要对不同语种进行针对性教学，还要对不同学习对象进行专门研究。这样才能在最短时间内取得最大的教学效果。

非院校对外汉语教学是整个对外汉语教学的一个分支，研究它的特异规律，对于发展和开拓对外汉语教学事业有着重要的意义。该书是一项多人研究成果，作者在丰富的教学经验的基础上，针对一对一个别教授的人群认知汉语的特点，摸索出"融策略培训与语言教学为一体的方式"，并总结出了一些适合这一人群个别教育的规律以及个别教学的方法和模式。这充实了对外汉语教学的基础理论，从而使该书具有更强的理论性和实用性。

45. 对外汉语教学：回眸与思考

《对外汉语教学：回眸与思考》，张德鑫主编，外语教学与研究出版社，2000 年 10 月出版，共 512 页。

该书主要包括专家笔谈对外汉语教学和《语言文字应用》（1992—1999 年）对外汉语教学论文选两部分内容。书后附有《语言文字应用》对外汉语教学论文（1992—1999 年）总目录。

专家笔谈部分收录的文章有：《叩其两端而竭焉》、《我们要奉行"送去主义"》、《对外汉语教学回顾与前瞻》、《提高对外汉语教学的文化含量》、《自身调整与相互沟通》、《对外汉语教学事业的展望和当前的任务》、《对外汉语教学语法体系的建构》、《总结过去 推动未来》、《对外汉语教学是汉语本体研究的试金石》、《推动对外汉语教学事业的内在动力》、《关于对外汉语教学》、《谈对外汉语教学的尊严性》、《外语教学的心理学基础》、《母语教学和外语教学》、《迎接新世纪的挑战》、《对外汉语教学与推普工作》、《做好对外汉语教学这篇大文章》、《关于对外汉语教学建设目标的献议》、《调动学生的学习主动性和积极性》、《对外汉语教学如何上新台阶》、《我与对外汉语教学》、《加强对外汉语教学学科不可替代性的研究》、《祈愿"梦"想成真》、《对外汉语教学与汉语教学、外语教学的沟通》、《对外汉语教学的理论基础》、《做合格的对外汉语教师》、《我从对外汉语教学学到了许多》、《建立应用型资料库的设想》、《世纪之交对外汉语教学的新走向》、《对外汉语教学学科的队伍建设和人才培养》、《面对新世纪的思考》、《借鉴儿童语言研究成果 促进对外汉语教学》、《对外汉语教学推动汉语研究》、《新世纪新起点 新突破》、《网络化带来的冲击和机遇》、《"对外汉语"断想》、《美学也应进入对外汉语教学》。

《语言文字应用》论文选的论文按总论、教学教法、汉字研究与汉字教学、词汇研究与词汇教学、中介语研究与偏误分析、汉语水平（HSK）考试研究、教材研究、汉外语言对比与双语教学研究、文化与对外汉语教学、会议纪要等分类编选。

46. 对外汉语教育学引论

《对外汉语教育学引论》，刘珣著，北京语言文化大学出版社，2000年1月出版，共422页。

该书定位于对外汉语专业本科生、硕士研究生的教学用书和汉语作为第二语言教师的培训或自学参考书。其宗旨是从培养汉语教师的需要出发，介绍汉语作为第二语言的教学理论和习得理论以及相关学科的理论基础知识，并以该书所提出的对外汉语教育学科理论体系为纲，体现出延续性、时代性、科学性和针对性的特点。

该书较系统地论述了本学科的性质、特点及发展简史和现状，论述了汉语作为第二语言教学的基本教学理论及相关学科的基础理论知识。全书分为五篇十一章，就"对外汉语教育的学科特点与性质"、"汉语作为第二语言教学的发展与现状"、"对外汉语教学的理论基础"、"第二语言教学的习得规律"、"对外汉语教学的理论与应用"等问题，进行了全面系统的论述，是当时对外汉语教学学科最重要的理论成果。

该书不但对提高对外汉语教师的理论水平和教学水平有直接的帮助，而且对学科的理论建设和学术研究也有长远的影响。

47. 对外汉语教学与教材研究论文集

《对外汉语教学与教材研究论文集》，国家对外汉语教学领导小组办公室教学业务处编，华语教学出版社，2001年出版，共521页。

为了加强对外汉语教学和教材研究，国家对外汉语教学领导小组办公室先后于1999年7月和1999年12月召开"中青年教师对外汉语教学研讨会"和"对外汉语教材问题研讨会"。会议还邀请有关专家、教授分别就对外汉语教学、教材等问题同与会者讨论、交流。该书即是两次研讨会的论文合集，所收43篇论文多为与会者提交论文的修订稿。

全书内容分为两大部分。

第一部分为"对外汉语教学研究"，共有 27 篇文章：马箭飞《新模式：以"交际任务"为基础的汉语短期教学》、姜丽萍《试论学习与迁移》、周健《关于汉语教学技巧的两点思考》、张永奋《谈谈对外汉语教学中的三向交流法》、吕玉兰《试论对外汉语课堂教学的交际化》、周芳《模拟自然环境交际训练法在课堂教学中的试验研究——兼论人本教育的结构取向在对外汉语教学中的应用》、李密《浅谈对外汉语教学中的对照法——对日本留学生初级汉语课教法的探讨》、陶炼《"结构—功能—文化"相结合教学法试说》、李红印《汉语听力教学再认识》、陶嘉炜《"以神制形"练听力》、马燕华《中级汉语水平留学生听力跳跃障碍的实现条件》、刘平《〈新闻听力课〉教学实践的反思》、吴坚《初级汉语的词语记忆与词语教学》、张慧晶《谈谈中高级阶段词汇教学》、胡晓清《中级汉语阶段的词语教学》、郝琳《中介语理论与词汇、语法教学的质、量搭配》、徐昌火《对外汉语语法教学的语义策略初探》、高顺全《"被"字句教学漫谈》、万业馨《文字学视野中的部件教学》、吴中伟《零起点汉语教学中的汉字问题》、连晓霞、陈万珍《南亚留学生错别字分析及教学对策》、欧阳祯人《在汉字教学中导入中国文化》、孙克文《试论中高级汉语主干课的课文教学》、刘春兰《关于专题讨论课的几点思考》、孙琳《语调教学二题》、张惠芬《视知觉、知识图式和快速阅读训练》、沈建华《汉语习惯用语与对外汉语教学》。

第二部分是"对外汉语教材研究"，收录论文 16 篇：金立鑫《语言的世界观和对外汉语教材编写原则》、杨德峰《初级汉语教材语法点的确定、编排存在的问题——兼议语法点确定、编排的原则》、杨寄洲《编写〈汉语教程（一年级）〉的理论总结》、马箭飞《以"交际任务"为基础的汉语短期强化教学教材的设计——兼谈〈汉语交际任务课本〉的设计》、徐昌火《语义结构类型研究与对外汉语教材编写刍议》、孟国《实况汉语教学的理论探讨及教材编制和使用中的几个问题》、史世庆《谈"视、听、说"教材的编写》、曹慧《听力语料分析与听力教材的编写》、李海燕《从教学法看初级口语教材的语料编写》、刘正文《推陈出新 后出转精——10 年来的对外汉语阅读教材编写回顾》、徐霄鹰《中级阅读教材的难度控制及阅读技能训练的"汉化"》、周小兵《新型汉语写作教材的编写原则》、易洪川《零起点短期班用汉字教材刍议》、贾钰《关于基础汉语教学开设翻译课及二年级英汉翻译教材编写问题》、李秀坤《报刊语言教材刍议》、郑蕊《对外汉语教材练习编写的偏差与应遵循的原则》。

对外汉语教学是我国未来对外教学工作中非常严峻的任务,是摆在对外汉语教学领域的教授、专家、学者们关心的问题,对外汉语教学怎么教?如果能教好?有什么样的新理论、新问题?这些都是非常重要的。对外汉语教材方面的研究更是保证对外汉语教学成功与否的关键,该论文集,集大家之言,必定给对外汉语教学领域的教师们、研究人员们以一定启示。

48. 对外汉语教学目的原则方法

《对外汉语教学目的原则方法》,程棠著,华语教学出版社,2000年5月出版,共260页。

该书分别从语言教学目的、汉语语音教学、基本语法教学、结构与功能、中国文化教学问题等六个方面对我国的对外汉语教学的诸多方面进行了较为详细的叙述和深入的探讨。

第一章语言教学目的,主要介绍国外外语教学法主要流派所追求的教学目的、对外汉语教学在教学目的方面的追求和探索以及与语言教学目的相关的几个问题;

第二章汉语语音教学,论述了语音教学的重要性、语音教学阶段及其主要教学任务、语音教学原则和与语音教学有关的几个理论问题;

第三章为基本语法教学,讨论了教学语法和第二语言教学、对外汉语语法教学的内容及其发展变化、对外汉语教学的基本方法和语法教学的重要性和必要性;

第四章是结构与功能,主要讨论关于教学原则、教学中的试验和探索、结构与功能相结合的几个问题与关于专用汉语教学;

第五章是中国文化教学问题,介绍了中国文化教学问题的宏观讨论、文化教学的重要性和必要性、文化课的文化教学与语言课内的文化教学;

最后一章关于语言教学法,介绍教学法和教学方法、语言教学法的特点和关于对外汉语教学的教学法。

书后附录《汉语教科书》基本语法复习提纲、语法项目对照表、语法项目切分和表述对照表、语法项目编排顺序。

该书重点探讨对外汉语教学的目的、原则和方法，以横纵两条线索展开研究，既介绍了我们当前教学应该确立什么样的目的、原则、采用何种方法，又展示了对各方面的探索过程。因此，通过该书大致可以了解这些问题的各自的发展变化历史。

49. 对外汉语本科教育研究

《对外汉语本科教育研究》，李杨著，北京语言文化大学出版社，1999 年 11 月出版，共 256 页。

该书研究的主要内容是对外汉语教学领域中的针对外国人的本科教育问题。与其他大学本科相比，对外汉语本科专业有着非常特殊的教育对象、培养目标、教学过程，该书试图研究其中的规律，以期找到最佳的教育方案。

该书分为上下两编。

上编大致梳理出对外汉语本科教育的几个基本问题，即专业性质特点、培养目标、课程编制、教学大纲、成绩考核、教学管理等，包括十章内容，分别对汉语言专业的学科基本属性、汉语言专业的培养目标、汉语言专业的课程编制、课程编制的历史回顾、关于几类课型的辩证关系、汉语言专业教学大纲及课程大纲、汉语言专业经贸方向、中国汉语文化专业、学业成绩考核、教学管理十个方面的问题。

下编大多数文章是已经发表的论文或为他人写的序言，共分九章：面向新世纪——关于对外汉语本科系列教材；高级阶段的汉语教学问题；语言教学中的限定与自由；评《桥梁——实用汉语中级教程》；论开发语言学习潜能；论汉语言专业设课问题；对外汉语教学的定性、定位和定量问题；将教学建立在更科学的基石上；练习编排的基本原则。

该书的作者从事对外汉语本科专业教育二十多年，与广大教师及管理人员行走在教学第一线，积累了宝贵的经验。该书就建立在作者丰富的实践经验的基础上，力求突出自身特点并吸收和借鉴相关学科的理论来丰富和完善自己，寻找富有中国教育特点的办学思路。

50. 对外汉语教学语法体系研究

《对外汉语教学语法体系研究》，吕文华著，北京语言文化大学出版社，1999 年 10 月出版，共 135 页。

该书收录了 12 篇作者多年来在对外汉语语法体系研究方面的研究成果，是作者结合自己多年的对外汉语的教学及研究工作撰写的论文集，主要涉及两方面内容：语法本体和对外汉语教学语法体系，集中介绍了作者对对外汉语教学语法体系的思考及改革现行语法体系的构想。

语法本体方面，收录了《"了$_2$"句句型场试析》、《"把"字句的语义类型》、《试论句首短语"在/0+处所"》三篇文章；对外汉语教学语法体系研究方面，收录了《关于对外汉语教学语法体系》、《对〈语法等级大纲〉（试行）的几点意见》、《关于中高级阶段汉语语法教学的现状和构想》、《汉语语法的切分与分级》、《汉语教材中语法项目的选择和编排》、《对外汉语教学语法的补语系统》、《短语词的划分在对外汉语教学中的意义》、《建立语素教学的构想》、《句型教学结合语义分析的构想》 9 篇文章。

1994 年，吕文华教授出版了《对外汉语教学语法探索》一书，对语法体系的创立和发展进行了总结和评价，对语法体系的改革提出了宏观的理论思考，设计了整体框架。该书作为《对外汉语教学语法探索》一书的补充，其研究重点放在改革现行语法体系构想在教学中的具体实施和具体操作方面。

51. 中国少数民族双语教育概论

《中国少数民族双语教育概论》，戴庆厦、滕星、关辛秋、董艳著，辽宁民族出版社，1997 年出版，共 275 页。

我国解放以来，党和国家对少数民族的双语教育非常重视，在少数民族双语教育理论与实践研究上成效显著，中央民族大学戴庆厦教授等民族语言专家和民族教育专家经过多年的潜心研究,在占有大量的细致的田野调查材料的基础上,推出了这部研究中国少数民族双语教育的学术专著——《中国少数民族双语教育概论》。这无疑将对我国少数民族双语教育的发展起到积极的推进作用。

该书以马克思主义民族理论和民族政策为指导思想,全面、系统地总结和介绍了中国少数民族双语教育的历史和现状,并对中国少数民族双语教育进行分类,为政策制定、课程设置、教材编写、教学语言的选择等提供了理论指导。该书从民族关系中分析民族教育的形成特点,紧密结合民族历史、文化,研究我国民族地区双语教育的历史沿革,揭示出我国少数民族双语教育不同民族、地区之间发展不平衡的特点与演变规律,充分展示了解放以来我国双语教育发展的成就。

该书从论述中国语言文字基本情况和民族教育类型划分着手,指出了中国双语教育的内在含义,指出了中国少数民族双语教育研究对象,提出了学科性质、特点及内容。研究不同双语教育类型的教学效果的同时,总结并寻找我国双语教育的不同操作模式。中国少数民族双语教育研究内容涉及双语教育的对象、历史沿革、双语类型、双语政策、双语体系、双语教材、双语师资、双语教学法、双语教育实验的评价、多元一体理论与双语教育、双语教育的研究方法等。该书注重理论联系实际的研究方法,著述过程中坚持科学的方法论,坚持马克思主义民族理论和民族政策,坚持党和国家的教育方针与政策,采用了民族学的"田野工作法"、"实验法"、"比较法"、"科学系统研究法",以中国少数民族双语教育的大量实践论证了中国少数民族双语教育理论。著者对改革开放中出现的双语教育新情况、新问题进行了大量的细致的田野调查,并探寻解决方法,为党和政府制定政策法规提供了有力的依据。

该书系国家教育科学"八五"重点研究项目,是我国第一部系统地从理论和实践角度论述中国少数民族双语教育科研成果的学术专著。该书的出版为建立中国少数民族双语教育理论体系打下了基础,将会为进一步研究和发展中国少数民族双语教育做出重要贡献,为国际双语教育的研究填补了中国少数民族双语教育研究这一块空白。

52. 对外汉语教学法研究

《对外汉语教学法研究》，戴桂芙、刘德联编，北京大学出版社，1996 年 8 月出版，共 184 页。

该书是一本对外汉语教学法研究的论文专集，收录的主要是北京大学海外教育学院对外汉语教学中心教学法课题组撰写的文章，内容涉及对外汉语教学法的理论实践、历史发展与现状。

该论文集所收论文绝大部分是课题组成员撰写的，少数几篇是向汉语中心的一些对教学法感兴趣并有研究成果的教师的约稿。论文的内容包括多种可行的教学方法，如口语（包括初级口语、高级口语及短期口语）、基础汉语、写作、汉字及国情文化课的教学法。多视角地论述了影响对外汉语教学与习得的因素，如学生的感情与课堂教学的关系，对外汉语教师的基本素质等；交际性操练的理论与实施。对不同阶段、不同课型的教学方法，教师的课堂行为，学生的习得过程，不同国家、不同母语学生的学习特点及对策，影响教学和习得的诸多因素等进行全方位的实验、调查、分析，以课堂教学作为研究对象，得出的大量理论成果也全部收于此论文集中。另外还有对国外语言教学理论与方法的评介等等文章的收录。

该论文集把焦点集中在对外汉语教学法上，在对外汉语教学学科理论还不成熟，不完整的情况下，把教学法的研究提上日程，系统地对对外汉语课堂教学展开研究，弥补了国内对外汉语教学教学法研究上的空白，对学科建设具有重要意义。

53. 对外汉语教学语法探索

《对外汉语教学语法探索》，吕文华著，语文出版社，1994 年 1 月出版，共 334 页。

该书对我国对外汉语教学语法体系的建立和发展进行了全面总结和客观评述，并在此基础上提出了改革对外汉语教学现有语法体系和语法教学方法的全面设想，同时对外国人汉语学习中的主要语法难点进行了剖析和理论探讨。

全书分三部分。

第一部分为对外汉语教学语法体系研究，是全书的重点，包括：1. 对外汉语教学语法体系的创立，即《汉语教科书》的语法体系及其特点和评价。后附《汉语教科书》语法大纲。2. 对外汉语教学语法体系的发展，介绍这一时期的代表教材《基础汉语》、《汉语课本》、《基础汉语课本》、《实用汉语课本》、《初级汉语课本》、《现代汉语教程》，由此对我国对外汉语教学语法体系的发展轨迹进行了客观的描述。后附《基础汉语课本》语法大纲。3. 关于对外汉语教学语法体系的思考，包括对语法教学目的、内容、语法项目的选择和编排、语法的描写和解释、中高级阶段的语法教学等内容的思考。后附《〈汉语水平等级标准和等级大纲试行〉语法大纲甲级语法项目简介》和《对〈语法等级大纲试行〉的几点意见》。

第二部分为常用语法项目分析，包括：量词、动态助词"着"、动态助词"过"的等级切分；动态助词"了"的用法；语气助词"了"的语用功能；表示动作进行的"正、在、正在、呢"的用法；离合词教学、主语问题、前置宾语；带双宾语动词、状态补语句、趋向补语的范围和语义类型；时量补语句、可能补语、结果补语句、"比"字句的等级切分及语义类型；"把"字句的语义类型及教学；被动句的类型和使用条件；疑问句的基本形式和表达功能等内容。

第三部分收录了作者多年来有关对外汉语语法理论的研究成果 12 篇，包括：《谈语气助词"了"》、《"了"与句子语气的完整及其他》、《"了₂"语用功能初探》、《"把"字句的教学》、《谈结果补语的意义》、《"被"字句和无标志被动句的变换关系》、《"被"字宾语的有无》、《"被"字句的语义分析》、《"由"字句——兼及"被"字句》、《主语是受事的"是……的"句》、《外国人学汉语的语用失误》、《略论一组带时量词语的同义格式》。

该书作为系统研究对外汉语教学语法理论体系的专著，在回顾历史、评价历史方面所作的系统阐述，无疑为对外汉语教学语法体系及语法理论的进一步研究，提供了系统而又珍贵的历史资料，更为人们了解和把握对外汉语教学的发展脉络勾勒了清晰的轮廓。书中吸收了当时汉语语法研究的最新成果和对外汉语教学的最新经验，是作者长期从事对外汉语教学和汉语语法研究的成果和经验的总结，不但对汉语语法教学有指导意义和实用价值，而且可作为汉语语法研究的重要参考。

54. 中高级对外汉语教学论

《中高级对外汉语教学论》，李杨著，北京大学出版社，1993 年 7 月出版，共 186 页。

该书为作者在对外汉语教学本科四年制汉语文专业课程设置、训练方法、考察测试等方面总体设计的研究成果。

全书共分十二章。

第一章，回顾了中高级汉语教学的历史；

第二章则对中高级汉语教学理论的研究状况展开述评；

第三章论述中高级阶段汉语教学的性质、特点及面临的任务；

第四章讨论怎样建立科学的言语训练体系；

第五章为现代汉语专业课程设置；

第六章探讨以培养成段表达能力为目的带动的中高级汉语主干课教学；

第七章对阅读与口语表达训练等热门话题课展开论述；

第八章为汉语课程测试；

第九章是文化课教学的位置和特点；

第十章关于毕业论文；

第十一章为语言实践与实习；

第十二章是对外汉语教学本科教育拓展专业的设想。

第十二章详尽论述了中高级对外汉语教学面临的主要问题，并根据作者自身的教学经验提出了独到的见解。

该书作者从事对外汉语教学工作近二十年，这部书是他刻苦钻研中高级对外汉语的教学理论与实践，精心思考本科四年制对外汉语教学的总体设计。它以对外汉语教学工作的实践经验作为理论基础，是理论与实践相结合的一本专著。

55. 对外汉语教学论文选评（1949-1990）

《对外汉语教学论文选评（1949-1990）》，盛炎、沙砾编，北京语言学院出版社，1993 年 3 月出版，共 368 页。

该书收录论文 41 篇，都是上世纪 50 年代以来各时期有代表性的论文，反映了不同时期对外汉语教学理论与实践的成果，从这些论文中，可以看到对外汉语教学四十年来所经历的艰苦创业的过程、广大汉语教师所积累的丰富经验和教学理论研究所取得的丰硕成果。

该书内容分总论、汉语规范化与汉语拼音方案、教学法与教学法史、课程与教材、教与学、对比分析与错误分析、测试与评估、汉文化教学八部分。书后附录了"对外汉语教学论文索引（1949－1990）"，以方便研究者和教学者使用。

"总论"包括 5 篇论文，周祖谟的《教非汉族学生学习汉语的一些问题》，程棠的《对外汉语教学的一项基本建设——〈汉语水平等级标准和等级大纲〉》，吕必松的《汉语作为外语教学的实践性原则》、《试论对外汉语教学的性质和特点》、《试论对外汉语教学的总体设计》。

"汉语规范化与汉语拼音方案"包括 3 篇论文：邓懿的《教外国留学生学习汉语遇到的困难问题》，杜荣、傅惟慈、钟梫、李景蕙的《用汉语拼音方案教外国留学生学习汉语的一些体会》，赵淑华、马欣华、黄慧君的《外国留学生利用拼音字母学习汉语、汉字》。

"教学法与教学法史"包括 5 篇论文：王学作、柯炳生的《试论对留学生讲授汉语的几个基本问题》，钟梫的《15 年汉语教学总结》，李培元的《五六十年代对外汉语教学的主要特点》，任远的《70 年代以来北京语言学院对外汉语教学法之发展》，徐子亮的《建国以来我国对外汉语教学法研究述评》。

"课程与教材"包括 10 篇论文：吕必松的《基础汉语教学课程设计和教材编写的新尝试》，李更新的《文科进修班汉语教学的课程设置》，杜厚文的《关于外国留学生科技汉语教学体制和教材问题》，赵贤州的《建国以来对外汉语教材研究报告》，李培元、赵淑华、刘山、邵佩珍、来思平的《编写〈基础汉语课本〉的若干问题》，鲁健骥的《基础汉语教学的一次新的尝试——教学实验报告》，刘珣、邓恩明、刘社会的《试谈基础汉语教科书的编写原则》，任远的《基础汉语教材纵横谈》，施光亨、李明的《文学作品与中高级汉语教材》，于康的《视听说课总体设计、教材编写与教学原则及其在对外汉语教学中的运用》。

"教与学"包括 4 篇论文：李景蕙、程美珍、刘英林的《对外国留学生的基础汉语教学》，王德佩的《谈句型教学中交际性原则的运用》，施光亨的《关于基础汉语教学中的课堂操练》，杨石泉的《话语分析与对外汉语教学》；

"对比分析与错误分析"包括 5 篇论文：吕叔湘的《通过对比研究语法》、王还的《有关汉外语法对比的三个问题》、伍铁平的《汉语并不难学》、鲁健骥的《中介语理论与偏误分析》、熊文华的《英文汉译中的语体问题》。

"汉文化教学"包括 6 篇论文：胡明扬的《问候语的文化心理背景》、毕继万的《中国文化介绍在对外汉语教学中的作用》、张占一的《试议交际文化和知识文化》、于丛扬的《文化与报刊语言教学》、杨国章的《世界语言发展态势与我国的语言、文化传播》、复旦大学留学生部汉语教研室的《语言教学与文化背景知识的相关性》；

"测试与评估"包括 3 篇论文：刘珣、黄政澄、方立、孙金林、郭树军的《汉语水平考试的设计与测试》，刘英林、郭树军、王志芳的《汉语水平考试(HSK)的性质和特点》，韩孝平的《试论对外汉语教学工作的评估》。

从各部分内容的选篇数量上可以看出，"课程与教材"是这时期对外汉语教学研究的热点和重点，取得的成果非常丰富，反映出该书所选的论文大部分源自广大汉语教师实践经验的特点。

该书的重点是检查对外汉语教学发展的路标、探索对外汉语教学的路子，所选论文都是极具代表性的重要论文，而且所选论文的时间跨度长、研究面广，清晰地描绘出对外汉语教学和研究的发展轨迹，为对外汉语教学的发展提供了宝贵的研究资料。

56. 中高级对外汉语教学论文选

《中高级对外汉语教学论文选》，国家对外汉语教学领导小组办公室、教学业务部编，北京语言学院出版社，1991 年 12 月出版，共 306 页。

1991 年，在北京语言学院由国家对外汉语教学领导小组办公室和北京语言学院联合组织召开了"中高级对外汉语教学研讨会"。该书正是在研讨会后经过整理而出版的关于这次研讨会上讨论研究过的论文选。

该书共收录论文 25 篇。第一篇是程棠的《关于中高级阶段对外汉语教学的几个问题》，以论文的形式替该书作了"序"，对中高级阶段对外汉语教学的性质和任务、教学原则和教学方法、课程设置和教材编写等问题进行了总结。

该书内容可以分成四部分。

第一部分中高级对外汉语教学的性质和任务，有 6 篇文章。包括：郭振华《中级阶段对外汉语教学的几个问题》，施光亨《中高级汉语教学呼唤"航标"》，李杨《再论中高级阶段汉语教学的性质与任务》，李泉《试谈中高级阶段对外汉语教学的性质和任务》，王晓澎、倪明亮《高级阶段汉语教学散论》，刘英林《中高级阶段对外汉语教学的理论探讨》。

第二部分中高级对外汉语教学的原则和方法，有 8 篇论文。包括：张黎《生成原则及其贯彻》、杨寄洲《谈中级汉语课堂教学的原则与方法》、左珊丹《对外汉语教学中级阶段的教学原则及方法》、赵玲《论交际法在中级阶段对外汉语教学中的地位和实践》、吴晓露《文学课教学与语言技能训练》、何平《论社会文化和汉语言相适应的功能和结构法教学模式》、许和平《对比分析在翻译教学中的应用》、孟国《先声后文，要在共声》。

第三部分中高级对外汉语教学中与"文化"有关的问题，收录论文 4 篇。包括：张柏玉《对外汉语教学中高级阶段如何把语言教学与文化教学结合起来》、周思源《论中高级阶段对外汉语教学中的文化问题》、苑良珍《在平等对话中传播中国文化》、杨国章《运用正确的文化观点，科学对待传统文化》。

第四部分中高级对外汉语教学的课程设置和教材，有 6 篇成果。包括：刘士勤、王金峰《对外现代汉语专业系的课程设置与基本建设》，孙钧政《从褒贬不一中探讨热点问题》，葛中华《对外汉语视听说课程教材、教法再思考》，王威《关于中级汉语教材选文的典型分析》，陈灼《试论中级汉语课的设计》，张宁志《浅谈汉语教材难度的确定》。

该书所选论文既代表了研讨会的成果，同时又反映出中高级对外汉语教学研究的现状，对于进一步研究中高级对外汉语教学有重要的参考价值。

57. 对外汉语教学研究

《对外汉语教学研究》，张维耿、何子铨、黄皇宗主编，中山大学出版社，1991 年 11 月出版，共 218 页。

1988 年 6 月和 1991 年 1 月，华南地区对外汉语教学界和广东省对外汉语教学研究会，在广州先后召开过两次学术年会，共提供 50 余篇学术论文进行交流。该书就是上述论文精选的结集，共收录论文 30 篇，内容涉及第二语言教学的原则与方法、对外汉语教材编写、语言学研究以及电脑辅助手段的应用等方面。

该书共分为三个部分。

第一部分总论，包括 5 篇论文，高华年的《对外汉语教师应具备的条件》、张亚军的《汉语理论语法与对外汉语教学应用语法》、黄国营的《对比语言学和对外汉语教学》、饶秉才的《试论语音学与对外汉语教学》、陈凡的《试论功能法在教学方法上的综合化倾向》，涉及对比语言学、语音学、功能教学法、汉语理论语法与对外汉语教学的关系，还研讨了对外汉语教师应具备的条件。

第二部分对外汉语教学，包括 20 篇论文，是该书的主体部分。这部分又可分成前后两部分内容：前 18 篇论文是对外汉语教学研究中关于教学原则、教学模式、教学方法和技巧以及教材研究等方面的；后 2 篇论文是关于计算机辅助教学在对外汉语教学中应用的问题。具体篇目如下：张维耿《课堂听说教学的几个原则》、何子铨的《基础汉语教学中的课堂教学设计》、徐永龄的《实践性原则在短期班汉语教学中的运用》、彭小川的《汉语精读课语法例句的设计与展示》、周继圣的《高级汉语口语课的新尝试》、谢红华的《基础汉语阅读课中的词汇教学》、吴文章的《阅读理解课教学方法初探》、方小燕的《对外粤语语法教学要贯彻交际性原则》、林涛的《虚词教学中的五种比较法》、莫华的《基础汉语第二阶段的口语教学》、李立的《词汇教学的联想法》、阮宇华的《从拼音文字到方块字——浅谈葡籍人士中文班的写字教学》、张世涛的《谈谈课堂控制的技巧》、张玉娥的《对外汉语课堂教学艺术琐议》、丁悦蒙的《小品排练与口语能力的培养》、李铭建的《说古谈今——文化讲座新尝试》、黄皇宗的《教材针对性浅论》、萧亚东的《编书人说编书》；罗守坤的《集成效材新策略》和王靳运的《电脑辅助汉语教学浅谈》。

第三部分语言学研究，包括 5 篇论文，从汉语本体研究出发，讨论了词汇、语法等语言学研究的成果对对外汉语教学研究的影响。洪材章的《单音节形容词反义结构的考察》、汤志祥的《动词及其相关成分的教学误区》、周小兵的《浅谈"除"字句》、钱泳平的《汉语逻辑宾语的表达形式概述》和晏懋思的《从句子预设看"了$_2$"的意义》

该书比较全面地反映了华南地区在对外汉语教学与研究方面的成果，为从事对外汉语教学及语言学研究的同行提供了宝贵的借鉴。

58. 对外汉语教学发展概要

《对外汉语教学发展概要》，吕必松著，北京语言大学出版社，2006年12月出版，共205页。

该书分三个部分。

第一部分是对外汉语教学事业的发展，分四个阶段叙述：初创阶段，从 50 年代初到 60 年代初；巩固和发展阶段，从 60 年代初到 60年代中期；恢复阶段，从 70 年代初到 70 年代末；蓬勃发展阶段，70年代末以来。

第二部分对外汉语教学法的发展，也分四个阶段叙述：初创阶段，从 50 年代初到 60 年代初；改进阶段，从 60 年代初到 70 年代初；探索阶段，70 年代初到 80 年代初；改革阶段，80 年代初以来。

第三部分是对外汉语教学学科理论的发展，论述了关于教学理论的研究和关于基础理论的研究，其中，基础理论包括语言理论、语言学习理论和比较文化理论。

该书从不同的角度对我国对外汉语教学的历史进行了较为全面、系统的介绍，对学科建设、教学法和学科理论研究等方面的有关问题进行了扼要的论述，具有极高的参考价值。

59. 语言教学原理

《语言教学原理》，盛炎著，重庆出版社，2006 年 1 月出版，共 399 页。

该书主要介绍了语言教学总体设计中的主要环节和教学中的重要问题，探索了第二语言教学发展的方向。该书可供大学对外汉语教学专业的本科生、研究生作为教科书使用，也可供对外汉语教师以及外语教师和语言教学理论研究人员参考。

全书包括绪论和十八章内容，主要介绍了学科名称与任务、学科性质和相邻学科的关系以及基本教程的内容和学习方法。

绪论主要介绍学科名称与任务、性质及与相邻学科的关系、教程内容与学习方法；

第一章为语言学与评议教学，从语言与交际能力的角度来论述语言学教学，包括什么是语言、交际能力、语言功能、话语分析、语体、非言语交际；

第二、三章为心理学与语言学习，包括习得与学习、第一语言习得及其理论、第一语言习得与第二语言学习对比、第二语言学习者的心理分析；

第四章为文化与语言教学，分别有对什么是文化、对文化的态度、第二文化学习、语言思维文化、汉语文化教学五方面的分析；

第五章为语言对比分析，包括对比分析的发展历史/对比分析的理论框架和类型、对比分析的原则、方法和困难层次模式、对比分析在语言教学中的作用及局限性；

第六章为中介语理论与错误分析，包括错误分析产生的时代背景、错误分析的理论基础：中介语理论、错误的来源、错误分析的过程与错误分类、错误分析与对比分析的关系、错误分析在语言教学中的应用；

第七、八章为外语教学法流派，包括语法翻译法、直接法、阅读法、听说法、程序教学和电脑辅助教学、视听法、自觉实践法、认知法、社团语言学习法、暗示法与默教法、全身反应法与自然法、折衷法、功能法；

第九章为外语教学法流派的发展趋势与第二语言教学理论研究，包括外语教学法流派的分类与特点、外语教学法流派的发展趋势、第二语言教学理论研究；

第十、十一章为第二语言教材设计的原则与方法，主要有教学理论、教学大纲与教材、国外结构教材分析、国外功能教材分析、国内汉语教材简析；

第十二、十三章为课堂教学，包括课堂教学的基本原则与方法、技巧、听力理解、口语训练、阅读理解、写的训练；

第十四、十五章为语言三要素教学，包括语音教学、语法教学、词汇教学；

第十六、十七章为第二语言测试与评估，包括测试的过去与现在、测试的种类、好的测试的特点、测试分数的分析、第二语言教学评估；

第十八章是第二语言教学理论研究的内容与方法，包括为什么要进行教学理论研究、研究内容、研究方法。

附录包括：《〈英语初阶〉介绍》、《20 世纪 80 年代的教材设计问题——欧洲的看法》、《美国外语教学协会关于外语能力标准的暂行规定》、《中国对外汉语教学学会〈汉语水平等级标准〉(试行)同美国三种语言能力标准对照表》等内容。

全书结构合理，脉络清晰，提出了一个较为完整的教学理论系统，用了较多的篇幅介绍了国外的有关理论和方法，同时在引进国外有关理论和方法时注意结合汉语实际，有助于读者的学习和借鉴。

60. 对外汉语教法学

《对外汉语教法学》，张亚军著，现代出版社，1990 年 4 月出版，共 382 页。

该书共十章。

第一章绪论，简述什么是对外汉语教法学、对外汉语教法学与其他学科的关系以及对外汉语教法学的任务和内容。

第二章中国对外汉语教学简史，简述历史上的对外汉语教学，包括"胡僧"汉语及佛经的翻译、隋唐时期的对外汉语教学大发展、宋至民国时期的对外汉语教学、17 至 19 世纪日本的"唐话热"，描述1949～1989 四十年间的对外汉语教学，包括汉语预备教育的兴起与各中国语文专修班、非洲留学生办公室与外国留学生高等预备学校、北京语言学院与 60 年代全国对外汉语教学及 80 年代的对外汉语教学。

第三章主要外语教学法流派评介，介绍外语教学上的第一法——语法翻译法，简述仿照幼儿学语的直接法、重视语言结构教学的听说法、强调发挥学生智力作用的认知法、突出实践的自觉实践法和重视培养交际能力的功能法，以及外语教学法流派的研究给予我们思考。

第四章四十年中国对外汉语教学理论评述，简述中国对外汉语教学体系的理论基础，包括语言学理论基础、教育学理论基础，提出中国对外汉语教学理论体系是中华民族文化心理的产物。同时介绍了中国对外汉语教学的基本原则，即 50 年代中国对外汉语教学基本原则的提出，60 年代中国对外汉语教学基本原则的确立，80 年代中国对外汉语教学理论的发展；概述四十年中国对外汉语教学课程设置，包括 50 年代的课程设置、60 年代的课程设置和 80 年代的课程设置；简析四十年中国对外汉语教材，描述了四十年中国对外汉语教材概况并对我国对外汉语教材进行简单分析。

第五章和第六章是对外汉语教学理论的新探索，简述语言学的新发展，包括语言学发展史回顾、索绪尔与结构主义语言学、乔姆斯基与转换生成语法、语言学的新发展与当代语言学；分析现代汉语研究的新进展与汉语特点述略，包括历史上的汉语研究、近代与现代汉语研究、现代汉语研究的新进展和描述汉语特点；介绍了外语教学法的新理论，分析对外汉语教学中的几个重要因素，包括教师因素和学生因素；论述宏观语言学、三维论与对外汉语教学。

第七章实用汉语语音教学法，简述汉语语音知识，包括汉语普通话语音系统中的几个问题和汉语拼音方案，比较汉英、汉日语音并介绍了汉语语音教学法。

第八章实用汉语语法教学法，介绍汉语理论语法与对外汉语教学语法以及汉语语法教学法，还分析了外国学生常见语法错误。

第九章实用汉语词汇教学法，阐述现代汉语词汇学中的几个问题，包括现代汉语词汇构词法、现代汉语的多义词和同义词、书面语词汇与口语词汇、现代汉语词汇中的几种特殊词语结构，虚词教学与词语搭配，以及汉语词汇教学法。

第十章实用汉字教学法，包括谈汉字和汉字教学法。

该书对教学的指导思想、教学原则、课时、课型、教材、教法等问题做了详尽说明和探讨，并对涉及的一些语言学、教育学、心理学、外语教学法等方面的问题也作了叙述，适用于对外汉语教师的教学参考。

61. 现代外语教学法——理论与实践

《现代外语教学法——理论与实践》，[美]Timothy Light(黎天睦)编，北京语言学院出版社，1987年3月出版，共288页。

该书是根据美国俄亥俄州立大学东亚语言文学系主任黎天睦（Timothy Light）教授在北京语言学院的授课记录，经本人审订整理出版的。

全书共15讲，20余万字，较为系统地阐述了现代外语教学的理论与实践。

具体内容有：1.现代外语教学法的发展近况和趋势；2.社会语言学、心理语言学、语用学、语义学、话语语言学、心理学、教育学等相关学科跟外语教学的关系；3.外语教学过程、阶段划分和标准、教学法流派；4.大纲设计、教材编写、课堂教学、语言测试；5.对比分析、中介语、偏误分析、外语教学的科学研究方法。书后附有美国外语教学协会的外语能力标准、外语教学法阅读文献目录和几篇很有参考价值的论文。

该书有着作者自身的风格和特点。首先，作者长期从事对中国人的英语教学和对美国人的汉语教学，近年来又致力于汉语语言学和教学理论的研究，积累了丰富的经验，书中以自己的亲身经验，举了许多生动而有趣的实例，深入浅出，实用性强。其次，作者对各种教学理论和教学法流派采取实事求是的公允评述，而且有自己的独特见解，吸收各种流派的长处，为我所用。还有一点应该特别说明的是，作者很重视外语教学中的科学研究，鼓励教师挤时间，用调查、统计、分析的方法，解决教学中的问题，书中详细介绍了科研的方法和步骤。

该书内容丰富、语言生动、深入浅出，是一本理论联系实际的外语教学法入门书，很适合我国各级学校外语教师、特别是青年外语教师使用，是外语包括汉语作为外语或第二语言教学与研究的有价值的参考书。

62. 汉语研究

《汉语研究》，马光琅编辑，南开大学对外汉语教学中心、南开大学出版社，1986年5月出版，共225页。

该书是一部论文集，共汇集了在上世纪80年代对外汉语教学领域中具有代表性的论文19篇，比较全面地反映出当时对外汉语教学领域中的教学和研究情况。

该书内容可以分成五部分。

第一部分：对外汉语教学学科理论方面的，收有4篇文章，内容涉及加强对外汉语教学与研究、言语交际中相互理解等问题。包括：滕维藻《关于加强对外汉语教学与研究的几个问题》、邢公畹《人们在言语交际中是怎样相互理解的》、[美]刘君若《无声中的信息》、刘景春《外国人学汉语常见的语序错误》。

第二部分：关于对外汉语的语法教学和教学语法，有6篇论文，主要讨论了汉语中句型和句式的种类及它们各自的特点。这部分不仅包括了对现代汉语的研究，还讨论了文言判断句的分析和翻译，反映出对外汉语教学研究的范围在扩大。包括：李临定《静态句》、邢福义《让步句的考察》、刘月华《超越分句的语言成分》、史有为《紧缩句句型三种》、贾甫田《现代汉语中形式上的否定和语义上的否定不一致的几种情况》、邓宗荣《文言判断句的分析和今译》。

第三部分：关于汉语词汇研究和对外汉语词汇教学，共有 6 篇文章，既有对具体词语的研究，也讨论了词汇规范化的问题。包括：杨惠芬《副词与语气助词"了"》、李行健《词汇规范工作和北方话词汇的调查研究》、常敬宇《语境和语义》、胡明扬《北京话的称谓系统》、谢文庆《现代汉语反义词的类型》、卢卓群《试论 AABB 式成语》。

第四部分：关于汉语和其他语言的对比研究以及比较语言学研究与对外汉语教学关系，收有 2 篇文章，从新的角度探讨了比较语言学与对外汉语教学的关系，并比较了日、汉、英三种语言的异同。包括：王振昆《比较语言学初探》和［日］实藤惠秀著、张国璐译《日语、汉语、英语的比较》。

第五部分：关于对外汉语教学课程设置，有 1 篇，《二年制文科班课程设置计划及有关问题》是北京语言学院来华留学生一系文科教学大纲编写组根据教学实践对二年制文科班所做的课程设置计划，并讨论了相关问题。

上世纪 80 年代是新中国对外汉语教学事业的恢复和再发展时期，该书的出版为对外汉语教学的研究提供了一个相互借鉴和交流的平台，既具有收集和保存研究资料的价值，同时也反映出了当时对外汉语教学研究的实际情况和发展趋势，是一部有关对外汉语教学研究可资借鉴的参考书。

63. 对外汉语教学论集（1979～1984）

《对外汉语教学论集（1979～1984）》，北京语言学院《语言教学与研究》编辑部编，北京语言学院出版社，1985 年 6 月第 1 版，共 531 页。

该书收集了 1979 年至 1984 年间在《语言教学与研究》学刊上发表的有关对外汉语教学的论文 53 篇。全书内容分为五个部分，具体篇目如下：

1. 通论，收录的文章有：《谈谈对外汉语教学的性质和特点》（吕必松）、《新中国对外国人进行汉语教学的三十二年》（张道一）、《十五年汉语教学总结》（钟梭）、《谈谈对外汉语教学》（王还）、《怎样学好汉语》(邢公畹)、《北京语言学院六十年代对外汉语教学法回顾》(任远)、《汉语作为外语教学中的几个问题》(常宝儒)、《外语在对外汉语教学中的作用》(施光亨)、《中介语理论与外国人学习汉语的语音偏误分析》(鲁健骥)、《汉语个别教学及其教材》(张占一)、《话语分析与对外汉语教学》(杨石泉)、《对外国学生的基础汉语教学》(李景蕙、程美珍、刘英林)。

2. 语音、语法、词汇教学，包括：《送气音在对外汉语教学中之地位及其识记问题》(陈亚川)、《基础汉语教学中的四声连读练习》(胡炳忠)、《语调和语义》(石佩雯)、《对阿拉伯学生进行汉语语音教学的几个问题》(施光亨)、《浅谈对斯瓦希利语学生的汉语语音教学》(周换琴、佟慧君)、《通过对比帮助说西班牙语的学生掌握汉语语序》(朱一之)、《通过汉外对比帮助意大利学生克服难点》(阎德早、邓崇谟)、《汉语词汇教学琐谈》(张维)、《关于汉语虚词教学》(陆俭明)、《虚词研究在留学生汉语教学中的重要性》(田万湘、许德楠)、《从留学生的语病看汉语助动词的特点和用法》(王晓钧)、《外国留学生在方位词使用上的几个问题》(李清华)。

3. 几种课型的教学，收有：《听力教学初探》(杨惠元)、《对科技汉语听力课教学的认识》(郭金鼓)、《基础汉语教学和"数"——关于听力训练》(李德津)、《字素拼合法在汉字教学中的作用》(李文治、岳维善、张永亮)、《在基础汉语阶段进行语段训练好》(洪材章)、《在文选教学中必须重视语言的实践性》(刘镰力)、《谈"交流"》(陈灼)、《试谈文选课的交际训练》(李忆民)、《高年级文选课教学的原则和方法》(李玉敬、孙瑞珍)、《外国进修生汉语文选教学中的几个问题》(徐缦华、王继志)、《浅谈写作课教学》(祝秉耀)、《外国留学生汉语专业的写作课教学》(杨建昌)、《怎样教好新闻听读课》(何子铨)、《阅读教学浅谈》(张树昌、杨俊萱)、《论古代汉语教学》(王力)、《关于文言阅读课的教学》(金德厚)、《积极开展多种形式的语言实践活动——把语言实践活动纳入教学轨道》(孙瑞珍、吴叔平)、《教日本人学汉语》(胡裕树、何伟渔)、《对日本留学生的翻译课教学》(荀春生)、《关于教美国留学生翻译课的几个问题》(荀锡泉)、《高年级法语翻译课教学中的几点作法和体会》(孙慧双)。

4. 教材编写和汉语测试，包括：《编写〈基础汉语课本〉的若干问题》（李培元、赵淑华、刘山、邵佩珍、来思平）、《试谈基础汉语教科书的编写原则》（刘珣、邓恩明、刘社会）、《编写〈高级汉语〉的指导思想和原则》（李更新、程相文、谭敬训、刘希明、王碧霞）、《试谈汉语水平测试》（刘珣）。

5. 短期汉语教学，收录：《浅谈短期汉语教学》（卢晓逸、张亚军）、《"读、看、听、说、写"教法初探》（张锐）、《短期汉语学习班要抓紧语音教学》（华东师范大学留学生基础汉语教学小组）。

这些论文不仅阐明了对外汉语教学这一新学科的性质、任务和研究范围，而且在语音、语法、词汇、汉字及各类课型的教学方法、教材编写、汉语测试等方面都作了有益的探索。

64. 国外外语教学法主要流派

《国外外语教学法主要流派》，章兼中著，华东师范大学出版社，1983 年 12 月出版，共 260 页。

该书比较全面地介绍了国外外语教学法的主要流派，阐述外语教学法历史和当今世界上使用最广泛的、最有影响的、较能为大家公认的外语教学法流派，它们分别是翻译法、直接法、自觉对比法、听说法、视听法、自觉实践法、认知法和功能法。

为了能全面地、完整地介绍、评析各种流派产生和发展的来龙去脉及其主要特征，该书各章的结构进行了如下安排：

1. 各流派的概念，主要阐明各种流派名称的来源及其概念的实质含义；

2. 产生的时代背景，主要阐述各流派为适应当时的政治、经济的发展和吸收邻近科学的成就以及外语教学法实践等变化而产生的时代背景；

3. 理论依据，主要阐明各流派如何依据哲学、教育学、语言学、心理学和社会学等学科研究的科学成果，建立和发展自己的教学法体系，进而论证其体系的科学性和局限性；

4. 基本教学原则，主要阐述各流派如何依据邻近科学的原理和借鉴以往的教学法的教学原则，不断经过教学实践的探索和验证以及理论的分析研究，归纳和制定出外语教学法的基本原则，并用以指导外语教学再实践；

5. 教学过程，主要阐明各流派根据学生习得外语的心理认识过程、教学原理、教学原则，具体地规定掌握知识和技能，培养能力和发展智力的步骤；

6. 典型教材，通过研究分析各派典型教材如何具体贯彻其原理和原则、方法和步骤，可以进一步了解其全貌；

7. 对该教学法的评价，对各派进行全面的分析研究，判析其长处和不足之点，力求作出客观评价，并从中吸取经验教训，博采众长，为我所用。

外语教学法是一门研究外语教学理论和教学实践、外语教学过程和教学规律的科学。该书是国内外语教学法研究史上较早也较有影响力的一本全面介绍国外教学法流派的书，它系统地介绍和评价国外外语教学法主要流派及其发展趋势，总结外语教学经验，进行外语教学实践和探讨，为我国外语教学法体系的研究和实践起到了很好的借鉴作用。

65. 对外汉语课程、大纲与教学模式研究

《对外汉语课程、大纲与教学模式研究》，李泉主编，2006 年 7 月出版，商务印书馆，共 377 页。

该书从众多的相关文献中选取了在对外汉语教学课程、大纲与教学模式研究中有代表性的文章 28 篇，编为六章。

第一章对外汉语教学课程研究，介绍对外汉语教学的课程和课程设置以及对外汉语教学课程之间的关系；

第二章对外汉语教学课程规范研究，介绍对外汉语教学课程规范，包括初级阶段口语课教学规范、初级阶段听力课教学规范和初级阶段综合课教学规范，阐述了阅读课教学环节规范化；

第三章对外汉语教学大纲研究，包括对外汉语教学大纲概说、汉语言专业教学大纲与课程大纲、基础汉语教学词汇大纲设计和基础汉

语教学语法大纲设计等内容；

第四章面向对外汉语教学的语言教学大纲研究，包括结构型语言教学大纲研究、功能及相关问题研究、功能项目与功能大纲、任务及相关问题研究、任务式大纲与汉语交际任务和对外汉语教学文化大纲探讨等；

第五章对外汉语教学水平等级大纲研究，评述《汉语水平等级标准和等级大纲》、《语法等级大纲》的编制与定位，提出了关于《汉语水平词汇与汉字等级大纲》和《(汉语水平)词汇等级大纲》的修订意见；

第六章对外汉语教学模式研究，包括汉语教学模式化研究概述，语文分开、集中识字的介绍，简述词汇集中强化教学模式、基础汉语教学模式的改革、汉语教学新模式设计、口笔语分科精泛读并举和汉语短期教学的新模式等内容。

该书阐述了互相关联的对外汉语教学的课程、大纲和教学模式之间的关系，从不同角度体现了对外汉语教学的性质和特点，在指导对外汉语教学实践中发挥着重要的作用。

66. 对外汉语教学中高级阶段功能大纲

《对外汉语教学中高级阶段功能大纲》，赵建华主编，北京语言文化大学出版社，1999 年 9 月出版，共 232 页。

该书是一部包括功能、意念、情景、文化等多种因素在内的综合性大纲，用以作为对中高级阶段对外汉语教学的指导和规范。

在编选过程中，编著者充分考虑了交际的普遍性和通用性，在浩繁、复杂的功能项目中根据实际教学的需要进行了筛选，共选用了 152 个功能项目，归纳为 7 大类：1. 社交活动中的表达功能；2. 对客观情况的表述；3. 对理性认识的表达；4. 对主观感情的表达；5. 对道德情感的表达；6. 表达使令；7. 交际策略的表达。

该书的体例如下：功能项目按 7 个大类依序排列。每一个项目根据言语形式的不同分为词、短语、句子、语段四部分，句子按小句、格式、句类的顺序排列。每一个言语形式后附一个例句，如果内容和用法相差较大，给出 2 至 3 个或更多的例句。每一部分的言语形式尽量按形式的难易程度排列。对言语形式的必要的说明写在言语形式之后，用括号"[ ]"标出。

该书中功能项目的选择和分配依据国家对外汉语教学领导小组办公室汉语水平考试部编制的《汉语水平词汇和汉字等级大纲》和《汉语水平等级标准与语法等级大纲》选定，超纲部分浮动在 20%左右。该书编选过程中充分考虑了功能、文化及语言结构三个对外汉语教学要素之间的关系，尽可能地在各种语体的语料中搜寻更多的言语形式，并将言语形式放在不同的语境中以表现多种功能。该书是在语料的基础上得出的对言语形式的概括，大部分言语形式采用句中代表性词语、关联词语或从语法角度说明其特征。

67. 对外汉语教学中高级阶段课程规范

《对外汉语教学中高级阶段课程规范》，陈田顺著，北京语言文化大学出版社，1999 年 11 月出版，共 314 页。

《对外汉语教学中高级阶段课程规范》是继《对外汉语教学初级阶段课程规范》之后的又一工程。20 多年来，对外汉语教学中高级阶段的汉语教学经过不断摸索、实践，已日臻成熟。与此同时，一批学科意识强、教学经验丰富的老教师已经或即将从教学第一线退下来。如何把老教师的教学经验加以总结并保留下来，如何让更多的新教师避免教学的盲目性、随意性，如何使中高级阶段的汉语教学健康、有序地发展以适应新的形势，便是该书探讨的主要问题。

全书包括三部分内容：

第一部分：课程规范。课程规范是对所选课程的性质、目的、任务、主要教学环节、教学步骤以及成绩测试的规范。其中课程的性质、目的、内容属于课程本体，教学环节、教学步骤和测试是课程的实施过程。这两部分内容有着密切的内在联系，是一个有机的统一体。课程规范是在对多年教学实践全面总结的基础上，在语言教学和语言习得理论的指导下，对现行教学的梳理和升华，它源于教学又高于教学。特别是课程的性质、目的和内容部分具有严格的规约性，在教学中是应该严格遵守的。因此，《规范》中的这部分内容对教学应具有指导性和法规性。教学环节、教学步骤、教学方法和测试有较大的灵活性，这部分内容仅供参考。

第二部分：参考教案。每一门规范课程附一课书的参考教案，教案包括本课书的教学目的、教学内容、教学重点和难点、教学原则和教学方法、教学进度和课时分配、主要教学环节和教学步骤、板书设计。参考教案不具法规性，我们并不希望大家都按一个模式设计教案，但它是课程规范的具体体现，提供参考教案的目的也是为了展示教案设计的共性，可供参考。

第三部分：相关论文。它们主要是编写者在《规范》研讨过程中的理论探讨或思考，有的是对某一课程规范的理论说明，有的是对某一教学环节的理论探讨。

68. 对外汉语教学初级阶段教学大纲（1）

《对外汉语教学初级阶段教学大纲（1）》，杨寄洲主编，北京语言文化大学出版社，1999年9月出版，共317页。

对外汉语初级阶段的教学已经有四十多年的历史了。四十多年来，从事课堂教学的教师们在实践中积累了丰富的教学经验，先后形成了不少有指导意义的教学文件，在指导教学和管理方面起到了很好的作用。但是，始终没有一部比较系统完整的教学大纲问世，这不能不说是学科建设的一个缺憾。该书的编写即是基于对外汉语教学学科建设的长远要求以及课堂教学和管理工作现实需要的考虑而编写的。

该书由以下几部分组成：1. 对外汉语教学初级阶段教学大纲；2. 对外汉语教学初级阶段语法大纲；3. 对外汉语教学初级阶段词汇大纲；4. 对外汉语教学初级阶段功能大纲；5. 对外汉语教学初级阶段情景大纲；6. 对外汉语教学初级阶段考试大纲。

附录论文4篇：《编写〈对外汉语教学初级阶段语法大纲〉的思路》（杨寄洲、邱军），《关于〈对外汉语教学初级阶段功能大纲〉的研制》（杨寄洲），《关于〈对外汉语教学初级阶段情景大纲〉》（杨寄洲），《关于〈对外汉语教学初级阶段考试大纲〉》（杨寄洲）。这几篇论文基本是对大纲的理论性说明。

69. 对外汉语教学初级阶段教学大纲（2）

《对外汉语教学初级阶段教学大纲（2）》，杨寄洲主编，北京语言文化大学出版社，1999年9月第1版，共144页。

该书是《对外汉语教学初级阶段教学大纲（1）》的下册，也即第二分册，为"对外汉语教学初级阶段词汇大纲"。该大纲分为一级词和二级词两部分，为了便于查找，每部分分别按音序排列，并加注拼音。

该分册的基本体例为：1.大序号；2.词条；3.词性；4.小序号；5.义项；6.释义；7.例句、搭配。该大纲总词汇量为2704个，其中一级词汇量993个，全部复用式掌握；二级词汇量1711个，其中复用式为763个。书后附有邱军、李宁的论文一篇：《〈对外汉语教学初级阶段词汇大纲〉编写说明》，叙述了设计的依据、原则、体例与说明等情况。

对外汉语初级阶段的教学已经有四十多年的历史了。四十多年来，从事课堂教学的教师们在实践中积累了丰富的教学经验，先后形成了不少有指导意义的教学文件，在指导教学和管理方面起到了很好的作用。但是，始终没有一部比较系统完整的教学大纲问世，这不能不说是学科建设的一个缺憾。该书的编写即是基于对外汉语教学学科建设的长远要求以及课堂教学和管理工作现实需要的考虑而编写的。

70. 中高级对外汉语教学等级大纲（词汇·语法）

《中高级对外汉语教学等级大纲（词汇·语法）》，孙瑞珍主编，北京大学出版社，1995年10月出版，共370页。

该书是继《汉语水平词汇和汉字等级大纲》（国家对外汉语教学领导小组办公室汉语考试部制订，北京语言学院出版社1992年出版）和《汉语水平等级标准和等级大纲》（中国对外汉语教学学会水平等级标准研究小组制订，北京语言学院出版社1988年出版）之后，又一部有重要指导意义的针对中高级对外汉语教学的等级大纲。

该书共包括五个部分：前言、《中高级教学词汇等级大纲》、《中高级教学语法等级大纲》、论文和附录。

"前言"主要介绍了整个大纲的编写原因、编写过程以及"编写说明"。《中高级教学词汇等级大纲》和《中高级教学语法等级大纲》中又都各自有"编写说明"，《中高级教学词汇等级大纲》后还附有"词汇大纲拼音、词性标注说明"。

《中高级教学词汇等级大纲》以《汉语水平词汇和汉字等级大纲》为依据，包括两个基本大纲，即《中级教学词汇基本纲》、《高级教学词汇基本纲》；七个课程大纲，即《中级汉语课程词汇大纲》、《听力口语课程词汇大纲》、《报刊基础课程词汇大纲》、《新闻听力课程词汇大纲》、《高级汉语课程词汇大纲》、《高级口语课程词汇大纲》、《报刊阅读课程词汇大纲》。七个课程大纲中，前四个属于中级，后三个用于高级对外汉语教学范围。

《中高级教学语法等级大纲》以《汉语水平等级标准和等级大纲》为重要参照依据，并沿用了其中《语法等级大纲》的基本框架。它包括两个基本大纲，即《中级教学语法基本纲》和《高级教学语法基本纲》；七个课程大纲，即《中级汉语课程语法大纲》、《听力口语课程语法大纲》、《报刊基础课程语法大纲》、《新闻听力课程语法大纲》、《高级汉语课程语法大纲》、《高级口语课程语法大纲》、《报刊阅读课程语法大纲》。

该书"论文"部分，共收录了与本大纲的研制和使用相关的论文5篇。"附录"部分主要是两个词表，即《中级课程重合词表》和《高级课程重合词表》。

该书的出版，对于中高级对外汉语教学具有重要意义，不仅将中高级对外汉语教学从整个对外汉语教学中划分出来，而且进一步细化了对于中高级对外汉语教学在词汇和语法教学上的要求，以大纲的形式提纲挈领地为中高级对外汉语教学提供了切实可依的原则。

71. 对外汉语教学初级阶段课程规范

《对外汉语教学初级阶段课程规范》，王钟华主编，北京语言文化大学出版社，1999 年 5 月出版，共 460 页。

对外汉语初级阶段教育包括本科教育的一年级（内含学习其他专业前的预备教育）和入学水平相当于一年级语法教学后进入短文教学的初级进修班。这个阶段的课程规范涉及四种课型、两个层次、八门课程。四种课型是综合课、听力课、口语课和阅读课；两个层次是指本科教育零起点的一年级和结业水平略高于一年级的初级进修班；八门课程就是上述四种课型、两个层次的八门课。

该书在初级教学大纲原则指导下，对初级阶段的课程进行了规范，包括三部分内容。

第一部分：课程规范。分别对本科一年级和初级进修班的综合课、听力课、口语课和阅读课进行了规范，具体包括课程的性质、目的、内容、方法、教学环节和测试。其中性质、目的、内容和方法属于课程本体，教学环节和测试是课程的实施过程。这两部分内容具有密切的内在联系，是一个有机统一体。

第二部分：示范教案。提供了本科一年级综合课语音阶段教案、综合课语法阶段教案、综合课短文阶段教案（两篇）、听力课教案、口语课教案、阅读课教案和汉字课教案以及初级进修班四种课型的教案示例。每份教案都附有教案说明，意在说明教案设计的理论根据。

第三部分：研究论文，共收录了论文六篇。包括：李珠《初级阶段综合课教学规范化管见——正确处理初级阶段综合课教学三阶段中的几个关系》、朱庆明《试论初级阶段综合课教学规范化》、王小珊《初级阶段听力课教学规范化的一条基本原则——谈操练性听力技能训练》、李小丽《初级阶段口语教学规范化问题》、王碧霞《谈阅读课教学环节规范化》和王钟华《课程规范与相关问题》。

该书对对外汉语初级阶段教学的性质、目的和内容进行了规范性的论述，并提供了教学方法、教学环节和测试方面的参考，最后总结经验，把大家共同认可的切实可行又行之有效的经验上升到理论层面，用以指导我们的教学实践，推动课堂教学科学化、规范化。

72. 对外汉语教学语法大纲

《对外汉语教学语法大纲》，王还主编，北京语言学院出版社，1995年4月出版，共153页。

该书共五部分。

第一部分：汉字、音节、词。简述汉字、音节和词的构成，以及怎样区别词和词组、同音词和兼类词。

第二部分：词类。包括：名词的分类、名词的语法特征、名词的句法功能、时间词和方位词；代词的语法特征和句法功能及代词的分类；数词的划分及数词的语法特征与句法功能；量词的分类和数量词组；形容词的主要语法特征和形容词的句法功能、非谓形容词、形容词"多"和"少"；动词的语法特征和句法功能、汉语动词的特点；助动词的分类、助动词的语法特征及几个常用的助动词的用法与意义；副词的语法特征、副词的分类及一些值得注意的副词；介词的语法特征和句法功能、介词的分类及几个常用的介词；连词的语法功能、连词的分类、连词与关联副词及使用连词值得注意的几点；助词的语法特征及助词的分类与用法；叹词的语法特征及比较常用的叹词"啊"；象声词。

第三部分：词组。首先介绍词组的语法特征和构成方式；其次是词组的分类，包括：联合词组、偏正词组、补充词组、动宾词组、主谓词组、方位词组、数量词组、介宾词组、"的"字词组、复指词组、连动词组、兼语词组和固定词组。

第四部分：句子成份。简述主语、谓语、宾语、补语、定语、状语、复指和插说。

第五部分：句子。简述单句的类型、复句的类型和特殊句式。

该书适应对外汉语教学的需要，为对外汉语教师提供了教学和教材编写语法方面的依据和参考，实用性强。

73. 汉语和汉语教学探究

《汉语和汉语教学探究》，梅立崇著，华语教学出版社，1995年出版，共 205 页。

该书是梅立崇先生多年主要学术论著的选集，共收文章 25 篇，其中有学术论文，也有普及性论述。从内容上分为两个部分：汉语研究和汉语作为第二语言教学研究。

汉语研究方面，论及的问题有：

1. 汉语同义词的性质、范围、词典编纂及其与词性的关系问题，如：《试论同义词的性质和范围》、《同义词词典编纂散论》、《词性不同的词能否构成同义词》、《再谈词性不同的词能否构成同义词》、《再谈汉语词的同义聚合与词性的关系问题》；

2. 汉语国俗语研究，如：《谈汉语熟语的民族性》、《汉语国俗词语刍议》；

3. 对语言文化的观察分析，如：《汉语中的谐音双关以及由谐音造成的忌讳和避讳》；4. 汉民族的思维特点对汉语的制约，如：《姓名称说漫议》、《试谈陈述性文化知识和

程序性文化知识》、《交际文化理论与语表文化、语里文化和语值文化》、《从汉民族具象思维的角度对汉语进行审视》；

5. 模糊理论与汉语语法研究，如：《从模糊理论看汉语词的同义关系与词性》、《模糊

理论与汉语语法研究》；

6. 对某些句式的探讨，如：《从结构上看使用"把"字句的规律》、《"连…也/都"格式中的"连"属于何种词性》、《简谈汉语句子的同义关系》、《也谈补语的表述对象问题》、《现代汉语的"即使"假言句》。

汉语作为第二语言教学研究方面，论及的问题有：

1. 教学计划的制订，如：《北京语言学院外国留学生文科进修班教学计划》；2. 阅读教材的编写，如：《文科进修班阅读教材的编写原则——从〈现代汉语阅读训练〉的编写谈起》；3. 学生习得情况的观察，如：《从第二语言习得规律看教学方法的改进》；4. 学生学习偏误的分析，如：《对留学生汉语习得过程中的错误的分析》；5. 文化与词汇教学的探讨，如：《谈文化与词汇教学》、《匈牙利的汉语教学与罗兰大学的汉学》。

该论文集内容相当丰富，具有一定的学术性和实用价值，是一部

富于探索和启发性的著作，特别适合从事汉语教学工作的教师作为参考读物，也适合于学习汉语的外国读者作为研究汉语的读本。

74. 吕必松自选集

《吕必松自选集》，吕必松著，大象出版社，1994 年出版，共 263 页。

该书是著名中年语言学家自选集书系之一，获第二届国家图书奖提名奖。收录了著名语学家吕必松先生的重要论文 14 篇。这些文章自 1980 年以来在《语言教学与研究》、《世界汉语教学》和《语言文字应用》等杂志上或在有关的学术会议上发表过的，大部分曾收入有关的论文选。

该书收录的论文中只有 4 篇属于汉语研究或基本上属于汉语研究，其余都是关于语言教学的。关于汉语研究方面的文章，如：《汉语研究与汉语教学》、《关于语法研究和语用研究的一些想法》、《关于"是……的"结构的几个问题》、《现代汉语语法学史话》。语言教学方面的文章粗略地分为两大类：一类是讨论语言教学（主要是对外汉语教学）本身的，如：《试论对外汉语教学的性质和特点》、《再论对外汉语教学的性质和特点》、《试论第二语言教学的结构》、《关于教学内容与教学方法问题的思考》、《再论对外汉语教学的总体设计》、《基础汉语教学课程设计和教材编写的新尝试》、《关于中高级汉语教学的几个问题》；另一类是关于语言教学的理论研究的，如：《关于语言教学法问题》、《对外汉语教学的学科理论研究》、《论汉语中介语的研究》。

该自选集所有收录的文章均能代表作者独特的见解，并严格按照作者学术思想和成长发展的足迹的标准来选文。因此该自选集是在研究中国当代语言学、研究吕必松先生研究状况时不可不读的重要著作。

二、对外汉语语言要素及其教学研究

75. 汉语词汇·句法·语音的相互关联

《汉语词汇·句法·语音的相互关联》，徐杰、钟奇主编，北京语言大学出版社，2007 年 7 月出版，共 646 页。

该书是于 2002 年 11 月 27 日至 29 日在新加坡国立大学举行的第二届肯特岗国际汉语语言学圆桌会议论文集。收入了在本届会议宣读的绝大部分文章，以"汉语词汇、句法、音系的相互关联"为主题，与会学者既有汉语语言学界德高望重的前辈，更多的是驰骋于语言研究前沿阵地年富力强的中青年学者。论文在会上宣读讨论后，由编者根据大家会上会下的意见重新修改，结集成书，正式出版。

收入文章包括：

《走向多层面互动的汉语研究》（代前言）、《词语句法、语义的多功能性》、《论语言内部各要素之间的制约关系》、《花园幽径句初探》、《现代汉语广义虚词知识库的建设》、《从连读变调看语言接触》、《"高、低／矮+N"格式研究》、《关于汉语否定句的语义确定性问题》、《现代汉语方位成分的语法地位》、《动宾倒置与韵律构词法》、《词法和句法之间的互动及其接口——以"可怕／怕人"和"好吃／难吃"等句法词为例》、《对景颇语[名词+形容词]成分的结构分析》、《汉语空间位移事件的语言表达——兼论述趋式的几个问题》、《空号，词汇与句法》、《搭建中华字符集大平台》、《音系和语法的竞争——浅谈上声变调的灵活性》、《"的"的分布及其基本功能和派生功能——从描写性到区别性再到指称性》、《"的"字句的句式语义及"的"字的功能扩展》、《中国装饰艺术中谐音画之解析》、《三种谓词性重复格式的句法、语义分析》、《"V 着 A"结构分化的词汇语法条件》、《广州话持续体貌词尾分类》、《从语音、语法和话语特征看"知道"格式在谈话中的演化》、《现代汉语中的黏合式联合结构》、《"行／成"变异一百年》、《词汇手段、语法手段与语音手段在疑问句中的互补与互斥》、《论副词的语用分类》、《论元结构和句式结构互动的动因、机制和条件——表达精细化对动词配价和句式构造的影响》、《范围副词"都"的语义指向分析》、《亲密与高调——对小称调、女国音、美眉等语言现象的生物学解释》。

该书是对会议成果的一个总结，也是对会上交流的学术观点的一个理论性提升，它与北京语言大学出版社 2005 年出版的《汉语研究的类型学视角——第一届肯特岗国际汉语语言学圆桌会议论文集》构成系列，形式、体例上保持统一。

76. 言语交际学基本原理

《言语交际学基本原理》，刘焕辉主编，江西教育出版社，1997 年 9 月出版，共 762 页。

该书对语言和言语交际的关系及其规律提出了自己的见解："言语交际学是研究言语交际现象及其规律的一门语言学分支学科"。

该书主要内容分为六篇，十九章。

第一篇：学科建设总论，由第一章构成。介绍言语交际学的语言观，言语交际现象的语言学分析和学科研究对象、任务、方法。

第二篇：交际语言论，包括第二至四章。概述交际语言和言语行为，介绍交际语言的含义、性质及交际汉语结构系统，论述了人类行为的一般性质和结构、言语行为，分析以及各种言语行为的规则系统，还有话语的结构成分及线性延展、双向交流的话语结构、话语的信息结构。

第三篇：交际过程论，包括第五至第十二章。第五章简析言语交际过程的言语编码与解码、言语交际过程的矛盾分析以及特点；第六章讲解言语交际的主体，即表达者与接受者，论述了交际主体的角色关系及角色意识；第七章交际目的与交际行为，论述了交际目的与交际心理，表达者的目的和言语行为自我控制，接受者对表达意图的揣度；第八章交际话题在交际过程中的地位，概述交际话题、话题在言语交际中的作用、话题的掌握与交际策略；第九章言语交际的心理调节，主要讲的是交际双方的心理对言语表达与理解的影响、言语交际的心理适应以及言语交际的心理障碍与排除；第十章人为障碍性交际：隐语交际，论述了隐语的含义、性质及其产生的社会基础，隐语交际的社会分布和功能，隐语构成手段；第十一章交际环境，包括交际环境对言语交际的制约和补衬、交际场的把握、言语交际与社会环境；第十二章言语交际的原则，主要有合作原则、礼貌原则和协调原则。

第四篇：交际方式论，包括第十三章交际形式和第十四章交际手段。介绍了口语交际、书面交际、电路交际以及语言组合手段、副语言辅助手段、体态语应用手段。

第五篇：交际功能论，包括第十五至第十七章。第十五章言语交际的社会功能，论述了言语交际与物质文明建设、与精神文明建设、与人际关系等方面的内容；第十六章言语交际的智力功能，介绍了言语和大脑功能、言语和思维机制、言语与智力因素；第十七章言语交际的语言功能，主要论述言语交际与语言系统的发展、多语交际对语言间的相互影响和作用。

第六篇：交际能力论，包括第十八至第十九章。第十八章研究交际能力的意义，介绍交际能力、表达能力和语言能力，交际能力的揭示最终导向认识人类自身；第十九章交际能力的分层揭示，论述了语言能力：交际能力的潜在条件，表达能力：交际能力的后天培养，交际能力——表达能力与社交能力的综合体现。

该书作者自上世纪 80 年代开始潜心致力于言语交际学的研究，主编和参编过多本言语交际学丛书，发表了相关论文多篇。该书为开创这门新兴的语言学科做出了新的贡献，既具有一定的理论意义，又具有一定的现实意义。

77. 汉语研究与对外汉语教学

《汉语研究与对外汉语教学》，赵金铭主编，语文出版社，1997 年 5 月出版，共 378 页。

赵金铭先生从事对外汉语教学与研究工作几十年，该书是一本论文集，精选论文 25 篇，结集问世。

该书共分三部分，其中研讨对外汉语教学的 13 篇，文化方面两篇，关于现代汉语语法和近代汉语语法研究的论文 10 篇。

汉语语法方面研究的论文有：《敦煌变文中所见的"了"和"着"》、《元人杂剧中的象声词》、《〈游仙窟〉与唐代口语语法》、《"的"、"地"源流考》、《〈诗经〉中的形容词研究》、《能扩展的"动+名"格式的讨论》、《"我唱给你听"及相关句式》、《同义句式说略》、《现代汉语中"满"和"一"的不同分布及其语义特征》、《现代汉语补语位置上的"在"和"到"及其弱化形式"de"》；

对外汉语教学方面的文章有：《简化对外汉语音系教学的可能与依据》、《从一些声调语言的声调说到汉语声调》、《教外国人汉语语法的一些原则问题》、《对外汉语语法教学的三个阶段及其教学主旨》、《对外汉语教学语法的新尝试——卢福波〈对外汉语教学实用语法〉序》、《〈外国人基础汉语用字表〉草创》、《向中级汉语阶段迈进的桥梁——陈灼主编〈实用汉语中级教程〉序》、《近十年对外汉语教学研究述评》、《把汉语教学与研究推向新高潮——第一届国际汉语教学讨论会论文举要》、《把汉语教学与研究推向深入——第二届国际汉语教学讨论会论文举要》、《汉语教学与研究的发展和创获——第四届国际汉语教学讨论会论文举要》、《对外汉语教学与研究的现状与前瞻》、《他山之石可以攻玉——〈国外汉语研究丛书〉介绍》；介绍文化的两篇文章是《新词新义与社会情貌》和《谐音与文化》。

78. 现代汉语节奏研究

《现代汉语节奏研究》，刘现强著，北京语言大学出版社，2007 年 7 月出版，共 155 页。

该书是作者在博士论文基础上写成的学术专著，内容为现代汉语的节奏研究，共分五章。

第一章，语言的节奏。明确节奏、语言节奏的概念，概述节奏、节律、韵律及其他。

第二章，国内外语言节奏研究综述。阐述国外语言节奏和韵律研究的历史及现状和汉语节奏的研究概况，概括诗歌格律研究对汉语节奏研究的贡献，简述汉语（自然语言）的节奏研究，总结汉语节奏研究的现状。

第三章，现代汉语节奏支点及其层级体系。提出重音是不是汉语的节奏支点，停延是现代汉语节奏的支点，描述停延的声学特征，分析以停延为支点的现代汉语节奏的层级体系。

第四章，现代汉语节奏模式及其生成。简介句块模型，分析以句块模型为基础的汉语句法与节奏的关联，包括句块内和句块间的节奏表现，论述现代汉语语句节奏模式的生成。

第五章，对该课题的总结与展望。书后附 100 例实验用句。

该书为北京语言大学青年学者文库基金资助图书之一，作者全面回顾了国内外对语言节奏特别是汉语节奏研究的历史，重点介绍了 20 世纪 80 年代中后期尤其是 90 年代以来的汉语节奏研究，对汉语韵律研究、言语工程工作以及对外汉语教学，都有重要意义。

79. 对外汉语语音及语音教学研究

《对外汉语语音及语音教学研究》，孙德金主编，商务印书馆，2006 年 7 月出版，共 450 页。

该书分上下两编，共六章。

上编：汉语语音本体研究，包括前两章。

第一章汉语语音与《汉语拼音方案》，主要介绍汉语语音，包括普通话的语音标准和语音教学、现代汉语音节的数量与构成分布、AB 式双音节形容词重叠式的读音、《汉语拼音方案》，还简述了《汉语拼音方案》与世界汉语语音教学、从"单音动词+单音名词"结构的拼写看正词法规则的客观依据等内容；

第二章汉语韵律特征研究，介绍汉语的声调和语调并分析了汉语声调与语调的关系，接着简要叙述汉语九宫调模的表意功能和超音段成分的表意功能及其在对外汉语教学中的应用，又概括叙述了汉语的轻声问题研究，包括轻声的音高和轻声的本质特征，最后阐述汉语的节律问题研究，包括汉语的"自然音步"、汉语词语构成的音节因素和节奏语感的培养及汉语节律结构模式。

下编：汉语语音教学研究，包括后四章。

第三章语音教学总论，介绍语音研究和语音教学、语音研究和对外汉语教学、汉语语音研究与汉语语音教学接口问题，包括对外汉语语音教学反思和汉语语音教学中的误导等问题；

第四章国别语音教学，介绍日本、韩国、英国、美国、法国及其他国家的汉语语音教学。包括日汉语音对比分析、对日本学生鼻韵母音教学，韩国学生难音及对策、对韩国留学生的初级汉语语音教学，英语国家学生学习汉语语音难点分析、美国英语语调对美国学生学习汉语普通话声调的干扰分析，以及法国学生学习汉语辅音问题、泰国学生学习汉语语音难点及柬埔寨学生学习汉语语音难点分析等。

第五章语音要素教学研究，重点探讨特殊韵母教学，即对[ar]、[I]两音位的教学和汉语普通话的特殊韵母及其教学。包括声调教学、普通话上声教学及语句的韵律教学，以及语句重音教学、口语教学、语流教学和兼语句的语音切分研究等。

第六章语音教学调查与实验，进行了初级水平留学生的第三声听辨分析、匈牙利学生汉语双音词声调标注量化分析和中级汉语水平韩国人声母偏误分析，还包括印度尼西亚学生习得汉语塞音和塞擦音、韩国学生韵母发音的实验分析等。

该书是商务印书馆"对外汉语教学专题书系"之一，书中所选文章为近年来在对外汉语课堂教学中有丰富经验的专家学者发表的文章，并按照章节的形式编排成书。该书所收成果均具有代表性和前沿性，具有很高参考价值。

80. 对外汉语语感教学探索

《对外汉语语感教学探索》，周健著，浙江大学出版社，2005 年 3 月出版，共 218 页。

该书共收录了作者对外汉语教学、有关普通话教学和汉英对比方面的文章 30 余篇，主要包含三方面的内容，即汉语语感教学、汉语教学的交际技能训练及汉字教学。

汉语语感教学方面的文章主要有：《论汉语语感教学》、《第二语言教学应以培养语感为导向》、《让华文学习跟着语感走》；

汉语教学交际技能训练方面文章主要包括：《论突出以目标为导向的交际技能训练》、《探索汉语阅读的微技能》、《试论文化混融语境中的交际与汉语教学》、《关于汉语教学技巧的两点思考》、《重视对英语发展趋势和交际语体的研究》；

汉字教学的研究文章有：《"汉字难学"的分析与对策》、《关于改进汉字教学的探索》、《论对外汉字教学的阶段性策略》、《研究学习策略　改进汉字教学》、《汉字教学策略与汉字教材编写》、《论汉字文化崇拜》；

其他方面的，还包括：《论对外汉语文化教学及教师的双文化意识》、《也谈"对外汉语"及学科名称问题》、《略论东南亚地区华文教育的现状与对策》、《香港普通话教学的若干问题》、《实施汉语批评言语行为的中外对比研究》、《留学生标点符号书写偏误分析》、《对汉语教材练习设计的考察与思考》等研究报告及学科理论研究成果。

该文集涵盖的文章，均是对汉语学习的各种思考。以语感教学为主，提高学生对语言规律的直觉感知和把握的能力，是编著者的一个独特的研究视角。

81. 汉语普通话语音教程

《汉语普通话语音教程》，刘广徽编著，北京语言文化大学出版社，2002 年 1 月出版，共 128 页。

该书是专门为新疆汉语教师编写的汉语普通话语音教材，它从第二语言教学的角度，系统简要地介绍了汉语语音的基本理论与基础知识，也从汉维、汉哈对比的角度总结了一些实用性、针对性较强的纠音正调的方法。书中还有大量实践练习，既可供汉语教师备课教学使用，也可供读者自学与自练。

该书总分三章。

导论部分介绍了学习汉语普通话的目的和意义以及汉语、维吾尔语、哈萨克语的概况。

第一章介绍了语音教学的原则、方法及作为语音教师应具备的条件；

第二、三章分别对语音、语调各种理论知识、教学法加以简要的论述，编者以维吾尔语、哈萨克语为母语的学生学汉语声、韵、调时出现的问题，详细分析并提出了解决的办法，还列举了许多语音教学中的实例。

最后有四个附录，分别是：《汉语普通话语音音节表》、《普通话声母韵母的发音》（对每个音的发音方法作了详细的描述，并附有舌位图）、《汉语、维吾尔语辅音对照表》及《儿化韵的读音》。

该教程是一本适应不同程度、不同学习时间、不同要求的开放式教材，它通过对新疆维吾尔族和哈萨克族学生学习汉语语音中常出现问题的分析，有针对性地指出了纠正的方法，是第一部专为新疆少数民族地区编写的汉语语音教材。

82. 外国学生汉语语音学习对策

《外国学生汉语语音学习对策》，朱川主编，语文出版社，1997 年 7 月出版，共 308 页。

该书针对汉语语音教学中普遍存在的"洋腔洋调"问题，作了比较全面的考察分析并且提出了具体可行的纠正办法，是一部既有学术价值又有实用价值的专著。

该书由声母篇、韵母篇、音节篇、韵律篇、类型篇五部分组成，后附《音标表》及《本书所附图谱索引》。

第一部分声母篇。包括两节：（一）发音部位的难点及其对策，其难点：1. 唇—唇齿—舌根—吹气音，2. 舌尖—舌叶—舌面；（二）发音方法的难点及其对策，其难点：1. 鼻—边—闪—擦，2. 清—浊，3. 送气—不送气。

第二部分韵母篇。包括三节：（一）单韵母的难点及其对策，其难点：1. 松—紧，2. 圆—展，3. 儿韵—儿化，4. 音色稳定性；（二）复韵母的难点及其对策，其难点：1. 介音问题，2. 动程问题，3. 比例问题；（三）鼻韵母的难点及其对策，其难点：前鼻音—后鼻音。

第三部分音节篇。包括两节：（一）音节内组合难点及其对策，其难点：1. 协同发音，2. 拼音方法；（二）音节间组合难点及其对策，其难点，1.联音变化，2.音节界限。

第四部分韵律篇。包括两节：（一）声调难点及其对策，其难点：1.单字调模式，2.连调组模式，3.轻声；（二）语句韵律难点及其对策，其难点：1.停顿的位置，2.轻重音，3.语调。

第五部分类型篇。包括两节：（一）类型划分的依据：1.感知实验，2.声学实验；（二）不同语种中介音的类型特征：1.四种中介音的类型，2.四种中介音难点分布。

该书有四个方面的特点：首先，以说英语、日语等四种常见语种的来华留学生的汉语样本作为研究对象，有较宽的覆盖面，能够比较全面地反映出"洋腔洋调"各方面的特点；其次，用现代语音学的方法对这些样本进行了实验分析，能够对"洋腔洋调"现象作出较科学的描写说明；第三，对实验分析成果进行了统计归纳，能够找到"洋腔洋调"中一些有规律性的东西；第四，从这些有规律性的因素中寻找出各个语音层次的难点，提出教学对策，既有专供教师参考的教学建议，也有专为学生自学自用的各种练习，有较强的实用性。

83.语音研究与对外汉语教学

《语音研究与对外汉语教学》，赵金铭主编，北京语言文化大学出版社，1997年1月出版，共443页。

该书是北京语言文化大学诸多学者结合其研究成果编著的对外汉语教学研究丛书之一。80年代初以来，北京语言文化大学在语音研究和对外汉语语音教学研究方面已形成特色，即：实用至上，紧密结合教学，从社会语言学角度对语音进行描写、解释，并对所取得的成果进行梳理，集于一册。

全书共四章。

第一章介绍汉语声韵描写与解释，涉及很多语音调查与音韵情况复杂化的探源，还从社会语言学的角度研究了济南话若干声母的分布及演变；

第二章关于汉语韵律特征研究，包括三声问题研究、轻声问题研究、语调和语义、"儿化"性质新探等；

第三章语音教学研究，包括对外汉语语音教学中的问题、基础汉语语音教学的若干问题、对外汉语教学中难音辨析等；

第四章是语音规范研究与教学，包括《汉语拼音方案》的比较研究、汉语教材注音拼写方法问题等。

纵观此书，在语音研究和语音教学方面的研究成果，可谓"蔚然大观"，值得一提的是，其中一位合著者为日本学者，这更能反映此书研究语音问题的广博，但该书的成果研究时限仅为 1980 年至 1996 年。

84. 汉语声调语调阐要与探索

《汉语声调语调阐要与探索》，郭锦桴著，北京语言学院出版社，1993 年 7 月出版，共 375 页。

该书是一部较全面地探讨汉语声调与汉语语调，尤其是外国人学习汉语声调与语调偏误问题分析的专著。该书共分十六章，论述了声调语言、声调的起源、声调的生理基础、声调的声学特性、声调的听辨、声调的语言功能、声调的音系特征、汉语声调的历史发展，以及调类分化、普通话静态声调、动态声调的考察分析、普通话的轻声、普通话语调的构成及其特征、普通话语调与表达功能、外国人汉语声调偏误考察与分析、外国人汉语语调偏误考察分析等问题。

作者力求从多角度并用不同方法来考察分析，主要有四个角度：

1. 从共时与历时两个视角来考察。从共时角度看，人们分析现代汉语声调时，并不是孤立地只考察普通话声调，而是联系汉语其他方言的声调，主要以现代普通话为中心，分析北京话声调的各种声学特征；从历时角度考察来看，阐述了汉藏语声调的起源、汉语声调发展的历史轨迹以及普通话四声的历史来源和调类的性质。

2. 从声学角度考察。分析了声调和语调的各种声学特征（包括时长、音高、音强）和它们与声母韵母的关系以及不同连续的动态声调的变化表现；考察取得的量化数值，具有微观的精确性，使语音研究更趋精密化。事实上，人类语言的复杂性和模糊性，人类语言的个体多变性，有些是很难从声学上加以说明的。

3. 从语言学角度考察。分析了声调与语调的语言功能，声调、语调与语义、语法的关系，并结合语用层面、心理层面进行探索，还运用音系学的方法考察声调的区别特征并从汉藏语系这个大系统中揭示汉语声调的广泛联系性。

4. 从对外汉语教学角度来考察。外国人学习汉语，声调往往是他们学习的一道难关。作者考察与分析了外国留学生学习汉语声调与语调的种种偏误现象包括发静态声调的偏误和动态声调的偏误并分析了产生的原因，探讨了对外汉语教学中如何加强声调与语调教学。

作者本着多年的研究汉语语音的扎实基础及历年来对外国学生教学汉语的丰富经验，穷数年之力写成此书，对声调学说广征博引，对声调实质取征实验，尤其关于对外汉语声调教学、对比偏误的分析更是例证翔实。可以说此书是集声调的学说、述评、实验成果、教学素材和双语训练于一册，具有较强的实用性。

85. 汉语词语与对外汉语研究

《汉语词语与对外汉语研究》，杨晓黎著，安徽大学出版社，2007年2月出版，共290页。

全书共收文章25篇，分别是：

《汉语词汇发展语素化问题刍议》、《以性别语素"男、女"构成的词语及其类推问题》、《传承语素在现代汉语词语构成中使用情况的考察》、《仿拟型新词语试析》、《四音节新词语及其成因》、《略论成语的派生》、《对外汉语成语教学探论》、《对外汉语词语教学的拓展法》、《朝鲜中文教科书〈图像注解千字文〉的功能定位及其启示》，还包括《谈成语在鲁迅小说中的创造性运用》、《鲁迅小说中AABB式词语的巧用》、《鲁迅小说的体态词语解读》、《鲁迅小说的颜色词语论析》、《鲁迅小说中的冷、热词语》、《基于听觉的形象色彩词语探析》、《鲁迅小说词语的形象色彩义解读》、《试论张天翼小说的语言艺术》、《〈桑青与桃红〉用词艺术谈片》、《〈红楼梦〉成语运用二三例》、《标点与感情》、《从成语看汉民族的言语交际观》、《从成语看汉民族的体态语》、《试论汉民族言语交际准则》、《V着前修饰成分的考察》、《关于"言语社区"构成基本要素的思考》。

文章涵盖对外汉语教学的汉语词语研究、词语与文化以及作家作品词语解读，反映了作者对从事汉语词语教学过程中的一些认识和体会，基于对外汉语词语的教与学，都有一个循序渐进的问题，教学过程随之体现出一定的层次性。文章阐述了对外汉语教学中词语的类推教学与拓展教学，为对外汉语词汇教学提供了一个新的角度。对常常给留学生的词语学习带来困惑的词彩义做了分析，力求使学生体会汉语的精妙、学到地道汉语。它们更与文化结合，揭示汉语词语的文化内涵，总体把握汉语词语的特点和规律，对于对外汉语词汇教学有着很高的参考价值。

86. 汉语虚词 15 讲

《汉语虚词 15 讲》，白晓红、赵卫编著，北京语言大学出版社，2007 年 2 月出版，共 312 页。

该书运用第二语言学习理论，从学习者的角度出发，针对外国学生的学习难点，力图通过对最常用、最容易产生偏误的虚词的讲解和大量的练习来帮助学生理解、掌握虚词的意思和用法。

全书共 15 讲。

第 1 讲绪论，第 2 讲至第 5 讲副词，第 6 讲至第 8 讲介词，第 9 讲至第 11 讲连词，第 12、13 讲助词，第 14、15 讲语气词，另外还设置了三个综合练习。

作为对外汉语选修课教材，该书在编写过程中吸收了对外汉语研究的最新成果，突出近义虚词的比较、辨析，讲解简洁、清楚、易懂，并采用了公式、表格等形式，新颖独特，书中提供大量的练习，练习大部分采用了 HSK 的题型，实用性强。

87. 对外汉语学习词典学国际研讨会论文集（二）

《对外汉语学习词典学国际研讨会论文集》（二），郑定欧、李禄兴、蔡永强主编，中国社会科学出版社，2006 年 12 月出版，共 407 页。

该论文集收录了 2006 年 7 月 1-2 日在北京召开的第二届对外汉语

学习词典学国际研讨会上的论文共 30 篇。具体篇目分别是：

《外向型汉语学习词典编撰探索》、《略论对外汉语学习词典的编写原则》、《三级词语教学单位与汉语学习词典编纂》、《从言语行为动词看对外汉语学习词典的编纂》、《从词汇教学的角度改革对外汉语学习词典的结构》、《谈谈汉语学习词典的词类标注问题》、《从英、汉语词类划分及其语法特征的差异看外向型汉英学习词典中词性标注的问题》、《从"字"与 Word 的对应看对外汉语学习词典的选词立目》、《汉语本位的外向型汉英词典中词目的排列》、《对外汉语学习词典注音刍议》、《预防偏误是学习词典的重要特点——也谈学习词典的释义和示例》、《汉、英学习词典与理解型词典中动作义位释义的对比分析》、《词义系统与学习型词典的释义》、《从对外汉语学习的需要——浅议〈精选英汉汉英词典〉释义和示例方面的若干问题》、《单语外向型汉语学习词典的设例》、《汉语学习词典用例的若干关系》、《对外汉语学习词典配例分析及建议》、《外向型现代汉语搭配词典的释义与举例问题》、《外向型汉英学习词典例证刍议》、《对外汉语学习词典多义词义项收录排列的基本原则及其实现条件》、《简介马来西亚的马华词典暨为非华裔(马来)学生编写字典的设计与难题——〈多功能基本汉语词典〉的编写经验》、《马来西亚(马来人)对外汉语(华语)词典运用的探讨》、《对外汉语学习近义词词典的例句》、《外向型汉英学习词典同义词辨析信息的显性化》、《谈面向对外汉语的汉英学习词典的微观设计——以汉语动词"擦"为例》、《词汇—语法理论指导对外汉语学习词典句法信息的编写》、《语料库技术在对外汉语学习词典编纂中的应用实践——以〈基于语料库的 HSK 多功能例解字典〉为例》、《语料库技术在〈HSK 量词学习词典〉编纂中的应用》、《〈当代汉语学习词典〉(初级本)评析》、《论文集专著索引》。

该论文集所括论文探讨了对外汉语学习词典的编写原则、注音、选词立目等方面，为对外汉语学习词典学的未来发展指出了方向，是一本理论性较强的著作。

88. 汉语书面用语初编

《汉语书面用语初编》，冯胜利著，北京语言大学出版社，2006年11月出版，共304页。

该书分三个部分。

第一部分汉语书面语嵌偶单音词初编；第二部分汉语书面语合偶双音词初编；第三部分汉语书面语常用古句式初编。

《汉语书面语嵌偶单音词初编》部分包括什么是嵌偶单音词、嵌偶单音词组成办法和嵌偶单音词索引，嵌偶单音词为《现代汉语词典》所没有收入的短语韵律词，所以此书与《现代汉语词典》正好可以互补；合偶双音词基本从《汉语词汇与汉字等级大纲》丙级以下词汇中选出，由此可见出书面正式语体的韵律语法，该部分附合偶双音词索引；常用古句式则集当代书面语体所用古代句式于一编，逐条译以白话，可使读者了解汉语文白两说的不同方法，同时配合英文讲解的部分。书中提供书面语近250个嵌偶单音词组双实例、近400个合偶双音词搭配实例、近300个常用文言句式（书面语——口语句式对照），特别适合中级水平汉语学习者及对外汉语教师使用。

该书是第一部面向外国人，以新创韵律语法编纂的现代汉语书面用语学习手册，旨在帮助学习者掌握汉语书面语汇和句式，实现阅读和写作能力的跨越式提升。

89. "国别化"对外汉语教学用词表制定的研究

《"国别化"对外汉语教学用词表制定的研究》，甘瑞瑗著，北京大学出版社，2006年11月出版，共348页。

全书分为基础篇、理论篇、研究方法篇和应用篇，共九章，并有附录19个。

基础篇：第一章"国别化"对汉语教学用词表制定的背景和发展现状，主要阐述本研究提出的背景、国内外词表研究的发展与现状、界定对外汉语教学中"词"的意义，论述"国别化"对外汉语教学用词表制定依据、基本原则和前提假设，提出本研究的目标。

　　理论篇：第二章"国别化"对汉语教学用词表制定的相关理论基础，介绍关于认知科学方面的研究、关于"中介语"的研究、关于对外汉语教育学的研究、关于社会语言学的研究、关于语料库语言学的研究、关于第二语言词汇习得的研究和韩语的语言结构。

　　研究方法篇：第三章对汉语教学中"词"的界定的研究，从语言学的视角、认知科学的视角、社会语言学的视角、信息处理的视角和教学功能的视角来看对外汉语教学中的"词"，总结对外汉语教学的"词"的界定；第四章"国别化"对外汉语教学用词表制定的总体建构模块和研究方法，包括总体建构模块、研究方法、研究流程图和词语筛选的程序；第五章"国别化"对外汉语教学用词表的前期研究工作，介绍关于《HSK 大纲》的问卷调查，对比分析《HSK 大纲》和韩语前 1000 高频词；第六章"国别化"对韩汉语教学用词表的提出，阐述汉、韩语料提取和入库程序、韩国语料转译程序和汉、韩语料对比程序；第七章存在的问题和下一步的工作。

　　应用篇：第一章基于对外汉语教学的"国别化"双语《学习词典》编撰的构思：以韩国为例；第二章是韩中同形异义汉字合成词的对比研究。

　　附录部分如下：

　　附录 1："对韩汉语教学用词表"总表（10，037 个），包括"汉语词语集合（8686 个，音序）"、"韩语词语集合（1020 个，频序）"、"中国流行语词语集合（35 个）"、"韩国特色、流行和补充词集合（296 个）"；附录 2：韩国语料库的素材来源；附录 3：HSK 四级词汇使用度调查问卷（2003 年）；附录 4：韩语前 3000 高频词（频度序）；附录 5：韩语前 3000 高频词中为《HSK》甲级词（719 个，音序），包括"韩语前 1000高频词中为《HSK》甲级词（482 个，频度序）"、"韩语前 1001 到 2000高频词中为《HSK》甲级词（160 个，频度序）"、"韩语前 2001 到 3000高频词中为《HSK》甲级词（77 个，频度序）"；附录 6：韩语前 3000高频词中为《HSK》乙级词（903 个，音序），包括"韩语前 1000 高频词中为《HSK》乙级词（314 个，频度序）"、"韩语前 1001 到 2000 高频词中为《HSK》乙级词（348 个，频度序）"、"韩语前 2001 到 2000 高频词中为《HSK》乙级词（241 个，频度序）"；附录 7：韩语前 3000 高频词中为《HSK》丙级词（508 个，音序），包括"韩语前 1000 高频词中为《HSK》丙级词（146 个，频度序）"、"韩语前 1001 到 2000 高频词中为《HSK》丙级词（186 个，频度序）"、"韩语前 2001 到 3000 高频词中为《HSK》丙级词（176 个，频度序）"；附录 8：韩语前 3000 高频词中为《HSK》丁级词（436 个，音序），包括"韩语前 1000 高频词中为《HSK》丁级词（98 个，频度序）"、"韩语前 1001 到 2000 高频词中为《HSK》丁级词（159 个，频度序）"、"韩语前 2001 到 3000 高频词中为《HSK》丁级词（179 个，频度序）"；附录 9：韩语前 3000 高频词没包含在《HSK》的词（1020 个，频度序），包括"韩语前 1000 高频词没包含在《HSK》的词（198 个，频度序）"、"韩语前 1001 到 2000 高频词没包含在《HSK》的词（355 个，频度序）"、"韩语前 2001 到 3000 高频词没包含在《HSK》的词（467 个，频度序）；附录 10：韩语前 3000 高频词中的外来词；附录 11：韩语前 3000 词中分布在《HSK》的汉字词（877 个，音序），包括"韩语前 1000 词中分布在《HSK》甲级词的汉字词（197 个，音序）"、"韩语前 3000 词中分布在《HSK》乙级词的汉字词（353 个，音序）"、"韩语前 3000 词中分布在《HSK》丙级词的汉字词（186 个，音序）"、"韩语前 3000 词中分布在《HSK》丁级词的汉字词（141 个，音序）"；附录 12：在 DCC 流通预料库 61746 个词的词语表中，流通度为 58 和 58 以下的词（236 个）；附录 13：《HSK》四级词汇流通度在 58 和 58 以下并经专家干预过的词（148 个）；附录 14：《HSK》8822 词中，学生问卷与教师问卷调查同属"没用过"的词（200 个）；附录 15：《HSK》8822 词中，被筛选的汉字词（262 个，音序）；附录 16：韩语前 3000 词中被删除的词（35 个）；附录 17：2003 年中国主流报纸流行词（35 个）；附录 18：韩国特色、流行和补充词问卷调查（2004 年 8 月 20 日）；附录 19：韩国特色、流行和补充词（296 个）。

该书是博雅语言学书系之一，主要从人类理解和表达的认知层面出发，提出了"国别化"的对外汉语教学的理念和研究方向，并以动态的大规模汉语和韩语真实语料库为主要的研究材料，探讨"国别化"对外汉语教学用词表的制定，既有较高的学术价值，又有较高的应用价值。

90. 现代汉语词汇讲义

《现代汉语词汇讲义》，钱玉莲著，北京大学出版社，2006 年 8 月出版，共 218 页。

全书共有九章。

第一章词汇学概论，界定词汇学定义，概述汉语词汇学研究的情况和词汇学研究的课题及趋势；

第二章词汇的构成、发展和规范，简述词汇的构成和特点、发展和变化，介绍词汇规范化的原则和内容，阐述词汇的特点和地位；

第三章词汇单位，概述语素、词、离合词和固定词组；

第四章词的构造，介绍造词法和构词法，概括词的传统分类和简称；

第五章词义的特点和构成，概述词义的特点、构成和分类，分析词义的理据；

第六章词义的聚合和分析，论述词的聚合和词义的聚合，并分析词义；

第七章熟语，包括成语、惯用语、歇后语和谚语；

第八章词汇与文化，介绍姓名、地名、数词、颜色词和象征词语与文化的关系；

第九章词汇教学，简述对外汉语词汇教学研究的情况、词汇教学的基本原则，论述词汇课堂教学方法与技巧以及词汇教学中应该注意的问题。

该书无论是在内容的选择和安排，还是在对各类词汇问题的处理上都紧扣对外汉语师资培训的主旨，在梳理对外汉语词汇教学的历史和现状的同时，侧重探讨词汇教学的方法。该书还特别注重探讨文化词汇，作者以姓名、地名、数词、颜色、象征词语等与文化的关系为视点，揭示词汇与民族文化的关系以及民族文化对词汇所产生的影响。

91. 对外汉语词汇及词汇教学研究

《对外汉语词汇及词汇教学研究》，孙德金主编，商务印书馆，2006

年7月出版，共551页。

该书比较全面地总结和介绍了近十几年汉语词汇及词汇教学相关的研究成果，系"对外汉语教学专题书系"之一。

全书共八章，分为上下两编。上编是词汇本体研究（前三章），下编是词汇教学研究（后五章）。

上编把重点放对词汇教学成果的梳理上，并按照收录的各类成果的编排顺序进行评述，反映出了研究现状。

第一章，构词与词义。构词与词义研究与对外汉语词汇教学关系密切，虽然总体上来看，构词方面的研究并不多，但是研究的都比较深入。本章主要选取了张凯、王绍新、叶长荫、李绍林、李红印等的文章，对汉语构词的基本字进行统计分析，研究了汉语复合词内部的语义构成、同素反序词的构成以及同义词问题、词的语用义和色彩范畴的表达等问题。

第二章，选收了与对外汉语教学结合比较紧密的汤志祥、崔希亮、原新梅和万艺玲四人的四篇论文，分四节讨论了词汇构成问题与对外汉语词汇教学的关系。

第三章，词汇与文化。选收了张慧晶、李敏、陈满华、王国安四人的论文，分别探讨了词语的文化附加义、同义词蕴涵的文化特征、"东""西"的文化涵义和汉语文化词及其文化意义。

下编从理论到实践全面反映对外汉语词汇教学的面貌。词汇教学理论建设是对外汉语教学学科建设的一个重要组成部分。

第四章词汇教学总论，选取了七篇有代表性的文章。首先，提出词汇教学理论中的若干问题并指出哪些是基本理论问题；其次，讨论对外汉语教学中词汇教学的原则；接着，总结词汇教学的模式（如集合式词汇教学和字词直通、字词同步）和词汇教学的方法（如放射状词汇教学方法和语素教学法）。

第五章选收了近些年词义教学方面有比较深入研究的四篇论文，包括词义理论的应用（涵盖本义、词源义考释对于同义词教学的意义和对外汉语词义教学中的两个问题）、词语的解释和词义的辨析三方面的内容。

第六章讨论的是"分阶段词汇教学"，选收了四篇相关文章。第一节探讨基础阶段的词汇教学，特别是综合课中的词语教学和篇章中的词语教学；第二节分中级、高级两个阶段详细讨论了这两个阶段的词汇教学。

第七章"词汇国别教学"选收了六篇文章，以日本、韩国、欧美三个国家和地区的学生为对象研究了不同国别学生词汇教学中的问题和针对这些问题采取的教学策略。

第八章"词汇教学调查与实验"，反映了对外汉语词汇研究领域里的一个新的发展趋势，即加强汉语词汇学习和教学的调查分析和实验研究，这是对外汉语教学学科建设的一项重要任务。这章选收了四篇相关文章，以调查报告和实验报告的形式分析和总结，不但进行了关于高水平汉语阅读难点词语及其相关问题、在语境中猜测词义的两项调查，还研究了汉语语素义在留学生词义获得中的作用，并通过"基于看图作文的定量研究"考察了第二语言汉语学习者的生成性词汇知识。

总之，该书内容丰富，较为全面地呈现了对外汉语词汇及词汇教学研究的繁荣局面。随着研究成果的增长，该书中选收的文章一方面总结了对外汉语词汇及词汇教学研究的特点，并指出其发展趋势，另一方面也清晰地反映出了研究中的不足，指出了有待改进的地方。该书为对外汉语词汇及词汇教学研究的发展提供了丰富的参考资料。

92. 对外汉语教学虚词辨析

《对外汉语教学虚词辨析》，金立鑫主编，北京大学出版社，2005年4月出版，共318页。

此书把语言学理论的成果应用到对外汉语教学虚词规则的研究中，将在意义和语法功能上比较接近的词进行对比，考察其使用规则，以此作为研究和突破的重点。通过意义上成对的词的比较来描写它们在句法分布上的差别，从而揭示出它们在句法上的不同的使用条件。

该书收录了国内学者有关虚词研究的26篇论文，即选取了26组典型的意义相近的虚词进行对比，包括"往往/常常"、"不时/时而"、"成心/存心"、"格外/分外"、"不过/只是"、"向/往"、

"万万/千万"、"或者/还是"、"特别/非常"、"本来/原来"、"连忙/赶紧"、"已经/曾经"、"一时/暂时"、"幸亏/幸好"、"老/总"、"真/太"、"也/还"、"而/却"、"都/全"、"给/替/为"、"除/除了/除去"、"也A也B/又A又B"、"自/从/自从"的比较辨析；"是……的"、"是"和句尾"的"的语法功能及其句法条件；存在句中"着"与"了"的比较。

为了便于对外汉语教师参考，该书中的每一项研究都在句法、语义等特征的对立上作了总结，绝大部分都使用了简明的图表形式，以突出它们之间的区别性对立。同时，该书的每一项研究都提供了相应的教学练习题，其中的例句都能比较典型地反映这些成对的词的部分规则，而且作者也提供了参考答案。

93. 对外汉语教学中的副词研究

《对外汉语教学中的副词研究》，周小兵、赵新等著，中国社会科学出版社，2002 年出版，共 117 页。

该书结合语言学理论与对外汉语教学实践，收集了大量汉语语料和留学生的中介语语料，有意识地使用了多种对比、系列考察、系统研究等方法，从语义、句法、语篇和功能等多个层面，对一些表示频度、连续、重复、语气的副词进行了细致的考察、分析和研究，总结出一些有价值的语法规则。该书还结合留学生的语法偏误，进行了习得方面的考察和分析。

该书总分八章。

第一章介绍了汉语作为第二语言的教学语法以及它跟理论语法、母语教学语法的区别，讲解汉语第二语言教学语法研究的八个特点，并详细解释了汉语第二语言教学中副词研究的三种方法，即多项对比法、系列考察法、系统研究法。

第二至第八章分别讨论了以下内容：频度副词的语义类别、形式特征及内部划类，"连"类副词句法语义，以及表重复义的"还"与"再"在动词谓语和句式方面的异同、"一再"和"再三"的分布、"一直"与"一向"的语义形式区分、"不再"和"再不"的结构与用法、"居然"的功能和语篇分析等。

该书有两个突出的特点：

1. 将汉语语法的本体研究和汉语作为第二语言教学的语法研究结合起来，即使用汉语语法研究的多种方法结合第二语言习得研究的某些方法手段，研究对外汉语教学中出现的语法难题。2. 注重方法论。在研究中，有意识地使用多项对比法、系列考察法、系列研究法等，这些方法上的探索和总结，对汉语作为第二语言的语法教学有所启发。

总之，该书在深化汉语语法本体研究，促进汉语第二语言的语法教学及教学研究等方面，都做出了成功的探索。

94. 词汇、文字研究与对外汉语教学

《词汇、文字研究与对外汉语教学》，崔永华主编，北京语言文化大学出版社，1997 年 7 月出版，共 565 页。

该书是对外汉语教学研究丛书之一。外国留学生在学习汉语时，除了要掌握语音、语法外，他们还应过汉字关，以利读写；应过词汇关，以利交际中交流更为丰富复杂的信息。该书汇集了自 80 年代初至 1996 年词汇、汉字方面的主要研究成果。

该书两部分，共七章内容。

第一部分由前五章构成，主要是对词汇的研究。

第一章是对复合词的研究，包含 3 篇文章，分别是《汉语复合词内部的语义构成》、《并列式双音词的结构模式》、《离合词的鉴定标准和性质》；

第二章是词义研究，包括 5 篇文章，分别是《音义关系在汉语汉字中的特殊组合》、《汉语的 15 个数词》、《色彩词语的联想意义》、《形容词的模糊特点》、《从一些超常语言现象谈汉语的语义特点》；

第三章是词汇的构成研究，也包括 5 篇文章，即：《从两部文学名著看现、当代汉语词语的差异》、《从中共早期文献看汉语词汇的演变》、《释胡同》、《汉语和英语中的借词》、《现代汉语词汇的统计与分析》；

第四章写词汇与文化研究，包括 7 篇文章:《汉语的国俗词语》、《汉语的颜色词》、《谐音与文化》、《词语的文化内涵与信息性的若干关系》、

《新词新义与社会情貌》、《交际 关系场 称谓》、《汉英词语文化上的不对应》；

第五章是词汇教学研究，包括 5 篇文章，分别是《基础汉语的词汇教学》、《汉语常用词分析及词汇教学》、《对外汉语教学中的文化词语》、《高水平汉语阅读难点词语调查及其有关问题》、《新词新语与对外汉语教学》。

第二部分由后二章构成，主要是对汉字及汉字教学的研究。汉字研究收进 7 篇文章，分别为《分化字的类型研究》、《会意汉字内部结构的复合程序》、《形声字与汉字的表意性》、《现代汉字笔形论》、《汉字笔顺研究》、《汉字部件分析的方法和理论》、《繁简汉字的文本转换初探》；汉字教学研究收进 8 篇文章，分别是《汉字教学概说》、《汉字研究与对外汉语教学》、《六书说、简体字与汉字教学》、《汉语教学中常用汉字的优选问题》、《汉字部件和汉字教学》、《从汉字部件到汉字结构》、《对外汉字教学要从形体入手》、《从留学生识汉字的心理过程看汉字教学》。

该书是北京语言文化大学的教师在 10 多年中有关词汇研究与词汇教学、汉字研究与汉字教学等方面展开积极探索所取得的成果。将这些理论成果集结成册，既总结了过去，也能为推动和促进今后的研究产生积极的影响。

95. 世界汉语教学主题词表

《世界汉语教学主题词表》，北京语言学院图书馆世界汉语教学交流中心信息资料部，许维翰、武金香编，北京语言学院出版社，1993年 8 月出版，共 402 页。

该词表是北京语言学院图书馆"世界汉语教学文献数据库计算机检索系统研制与建立"课题的一个组成部分。它是为利用计算机存贮、检索世界汉语教学文献资料服务的，在选词原则、收词范围方面，都围绕这一目的进行。它是一部显示世界汉语教学领域文献主题词与词间语义关系的规范化动态性的检索语言词表，由主表、附表、索引组成，共收主题词 3000 余条。经过对 5000 余篇论文的实际标引与检索，编制者反复修订、核查，证明本词表符合要求，适用于对世界汉语教学文献资料的标引与检索。

该书包括以下六个方面的内容：

1. 前言，说明本表的编制由来和过程；

2. 编制及使用说明，交待主题词表的编制原则、选词范围、体系结构、标引规则及使用说明；

3. 主题词首字汉语拼音音节索引和主题词首字笔画索引；

4. 主表，为该书的主体部分；

5. 附表，包括附表说明、世界各国政区名称、词族索引、组织机构名称和人物表；

6. 索引，索引说明之后是词族索引（主表）、范畴索引（主表）和英汉对照索引（主表）。

由于世界汉语教学是整个汉语教学的一个分支，它不仅与汉语教学密不可分，而且与汉语研究息息相关。因此，该词表除适用于世界汉语教学领域的文献标引与检索外，对整个汉语教学和汉语研究领域文献的标引与检索也有一定的参考价值。从某种意义上讲，它还是一部英汉词汇对照表，方便英文教学文献的标引与检索。所以，它的问世不仅为自动化检索和建立网络联系创造了条件，而且对整个汉语教学与汉语研究都能起到一定的促进作用。

96. 现代汉语八百词

《现代汉语八百词》，吕叔湘主编，商务印书馆，1980 年 5 月出版，共 668 页。

该书由六部分组成：前言、凡例、现代汉语语法要点、正文、附录和笔画索引。

正文按照汉语拼音字母的顺序编辑，以虚词为主兼收特殊或者比较复杂的实词和小部分量词，诸如把、打、些、得、等、省得、差点儿、想当然等等，共八百余条。该书体例是：先列出词条并注出汉语拼音及声调；接下来标明词类，如果一词兼有数类，则同一条目下分项标明，词类顺序为名词、量词、指别词、代词、数词、动词、助动词、形容词、副词、介词、连词和助词；对词语的义项及用法配以简要的文字说明，并举出一定数量的例句为证；如果几个词用法相近就合为一条，取其中的一个义项为主；有些词条列有"比较"项，说明用法相近或者易于混淆语词的区别，有些词条列有"习用语"项，主要说明熟语性的固定格式的用法；有的用法特殊的还标注出注意事项。附录中收有《名词、量词配合表》和《形容词生动形式表》，很实用。

其中的《现代汉语语法要点》从汉语语法的特点，语素、词、短语、句子，词类，句法四个方面较为详细地介绍了现代汉语的语法要点，以便于初学者参考。

该书对每一个词按意义和用法分项说明，解释详尽明了，可以供国内非汉族人、一般语文工作者和方言地区的人学习普通话时使用，也是汉语作为第二语言教学工作中便于教授、学习，乃至于语法研究者参考的便利工具书。

97. 句式语义的形式分析与计算

《句式语义的形式分析与计算》，吴平著，北京语言大学出版社，2007 年 4 月出版，共 216 页。

该书借鉴和应用西方形式语言学的研究方法来探讨汉语句式的语义问题，对语义描写采用逻辑公式的表现手段。该书的理论不但依托包括形式语言学的经典思想，还包括 HPSG 框架中的库柏储存理论、非组合性理论和事件语义学等形式研究中的新思路，运用当代形式语言学的理论对部分汉语句式做出语义解释，并在 Prolog 语言的环境下演示了个案实现的过程。

该书共八章。

第一章引言，介绍相关的研究现状，说明研究意义和研究基础及结构安排；

第二章形式语义的基本理论及自动分析的原理；

第三章是一种扩充的逻辑语义分析法；

第四章是元控制谓词和非论元控制谓词的逻辑语义分析与计算；

第五章是量化句的逻辑语义分析与计算；

第六章 NP+在+处所+VP 句式的事件语义分析；

第七章是再谈若干句式的事件语义分析；

第八章为全书的结语。

该书运用形式语言学的理论对汉语句式做出了专门的分析和研究，并且紧密结合汉语的特点提出语义分析过程中所需遵循的语义类的重设原则和逻辑谓词原则。这样的研究工作在理论上具有创新价值。作者尝试把对句式所做的形式描写提升到面向计算机语言的实现，又使得这一研究工作成为具有实践意义的研究。该书所研究的跨学科选题内容在国内迄今已出版的书稿中尚未见到，是一部学术上具有创新性的著作。

98. 组合汉语知识纲要

《组合汉语知识纲要》，吕必松、赵淑华、林英贝著，北京语言大学出版社，2007 年 1 月出版，共 158 页。

"组合汉语"是作者在多年对外汉语教学和研究实践中总结和提炼出来的理论精华，是对外汉语教学的一个新概念和新理念，其理论核心是"字本位"思想。该书以提高第二语言教学的教学效率、打破"汉语难学"的传统观念为出发点，在"字本位"的理论基础上提出了"组合汉语"的新概念和"组合汉语"的理论框架。作者认为汉语具有字本位、组合生成和二合机制三大特点，以这三大特点为依据，把汉语理论、汉语教学路子和汉语教学方法作为对外汉语教学的一体化理论系统，详细介绍了这种一体化理论系统的具体内容。作者认为，凭借这种理念教学，可以把汉语的学习效率提高一到两倍，甚至更多。该书是一部体现对外汉语教学领域最新研究成果的专著，是对外汉语教师不可多得的参考书。

99. 汉语篇章语法

《汉语篇章语法》，屈承熹著，北京语言大学出版社，2006 年 9 月出版，共 350 页。

全书共三章。

第一章绪论：从语法到篇章。首先明确什么是篇章语法以及为什么需要篇章语法，提出汉语篇章语法的整体构想，对该书无法涵盖部分做出声明；其次介绍汉语概貌，包括语音、构词法和句法，构词法方面谈了屈折词缀、派生词缀和复合构词，句法方面谈了语序、"主语"与"话题"和特殊结构。

第二章：动词词缀的体功能与篇章功能。简述动词的语义类及动词词缀作为体标记的功能，分别阐述了经历体"—过"和起始体"—起来"、进行体"在—"和持续体"—着"，还有篇章中的持续体"—着"和进行体"在—"，给出动词类型和"—着"的语义解释，论述完成体标记"—了"和篇章中的动词后缀"—了"；概括语法体和前后景，总结体标记的篇章框架。

第三章：篇章中的情态副词。概述情态副词及连接词，重点是情态副词及其篇章功能。接下来的几章，分别讨论了句末助词、信息结构、主从关系和前后景配置结构、篇章中的回指、段落，以及话题链和汉语句、话题性原型和汉语话题等问题。

该书以篇章为经，功能为纬，贯穿全局，旨在阐述小句与小句之间的关系及其表达形式。其研究特色鲜明，对每个形式必先考察其核心语义或功能，然后寻求其衍生的各种解释，将问题的讨论结果作为基础，用具体的形式，对"汉语句"做出了一个较为确切、具体的定义。

100. 汉语教学参考语法

《汉语教学参考语法》，张宝林著，北京大学出版社，2006 年 7 月出版，共 304 页。

全书共十章。

第一章是语法与汉语教学，回答什么是语法以及为什么要学习语法的问题，阐述语法与学生的关系、语法与教师的关系和语法教学与语法研究的关系，明确怎样学习语法和怎样教语法。

第二章语法概述，介绍语法的具体含义、语法单位，探讨语法自身的体系和语法理论的体系，探讨语体对语法和汉语教学的影响，阐述汉语语法的特点及其相对性，同时介绍了方言语法、文言语法和外来语法。

第三章是词的构成，主要是语素、汉字和词。语素的分类，包括成词语素和不成词语素，定位语素和不定位语素，单音节语素、双音节素和多音节语素，实语素和虚语素。还介绍了单纯词和合成词以及合成词的构造方法，包括附加法、组合法、缩略法和字母汉字混成法等内容。

第四章是词的分类，简述词类的概念；界定划分词类的标准，依据词的形态、意义和词的语法功能为标准划分词类；阐述具体词类的划分，明确词类是一个层级系统，介绍了词类划分上的分歧；将数词、量词、名词、代词、动词和形容词划分为实词；将副词、介词、连词、助词、叹词和拟声词划分为虚词；在谈到兼类词时，首先确定兼类词的标准，然后给出兼类词的范围，最后谈了不属兼类词的情况。

第五章是词与词的组合——短语；

第六章为句子分类与析句方法；

第七章主要讲句子成分；

第八章是特殊句式；

第九章复句；

第十章介绍了最大的语法单位——语段。

该书在吸取前人语法研究成果的基础上，结合了作者在语法教学和研究中的体会，深入浅出，可以为广大汉语教师提供教学参考，也可以作为汉语学习参考书供外国留学生或者对外汉语教学方面的专业读者使用。

101. 对外汉语语法及语法教学研究

《对外汉语语法及语法教学研究》，孙德金主编，商务印书馆，2006年7月出版，共608页。

该书为对外汉语教学专题书系之一，所选文章为近年来在对外汉语课堂教学中有丰富经验的专家学者发表的文章并按章节形式编辑成书。

该书分上下两编，共八章。

上编为汉语语法本体研究，主要由前四章组成，包括词的范畴与功能、短语结构分析、句式的句法语义研究、句法成分的功能与位置。

第一章"词的范畴与功能"，选收6篇相关文章，包括动词的主观范畴、助动词的语义和功能、虚词隐现的制约因素、"了"的语法位置、副词的意义和功能（比较了"再"与"还"重复义，分析了"毕竟"的语篇功能）；

第二章"短语结构分析"，选收4篇文章，内容包括"NP的VP"结构分析、"在"字结构解析、并列结构的否定表达和汉语"动补结构"的类型学特征；

第三章"句式的句法语义研究"，也选收4篇文章，讨论了"把"字句的句法语义和主观性、"一·V"构成的不完全句、"一A就C"句；

第四章是"句法成分的功能与位置"，包括补语的可能式、趋向补语与宾语的位置、数量词在多层定名结构中的位置等。

下编为汉语语法教学研究，为后四章，包括语法教学总论、教学语法体系、语法项目的分级与排序、语法教学模式与方法。

第五章是"语法教学总论"，选收5篇相关文章：首先，区分了"教学语法"与"语法教学"这两个不同的概念；然后，提出语法教学的原则；最后，从配价语法理论、功能篇章语法教学讨论了它们与对外汉语教学的关系及应用。

第六章是"教学语法体系"，由5篇文章构成：第一节从补语系统和初级阶段外汉语教学语法体系两个角度对现行教学语法体系进行思考；第二节提出构建新型教学语法体系的思路，包括以汉语动词词法为焦点、以"句型为体、字词为翼"同时关于语体三个方面的内容。

第七章是"语法项目的分级与排序"，选录3篇文章，首先是将语法项目分级，然后以比较句和"把"字句说明在分级时是如何选取与排序的。

第八章"语法教学模式与方法"，选收5篇论文：主张区分"现代汉语句型"与"对外汉语句型"，同时注意汉语作为第二语言语法教学的"语法词汇化"问题。

102. 对外汉语教学语法释疑 201 例

《对外汉语教学语法释疑 201 例》，彭小川、李守纪、王红著，商务印书馆，2004 年 3 月出版，共 404 页。

该书收集、挑选外国人学习汉语过程中在语法方面普遍感到疑惑的 201 个问题，进行有针对性的重点分析、答疑。为了分散难点，编者将其中一些比较复杂的语言点分解为若干小问题来解答。针对阅读者的特点，各条目的编写力求简明、易懂，并尽可能配以图表。练习题的用词大部分是浅显的，同时为了满足部分水平较高的非汉语母语的学生的要求，编者特地编写了一些用词有一定难度的题目，将其置于该条目习题的末尾。

该书总目录分为七部分，分别为：1. 说明；2. 条目目录；3. 正文；4. 练习参考答案；5. 索引；6. 主要参考文献；7. 后记。

其中条目目录又包括两部分：1. 词类，分别从名词、数量词、动词、形容词、代词、副词、介词、助词、连词九个方面详细论述；2. 句法，分为六个小部分：句子成分、语序、特殊句型、表示比较的方法、表示强调的方法、复句与关联词语。

103. 对外汉语教学语法研究

《对外汉语教学语法研究》，卢福波著，北京语言大学出版社，2004 年 2 月出版，共 262 页。

该书收录了三组论文，包括对外汉语教学语法的理论与方法研究；语法对比的认知分析及其教学研究；语法现象的语义、语用分析及其教学研究。

第一组：对外汉语教学语法的理论与方法研究，收录 5 篇文章，主要研究对外汉语教学语法的理论方法，强调语义功能语法是教学语法与理论语法的结合点。具体篇目包括《针对汉语特性，确立对外汉语教学策略》、《对外汉语教学语法的体系与方法问题》、《对外汉语表达语法的教学问题》、《对外汉语教学语法的层级划分与项目排序问题》、《试论对外汉语教学中汉字与词、语、句的内在联系》。

第二组：语法对比的认知分析及其教学研究，共收 7 篇文章，包括《"了"与"的"的语用差异及其教学策略》、《"太"与"很"的差异分析及其教学研究》、《"不""没"认识上的误区及核心意义》、《说说"嫌"和"讨厌"以及相关的教学问题》、《"来""去"趋向义的不对称现象》、《汉语比较句中肯定式与否定式的不对称现象》、《汉日动词语义特征分析对比的一点尝试》，面向教学，突出认知，进行语法的对比分析。对外国人不易掌握的词进行讨论，说明其各自的意义和彼此间的用法差异，分析了汉语比较句中肯定式与否定式的不对称现象，并对比分析了日汉动词的语义特征。

第三组：语法现象的语义、语用分析及其教学研究，共收 10 篇文章，包括《重新解读汉语助词"了"》、《"也"的构句条件及其语用问题》、《谈汉语动词的相关性及其对句法结构的制约作用》、《复指动词的语义类别与句法组合关系》、《汉语动词中的内向义、外向义与双关义》、《支配式离合动词探析》、《心理动词的分类以及其组合特点》、《形容词状语语义指向及其语用特点探析》、《汉语名词功能转换的可能性及语义特点》、《暗含变化义名词的功能转换及其语义特点》。以上论文结合语义表达来分析语法现象，每篇都富有新意。

该书充分体现了教学与科研的良性互动，为对外汉语教学的教授者和学习者提供了一份多角度、多层次的教学参考。

104. 对外汉语教学语法探索

《对外汉语教学语法探索》，国家对外汉语教学领导小组办公室教学处编，中国社会科学出版社，2003 年 6 月出版，共 275 页。

该书是首届国际对外汉语教学语法研讨会论文集，内容涉及教学语法与理论语法的关系、对外汉语教学语法体系及对外汉语语法的难易度评定等方面问题。具体篇目包括：

《谈对外汉语教学语法》、《试论教学语法的基础兼及与理论语法的关系》、《谈谈对外汉语教学语法的体系与方法问题》、《漫谈理论语法、教学语法和语言教学中语法规则的表述方法》、《关于对外汉语教学语法体系的若干问题》、《对日汉语语法教学的难点》、《汉语语法理论与汉语教学》、《语法教学的语法明显度》、《对外汉语语法点难易的评定》、《语法在对外汉语教学中的地位和作用及相关问题》、《功能篇章语法及其在对外汉语教学上的应用》、《外国人语法偏误句子的等级序列》、《关注以句子为核心的三重关系研究》、《从日语的角度看汉语被动句的特点》、《关于建立词汇—语法教学模式的思考》、《副词的系统研究与第二语言教学》、《对外汉语教学语法的方法问题点滴：以如何教表示完成的"了"为例》、《对外汉语语法、词汇教学中的语用分析问题》、《汉语语序和数量在空间同对象中的分配》、《对外汉语教学语法与语法教学（代后记）》。

105. 外国人实用汉语语法

《外国人实用汉语语法》，李德津、程美珍编著，华语教学出版社，2003年1月出版，共742页。

该书正文部分共分十章：导言、词类、词组、句子成分、单句、动作的状态、特殊的动词、表示比较的方法、表示强调的方法、复句。正文部分后附三个附件：语法术语表、练习答案、参考文献。

为了使外国读者通过该书能有效掌握汉语基本语法，并准确运用现代汉语的基本语法规律进行会话和阅读，编者在编写时突出了以下几点：

1. 编入了最基本最常用的语法规则，简明扼要、通俗易懂，并提供大量例句或表格来说明；

2. 着重介绍词和词组的分类及其用法特点；

3. 针对外国人在学习、运用语法规则时可能出现的难点和问题，在每一章节里都提出若干注意事项；

4. 例句用词绝大多数选自《外国人实用汉语常用词表》，例句力求符合生活实际、学以致用；

5. 每一章后编有形式多样的练习材料。

106. 现代汉语语法与对外汉语教学

《现代汉语语法与对外汉语教学》，肖奚强著，学林出版社，2002年12月出版，共339页。

该书分上中下三编，共二十一章。

上编：副词研究，内容为前五章。第一章时态副词句法语义分析；第二章模态副词句法语义分析；第三章程度副词句法语义分析；第四章范围副词句法语义分析；第五章协同副词语义指向分析。

中编：歧义和句式研究，由第六至地十三章构成。第六章是"更"字歧义句及其相关句式；第七章是"N1+V 得 N2+R"句式歧义分析；第八章是"把"字歧义句用其相关句式；第九章略论"连"字歧义句；第十章讨论"除了……以外"与"都"、"还"的搭配规则；第十一章略论体育新闻的语言特色；第十二章讨论南京方言中的 F–V（0）与 V–neg–V（0）；第十三章是《红楼梦》中"Vp–neg–Vp"、"可 Vp 与 Vp 吗"句的多角度考察。

下编是教学和中介语研究，内容为后八章。第十四章祈使义句教学；第十五章高级汉语教材编写问题；第十六章对外汉字教学的规范问题；第十七章汉字书写教学及其教材编写问题；第十八章外国学生汉字偏误分析；第十九章略论语法偏误分析的基本原则；第二十章韩国学生语法偏误分析；第二十一章外国学生篇章照应偏误分析。

该书是作者多年从事对外汉语教学研究的一个小结，针对外国学生学习汉语的难点，从汉语本体及学生习得两个部分展开研究，从不同的角度分析大家经常关注的语法问题，以揭示汉语独特的结构规律和外国学生学习的难点。其中的某些结论对计算机中文信息处理也有很强的适用性。

107. 现代汉语动词的句法语义属性研究

《现代汉语动词的句法语义属性研究》，陈昌来著，学林出版社，2002年6月出版，共259页。

该书是我国最早的现代汉语语法研究的博士后"出站"报告，从动词的配价出发考察了当代汉语语法研究的核心问题：动词的句法语义属性。它从配价能力的角度对现代汉语动词的句法语义属性进行了系统深刻的全面考察，首次把动词的配价分解为价量（价类）、价质、价位、价用四个层面，并且作了较为细致的描写和探索，具有创新性。

全书除了前言、结论和参考文献之外，共分六章。

第一章动词中心和动词的句法语义属性，认为动词的句法语义属性是动词研究的核心内容；

第二章句法结构和语义结构的对应关系；

第三章现代汉语动词的配价，在回顾配价研究的基础上，从动词的配价、动词价的确定及层次和动词配价研究中几个问题的讨论等方面总论了现代汉语动词的配价问题；

余下的三章分别对现代汉语中一、二、三价动词的句法语义属性进行了分类、描写和论述，是全书的重点所在。后三章中的有些论述相当精彩，诸如特殊类绝对非宾受事及其动词的考察和分析，有关兼价、伪价、变价、降级动词的配价等理论的探讨，以及对一价动词相关成分后移的条件制约，对三价动词相关成分缺省的认知解释等，都提出了独到的看法。

动词配价的研究，在我国已有近三十年的历史，大多数成果都是就与配价相关的某一方面问题的探讨。而该书，是运用配价理论和方法全面、系统地分析汉语语法的第一部著作。这些研究对搞清楚句法结构跟语义结构相互制约的对应关系，对深入了解现代汉语动词的配价特点和性质，都具有重要的参考价值。简言之，它不仅有利于建立科学的汉语语法体系，而且有利于对外汉语教学和汉语信息处理。

108. 肯定和否定的对称与不对称（增订本）

《肯定和否定的对称与不对称》（增订本），石毓智著，北京语言文化大学出版社，2001年4月出版，共376页。

该书是新世纪语言学与应用语言学丛书之一，它从认知语言学的角度研究汉语语法，试图从"离散与连续"、"定量与不定量"两个方面全面梳理汉语的语法结构，找出其间的语义结构规律。但是，它又不囿于任何一派的语言学理论，而是遵循一般的科学研究法则，通过对大量的语言事实的调查，揭示蕴藏在汉语中的规律。

全书总分十五章。

首末章为绪论和结论；

第二章否定的手段、含义和条件，提出了"定量和非定量""离散和连续"的法则；

第三章肯定否定公理与现代汉语的否定性成分；

第四、五、六章分别是动词、形容词、名词及其他词类（名量词、代词、副词等）的肯定与否定；

第七章谈肯定结构与否定结构及其共同特征；

第八章为肯定式和否定式的语义变异；

第九章以"好＋形＝好＋不＋形"、"差点儿"与"几乎"为例介绍了羡余否定；

第十章语义的有标记和无标记；

第十一章疑问句式的功能与形容词的有无标记；

第十二章时间的一维性对介词衍生的影响；

第十三章重叠式的定量化与其肯定否定用法；

第十四章现代汉语否定标记系统形成的历史过程；

第十五章结论部分总结了汉语肯定和否定对称与不对称的类型、词语的数量特征与其句法之关系、寻找语法结构理据的途径、汉语语法规律的和谐性和严谨性。

参考文献后附录回忆朱德熙先生教诲的纪念文章《大师的感觉》。

该书对于普通语言学研究者、心理学领域研究者富有参考价值。尤其值得说明的是，该书的语法规则严密而且适应性强，又有形式标准便于把握，对于汉语学习者和教学者乃至于机器翻译、人工智能等方面的语言应用研究者都会有所助益。

109. 汉语特殊句法的语义研究

《汉语特殊句法的语义研究》，张旺熹著，北京语言文化大学出版社，1999 年 9 月出版，共 224 页。

该书从对外汉语语法教学的角度，运用现代语法学的理论和方法，在大量实际语言材料调查统计的基础上，重点就现代汉语中几种特殊句法的语义问题进行了深入细致的研究，并从语用上找出使用条件，提出了新的见解。其研究的出发点与归宿在于，从对外汉语教学角度出发，解决教学中令人困惑的问题。

全书共分九章。

第一章"把字结构"的语义和语用特征；

第二章主谓谓语结构的语义模式；

第三章"了"与动补结构组合的制约因素；

第四章"双数量结构"的语义及其句法影响；

第五章"动＋得＋形"结构的语义范畴；

第六章"动＋得＋形"结构的变体形式；

第七章"V 不 C"结构实现的语义条件；

第八章"动＋形"结构得原型范畴；

第九章动补结构的语义系统以及参考文献。

书后还附有作者的《后记》。尤其值得说明的是，每章之后都附录了作者精心选择设计的每种特殊句式的典型用例或分类统计资料，使用者参考时很方便。

该书体现出以下三方面特色：

依托现代语言学理论、注重语言材料的统计与分析、对汉语特殊句式从语义到语用进行剖析并得出结论。如第一章作者借助于篇章分析和语用研究理论，在分析篇章句子的衔接和连贯之后得出结论，从句法系统的外部去寻找解释句法现象的原因；第二章则是从篇章模式分析理论出发，讨论主谓谓语结构的篇章语义模式；第三章从分布分析理论出发，从不同的句法和语义层面考察"了"与动补结构组合的制约因素。该书后半部对动补结构系统的研究，更是试图从认知的角度对纷繁复杂的语法现象进行合乎情理的解释。

110. 汉语语义语法范畴问题

《汉语语义语法范畴问题》，马庆株著，北京语言文化大学出版社，

1998 年 7 月出版，共 254 页。

该书是赵金铭主编的汉语语言学世纪丛书之一。它从汉语语法特点出发，提出与印欧语形态学相对立的汉语语义语法，从而为摆脱汉语语法研究中的"印欧语的眼光"开辟出一条独具特色的新思路。

该书是马庆株教授继《汉语动词和动词性结构》之后的又一部关于汉语语义语法范畴的著作，收录 11 篇文章。作者在该书的语言研究中，从汉语动词语义语法范畴拓展到了其他词类，如数词、量词、名词、时间词、处所词、形容词，对各类词一一加以区分并探究其语义语法范畴。作者从汉语语法事实的描写和解释出发，更注重理论共性的探讨，注意从普通语言学和汉藏语言学的视野中观察汉语语法，还使用数学推导法进行结构形式的推导，得出了一些比较精确的语法结构模型。

该书收录的文章篇目如下：《影响词类划分的因素和汉语词类定义的原则》、《数词、量词的语义成分和数量结构的语法功能》、《顺序义对体词语法功能的影响》、《指称义动词和陈述义名词》、《多重定名结构中形容词的类别和次序》、《与"（一）点儿"、"差（一）点儿"相关的句法语义问题》、《拟声词研究》、《现代汉语词缀的性质、范围和分类》、《缩略语的性质、语法功能和运用》、《语法研究大有可为》、《走向成熟的现代汉语语法学》。书后附有两个附录及术语索引。附录一是尹世超有关《汉语动词和动词性结构》的书评及另外五篇书评，附录二是《实用汉语语法大辞典》及与本书相关的词条选录。

该书可供语法研究者、计算机自然语言处理研究者及从事第一语言和第二语言教学的教师参考使用，还可供研究生、大学生参考使用。

111. 新视角汉语语法研究

《新视角汉语语法研究》，赵金铭主编，北京语言文化大学出版社，1997 年 1 月出版，共 536 页。

该书共收录 23 位作者的 40 篇论文。上始于 1979 年，下止于 1997 年初春。最早的一篇是发表于《语言教学与研究》1979 年第 2 期上的王还先生的《汉语结果补语的一些特点》，最晚的一篇是发表于《中国语文》1997 年第 1 期的崔永华的《不带前提句的"也"字句》。读者可以从这 40 篇文章中约略看出自 80 年代以来现代汉语语法研究在对外汉语教学领域中所走过的路。

该书将 40 篇论文集结为八章内容，其中发表于 70 年代的 1 篇，发表于 80 年代的 6 篇，发表于 90 年代的 33 篇。

第一章是现代汉语语法研究的新视角——理论与方法，收录 4 篇论文，分别是《教外国人汉语语法的一些原则问题》、《现代汉语语法研究的立场和方法透视》、《对外汉语教学对语法研究的需求与推动》、《语法研究座谈会纪要》；

第二章是对对外汉语教学的语法体系的研究，文章有《关于对外汉语教学语法体系的思考》、《关于对外汉语教学的语法体系》、《从外国留学生的病句看现代汉语的动态范畴》、《从对外汉语教学角度看汉语的结构模式》；

第三章是汉语句型与特殊句式研究，包括 7 篇文章《谈 80 年代与 90 年代的句型研究》、《句型研究与对外汉语教学——兼析"才"字句》、《"我唱给你听"及相关句式》、《由"V+有"构成的存在句》、《"被"字句和无标志被动句的变换关系》、《"把"字句中"把"的宾语》、《细说"不是 A，就是 B"格式》；

第四章是词类的研究，包括 4 篇文章《"汉语形容词的有标记和无标记现象"商榷》、《动词重叠的表达功能及可重叠动词的范围》、《汉语形容词分类的现状和问题》、《连词与介词的区分——以"跟"为例》；

第五章为汉语句法成分研究，收录的文章有《现代汉语名词做状语的考察》、《状语的分类和多项状语的顺序》、《"得"后的补语》、《双宾同指与双宾异指》、《汉语结果补语的一些特点》；

第六章是汉语句法语义研究，包括 5 篇文章，分别是《"把字结构"的语义及其语用分析》、《从语义级差看现代汉语"被"字的使用》、《主谓谓语结构的语义模式》、《语气词语气意义的分析问题——以"啊"为例》、《"在"字结构解析——从动词的语义、配价及论元之关系考察》；

第七章是对汉语虚词与句法的研究，包含的 6 篇文章为《再谈现代汉语词尾"了"的语法意义》、《现代汉语补语位置上的"在"和"到"及其弱化形式"de"》、《与介词"跟"相关的句法、语义问题》、《连动式中动态助词"了"的位置》、《主观量问题初探——兼谈副词"就"、"才"、"都"》、《不带前提句的"也"字句》；

第八章是汉语句法与语用，收录的 5 篇文章分别是《"了2"语用功能初探》、《试论能愿动词的句法结构形式及其语用功能》、《汉语"连"字句的语用分析》、《介词"对于"的话语功能》、《说"省的"》。

该书针对外国人学习汉语的难点，深入描写、分析汉语语言事实，试图作出新的解释，发掘其内在的语言规律，然后再将这些理论成果回归于教学。收录的 40 篇论文，上始于 1979 年，下止于 1997 年初春。读者可以从这些研究成果中，约略看出八十年代以来现代汉语语法研究者在对外汉语教学领域辛勤耕耘的足迹。

112. 汉语的语义结构和补语形式

《汉语的语义结构和补语形式》，缪锦安编著，上海外语教育出版社，1990 年 11 月出版，共 180 页。

该书为王德春主编的现代语言学丛书之一，作者吸收了此前二十年来语义学研究的新成果，把语义结构和语法结构区分作为两个相对独立而又相互联系的层次，较为全面地论述了汉语的语义范畴及语义结构，是"第一部深入研究汉语补语的著作"。

全书共分四章。

第一章序言。

第二章现代汉语语义结构探索，分七小节讨论了语言的多层次理论、语义的内部关系活动及语义和语法的关系，还论及了述谓所反映的运动形态等。

第三章补语研究，先介绍补语的定义、补语和宾语的异同、后补式单词和述补句法结构的区别，进而对简单式补语和复杂式补语进行了详尽的分析和论证。作者将简单式补语分为 12 种，复杂式补语分为 10 种，从层次安排、线性次序、组成成分和转换关系等方面区分出了 3 种 9 类简单式补语，即受事、受命行事、趋向、感受、程度、被描述者、评述、次数、时间和处所。

第四章结论综述了简单式补语和复杂式补语所表现的语义。书后附录《英汉术语表》和参考书目。

该书以浅显的文字和简明的方式，介绍了现代语言学各领域、各流派的基本理论。经过作者的分析和论证，汉语补语的丰富性得以较好地展现，这对强调汉语特点有实践意义，在语法学和语义学上也有较好的理论价值。

113. 对外汉语教学实用语法

《对外汉语教学实用语法》，卢福波著，北京语言大学出版社，2005年8月出版，共281页。

该书是为汉语学习一年以上（汉语水平已达四级或四级以上）的外国学生编写的汉语语法教材及参考书，也可作为对外汉语教师的参考用书。它完全针对外国学生汉语语法学习中存在的实际问题选设语法点，语言力求浅显明白，语法规则力求条理化，行文中尽量减少概念讲解和理论说明，以期达到学生自己较容易地读懂本书的目的。同时，它还具有较强的实用性，有助于学生参加并通过 HSK 汉语语法水平考试。

全书分十二个单元，共包括三十课和十篇综合练习，前面有概述，书末附有汉语语法水平测试试题及主要参考文献。

第一单元讲动词，包括"是"字句、"在"字句、"有"字句、一般动词句和动词的重叠；

第二单元形容词，包括一般形容词和形容词的重叠、形容词的修饰限制与补充条件、比较句；

第三单元数词和量词，包括数词、量词、量词词组、数量词重叠、时间表示法；

第四单元名词、代词，包括名词代词（一）、（二）；

第五单元副词，副词（一）、（二）、（三）；

第六单元介词，包括介词（一）、（二）；

第七单元动态与助词，包括动作的进行、持续与将行、动作的完成、实现与经历两课；

第八单元修饰语，有定语、状语两课；

第九单元补充语，分结果补语、趋向补语、情态补语、数量补语、可能补语、介词短语补语六类介绍；

第十单元特殊句式，讲解了双宾语句、能愿动词句、主谓谓语句、连谓句、兼语句、存现句六种句式；

第十一单元句子的分类及语气助词，主要包括陈述句、祈使句、疑问句、感叹句以及语气助词；

第十二单元是复句，讲述了复句的特点、类别以及复句对比与应用。

该书打破了一般语法教材的模式，从外国人习得第二语言的实际出发，择要而选，讲释语法规则力求条理化。书中配有大量的练习，既有助于掌握所学语法规则，又针对学习者容易出现的错误，为学习者巩固知识提供帮助。对从事对外汉语教学工作者和把汉语作为第二语言的习得者而言，都有很大的指导作用。

114. 外国人学汉语病句分析

《外国人学汉语病句分析》，佟慧君编，北京语言学院出版社，1986年8月出版，共301页。

该书分词和句子两大部分。词的部分包括名词、代词、数词、量词、形容词、动词、能愿动词、副词、介词、连词、助词、词尾"们"；句子部分分为：主谓句，特殊的动词谓语句，"是……的"句，主语、谓语、宾语以外的句子成分，动作的进行、完成、持续等，提问的方法，比较的方式，复句，强调。书中还列举了病句、改正后的句子及简要的分析说明。改正后的句子力求符合病句原意，说明部分指出病句的问题所在。为了说明的需要，有些病句在问题所在处加有重点号，有些句子改动不止一处，只说明按性质分类的部分，以求重点突出。

对外汉语教学属外语教学性质，教学对象一般是成年人，他们除母语外，大都还学过一至二门外语。在汉语的学习过程中，学生因母语及其他语言的干扰，会产生负迁移作用；由于缺乏汉语的感性知识，如对汉语本身的规律性掌控不好，也会出现这样或那样的语病，这是病句产生的主要原因。学生习作中出现病句有其必然性，也有偶然性。

然而归根结底是没有很好地掌握住汉语规律的结果。汉语有自己的词法、句法、遣词造句的规则可循，学生一旦掌握了就可以自觉地进行对比，使负迁移作用转化为正迁移作用，并能举一反三，正确运用。

该书从母语或媒介语为英语、法语、德语、日语、西班牙语、朝语、越语的来华留学生习作中搜集病句 2020 句，按问题的性质分门别类，进行简要的分析和说明，供从事对外汉语教学和国内语文教学的教师及语言工作者进行教学、科研时参考，也可供外国朋友学习汉语时借鉴。

115. 实用现代汉语语法

《实用现代汉语语法》，刘月华、潘文娱、故韡著，外语教学与研究出版社，2006 年 4 月修订出版，共 628 页。

该书是把汉语作为第二语言的教学领域中的第一本分量较重的专著，它主要是为从事汉语作为第二语言教学的教师以及具备了一定汉语基础的外国学生和学者编写的语法参考书，更是一部详细的现代汉语语法工具书。该书为修订版，对初版的词法部分进行了压缩，对各种特殊句式从内部构造到外部的表达功能均详加分析。该书把阐述重点放在外国人学习汉语时经常遇到的语法难点上，在大量吸收国内外汉语语法研究和对外汉语教学研究最新成果的基础上，对难以理解和掌握的汉语语法现象做了尽可能详细的描写，对容易引起混淆、误用的语法现象进行了比较分析，突出"实用"。

全书包括序、前言、增订本前言，正文部分，以及三个附录：练习答案、索引、主要参考书目。

正文部分共五编。

第一编现代汉语语法概述；

第二编词类，分为十一章，分别介绍名词、代词、动词、形容词、副词、介词、连词、助词、象声词、叹词；

第三编句法(上)句子成分，分为六个章节：宾语、定语、状语、补语、主语和谓语、复指和插说；

第四编句法(中)单句，共分七章：主谓句、"是……的"句、疑问句、祈使句，以及反问句、回声问句、非主谓句的几种特殊的动词谓词句；

第五编句法(下)复句和篇章，分为四章：复句的类型、复句的主语和关联词语、紧缩句、篇章。

书中还有十个提纲性的表解，其中比较重要的有：不同方位词与"以"、"边"等组合的情况；主要能愿动词的用法；介词分类用法表；常用连词列举；常用语气助词的表达功能；状语补语比较表；各类复句常用的关联词语。

全书(第一编除外)各章均有针对性较强的练习(答案附书末)，以帮助复习前面所讲的内容。

该书有两点值得称道：

第一，观察语法现象细微，描写详细。注意到一些其他语法书不大提及的语法现象，更多地研究了汉语的特点。该书搜集了大量的语言材料，列举了很多语言现象，从事实和现象中归纳规律。

第二，注重语义分析，注意语言成分之间的内在联系，能用新的眼光处理一些难题。在语义分析的深度上，该书比其他语法书有不少进展。

116. 现代汉语语法讲话

《现代汉语语法讲话》，丁树声、吕叔湘、李荣等著，商务印书馆，1980 年 12 月出版（第 7 次印刷），共 228 页。

该书是《中国语文》杂志社编的"中国语文丛书"之一。初稿是以"中国科学院语言研究所语法小组"的名义，在《中国语文》月刊 1952 年 7 月号至 1953 年 11 月号连续发表的《语法讲话》。该书是原著者参考初稿发表后各方面所提供的意见，进行了一些修订，添写了若干部分，改用《现代汉语语法讲话》的名称出版的单行本。

全书共分二十章，尽可能地通过语言事实来阐明现代汉语书面语和口语中的重要语法现象。各章内容如下：

第一章引言，区分了语法和语法书两个概念后，介绍了现代汉语语法的内容；

第二章是句法结构，分为主谓、补充、动宾、偏正、并列五种，连带介绍了分析句子的方法；

第三章为句子的基本类型，包括体词、形容词、动词、主谓四种谓语句；

第四到七章，分别介绍主语、宾语、修饰语和补语，补语部分重点提到了"用/不用'得'联系的补语"、"补语的可能式'得/不'"、"补语和宾语、修饰语的比较"；

第八章谈的是时间词、处所词和方位词；

第九章讲了"有""是""为""象"等几个特殊的动词的用法；

第十、十一、十四至十六章，详细讲解了助动词（能/敢/应等）、次动词（把/被/教/给/对等）、代词（分为人称、指示、疑问三类）、数词、量词、副词的用法；

第十二章介绍的是连动式、兼语式和连锁式；

第十三章为复合成分、复合句、并列句和偏正句；

第十七章从"不、非、没有、甭、勿、否、双重否定"等角度介绍了"否定"现象；第十八章是问句，包括特指问、是非问、选择问、反复问和反问五种；

第十九章主要谈语气，分疑问的"吗、呢、啊"，表示祈使/禁止的"吧、了、啊"，表示测度/商量的"吧"，表示陈述的"的、了、呢、罢了、么、啊"，还有表示停顿的"吧、么、呢、啊"等，讲解非常详尽；

第二十章为构词法，总体上将语法事实和现象进行理论的提升，主要包括七种常见的构词方式：并列式、偏正式、动宾式、动补式、主谓式、附加式和重叠式。

该书作为"讲话"，尽可能从事实出发而不是定义；它不带有总结性质，也不是教科书，只是方便一般的人们的学习，并不针对专家学者理论乃至微观各方面的讨论；讨论的现代汉语，口语和书面语并重，口语以北京话为主，书面语以现代作品为主，当然二者是相互影响的。该书具有较强的针对性和实用性，是对外汉语教学者应该参考的有益资料。

117. 语法修辞讲话

《语法修辞讲话》，吕叔湘、朱德熙著，中国青年出版社，1979年8月出版（1952年12月第1版），主要由陆俭明和胡双宝参与修订，共337页。

该书是中国青年出版社编辑出版的《青年文库》丛书之一。《语法修辞讲话》最初于1951年在《人民日报》上发表，第二年出版单行本，在当时起到了减少初学写作者遣词造句等方面毛病、普及语法修辞知识的作用。

全书共分六讲：语法的基本知识、词汇、虚字、结构、表达和标点。

第一讲语法基本知识，专为初学者说，包括七个方面："语法"的说明，从字到句，词类，句子的成分，附加成分、联合成分、同位成分、外位成分，复合句，长句举例；

第二讲词汇，介绍了词性、词义、同义词、词的配合、文言词语、生造词语、简称，还讲解了几个常用词，如"问题""关系""过程""引起"等；

第三讲虚字，主要讲了"们""的""和/跟/同/与/及/并""着/了""把/被""对于/关于""在/从/当""因为/为了/由于/结果/使"等代表的代词、数量、比较、与否定和疑问有关的虚字、文言虚字及其他虚字；

第四讲为结构，包括主语、宾语、表语、附加语、词语的次序、主谓短语、外位成分和类似的现象、分合和插说、结构混乱九个小节；

第五讲是表达，从逻辑、费解、歧义、堆砌、重复、烦冗、苟简、层次几个方面容易出现表达病误的方面结合例句讲解；

第六讲是标点符号的具体使用方法，还介绍了分段、转行、引文、附注等的"行款"。该书附有各讲的练习题，方便读者学以致用。

该书是《语法修辞讲话》初版20多年后的修订本，主要是更换了一些例句，个别论点也有删改。

如同著者所言，该书有两个方面的缺点——"过"与"不及"：前者是说有些论断过于拘泥，对读者施加了不必要的限制；后者主要涵盖两方面：

1．只讲用词和造句，篇章段落没有触及；2．只从消极方面讲，怎样怎样不好，没有从积极方面去讲怎么样才能组织好。无论如何，这个《讲话》主要从写作表达的角度教授人们怎么样把话说的没有毛病、说的更好。它对于汉语作为第二语言的教学与习得都有较好的参考价值。

118. 汉字教学理论与方法

《汉字教学理论与方法》，周健著，北京大学出版社，2007 年 10 月出版，共 227 页。

该书属博雅汉语——对外汉语教学精品课程书系，是对外汉语教师培训丛书之一。该书重点讨论了汉字的性质特点、汉字难学的原因以及教学对策，比较详细地介绍了国内外以及对外汉语教学界的汉字教学经验，并提供了五十种多种生动具体的、操作性强的汉字课堂教学方法与技巧。

该书编撰结构为：正文五章、附录三个、参考文献、后记。

第一章汉字的特点，包括世界汉字视野中的汉字、汉字的特点以及汉字与汉语的关系；

第二章现代汉字研究，包括汉字的古今演变、汉字的构形法与构字法、现代汉字的字量、现代汉字的字序与检索，以及中文信息处理、现代汉字的读音、现代汉字的简化与整理等；

第三章汉字教学的实践与理论，包括传统的启蒙识字教学、中国内地儿童识字教学、内地小学生识字量、港台及海外华人的汉字教学、对外汉字教学发展与研究概况等；

第四章对外汉字教学研究，包括"汉字难学"的原因探讨、汉字教学的对策等；

第五章汉字教学的方法与技巧，主要介绍了五十种汉字教学的方法与技巧。

附录：1.示范课录像参考文本；2.容易读错写错的字；3.对外汉语教学《基础汉字表》研究。另外，该书配有 DVD 光盘。

119. 汉字的认知与教学——西方学习者汉字认知国际研讨会论文集

《汉字的认知与教学——西方学习者汉字认知国际研讨会论文集》，顾安达、江新、万业馨主编，北京语言大学出版社，2007 年 6 月出版，共 552 页。

该书是德国美因兹大学顾安达（Andreas Guder）教授组织的"汉字认知——西方学习者汉字认知研讨会"的论文集，收录了来自中国、美国、德国、英国、葡萄牙等国的 40 余位研究者的 27 篇论文。

论文作者分别来自不同国家和地区，呈现出不同的研究视角和研究方法，收录的论文包括《试论汉字认知的内容与途径》、《汉字的系统性与汉字认知》、《中文阅读中的眼动模式和字符识别》、《汉字认知及其神经机制研究》等。读者从中可以看到关于汉字认知与教学问题的最新研究成果。该论文集由北京语言大学校长崔希亮教授作序，所收录论文分别采用中、英文两种语言，每篇均配有中英文题目、摘要、关键词等，并附有全部作者的详细介绍和联系方式，便于对此领域有兴趣者与之进行交流探讨。

120. 汉字教学中的文字学

《汉字教学中的文字学》，李香平编著，2006 年 12 月出版，语文出版社，共 352 页。

该书共十一章。

第一章绪论，简述汉字的性质。概述现代汉字的特点（包括形体特点、字音特点、字义特点、汉字的认知特点和汉字的文化特点），阐述汉字与汉语的关系、汉语学习与汉字学习、文字学与汉字教学等内容。

第二章汉字的起源、演变和发展。简述图画与文字、汉字的起源和形成，古文字阶段的汉字和今文字阶段的汉字等内容。

第三章汉字的构造。简述古代汉字的构造——六书（象形、指事、会意、假借、形声和转注），概述字符及其分类，描述现代汉字的构字类型。

第四章现代汉字的形体。简述笔画、笔顺、部件、结构类型、现代汉字中的偏旁、部首及在汉字教学中的应用，分析形近易混字，包括形近字的成因、种类和辨析。

第五章现代汉字的读音。首先是多音字，包括现代汉语多音字的来源、类型、产生原因、辨别及多音字的应用；其次是同音字，包括同音字的来源、类型、辨别及同音字的应用——谐音，阐述现代汉字音符表音的规律性，描写现代常用汉字中音符的表音情况，分析音符与所构汉字读音有差异的原因及汉字教学中对音符的利用。

第六章现代汉字的字义，包括单义与多义、现代汉字的字形与字义、字义与词义。

第七章现代汉字的规范化。简述汉字规范化及其标准，包括定量、定形、定音与定序，分析简化字和繁体字，包括简化汉字的方法、简化字的来源及怎样学习简化字；探讨"书同文"的含义、现状及海外汉字规范的异同及走向。

第八章小学语文识字教学。概述中国历史上的童蒙识字教学，包括童蒙识字教学的历史和童蒙识字教学的经验，描述中国及新加坡的小学语文识字教学。

第九章对外汉字教学。简述对外汉字教学的历史与现状，包括早期随文识字阶段和独立开设汉字课教学阶段，阐述对外汉字教学的特点和原则，提出对外汉字教学方法，包括利用字形的教学方法、利用字音的教学方法、利用汉字字义的教学法及利用汉字知识的教学方法，展示对外汉语汉字课堂教学技巧，包括写字教学、认字识字教学、记字教学和汉字知识教学。

第十章汉字的书写与输入。简述学生汉字书写的问题与对策，概述汉字硬笔书写技巧，包括笔画的书写技巧和结构的书写原则，介绍汉字输入的方法，包括拼音输入法和五笔字型输入法。

第十一章汉字文化与汉字教学。简述汉字字形文化，包括字形文化的考求、字形体现的文化举例及字形文化在汉字教学和汉字学习中的意义，描述神智体和离合诗、析字联和字谜，阐述汉字文化在汉字教学中的应用。

该书从汉字教学和学习需要出发，沟通传统文字学与汉字教学。

书中用通俗易懂的方式介绍了现代汉字形体、读音、意义的各种现象，描述了汉字构形、表音、表意的规律，介绍了汉字教学和学习、汉字书写输入的方法和技巧，展示了汉字的文化魅力。从汉字教学的角度介绍传统文字学基础理论，将传统文字学基础理论应用于现代汉字教学，是该书最大的特点。

121. 对外汉字教学研究

《对外汉字教学研究》，孙德金主编，商务印书馆，2006 年 7 月出版，共 481 页。

该书是一部对外汉语教学研究著作，系统介绍了字形研究、字音研究、字义研究、汉字教学、汉字教学模式与教学方法等内容，全面、系统地对近三十年来对外汉语教学中的汉字教学与汉字研究进行了综述、回顾与展望。

字形研究选收 9 篇文章，笔画笔顺研究论文包括：费锦昌的《现代汉字笔画规范刍议》、易洪川《折笔的研究与教学》、张静贤《现代汉字笔形论》、万业馨的《汉字笔顺刍议》；部件研究论文包括苏培成的《现代汉字的部件切分》、邢红兵的《〈（汉语水平）汉字等级大纲〉汉字部件统计分析》、梁彦民的《汉字部件区别特征与对外汉字教学》、朱志平的《汉字构形学说与对外汉字教学》、施正宇的《现代汉字的几何性质及其在汉字教学中的意义》。

字音研究论文包括易洪川的《汉字字音特点对汉语教学法的影响》、冯丽萍的《对外汉语教学用 2905 汉字的语音状态分析》、李大遂的《略论汉字表音偏旁及其教学》、孟坤雅的《通用汉字中的理想声旁与汉字等级大纲》、万业馨《略论形声字声旁与对外汉字教学》。

字义和字形研究收录了李蕊的《对外汉语教学中的形声字表义状况分析》、康加深的《现代汉语形声字形符研究》和德国学者顾安达的《汉字偏旁表义度探索》。

汉字教学研究收录 6 篇文章：李培元、任远的《汉字教学简述》、施正宇的《论汉字能力》、万业馨的《从汉字研究到汉字教学》、张旺熹《从汉字部件到汉字结构》、冯丽萍的《汉字认知规律与汉字教学原则》、周小兵的《对外汉字教学中多项分流、交际领先的原则》。

汉字教学模式研究选收 4 篇相关文章：崔永华的《关于汉字教学的一种思路》、卞觉非的《汉字教学：教什么？怎么教》、陈曦的《关于汉字教学法研究的思考与探索》刘社会的《对外汉字教学十八法》。

汉字字音研究收有 6 篇文章：全香兰的《韩国人的汉字字音认知基础及其教学》、孟柱亿的《韩国汉语教学的特点和问题——兼说汉字对韩国学生的正负迁移》、郑杰的《试论对日汉字教学——日本留学生汉字生字考察统计分析》、王幼敏的《对日本人书写中文汉字差错规律的分析及思考》、田惠刚的《关于对西方国家学生汉字教学的理论性思考》、朱志平的《波兰学生暨欧美学生汉字习得的考察、分析和思考》。

汉字教学调查与实验一章选收 4 篇文章：石定果和万业馨的《关于对外汉字教学的调查报告》、钱学烈的《对外汉字教学实验报告》、邢红兵的《留学生形声字声旁规则性效应调查》、江新的《初学汉语的美国学生汉字正字法意识的实验研究》。

该书的编写者绝大多数都是多年从事对外汉语教学与研究工作并有丰富经验的中年教师，他们在继承前修与时贤研究成果的基础上，融入个人对对外汉语教学理论和实践问题的长期思考。该书作为一部教材，既满足了应用语言学的教学需要，也为对外汉语师资培训提供了一部较为全面的参考资料。

122. 古代汉语汉字对外传播史

《古代汉语汉字对外传播史》，董明著，中国大百科全书出版社，2002 年 7 月出版，共 643 页。

近二十年来，对外汉语教学的科学研究取得了长足的进步，在"论"的方面，有了一定的基础，在"史"的方面，却显得十分不足。董明先生的《古代汉语汉字对外传播史》正是对古代汉语汉字对外传播史进行的研究。

该书共分"朝鲜半岛篇"、"越南篇"、"日本篇"和"宗教篇"等四大部分，以古代汉语汉字对外传播为题，以中国历史朝代为序，以接受汉语汉字传播的国家和地区即"汉字文化圈"为主要研究对象，旁及该圈以外，地域涉及南亚、东南亚、中亚、西亚、欧洲的宗教群体，清楚地揭示出了不同历史时期汉语汉字在上述国家和地区以及相关宗教群体中传播的情形，包括传播的主体、对象、范围、内容、途径、手段、方式、深度、结果以及所取得的成绩、所形成的影响、所应汲取的经验教训等内容。

该书立足于局部的细致研究，着眼于全局的通识结论，有重点地分地区、分时段对汉语汉字的向外传播情况进行阐述，科学合理的体例安排是其一大特色。

全书分四大部分，每部分之中又细分若干章节，按历史发展的进程分时段进行介绍，一般是起自上古，止于明清。前三部分都是"汉字文化圈"的重要成员区，也是该著研究的重点；第四部分虽以"宗教"命篇，但在不同宗教群体的具体叙述中仍以地区和时间划线，其地区涉及"汉字文化圈"以外的南亚、东南亚、中亚、西亚以及欧洲。

作为系统论述我国古代汉语汉字向外传播历史的一部专著，该书征引宏富、涉及面广，可以称得上是一部科学性与学术性统一、资料性与可读性兼备的佳作。该书广为搜集和利用史料，探幽发微，言而有据。对于目前亟待加强的对外汉语教学史研究而言，具有很好的启发和借鉴意义。

123. 汉字的应用与传播

《汉字的应用与传播》，赵丽明著，华语教学出版社、北京华语出版文化公司，2000 年 10 月出版，共 484 页。

该书从汉字传播的历史及其传播过程中的汉字文化现象、汉字传播的规律、汉字本体研究、信息化网络时代的汉字应用研究、汉字规范化问题研究、现代汉字教学中汉字习得方法和规律探讨等几个方面进行梳理与评述。

全书主要分为"汉字的应用与传播"、"汉字本体的历史研究"、"信息化网络时代的汉字与语文策略"、"现代汉字教学"四个部分。在汉字的应用与传播方面，作者深入浅出地介绍了汉字的应用、古代汉字等诸多问题；在汉字的本体的历史研究方面，作者介绍汉字的历史及汉字的本体、汉字本体历史的研究发展脉络；在《信息化网络时代汉字与语文策略》一章中，介绍了信息化社会汉字与语文之间的几种策略；《现代汉字教学》中，详细分析了在当代我们语文工作者如何才能更好地教好汉字的问题，理论联系实际，对当代语文教学有指导意义。

124. 汉字与汉字教学研究论文选

《汉字与汉字教学研究论文选》，吕必松主编，北京大学出版社，1999 年 7 月出版，共 422 页。

该书是一本论文集，所收文章是从 1997 年在湖北宜昌和 1998 年在巴黎举行的两次汉字和汉字教学研讨会中精选出来的。论文的作者来自全国各地，就汉字研究与汉字教学、汉语教学与汉字教学、汉字学习与汉字教学、汉字教学设计与教学原则、汉字教学调查与试验以及汉字教材编写等问题进行了交流与探讨。

该论文集分为六个部分。

第一部分汉语教学与汉字教学，共收录论文 5 篇，包括中国 3 篇：吕必松《汉字教学与汉语教学》、李大遂《从汉语的两个特点谈必须切实重视汉字教学》、卢福波《试论汉语教学中字、词、语、句的内在联系》；[法国]华卫民《谈汉语双轨教学中汉字的引入》以及[韩国]孟柱亿的《有韩国特色的汉语教学的构想》。

第二部分为汉字研究与汉字教学，收录论文 7 篇，除一篇[德国]顾安达的《汉字偏旁表义度探索》之外，其他 6 篇均为中国学者所作，分别是：陈绂《谈汉字及汉字教学》、易洪川及朱全红《"多字音节"及其功用初探》、胡双宝《汉字的文化蕴含与汉字教学》、万业馨《两个不同概念的"部件"及相关问题》、李开《论常用汉字的语像和习得》、张德馨《汉字文化研究与汉字教学的几点断想》。

第三部分是汉字学习与汉字教学，包括 3 篇文章全部来自中国，分别是：冯丽萍《汉字认知规律与汉字教学原则》、石定果《从认知科学看对外汉字教学》、杨夷平与易洪川的《浅析识字教学的对内、对外差别》。

第四部分为汉字教学设计、教学原则和教学方法研讨，包括 13 篇论文，是本论文集文章最多的一部分，分别收录[俄罗斯]谭傲霜的《莫斯科大学亚非学院的汉字教学》、[新加坡]卢绍昌《汉字教学与研究的一些体会》、[英国]高万丽《从汉字在第二语言学习中的问题看汉字教学》及中国学者崔永华、费锦昌、陈仁风、陈阿宝、徐甲胄、杨洪清、周小兵、李芳杰、张永亮、黄沛荣、郝恩美的关于汉字教学方面的 10 篇文章。

第五部分是汉字调查和教学试验，包括论文 4 篇：中国石定果、万业馨《有关汉字教学的调查报告》、钱学烈《对外汉字教学实验报告》，[葡萄牙]孙琳《汉字习得与汉字教学实验室》，[丹麦]王建琦《利用多媒体教授汉字的想法和做法》。

第六部分为汉字教材编写，收录了 2 篇来自中国的文章：翟汛的《关于初级汉语读与写课中汉字教学与教材编写的思考》和张静贤的《有关编写对外汉字教材的几个问题》。

汉字与汉字教学一直是对外汉语教学的一个热点，来自各个国家的学者教师针对汉字与汉字教学中存在的普遍问题各抒己见、畅所欲言。这些成果都是作者们多年教学经验和实践的积累与总结，有力地推动了对外汉语教学的发展。

125. 科学地评价汉语汉字

《科学地评价汉语汉字》，尹斌庸、苏培成主编，华语教学出版社，1994 年出版，共 247 页。

该书是国内外学者从语言学、文字学、心理学、教育学以及信息理论等不同角度研究和讨论汉语汉字的学术论文集。这些论文一方面对汉语汉字进行了科学的、实事求是的评价，同时也对社会上某些有关汉语汉字的错误观点给予适当了的批评。

该书收录论文 25 篇，全部是围绕汉字展开的研究，包括：吕叔湘《由笔误想到的》、张志公《加紧对汉字进行多方面深入的研究》、周有光《汉字的技术性和艺术性》、文武《关于汉字评价的几个基本问题》、聂鸿音《从文字发展史看汉字的现状与前途》、邢公畹《汉字没有"特异功能"》、蒋仲仁《神奇的汉字，神奇的理论》、《"开学了"》、伍铁平

《世界语言文字研究中心有可能转移到中国来吗？》、苏培成《〈论汉语汉字的科学性〉剖析》、任珍《汉字的"简短"是一种假象》、王开扬《汉字优越诸说献疑》、《论研究汉字的立场、方法与学风》、吴振国《评"汉字优越论"》、陈满华《〈献疑〉读后之献疑》、郑林曦《没有汉语汉字的"科学性" 只有科学地研究汉字》、《〈汉字好学好用证〉的一些证据不合事实》、彭树楷《必须科学地论证汉字的科学性》、尹斌庸《汉字习得效率研究》、《"多余度"与文字优劣》、令人困惑的〈汉字文化〉》、高家莺《试论方块汉字和拼音文字的阅读速度》、孙剑艺《"汉字创词说"说》、范可育《从"生词熟字说"看词义和构词语素义的关系》、（美国）张立青 PAUL ROZIN《关于 ROZIN 教授阅读实验的来信》、（美国）曾志朗《汉字阅读与脑功能的组合（摘录）》、冯志伟《汉字信息量大，不利于信息处理》。

语言是人类社会生活的产物，是人类社会交际和信息传输的工具；语言是民族历史文化的载体，文字是语言的书面形式，文字的民族性就表现在它所记录的语言的民族性上。关于汉语的特点和汉字的性质，过去各家众说纷纭。该论文集试图科学地、冷静地就这个问题进行全面而客观的讨论。编者认为要生存，要发展，必须现代化。语言文字现代化就要面对现实，弄清一些基本问题，该论文集正是要集中大家的智慧，为汉语汉字研究学者们提供一个交流平台，从而为中国语言现代化的推进贡献力量。

126. 汉语汉字汉文化

《汉语汉字汉文化》，胡双宝著，北京大学出版社，1998 年 1 月出版，共 400 页。

该书收选以汉字研究为主的研究论文 52 篇，前半部分写汉字，后半部分写语言，文化的内容渗透在这两部分之中。

有关汉字研究的成果，主要涵盖"汉字的性质和特点、汉字的功能、文字问题三议、汉字与汉语相适应、规范化是社会用字的基本要求、声旁的表义作用、略论汉字字序的规范、海峡两岸用字异同论、简繁汉字话短长、汉字的繁化与简化、汉字的文化蕴含与汉字教学、汉字编码方案的规范和优选"等内容，另收录三篇书评，即：《评〈文字学概要〉》、《读〈文字的产生和发展〉》和《读〈新汉文化圈〉》。

后半部分主要是关于语言研究中的语音和语义问题，收选的 17 篇文章包括：《有关汉语拼音文字的几个问题》、《汉语拼音正词法纵横谈》、《正词法和正词法词典的编写》、《〈汉语拼音词汇〉同音词再统计》、《如何吸收外来语词的意见》、《"普通话"两题》、《语言分析中的零概念》、《从"明确 de 回答"说到词类》、《"给他糖吃"及其他》、《歧义 词义及其他》、《语法 逻辑 习惯》、《同形词说略》、《说"哥"》、《说"临"》、《"汉语"一词的最早记载》、《张志公先生和汉语辞章学》、《语音琐谈》。另外在 1959 年以后一段时间，作者曾经试图研究京剧，围绕京剧写过几篇文章，这里只收录跟语言有关的一篇《谈京剧现代戏的音字和韵辙》。

随着从事汉字教学而对汉字了解的加深，作者逐步认识到汉字与汉语是基本适应的，语言文字与文化的关系至为密切。该书中许多文章，都不同程度地涉及汉文化、古籍校勘和整理，一向与语言文字研究紧密相连，属于传统的"小学"范围。

127. 对外汉语文化教学研究

《对外汉语文化教学研究》，李晓琪主编，商务印书馆，2006 年 7 月出版，共 426 页。

对外汉语文化教学研究，经历了一个从不被重视到被注意、被热烈关注再到趋于平稳的过程。大体说来，20 世纪 80 年代为起步期，80 年代末至 90 年代中期为活跃期，90 年代中期至今为平稳期。

该书总分五章。

第一章对外汉语文化教学基础理论研究，首先讨论了对外汉语教学的文化学基础及教学定性、定位、定量问题，接着对 80 年代以后的对外汉语教学界文化研究进行了简单的回顾；

第二章文化因素，重点讨论文化因素的定性、定位与定量问题，包括知识文化因素和交际文化因素以及交际文化因素的存在形式、话语生成和理解中的文化因素等问题；

第三章跨文化交际，探讨了跨文化交际研究与第二语言教学的关系、中西文化差异及跨文化交际意识，包括文化混融语境中的交际与汉语教学、学习者的中介文化行为系统以及对外汉语教师的双文化意识、多元共生、多元对话与求同存异等问题；

第四章语言与文化，讨论的是语言课中的文化教学、文化导入、文化阐释三个问题，包括语言教学为本位的文化教学、文化导入原则、文化阐释艺术等问题；

第五章文化教学实践，包括两方面内容：1. 文化课的课程设置、课程定位及教学模式，2. 文化教材的编写。

作为"为对外汉语教学专题书系"之一，为对近 10 年的文化教学研究有更清晰的了解和认识，该书对 80 年代以后的文化研究热点问题作了简单的回顾，并对近 10 多年来的研究成果进行梳理，以期全面、系统地向读者展现这一领域的研究成果。

128. 中国传统文化和语言（增补本）

《中国传统文化和语言(增补本)》，沈锡伦著，上海教育出版社，2004 年 7 月第 2 版，共 437 页。

该书是"对外汉语教学研究丛书"之一，课程研究是对外汉语教学学科建设的基本任务，直接关系到提高教学质量和培养人才这一核心问题。多年来，广大学者和教师刻苦钻研，取得了丰硕的研究成果。该书是这些研究成果的荟萃之一，也是对学科理论建设的一份贡献，它的编辑出版有助于推动对外汉语教学事业的发展。

该书分为十八章。

第一章文化和文化科学，论述了人类集团对文化的不同理解，中国传统文化以及语言与文化；

第二章汉语和汉民族心理，主要介绍民族心理对语言行为的影响并进行了汉语语言心理例析；

第三章汉语和汉民族传统价值观念——自我价值、褒贬价值、地位价值、男女价值；

第四章汉语和民族文化交流，概述了汉语的形成与发展，古代汉语构词法中的民族因素以及汉语和东西方语言的接触；

第五章宗教传播对汉语的影响，用历史事实说明宗教传播促进了汉语的变化，进而分析了汉语语音方法论、词汇、词法与句式的变化；

第六章汉语和中国历史、地理；

第七章姓氏和称谓，论述了姓氏的由来、姓的衍变、称谓及其变化；

第八章避讳、文字狱与禁忌语言；

第九章委婉语言，包括性与性爱委婉语、死与疾病委婉语、有关战争的委婉语、避冒犯的委婉语、避粗俗的委婉语；

第十章婚姻、家庭、亲缘的汉语观照；

第十一章汉语表达中的性别因素，论述了语言的全民性和集团性、汉语语音的性别因素、汉语词汇选择的性别因素；

第十二章语言图腾和语言联想，论述了语文表达中的民族色彩、语言图腾、语言联想、语义场和联想因素；

第十三章詈语，简要叙述了动物类詈语、咒死咒灾类詈语、性与行为类詈语、人格贬损类詈语；

第十四章汉语和中国文化哲学，介绍了汉语中国文化的"天""人"观、"鬼""神"观、汉语和汉民族的审美观及科学观；

第十五章汉语和中国民俗生文化，介绍了汉语和民俗文化、饮食文化、酒文化、茶文化、服饰文化、建筑文化、节庆文化；

第十六章汉字文化，讲述了汉字文化的形式、汉字文化的含蓄性及游艺性、汉字文化和信息识别、汉字文化的传播、汉字文化圈；

第十七章汉语结构的文化特点，包括汉语表达和理解中的悟性特点、汉语形式对事理的宽容、汉语句法和词汇的简约性质、汉语句群的思维流程；

第十八章汉语和社会，主要论述了语言现象具有社会公约性、社会方言的文化层次、语言应用中的文化效应、实用语言的表达艺术。书后附有结束语及增补本后记。

该书从理论到具体问题，多角度、多层次地阐述和分析了汉语与中国传统文化的关系。无论是从语言的普遍性特点，还是汉语的独特性，中国传统文化都与汉语具有密不可分的关系。该书不仅是从事对外汉语教学工作的一本基础教学辅助用书，而且还从中国传统文化与语言的关系角度为对外汉语教学的研究提供了新的研究方向。

129. 中国文化概论（修订版）

《中国文化概论》（修订版），教育部高教司组编，张岱年、方克立主编，北京师范大学出版社，2004 年 1 月第 2 版，共 368 页。

该书是普通高等教育"十五"国家级规划教材，全书分上中下三编，共十九章。

绪论部分，概要介绍了"文化"的定义、广义文化与狭义文化、中国文化与中国传统文化、学习中国文化概论的目的、意义和方法。

上编，由前五章组成。

第一章中国文化的历史地理环境，叙述了中国历史地理环境的基本特征及地理环境对中国文化的作用与影响；第二章中国文化植根的经济基础，叙述了农耕自然经济是中国古代社会经济的主体，中国传统自然经济的发展阶段和形态，中国资本主义生产方式难以产生的原因，中国传统自然经济的基本特点及其对文化发展的影响；第三章中国文化依赖的社会政治结构，叙述了宗法制度的产生与确立，宗法制度影响下中国传统社会结构的特征，专制制度与中国社会政治结构；第四章中国传统文化的发展历程；第五章多民族文化融合与中外文化交汇。

中编，由六至十四章组成。

第六章中国语言文字；第七章中国古代科学技术；第八章中国古代教育；第九章中国古代文学；第十章中国古代艺术；第十一章中国古代史学；第十二章中国传统伦理道德；第十三章中国古代宗教；第十四章中国古代哲学。

下编，由后五章组成。

第十五章中国文化的类型和特点；第十六章中国文化的基本精神；第十七章中国传统文化的价值系统；第十八章中国传统文化向近代的转变；第十九章建设社会主义的中国新文化。

该书作为高等学校人文素质教育的公共课教材，已被全国各类高等学校广泛采用，多次重印，对于在对外汉语教学实践中的作用自不待言。

130. 中国文化要略

《中国文化要略》，程裕祯著，外语教学与研究出版社，2003 年 8 月出版，共 469 页。

该书系对外汉语教师资格考试参考用书。全书共分十六章，并有三个附录：《中国文化趣论》、《中国被列入〈世界遗产名录〉的名胜古迹》以及参考书目。

第一章简论，从文化的含义入手，论述了了解中国文化的必要性以及中国文化的民族特点和中国文化的未来；

第二章地理概况，讲述了黄河、长江与中国文明，中国历代疆域，中国古代行政区划沿革以及现行省、市、自治区名称的由来；

第三章历史发展，从中国文化的源头讲起，述及三皇五帝、夏代文明、商周社会、春秋战国、秦汉帝国、魏晋南北朝、隋唐时代、宋元明清、近代历史；

第四章姓氏与名、字、号，讲述了姓氏的产生与发展、姓氏的主要来源、古代的望族和大姓、姓氏混杂与谱谍、全国姓氏数量以及中国人的名、字与号；

第五章汉字，从汉字的产生，述及现存最早的汉字、石鼓文、汉字的结构——六书、汉字的结构的基本精神以及汉字的改革与汉字现代化；

第六章学术思想，分别介绍了孔孟之道、老庄思想、墨家学说、法家学说、汉代经学、魏晋玄学、宋明理学、清代朴学等八家学说；

第七章宗教信仰，介绍多神信仰和三大崇拜以及佛教、道教、伊斯兰教、基督教四大教的相关情况；

第八章古代教育，阐述了五个方面的问题：古代的学校教育、明清时代的国子监、书院的兴起与衰落、古代的家庭教育、清代的学塾教育；

第九章科举制度，论及科举制度以前的选士制度、科举制的产生与发展、明清时代的三级考试、科举制的流弊与功过；

第十章典籍藏书，分别论述了经书、史书及其类别、方志、官藏与私藏、版本与善本以及图书分类；

第十一章科技成就，论述了天文与历法、农学、算学、医学、地学和四大发明；

第十二章传统建筑，介绍传统建筑的发展以及特点，并详细介绍了多种传统建筑；

第十三章古典文学，论述了古代文学创作鲜明民族个性的三个表现，并详细介绍了诗词、散文、辞赋、戏剧、小说等几种文学形式中的典范作品以及相应的作者；

第十四章各类艺术，述及六类艺术：书法、雕塑、戏曲、绘画、民族、楹联；

第十五章风俗习惯，讲述了茶酒与烹调、衣冠服饰、婚俗与葬俗、民族祥瑞动物、名贵花木、民族节日及其他崇尚和禁忌；

第十六章中外文化交流，叙述中外文化交流史实中的一些重要事件，如海上仙山和徐福东渡、海陆"丝绸之路"、佛教东传和西行求法、日本遣唐使和留学生、郑和下西洋以及西学东渐和东学西传等。

中国文化博大精深，源远流长。作者以简洁的笔触，深入浅出地勾画出中国文化的历史渊源和发展脉络。该书既可作为大学公共课的教材，也是一部提高文化素养的简明读本。

131. 汉语与中国文化

《汉语与中国文化》，林宝卿著，科学出版社，2000 年 8 月出版，共 279 页。

该书是关于汉语与中国文化的一部教材，主要阐述汉语与中国文化研究的对象、性质、意义、方法，并对汉语与中国文化相关问题进行了深入的探讨。该教材着重从汉字、汉语词汇、汉语语法、熟语、姓名、地名和佛教等方面与中国文化的关系进行论述和分析，研究的模式是"从汉语看中国文化，从中国文化看汉语"。在具体论述中引证了大量生动语言事实和反映当代汉语与中国文化的最新成果，其论点和材料不仅能进一步证明"语言的历史和文化的历史是相辅相行的，它们可以互相协助和启发"，而且对文化语言学的研究能够补充新血液、完善新观点。

该书总分八章。

第一章引论，通过界定语言与文化定义论述语言与文化的关系，进而介绍了汉语与中国文化研究对象、特点，汉语与中国文化研究的性质、意义和方法，中国古代及现当代汉语与文化研究的论述和简况。

第二章汉字与中国文化，讲述了四方面的内容：汉字与文化的关系、从汉字形体考察中国古代社会与历史文化、从以形表意汉字看民族思维特征、形声字发展趋势的文化背景和意义。

第三章词语与中国文化，包括四方面的内容：词语本义的文化迹象，即从词语本义看古代物质文化、古代制度文化、古代汉民族心理文化；词义引申的基础和特点；特有词、色彩词、数词与社会文化、民族心理文化；从词语发展看社会文化。

第四章语法与中国文化，主要有两方面的内容：汉语语法结构的文化特征——重意合、不重形合，词句语义的模糊性，异形同义和同形异义的现象；从语序、虚词、语调三个角度阐述汉语语法形式及其特点。

第五章熟语与中国文化，涵盖两方面的内容：通过谚语、格言、歇后语的定义、来源及主要内容看中华民族文化；从成语的特征看中华民族文化。

第六章汉语与佛教文化，也包括两方面的内容：佛教的传入及中国的佛教；汉语与佛教文化，即佛教对汉语音韵学、词汇的影响。

第七章姓名与中国文化，论述了姓名的源流与文化、姓名是民族文化的镜象两节内容。

第八章地名与中国文化，包括三方面的内容：中国地名与语言学；地名与历史文化；地名与社会文化、民族心理。

该书虽然主要作为大专院校选修课教材，但对从事语文教学和语言研究的工作者来说也具有一定的参考价值。

132. 语言文化教学策略研究

《语言文化教学策略研究》，陈申著，北京语言文化大学出版社，2001年5月出版，共212页。

自20世纪80年代，外语教学中的文化教学问题，特别是在中国的对外汉语教学领域，一直是一个倍受关注的热门课题，辩论不断，该书作者即是常年从事语言文化的研究。

全书共分为八章，一首一尾，先提问题，后做结论。主体为六章，其中前三章讨论语言文化教学模式，以理论探索为主，研究各模式的演变成因；后三章讨论语言文化教学策略，以教学应用为主，研究分析各种策略的特点与利弊。

第一章问题和分歧，主要介绍了语言文化教学方面的问题和一些分歧，并阐述了问题产生的原因等诸多问题；

第二章地域文化学习兼并模式，介绍地域文化学习的模式及其融合的过程；

第三章模拟焦急实践融合模式，更为深层次地介绍了理论上的融合过程；

第四章多元文化互动综合模式，文化多元是这种互动综合模式中不可缺少的部分；

第五、六、七分别主要介绍了汉语教学中的多种模式应用，包括兼并模式、融合模式、综合模式；

第八章建议与结论，从多年从事语言文化教学研究工作的角度，为读者提供了有实际意义的建议，这些建议都是从作者多年的进行经验中来，非常宝贵。

该书从不同层面对如何将文化教学和语言教学相结合的问题进行了论述，在理论层面上，揭示了三种主要语言文化教学模式，即兼并、融合、综合模式的演变过程，并分析和鉴定了每一种模式的理论基础；在实践的层面上，介绍分析了多种有效的语言文化教学策略，以大量具体案例说明具体实际教学方法。

133. 汉语与中国文化（汉日对照本）

《汉语与中国文化》（汉日对照本），鲁宝元著，神里常雄译，华语教学出版社，2000 年 1 月出版，共 473 页。

20 世纪 80 年代后，中国语言学界新兴了一门边缘学科——文化语言学。语言学的刊物发表了许多有关的论文，一些专著先后问世，把文化和语言结合起来，特别是把汉语和中国文化结合起来进行研究取得了世人瞩目的成就。

该书作者在北京外国语大学从事语言教学工作十余年，既教中国外语专业的学生学习汉语知识，又在国内外教过外国人学习汉语，教学实践中，碰到很多问题在语法方面解释不清，但从中国文化上却能解释过去。

全书共分 15 个专题，涉及丰富多彩的中国文化现象，诸如汉语植物词、动物词、颜色词等，进而论及汉语中的哲学内容等等。该书所收都是包含着与中国文化语言学内容相关的随笔式文章，内容具体，通俗易懂且有一定趣味性。从语言学角度看，涉及语音、汉字、词汇、语法、表达等各个方面；从文化学角度看，涉及历史、文学、哲学、宗教、风俗、习惯、中外交流等；文章引用的材料涉及中国古代的四书、五经、诗赋、散文、戏剧、小说、现代的文学作品等，涵盖的内容面很是广阔。读者们从中大致可以了解到汉语各方面与中国文化各领域关系的轮廓，可以说为中外的汉语学习者所喜闻乐见。

该书既可以帮助阅读者了解中国文化和汉语的有关知识，有利于运用汉语进行跨文化交际，同时也可以把它当作阅读教材，提高汉语的阅读能力。

134. 汉语文化语用学

《汉语文化语用学》，钱冠连著，清华大学出版社，1997 年 7 月出版，共 361 页。

该书系国内外第一部以汉语文化为背景的语用学专著，它的构建体系与以英语文化为背景的语用学同中有异。该书从汉语文化事实出发,提出了真正符合汉语文化的语用原理、原则和策略,认为语用学就是社会人文网络言语学,主要内容包括语境干涉、附着于人的符号束的参与、智力干涉、语用原则与策略、语用的体现关系、窄式或宽式语用学等。该书有丰富的汉语语料,国外的相关语用学著作与它是无可比拟的。

正文之前有作者提供的"阅读指南"、季羡林和王宗炎两位先生及作者的序,书末附有"后记"、"主题词与关键词索引"和"主要参考书目"等。"阅读指南"针对每一章内容撰写,对阅读此书十分有益。自序专门谈到了吕叔湘、王宗炎、许国璋三位先生对我国外语界和汉语界长期以来各自为战、互不往来的"两张皮"现象的忧虑和期望。钱先生提出的理论是从地道的汉语文化事实出发而抽象出来的真正符合汉语文化的语用原理、原则和策略,而不是"采取西洋帽子+汉语例子的貌合神离模式",所以该书在一定程度上消除了以上三位先生的忧虑,为使外语界和汉语界早日携手做出了开拓性的贡献。

全书共分八章。

第一章是全书的理论基础部分,是全书的纲领。通过对"不同的语言文化共享的语用原理"、"不同的语言文化升华出不同的语用原理"和"西方语言文化语用学对'禅门公案'无能为力"等问题的讨论,作者指出,"汉语文化语用学"就是以汉语文化为背景的语用的策略和原理的研究,进而提出了语用学的窄式和宽式定义。窄式语用学可简称为"语用学三带一理论":"三"是指三个语言符号外因素——附着于人的符号束、语境和智力对语用含义推理的干涉,"一"是指多于话面(字面)的隐含意义,就是说由于三个因素的分别或综合的作用,某话语产生了一个多于话面的含义。这是语用学的实质。本章不仅回顾了国外语用学的发展概况,还讨论了我国的语用学研究(包括我国外语界和汉语界两个方面的语用学研究),而且着重探讨了刘勰在其《文心雕龙》中所体现出的语用学观点:体现在语用隐意(语用含义)、语用原则、语用策略和篇章联结四个方面。钱先生对刘勰的语用观的分析讨论精辟透彻,富有启发意义。

第二至四章分别研究了语言符号外因素,即语境、附着于人的符号束和智力在语用推理中的重要作用。其中,语境是论述的重点,被视为语用学的本体,提出了语境句和零语境句的概念。明确这两个对立概念有两个好处: 1)能够迅速抓住语法和语用学的区别, 2)几乎就抓住了语用学的主要内容。第三章着重讨论附着于人的符号束为何要参与言语活动及语用学为何要研究附着符号束的问题,把附着符号束视为语用学的一个不可或缺的部分,有重大的实践意义和理论意义。第四章为智力对言语活动的干涉。语用推理走纯粹形式化的途径是行不通的,语用推理必须要有人的智力的参与。语用推理模式只能大,不能小,毋需细致的纯粹的形式化手段,只要把握简单自然、混成符号束同时工作、语境干涉推理、智力干涉推理等几项基本出发点即可。

第五章语用原则和语用策略。格赖斯的合作原理解释不了言语活动中的不合作现象,因此该书提出了言语得体的语用策略。言语得体不是语法或修辞上的事,而是语言符号之外的事,即社会人文网络对人的言语活动的干涉。

第六章是语用的体现关系。大量例证证明,语用的体现关系就是语用分析进入了句法、文学、翻译,甚至进入了禅宗公案。这种扩大了语用学的视野,从侧面说明了语用学的本质,印证了第一章提出的语用学的"三带一理论",对深刻理解语用学是极有价值的。

第七章是以汉语为语料的话语分析,说明了为什么要研究对话,对话的结构形式和对话的连贯机制。

第八章是全书的结论,肯定了语用学就是社会人文网络言语学。

综观全书,作者以汉语为语料,从实际出发,提出了符合汉语语言文化精神的语用学理论,为外语界和汉语界的相互结合做出了一个很好的示范。总之,该书内容充实,立论确当,很值得一读。

135. 对外汉语教学与文化

《对外汉语教学与文化》,周思源、林立国编,北京语言文化大学出版社,1997年7月出版,共350页。

对外汉语教学学科是一门年轻的学科,在四十多年的历程中,学科建设取得了长足的发展,然而也有很多问题和争议。从上个世纪80年代开始到90年代初,对外汉语教学界就语言教学和文化教学的问题展开了热烈的讨论，深化了对外汉语教学界对于语言教学中文化因素的认识，强调了对外汉语教学作为第二语言教育的性质，明确了语言教学与文化教学之间的关系以及语言教学中文化教学的内容和原则，文化教学是对外汉语教学中的一个重要组成部分。

该书是周思源等编著的关于 1997 年以前的有关对外汉语教学的论文及前人已有研究成果，所收论文内容涉及了近年对外汉语教学中文化问题的各个方面。包括汉语学习初级阶段的文化定位表现为"文化因素"或"文化背景知识"；目的语学习越往中高层次发展，接触的文化越来越高，学习的内容越以专门文化的面貌出现；"丰富的文化知识为语言表达提供了大量潜在的可能性"。

三、对外汉语课程教学研究

136. 怎样教语法

《怎样教语法》，吴中伟，华东师范大学出版社，2007 年 7 月出版，共 193 页。

该书以第二语言语法教学的一般理论和汉语教学语法的基本框架为基础，侧重语法教学的原则、方法与技巧，兼及一些前沿性学术问题的分析探讨。

该书共分六章。

第一章第二语言语法教学的意义，介绍了语法知识和语法能力，概括第二语言的语法教学，并阐述培养语法能力的关键；

第二章汉语语法特点和教学重点，明确了汉语语法教学的基本范围，阐述汉语教学语法体系的发展与革新，总结了汉语语法特点和教学重点；

第三章语法教学的原则，概述语法点的确定、编排、解说以及语法点的练习；

第四章语法教学的方法和技巧，介绍了语法教学的基本方法、语法点的导入方式、语法点的展开技巧和语法点的练习形式；

第五章正确处理语法教学中的几个关系，主要有七个关系：语法教学和词汇教学的关系，形式和意义的关系，输入与输出及互动的关系，集中与分散的关系，准确性、流畅性、复杂性的关系，"对"和"错"的关系，教师、学生、教材及教育技术的关系；

第六章从 3P 模式到任务型教学，明确了 3P 模式的概念之后谈了任务型教学的性质和特点，最后概述从 3P 模式到任务型教学的发展。书后还附有趋向补语和"把"字句的教案。

该书在理论探索上既有深度又简明而详细，理论与实践相结合，深入浅出，在理论阐述中饱含着对外汉语语法教学的经验，以例述理，富有启发性，非常适合从事对外汉语教学的教师和对外汉语专业的本科生、研究生在教学和学习时使用。

137. 课堂教学理论与实践

《课堂教学理论与实践》，杨惠元著，北京语言大学出版社，2007年3月出版，共361页。

该书是为学习"课程与教学论"专业的研究生编写的教科书，也是为从事对外汉语教学的教师编写的工具书。

全书共十八章，并附有三个附录。

绪论，概述课程的性质、教学目的和教学内容。

第一章关于课堂教学，概述当前语言教学的模式，还谈及一般的课堂教学、语言课堂教学、第二语言课堂教学和对外汉语课堂教学。

第二章影响课堂教学质量的因素，阐述构成课堂教学的因素，分析影响课堂教学质量的主要矛盾，还有教师的课堂教学意识和教学行为。

第三、四章论述教师的课堂教学意识。包括十个方面：课程性质的意识、教学目的的意识、教学内容的意识、教学方法的意识、教学对象的意识、教师的责任意识、教师的控制意识，以及"输入大于输出"意识，"强化词语教学，淡化句法教学"的意识，"上好第一节课"和"上好每一节课"的意识。

第五至十二章论述教师的课堂教学行为。

第五章概述了备课、设计教案和准备和制作教具；

第六章谈了组织教学、开课和结课；

第七章论述教师课堂讲解的原则和方法；

第八章是明确教师指导操练的原则和方法；

第九章针对提问和答疑加以说明；

第十章是关于纠错，分析学生错误的类型，并提出纠错的原则；

第十一章论述有声语言和体态语言，即教师的话语和教师的表情动作；

第十二章讲述板书的作用、设计、书写和利用以及具体的示范和演示。

第十三章综合课教学，简述综合课与技能课，并阐述综合课的教学环节。

第十四章听力课教学，主要论述听力课教学的目的、原则，指出听力训练的重点和学生聆听理解的难点并阐述听力。

第十五章说话课教学，简述说话课教学的目的，明确说话训练的原则、重点、和方法，阐述说话课的教学环节。

第十六章阅读课教学，概述阅读课的教学目的及阅读训练的重点和方法。

第十七章写作课教学，提出写作能力的训练应该得到重视，明确写作课的性质和任务，强调写作课教学的原则和重点，阐述写作课的教学环节、教学内容和方法。

第十八章课堂教学评估，论述课堂教学评估的作用、原则及方法。书后附录一为课堂教学实录片段，附录二是参考教案，附录三是语音练习材料。

提高教学质量和效率，是教学的头等大事，也是教育科学研究的根本目的和任务，更是广大教师和研究者时时面对、苦苦探索的大课题。作者以多年积累的对外汉语教学和科研的经验为基础，对课堂教学的理论、教学方法、教学规律作了尽可能地详尽阐述，使该书在完善学科理论体系的同时体现了极强的实用性。

138. 学习策略的原理与实践

《学习策略的原理与实践》，桑青松、江芳、王贤进著，安徽教育出版社，2006 年 12 月出版，共 340 页。

该书在系统阐述学习策略理论的基础上，探讨了学习策略的实践模式，从理论与实践的结合上诠释了学习策略的实质、结构要素、教育模式以及具体的操作技术，为教育实践工作提供了理论上的着眼点和实践上的着力点。

全书分上下两篇，共十一章。

上篇理论篇，包括六章：

第一章导论，概述了学习策略，国内外学习策略的研究现状、问题与发展趋势，学习策略研究与学法指导内容重构以及学习策略研究的理论意义；第二章学习策略与认知发展，从认知发展、认知发展的基本理论、学习认知结构的优化和发展三方面来论述；第三章自我调节学习，涵盖自我调节学习、自我调节学习的影响因素、自我调节学习能力的培养等内容；第四章学习自我效能感，包括学习自我效能感、学习自我效能感的主体作用机制、学生学习自我效能感的培养、学习自我效能感与自我调节学习四节；第五章学习策略的教学，介绍了学习策略教学，学习策略教学的原则、方法与途径，学习策略的教学与训练等内容；第六章学习策略的测量与辅导，主要有学习策略测量、学习困难学生学习策略的诊断与干预、学习策略的辅导方式、学科学习策略的辅导四节内容。

下篇为实践篇，包括五章内容：

第七章自主学习实践策略，分自主学习与学生能力发展、自主学习教学模式、自主学习的一般教学原则三小节；第八章合作学习实践策略，从合作学习的理论、理论基础、有效教学策略三方面进行论证；第九章创新学习实践策略，包括探究学习策略、表现学习策略、创造性问题解决学习策略三方面内容；第十章策略型学习者心理发展与教育，分为策略型学习者的内涵与特征、策略型学习者认知心理结构及其运行机制、策略型学习者培养的价值定位、策略型学习者的培养途径与教育对策四节；第十一章学习心理素质教育模式构建，从概述、模式构建、优化途径等角度论述。其后是主要参考资料和后记。

作为一项课题研究，研究者没有沉溺于"书斋式"的考据和冥想，而是十分注意理论与实践的有机结合，在理论研究的同时，建立并依托课题实验学校展开实践研究，将学习策略的理论研究与实践研究统一在整个研究过程中，积极构建学习策略的立体研究模式。也正因为如此，其研究成果才有可能对学习策略的理论基础、研究进展、实践经验进行系统阐述，才有可能从不同层面对学习策略的诸多要素进行分析和探讨，也才有可能构建出理论与实践相结合的全新的学习策略内容体系。需要特别注意的是，作者对策略型学习者的高效率学习、学习心理素质教育模式建构、学习策略与学法指导等方面的研究和论述，反映了研究者对实践研究的重视和对实践需求的关切。

139. 对外汉语课堂教学概论

《对外汉语课堂教学概论》，彭增安、陈光磊主编，世界图书出版公司，2006 年 8 月出版，共 304 页。

该书由五位老师分头执笔写作，最后由陈光磊和彭增安统稿。它主要探讨了语言要素的课堂教学，包括现代汉语语音、汉字、词汇、语法和中国文化等要素的课堂教学的理论和方法。

全书共分五章。

第一章语音和语音教学，由彭增安、许静执笔。探讨语音教学中几个有争议的问题，简述汉语语音知识、《汉语拼音方案》与汉语语音教学、音乐与汉语语音教学，还有针对不同国别留学生的语音教学和常用语音教学与练习方法；

第二章汉字和汉字教学，由胡文华执笔；讨论教外国人学汉字应包括哪些内容，教师应该具备的汉字学知识和汉字教学理论知识、教外国人学汉字的方法和技巧，还讨论了外国人学汉字的特殊性；

第三章词汇和词汇教学，由张志云执笔。总结对外汉语词汇教学的内容和特点、对外汉语词汇教学法的研究成果，探讨了对外汉语词汇教学的课堂教学方法和技巧，以及对不同国家、不同阶段学生的汉语词汇教学；

第四章语法和语法教学，由高顺全执笔。明确教师应该了解的语法理论知识和语法观念，研究了对外汉语语法教学切的角度和对外汉语语法课堂教学技巧；

第五章对外汉语教学中的文化教学，由彭增安执笔。简述文化的定义和分类、文化教学的原则、文化教学的目标和方法，重点论述了如何增强文化意识。

该书持论有据，例证丰富，体系完备，既有一定的理论深度，又提供了切实可行、实用高效的课堂教学技巧，可为对外汉语教学工作者掌握必备的教学理论和实用的课堂教学方法提供重要帮助。

140. 对外汉语教学课程研究

《对外汉语教学课程研究》，李杨主编，北京语言文化大学出版社，1997 年 7 月出版，共 451 页。

课程研究是对外汉语教学学科建设的基本任务，直接关系到提高教学质量和培养人才这一核心问题。十多年来，广大教师刻苦钻研、辛勤耕耘，取得了丰硕的研究成果，《对外汉语课程研究》是这些成果的荟萃，也是对学科理论建设的一份贡献，它的编辑出版有助于推动对外汉语教学事业的发展。

该书是《对外汉语教学研究丛书》之一，对第二语言教学的课程设置进行了全面的分析研究，并根据教学类型或教学目的的不同、教学组织形式或期限不同，对对外汉语教学进行了总体设计。

该书共分五章。

第一章教学类型及课程设置，先是教学类型及课程设置概论，接下来分别介绍汉语言专业教学、汉语预备教学、汉语速成教学和汉语的短期教学；

第二章是单项技能课研究，先总述建立科学的能力培养体系，然后分别论述了听力课及听力理解能力培养、口语课及口语表达能力培养、阅读课及阅读理解能力培养、汉字课写作课及书面表达能力培养；

第三章综合课的研究，分别介绍初级、中级和高级综合课的设置；

第四章其他课程的研究，包括翻译课、热门话题课、古代汉语课、商贸汉语课、科技汉语课；

第五章是教学大纲、课程规范及课程测试。

该书出版于 20 世纪向 21 世纪过渡时期，在总结多年对外汉语课程研究的基础上，提出了许多创新性观点，具有重要的参考价值。它不但可以作为一本研究对外汉语课程的论文资料集，还可以作为对外汉语专业教学和学习的专业用书。

141. 汉语听力课教学法

《汉语听力课教学法》，胡波著，北京语言大学出版社，2007 年 8

月出版，共 173 页。

　　该书是实用汉语教师培训教材系列之一，包括初级、中级、高级三个阶段的汉语听力课教学、听力课测试以及听力课教材的使用等内容。书中介绍了初级阶段语音、语法、短文的听力课教学，中级、高级各阶段听力课的教学任务和教学方法，最后还提供了一份示范教案，并附有各阶段的听力课测试样卷。

　　全书共五章：

　　第一章，初级汉语听力课的教学，包括语音阶段、语法阶段、短文阶段的听力课教学；

　　第二章，中级汉语听力课的教学，包括中级汉语听力课的教学任务、中级汉语听力课的训练方法；

　　第三章，高级汉语听力课的教学，包括高级汉语听力课的教学任务、高级级汉语听力课的训练方法；

　　第四章，听力测试，包括听力测试的内容、听力测试的范围与试卷测试、听力课测试的题型、各种题型的编写方法和适用范围、听力课测试的命题要点与方法；

　　第五章，教材的使用，包括对教材的理解与备课、对教学内容的处理。

　　该书内容丰富而且实用，适合从事汉语作为第二语言教学的海内外汉语教师使用，尤其适合非汉语专业背景或母语非汉语的汉语教师使用。

142. 经贸汉语课程研究

　　《经贸汉语课程研究》，张黎主编，商务印书馆，2007 年 6 月出版，共 240 页。

　　该书是一部课程与教学研究的集成之作，书中汇集了北京语言大学经贸汉语方向九位老师就该方向课程的教学问题所作的研究，展示了经贸汉语方向建立 10 年来所取得的部分成果。

　　该书由三部分组成。

　　第一部分，经贸汉语方向课程与教学概说，包括：经贸汉语发展概况、学科特点、社会需求分析、教学分析及课程建设。后面附有三个材料：《北京语言大学汉语学院经贸汉语系教学计划》、《北京语言大学汉语学院经贸汉语系课程设置表》、《北京语言大学汉语学院经贸汉语系学士论文选题范围》。

第二部分，经贸汉语方向课程与教学，包括："中国经济与社会"课程研究，"经贸洽谈"课程研究，对"经济导读"课教学内容与方法的探索，"商务口语交际"课程研究。

第三部分，经贸知识课程与教学，包括："当代中国经济"课教材编写的探索与实践，附录《"当代中国经济"课教学计划》；"国际贸易实务"课程研究，附录《"国际贸易实务"课教学计划》；"当代世界经济"课程研究，附录《"当代世界经济"课教学计划》；"经济调研"与实习课程的目标、教学内容与方法，附录《"经济调研"课教学计划》；"经济法"课程建设的有关思考。

该书是第一部比较全面地研究经贸汉语方向课程与教学问题的专著，各位编者在该领域就"经贸汉语"的教学性质、教学任务以及具体的课程与教学等问题所作的探讨，为该专业方向的教学实践与学术研究提供了借鉴与参考，有助于推动经贸汉语方向课程与教学的科学化、规范化建设。

143. 汉语阅读教学理论与方法

《汉语阅读教学理论与方法》，赵金铭总顾问，周小兵、张世涛、干红梅著，北京大学出版社，2008 年 1 月，共 247 页。

该书为"对外汉语教学精品课程书系"之一，重点讨论了阅读作用、阅读类别和阅读能力的构成，包括多种阅读技能（如猜词、理解难句、寻找主要观点、预测和速读等）的教学方法和培训手段，展示了阅读课课堂教学的方法和具体环节，并分别论述了初级、中级阅读教学的目标与方法，还有阅读教材的选择、使用与编写。书后附有初级、中级阅读课教案及课堂教学实况录像光盘。

全书由七章组成。

第一章，阅读与阅读研究。包括阅读的定义，阅读的类别，阅读与文字，阅读过程与阅读能力，阅读的作用。

第二章，外语阅读教学。包括母语阅读与外语阅读，外语阅读教学的目的，精读课与泛读课，阅读与听、说、写的关系，外语阅读教学法。

第三章，阅读技能的内容及教学。包括猜词技能，理解长句、难句，寻找主要观点和主要细节，抓标志词，预测，评读，快速阅读，不同文体的阅读。

第四章，课堂教学。包括阅读课堂教学的要点，阅读教学环节，答题思路和技巧的教学，阅读教学注意事项。

第五章，初级阅读教学。包括初级阅读教学的目标和内容，初级阅读教学示例。

第六章，中级阅读教学。中级阅读的教学目标和内容，中级教学示例。

第七章，教材选用与编写。包括教材类别、选文、词汇的控制与处理、平均句子长度、课文长度、课长度与课时量，技能训练与知识传授，阅读练习设计、版式设计。

附录包括：1. 快速阅读及其教学训练；2. 留学生对阅读教材的反应与要求。

144. 汉语报刊教学理论与方法

《汉语报刊教学理论与方法》，张和生主编，北京大学出版社，2007年11月，共268页。

该书为"对外汉语教学精品课程书系"之一，全方位研究和探讨了对外汉语报刊课的教学。从回顾以往的相关研究入手，对对外汉语报刊课的课型定位、教材编选、教学方法、教学手段等方面进行了论述。该书从教学与研究的需求出发，力求理论研究与课堂教学实际的结合，突出实用性、适用性和可操作性。附录提供了近200个常用电子报刊网址和课堂教学教案示例，并附有课堂教学实况录像光盘。

全书总分五章。

第一章，对外汉语报刊教学研究综述。包括对外汉语报刊的课型归属研究，对外汉语报刊的教学内容研究，对外汉语报刊的教学方法研究，对外汉语报刊教材编写研究。

第二章，有关对外汉语报刊教学定位的理论思考。包括作为独立课型的报刊教学，作为读写课补充的报刊教学，作为听说课延伸的报刊教学，作为跨文化知识资源的报刊教学。

第三章，对外汉语报刊教材的编写与教学材料的选择。包括报刊教材的基本特征，报刊教学材料的分类与评估，现行报刊教材编写情况回顾，报刊教材编写的原则与方法，报刊教材编写的创新与展望。

第四章，对外汉语报刊教学法探讨。包括对外汉语报刊教学的基本原则，对外汉语报刊教学的基本模式，对外汉语报刊教学的基本过程，对外汉语报刊课堂教学疑难答问。

第五章，现代化教育技术在对外汉语报刊教学中的应用。包括计算机辅助报刊教学，基于词频统计的报刊常用词语研究。

附录内容：1. 对外汉语报刊教学研究参考文献索引；2. 对外汉语中级报刊教案示例；3. 中国主要电子版中文报刊网址。

145. 对外汉语阅读教学法

《对外汉语阅读教学法》，孟繁杰、陈璠著，厦门大学出版社，2006年11月出版，共250页。

阅读是以语言符号为中介，由阅读个体的外在行为实践与内在的心理智能等一系列活动共同作用的复杂过程。根据阅读个体所持语言与阅读中介物的语言是否相同，可以把阅读分为母语阅读和第二语言阅读，两者在性质、阅读过程等方面都存在一定的差异。因此对以汉语为第二语言的学习者进行有针对性的阅读训练也是对外汉语教学的重要内容。

全书共分七章。

第一章是对外汉语阅读教学法的界定、任务及内容；

第二章阅读的基础和过程；

第三章介绍对外汉语阅读的方式和类型；

第四章为对外汉语教学中阅读要素的理解，分为汉字的认读、词语的认知、句子的分析和语篇的理解；

第五章是对外汉语各阶段的阅读教学，其中分为初级阶段、中级阶段和高级阶段，各作为一节内容分别介绍；

第六章是对外汉语教学中不同文体的阅读教学，主要分新闻类、文学作品类、科技文和应用文；

第七章介绍了对外汉语阅读的测试。

该书比较全面地介绍了在对外汉语教学中，阅读的任务和内容，阅读产生的基础和过程，阅读的方式和类型，阅读中各要素的理解和掌握，对外汉语教学初级、中级、高级各阶段的阅读教学方法，不同文体材料的阅读方法以及阅读的成绩测试与汉语水平考试中的阅读理解测试类型与解题思路等问题。它内容详实，编排合理，既总结了前人研究对外汉语阅读教学的情况，又有作者个人教学和研究的心得，实用性很强，为对外汉语阅读教学提供了重要的参考。

146. 对外汉语听力教学研究

《对外汉语听力教学研究》，李晓琪主编，2006 年 7 月，商务印书馆出版，共 292 页。

该书所汇集的 20 多篇论文是从收集到的近百篇听力教学研究论文中筛选出来的，具有较强的代表性和理论指导意义，展现出了近十年来有关听力教学从研究内容到研究方法的特色。

该书共五章。

第一章听力训练基础理论研究，简单叙述听力训练的理论依据、图式理论与第二语言听力教学、话语分析理论与语段听力教学，回顾了 1996 年之前的听力教学研究和 2000 年之前的听力教学研究。

第二章听力教学的性质、任务与模式，介绍了听力教学的重要性与必要性、听力教学的任务和听力教学相关因素探讨，自上而下模型和自下而上听力教学模型的应用以及"理解后听"教学模式。

第三章听力难点，分析了听力难度的表现形式及形成原因，包括听力理解障碍、留学生听力跳跃障碍的实现条件和听力难度成因；提出教学对策，阐述影响听力理解的因素及对策、听力教学的针对性，还介绍了听读关系调查报告。

第四章听力教学实践，主要介绍课程设置和训练方法，包括监控训练在听力教学中的运用、有声作业与听力教学和认知结构在听力教学中的作用。

第五章听力教材建设，先是比较了三部汉语听力教材，接着介绍教材编写实践，包括初级听力教材、中级听力教材和高级听力教材。

该书勾画出了听力教学研究的大致脉络，初步建立起这一领域研究的体系框架，为今后对外汉语听力教学领域的研究铺设了一条符合汉语作为第二语言教学原则的道路。该书对听力教学研究成果进行了梳理和总结，进一步发挥了已有成果的作用，有利于拓展研究的新空间，把听力教学研究推向深入。

147. 对外汉语口语教学研究

《对外汉语口语教学研究》，李晓琪主编，商务印书馆，2006 年 7 月出版，共 365 页。

该书属于对外汉语教学专题书系之一，以口语及其相关内容的研究成果为对象，选编了近十年来与口语教学有关的研究文章，介绍了口语教学研究的新进展，总结和归纳了口语教学研究的特点，并指出了口语教学研究发展的趋势。

全书总分五章。

第一章是"口语与书面语"，包括两节内容：1. 分析了口语与书面语的差异，对口语属性进行研究；2. 探讨了口语表达的特点，即口语表达的即时性及与此相关的口语特点，进一步介绍了会话研究对对外汉语教学的影响。

第二章是"口语教学的性质和任务"，包括三节：1. 讨论了口语教学的性质，指出应该重视作为口语体的口语教学，还对汉语口语课的教学情况进行了反思，提出了汉语作为外语的口语教学新的建议；2. 分层次提出口语教学的任务，明确指出处于不同的教学阶段，口语教学的任务是不完全相同的；3. 总结崔希亮等人的研究成果，在此基础上提出应该把留学生的口头言语交际能力分为五个层次，并具体描述了不同层次的训练标准。

第三章是"口语教材建设"，也包括两节：1. 总结了口语教材的成就和出现的问题；2. 如何在编写口语教材时进行创新。

第四章是"口语教学实践"，包括三节内容：1. 介绍不同流派的口语教学实践，如提问式、语段和语篇式以及基于交际任务的口语教学；2. 总结的是不同水平的口语教学实践，如初级口语教学中应该注意的是"听读"训练，中级阶段学生口语实践注重的是输出能力的培养，在高级口语教学中可以应用"辩论"的训练；3. 介绍从海外的口语教学实践中所获得的启示，以德国高校的汉语口语课和法国的汉语口语教学实践为例。

第五章是"外国留学生口语学习策略"，包括两个部分共六节：第一部分是具体问题的分析和调查，涉及口语技能的获得与话语表达，不但对中高级阶段口语语段表达现象进行了分析，还调查了口语词汇和笔语词汇，并对结果进行了讨论；第二部分探讨汉语口语学习策略的问题，涉及口语表达中的监控行为、学习焦虑与口语流利性的关系以及在心理学理论指导下的口语表达中的认知心理过程。

口语教学研究是 20 世纪 80 年代后期快速发展起来的一个专门领域。近 20 年来，口语教学研究比较活跃，成果也比较多。该书选取研究中比较具有代表性的研究成果进行总结探讨。通过该书，我们可以清晰地看到汉语口语教学研究理论正在不断深入，呈现出从经验型向科学型发展的趋势，一个比较全面、系统的口语教学研究体系正在成熟。

148. 对外汉语阅读与写作教学研究

《对外汉语阅读与写作教学研究》，李晓琪主编，商务印书馆，2006年 7 月出版，共 327 页。

阅读与教学是汉语作为第二语言教学的难点，也是对外汉语教学界关心的研究课题。20 世纪 90 年代以来，特别是 1995-2005 年这十年间，阅读与写作教学研究引起了众多学者和一线教师的兴趣，在阅读和写作教学的许多研究领域都取得了可喜的进展，新的研究成果相继发展，展现出阅读与写作教学研究这支后起之秀的勃勃生机。该书即是这十年有关研究资料的汇编。

该书为对外汉语教学专题书系之一，所选文章为近年来在对外汉语课堂教学中有丰富经验的专家学者发表的文章，按照章节的形式编排成书。

全书共分五章。

第一章阅读教学理论，具体讨论了阅读教学的性质与任务，包括"精读"与"泛读"模式；

第二章阅读教学实践，重点讨论了初级、中级、高级三种不同水平的阅读教学；

第三章阅读教材建设，通过对以往阅读教材编写的回顾与评述，提出具体的改革设想；

第四章写作教学理论，首先讨论了写作教学的课程规范及不同阶段的教学任务，接着是写作教学的三个主要问题，即任务型教学模式、过程写作理论及其应用、写作过程中的语段运用；

第五章教学实践与教材建设，阅读与写作教学研究展望。

综观十年来阅读与写作教学的研究成果，令人感到欣喜，对于学习第二语言的教学课程而言，无论是阅读教学还是写作教学，其主要研究领域，诸如课程定位、课程教学内容、课程教学方法以及教材的编写等方面，都有不少可圈可点的优秀论著，而且不少成果可以直接指导教学。可以说，阅读与写作教学研究的框架已经初步建立，为今后进一步深入和广泛地研究阅读和写作教学支撑开了一片广阔的天空。

在今后的研究中，无论是阅读教学还是写作教学，将在以下几方面得到发展：

1.基础理论的探讨将进一步加强，从零散走向系统，比经验走向科学；2.教学法的研究将更开放，更多样；3.教材的编写将会有更多的人关注和投入，特别是写作教材的编写；4.研究手段的更新，也将得到大力发展。

149. 汉语综合课教学法

《汉语综合课教学法》，张辉、杨楠著，北京语言大学出版社，2006年7月出版，共244页。

全书共六章。

第一章初级汉语综合课的教学，介绍语音阶段、语法阶段、词汇和短文阶段的综合课教学，主要从教学内容、教学要求、教学环节及教学方法和教学示例四个方面来展开。

第二章中级汉语综合课的教学，简述中级汉语综合课的教学内容，明确教学重点与难点；提出了中级汉语综合课的教学要求，包括总体要求和各单项语言技能的要求；介绍中级汉语综合课的教学环节及教学方法；还提供了教案示例。

第三章高级汉语综合课的教学，简述高级汉语综合课的教学内容及教学目标，阐述高级汉语综合课的教学环节及教学方法。

第四章综合课的板书设计，阐述板书在综合课教学中的作用：突出教学内容的重点、弥补教学语言表达的不足、体现教学内容的层级性、使语法规则具象化、促进学生有效学习；归纳综合课的板书类型，包括根据板书的形成和呈现方式分类、根据板书的具体表现形式分类；阐述综合课板书设计的技巧要求。

第五章综合课的测试，介绍测试的内容和要求，分别就初级汉语语音阶段、语法阶段、词汇、短文阶段和中高级汉语阶段来介绍，阐述测试的题型和评分标准，讨论试卷的编制原则和方法，并给出了样卷。

第六章教材的选择和使用，归纳出综合课教材的种类、还探讨了教材的选择和使用。

该书作为实用汉语教师培训教材系列之一，内容丰富、实用，既有较高的理论性，反映了汉语作为第二语言教学研究的最新成果，又有较强的实践性和可操作性，为汉语作为第二语言教学提供了行之有效的范例。

150. 对外汉语综合课教学研究

《对外汉语综合课教学研究》，李晓琪主编，商务印书馆，2006 年 7 月出版，共 349 页。

综合课是对外汉语教学的一门基础或主干课程。截至上个世纪 90 年代初，已有不少该领域的研究论文发表，内容主要包括基础阶段综合课教学的性质和任务、教学方法、教材编写以及各语言要素——语音、词汇、语法的教学等。最近十多年来，综合课教学研究取得了进一步的发展，该书汇集了近十多年来在综合课教学研究领域发表的新成果，较为全面地展现了这一时期的新进展。作为对外汉语教学专题书系之一，该书即是上述新成果的撮要，并按照章节的形式编排成书。

全书共分五章。

第一章为综合课的性质和任务，讨论了综合课的特点、创新、动态教学模型及综合课与专项技能课的关系等问题；

第二章为综合课的教学原则和方法，分别探讨了初级、中级和高级阶段的教学原则与方法，也包括教学法探讨及改革突破；

第三章为综合课教学的内容和重点，主要讨论了词语教学、课文教学及语篇教学的原则与方法；

第四章为综合课教材建设研究，包括系列汉语教材编写构想与实施、《新实用汉语课本》的编写、教材练习的设计、教材的评价与思考；

第五章为综合课的教学实践，重点讨论了综合课的教学实践个案和强化训练等教学实践问题，包括汉语精读课语法例句的设计与展示，课堂交际技能训练方法；还讨论了速成汉语综合课的教学目标及方法、强化教学的时间观、强化训练的方法及形式等。

151. 对外汉语书面语教学与研究的最新发展

《对外汉语书面语教学与研究的最新发展》，冯胜利、胡文泽主编，北京语言大学出版社，2005 年 11 月出版，共 364 页。

书面语教学一直是对外汉语教学中的一个难点，该书收录 2004 年

3月20日在哈佛大学召开的"高年级对外汉语教学研讨会"中的16篇论文，涵盖高年级汉语词汇、语篇、语体、语法教学等诸方面，对书面语教学这个攻坚堡垒做了一次尝试性的挑战。

该文集的前言是由冯胜利与胡文泽撰写的，题为《汉语书面语教学与研究的新趋势》，接着是林培瑞的特约发言《活语言》。

正文部分由16篇文章组成，分别是：白建华《语境研究与高年级汉语教学》，崔颂人《管窥对外汉语成绩测试——兼谈试题编写的改进》，崔希亮《认知语言学与教学语法》，冯胜利《论汉语书面语法的形成与模式》，冯胜利、阎玲《从统计数字看书面语中动词短语的韵律要求》，冯禹《高年级教材中的语体问题》，顾百里《高级汉语口语语法与词汇的训练：对汉语非母语学生的教学法研讨》，李恺《须知其所以然——高年级的虚词教学》，李艳惠、张文光《惊奇短片：以学生为主的进阶教学法》，刘乐宁《文体、风格与语篇连接》，王志洁《汉语词汇的特点与高年级词汇教学》，邢志群《高年级汉语篇章连贯教学法》，张洪明、宋晨清《古汉语教学对象分类及其相关的教学法意义》，张正生《书面语定义及教学问题初探》，周小兵《高级阶段词汇教学特点与措施》，朱琦、孙朝奋《高级汉语词汇练习三步曲：温故知新、化为己有、创作发挥》。

该书是一部关于汉语教学研究的研究性文集，内容涉及汉语教学法、书面语法、古汉语教学、汉语口语、高级汉语、汉语虚词等方面，适合汉语教学工作者和研究者参考使用。

152. 对外汉语阅读研究

《对外汉语阅读研究》，周小兵、宋永波主编，北京大学出版社，2005年4月出版，共318页。

该书为中山大学国际交流学院学术书系之一，是2001年在中山大学举办的第一届全国对外汉语阅读研讨会的文论结集，收录了国内与会对外汉语专家、学者的27篇有关汉语阅读教学的研究文章。

该文集就对外汉语的阅读教学，主要从四个方面进行了探讨与思考。

第一部分收录了刘颂浩等老师有关学习研究与实践考察的 7 篇文章，包括：《汉语学习者阅读过程中理解监控行为考察》、《词义猜测过程和猜测所用的知识》、《中级阶段欧美学生汉语阅读中字形和字音的作用》、《中级汉语水平留学生的词汇结构意识及阅读能力的培养》、《汉语阅读中的伴随性词汇学习再探》、《同义词在阅读过程中的预测功能》及《影响留学生阅读因素的考察》。文章从不同方面对阅读学习进行了多角度的研究，多采用以往心理学常用的方法进行语言实验研究，较好地揭示出留学生阅读汉语时的认知过程和心理特征，使我们对汉语第二语言的阅读有了进一步的认识。

第二部分收录了有关教学与教学法研究的 12 篇文章，包括：《阅读教学的层次、目标和方法》、《初级阶段的汉语阅读教学》、《阅读课与词汇教学》、《留学生汉语词汇学习策略指导》、《对外汉语教学中阅读与表达的互性与互补性》、《从教学法角度谈"读"的性质、作用及意义》、《试论阅读教学的适度原则》、《语境法阅读教学》、《汉语阅读教学的难点及解决方法》、《图式理论在对外汉语阅读教学中的应用》、《报刊阅读课中的文化教学》及《对日汉语阅读教学中的几个问题》。

第三部分收录了有关阅读教材编的 4 篇文章，包括：《留学生对阅读教材的反应与要求》、《高级汉语教材中阅读部分的编写设想》、《中级精读教材练习及设计的目的性和实用性》及《海外华裔学生的课外阅读与读本编写》。

第四部分收录了有关测试、技能与教学技术的 4 篇文章，包括：《日本中国语检定与ＨＳＫ阅读试题的对比》、《阅读技能辨》、《利用先进教学手段提高学生快速阅读的能力》及《报刊阅读课的网上教学》。

153. 汉语口语与书面语教学——2002 年国际汉语教学学术研讨会论文集

《汉语口语与书面语教学——2002 年国际汉语教学学术研讨会论文集》，赵金铭主编，北京大学出版社，2004 年 10 月出版，共 405 页。

该书是对外汉语研究中心书系之二，是 2002 年 7 月在昆明召开的

"2002 年国际教学学术研讨会"的论文集，收录参会论文 30 篇。

收录的论文根据内容可分为四组。

第一组：从理论上区分汉语书面语与口语的差异及其对对外汉语教学的影响，收录了《"说的汉语"与"看的汉语"》、《古代汉语与现代汉语》、《汉语书面语和口语的距离》、《对外汉语教学活动中口语和书面语词汇等级的划界问题》、《面向对外汉语教学的语体研究的范围和内容》、《浅谈对外汉语语体知识教学》 6 篇论文。

第二组：具体探讨汉语口语教学新思路和新方法，收录了《探索口语教学的新思路》、《汉语作为外语的口语教学新议》、《谈口语课课堂活动及课下练习的设计》、《从〈老乞大〉、〈朴通事〉和〈白姓官话〉看古代国外汉语教材的口语化特征》、《多媒体技术与汉语口语教学》、《韵律制约的书面语与听说为主的教学法》、《汉语文章规律与对外汉语书面语教学》7 篇论文。

第三组：探讨汉语书面语教学中词汇、阅读和汉字等问题，收录了《在对外汉语虚词教学中要重视比较的方法》、《本义、词源义考释对于同义词教学的意义》、《对外汉语词汇教学的组合式结构设计》、《谈同义、反义成语的教学》、《从笔画研究看现代汉字字形研究的问题》、《对外汉字教学十八法》、《对意大利学生进行汉语语音教学浅谈》、《汉语"动补结构"的类型学特征》、《汉语内部视点体的聚焦度与主观性》、《外国学生汉语"把"字句认知图式的实验研究》、《中级阶段日韩学生汉语阅读中字形和字音的作用》、《〈汉语水平词汇与汉字等级大纲〉中形声字声旁表音特点分析》、《韩国人的汉字字音认知基础及其教学》、《对外汉语教师非自然语感语言调查研究》14 篇论文。

第四组：讨论与汉语、汉字认知相关的问题，收录了《关于汉语水平考试（HSK）的两个问题》、《语料库在语言教学中的作用》、《对韩国儿童汉语教学的总体评量》3 篇论文。

154. 对外汉语写作教学研究

《对外汉语写作教学研究》，罗青松著，中国社会科学出版社，2002 年出版，共 273 页。

作为对外汉语写作教学方面的第一部专论性著作，它探讨了具体的语言知识教学、课程规划、写作教学的主要环节、教材编写等方面的问题，强调指出"写"还应与其他技能结合起来进行训练，提出了具体、实用、可操作性强的建议。作者还针对其他语言技能训练与写作技能培养的关系、学历教育的毕业论文指导师等方面的问题进行了专门探讨。

该书分为九章。

第一章引言部分，从写作的特点谈起，进而谈及第一语言写作与第二语言写作以及写作教学在第二语言教学中的作用和第二语言写作教学的任务；

第二章为第二语言写作教学的理论与方法，介绍了控制法、自由写作法、语段形式法、交际法、任务法、过程法六种主要方法，并进一步探讨如何综合运用各种理论方法；

第三章是第二语言写作教学的原则，介绍了六条原则：综合性原则、群体性原则、个体性原则、规范性原则、协调性原则、交际性原则；

第四章为第二语言写作教学的基本内容，共包括四个方面：写作中的词语教学、写作中的语法教学以及语段、语篇教学；

第五章是第二语言写作教学的课程规划，介绍课程规划的原则、写作教学的主要阶段及阶段训练项目；

第六章为第二语言写作教学的主要环节，阐述了第二语言写作教学的四个具体环节：课堂讲练、范文导读、布置作文、作文批改与讲评；

第七章综合各项语言技能训练写作，分别论述了如何从看、听、说、读、译各个语言技能的角度训练写作；

第八章写作教材的编写，论述了教材在第二语言写作教学中的重要作用之后提出了第二语言写作教材的编写原则；

第九章对外汉语学历教育论文写作指导，作者探讨了学历教育论文写作的基本问题以及学历教育高级阶段写作教学的目标、方法。

作者多年承担写作课教学，在实践中尝试运用各种写作理论，形成了一套较为有效的汉语写作训练方法。所以该书的一大特色在于：

基于汉语写作教学实践，对于汉语作为第二语言写作的相关问题的研究能从大处着眼，小处着手，也即能够做到理论联系实际。

155. 对外汉语修辞学

《对外汉语修辞学》，陈汝东著，广西教育出版社，2000 年 1 月出版，共 368 页。

该书作为语义·语用·修辞丛书之一，是国内从跨文化角度研究对外汉语修辞的第一部专著。该书阐释了对外汉语修辞的基本理论和基本知识，从跨文化对比的角度分析了汉语常用的修辞手段、修辞方法的结构与功能，而且是按照修辞的动态过程顺序安排的。

该书共五章。

第一章对外汉语修辞学概说。简述跨文化言语交际行为修辞观、修辞行为的目的与功能，以及修辞行为的基本要素；总结出了对外汉语修辞特点，即修辞主体的跨文化性、修辞手段和修辞方法的汉语特性、语境的汉民族性和修辞规律的跨文化性；还介绍了对外汉语修辞学的特点、研究目的和任务。

第二章修辞手段。简述修辞手段及其类别、语言修辞手段和非语言修辞手段，介绍了语音、语义及形式手段，明确平实性修辞手段和艺术性修辞手段以及修辞手段的行为类别；阐述词语及其修辞功能，包括词语的修辞功能类别、词语的修辞功能和词语的附加修辞功能；简述熟语及其修辞功能，包括四音节成品——成语、三音节成品——惯用语、通俗成品——谚语、文雅成品——格言、俚俗成品——歇后语，并简述熟语的附加修辞功能和句式及其修辞功能。

第三章修辞方法。介绍了修辞方法及其分类、意义化修辞方法和形式化修辞方法以及汉语修辞方法的民族特色。

第四章是修辞规律。

第五章为话语组织。

该书适合作为外国人学习汉语修辞的教材，也适合中国高校外语系的学生及汉语修辞爱好者、研究者阅读和参考。

156. 听力训练八十一法

《听力训练八十一法》，杨惠元著，现代出版社，1988 年 9 月，共 96 页。

该书是一部有关对外汉语听力课教学理论与实践的研究专集，全书收论文 4 篇。

作者把多年听力教学的经验加以总结归纳，先后撰写了《听力教学初探》、《再探》、《三探》和《听力训练八十一法》。前 3 篇对听力教学的本质、重点，不同阶段听力训练的特点，听力教材的编写原则以及听力教学在整个对外汉语教学中地位等问题从理论上作了比较全面而系统的分析和阐述，这也正是作者归纳《听力训练八十一法》的理论基础。在《听力训练八十一法》部分中，对听力课的语音、词语、句子、对话、短文等项教学方法作了具体阐述，每项教学方法都有明确的教学目的，针对性较强，并举例加以说明，实用性很强。

全书由四部分组成，即语音、词语、句子、对话和短文，每部分又由"听和说"、"听和写"与"听和做"构成。其"八十一法"具体内容：

语音部分：（一）听和说，包括：1. 听后模仿；2. 拼音；3. 辨音；4. 音节连续；5. 辨声音或韵母；6. 变调连续。（二）听和写，包括：7. 选择韵母；8. 选择韵母；9. 选择声调；10. 填表；11. 填声音；12. 填韵母；13. 选择音节；14. 辨调；15. 辨声母；16. 辨韵母；17. 辨音节；18. 填调号；19. 填音节。（三）听和做，包括：20. 辨音；21. 辨调；22. 辨音节。

词语部分：（一）听和说，包括：23. 听后模仿；24. 听解释说词语；25. 听后组词；26. 听后组词组；27. 词语联想；28. 说出前后相连的数字；29. 说出位数；30. 直接读数；31. 猜字；32. 说出非同类词语；33. 说反义词。（二）听和写，包括：34. 写出非同类词语；35. 听解释选词语；36. 选择同义词（近义词）；37. 选择反义词；38. 听后画图；39. 填图；40. 填表；41. 听写数字。（三）听和做，包括：42. 指出听到的词语；43. 按指令做动作。

句子部分：（一）听和说，包括：44. 替换句子成分；45. 回答问题；

46. 根据句重音提问题；47. 模仿句重音；48. 模仿停顿；49. 模仿语调；50. 模仿语气；51. 按照要求回答问题；52. 按要求改句子；53. 完成句子；54. 扩大表达方法；55. 字头连字尾造句；56. 听句子、快速回答问题。（二）听和写，包括：57. 填空；58. 在句子前边标序号；59. 连线；60. 判断正误；61. 选择正确解释；62. 选择正确答案；63. 选择听到的句子；64. 边听边记；65. 判别人名地名。（三）听和做，包括：66. 按指令做动作；67. 转告。

对话和短文部分：（一）听和说，包括：68. 听后回答问题；69. 概括中心意思；70. 简述主要内容；71. 谈感想或进行评论；72. 根据上下文猜词意或句意；73. 变换表达方法。（二）听和写，包括：74. 判别正误；75. 选择正确答案；76. 填空；77. 填表；78. 画图；79. 听后写出主要内容；80. 写出中心意思；81. 带着问题听。

四、汉语作为第二语言的习得研究

157. 跨文化的语言传通——汉语二语习得与教学

《跨文化的语言传通——汉语二语习得与教学》，彭增安著，学林出版社，2007 年 1 月出版，共 303 页。

该书共收入 25 篇文章，其中少数是已经发表了的，大多数则是最近的研究成果。整部书稿内容丰富，覆盖了第二语言习得研究、文化与语用、课堂教学、教育技术与外语教学等四个重要方面，其中既有作者对他人研究成果的介绍，也有自己的研究心得。

全书分为四编。

第一编第二语言习得研究，包括《学习者语言研究》、《第二语言学习的条件》、《影响习得的外部因素和内部因素》、《纠错与外语教学》、《外语学习者的交际策略》，对第二语言习得中值得注意的问题进行了研究；

第二编文化与语用，包括《外语教学中的文化教学》、《英汉语言中的文化对比》、《对外汉语教学中的文化意识培养》、《跨文化交际中语言的语用失误》、《社会语用迁移》、《角色扮演与文化教学》、《文化休克的实质及其对策》、《语境及其对话语理解的作用》、《跨文化交际中的语境问题》，其中讨论文化的比重要大一些，语用和语境在某些方面也是文化的体现；

第三编课堂教学，《汉语语音和语音教学》、《对外汉字教学》、《词汇教学》、《词汇法》、《听力教学》、《阅读理解中图式理论的应用》、《任务型教学研究》、《如何使课堂充满活力》，涵盖了课堂教学的诸多方面；

第四编教育技术与外语教学，《新技术与对外汉语教学》、《教育技术对外语教学的影响》，谈了教育技术和对外汉语教学之间的关系。

该书探讨了汉语作为第二语言教学中的热门话题，广泛吸取西方语言学和语言教学的最新成果，并结合汉语作为第二语言教学的实践，对语言教学的诸方面进行了深入细致的探索，为对外汉语教学提供了借鉴和指导。

158. 第二语言习得论著选读

《第二语言习得论著选读》，H. Douglas Brown，Susan T. Gonzo，世界图书出版公司出版，2006 年 12 月出版，共 490 页。

该书由上海交通大学国际教育学院的李柏令教授编写导读，读者群主要为第二语言习得研究的入门者，也可以供第二语言习得及相关学科研究工作者作为研究参考。

该书属于《西方应用语言学视野》系列丛书中的《第二语言习得前沿书系》，故在该书前有《西方应用语言学视野》总序及《第二语言习得前沿书系》序，随后有《第二语言习得的语言学视角》导读，因原版为英文版，所在译文版中有"原书目录"。全书由所选的 18 篇论文，基本覆盖了第二语言习得研究的所有主要课题。

全书由九个部分构成。

第一部分是阐述对第二语言习得研究的理解，包括两篇研究报告：《在阅读统计性的语言研究报告时寻找什么》、《英语作为第二语言研究中的人种学：定义其要点》；

第二部分为第一语言习得和第二语言习得的比较与对照，收录的两篇研究报告是：《遗传基因与青少年期——对青春期以后口音难改的社会生物学解释》、《在第二语言学习中的关键期效应：成熟状态对英语作为第二语言习得的影响》；

第三部分是认知风格与策略，包括两篇研究报告：《深思型／冲动型和场独立型／场依赖型的认知风格与英语作为第二语言学习的成功度》、《第二语言习得中的听力理解策略》；

第四部分为情感因素，也包括两篇报告：《成人第二语言学习中的竞争性和焦虑感：对日记研究的观察和审视》、《语言学习中的一种工具性动机：谁说它没有影响?》；

第五部分是社会文化因素，包括两篇研究报告：《世界英语：方法、问题以及资源》、《第二语言习得：皮软化假说》；

第六部分为中介语，收录的两篇研究成果是《中介语中任务相关的变异：以冠词为例》、《交际性语言教学中的形式中心法与纠正性反馈对第二语言学习的影响》；

第七部分是交际能力，收录两篇研究报告：《在课堂上学会交际：关于两名语言学习者"请求"的一项研究》、《性别差异与道歉：交际能力的一个方面》；

第八部分语言测试，包括两篇论文：《完形填空法：它有什么不同?》、《语言测试应当提供什么?》；

第九部分为第二语言习得理论，收录的两篇论文是：《普遍语法：是否只是新瓶装旧酒?》、《一种第二语言习得理论至少需要解释的东西》。

该书为课堂语言教学提供了一批原始的、代表性的研究成果，使读者能看到学术研究的原貌；并且为每一篇入选文章提供研究和思考的指导意见，为读者量身定做了独特的阅读方法，以提高读者理解和评价研究成果的能力。

159. 第二语言习得的语言学视角

《第二语言习得的语言学视角》，Susan M. Gass. Jacquelyn Schachter 编，世界图书出版公司出版，2006 年 12 月出版。

该书由北京外国语大学的戴曼纯教授编写导读，是一部从语言学角度阐述二语习得问题的经典合集，所选文章展示了不同的语言学理论，注重将二语习得研究建立在揭示语言本质的理论框架之上，尤其注重二语习得与语言学理论之间的潜在关系。对我国现在的二语习得研究很有启发意义，至今广为引用，是研究和学习二语习得的必读书。

该书属于《西方应用语言学视野》系列丛书中的《第二语言习得前沿书系》，故在该书最前有《西方应用语言学视野》总序及《第二语言习得前沿书系》序，随后有《第二语言习得的语言学视角》导读，因原版为英文版，所在译文版中有"原书目录"以及"作者名单"、"原丛书编者序"、"导言"及作者介绍。

全书正文分为五个部分。正文后附有索引。

第一部分是二语习得理论篇，包括第一二章。第一章：第二语言习得理论——生成语法视角；第二章：什么是外语学习的逻辑问题？

第二部分为句法篇，包括三、四、五、六章。第三章：检验一条普遍原则；第四章：中心词前位/后位参数在西班牙语及日语成年学习者习得英语关系从句中的作用；第五章："主语脱落"参数的某些属性；第六章：格指派的临接条件，即二语学习者是否遵守子集原则？

第三部分是语义学／语用学篇，包括第七、八章。第七章：中介语与语用词序；第八章：学习者如何解决语言的冲突问题？

第四部分为词库篇，包括九、十两章。第九章英语二语习得中的标准类型结构和作格；第十章语义理论与第二语言词汇发展。

第五部分是音系学篇，包括第十一章二语音系的建构论视角；第十二章中介语音系的重音指派：分析操西班牙语者学习英语时的重音系统。

该书为有志于研习二语习得理论的读者提供了一个不同的研究思路，有助于读者了解以语言学为背景的二语习得研究。

160. 汉语作为第二语言的学习者语言系统研究

《汉语作为第二语言的学习者语言系统研究》，王建勤主编，商务印书馆，2006 年 7 月出版，共 447 页。

该书为对外汉语教学专题书系之一，是一部对汉语作为第二语言的学习者语言系统研究的著作，系统介绍了汉字语音偏误分析、汉语词语偏误分析、汉语语法偏误分析、汉语语篇偏误分析等内容。

全书共六章，第一至第五章为偏误分析，最后一章研究介绍"中介语理论"。

20 世纪 70 年代偏误分析成为第二语言习得研究公认的一部分，所以该书以汉语为研究对象，对运用偏误分析的理论和方法进行研究的论文进行汇总，研究成果包括汉语语音、汉语词语、汉语语法、汉语语篇、汉字偏误等五章内容。

在汉语语音偏误分析中，最受关注的是外国学生习得汉语声调的偏误研究，主要包括声调偏误类型和四声习得的难易顺序，研究了泰国、越南、美国、日韩、印尼等国家的留学生学习汉语语音的过程，证明了"语言迁移不是一个或有或无的现象"。语言迁移现象在汉语声韵调习得的各个层面都表现得非常明显。不同的语言类型和母语背景都会对学习者的语言习得产生影响。汉语词语偏误分析研究比较少，该书收集的文章包括两类：1. 从构词的角度研究学习者的偏误，如邢红兵的《留学生偏误合成词的统计分析》；2. 从两种语言对比的角度阐释学习者词汇习得的偏误，如全香兰的《汉韩同形词偏误分析》。这两类研究涉及了词汇习得研究中两个重要的理论问题，即汉语构词意识发展与语言迁移的认知基础问题。汉语语法偏误分析一直是汉语习得研究比较密集的研究领域，所以第五章着重研究了汉语语法习得过程，内容涉及副词"也"的偏误分析、助动词偏误分析、"使"字兼语句偏误分析等。汉语语篇偏误分析的研究在 20 世纪 90 年代以前还是空白，直到 90 年代后，对外汉语教学的研究才有了很大进展。汉语"语篇衔接"和"语篇连贯"是语篇分析研究的核心问题。第四章分六节专门讨论汉语语篇偏误问题。外国学生汉语语篇衔接的偏误分析可概括为三方面，即学习者在指称形式、指称类型、衔接手段等方面的偏误问题，如胡壮麟的《语篇的衔接与连贯》，曹秀玲的《韩国留学生汉语语篇指称现象考察》、陈晨的《篇章偏误及篇章教学研究综述》等。汉字偏误分析是近十年发展起来的一个非常有特色的研究领域，无论在理论阐释还是研究方法上，与其他领域的偏误分析都有所不同。所以，第五章从部件偏误、形符书写偏误、形声字识别错误、规则字偏误等角度进行分析，并将近十年的汉字偏误分析归为两类：1. 关于汉字书写偏误类型及认知策略的研究；2. 关于形声字认知策略的研究。

中介语理论在 70 年代是继偏误分析之后影响最大的第二语言习得理论。第六章介绍了国外早期的中介语理论研究、现代中介语研究的理论与方法，讨论了如何运用从语篇分析的角度来研究汉语的中介语。

作为一部教材来编写，它就是为了满足应用语言学的教学需要，也是为对外汉语师资培训提供的一部较为全面的参考资料。

161. 汉语作为第二语言的学习者习得过程研究

《汉语作为第二语言的学习者习得过程研究》，王建勤主编，商务印书馆，2006 年 7 月出版，共 503 页。

该书是汉语教学专题研究书系之一，旨在适应汉语习得研究已经由注重学习者语言"习得结果"为向导的研究向注重学习者"习得过程"的研究转变这一现象，同时客观反映和展现汉语习得研究导向的转变和发展脉络。

全书共五章。

第一章第二语言习得研究综述，包括国外第二语言习得研究回顾、美国汉语习得研究述评、国内第二语言习得研究概述、第二语言习得研究方法四节内容；

第二章语言迁移研究，包括国外第二语言习得研究中的语言迁移研究述评、对外汉语教学中的母语迁移现象分析、语言迁移与句型结构重复现象研究；

第三章汉语语音习得过程研究，包括第二语言语音习得研究的基本方法、汉语作为第二语言的中介音类型研究、日本学生习得汉语普通话卷舌声母的语音变异研究、日本学生汉语普通话送气 / 不送气辅音习得研究四节；

第四章汉语词汇习得过程研究，包括国外第二语言词汇习得研究综述、词汇习得研究及其在教学上的意义、母语为拼音文字的外国学生汉语词汇习得研究、外国学生汉语阅读中伴随性词汇习得研究、投入因素对欧美学生汉语词汇习得的影响五节；

第五章汉语语法习得过程研究，分主题突出与汉语存在句习得研究、语言功能类与第二语言习得、初级阶段美国学生"吗"字是非问句习得研究、汉语"把"字句习得研究、韩国学生汉语句式习得个案研究、外国学生汉语体标记"了""着""过"习得研究、汉语"不"和"没"的习得过程研究、汉语"再""又"习得研究、表差异比较的否定结构的习得过程研究、日本留学生汉语趋向补语习得研究、以朝鲜语为母语的学生趋向补语习得顺序研究十一节。

该书在选编的过程中一方面尽可能照顾到汉语习得过程涉及的各

个方面，另一方面尽可能选择该领域比较有代表性的研究，是值得从事汉语教学者和汉语学习者参考的书。

162. 对外汉语教学学习者习得过程研究

《对外汉语教学学习者习得过程研究》，王建勤主编，商务印书馆，2006 年 7 月出版，共 505 页。

该书为对外汉语教学专题书系之一，汇集了近十年来学者们在"汉语习得过程"研究领域发表的新成果。这些新成果主要包括三个部分：

第一部分，第二语言习得研究的回顾与评价，从三个方面系统地回顾了第二语言习得研究的发展过程，即国外第二语言习得研究的发展过程、国内外（主要是美国）汉语作为第二语言的习得研究发展与现状、第二语言习得研究方法的探讨。这三个方面的评述，可能使读者对国内外第二语言习得研究，特别是汉语作为第二语言的习得研究有一个概括的了解。

第二部分，关于汉语作为第二语言的内在过程研究，主要涉及语言迁移的研究。为使读者全面了解这一领域的研究，这部分收集的文章既包括国外关于语言迁移理论研究的系统评述，也包括国内关于汉语学习者具体语言迁移现象的研究。

第三部分，该书的主体部分包括近十年来汉语语音、词汇、语法各层面的习得过程研究。这一部分是最能体现汉语习得特点的研究。

汉语学习者语音研究的新进展主要表现在：

1. 注重实验语言学研究，王韫佳的《第二语言语音习得研究的基本方法和思路》，通过实验语言学的方法考察了美国学生习得汉语声调的错误类型；

2. 注重学习者语音系统的中介音类型研究，朱川的《对外汉语中介音类型研究》，分别考察了欧美、日本、韩国、新加坡等不同母语背景的汉语学习者习得汉语语言的难题以及出现的中介音类型，主要注重的是理论为导向的实证研究，梅丽的《日本学习者习得普通话卷舌声母的语音变异研究》。

关于汉语词汇习得的研究主要集中在词汇知识与学习者语言能力

的关系研究、词汇习得的策略和方法的研究以及词汇习得与词汇教学的关系研究。其中，鹿士义《词汇习得与第二语言能力研究》作出了有益的探索，钱旭著《汉语阅读中的伴随性词汇学习研究》探讨了影响学习者伴随性词汇习得的因素。

相对而言，汉语语法习得研究在第二语言习得研究领域中占据中心地位，研究成果较为丰厚。如温晓虹的《主题突出与汉语存在句的习得》，通过美国汉语学习者和中国英语学习者两组被试，从两个方向考察了主述题结构的普性问题。除了对汉语句式（特别是特殊句式）的习得研究，关于汉语句法成分的习得过程研究也是具有汉语特色的习得研究的重点，如杨德峰《日本留学生汉语趋向补语习得研究》等等。

汉语习得过程研究的新特点主要体现在以下三方面：1. 东西合流，汉语习得研究形成合力；2. 关注理论建树，关注学科发展；3. 注重实验研究，促进方法革新。

163. 汉语作为第二语言的学习者与汉语认知研究

《汉语作为第二语言的学习者与汉语认知研究》，王建勤主编，商务印书馆，2006 年 7 月出版，共 427 页。

该书为对外汉语教学专题书系之一，收集的是近十年来关于汉语作为第二语言的学习者与汉语认知研究的成果，并按照章节的形式编排成书。

全书包括两大部分内容。

第一部分是第二语言学习者的汉语认知研究，主要包括三个方面：汉语语音、词汇、汉字认知研究。其中语音认知研究由《日本学生普通话鼻音韵母感知与产生的实验研究》、《韩国、日本学生普通话高元音感知的实验研究》、《影响外国学生汉语语音短时记忆因素的实验研究》、《同母语背景外国学生汉语语音意识发展研究》四个分析报告构成；词汇认知研究由《生词重现率对欧美学生汉语词汇习得的影响》、《欧美学生汉语词汇结构意识实验研究》、《日本学生伴随性词汇学习的个案研究》三个研究报告构成；汉字认知研究由《外国学生汉字构形意识发展模拟研究》、《日本学生心理词典表征结构实验研究》、《误读与汉字读音认知研究》、《声旁语音信息在留学生汉字学习中的作用》、《外国学生汉字知音和知义之间关系的研究》、《母语为拼音文字的学习者汉字正字法意识发展研究》、《形、音信息对外国学生汉字辨认的影响》、《部件位置信息在留学生汉字加工中的作用》八篇文章组成。

第二部分是关于第二语言学习者的研究，主要包括两个方面：学习者的学习策略研究与学习者的个体差异因素研究。学习策略研究主要针对不同国家汉语学习者学习策略进行分析和调查，并进一步阐述该领域研究的现状与前瞻；个体差异因素研究则重点探讨东西方学习者学习动机及相关因素，以及第二语言习得者的态度与动机、能力与倾向等相关问题。

这些研究在十年前几乎看不到。从这个意义上说，该书从宏观上系统论述了汉语习得认知研究的理论与实践，展示了近十年汉语认知的研究成果。这些成果显示，在汉语习得研究中作为一个新领域，汉语习得研究无论在数量上还是质量上都取得了比较大的进展。

164. 对外汉语教学习得研究

《对外汉语教学习得研究》，周小兵、朱其智主编，北京大学出版社，2006年5月出版，共548页。

《对外汉语教学习得研究》一书所收论文出自中山大学国际交流学院主办的"首届国际汉语教学与习得研讨会"上82位专家、学者、教师和研究生提交的论文，其中来自美国的12位学者，在本次会议前参加了国家协会办主办、北京语言大学和南开大学承办的"新世界对外汉语教学——海内外的互动互补研讨会"学术演讲讨论会，他们的论文大多选入会议文集。

该书分七个部分，共收论文40篇。

第一部分，综合研究方面的论文有《结构、表达、学习理论与对外汉语教学》、《修辞结构理论与对外汉语篇教学》、《汉语教学语法描述的新构思》、《华语作为第二语言教学：新加坡的经验》、《"S+'一'

+V"成句条件初探——兼议制约结构成句的因素对习得过程的影响及其对策》、《语言变体、文字、字词与对外汉语教师》、《"由"字句选取依据研究》。

第二部分，汉语研究方面的论文包括：《现代汉语介词功能与属性研究》、《副词"并"+否定词的语义句法考察》、《基于语料库的现代汉语离合词形式分析》。

第三部分，有关语言对比的论文：《"关键相似度"对汉语学习的影响——韩语和汉语的对比及偏误分析》、《现代汉语名词性短语及其跟越南语的对比》、《话语指示的语用对比分析》、《英汉对比分析在基础汉语教学中的作用与价值》。

第四部分，习得研究方面的论文有：《外国学生汉字学习策略研究》、《留学生"得"字情态补语句习得考察》、《日本留学生心理词典的词汇通达——一项关于双音节汉日同形词的研究》、《外国学习者汉语写作的回避现象研究》、《否定结构的熟悉度对留学生选择"不"和"没"的影响》、《留学生汉语报刊阅读中专有名词的识别与理解》、《欧美学生汉字笔画与部件习得效应准实验研究》、《日本学习者汉语舌尖后音的产生和发展途径》、《初级阶段留学生话语特征分析》。

第五部分，关于偏误分析方面的论文有：《从留学生偏误看协同副词的语义句法特征》、《韩国人汉语二语习得的语音个案分析及纠正方案》、《留学生汉语学习中的理解偏差》、《越南学生汉语声韵母偏误分析》、《新闻汉译中的偏误》、《母语为英语者汉语篇衔接偏误的语内因素考察》。

第六部分，教学研究方面的论文有：《谈零起点混合班的课程设备》、《高级综合课教学探讨》、《浅谈中级写作课中的语法教学》、《对外汉语教学高级阶段同义词的范围与辨析》、《在韩实用汉语课堂教学——重点难点有的放矢》、《对外汉语教学中的敬语问题》、《"字本位"和"词本位"以外的思考——汉字与词语关系及词汇教学顺序的考察》。

第七部分，师资、教材、网络研究的相关论文包括：《对海外汉语师资培训的几点思考》、《新编〈医学专业汉语课本〉的编写原则》、《泰国高校汉语学习者学习状况调查及其对教材编写的启示》、《试论网上学习中文的活动》。

该书可以说是对当今对外汉语教学研究领域的阶段性总结，阅读此书不仅可以了解到当今对外汉语教学界的发展情况，还可以了解到相关学者的最新研究成果。

165. 语言迁移与二语习得：回顾、反思和研究

《语言迁移与二语习得：回顾、反思和研究》，俞理明编著，上海外语教育出版社，2004 年 12 月出版，共 276 页。

该书通过对西方二语习得研究领域中语言迁移现象研究的历史回顾，全面、详尽、深入地总结了二语习得研究领域对语言迁移现象研究的成果和教训，以期使我们对语言迁移有一个较为完整的认识；其次用较大篇幅介绍了部分关于母语迁移现象的实验，目的是希望国内有更多的外语教学研究者、外国语言学与应用语言学专业的研究生能自己动手做一些关于母语在外语学习研究中的实验，以期能在此基础上得出结论，并且把理论运用到教学实践中。该书资料翔实、论证严密、实验结论可信，不仅能使读者对语言迁移获得一个完整的认识，还能在如何进行实证性研究方面给读者提供一定的启发。它适合外语教学研究者、外国语言学与应用语言学专业的研究生阅读和参考。

166. 对外汉语教学的跨文化视角——旧金山对外汉语教学学术会议论文集

《对外汉语教学的跨文化视角——旧金山对外汉语教学学术会议论文集》，潘文国、Stephan Roddy 主编，华东师范大学出版社，2004 年 7 月出版，共 247 页。

该书为 2002 年 10 月在美国旧金山举办的"对外汉语教学的跨文化视角"汉语教学国际研讨会论文集，收录了来自海内外与会专家学者的对外汉语教学研究论文 22 篇。

该文集在倪思德"欢迎辞"和王建磐的《世界汉语教学的跨文化视角》之后，主要由五部分构成。

第一部分是对全球汉语教学新趋势的探索与研究，收录了潘文国等四位学者的论文，包括：《对比研究与对外汉语教学》、《学习策略对汉语作为第二语言（CSL）学习的影响》、《在新西兰大学里教中文》、《意大利米兰东方语言学院的汉语教学》；

第二部分主要是汉语教学与文化探索，收录了顾伟列等六位学者的论文：《通融：跨文化背景下的对外汉语教学》、《试析美国学生学习汉语中的一些文化误差》、《对外汉语教学中的民俗视角》、《教与学中的汉日对比》、《留学生本科教学管理的实践与思考》、《汉文化价值观在对外汉语教学中的渗透》；

第三部分是电脑汉语教学与网络汉语教学研究，收录了林柏松等四位学者的论文，包括：《中文电脑写作教学浅析》、《美国中文远程教学的问题与探索》、《网络应用于对外汉语教学的模式和原则》、《用计算机"书写"汉字》；

第四部分是汉语教学研究，收录了叶军等六位学者的论文，包括：《〈对外汉语教学语音大纲〉初探》、《核心把字句与外围把字句及其对外教学》、《口语教学法的认知原理分析》、《关于高级口语教学与考察之刍议》、《汉语叙述文结构的误解和误译》、《甲骨文中的双宾结构和三宾结构》；

第五部分为其他，收录了毛世祯的一篇文章：《试论对外汉语教学系统的人力资源》。

该文集着眼于全球世界汉语教学，从各个不同角度探讨第二语言教学的跨文化交际实践，是海内外汉语教学研究者的一次交流与互动，是对外汉语走向世界的一次成果展示。

167. 第二语言习得入门

《第二语言习得入门》，黄冰著，广东高等教育出版社，2004 年 2 月出版，共 249 页。

该书是一部第二语言习得研究的入门教材，作者从丰富的二语习得理论中选择了一些与语言教学相关的理论知识介绍给读者，并从切身的教学实践出发阐述了有关语言学习和语言教学的理论。

全书由四部分构成。

第一部分是对二语习得的总体介绍，包括研究对象、发展简史以及与母语习得的客观比较；

第二部分是对学习者的语言描写，包括对学习者的错误、发展模式及可变性的分析；

第三部分是对影响二语习得的因素分析，包括社会环境、语言输入等外部因素对二语习得的影响，也有语言迁移、情感因素、认知因素、年龄因素、学习策略等个体差异对二语习得形成的内部影响；

第四部分是关于二语习得教学的讨论，包括对课堂交流、课堂教学、学习模式与二语习得关系的讨论。

该书从基础理论入手，简明通俗，是较早的一部用汉语系统介绍第二语言习得理论的教材。

168. 母语习得语法研究

《母语习得语法研究》，张成福著，中国矿业大学出版社，2003 年 11 月出版，共 363 页。

该书首先概述了母语习得语法的特点，并通过新旧体系以及相关语法体系的比较分析，阐述和肯定了新语法体系的合理处，并指出其不足。

全书共分十二章。

第一章概述了母语习得语法的特点，简单梳理了母语习得语法体系的发展历史。

第二至四章通过新旧体系以及相关语法体系的比较分析，显现新体系的革新之所在，肯定新体系的合理成分，并指出其不妥之处。

第五章观照 15 年来新体系在语文教学中的运用情况，评述成败得失，为使用语法体系搞好语法教学总结出了一些经验和规律。

第六至十二章，就学习者与语文教师学习掌握运用新体系的五级语法单位过程中的问题释疑，提出教学建议，指出新体系试用过程中反映的缺点，为母语习得语法新体系的进一步完善提出了参考意见。

书后附录参考材料四种：1.《〈暂拟汉语教学语法系统〉简述》；

2.《中学教学语法系统提要（试用）》；3.《中学语法教学实施意见（试用）》；4.《本书符号图解法所用符号一览表》。

169. 似同实异——汉语近义词表达方式的认知语用分析

《似同实异——汉语近义词表达方式的认知语用分析》，郭继懋、郑天刚主编，中国社会科学出版社，2002 年 8 月出版，共 337 页。

该书作者均为长期从事留学生汉语课教学工作的教师，所研究的问题多来自于实际教学。其研究目的是帮助汉语教师认识有关语言形式在意义与用法上的差异，从语义与表达方面找出语言形式的使用条件和使用环境，并注重根据认知原理解释形式的差异。

该书是由于无法从现成的语法书中为近义词似同实异的意义与语法差异找到现成答案而进行的大胆探索。编者认为，对外汉语教学的语法系统不能从现有汉语语法著作普遍采用的基本框架上产生，而需要建立一种新的以语义功能为基础的基本框架。这样才能够对教学中发现的问题进行恰当处理，给这种新框架暂定名为"表达语法"，并提出了一些初步设想：如建立语义概念地图(或者叫语义网)以及表达功能项目表，在此框架上罗列出表达每种语义和功能项目的常用的语言的形式。"表达语法"有助于帮助学习者掌握较丰富的同类表达方式，并弄清楚不同形式的分工。这就给我们提出了一个系统的研究任务，即进行语义、表达功能相同或相似的语言形式的比较研究，说明每种常用表达方式的分工。该书 20 篇论文分作六组语言形式，即因果、祈使、疑问、情态、时间、量；同时对"不、没"及"被、让"的差异进行了全方位的探讨。该研究遵循语言的形式和意义，注重从功能角度，特别是从认知、语义角度概括解释这些差异的成因。

这样的尝试无疑是有新意的，为汉语本体的研究提供了一个新的视野。

170. 英语、日语、汉语第二语言教学学科研究

《英语、日语、汉语第二语言教学学科研究》，李晓琪等著，中国

大百科全书出版社，2002 年 7 月出版。

该书分为"概况"、"课程设置"、"学位论文"、"师资的培养与资格认定"、"英语日语第二语言学科对外汉语教学"五部分，将对外汉语教学作为世界第二语言教学体系中的成员之一进行全面的探讨，选取了发展较为成熟的英语和日语的第二语言教学，将英、日、汉这三种语言教学以同样的评价标准进行考察，在学科建立与发展、学科建设、课程设置、学位论文、师资培训等方面进行了对比研究。它不仅向我们展示出作为第二语言教学学科的对外汉语教学现状，而且对对外汉语的学科定位、研究领域及研究方法都提出了建设性意见。

目前我国的对外汉语教学在学科定位方面主要存在着三种意见：1. 作为现代汉语专业的分支；2. 从现代汉语专业中分立出来，作为一级学科教育学的分支，建立语言教育学科；3. 作为二级学科语言学及应用语言学的分支。英语第二语言教学研究开展得较早，是作为应用语言学的一个分支而成为一门专业学科的；日语第二语言教学作为学科建立在 20 世纪 80 年代，其学科归属并不统一，大部分学校将"日本语教育"挂在文学研究科、教育学研究科以及语言教育研究科的名下，个别的归在应用语言学或外国语学的名下，也有为了突出其文化特点而将其划入语言文化研究科的。这两个语种的学科状况对对外汉语教学的学科定位具有参考价值。

对比考察了对外汉语教学的课程设置方面的情况之后，作者提出应改变普通语言学和汉语语言学课程占主流的局面，将汉语本体研究与第二语言教学学科紧密联系起来，向应用型发展，应该加强第二语言习得理论和第二语言教学理论课程建设，还应该加强对外汉语教学实践的课程建设。结果发现，在学科研究领域方面，汉语研究热点的顺序是本体→教学→习得，而英语正好相反。在教学法研究中，英语涉及的领域也大大高于汉语（只集中于某些语言要素或语言技能的教学方法研究）；教师作为教的主体很值得研究，而汉语则很少涉及。对外汉语在研究方法上也同样存在着差距，作者提示不能仅仅依靠非材料性研究，还必须进行以访谈、观察等材料为基础的定性研究以及以数据材料为基础的定量研究。

171. 日本学生汉语习得偏误研究

《日本学生汉语习得偏误研究》，吴丽君等著，中国社会科学出版社，2002 年 8 月出版，共 365 页。

我国对外汉语教学界开展外国人学汉语的中介语的研究，近年来基本路向逐渐清晰：在偏误分析研究越来越受广泛关注的同时，对外国人获得汉语的过程研究也引起了人们的兴趣和重视。就偏误分析本身，研究领域明显地得到了拓宽，越来越多的人开始关注中介语的语用、篇章的层面。该书集中地反映了这种趋势，它不但对语法偏误、词汇偏误进行了多角度多侧面的分析研究，而且用了一半的篇幅对篇章偏误和文化偏误进行了比较系统的分析研究，如在文化偏误中，包括了语义、语用、跨文化交际等层面。书中对外国人学汉语的偏误现象能作涵盖如此广泛的调查与分析，实不多见。

该书共分四章：语法偏误、词汇偏误、篇章偏误、文化偏误。每一部分为一章，每一章由若干节组成，每一节既是一章中的有机组成部分，又可作为一篇独立的论文。每一章中的第一节是对这一章内容的概述。

第一章包括九节，把语法偏误分析与现代汉语本体语法体系研究结合起来，尝试把语法研究放在三个平面中讨论，重视语义持征和语篇语境的决定作用。

第二章包括七节，通过对日本留学生书面语调查结果统计来分析词汇的偏误。此外，还着重分析了一些句式及词语的语义理解，详尽描述了各类词汇偏误产生的原因，并提出了相应的词汇教学对策。

第三章包括七节，涵盖了篇章研究的不同角度，系统性地分析了篇章中不同偏误现象的原因，讨论了篇章中确定偏误的标准问题，探讨了篇章偏误分析与语段教学、书面语教学的关系，提出了避免偏误发生的教学对策。

第四章包括七节，凭借书面语语料以及大量的问卷调查、口头调查、直接询问等，将搜集到的所有语料分门别类加以整理，对文化语用方面的偏误作了较详尽的分析研究，指出文化差异造成的偏误有两方面的原因：1. 母语文化的影响，2. 对目的语文化的不够了解。此外，还从社会文化心理的角度进行分析，指出不同文化背景及不同语用规则可产生心理障碍，从而导致偏误。对文化偏误的分析可以促进汉语语用学的研究，反过来，语用学的研究成果，如语用规则的制定，也可以促进对外汉语的文化教学。

该书的创新与突破在于：1. 将认知理论运用到了偏误分析研究中；2. 首次对本科四年制日本留学生进行全面系统的偏误分析；3. 除了语法、词汇层面的分析研究以外，首次对篇章和文化语用层面的偏误进行了系统的考察和分析；4. 尝试在研究中将偏误分析与汉语本体研究结合起来。

可以说，该书在我国对外汉语教学界偏误分析领域中达到了一个新的高度，是近二十年来这一领域取得的一项令人瞩目的成果。该书为进行针对性教学以及编写针对性教材提供了典型材料，也为今后进行其他语种和文化背景学习者的中介语研究提供了一个参考模式。

172. 对以英语为母语者的汉语教学研究

《对以英语为母语者的汉语教学研究》，张德鑫、李晓琪主编，人民教育出版社，2002 年 1 月出版，共 444 页。

该书为 2000 年 7 月在英国牛津大学举行的首届"对以英语为母语者的汉语教学研讨会"论文集，收录了来自世界各地从事华文教育的专家和学者的论文 27 篇。

该论文集主要围绕对以英语为母语者学习汉语的难点、特点及教学对策这个中心议题展开，归纳起来主要包括四方面内容。

第一方面是学习难点、特点及教学对策调查分析，收录了李晓琪等七位老师的调查研究报告，包括：《以英语为母语者学习汉语关联词难点及对策》、《探讨以英语为母语的学生学汉语时难点的阶段性问题》、《我如何教英国学生中文》、《对外汉语语音教学》、《对外汉语语音教学刍议》、《美国学生汉语语音学习难点分析》、《试析学生对学习汉语语法难点的感受》。

第二方面是课堂教学及教学方法研究，收录了英国杜伦大学司马麟等九位老师的文章，包括：《关于英国留学生在中国学习汉语的有关议题》、《英国汉语教学法与汉语虚词"了"的学习》、《"跟"与"with"的对比》、《汉语的复句系统和复句句式》、《母语为英语的大学高年级汉语本科生听力课教学——从调查看英国大学高年级汉语听力课教学》、《论大学初级汉语教材文学性、思想性、趣味性与语言要点的兼顾》、《第二语言教学的新模式（实验设计）》、《交际策略与口语测试》、《运用第一语言来学第二语言的学习策略》。

第三方面是语言习得研究，收录了《英语国家中高级水平学生汉语篇章偏误考察》、《偏误分析两例》、《学习者在教材编写与课堂教学中的重要作用——兼谈英、美学生学习汉语的异同》等三篇文章。

第四方面是汉英对比研究，收录了《"祝颂"言语行为的汉英跨文化对比》、《汉英称赞语回答方式的比较》、《开拓汉语教学研究的新领地：教与学中的文化互动》。此外，还收录了张德鑫的《威妥玛〈语言自迩集〉与对外汉语教学》、威妥玛的《〈语言自迩集〉序言》。

最后，该书附录了刘颂浩的《"对以英语为母语者的汉语教学研讨会"述评》及威妥玛的《〈语言自迩集〉初版序言》和《〈语言自迩集〉再版序言》。

该论文集的特点是，有相当部分学者的研究成果是建立在实际调查的基础上的，有的是专题调查报告，有的是在调查研究报告基础上的分析比较研究。这部分成果在定量分析、数据统计方面的较大突破，不但使研究本身更具科学性，同时也有助于世界汉语教学特别是中国对外汉语教学学科的整体研究水平的进一步提高。

173. 语言理解与认知

《语言理解与认知》，崔希亮编著，北京语言文化大学出版社，2001年12月出版，共332页。

该本书利用大量的统计数字来对语言的理解与认知做具体的分析研究，分析问题时作者使用了大量确凿的统计数字。这无论对从事对外汉语教学的教师，还是从事汉语本体研究的学者来说都是很有参考价值的。

全书分为四章。

第一章功能主义与信息结构，主要讨论了语用问题，包含语言交际能力与话语的会话含义、话语的潜台词与交际策略、"连"字句的语用分析、"连"字句的多重语言信息、从"连……也\都……"结构看语言中的关联词。

第二章为语法的形式与意义，主要讨论结构和意义的问题，包括并列式双音词的结构模式、汉语四字格的平仄收势——统计及分析、人称代词修饰名词时"的"字隐现问题、"把"字句和"将"字句、"把"字句的若干句法语义问题、动词的语义、配价及论元之关系考察。

第三章汉语语法的认知研究，主要探讨空间方位的认知问题，分空间方位关系及其泛化形式的认知解释、"在"与空间方位场景的句法表现和语义映射、空间方位关系的类型学考察、汉语空间方位场景的态与论元凸显、汉语方位结构"在……里"的认知考察五节。

第四章语法研究的方法和立场，主要探讨语法研究的方法和视角问题，包括现代汉语语法研究的立场和方法、理论语法与教学语法的接口、认知语言学的研究范围和研究方法。

该书的大部分章节涉及汉语语法的个案分析，是对语言事实的微观考察。在认知论上讲，该书的研究是实用功能主义而非形而上学的；在语言认知研究方面，它采用的是语言学的方法而非心理学的方法；在具体操作层面上，该书大多数问题和结论都是从语料出发的而非从理论出发的。

174. 儿童句式发展研究和语言习得理论

《儿童句式发展研究和语言习得理论》，周国光、王葆华著，北京语言文化大学出版社，2001年5月出版，共343页。

该书考察了儿童语言中常见的基本句式的发展状况，对语言习得和语言发展理论的重要问题进行了深入的讨论，并初步建立了汉语语言习得的理论体系。

该书分上下两卷，共十一章。

上卷是"汉族儿童句式发展研究"，包括七章内容，对汉族儿童语言中几种常见的基本句式的习得和发展状况进行了考察。

第一章是儿童语言中的比较句，介绍了现代汉语中的介词"比"及其句式、儿童习得比较句的心理基础和语言基础、儿童比较句的基本类型及一般发展趋势、关于儿童比较句的若干问题。

第二、三章分两部分讲解了儿童语言中的"给"字句，从词汇意义、语法意义、配价功能的发展以及与动词"给"相关的句式的发展等方面进行了论述。

第四章儿童语言中的"把"字句，介绍了儿童"把"字句的结构类型、儿童"把"字句的一般发展趋势、儿童习得"把"字句的心理基础和语言基础、儿童"把"字句的几个特点及给我们的启示等内容。

第五章分析和讨论了儿童语言中被动句的类型及特点。

第六章儿童语言中的方所句，从现代汉语中的方位词、方所介词和方所句，儿童习得方所句的心理基础和语言发展过程、儿童方所介词和方所句的习得状况、儿童习得方所句的几个特点等方面作了论述。

第七章儿童语言中的主谓谓语句，绍介了它的结构类型、语义关系发展过程及其他问题，还讨论了主谓谓语句和汉语语法的特点。

下卷为"语言习得和语言发展理论"，包括四章内容，对语言习得和语言发展理论中比较重要的问题进行了讨论并提出了关于汉族儿童语言习得和语言发展的若干理论。

第八章儿童语言发展阶段理论，从儿童早期语言的发展、"真正言语"阶段、汉族儿童后期语言发展研究、对儿童语言发展阶段理论的再认识四个方面进行了论证。

第九章儿童词汇和语义发展的理论，从儿童概念的习得、儿童语词的习得、儿童词义习得理论、词汇的发展四方面介绍。

第十章儿童语言习得手段的理论，包括模仿、替换、扩展、联结和句法同化等手段。

第十一章关于儿童语言习得机制的理论学说，涵盖四方面内容：行为主义刺激——反应学习理论、心灵主义的内在天赋论、皮亚杰的相互作用论和认知论、关于儿童语言习得机制理论的思考。书后附录《神经语言学·大脑语言机构·失语症的类型》和该书的参考文献。

该书对于语言学习、儿童语言学、心理语言学、汉语语法学、对外汉语教学等学科的研究和应用，具有重要的参考价值。

175. 汉语作为外语教学的认知理论研究

《汉语作为外语教学的认知理论研究》，徐子亮著，华语教学出版社、北京华语出版文化公司，2000 年 8 月出版，共 383 页。

"汉语作为外语教学的认知理论研究"是国家汉办《1998－2000 对外汉语教学科研规划》的立项课题，此课题的研究意图主要是运用认知心理学的理论来探索和论证对外汉语教学中各个方面和各个层面上的心理活动、心理过程和心理规律，为对外汉语教学学科理论的研究开辟一条新的思路，寻求更科学有效的对外汉语教学模式，探索出一条比较理想化的教学途径。

全书十二章，大致分为两大部分。

前四章为第一部分，重点论述了一般的识记原理和认知过程。结合汉语学习的特点，阐发了刺激和反应、外显和内隐、结构和过程、表征和图式，以及知识表征等认知学习过程；述说了包括感知、知觉、注意、编码、记忆、概念、规则、认知策略、自我控制等内在的认知系统；分析了汉语作为学习的陈述性知识的认知、程序性知识的认知和元认知三个层级的特点和关系；剖析和归纳了汉字的认知特点、汉语词汇的认知特点和汉语句式的认知特点并从多方面揭示了环境对汉语学习和认知的影响及作用。

后七章为第二部分，重点研究了教学的认知原理和认知规律，运用认知心理学的基本理论，从学与教两方面展开论证。引用认知模式的理论，来阐述包括词语模式、句子模式和思维模式等汉语模式的构建和匹配；引用语言网络原理，对汉语作为外语或第二语言教学的教学环节设计，词语教学、课文教学、语法教学的步骤与方法的设计，听力教学和会话教学的各种设计中所涉及的诸多问题，都作了详尽的分析和阐述；引用记忆和遗忘的认知心理原理，对教学反馈的熟悉度、羡余度、准确度、遗忘度以及教学反馈的方式等展开了充分论说；通过调查而总结出外国学生学习汉语所采取的种种策略并引用认知策略的理论对它们一一作了剖析；由调查而归纳出外国学生应用汉语中所产生的偏误、失误和中介语现象，引用第一信号和第二信号两个系统相互作用的原理，探索了中介语的成因及其规律。最后，还结合教学实践对影响或促进汉语学习之学习个体的差异作了总结。

作为对外汉语教学认知理论的研究，该书无疑是一部开创性的力作，它将认知理论和对外汉语教学两门学科高度融合，不仅使对外汉语教学的理论循着认知理论的轨道向着纵深发展，而且还使认知科学的理论化为对外汉语教学的基础理论，由此初步建立起汉语作为外语或第二语言教学的认知理论框架。

176. 汉外语言对比与偏误分析论文集

《汉外语言对比与偏误分析论文集》，张起旺、王顺洪主编，北京大学出版社，1999 年 5 月出版，共 268 页。

该书是北京大学对外汉语教学中心汉外语言文化对比课题组编辑的一本论文集，该论文集的内容以汉日对比研究和偏误分析居多，也涉及汉英语言对比、汉韩语言对比、跨文化交际等，其目的是试图揭示第二语言的习得规律。

该书收录论文 20 篇。

其中汉外语言对比分析类 6 篇，包括中日语言对比 4 篇，分别是王顺洪的《中日汉字异同及其对日本人学习汉语之影响》、《汉日同形词给日本人学习汉语造成的误区》，刘元满的《汉日叹词比较及其在对外汉语教学中的应用》、《从汉语日语吸收外来语的情况看中日两国交流》；中韩、中英语言对比各 1 篇，分别是韩信子的《韩国语汉字词汇与汉语词汇的比较》、钱旭菁的《汉英量词对比》。

偏误分析类包括 10 篇文章，其中包括张起旺的《关于汉语偏误分析》、《日本学生汉语介词偏误分析》，祖人植的《语言教学中的积极性偏误和消极性偏误》，林欢的《外国留学生的汉语篇章偏误分析》，任雪梅的《外国留学生的汉语离合词偏误分析》、《日本学生"一点儿""有点儿"偏误分析》，钱旭菁的《日本留学生汉语趋向补语偏误分析》，黄立、钱旭菁的《日本留学生汉语副词"也"偏误分析》，王硕的《从日本学生的偏误谈汉语的指示代词》，杨德峰的《从复句形成过程及偏误等角度看副词的篇章功能》；跨文化交际类 2 篇，分别是赵延风、袁冰的《社会主义背景与跨文化交际误读》、吕俞辉的《汉日语言之文化附加意义的几种类型》。

此外还有收选其他类别论文 2 篇，一篇是王顺洪、赵明德的《日本人学习汉语的优势、劣势及改进对日本留学生汉语教学之构想》，另一篇为杨德峰的《也谈修辞在对外汉语教学中的作用》。书后附录 1977—1998 年间的汉外语言对比、偏误分析、中介语及第二语言习得理论方面研究的参考文献。

汉外语言对比、汉语偏误分析、中介语理论，是对外汉语教学研究的重要课题，只有通过汉外语言对比研究，才能发现汉语的特点，才能提高对外汉语教学的预见性，减少或避免学生母语的干扰。偏误分析与对比分析相辅相成，偏误分析是对比分析的深化和发展。该论文集是建立在丰富的教学实践基础之上，力求贯彻理论联系实际的原则，对于人们认识外国人习得汉语的规律，加强对外汉语教学的预见性和针对性，有一定参考价值和启发作用。

177. 第二语言习得研究

《第二语言习得研究》，蒋祖康编著,外语教学与研究出版社,1999年出版，共 199 页。

第二语言习得研究作为一门独立的科学已经走过了近三十年的历史，这门学科在中国的影响也越来越大。随着改革开放的深入，我国与世界各国的政治、经济和文化交往日益增多，外语作为交际工具的作用从来没有像今天这样受到重视，外语教学的普及和提高也相应地达到了一个空前的高度。对外语学习者和外语教师来说，了解第二语言习得研究的理论、加深对语言习得本质的了解、开展语言习得研究对外语学习和外语教学有着直接和间接的重要意义。

由于第二语言习得研究在中国起步较晚，大部分最新的研究成果来自于西方学者，因此，不少外语教师和外语学习者面临的一个共同的问题是无法得到这一学科最新的著述和资料。另外，一部分学生在阅读原著时还存在一定的困难。基于上述原因，该书编者参考了大量英语原著，集成此书。该书内容包括引言、母语与第二语言习得、语言输入与第二语言习得、认知理论与第二语言习得研究、普通语法理论与第二语言习得研究、个人差异与第二语言习得、课堂教学与第二语言习得。

178. 第二语言习得概论（英文版）

《第二语言习得概论》，[美]R. 埃利斯（Rod Ellis）著，上海外语教育出版社，1999 年 4 月出版，共 327 页。

该书为牛津应用语言学丛书，是一部讨论第二语言习得研究的学术专著，与《第二语言习得研究》（英文版）为姊妹篇。

全书分为十章。

第一章讨论第二语言习得的定义，提出该领域研究的主要问题，加以简要评析；

第二至九章提出并讨论一些关键问题，如第一语言的功用，中介语（interlanguage）及第二语言习得的"自然"途径，中介语变量，学习者个体差异与第二语言习得的关系、与学习者第二语言习得相关的外在因素，普遍性假设与第二语言习得的关系以及课堂教学对第二语言习得所起的作用等；

第十章综合评述不同的第二语言习得理论，列举了构成第二语言习得框架的 5 个因素和 11 项假设。

该书汇集了第二语言习得领域的研究成果，通过对语言学习者的语言及其形成过程的描述与分析，使模糊的、无意识实施的理论变成明确的、有意识地贯彻的理论，进而使读者形成关于第二语言习得的独立见解。该书主要是针对两种读者设计的，即：1. 涉此领域、希望全面了解第二语言习得研究概况的学生；2. 从事第二语言习得研究、希望全面掌握第二语言习得研究动态的教师。

179. 第二语言习得研究（英文版）

《第二语言习得研究》，[美]R. 埃利斯（Rod Ellis）著，上海外语教育出版社，2004 年 2 月出版，共 590 页。

该书为牛津应用语言学丛书，是一部讨论第二语言习得研究的学术专著，与《第二语言习得概论》为姊妹篇。作者 R·埃利斯是美国费城坦普尔大学教育学院的教授，长期从事作为第二语言的英语教学工作。该书由 H·G·威多森教授担任应用语言学顾问。

全书分七个部分。

第一部分是背景介绍，主要讨论第二语言习得的研究目标、研究内容和研究方法，并列出第二语言习得研究中存在的主要问题。

第二部分是对学习者语言的描述，主要从学习者的错误、语言习得的发展方式、学习者语言的可变性以及学习者语言的语用特征这四个方面对学习者语言的特点进行了描述，使读者了解习得第二语言的方式及过程。

第三、四、五部分是对第二语言习得的阐释。作者分别从学习者外部因素、学习者内部因素以及学习者个人差异三个角度对第二语言习得作出说明。其中外部因素主要是指社会因素、第二语言的输入及其与习得之间的相互作用；内部因素则包括语言的转移、对第二语言的认知和语言共性等一系列影响学习者习得第二语言的心理因素；个人差异着重指出了学习者自身在生理、情感、认知及各人所使用的学习策略上的差异，从而强调了学习主体在第二语言习得过程中的重要作用。

第六部分从教学法的角度出发，探讨了课堂环境中的第二语言习得。作者着重分析了"相互影响"式课堂教学及"正规指导"式课堂教学对第二语言习得所起的不同作用。

第七部分为结尾部分，主要从第二语言习得的研究资料、理论基础和实际应用三方面对该项研究的总体情况作了概括与总结，进而指出该项研究的发展前景及其现实意义。

该书内容翔实丰富，语言通顺流畅，结构严谨周密，而且具有实用性和可操作性，因此它不仅可作为基础教程供第二语言习得研究专业的学生学习，或作为参考书供专门从事第二语言习得研究的专家、学者使用；而且可以用来进行教学岗位职业培训，使那些正在从事第二语言教学的教师懂得如何评价自己的教学活动，从而进一步改进他们的教学方法，提高第二语言教学的质量。

180. 第二语言学习理论研究

《第二语言学习理论研究》，王魁京著，北京师范大学出版社，1998年1月出版，共400页。

该书是我国对外汉语教学界出版的第一部系统研究语言学习理论的专著，由七篇组成。

第一篇汉语作为第二语言学习理论问题研究概说，对"汉语作为第二语言学习"理论研究的对象、任务、意义和方法作了初步的概括和论述。

第二篇汉语作为第二语言学习的特性探讨，介绍了第二语言学习在语音、词汇、句子掌握过程上的异同。

第三篇"第二语言学习"跟"本民族语文学习"的区别，在吸收前人研究成果的基础上，对以下四个方面的内容进行了探讨：从学习行为主体与客体方面看两种学习的差别；第二语言学习的动机、目的和要求跟本民族语文学习不同；第二语言学习跟本民族语文学习的活动过程不同；第二语言学习跟本民族语文学习的环境不同。并对"汉语作为第二语言学习"跟"汉语作为第一语言学习"（即汉民族儿童学习自己的母语）的区别性特征进行了总结，还对"汉语作为第二语言学习"跟中国中小学生对本民族语文学习的区别性特征进行了一定的揭示。第四篇至第六篇，作者对"汉语作为第二语言学习"的特殊规律，包括"汉语言语的感知与理解问题"、"汉语言语表达与中介语问题"、"汉语学习中的不同层面'跨文化问题'"等，作了与前人不同的，或前人未曾做过的研究与探索。

第四篇和第五篇均为汉语作为第二语言习得过程研究，内容包括对语言习得理论研究的回顾与思考、第二语言学习过程中的"言语的感知与理解"、汉语言语理解过程中的"词的理解"、汉语言语理解过程中的"句子的理解"。第五篇主要探讨"言语表达"活动的性质、过程和条件，第二语言学习者的"言语表达"与"中介语"问题，以及"中介语"的产生与言语行为主体的思维活动。

第六篇汉语作为第二语言学习中的"跨文化"问题研究，内容包括语言跟文化的关系及第二语言学习中的"跨文化"问题，分别讨论了汉语语音学习、词语学习、句子学习中的"跨文化"问题等。

第七篇是关于汉语学习者在社会言语交际中经常存在的问题的讨论，针对汉语学习者运用目的语进行社会言语交际时的情况和问题作了调查，并从被调查者的基本情况与调查时机的选定、调查方式方法的选择与评价、调查的结果与问题分析三个方面进行了理论上的分析与概括。

该书紧密结合教学实际，根据作者多年的教学体验和学习者的大量实例，对"汉语作为第二语言学习"不同于第一语言学习的基本特征、特殊规律进行了一定的系统化的理论归纳与概括。同时，它尽可能广泛地吸收前人有关"语言学"、"心理语言学"、"文化学"等相关学科的理论研究新成果，使之为解决第二语言学习中的问题服务。进而作者提出了自己有关"汉语作为第二语言学习理论"方面的见解，为"对外汉语教学"这一专门学科的确立提供了具有一定说服力的理论依据。

181. 语言获得理论研究

《语言获得理论研究》，靳洪刚著，中国社会科学出版社，1997年2月出版，共245页。

该书以西方语言获得理论为基础，着重用中英文语言实例及语言发展实验去描述并解释人类语言发展的两个历程：一是儿童语言发展；二是第二语言发展。这两个过程都从不同的角度反映了人类发展的必然规律，也反映了心理科学及语言科学发展的复杂性及其研究的必要性。

围绕语言发展这个中心题目，该书共分七章。

第一章重点介绍语言发展与心理语言学、心理学以及神经语言学研究的关系；

第二章讨论了儿童的早期语言发展，具体包括影响语言发展的不同因素、儿童早期的语言发展、发展的初期阶段以及语法系统的发展；

第三章讨论了儿童的后期语言发展，包括儿童后期语法结构的发展、儿童后期的语义及语法再认识过程、"语言意识"的出现、交际能力的发展；

第四章集中从弱智、聋哑、自闭症、语困症几类儿童的语言发展讨论儿童语言紊乱研究；

第五章集中讨论了第二语言发展研究，着重分析了第二语言获得的心理性及神经语言学特征；

第六章集中讨论第二语言获得的理论流派及模式，包括第二语言获得研究的成果及第二语言获得理论；

第七章介绍语言发展研究的方法论、实验手段及各种影响实验结果的因素。该书最后附有相关的参考文献及汉英术语对照。

从全书的内容不难看出作者编撰该书的目的有三：

1. 为了向广大读者介绍语言发展心理学这一学科及其理论；2. 为了比较中英文语言发展方面的研究及理论；3. 为了向读者展示中文语言发展研究仍属处女地，有待后人继续开垦。

182. 外国人学汉语语法偏误研究

《外国人学汉语语法偏误研究》，周小兵、朱其智、邓小宁等著，北京语言大学出版社，2007 年 12 月出版，共 389 页。

中山大学周小兵教授牵头建成一个"汉语中介语偏误分标注语料库"，并基于该语料库承担了国家社科基金十一五规划项目、国家汉办十五科研规划项目，由此对外国人学习汉语的语法偏误展开了大规模、深入全面的研究，三历寒暑成就了该书。

全书分成六个部分：总论，汉外对比与母语负迁移，目的语规则泛化，教学误导，基本交际策略的偏误，语法偏误的认知解释。

第一编介绍语法偏误研究的意义和现状，包括语法偏误研究的方法和程序。其中研究方法一章，列举了丰富的语料，详细介绍了语法偏误的类别、研究方法和程序，对偏误的研究、教学有切实的指导意义。

第二编（汉外对比与母语迁移）以汉外对比为基础，分析母语为英语、日语、韩语、越南语、泰语、西班牙语和法语的学习者受母语影响而生成的语际偏误。

第三编（目的语规则泛化）：从宾语、搭配、杂糅、语篇、结构诱发等几个方面，探讨偏误生成的语内因素。

第四编（教学误导）：从教科书的外文注释、解释及讲解、课文、练习几个方面入手，探讨了教学误导引发的偏误，对"得"字补语句和概数表达两个语法项目进行了较为深入的考察和研究。

第五编（交际策略运用）：从转述、有意迁移、回避三方面，考察了学习者使用交际策略时出现的偏误。

第六编（偏误的认知解释）：从语言普遍性、标记性、自然度等角度探讨了诱发偏误产生的认知因素，并对疑问句进行考察。

该书从汉外语言对比出发，着重分析母语在第二语言学习中的负迁移作用，材料丰赡，涉及大量语际偏误，计有英语、日语、韩语、越南语、泰语、西班牙语和法语，并根据各语种的不同情况，分别从语类、句法成分、语序、句式以及表达诸方面分析母语的干扰，是目前在偏误分析方面涉及语种最多的对比研究。

此外，该书从母语负迁移、目的语规则泛化、教学误导、交际策略应用失误等方面详尽分析了外国人语法偏误的成因，并应用认知科学的理论，从语言普遍性、普遍语法与第二语言习得的关系，标记性和偏误的产生，自然度的高低与偏误的生成等，对语法偏误作出了解释。

该书特点：1. 内容丰富，角度新颖，将习得、教学理论和相关的基础理论融为一体，系统性强；2. 使用多种理论、方法、手段，对收集的语料（包括 2000 多条偏误）进行了深入研究，解决了汉语偏误分析和习得研究中的一些具体难题，如从度量差比句、"不比"句等语法点的偏误中探讨习得规律，找出汉外语法及思维上的一些基本区别；3. 概念科学清晰，论述深入浅出，语料丰富，例子准确，易于阅读和掌握；4. 将基础研究和开发研究有机地结合在应用研究上，可操作性强，能切实促进汉语作为第二语言/外语的教学和学习。

183. 韩国学生汉语学习策略研究

《韩国学生汉语学习策略研究》，钱玉莲著，世界图书出版公司，

2007 年 11 月出版，共 206 页。

该书是一部研究韩国学生学习汉语策略，特别是研究韩国学生汉语听力学习策略和中文阅读学习策略的专著。该书从韩国学生汉语水平考试中各项成绩入手，描述了韩国学生汉语听、读技能的发展现状，在此基础上主要从学习者的角度通过实证研究的方法揭示相关原因和问题的解决途径。通过对韩国学生语言学习观念、听力、阅读学习策略以及中国学生和韩国学生阅读学习策略的比较，探讨了中文阅读的特殊策略。

全书分为六章。

绪论首先对第二语言学习策略研究进行了梳理，包括背景，现状与展望，研究目标和主要内容，研究的理论、方法及研究价值。

第一章，第二语言学习策略的定义、分类及相关问题。研究了第二语言学习策略的定义和实质、分类及其存在的问题、基于教学的第二语言学习策略分类的框架体系以及韩国学生汉语学习策略的研究视角。

第二章，韩国学生汉语学习观念调查研究。包括研究目标、研究方法、研究结果。第三章，韩国学生听、读技能学习策略研究动因。包括听、读技能学习策略研究的理论基础，韩国学生汉语听、读技能发展探索。

第四章，韩国学生汉语听力学习策略调查研究。包括研究目标、研究方法、研究结果、讨论与结论以及对汉语听力教学的启示。

第五章，韩国学生中文阅读学习策略调查研究。包括阅读的本质和目标、研究目标、研究方法、研究结果、讨论与结论以及有关启示。

第六章，中韩学生中文阅读学习策略比较研究。包括研究目标、研究方法、研究结果、讨论与结论以及对中文阅读教学的启示。

该书在研究方法上，注重实证，采用了一些科学统计法，例如，采用"自下而上"的因子分析方法，对韩国学生汉语听力活动和听力方式中所用的策略进行了归类、分析等。该书在中文阅读策略的调查研究上取得的成果不仅有助于发现韩国学生学习的特点和规律，而且有一定的推广价值。

184. 外国人学汉语语法偏误分析

《外国人学汉语语法偏误分析》，李大忠著，北京语言文化大学出版社，1996 年 10 月出版，共 232 页。

该教材适用于中等以上汉语水平的学生和对外汉语教师。作者搜集了具有中等以上汉语水平的学生的语法偏误实例，筛选出对各国学生具有共性的偏误项目，找出数量最多、使用频率最高、学生困难最大的项目并按其性质进行分类，把偏误实例分为 30 个专题，具有很强的针对性。除了客观描写外，作者还进行了正误对比，以便把偏误内容更清楚地显现出来。

该书依据作者在多年教学中发现的两个问题编著而成：1. 操同一母语的学生在学习汉语的不同阶段上会出现不同的语法偏误；2. 在同一学习阶段上，操不同母语的学生会出现相同的语法偏误。由于存在这两个基本事实，加之作者自 70 年代以来主要从事中高级阶段的对外汉语教学，于是本书的明显特色便是：1. 着意搜集中等以上汉语水平的学生的语法偏误实例，这些学生的母语种类共有英、法、俄、德、意、日、泰、捷、越、朝 / 韩、瑞典、以色列等十几种。搜集的方式是随意的，有口头的，也有书面的：大部分来自作者直接教的学生，也有少量来自别人有关的论著。2. 按语法项目对所有实例进行分类。类别有大有小：大到某种句式或某类句法成分，小到一个虚词。3. 筛选出对各国学生具有共同性的偏误项目。比如越南学生受其母语的影响，在用汉语时常出现"这个 / 那个＋量词＋名词"的错误用法（如"＊这个本书很有意思"）。4. 从带共同性的偏误类型中找出数量最大、使用频率最高、学生困难最大的项目，进行分析。

该书在例子搜集、项目分析上有独特见地，还对课堂教学的基本方法及偏误分析的地位给予了详细的阐述，具有较强的实用性。

五、语言测试理论及汉语测试研究

185. 汉语水平考试（HSK）研究

《汉语水平考试（HSK）研究》，张凯主编，商务印书馆，2006 年 7 月出版，共 357 页。

该书为对外汉语教学专题书系之一，书中所选文章为近年来在对外汉语课堂教学中有丰富经验的专家学者发表的文章，并按照章节的形式编排成书。

全书共分五章。

第一章汉语水平考试的设计、研制与开发，包括汉语水平考试的性质、特点及考试的设计和试测以及考试的设计原则和试卷构成。

第二章汉语水平考试的分数解释问题，具体讨论了汉语水平考试的分数体系、考试的性质和等级分数的划分、考试的等级体制、等级分数及等值问题等。

第三章汉语水平考试的信度研究，包含《考生团体异质程度对 HSK（初、中等）信度的影响》、《汉语水平（HSK）考试信度、效度分析报告》、《HSK（初、中等）平行信度的实证研究》三份研究报告。

第四章汉语水平考试(HSK)的效度研究和公平性研究，包括《汉语水平考试结构效度初探》、《汉语水平考试(HSK)项目内部结构效度检验》、《语言能力测验的结构效度检验及其意义》、《汉语水平考试 J324 卷构想效度的验证研究》、《中国少数民族考生与外国考生 HSK 成绩的公平性分析》、《中国境外 HSK 考生成绩公平性的分析》六份研究报告。

第五章汉语水平考试(HSK)的题目设计与题库建设问题，具体讨论 HSK 阅读理解试题的设计、HSK（高等）口试探索、HSK（初、中等）题库与试卷生成系统以及对从 HSK 题库中计算机生成试卷稳定性的试验检验。

该书所选文章涉及汉语水平考试的理论基础、设计原则以及它所使用的技术，回顾汉语水平考试走过的二十多年的风雨历程，可视为中国汉语水平考试（HSK）研究的一个阶段性总结。

186．HSK 语言测试专业硕士论文精选

《HSK 语言测试专业硕士论文精选》，北京语言大学汉语水平考试中心编，北京语言大学出版社，2005 年 7 月出版，共 380 页。

该书精选了 10 篇北京语言大学汉语水平考试中心所培养的硕士研究生的学位论文：《三类口语考试题型的评分研究》、《效度理论的变迁》、《主观评分信度 Longford 方法实验研究》、《初、中等汉语水平考试试题中的 DIF 检验》、《四种完形填空测试方法的信度、效度检验》、《多种 DIF 检测方法的比较研究》、《对 HSK 三、六级发证标准的验证性研究》、《HSK 听力部分的分数解释研究》、《作为第二语言的汉语写作能力测验方法的实验研究》、《对第二语言阅读能力和写作能力关系的实证分析》。

这些论文无论是选题还是研究方法都具有前沿性，大部分选题都是围绕着汉语水平考试(HSK)实践进行的研究，具有较强的理论性和实践意义。该书所展示的教学成果，大多数属于今天世界范围内语言测试和教育心理测量研究的热点问题，很多选题都是围绕着 HSK 展开的，可以直接应用到 HSK 的实践之中，对 HSK 的改进和完善具有着直接的贡献。

187．中国汉语水平考试（HSK）研究报告精选

《中国汉语水平考试（HSK）研究报告精选》，谢小庆主编，北京语言大学汉语水平考试中心编，北京语言大学出版社，2005 年 7 月出版，共 265 页。

该书为中国汉语水平考试（HSK）研究书系之一，以精选的 16 篇研究报告，揭示了中国汉语水平考试开发、研制的历程，同时也充分展示了二十年来中国汉语水平考试的研究成果。

该书重点探讨了 HSK（初、中等）考试质量控制的原则和方法等问题。其中谢小庆的《关于 HSK 信度的进一步研究》、《经典等值与 IRT

等值的比较研究》、《对从 HSK 题库中计算机自动生成试卷稳定性的试验检验》及《中国少数民族考生与外国考生 HSK 成绩的公平性分析》四篇文章，分别通过 HSK 考生样本的 a 系数计算、经典测算理论与项目理论的等值比较、基于 IRT 之上的共同题等值误差的试验及采用 MH 和 SIBTEST 方法检测 DIF 等方法，以大量的计算数据对 HSK 考试的信度和可靠性进行了科学的检测和分析；张凯的《汉语水平考试结构效度研究》、《HSK 等级分数的问题》，陈宏的《HSK（初、中等）在变量关系控制方面的尝试》、《关于考生团体异质程度对 HSK（初、中等）信度的影响》、《语言能力测试的结构效度检验及其意义》，郭树军的《HSK、阅读理解试题的设计》、《汉语水平考试等值问题》，则是各位学者自 1992 年起在 HSK 的结构效度等方面研究的阶段性成果；其他研究成果还包括何芳的《汉语水平考试信度、效度分析报告》、王佶的《语言能力自我评价的效度研究》、任杰的《中国境内外 HSK 考生成绩公平性的分析》、李慧和朱军梅的《汉语水平考试 J324 卷构想效度的验证研究》。

　　汉语水平考试，无论题目的设计、试卷结构，还是等级划分、分数解释，都有其依据和标准，在信度、效度、题目难度、区分度以及公平性等方面都要有理论和数据的有力支持。该书集中反映了近二十年来该项领域的研究成果，中国汉语水平考试的良好信誉和日益增强的影响力，就是建立在这种科学的研究和不懈的努力追求之上的。

188. 语言测试及测量理论研究

　　《语言测试及测量理论研究》，张凯主编，北京语言大学出版社，2005 年 7 月出版，共 197 页。

　　该书精选了 12 篇语言测试基础理论研究方面的论文，大致分成四个专题。

　　第一专题讨论对外汉语教学这个学科的定位、定向及其与理论语言学的关系问题，收录了《对外汉语教学学科的基本问题和基本方法》、《第二语言能力结构研究回顾》两篇研究报告。

　　第二、第三个专题所讨论的是语言测试领域中最重要的问题——语言能力和效度问题，收录了《国外语言测验领域对语言能力的研究述评》、《语言测验和乔姆斯基理论》、《汉语能力结构差异的检验与分析》、《performance 是"运用"还是"表现"》、《结构效度与汉语能力测验——概念和理论》、《15 种测验等值方法的比较》、《语言测验的测度和精度》、《在语言能力测验中如何建立结构效度》等 8 篇研究报告。

第四专题是关于测量与技术研究的，即《测量是理论的组成部分——再谈构想效度》、《信度估计的 γ 系数》两篇文章，初步讨论了测量领域的基本原则和基本方法。

189. 语言测试和它的方法

《语言测试和它的方法》，刘润清、韩宝成编著，外语教学与研究出版社，2004 年 8 月出版，共 244 页。

该书共十五章。

第一章语言测试的性质、目的及类别；

第二章语言测试的理论基础；

第三章语言测试的总体设计；

第四章如何设计多项选择题；

第五章如何设计完形填空；

第六章如何设计词汇测试；

第七章如何设计语法测试；

第八章如何设计阅读理解测试；

第九章如何设计听力测试；

第十章如何设计口语测试；

第十一章如何设计写作测试；

第十二章现代测试中听写和翻译的设计；

第十三章如何评判测试的质量；

第十四章测试成绩的分析与解释；

第十五章是全书的结束语：努力实现语言测试的现代化。

该书是为了普及语言测试知识而编著的，对语言学专业的学生与准备参加各种水平的英语测试的学习者有一定参考价值。该书采取从头说起的写法介绍基础知识，其编写依据是国内外出版的有关语言测试的专著和论文，更多是编者自己的教学经验和测试经验以及大量已经使用过的试卷和试题。书中引用的试题例证，95%引自已经出版的各种试卷和练习，有的作为范例而引，有的略加评论。此外，在有些章节后面，附录了若干试题样本，供读者参考，通过研究这些试题样本，可以加深对有关测试理论的理解。

190. 对外汉语教学理论与语言学科目考试指南

《对外汉语教学理论与语言学科目考试指南》，陈宏、吴勇毅编，华语教学出版社，2003 年 1 月出版，共 163 页。

该书属于对外汉语教师资格考试参考用书之一，系统地对《对外汉语教师考试大纲》进行了全面地论述和分析，还对近年的对外汉语教师资格考试专业科目的考题进行了详细的评析，有助于考生从中领会"大纲"的基本要求、命题的要旨和解题的方法。

该书由三部分组成。

第一部分是对外汉语教学理论，包括九个方面：1. 总论；2. 与对外汉语教学学科相关的基础理论；3. 语言学习；4. 对外汉语教学的总体设计；5. 对外汉语教学的基本形式——课堂教学；6. 第二语言教学法方法流派；7. 对外汉语教学的内容和方法；8. 教材的选择和使用；9. 测试。

第二部分为语言学，分为七个部分：1. 语言和语言学；2. 语音和语音学；3. 词汇和词汇学；4. 语法和语法学；5. 文字和文字学；6. 语言的产生和发展；7. 语言的类型分类和谱系分类。

第三部分是实践。该部分对 2001 年、2002 年的对外汉语教师资格考试试题进行了评析，并附有参考答案。

书后附有《〈国家对外汉语教师资格考试大纲〉——对外汉语教学理论与语言学部分》。

191. 语言测试理论与实践

《语言测验理论与实践》，张凯著，北京语言文化大学出版社，2002

年出版，共 178 页。

该书是介绍语言测验的入门教材，可供应用语言学专业的本科生和研究生使用，也可供汉语教师培训之用。

该书内容共有九章，介绍了语言测验的基本原理、基本要领和基本方法，开发和研究语言测验的基本步骤，以及语言测验中的操作程序和方法等。其中包括：语言测验的基本原理、规划、设计和实施、客观性试题的编写、主观性试题的编写、预测、题目分析和测验的信度、分数、常模和等值、测验的效度、决策和后效。每章后面都附有思考习题及参考答案。

语言测验是一个理论和实践并重的领域，无论是课堂讲授，还是自学，学习者都不能死记书中的定义和公式，而应该把理论运用于实践，把书中的内容应用到自己教学的测验中，从而加深对语言测验理论的理解和体会。

192. 对外汉语教学语音测试研究

《对外汉语教学语音测试研究》，毛世桢主编，叶军副主编，中国社会科学出版社，2002 年出版，共 297 页。

该书基于研究如何提高对外汉语语音教学的实效的想法，在实验数据与分析基础上，对汉语中介音所做的研究对改进人们的语音教学观念以及改善语音教学效果方面有很大的帮助。

该书分为十一章。

第一章语音测试概说。从教育测量、语言测试、语音测试三个方面对语音测试进行了概述。

第二章语音能力与语音运用。分别论述了语音能力和语音行为，进而阐明语音能力和语音行为之间存在着一种非机械对应的联系。这种关系是语音测试的设计者必须理清的。

第三章普通话音系及其运用。论述了作为对外汉语教学首选范式的普通话的音段音位、声调、音节以及音联、韵律，提出了对外汉语教师的语音学素养有待于大规模的提高的要求。

第四章普通话的音位负载。音位负载及其分析方法、分析数据及讨论、根据音位负载制定教学和测试的对策；介绍了音位负载及其对语音教学和测试有着重大的意义，并讨论了其分析方法和分析数据，指明了根据音位负载制定教学和测试的对策。

第五章是当前对外汉语教学中的语音教学现状研究。对现行对外汉语初级教材中的语音教学进行了介绍，分析各类教材中的语音教学法，并从深度和进度两个方面进行了探讨。

第六章对外汉语语音测试的目标。讨论了对外汉语教学语音测试的参照性质，并详细论述了语音测试设计过程中应注意的几个方面：达意和表情，标准、规范，个性化、得体性。

第七章容错度与口语语音测试。指出语音容错度的社会心理依据以及语音测试中的容错度因素，并对普通话语音的容错度进行了分析。

第八章难点的测试和测试的重点。基于汉语中介音的研究，分析了对外汉语语音测试中关于难点的测试和测试的难点，并分别讨论了以英语、日语、韩语为母语的应试者以及有某种汉语方言背景的海外华人、华侨应试者的测试重点。

第九章对外汉语语音测试语音错误和语音缺陷分析，界定了语音错误与语音缺陷的理论依据，归纳出了对外汉语语音测试语音错误和语音缺陷的主要类型。

第十章对外汉语教学语音测试的试题和试卷构成。分析了各类教材中的语音练习和测试题，进而设计出八个试题编制语音测试试卷。

第十一章实测和试卷评价。讨论了对外汉语语音测试实测操作的具体问题，同时对测试所获得的反馈展开思考，提出改进意见；此外，还评价了实测样本的信度和效度。

测试在对外汉语教学中不可或缺，不仅可以显示学习者是否获得了语言能力，还可以为课程设计以至教学系统的制定提供科学依据。但汉语语言四要素(语音、词汇、语法、汉字)中的语音测试一直比较欠缺，该书在一定程度上弥补了这一缺憾。

193. 语言测试科学与艺术

《语言测试科学与艺术》，李筱菊著，湖南教育出版社，2001 年 5

月出版,共 525 页。

该书共十一章。

第一章语言测试的历史发展;

第二章现代语言测试的理论框架,简述语言测试科学和其他科学的关系、语言测试的实质并提出了语言测试的根本要求;

第三章现代语言测试的实践之一:建立考试,简述组织三方面的专业班子,论述关于考试的总体确定、设计试题结构和制定工作程序;

第四章现代语言测试的实践之二:考试工作环节,简述试题生产、考务准备和考试实施、主持考试、组织评分和评分及结果的统计分析,做出反馈和小结;

第五章现代语言测试的实践之三:试题生产程序,简述试题生产的步骤、试题生产的两个组成部分和试题质量控制手段;

第六章现代语言测试的实践之四:试题制作的总说明,简述试题分类、常用题型分类和试题指令;

第七章现代语言测试的实践之五:A 类试题的命题,简述非 MC 客观题型和 MC 题型;

第八章现代语言测试的实践之六:C 类试题的命题,介绍完型填空试题和成段改错试题;

第九章现代语言测试的实践之七:D 类接收性运用试题的命题,简述阅读试题和听力试题;

第十章现代语言测试的实践之八:D 类产生性运用试题用 E 类试题的命题,简述试题的性质和试题设计;

第十一章语言测试今后的发展。论述科技发展对语言测试的影响,预测语言测试向何处去。

该书是在教学实践的基础上,经整理、分析、系统化而成,适合做高等学校硕士、博士研究生或中、高等学校教师进修的教材;书中每章附有作业及思考题,部分作业还有参考答案,所以也可以做其他读者自学用书。该书还可以用做语言测试工作者(尤其是命题人员)的工作手册,因为列举的很多材料是多年培训命题人员采用过的有效的材料,还有 16 年实际测试设计和命题工作总结出来的原则、要求和技巧。

194. 中国汉语水平考试大纲（基础）

《中国汉语水平考试大纲（基础）》，北京语言文化大学汉语水平考试中心研制，现代出版社，1998 年出版，共 240 页。

该大纲首先介绍了基础汉语水平考试[HSK（基础）]是为母语非汉语的汉语初学者而设计的一种标准化考试。

其次，指出 HSK（基础）的考试对象是接受过 100−800 个学时现代汉语正规教育（或相当于这一水平）的汉语学习者。

再次，参照的考试依据有两项：1.《汉语水平词汇与汉字等级大纲》（国家对外汉语教学领导小组办公室汉语水平考试部 1992 年编制）的词汇等级标准：甲级词汇 1033 个，乙级词汇 2018 个，共 3051 个；汉字等级标准：甲级汉字 800 个，乙级汉字 804 个，共 1604 个。2.《汉语水平等级标准与语法大纲》（国家对外汉语教学领导小组办公室汉语水平考试部 1995 年编制）的语法等级标准：甲级语法项目 129 项，乙级语法项目 123 项，共 252 项。

最后，介绍了试卷结构，HSK（基础）试卷共分三大部分：听力理解、语法结构、阅读理解。

195. 汉语水平测试研究

《汉语水平测试研究》，刘镰力主编，北京语言文化大学出版社，1997 年 7 月出版，共 547 页。

该书分五章。

第一章：汉语水平考试概论。简述汉语水平考试的产生、基本模式、现状与发展，包括汉语教学领域的新成就及有关较高层次汉语考试的一些问题；还包括汉语水平考试（HSK）述略、高等汉语水平考试的性质和等级分数的划分、标准参照性的语言能力测验和汉语水平考试的测试目标；以及 HSK 在考试科学化方面的探索、计算机辅助自适应性汉语水平考试的开发等。

第二章：设计原则与试卷构成。简述 HSK（初、中、高等）的设计和 BHK 的设计，包括汉语水平考试的性质和特点、总体设计与理论思考、设计原则与试卷构成等。

第三章：题型设计与命题技巧。简述客观性试题的题型设计与命题技巧，以及主观性试题的题型设计与阅卷评分。

第四章：统计分析。探讨信度研究、效度研究、测试等值、分数体系和题库建设等问题。

第五章：测试的科学化与信息反馈。简述考务管理的科学化，介绍跟踪调研与用户评价。

该书论证精辟，分析透彻，创见迭出，有着不可低估的学术价值。它不仅全面地构建了学科的理论框架、体系与基础，而且还系统地提出了学科的教学、课程与知识体系。所以，它既注重汉语水平测试的历史、现状，更着眼于未来的发展。

196. 汉语水平等级标准与语法等级大纲

《汉语水平等级标准与语法等级大纲》，国家对外汉语教学领导小组办公室汉语水平考试部编制，高等教育出版社，1996 年 6 月出版，共 180 页。

该书是国家对外汉语教学领导小组办公室汉语水平考试部制定的面向世界对外汉语教学的规范性的等级标准和水平大纲，是对外汉语教学总体设计、教材编写、课堂教学和课程测试的主要依据，也是中国国家级汉语水平考试[包括 HSK（初、中等）和 HSK（高等）]的主要命题依据。该书供母语非汉语的外国人、外族人学习汉语时使用，也是从事对外汉语教学工作的人员的必备文献。

大纲中甲、乙、丙、丁四部分共 1168 个语法点，涉及十八项语法内容：1. 语素（丙级、丁级）；2. 词类（甲级、乙级、丙级、丁级）；3. 词的构成（丁级）；4. 词组（甲级、丙级）；5. 固定词组（乙级、丙级、丁级）；6. 固定格式（乙级、丙级、丁级）；7. 句子成分（甲级、乙级、丙级）；8. 句子分类（甲级）；9. 特殊句型（甲级、乙级、丙级、丁级）；10. 提问的方法（甲级）；11. 数的表示法（甲级）；12. 强调的方法（甲级、乙级）；13. 反问句（甲级、丙级、丁级）；14. 动作的态（甲级、丙级）；15. 口语格式（丙级、丁级）；16. 复句（甲级、乙级、丙级、丁级）；17. 多重复句（丁级）；18. 句群（丁级）。

197. 首届汉语考试国际学术讨论会论文选

《首届汉语考试国际学术讨论会论文选》，《首届汉语考试国际学术讨论会论文选》编委会编，北京语言学院出版社，1995 年 4 月出版，共 356 页。

首届汉语考试国际学术讨论会于 1992 年 8 月 14 日至 18 日在北京语言学院举行，来自澳大利亚、德国、菲律宾、韩国、加拿大、美国、日本、新加坡、意大利、中国和香港等 11 个国家和地区的 98 位专家和学者出席了讨论会。大会收到海内外学者提交的学术论文 80 余篇，最后选定 51 篇作为论文集的入选论文。

该论文集内容重点突出，主要集中在四个方面：

1. 中国汉语水平考试(HSK)研究；2. HSK 用户调研报告；3. 汉语水平考试与对外汉语教学；4. HSK 考试与大纲评估、其他汉语考试研究与介绍。其中桂诗春的《认知与语言测试》、张清常的《有关较高层次汉语考试的一些问题》、龚千炎的《汉语水平考试与语言应用能力》、王德春的《论汉语能力和汉语考试》等 4 篇文章，从宏观上对汉语水平考试进行了总体介绍。

第一部分汉语水平考试研究，包括 10 篇文章：《汉语水平考试的理论基础探讨》、《汉语水平考试的等值问题》、《汉语水平考试的分数体系》、《汉语水平考试结构效度初探》、《汉语水平考试信度、效度分析报告》、《试谈 HSK 所考察的组词造句能力——HSK 内容效度研究之一》、《关于高等汉语水平考试的设计》、《高等汉语水平考试测试结果的统计分析和对课程设置的评估》、《HSK 题库建设综述》、《开发计算机辅助自适应性汉语水平考试的设想》。

第二部分是 HSK 用户调研报告，收录的文章有：《北京大学留学生 HSK 入学考试分班入系分析——兼论分班入系》、《北京语言学院 HSK 入学测试编班分析》、《HSK 对对外汉语教学的重要指导作用》、《建造以 HSK 为参照的教学链》、《HSK 的效应与对外汉语教学》、《汉语水平考试成绩报告及相关的几个问题》、《南京大学留学生 HSK 考试情况分析》、

《对"R／F"水平测试的反应、分析与建议》、《关于汉语水平考试的几点建议》、《外国学生 HSK 结果报告及分析》、《延边朝鲜族中小学学生汉语水平考试(HSK)成绩分析》、《维吾尔、哈萨克等族学员汉语水平考试刍议》、《新疆少数民族学生使用〈HSK 听力试题〉调查报告》、《汉语水平考试(初级与中级)1991 年 6 月 15 日在新加坡首次举行的成绩检测与改进建议》。

第三部分是汉语水平考试与对外汉语教学，12 篇论文如下：《汉语水平考试(HSK)与对外汉语课堂教学》、《语言的社会功能与对外汉语水平测试》、《汉语水平考试与"汉语的双轨制教学"》、《如何改进对外国人的基础汉语教学——汉语水平考试的启迪》、《HSK(高级)口语测试模式的研究与设计》、《简议汉语口语测试》、《从汉语水平考试谈日本学生汉语语言技能掌握的特点》、《中高级汉语课程测试问题》、《试论中级汉语的测试》、《一般汉语考试试题库的建设》、《对外汉语教学 CAI 系统》、《HSK 计算机辅助系统：功能分析与开发策略》。

第四部分是 HSK 考试与大纲评估、其他汉语考试研究与介绍，包括 11 篇文章，分别为：《对外汉语教学学科建设的新进展——评〈汉语水平考试研究〉》、《对〈语法等级大纲〉（试行）的几点意见》、《从"文化测试"说到"文化大纲"》、《关于中小学语文(汉语)水平考试总体构想的若干问题》、《说词与写词的比较——以小学五年级学生为例》、《从汉语水平考试看韩国学生的对策》、《日汉语专业口译考试设计》、《北美汉语水平考试浅析》、《方言地区的普通话测试——香港的普通话水平测试的述评》、《美国"汉语能力试验"(CPT)的特点及可改进之处》、《英国外交人员汉语语言津贴考试评介》。

198. 汉语水平考试大纲（高等）

《汉语水平考试大纲（高等）》，国家汉语水平考试委员会办公室编制，北京语言学院出版社，1995 年出版，共 242 页。

该书包括以下内容：高等汉语水平考试 HSK(高等)介绍、高等汉语水平考试 HSK(高等)大纲、高等汉语水平考试 HSK(高等)作文考试、口语考试五级标准、高等汉语水平考试 HSK(高等)样题、高等汉语水平考试 HSK（高等）主考指令、高等汉语水平考试 HSK（高等）口语考试操作程序、高等汉语水平考试 HSK（高等）成绩单、高等汉语水平考试 HSK（高等）常用词汇一览表。

高等汉语水平考试 HSK（高等）是中国汉语水平考试的重要组成部分，它与初、中等汉语水平考试 HSK（初、中等）在等级水平上互相衔接，构成了国家级考试——中国汉语水平考试的完整系统。HSK（高等）的研制及推广使用，是中国汉语水平考试逐步走向完整和成熟的标志，也是对外汉语教学逐步走向科学化和规范化的标志。该书的出版，对于人们系统了解高等汉语水平考试 HSK（高等）具有重要的参考价值。

199. 中国汉语水平考试大纲（高等）

《中国汉语水平考试大纲（高等）》，北京语言学院汉语水平考试中心编制，北京语言学院出版社，1995 年 2 月出版，共 242 页。

中国汉语水平考试 HSK（高等）是中国汉语水平考试（HSK）的重要组成部分，它与基础汉语水平考试 HSK（基础），初、中等汉语水平考试 HSK（初、中等）在等级水平上互相衔接，构成了国家级考试——中国汉语水平考试的完整系统。高等汉语水平考试重点考察工作层面的语言能力，凡考试成绩达到规定标准者，由国家汉语水平考试委员会统一颁发高等《汉语水平证书》。该证书可作为在高等院校报考研究生所应具备的汉语能力的证明，亦可作为聘用机构录用工作人员时了解其汉语水平的依据。

该大纲所含主要内容如下：中国汉语水平考试 HSK（高等）介绍；HSK（高等）考试大纲；HSK（高等）作文考试、口语考试五级标准；HSK 汉语水平考试试卷（高等）样题；HSK（高等）主考指令；HSK（高等）口语考试操作程序；HSK（高等）成绩单；汉语水平证书；HSK（高等）常用词汇一览表；HSK（高等）常用汉字。

其中，HSK 汉语水平考试试卷（高等）样题主要包括：

A. 1. HSK（高等）样题；2. HSK（高等）样题"听力理解"录音材料；3. HSK（高等）答卷；4. HSK（高等）样题标准答案。B. 1. HSK（高等）作文试卷样题；2. HSK（高等）作文答卷。C. 1. HSK（高等）口试试卷样题；2. HSK（高等）口试答卷（磁带卡）。

高等汉语水平考试 1989 年 10 月由北京语言学院汉语水平考试中心开发研制，1991 年先后编制了三套试卷，在来自五十多个国家的六百余名考生中进行了测试，在此基础上产生了高等汉语水平考试正式试卷，并制定了《高等汉语水平考试大纲》、《作文考试、口语考试五级标准》、《HSK（高等）分数体系》、《作文、口试阅卷评分办法及细则》及《汉语考试操作程序》等五个文件。1993 年 7 月 28 日高等汉语水平考试正式通过专家审定。HSK（高等）的研制成功，是中国汉语水平考试逐步走向完善和成熟的标志，也是对外汉语教学逐渐走向科学化和规范化的标志。该大纲的出版，对于人们系统了解高等汉语水平考试 HSK（高等）具有重要的参考价值。

200. 汉语水平考试研究论文选

《汉语水平考试研究论文选》，北京语言学院汉语水平考试中心编，现代出版社，1995 年 1 月出版，共 383 页。

该论文集共收论文 22 篇，内容主要包括高等汉语水平考试研究、HSK 信度效度研究、HSK 分数等值处理、计算机辅助自适应性汉语水平考试和一般考试理论及中国考试史研究五个方面。

具体篇目包括：《高等汉语水平考试的总体设计与理论思考》、《高等汉语水平考试的设计原则和试卷构成》、《高等汉语水平考试 HSK（高等）的分数体系》、《高等汉语水平考试的性质和等级分数的划分》、《高等汉语水平考试的信度与效度》、《谈高等 HSK 的主观性考试》、《作文作为高等汉语水平主观性考试的理论依据及命题原则》、《HSK（高等）的内容效度与题型开拓》、《关于 HSK 信度的进一步研究》、《关于考生团体异质程度对 HSK（初中等）信度的影响》、《汉语水平考试（HSK）项目内部结构效度检验》、《标准参照性语言能力——兼论 HSK 的参照性质》、《试论 HSK 中的"汉字考试"》、《关于分数等值中样组设立的几个问题》、《汉语水平考试发展的新方向——计算机辅助自适应性汉语水平考试系统简介》、《自适应性汉语水平考试系统的计算机硬件环境》、《计算机在对外汉语教学领域的应用及实例——计算机辅助教学课件制作、计算机辅助教材编写和计算机辅助汉语水平考试》、《获不同证书学生入汉语言专业三年级学习情况分析》、《关于留学生进理工西医科院校入系标准的调研分析》、《1994 年国内汉语水平考试（HSK）分析研究》、《HSK 在考试科学化方面的探索》、《中国考试史研究：清代学校及其考试制度》。书后附录《HSK 中国汉语水平考试大纲（高等）》。

201. 汉语水平考试研究（续集）

《汉语水平考试研究(续集)》，刘英林主编，现代出版社，1994 年6 月出版，共 454 页。

该书是继《汉语水平考试研究》（现代出版社 1989 年出版）之后，刘英林教授主编的又一本汉语水平考试研究的论文集。北京大学林焘教授为本书作序。该书收入了几篇专门讨论高等汉语水平考试的文章，还有讨论计算机辅助自适应性汉语水平考试的文章。该书所收入的 10 篇国内外用户报告可以说是对 HSK 最客观、最实际的评价，对今后 HSK 的进一步完善将是有力的促进。该书由研究报告、考试办法和考试大纲及 HSK 鉴定书及评价三部分组成。

论文部分选收论文 31 篇，其中包括 1 篇书评, 10 篇国内外用户报告。具体包括：《汉语水平考试（HSK）述略》，《汉语水平考试（HSK）研究的新进展》，《关于"汉语水平考试"的研究报告》，《汉语水平考试（HSK）概观》，《汉语水平考试的等值问题》，《汉语水平考试的分数体系》，《汉语水平考试结构效度初探》，《汉语水平考试的信度、效度分析报告》，《汉语水平考试（HSK）的理论基础探讨》，《高等汉语水平考试的总体设计与理论思考》，《高等汉语水平考试测试结果的统计分析和对课程设置的评估》，《HSK 题库建设综述》，《计算机辅助自适应性汉语水平考试的设想》，《中国汉语水平考试的若干问题》，《汉语常用字词的统计与分级》，《汉语水平考试（HSK）与对外汉语教学》，《中高级阶段对外汉语教学的理论探讨》，《对外汉语教学论的几个问题》，《教学与考试八则》，《对外基础汉语教学法创新之路》，《对外汉语教学的一项基本建设》，《参照 HSK 改进课堂训练》，《北京大学 HSK 入学考试分班入系分析》，《华东师范大学留学生 HSK 考试评述》，《北京语言学院 HSK 入学测试编班分析》,《HSK 对对外汉语教学的重要指导作用》,《建造以 HSK 为参照的教学链》,《从 HSK 摸底分析看新疆民族中学的汉语教学》,《少数民族汉语水平考试探讨》,《1993 年 HSK（高等）试测结果统计与效度分析》,《关于在美国举行 HSK 试考的分析报告》。

考试办法和考试大纲部分收录:《中国汉语水平考试(HSK)办法》,《高等汉语水平考试 HSK（高等）大纲》。

HSK 鉴定书及评价部分,包括:《中国汉语水平考试(HSK)鉴定书》,《汉语水平考试通过鉴定》,《HSK——汉语水平考试见闻》,《HSK,中国特色的汉语水平考试》,《为 HSK 考试叫好》,《HSK 走向世界》,《汉语"托福"——进入中国之门》。

202. 汉语水平词汇与汉字等级大纲

《汉语水平词汇与汉字等级大纲》,国家对外汉语教学领导小组办公室汉语水平考试部编制,北京语言学院出版社,1992 年出版。

该大纲是一个规范性的汉语水平词汇和汉字大纲,是我国基础汉语水平、初中等汉语水平、高等汉语水平和我国对外汉语教学总体设计、教材编写、课堂教学以及成绩测试的重要依据,可作为我国各少数民族教学以及中小学语文教学的重要参考,也可作为编制汉语水平四级通用字典及其他辞书编撰的框架范围。词汇大纲分为四级:甲级词 1033 个,乙级词 2018 个,丙级词 2022 个,丁级词 3569 个,四级共8822 个;汉字大纲与词汇大纲相对应,也分为四级:甲级字 800 个,乙级字 804 个,丙级字 601 个,丁级字 700 个,四级汉字共 2905 个,分别按等级和音序排列。

203. 汉语水平考试大纲

《汉语水平考试大纲》,国家对外汉语教学领导小组办公室汉语水平考试部编制,现代出版社,1989 年 11 月出版。

《汉语水平考试大纲》是专为测量外国人、华侨和国内非汉族人的汉语水平而编制的一种标准化考试大纲。该大纲内容包括汉语水平考试（HSK）介绍、汉语水平考试（HSK）大纲、HSK 主考用语举要、汉语水平考试（HSK）样题、汉语水平考试（HSK）样题（听力录音材料）、汉语水平考试（HSK）样题答案、HSK 常用词汇一览表、HSK 考试用语一览表、汉语水平考试（HSK）答卷及汉语水平证书等。该书样题还配有盒式录音带。

204. 汉语水平考试研究

《汉语水平考试研究》，刘英林主编，吕必松审订，现代出版社，1989 年 11 月出版，共 369 页。

《汉语水平考试研究》是我国探讨关于汉语水平考试问题的第一部专著，它既是汉语水平考试研究工作者的纪录和经验总结，也是对语言测试理论的探索。

该书分两部分：

第一部分是专题论文，共收入 17 篇研究成果。其中关于汉语水平考试的理论、原则、方法，对研究其他类型的测试，特别是成绩测试，都有启发作用。

第二部分是考试大纲及其他。这部分收入了国家对外汉语教学领导小组办公室汉语水平考试部编制的汉语水平考试（HSK）考试大纲、汉语水平考试（HSK）样题、汉语水平考试（HSK）样题（听力录音材料）及汉语水平考试（HSK）样题答案等内容。

该书所收论文篇目为：《汉语水平考试（HSK）述略》、《汉语水平考试（HSK）研究的新进展》、《关于"汉语水平考试"的研究报告》、《汉语水平考试（HSK）概观》、《汉语水平考试的等值问题》、《汉语水平考试的分数体系》、《汉语水平考试结构效度初探》、《汉语水平考试的信度、效度分析报告》、《汉语水平考试（HSK）的理论基础探讨》、《高等汉语水平考试的总体设计与理论思考》、《高等汉语水平考试试测结果的统计分析和对课程设置的评估》、《HSK 题库建设综述》、《计算机辅助自适应性汉语水平考试的设想》、《中国汉语水平考试的若干问题》、《汉语常用字词的统计与分级》、《汉语水平考试（HSK）与对外汉语教学》、《中高级阶段对外汉语教学的理论探讨》、《对外汉语教学论的几个问题》、《教学与考试八则》、《对外基础汉语教学法创新之路》、《对外汉语教学的一项基本建设》、《参照 HSK 改进课堂训练》、《北京大学 HSK 入学考试分班入系分析》、《华东师范大学留学生 HSK 考试评述》、《北京语言学院 HSK 入学测试编班分析》、《HSK 对对外汉语教学的重要指导作用》、《建造以 HSK 为参照的教学链》、《从 HSK 摸底分析看新疆民族中学的汉语教学》、《少数民族汉语水平考试探讨》、《1993 年 HSK（高等）试测结果统计与效度分析》、《关于在美国举行 HSK 试考的分析报告》、《中国汉语水平考试（HSK）办法》、《高等汉语水平考试 HSK（高等）考试大纲》、《中国汉语水平考试（HSK）鉴定书》、《汉语水平考试通过鉴定》、《HSK——汉语水平考试见闻》、《HSK，中国特色的汉语水平考试》、《为 HSK 考试叫好》、《HSK 走向世界》、《汉语"托福"——进入中国之门》。书后附录《HSK 常用词汇一览表》。

205. 汉语水平等级标准和等级大纲（试行）

《汉语水平等级标准和等级大纲（试行）》，中国对外汉语教学学会"汉语水平等级标准研究小组"编制，北京语言学院出版社，1988年9月出版。

《汉语水平等级标准和等级大纲》是进行对外汉语教学总体设计、制订教学大纲、编写各级教材以及进行课堂教学和测试的重要依据，该文件建立了汉语水平的等级标准，并建立了与之相应的词汇大纲（甲、乙、丙、丁四级语法项目，丁级暂缺）。它由《汉语水平等级标准》、《词汇等级大纲》、《语法等级大纲》、《功能、意念等级大纲》（暂缺）、《文化等级大纲》（暂缺）等五部分组成。

《汉语水平等级标准》将汉语水平分为五级，规定各级语法、词汇等方面的总量及听、说、读、写、译各方面的具体指标。《词汇等级大纲》将 8000 词分为四级：最常用词 1011 个，常用词 2017 个，次常用词 2140 个，普通词 3000 个。《语法等级大纲》所列三级共 589 个语法点，是根据汉语内部规律和外国人学习汉语规律，在多年的教学实践中，逐步制订出来的。

206. 国际汉语能力标准

《国际汉语能力标准》，国家汉语国际推广领导小组办公室编，外语教学与研究出版社，2008 年 1 月出版，共 76 页。

《国际汉语能力标准》（以下简称《标准》）旨在建立一套完善、科学、规范的教师标准体系，为国际汉语教师的培养、培训、能力评价和资格认证提供依据，是指导国际汉语教学的纲领性文件。《标准》的研制由北京外国语大学中国外语教育研究中心韩宝成教授和北京语言大学赵金铭教授负责，从酝酿到形成经历了收集资料、确定框架、形成初稿、讨论修改、审核定稿等多个环节，国家汉办先后组织海内外 80 多所大学的语言教学专家及教育测量专家，在国内外先后收集了近 7000 条语言应用任务后，根据任务的难度、复杂度等建立起的汉语能力判定标准。它注重语言的实际运用，同时体现汉语口语和书面语之间存在较大差别这一特点。参与人员是来自国内外多所知名大学的汉语教学专家及外语教学专家。

《标准》面向以汉语为外语的学习者，通过对其运用汉语知识和技能进行交际的能力，从三个层面分别提供了五个级别的描述，改变了过去以掌握多少汉语知识来衡量汉语水平的评判标准，转为以能力为导向，以使用汉语"能做某事"作为衡量汉语学习者语言能力的重要依据。

《标准》的三个基本框架具体体现在：第一层面是国际汉语能力总体描述；第二层面是汉语口头和书面交际能力；第三层面是汉语口头和书面理解与表达能力。

《标准》的五个组成模块分别为：1. 语言基本知识与技能，包括汉语知识与技能和外语知识与技能两个标准；2. 文化与交际，包括中国文化与中外文化比较与跨文化研究两部分；3. 第二语言习得策略；4. 教学方法，包括汉语教学法、测试与评估等四个标准；5. 教师综合素质，主要对教师的职业素质、职业发展能力和职业道德进行描述。

207. 国际汉语教师标准

《国际汉语教师标准》，国家汉语国际推广领导小组办公室编，外语教学与研究出版社，2007 年 11 月出版，共 168 页。

为了提高国际汉语教师的专业素质和教学水平，培养、培训合格的汉语教师，满足世界各地日益增长的汉语学习需求，中国国家汉语国际推广领导小组办公室组织研制了《国际汉语教师标准》（以下简称《标准》）。针对国际汉语教学对师资的要求而制定《标准》，在汉语作为第二语言教学历史上尚属首次。

《标准》是一套科学、规范、完整的国际汉语教师认证体系。该标准的制定借鉴 TESOL 等国际第二语言教学和教师研究新成果，吸收国际汉语教学实践经验，由语言基本知识与技能、文化与交际、第二语言习得与学习策略、教学方法、教师综合素质等五个模块组成，全面描述了从事国际汉语教学工作的教师所应具备的知识、能力和素质，旨在建立一套完善、科学、规范的教师标准体系，为国际汉语教师的培养、培训、能力评价和资格认证提供依据。

《标准》由五个模块十个标准组成：

1. 语言基本知识与技能，包含汉语知识与技能、外语知识与技能二个标准；2. 文化与交际，包含中外文化比较与跨文化交际、第二语言习得与学习策略二个标准；3. 第二语言习得与学习策略，包含第二语言习得与学习策略一个标准；4. 教学方法，包含汉语教学法、测试与评估、现代教育技术及运用，以及汉语教学课程、大纲、教材与辅助材料五个标准；5. 教师综合素质，包含教师综合素质一个标准。

六、对外汉语教师素质与教学技能研究

208. 汉语可以这样教——语言技能篇

《汉语可以这样教——语言技能篇》，赵金铭主编，商务印书馆，2006 年 11 月出版，共 191 页。

该书以介绍汉语作为外语教学的基本技能为目的，从汉语与对外汉语教学的实际出发，介绍了具体、实用的教学方法。

全书共五章。

第一章汉语综合技能训练法与教学技巧。论述汉语综合技能训练的目的与性质、教学任务与目标、教学环节、教学方法和技巧。

第二章汉语口语技能教学法与教学技巧。介绍汉语口语技能训练的目的，分析汉语口语技能训练的层次，明确汉语口语技能训练的教学环节，包括话题导入、生词讲练、语言点讲练、课文讲练四个环节；阐述汉语口语技能训练的教学方法和技巧，包括语音练习的方法和技巧、词语练习的方法和技巧、句子练习的方法和技巧、会话练习的方法和技巧和成段表达练习的方法和技巧。

第三章汉语听力技能教学法与教学技巧。介绍汉语听力技能训练的目的，分析汉语听力技能训练的层次，明确汉语听力技能训练的教学环节，包括听前、听时和听后练习，阐述汉语听力技能训练的教学方法和技巧。

第四章汉语阅读技能教学法与教学技巧。介绍汉语阅读技能训练的目的，分析汉语阅读技能训练的层次，明确汉语阅读技能训练的教学环节，包括预备环节、阅读环节和整理环节；阐述汉语阅读技能训练的教学方法和技巧，提出从提高理解力和速度两个方面入手。

第五章汉语写作技能教学法与教学技巧。介绍汉语写作技能训练的目的，分析汉语写作技能训练的层次；简述进行汉语写作技能训练的教学准备，包括教材的准备、开设课程的准备、如何备课以及学生的心理准备；明确汉语写作技能训练的环节设计，包括启发导入、知识学习、范文分析、总结规则、布置任务、写作实践、教师批改、分析讲评和补充练习；阐述汉语写作技能训练的教学方法与技巧，包括三个方面：1. 限制性表达训练和自由表达训练；2. 听后写、读后写、看图写、看电影或电视后写；3. 扩写、改写。

该书从对外汉语教学实际出发，阐释训练的原则问题和侧重点，揭示训练所显示的客观层次，展示训练所应遵循的各个教学环节，具体给出了训练的基本方法与技巧。全书简明易懂、层次分明，具有较强的逻辑性与可操作性。

209. 汉语可以这样教——语言要素篇

《汉语可以这样教——语言要素篇》，张和生主编，商务印书馆，2006 年 11 月出版，共 153 页。

该书以汉语教学中的语言诸要素为切入点，选择汉语语音、语法、词汇、汉字教学中的重点与难点，通过举例性的教学示范，展示相关的教学方法和教学技巧。

全书共四章。

第一章怎么教汉语语音。简述语音教学的意义和基本原则，介绍《汉语拼音方案》，阐述声母、韵母、声调学习中的难点与教学技巧。

第二章怎么教汉语语法。简述语法教学的意义、原则和方法，列举"就／才"、"刚才／刚"、"常常／往往"和"了"等词的语法教学示例，列举了"把"字句、"被"字句、意义被动句、"比"字句等句式的教学示例，还包括结果补语、趋向补语、可能补语等句子成分的教学示例。

第三章怎么教汉语词汇。介绍词汇教学的基本方法，包括课文生词的处理和词语的讲解，词汇常用练习方法演示，包括卡片展示法、朗读法、搭配法、组合游戏法和表演法；探讨如何利用反义词、"义类"、"同语素"、前后缀等扩大学生词汇量；最后辨析同义词和近义词、多义词和同形词。

第四章怎么教汉字。概述汉字教学，介绍笔画与笔顺教学，明确独体字、汉字部首和合体字教学的教学重点和教学方法。

决定第二语言课堂教学质量的因素很多，包括总体教学管理水平、学生素质、教材质量、教学设施等等。但是，作为以语言技能训练为主的教学，要想用最少的时间和精力达到教学的最佳效果，教师是否大体了解目的语的基本知识、基本规则和难点、重点，是否掌握传授这些知识、规则的教学技巧，应该是其中重要的因素。

该书作为第二语言教学的教师培训用书，《汉语可以这样教——语言技能篇》的姊妹篇，对规律把握准确，具有较强的实用性。

210. 对外汉语教师素质与教师培训研究

《对外汉语教师素质与教师培训研究》，张和生主编，商务印书馆，2006 年 7 月出版，共 351 页。

该书收集了有关对外汉语教师素质和师资培训方面的文章 39 篇，是从 47 部相关专著和 140 余篇相关论文中选编而成的，其中包括两份政府文件。

该书共四章。

第一章，对外汉语教师的基本素质研究。阐述对外汉语教师应具备的基本素质，包括职业意识、时代意识、课堂教学意识和跨文化意识；简述对外汉语教师的业务素质，包括对外汉语教师的知识结构与能力结构、对外汉语教师的几项基本功和信息化时代对对外汉语教师的要求。

第二章，对外汉语师资培训研究。概述对外汉语师资队伍构成，分析对外汉语教师队伍建设中取得的成就与存在的问题；介绍对外汉语教师师资培训，包括对外汉语教师培训的指导思想、对外汉语教师培训的方式与内容及对外汉语教师资格认定制度；最后是对外汉语教学评估，明确指出教学评估是检查教师培训的重要手段，但是它并不是评价教师的唯一标准。

第三章，对外汉语教学专业人才的培养研究。概说对外汉语教学专业人才培养和对外汉语教学专业本科生培养，包括有关对外汉语教学专业的建设、有关专业名称的论争和有关对外汉语教学专业学生知识结构的几个问题；专门介绍对外汉语教学专业研究生培养等相关问题，包括研究生培养与学科建设、对外汉语教学专业研究生的课程设置等。

第四章，海外汉语教师培训。主要包括菲律宾华文师资培训与教材编写、东南亚华文教师培训经验点滴、东南亚华文师资培训工作的现状与问题及网络时代的华文教师培训等内容。

该书所选文章为近年来在对外汉语课堂教学中有丰富经验的专家学者发表的文章，从各个不同角度论述了对外汉语教师素质和教师培训的理论、实践和需要改进之处，是一部集学术性与实用性于一体的著作。

211. 对外汉语课堂教学技巧研究

《对外汉语课堂教学技巧研究》，张和生主编，商务印书馆，2006年7月出版，共403页。

该书为对外汉语教学专题书系之一，收录了近年来在对外汉语课堂教学中有丰富经验的学者发表的文章，并按照章节的形式编排成书，从各个不同的角度，论述了对外汉语课堂教学的理论、实践和需要改进之处。

全书共分三章。

第一章为按教学内容区分的课堂教学技巧研究，分别讨论了语音、语法、词汇、汉字、文化等五方面的教学技巧及其方法、策略。有关对外汉语语音的教学技巧，收录了程美珍和赵金铭的《基础汉语语音教学的若干问题》、蒋以亮的《音乐与对外言语的语音教学》、王玲娟的《对外汉语初级阶段语音感教学研究》等具有代表性的论文，从实践中总结出各种语音教学方法。语法是语言的结构规则，关于对外汉语语法的教学技巧，该书以卢福波的《对外汉语教学语法的体系与方法问题》、彭小川的《对外汉语语法课语段教学刍议》以及刘若云和徐韵如的《对外汉语基础语法教学认知法教学初探》为基础提出了汉语语法教学中应当注意的问题。词汇学习是第二语言学习中最重要的部分，也是对外汉语课堂教学技巧中研究成果较为丰富的领域，主要选录陆俭明《对外汉语教学中要重视词汇教学》、杨惠元《强化词语教学、淡化句法教学——也谈对外汉语教学中的语法教学》、张慧君《对外汉语教学中的词汇教学技巧》等共五篇论文，根据教学内容不同，探讨了各种词汇教学方法。关于对外汉字教学技巧是见仁见智的，如崔永华的《汉字部件和对外汉字教学》、周健和尉万传的《研究学习策略，改进汉字教学》等五篇论文向读者展示了对外汉字教学技巧的研究情况。关于文化教学，张莹提出《对外汉语中的文化教学模式比较和策略分析》，孙欣欣探讨了《对外汉语教学基础阶段文化导入的方法》。

第二章为按课型区分的课堂教学技巧研究，着重探讨了综合课、口语课、听力课、写作课、报刊课的教学原理、途径及其改革设想。该书把综合课解释为精读课，按初、中级、中高级三个阶段探讨了不同阶段汉语精读课的教学特点，并单独强调了"语篇分析"在精读课中的运用研究。在口语课的教学技巧研究中，总结了会话技能训练的原理与途径，强调利用社会环境进行口语教学，还专门以初级阶段的汉语口语课为主体研究了课堂教学活动的策略。关于听力课教学技巧的研究，从全局的角度大概描述了汉语听力课研究的情况，着重指出应利用语境进行听力教学。近年来听力理解认识策略分析也对教学策略的研究产生了重要的影响，而且该书还探讨了听力教学中的口语训练问题。对于写作课教学，除了概述汉语写作课的研究情况之外，还提出了语段写作训练的问题。本章还提出了新闻听读教学的原则和方法以及报刊课教学中的问题，并针对这些问题提出了解决策略。

第三章为非言语行为类的对外汉语课堂教学技巧，重点讨论了对外汉语课堂教学中的板书设计、教师体态语言、教师情感因素、课堂组织等在教学中的作用及具体实施步骤。

在对外汉语教学中，"教学方法的研究是我们的软肋"。该书从多角度多层次地介绍、总结和分析了对外汉语教学四大环节中最重要的环节——课堂教学的技巧，为对外汉语课堂教学技巧的进一步研究提供了丰富的研究资料，而且还指出了对外汉语课堂教学技巧的研究方向，因此该书对对外汉语课堂教学技巧的研究有重要的贡献。

212. 对外汉语的课堂教学技巧

《对外汉语的课堂教学技巧》，丁迪蒙著，学林出版社，2006 年 6 月出版，共 311 页。

该书是一本论述对外汉语教学启蒙阶段课堂教学技巧的教科书，共十一章。

第一章汉语拼音——学习汉语的拐杖，概述声母教学韵母教学、和声调教学；

第二章辨音能力的培养，阐述声、韵、调的分辨，拼音的听写训练和听音查词典；

第三章有步骤地进行汉字学习，论述了基本笔画和独体字的教学、合体字的教学及汉字与汉字文化；

第四章词语和短语的教学，包括怎样教常用词语、短语的教学要点和相近词语的辨析；

第五章句子和句型的教学，论述组词成句的教学、常用句式的教学、语法偏误及修正方法；

第六章汉文化——汉语的基础，简述汉语言与汉文化、汉文化的教学和传统文化的教学；

第七章"主持人"式教学法，论述"主持人"式教学法的特点、课堂效应和对话编写规则；

第八章对外汉语的游戏教学，包括启蒙阶段的游戏、初级阶段的游戏和中级阶段前期的游戏；

第九章辅助的教学手法，包括儿歌、绕口令、谜语、学唱中国歌和小品的表演；

第十章课堂教学的组织，论述课前的准备工作、情景教学和实景教学以及教案的设计和撰写；

第十一章习题和测试，包括课后习题的类型、造句和作文、测试及测试形式。

该书针对学生的不同母语特点，从教学准备、课堂调度、课堂游戏及辅助方法，到如何备课、考卷设计等方面，系统、全面、科学地介绍了对外汉语课堂教学的操作技法以及教学中难点的解决办法，熔普通课堂教学理论和对外汉语课堂教学理论于一炉，以深入浅出的语言和生动形象的实例相结合，极具操作性和参考性。

213. 对外汉语课堂教学教案设计

《对外汉语课堂教学教案设计》，陈宏、吴勇毅主编，华语教学出版社，2003 年出版，共 347 页。

该书属对外汉语教师资格考试参考用书，该套丛书共分四册，包括《汉语科目考试指南》、《对外汉语教学理论与语言学科目考试指南》、《中国文学与中国文化科目考试指南》以及《对外汉语教学课堂教案设计》。

《对外汉语教学课堂教案设计》一书，主要是针对历年来考生在"对外汉语教学理论和语言学"考试科目教案编写中存在的问题编写的，它为对外汉语教学的教案设计提供了一些可以借鉴和参考的"范式"，目的在于提高考生编写教案的能力。

该书以《论"教案"》代序，正文部分列举了《汉语不太难》、《我家在浦东》、《去商店买东西》、《你睡午觉吗？》、《约会》、《看病》、《男人难还是女人难？》、《一封信》、《读万卷书 行万里路》、《我记忆中的两个女孩》、《雨中登泰山》、《一共多少钱？》、《这件衣服怎么样——买东西》、《有志者事竟成》、《在邮局》、《北京和上海的气候》、《访德二三事》、《请讲 请坐》、《我不能去》、《倒霉》等 21 篇课文的教案设计。

该书所提供的教案设计并非样板，只是提供一个范式，书中教案均出自精心设计。因为出自不同的学校、不同教师之手，从中约略可以看出风格与取舍上的差异。每篇教案设计最后均附有有关专家的"教案点评"，可以让读者从中了解该教案设计的优、缺点，以便学习者提高自己的编写能力。

214. 汉语课堂教学技巧与游戏

《汉语课堂教学技巧与游戏》，周健主编，北京语言文化大学出版社，1998 年 9 月出版，共 204 页。

该书针对对外汉语课堂教学形式单调枯燥、缺乏生动趣味的普遍问题，试图通过采用富有趣味性的教学小技巧和课堂游戏来改变沉闷乏味的状态。

全书内容分为六大类：语音、汉字、词语、句段表达、语法点、文化及其他。每一条又含有六项内容：1. 技巧或游戏的名称；2. 具体操作方法，大多数都用实例加以介绍；3. 说明，介绍准备或运用技巧时应注意的事项以及某些技巧的扩展方法；4. 目的，介绍此技巧或游戏在汉语教学方面的助益；5. 程度，分为 ABCDE，A 表示适用于第一学期的初学者，B 为第二学期，依此类推，E 为三年级以上相当于高级汉语班的程度，CDE 则适用于第三学期以上的程度；6. 作者姓名，作者也可能是整理改编者。该书的目录按内容编排，书后附有按适当程度排列的索引，教师使用时可以根据自己教学的内容或学生的程度，方便地找到合用的条目。

该书的编写，旨在为对外汉语教师进行课堂教学时提供一些具体实用的、富有趣味性的、易于操作的课堂教学方法、技巧与游戏，以提高课堂教学的质量。该书也可作为一般汉语教师和外语教师的教学参考书。

215. 对外汉语课堂教学技巧

《对外汉语课堂教学技巧》，崔永华、杨寄洲著，北京语言大学出版社，1997 年 6 月出版，共 220 页。

该书是一部关于对外汉语教学法的实用理论专著，包括语音课堂教学技巧、词汇教学技巧、语法教学技巧、汉字课堂教学技巧、听力理解课堂教学技巧、口语课堂教学技巧、阅读理解课堂教学技巧、写作课堂教学技巧几个部分，适合对外汉语教师参考学习。

全书总分八个章节。

导言部分主要介绍了对外汉语教学课堂教学技巧相关概念、性质以及作用等；

第一章为语音课堂教学技巧，包括展示语音的技巧、指导发音的技巧、练习语音的技巧和关于纠正发音；

第二章为词汇教学技巧，主要从展示词汇、解释词汇、词汇练习、词汇的积累四个角度来指导词汇教学；

第三章为语法教学技巧，从展示语法点、解释语法点、练习语法点、语法点的归纳四方面归纳语法教学技巧；

第四章为汉字课堂教学技巧，包括展示汉字的技巧、解释汉字的技巧、练习汉字的技巧、练习查字典四节内容；

第五章为听力理解课堂教学技巧，分为对话理解训练技巧、声像材料实际语料理解训练技巧、短文理解训练技巧三节；

第六章口语课堂教学技巧，包括教材处理过程、 基础对话训练、基础独白训练、中高级口语训练、纠正错误的技巧、游戏；

第七章为阅读理解课堂教学技巧，分为针对教材的阅读训练、提高阅读理解能力的训练、提高阅读速度的训练、技能阅读训练四方面内容；

第八章为写作课课堂教学技巧，主要从基本训练阶段、简单应用文训练阶段、段落训练阶段、限内容的写作、教学组织技巧五方面讲述写作教学技巧。

作者巧妙地从语音、词汇、语法、汉字、听力理解、口语、阅读理解、写作课八个方面系统、科学地指出教学中应该注意的问题和教学技巧，克服了以往同类书中经验介绍较多，理论讨论过少的缺点。该书收集整理了大量的经验材料，较为全面地总结了当今汉语教学中行之有效的技巧，在一定意义上实现了从实践到理论的过渡。

七、现代科学技术与多媒体教学

216. 对外汉语计算机辅助教学的理论研究

《对外汉语计算机辅助教学的理论研究》，郑艳群主编，商务印书馆，2006 年 7 月出版，共 405 页。

作为《对外汉语教学专题研究书系》的一部分，该书与《对外汉语计算机辅助教学的实践研究》是姊妹篇。该书侧重宏观思考、理论探讨、发展概述、设计构想以及语料库的构建等，汇集了 20 世纪 90 年代以来有关对外汉语计算机辅助教学方面的 39 篇论文，并根据对外汉语计算机辅助教学的学科规律以章节形式重新编目，从宏观上勾勒出近 20 年来对外汉语计算机辅助教学理论研究的发展和走势。

全书共分四章，分别为：汉语计算机辅助教学总论；汉语信息处理与汉语教学；汉语计算机辅助教学研究；现代教育技术与汉语教学。张普在《论汉语信息处理技术与对外汉语教学》中详细阐述了汉语信息处理与汉语教学结合的必然性、必要性和可能性，较早地对现代科技应用于汉语教学进行了宏观思考；孙宏林等的《"现代汉语研究语料库系统"概述》和储诚志等的《建立"汉语中介语语料库系统"的基本设想》是语料库开发软件研究领域的成果。对语料库的分析又有赖于计算机环境的支持，汉语教师必须借助检索工具才能完成检索任务，如宋柔的《关于分词规范的探讨》和陈小荷的《语料检索方法的研究与实现》等。卢伟的《基于 Web 的对外汉语教学语料库建设及在线检索程序开发》是对网络环境下满足更大范围语料检索需求，实现共享的探讨。

217. 对外汉语计算机辅助教学的实践研究

《对外汉语计算机辅助教学的实践研究》，郑艳群主编，商务印书馆，2006 年 7 月出版，共 458 页。

　　作为《对外汉语教学专题研究书系》的一部分，对外汉语教学计算机辅助教学的有关内容分为"对外汉语教学理论研究"和"对外汉语教学实践研究"，后者侧重实现方法、具体应用、实际操作、示例和实验等。侧重汉语计算机辅助教学的实践，包括对基础平台建设、多媒体课堂教学设计方法、远程教学设计方法、多媒体教材和资源建设、教学实验、测试和管理等方面的探讨。该书在编选过程中，搜集了大陆公开发表的汉语计算机辅助教学研究的相关文献逾 400 篇。

　　应用计算机辅助汉语教学，就技术层面来讲，有其特殊的学科特点。美国印京华的《对带调汉语拼音字体及辅入以及键盘安排的思考》、张卫国的《汉字文本的汉语拼音文本自动转换及实现》、王葆华的《微观 OFFICE 处理繁简转换的问题和"中文助教"软件的解决办法》都提出了自己的处理办法；日本吉川刚的《关于日流媒体技术的汉语教学的初探》，探讨了学生如何利用 PDA（掌上电脑）简单而方便地与 PC 交换数据，并利用网络资源进行汉语教学与学习的尝试的具体步骤和过程。课堂教学中应用多媒体计算机技术是近年来发展迅速的一个方面，多媒体课堂教学的模式是多种多样的，郑艳群的《多媒体汉语课堂教学的理论与实践》，通过具体的教学实验对当前技术条件下开展多媒体课堂教学的体验和思考；美国靳洪刚的《多媒体汉字呈现与汉字习得研究：三个跨语言组的汉字测试分析》，通过实验对多媒体环境下的跨语言汉字学习作了实证性探讨。可以说多媒体技术应用于汉语教学，开启了计算机辅助教学新的研究课题和研究领域。美国谢天蔚的《中文网络资源重组及应用》，讲述的是如何根据资源和硬件条件开展网上教学；美国姚道中的《美国中文网络教学现况简介》，从多层次全面地介绍了美国现有的网络资源和网站。中国香港蔺荪的《多媒体教材资源库》，是他在资源建设方面长期工作的一个缩影；史艳岚的《浅谈数字化报刊新闻语言教学平台的建设》，介绍了如何利用动态语料库及时更新报刊新闻课的授课内容，从而传达最新信息、编写电子教案和授课的经验。胡波的《对网络听力教学的反思》，通过具体的实验对新的教学形式提出反思；计算机辅助教学的效果不仅有赖于课件的质量，也会受到来自于教师、学生以及教学环境等各方面因素的影响，日本陈文芷等的《电脑教学中教师的主导作用》强调的正是教师的观察和指导作用。

新技术的应用将会改变教学管理、教学过程、教学考核评估模式，使之更加合理，科学，并具有更高的效率。

218. 数字化汉语教学的研究与应用

《数字化汉语教学的研究与应用》，张普、谢天蔚、蔺荪、谢家浩等主编，语文出版社，2006年5月出版，共576页。

该书是"第五届中文电化教学国际研讨会"会议论文集，共收入了9个国家和地区的论文76篇。其中向国内外一些专家学者特约的学术报告6篇，中国境内论文57篇，境外论文13篇。内容包括如下九类：1. 特约报告；2. 语言教学现代化的教育技术理论探究；3. 多媒体技术在中文教学中的研究与应用；4. 中小学语文的教学现代化；5. 汉语教学知识库的理论与应用；6. 汉语现代远程教育的理论与应用；7. 汉语数字化课件开放与应用；8. 汉语数字化资源的开发与应用；9. 数字化汉语教学的测试、标准与规范研究。

从第一届中文电化教学国际研讨会算起，以现代教育技术与汉语教学的结合为核心的会议已经举办了五届。这五届会议对"教育技术"的定义有着不同的理解，2007年，AECT对"教育技术"给出了新的定义，使我们对教育技术的本质、教育技术的研究对象、教育技术的研究范畴以及教育技术研究的领域都有了进一步的认识与反思。教育技术与汉语教学的整合不是简单地将教育技术应用于教学，而是高层次的融合与主动适应。当前，对外汉语教学事业面临着一个重要的战略转变，工作重心由原来主要面向数万名来华汉语学习者转为面向国外数千万的汉语学习者。

该论文集，展示近年来国内外学者在对外汉语数字化教学技术研究领域的最新研究成果，是一部覆盖面广、多层面研讨对外汉语教学教育技术的论文集萃。

219.现代化教育技术与对外汉语教学：第二届中文电化教学国际研讨会论文集

《现代化教育技术与对外汉语教学：第二届中文电化教学国际研讨会论文集》，张普主编，广西师范大学出版社，2000年出版，共346页。

该书收录现代化教育技术与对外汉语教学论文60余篇，内容涉及中文教学现代化教育与对外汉语教学相关的技术理论、网络教学、多媒体教学以及光盘技术、音像技术、计算机辅助技术研究等。

全书分成七个部分。

第一部分：中文教学现代化教育技术理论研究，收录了《当前远程对外汉语教学课件制作的有关问题》、《学习者个性心理因素对现代远程教育的影响》、《中文与电脑知识的结合教学》、《华文多媒体教学的现状及发展对策》等8篇文章。

第二部分：网络技术与对外汉语教学研究，收录了《对外汉语教学网站总体设计》、《早稻田大学 Chinese Online 远程教学活动内容介绍》、《中文程度与能力网络考试》、《关于现代远程教育工程对网络建设需求的分析》等15篇文章。

第三部分：多媒体技术与对外汉语教学研究，收录了《从事信息的重新组合：对母语为英语或日语的学生的汉语教学所设多媒体结构的探索》、《多媒体教材编写的几点体会》、《开发多媒体对外汉语电子教材的构想》等7篇文章。

第四部分：音像技术与对外汉语教学研究，收录了《谈我校对外汉语电化教学的现状及改进方向》、《在对外汉语教学课室中使用录像带教学的经验和体会》、《关于出版唐诗朗读音像教材的建议及唐诗朗读音像脚本》等7篇文章。

第五部分：计算机辅助对外汉语教学研究，收录了《介绍一个语音教学软件——〈可视语音操练〉(VisiSpeech Class)》、《有关汉语CAI软件的开发和问题》、《电脑技术在香港大专院校普通话词汇教学中的运用》、《〈现代汉语语法信息词典〉在计算机辅助语言教学中的应用》

等 9 篇文章。

第六部分：电子版基础研究，收录了《现代汉语合成词结构数据库的开发及应用》、《汉语语言学资料数据库建设及其应用》、《现代汉语字义知识库的建造》、《汉语词汇的网络性与对外汉语词汇教学》、《部首检字规范探索》5 篇文章。

第七部分：其他，收录了《谈谈计算机技术在对外汉语教学管理中的应用》、《短期留学生入学时汉语水平定位评定实验》、《计算机与口语水平测试标准化》、《对带调汉语拼音字体及其输入以及键盘安排的思考》、《汉字文本的汉语拼音文本自动转换及实现》等七篇文章。

八、世界汉语教学史研究

220.华文教学概论

《华文教学概论》，郭熙主编，商务印书馆，2007 年 9 月出版，共291 页。

该书由商务印书馆世界汉语教学研究中心策划，赵金铭、齐沪扬、范开泰、马箭飞总主编，为世界汉语教学学会审订的商务馆对外汉语专业本科系列教材之一。它系统介绍了华文教学的基本概念、历史和现状，分析了华裔学生的特点及其对华文学习的影响，还阐述了如何进行华文教学的设计、华文水平测试与教学效果评估等方面的问题。

全书包括正文、附录、主要参考文献。正文部分由八章构成。

第一章绪论，包括四小节：作为一门课程的华文教学；华文教学中的几个概念；华文教学性质、模式及目标；语言观与华文教学。

第二章海外华人社会及其语言状况，从海外华人社会的形成和分析、海外华人的语言状况、海外华语的特点三方面进行介绍。

第三章海外华文教育事业的发展，涵盖五节内容：海外华文教育发展史概述、亚洲华文教育的发展、北美洲的华文教育、大洋洲的华文教育、欧洲的华文教育。

第四章华裔学生的特点及其对华文学习的影响，概述华裔学生的特点之后，介绍华文学习的语言、文化、家庭和社会背景，还包括目的语的应用前景及影响等内容。

第五章华文教学的设计，包括大纲设计、课程设置、教材的编写和选择、课堂教学四个方面。

第六章华文水平测试与教学评估，介绍了汉语测试、华文水平测试、华文教学评估的一般情况。

第七章华文教学的研究，讲解了三方面内容：华文教学研究的意义和兴起的背景、现阶段的华文教学研究、华文教学研究存在的问题和任务。

第八章华文教师的基本素质与师资的培训，从华文教师应具备的知识与技能、教学能力和教学理念、华文教师的自我提高及发展和师资培训四个方面作了较为详尽的介绍。

其后附录了《海外华人华侨分布》、《国家批准的 25 个华文教育基地》、《华文教学相关网站》和《华文教材》，知识资料性很强，值得参考。最后是全书的参考书目文献。

该书是国内外第一部以华文教学为出发点的教材，涉及范围广，体现出了新的视野、新的语言教学和新的学习理念。它谨守教材的属性，注意教材容量与可能的课时量相协调，在每一章节之后附有思考题或练习题，特别注意知识的阶段性衔接。通过该教材的学习，我们可以了解和掌握华文教学的相关知识和教学技巧，进而创造性地开展教学活动。总之，《华文教学概论》是对外汉语专业本科生、相关专业研究生和从事对外汉语教学工作者、研究者的良师益友，也可以作为大专院校语言文学类专业的课外参考书来使用。

221. 对美汉语教学论集

《对美汉语教学论集》，程爱民、何文潮、牟岭主编，外语教学与研究出版社，2007 年 7 月出版，共 448 页。

该书为南京大学、耶鲁大学和美国大纽约地区中文教师协会于 2007 年 8 月在南京共同举办的首届对美汉语教学暨第六届国际汉语教学研讨会论文集。收录了本次研讨会论文近百篇，针对北美地区汉语教学的特点和难点，从国别语言政策、教学理论与模式、教学方法与策略、教学手段与技术、教学评估与测试、教材编写与教师培训等方面探讨对美汉语教学的问题并寻求解决方案。

该论文集涵盖了十三个方面的内容，即：背景与政策研究、学习目标与规律研究、教学理论与模式研究、教学方法与策略研究、语法与词汇教学研究、汉字教学研究、多媒体技术与网络教学研究、教师培训研究、偏误分析研究、测试研究、教材编写与研究、中美文化差异与汉语教学研究和 AP 中文项目与美国中小学汉语教学研究。

共收录了《"关键语言"之所以"关键"：从美国媒体有关汉语教学的报道看美国"汉语热"的相关背景》、《浅析美国国家汉语学习目标》、《明德模式与中国大陆高校基础汉语教学常规模式之比较——兼谈汉语教学的精英模式与大众模式的差异和互补》、《针对美国学生汉语学习的"脑风暴式发现教学法"推介》、《英语母语学习者复合趋向补语引申义习得情况分析》、《试谈对美国学生的汉字教学问题》、《基于网络的英汉双语平行语料库的制作与应用》、《美国大纽约地区中文教师培训项目分析》、《美国学生动词"算"习得中的偏误分析》、《AP汉语与文化考试与德国文理中学毕业汉语考试比较》、《从近年在美国使用的新中文教材看中文教学的发展》、《中美称谓系统差异与对外汉语教学》、《从 AP 中文课程看美国外语教学的新标准》等 100 篇论文。

222. 印度尼西亚华文教育发展史

《印度尼西亚华文教育发展史》，黄昆章著，外语教学与研究出版社，2007 年 6 月出版，共 305 页。

该书属于世界汉语教育丛书，共分十章，论述印尼华文教育产生及发展的历史与现状。

第一章印尼简介；

第二章印尼华侨华人历史概述；

第三章华侨教育萌芽时期(1729-1900)；

第四章印尼近代新式华侨教育的诞生与发展(1901-1941)；

第五章华侨教育黑暗时期(1942-1945)；

第六章华侨教育恢复时期(1946-1949)；

第七章二战后华侨教育发展时期(1950-1957)；

第八章逐步走向衰落的华侨教育(1958-1966)；

第九章印尼籍华裔兴办的华文教育(1958-2006)；

第十章结束语。

华文教育是广义的说法，包括中国籍华侨兴办的华侨教育和印尼籍华人兴办的华文教育两种类型。1966 年前的华文教育由华侨所兴办，属于外侨教育，故该书称之为华侨教育。1958 年华侨学校分校后，籍民学校由印尼籍华裔所办，设有华文课，其余课程均用印尼语为教学媒介语。1966 年华侨学校被印尼苏哈托政府取缔，华侨教育不复存在。1966 年以后，印尼籍华裔的华文教育由印尼籍华人所办，成为印尼民族教育的组成部分。它与华侨教育有本质的差别。

印尼华文教育历尽坎坷和沧桑。既有 1901 年前的私塾教育与义学教育（华文教育的萌芽阶段），又有 1901 年至 1966 年的近代华侨教育以及其后华人兴办的华文教育。华侨教育经历发生→发展→兴盛→衰落→消亡的过程，华文教育也经历发生→衰落→复苏→发展的过程。无论哪一类型的华文教育都有过大起大落与高潮低潮的历程。可以说，在世界各国华文教育中，很少国家像印尼那样复杂多变和跌宕起伏。了解印尼华文教育发展概貌，可以帮助我们了解海外华文教育的一个侧面，有助于总结它的经验和教训，推动其今后的发展。

223. 马来西亚华文教育发展简史

《马来西亚华文教育发展简史》，郑良树著，外语教学与研究出版社，2007 年 5 月出版，共 129 页。

马来西亚的华文教育是一个非常特殊的文化现象，该书作为世界汉语教育丛书之一，简要叙述了中文教育在马来西亚的发展历程。

该书共分为四章。

第一章开辟的时代，从四个方面叙述华教的源头、私塾教育、新式教育的来临，以及办学热潮的动因、动能；

第二章巩固的时代，主要从 1920 年学校注册法、调整步伐·重新出发、多元及全面的发展、日治时代的华都四个方面来叙述；

第三章攻坚的时代，从九个方面叙述了战后的复校、1950 年学校注册法令、巴恩报告（Barnes' Report）和教总的成立、方吴报告及教育遴选委员会报告、1952 年教育法令的抗争、南洋大学的创办、马华公会教育中央委员会的成立、拉萨报告书及其教育法令、华文中学改制与全国总罢课；

第四章发展的时代，从达立报告书、1961 年教育法令、华文中学加速改制、华教的低潮与独中复兴、独立大学与大专学院法令、内阁教育报告书与三 M 制之争、高等教育的拓展七个方面进行了叙述。

224. 欧美汉学研究的历史现状

《欧美汉学研究的历史现状》，张西平著，大象出版社，2006 年 4 月出版，共 448 页。

该书是国内外有关欧美汉学研究历史与现状论述和译著的结集，分别介绍了法、意、英、德、美、俄等十几个欧美国家汉学研究的概况以及所取得的成就，系海外汉学研究系列丛书，为海外汉语教学史提供了重要的参考材料。

全书分为两个部分。

第一部分选载了中外学者的 6 篇论文，从总体介绍欧美汉学的产生和形成。法国学者雅克·布洛斯的《从西方发现中国到国际汉学的缘起》，美国学者费正清的《新教传教士著作在中国文化史上的地位》，德国学者傅海波和傅吾康的《欧洲汉学史简评》、《19 世纪的欧洲汉学》，中国学者张西平和郑德弟的《西方游记汉学简述》、《传教士汉学的开拓者——入华耶稣会士》。文章既有对欧美汉学总体发展脉络的宏观梳理，也有对耶稣会传教士和新教传教士在汉学研究和中西文化交流中地位及作用的肯定，使我们对 19 世纪欧美汉学的产生和形成有一个总体的认识。

第二部分着重对欧美国别汉学研究状况进行介绍，选载了中外学者的 17 篇论文，集中对欧美几个主要国家的汉学研究历史和现状作了宏观的概述。包括《葡萄牙汉学回顾》、《16 世纪葡萄牙人的中国观》、《1600-1950 年的意大利汉学》、《意大利汉学：从 1945 年至今》、《法国汉学研究史概述》、《拓荒者和引水者：莱顿大学的早期汉学家(1853-1911)》、《德国的中国研究历史、问题与展望》、《德国的中国研究及其中文教学》、《俄国汉学史(至 1917 年前)》、《19 世纪上半叶的俄国汉学史》、《英国的中国学》、《美国的中国学研究评述》、《面向新世纪的瑞典中国研究》、《挪威的汉学研究》、《19 世纪末至今捷克汉学史》、《匈牙利汉语研究史》。

此书不仅给我们提供了一个从世界角度看中国的新视角，还为我国学者海外汉学的研究搭建了重要的参照，也可从中大概了解欧美国家各大学汉学院系的师资及课程设置等情况。

225. 朝鲜时代汉语教科书丛刊

《朝鲜时代汉语教科书丛刊》，汪维辉编，中华书局，2005 年 1 月出版，共 1983 页。

该丛刊选取了朝鲜王朝（1392－1910）时代汉语学习使用过的有助于汉语研究的十种教科书予以点校和影印。这十种书是在 14 世纪到 18 世纪（即我国的元代到清代）力求用地道汉语口语写的反映当时语言特点的教科书，为对汉语史的研究留下了十分珍贵、贴近当时汉语口语的语言资料。

全书四册，第一册为十种教科书的点校本，繁体横排；第二册为《原本老乞大》、《老乞大谚解》、《老乞大新释》、《重刊老乞大谚解》的影印本；第三册为《朴通事谚解》、《朴通事新释谚解》的影印本；第四册为《训世评话》、《华音启蒙谚解》、《你呢贵姓》、《学清》的影印本。

收入该丛刊的十种书的体例均由三部分组成：1. 解题部分，介绍各书的基本情况及其价值，并交代点校体例；2. 点校部分，包括划分段落、施加标点符号和对文字上的俗讹衍脱进行处理；3. 影印部分，即尽可能选择较好的版本加以刊印，并标注原书页码，以便跟点校部分对照，这是最有价值而又不易得到的原始数据。

书后附《相关论著目录》，著录所收集到的跟这些教科书有关的论著及资料目录，分数据、论著、其他三类，可以为进一步研究提供线索。

除《原本老乞大》和《老乞大谚解》、《朴通事谚解》外，该丛刊所收的十种书，在海峡两岸均未正式印行过，像《你呢贵姓》和《学清》，即使在韩国也不易看到。这批数据的刊布对汉语史、对外汉语教学、中朝交通史以及经济史、民俗史、文献学、文学史等学科必将发挥其应有的作用。著名语言学家、北京大学蒋绍愚教授为本丛刊作序，认为《丛刊》的出版"对汉语史的研究者来说是一个喜讯"，"将会使有关的研究更加深入"。

226. 汉字传播与中越文化交流

《汉字传播与中越文化交流》，赵丽明主编，国际文化出版公司，2004 年 9 月出版，共 451 页。

该书是 2003 年 12 月在清华大学深圳研究生院举办的"汉字传播暨中越文化交流国际学术研讨会"论文集，收录了与会代表就汉字本体及传播研究（特别是在越南的传播）、东方文字个案研究（特别是女书研究）、汉喃文献研究、中越古代文化交流研究等问题发表的最新成果。

收录的论文分成五个部分。

汉字本体研究部分，收录了《试论汉字在汉语词汇发展演变中的某些特殊作用》、《汉字字形排序唯一性的规则》、《浅谈汉字形音义及汉字演变的形式化表示》、《从台湾〈国字标准字体〉看海峡两岸现行文字差异》、《女书产生与存在的社会基础初探》等 12 篇文章；

汉字传播及比较研究部分，收录了《反体、反书与民族文字的创制》、《汉字在韩语中的读音与〈老乞大〉俗音系》、《汉字在日本传播的变异和互动》、《女书"我"字用字考究》、《日本的年度汉字评选活动》等 15 篇文章；

汉喃文献研究部分，收录了《越南的汉喃遗产》、《从越南版〈三字经〉初探喃字体系用字》、《关于越南黎朝编写会典的情况》等 7 篇文章；

中越古代文化交流部分，收录了《北属时期汉字传入越南始末及其对本地文化学术形成发展所起的作用》、《汉字与越南的汉语文学》、《儒家思想在越南的传播发展与变异》等 9 篇文章；

信息化网络时代的汉字部分，收录了《女书的数字化研究》、《女书字库的建立》、《信息时代与汉字书同文——论大中华文化圈与汉字之使用》等 5 篇文章。

227. 《老乞大》四种版本语言研究

《〈老乞大〉四种版本语言研究》，李泰洙著，语文出版社，2003年9月出版，共204页。

该书选取国内外所见的四种《老乞大》版本进行语言对比，在元代本、明代本、清代本的对比研究中，观察总结汉语与蒙古语相互接触、相互影响的一些特点和规律。

全书主要包括三部分内容。

第一部分是古本《老乞大》研究，包括《老乞大》版本源流、古本《老乞大》时代考辨。

第二部分是《老乞大》四种版本语言比较研究，这部分分为上下两个章节。

第一章为词汇的四种语言比较，包括：1. 人称代词，即人称代词在四种版本中各自表示的语法意义和句法功能；2. 助词，"有"、"来"、"将"和句尾助词的四种语言比较；3. 方位词，重点讨论了裹方位词的特殊功能。第二章为句式的语言比较，包括：1. "将/把"字句，讨论其语法意义和使用频率的对比问题；2. 反问句，包括"偏"、"知他"、"怎么"、"甚么"的四种语言比较；3. 比较句和比拟句；4. 处所状语前介词的有无；5. 语序，即宾语、副词、连词的位置。

第三部分是对上述比较的研究分析，即从《老乞大》四本看14世纪中叶至18世纪中叶北方汉语的发展变化。包括：词汇的兴替变化；新成分、新功能、新格式的出现；旧有语法成分、语法格式的变化；从《老乞大》看汉语与蒙古语接触等。后附《〈老乞大〉四种版本句节对照》，引书目录及参考文献。

该书对《老乞大》诸本中所反映的元代汉蒙语言接触的现象和规律的解释与探讨，是一次创新性的尝试，十分富于启发性，相信对这一领域的研究感兴趣的学者，一定可以在此基础上有更多的发现。该书在附录中把《老乞大》的四种版本按句段分别对照排列，使人一目了然，手此一册，就等于有了四种版本的《老乞大》，而且内容一一相对照，使用起来十分方便，这也是该书值得称道的地方。

228. 华语官话语法

《华语官话语法》，［西班牙］弗朗西斯·瓦罗著，姚小平、马又清译，外语教学与研究出版社，2003年9月出版，共272页。

该书为海外研究丛书之一。中国的语言研究源远流长，有清一代，传统小学门类更是科科兴旺，研究成果蔚为大观。伴随着明清传教士的来华，中国语言研究小学的旧有格局得以转变。传教士们出于掌握汉语、渗入中国的实际目的，开始有了大量的中籍西译，有拉丁注音、有汉外双语词典、有用西文编写的汉语语法书。由西而东，这种研究渐为中国学者所接受，并化而和之，成有中国学术之一分子。16世纪中叶之前，汉语研究只是国人自己的事情，之后渐渐成为世界的学问，海外的汉语研究日趋兴盛。但是，直至今天，国内学界对海外汉语研究发展的历史状况却不甚了了，很多原著尚待阐释与介绍。如西班牙瓦罗的《华语官话语法》，法国马若瑟的《汉语札记》、雷慕萨的《汉文启蒙》，英国马礼逊的《通用汉言之法》、艾约瑟的《官话口语语法》、艾约瑟的《上海方言语法》，德国甲柏连孜的《汉文经纬》等西洋汉语语法著作众多。

《华语官话语法》（Arte de la Lengua Mandarina），是世界上第一部正式刊行的汉语语法书，由西班牙传教士弗朗西斯·瓦罗完成于1682年2月，像其他语法书一样，在1703年由佩德罗·德·拉·皮诺艾拉增订正式刊行之前，它以手稿本的形式流传。

全书总体上分为四部分。

第一部分是各种译本的序言和导论，主要有中译序、英译出版前言、英译序及鸣谢、本书的导论，较为详尽地介绍本书的作者、版本情况、《华语官话语法》与相关学术史乃至对于后世语法研究的影响。值得注意的是，在《导论》中，明确指出，这种"Mandarin（官话）"不是指以北京为中心的北方方言，也不是任何一种具体的北方方言，而是指建立在官吏们使用的语言（官话）基础之上，在当时为官员、商人以及传教士们广泛运用的通用语（lingua franca），事实上它的语言基础是南京话。

第二部分为《华语官话语法》的正文，《弁言》之外计有十六章：

1. 若干诫律，介绍了汉语语法的五条诫律；

2. 汉语的声调，包括基调、带喉音的声调、带圆点的声调、带圆点的喉音声调和某些词的特殊方音方式五节内容；

3. 名词和代词的格变，涵盖名词的格变、基本代词的格变、派生代词的格变及相关说明等内容；

4. 名词和形容词、比较级和最高级；

5. 抽象动名词、指小词、多次性、行业名称以及（名词的）性；

6. 代词，包括基本代词、派生代词、指示代词、关系代词和反身代词；

7. 叹词、连词、否定词、疑问词以及表示条件的词；

8. 动词及其变位，由四节构成：系动词"是"、动词过去时和陈述式的变位、祈愿式和虚拟式、不定式；

9. 被动动词和被动结构，包括"是"和"所"、"为"和"被"、被动动词的变位三小节；

10. 介词和副词，主要讲解介宾结构、离格介词和副词；

11. 构句方式，介绍第一种和第二种主动句型和被动句型，以及关于构句法的其他问题及其说明；

12. 数词和量词，还有列举时辰、日子、星期、月份及年的方法；

13. 各种小词，如当、一、打、得、著、替、然、今、便、可等；

14. 官话礼貌用语，包括"令"、"贵"、"尊/高/位"、"家/息/先/小"、"敝/贱/寒"；

15. 如何称呼官员及其亲属以及其他人，如何在口语和书面语中称呼自己；

16. 交谈中的礼貌用语、外交辞令以及拜访、邀请时的礼节。

第三部分是附录，有三种：

1. 圣方济各会士巴西略·德·葛莱莫纳（Basilio de Glemona）为新来传教士所编的《解罪手册》（Confesionario）；

2. 《美国国会图书馆手稿·第一章第五节》；

3. 《美国国会图书馆手稿·第十五章第三节》。

第四部分是全书的人名、术语索引，便于快速查检。

今天的中国学者参考它，一方面可以看到早期西方人士是怎么样来认识和分析汉语结构的，另一方面通过西方人的眼睛可以了解几百年前汉语的模样。该书使用的例字例句，记录了清初汉语的官话，很有代表性。

229. 汉字在日本的文化意义研究

《汉字在日本的文化意义研究》，刘元满著，北京大学出版社，2003年7月出版，共242页。

该书分为五章。

第一章，中日两国汉字文化研究的综述。汉字文化学在中国已经成为一个研究学科，日本对汉字文化的研究也方兴未艾。作为背景知识，这一章对日本汉字文化学的建立、汉字文化在日本各时期的发展、日本汉字文化关系方面的研究等日本文字研究状况等都做了相应的介绍。

第二章，汉字文化东渐的过程。主要就汉字进入日本的渠道以及"渡来人"对汉字的运用，利用考古研究成果及古文献资料，考察汉字因素在日本的形成和发展等问题进行了探讨。

第三章，汉字融入日本文化的变异方式。日本人在对汉字形、音、义进行多种变异、改造后，逐渐实现汉字本土化。在这一过程中，人们的汉字意识也逐步建立起来并得到加强。

第四章，汉字文化是日本文化系统的重要支柱。着重探讨汉字文化在上层社会和民间的不同表现特点，上层社会如皇权体系的天皇、年号的发展以及标准汉字的使用，普通社会如人名、地名用字的变迁，"鬼"字的含义及用法，民众对某些字群的喜爱以及汉字带来的娱乐作用等方面，都反映出浓厚的日本的汉字文化特色。汉字文化在日本社会起着一种支柱性作用。

第五章，中日汉字文化意义在近代的关联及影响。论述中日汉字意义在近代的关联及影响，对文字改革情况也做了较为全面的介绍。为了给我国研究人员和读者提供阅读方面的便利，编著者翻译整理了日本的部分文字资料，列为附表如下：1. 日本文化史时代区分；2. 日语国字一览；3. 日本天皇年表；4. 日本的年号；5. 常用汉字表及人名用汉字别表；6. 中日汉字活动关联年表；7. 主要万叶假名一览表。

该书追踪学术界先辈以及汉字文化的踪迹，阐述汉字文化传入日本的历史过程，分析汉字在日本文化中的"交融"与"变异"，探讨"日本汉字"的文化意义，并借鉴历史的经验，研讨了中日"汉字"在近代社会中的关联和影响。

230. 西方人早期汉语学习史调查

《西方人早期汉语学习史调查》，张西平、李真、王艳、陈怡等编著，中国大百科全书出版社，2003 年 3 月出版，共 1062 页。

该书是一部对"西方早期汉语研究"领域作系统研究的首创之作。该书锁定的主题是：西方人作为学习者的学习史研究，不仅对西方早期汉学史和中西文化交流史的研究有着重要的意义，而且对于汉语本体的研究和汉语作为第二语言教学的研究有很大的启发和借鉴作用。该书旨在探讨明清两季西方人学习汉语的总体情况，从一个侧面开创了学科史的研究，概述了西方人对汉语的观察和研究成果，介绍了教师和教材的情况；由此再深入进行个案研究，即对马若瑟、艾约瑟、毕利干的著作的研究，同时还译介了一些有代表性的文献和书目。它所研究的对象不仅包括汉语教学史和汉语学习史，也将西方早期汉学史和中国语言学史两个方面纳入其中，勾勒出了西方人早期汉语学习史——包括汉语教学史的轮廓。

该书通过细致地考察初步梳理了一条学术史的清晰脉络，通过翔实的史料展现了一个内容丰富的学术研究领域。该书的特色有三，既有综合考察，也有专题研究，也有文献基础，三者相辅相成，互为印证，缺一不可。

特色之一，开篇即以总论从宏观上构建全书成书的基石。第一编"概论"部分首先分阶段（明清之际与晚清时期）、分地域（中国与欧美本土）地综述了西方人学习汉语的总体情况，论述了加强对西方人早期汉语学习史研究的重要意义；其次，通过西方早期对中国语言的肤浅认识到普遍语言学运动中把中国语言认定为原初古老的语言，再到逐步摆脱宗教观念和追求普遍语言的影响三个阶段，介绍了西方人近代以来的中国语言观；接着，从开创汉外辞典的编撰、开拓中国语法研究、开启中文拉丁拼音化的历程和丰富近代汉语词汇四个方面总结了西方近代以来汉语研究的成就；最后，以 1800 年为前后两期，分中国本土和海外两个地域，从教师和教材两处入手，介绍了明清时期汉语教学的概况。总论部分近十万余言，既概括了全书的主要研究内容，也阐明了作者的基本思路和分析理据。在大量史料的基础上，通过对学术史的反思与回顾，条分缕析，述评结合，初步勾勒出了西方人学习与研究汉语的发展过程。

特色之二，该书不仅有宏观概说，同时又收入了三项个案研究——马若瑟《汉语札记》（1731 年）、艾约瑟《汉语官话口语语法》（1864 年）、毕利干《法汉合璧词典》（1891 年）。通过这样专书专题的研究，把读者的视野从前一编的史海遨游中迅速拉回到几部现实作品的评介，于细微之处见精神。个案研究从小处着眼，从专书做起，以一本书为学术研究的开凿点，认认真真、扎扎实实地深入下去，几篇文章都有独到之处，能发前人所未发之言，也属难能可贵。

特色之三，该书最有价值之处就在于它的文献和目录部分，这也是全书篇幅最重的部分。"文献"部分包括了四部西方人研究汉语著作的部分译文：马若瑟的《汉语札记》、基歇尔的《中国图说》（1667 年）、恩德利希的《汉语语法基础知识》（1845 年）、约翰·韦伯的《论中华帝国的语言可能是原始语言的历史论文》（1669 年），都是首次翻译成中文。"目录"部分则将西方几个著名的书目中关于中国语言知识的部分加以辑录和整理，包括伦敦大学亚非学院馆藏西文汉学书目（LUST 书目）有关汉语部分的目录，法国考狄编《西人论中国书目》中中国语言学部分的目录以及在华耶稣会士所撰关于中国语言的语言学著作目录。这些原始文献的翻译和目录的整理为有志于这一领域研究的人员提供了一份难得的一手文献和丰富实用的资料汇编。

该书是一本横跨了汉语教学、语言学、汉学、比较文学等多个学科的著作，其学术意义在于：首先，为整个汉语教学史的全面梳理奠定了基础，对中国语言学史的研究有着十分重要的意义；其次，对汉语作为第二语言教学的学科建设具有更加实用的价值；最后，也为西方早期汉学史研究提供了新的思路和研究课题。

231. 日本中国语教学书志

《日本中国语教学书志》，[日]六角恒广著，王顺洪译，北京语言大学出版社，2003 年 3 月出版，共 253 页。

该书是日本汉语教育史研究著名学者六角恒广先生继《日本中国语教育史研究》之后的一部力著，1994 年 8 月由日本不二出版社出版。

该书以"书志"的形式，对从明治初年到第二次世界大战结束期间，在日本出现并发生过重要影响的 156 种汉语教科书、工具书，作了比较详细地题解、介绍。所涉及的汉语教科书、工具书，大都是六角先生精心收集、保存，并经过长期深入研究和认真筛选的具有代表性的版本。全书以时间年代为经，以各个历史分期为纬组成各章节，总 27 章。教科书一般包括综合类教材、会话课本、时文及文法辅助教材等，如在日本居时代经典地位的《汉语跬步》、《亚细亚言语集》、《官话指南》、《官话急救篇》及《北京官话文法》等；工具书主要是字典、辞典、发音字典，如《日清字音鉴》、《同文新字典》、《日华合璧辞典》等。所涵括的时间范围，从明治初年（1867）至昭和 20 年（1945）日本在第二次世界大战中战败，近八十年的跨度。此外，"附录"部分还后附《中国语有关书书目》，逐年列出了该历史时期日本出版的 1437 种汉语教科书、工具书目录，更便于人们从总体上了解日本战败前中国语教学的情况。

该书依靠难以寻觅、鲜为人知的原始珍本，从一个重要的侧面，揭示了该历史时期日本汉语教育的面貌，填补了日本汉语教育史研究中的又一空白。对于人们了解和研究日本汉语教育史及中日近代关系史，具有重要的史料价值和学术意义。

232. 日本近代汉语名师传

《日本近代汉语名师传》，[日]六角恒广著，王顺洪译，北京大学出版社，2002 年 12 月出版，共 186 页。

该书选择介绍了日本明治时期七位著名的汉语教师，详细记述了他们从事汉语学习和汉语教育的人生旅程。

七位著名的汉语教师，分别是：从唐通事到汉语教师的颖川重宽；提倡日中友好与《亚细亚言语集》的广部精；从事汉语道路及外交工作生涯的中田敬义；师从中国鸿儒与创办善邻书院的宫岛大八；从日语教师到编纂中国语辞典名家的井在翠；从中学教习到汉语教育专家的秩父固太郎；习熟北京官话、闽南话、上海话的汉语教师御幡雅文。他们或兴办汉语学校、或编纂汉语教科书、或投身对华作战，出身不同，经历不同，但都把毕生心血献给了日本的中国语教育事业。

《日本近代汉语名师传》像一面镜子，从一个侧面映照出日本明治以及后来一段时期汉语教育发生、发展的真实景象。该书以人物传记的形式揭示历史，讲述他们走上汉语学习及从事汉语教育道路的机缘和原因，评说他们对日本中国语教育的兴起和发展所做出的不可磨灭的贡献。资料丰富，评述客观，对于了解和认识该时期日本汉语教育及中日关系的来龙去脉，具有重要参考价值。

233.《语言自迩集》——19 世纪中期的北京官话

《〈语言自迩集〉——19 世纪中期的北京官话》，[英]威妥玛著，张卫东译，北京大学出版社，2002 年 4 月出版，共 523 页。

1886 年出版的英国人威妥玛著的《语言自迩集》（第二版），在当时是一部教西洋人学习北京官话的汉语课本，但绝不只是一部普通的学话课本。它是汉语教育史上第一部教学北京官话口语的汉语教材，体现了编者对 19 世纪中叶北京话高屋建瓴、细致入微的准确把握，是一部高水平的教材，在世界汉语教学史上曾发生过广泛影响：它采用威妥玛式拼音，系统记录了 19 世纪中期的北京官话音系，精确描述和分析了北京官话的语音、词汇、语法；作为课本，语音、汉字、语汇、阅读并重，1500 多条注释提供了丰富的语言、社会、文化背景知识。其影响是世界性的，价值远远超出了课本本身。

书前先附译者"译序"，介绍、评述《语言自迩集》，之后是书的"凡例"、编者"序言"及"学习指南备忘录"，介绍书的体例及成书过程。

正文由八章组成：

第一章"发音"篇，包括描述介绍汉语语音的单元音、复元音、辅音、送气音及音节总表；

第二章"部首"篇，附部首总表、部首检验表、口语部首练习；

第三章"散语"章，即词汇及短语，由四十节练习及答案构成，包括对汉语词类划分，量词、"的"字结构、被动句等及其语法功能所作的讨论；

第四章"问答"和第五章"谈论"为会话教材，分别由问答十章和谈论百篇构成，即一问一答的简单对话和交流谈论；

第六章"秀才求婚，或践约传"，即选取《西厢记》故事，作为阅读教材；

第七章"声调练习"，由"关于声调影响韵母的条件的注释"、"练习燕山平仄篇"、"声调练习"三部分构成，首先是对汉语四声的描述，之后是声调练习，汉语的四个声调分别用西文字母和汉字进行标注，并作组词、造句练习；

第八章"词类"章，是对当时北京口语的语法现象所作的谈论，包括词类划分和各类词的语法功能。书后附录《北京话音节表》和《北京话字音表》。

《语言自迩集》作为一部汉语教材，曾在世界范围内产生过深远的影响。在日本，真正的近代中国语教育就是从《语言自迩集》出现后开始发展起来的；在欧洲，直到 1902 年，俄国学者仍说："至今为止大家还认为伟德的课本是最好的"。同时，《语言自迩集》作为一部百余年前北京官话口语研究的语言巨著，在语音、词汇、语法等方面对北京话所做的研究和所获得的成果，无论对于中国语言学史、北京官话史、近现代汉语史，还是对于汉语教学史研究，都具有划时代意义。

234. 原本老乞大

《原本老乞大》（解题·原文·原本影印·索引），韩国学者郑光主编，编者为梁伍镇和郑丞惠，外语教学与研究出版社，2002 年 1 月出版，共 229 页。

　　该书是《原刊老乞大研究》(北京外语教学与研究出版社, 2002 年出版)、《元代汉语本老乞大》(韩国庆尚北道大邱庆北大学校出版部, 2002 年 6 月出版)的修订本, 纠正、订补了前两部书的各种讹误、差错。

　　著者认为,《老乞大》是高丽人用于学习元代大都话的汉语教材, 内容是高丽商人到中国经商沿途遇到中国商人同行时经历的事件为题材进行的汉语对话, 它和《朴通事》被认为是朝鲜时期司译院(王朝政府设立的专门为贵族子弟教授蒙古语、汉语以便和中国交往的翻译培训机构)进行汉语教学的最重要的教材。而《原本老乞大》是朝鲜中宗年间著名语言学家崔世珍用《训民正音》翻译《老乞大》《朴通事》时所用的底本, 故而也称"旧本老乞大"。可以把它看作是反映元大都的"汉儿言语"的《老乞大》之原本, 或者至少也是迄今为止最接近原本的版本, 被胡明扬先生誉为研究近代汉语的"瑰宝"。

　　除了胡明扬先生的序以外, 该书共有五部分:

　　第一部分原本老乞大解题, 分绪论、老乞大的编纂及《原老》的刊行、《原老》的汉语特点、《原老》的元代汉语、结语共五小节详尽论述了《原本老乞大》的版本文献特征、刊行风貌、反映的汉语语法特点(如句末"有"字句、"兀那、兀的、阿的"指代词、"大都、中统钞、躯口"的元代北京话特有词语、句式的使用)及其与元代汉语的关系;

　　第二部分原本老乞大本文, 按版页行数用现代汉字楷体横排了全文, 并加注了标点, 文字残缺的部分根据《翻译老乞大》填补;

　　第三部分本文拼音索引;

　　第四部分修订本后记;

　　第五部分是《老乞大》原本影印, 这一部分是倒着装订的。

　　《原本老乞大》的发现与出版, 肯定为《老乞大》的研究带来新的机遇, 也会因为汉语史, 尤其是近代汉语史的研究提供重要资料而受到学术界的格外关注。《原本老乞大》可与《〈老乞大〉四种版本语言研究》等相关著作互照参看。

235. 汉语研究在海外

《汉语研究在海外》，石锋主编，北京语言学院出版社，1995 年 6 月出版，共 278 页。

该书为国外汉语研究系列丛书之一，收录海外汉学研究文章 14 篇，主要介绍了海外汉语语言学研究在某些领域的新理论、新方法和新观点、新成果，同时还概括地介绍了一些主要国家汉语研究的现状。

全书所收文章分为三部分：

关于国外汉语研究中的新理论、新方法和新观点、新成果的论文，包括王士元的《语言变异和语言的关系》、沈钟伟的《词汇扩散理论》、岩田礼等的《苏州方言浊音发声的生理特性》、沙加尔的《论汉语、南岛语的亲属关系》、伍云姬的《谈雌雄动物名称的演变》。

国外著名汉语语言学家的访谈录，包括学术观点、研究经历以及对于汉语研究的总体评述等。如石锋、徐雯的《访王士元教授》，石峰和孙朝奋的《访梅祖麟教授》，石峰的《访丁邦新教授》。

国外汉语研究机构、主要学者与研究成果等基本情况的介绍，包括石汝杰的《日本的汉语研究概况》、徐丹的《法国汉语研究概况》、曹西蕾和伍云姬的《澳大利亚汉语语言学研究简介》、范登堡和韩云虹的《荷兰的中国语言研究概况》、李根孝的《韩国的中国语言研究概况》、柳应九的《汉语研究在中国》。

汉语的教学和研究人员及爱好者通过本书参考和借鉴海外的汉语研究，能够开阔眼界，拓宽思路，促进国内汉语和眼界的发展。

236. 琉球官话课本研究

《琉球官话课本研究》，[日]濑户口律子著，香港中文大学中国文化研究所、吴多泰中国语文研究中心，1994 年 1 月出版，共 173 页。

该书首先对琉球与中国明清两代的交往历史做了回顾和介绍，然后对所搜集到的琉球官话课本进行了分类并着重分析了其中最具代表性的三部课本。

该书总分六章，包括两大部分内容。

第一部分介绍琉球与中国明清两代的交往历史，着重介绍了琉球的官生制度。

第二部分官话课本研究。首先在第二章中把所搜集到的课本进行了大的分类，然后分三章对其中最具代表性的课本《官话问答便语》、《学官话》、《白姓官话》作了较为深入系统的研究，包括所属的官话体系，课本的性质内容，语音、词汇、语法特点等。最后附录日本天理大学附属图书馆收藏的抄本《官话问答便语》、《学官话》、《白姓官话》。

明清时代琉球人学习官话的课本，既表现了近代官话的基本面貌，又为我们进行对外汉语教学史，特别是对日汉语教学史的研究提供了重要的资料。同时对于我国学者研究近代官话史和中国方言史以及近代共同语与方言间的相互融合、相互影响都具有重要的史料价值。

237. 日本中国语教育史研究

《日本中国语教育史研究》，[日]六角恒广著，王顺洪译，北京语言学院出版社，1992年10月出版，共299页。

该书据日本株式会社东方书店1988年7月初版译出，是六角恒广先生关于中国语教育史论著中一部有代表性的力作。全书以明治时代为主，叙述了近代日本中国语教育的发展历史，重点对一系列有代表性的、影响较大的中国语学校的办学宗旨、师资、学生、教材、历史作用及整个兴衰演变过程等内容，进行了极为仔细、深入地考察、研究。同时，对近代以前——幕府时代唐通事的唐话教育也进行了追述。此外，还对日本汉语教育史研究的成立轨迹、研究对象、方法、范围、分期等若干理论问题进行了探讨。

全书正论从第一编到第四编，最后加上附论作为第五编。

第一编为草创时期的南京官话教育：这是中国语教育起步时期，着重介绍了外务省的汉语学所和继承了它的东京外国语学校，还介绍了广部精的日清社。

第二编为南京官话向北京官话转变时期的北京官话教育：此编叙述了向北京官话教育转变的因素，东京外国语学校在转变时期的课程、教师安排,《亚细亚言语集》的初版,参谋部派遣的留学生和兴亚会支那语教育。

第三编为"支那语"教育态势基础成立时期的中国语教育:这一编重点介绍了中日甲午战争后的日本对中国实行的扩张主义政治,同时介绍了私塾办学的善邻书院和官立学校的东京国语学校。

第四编为进入上海的"支那语"教育:介绍在上海设立的四所学校,即东洋学馆、亚细亚学馆、日清贸易研究所及东亚同文书院。

第五编为长崎唐通事与唐话:重点介绍唐话时期的汉语教学,如唐话的发音、唐船的起帆地等。

该部著作,可以说是六角恒广先生关于中国语教育研究的集成与深化,不仅集中反映了编著者日本汉语教育史的突出成果,而且代表着日本在这一学术领域的研究深度、广度与水平,对于我们研究日本中国语教育的兴起和发展,具有重要的史料价值和学术价值。

238. 世界汉语教学概况

《世界汉语教学概况》,北京语言学院世界汉语教学交流中心信息资料部编,国际文化出版公司,1991 年 3 月出版,共 82 页。

世界汉语教学是一门新兴的学科,也是一项伟大的事业。作为学科,世界汉语教学有其发生与发展的过程;作为事业,世界各地的汉语教学自然有它的创始人与奠基者。基于此,刘社会、刘士勤、庞光华编写了这部《世界汉语教学概况》,对世界汉语教学进行历史、科学的总结。无疑,它对于引导和繁荣当时的世界汉语教学是很有意义的。

《前言》是对源远流长的世界汉语教学历史的简要回顾,空间跨及亚洲、欧洲乃至北美、非洲和拉丁美洲。作者认为,从世界范围来看,由于地理环境、历史条件的关系,亚洲国家的世界汉语教学开展的最早,朝鲜、日本等国,在公元 3 世纪时就出现了与中国"书同文"的时期。1742 年法国皇家学院正式教授汉语,拉开了欧洲汉语教学的序幕。北美洲的汉语教学始于美国,自 1871 年耶鲁大学教授汉语起,而非洲、拉美国家的汉语教学,大都起步于 20 世纪 50 年代,汉语教学在多数国家还处在初刨阶段。世界汉语教学的发展是不平衡的。

《前言》之后，根据地理各大洲的区划，将全书内容分为五部分。

第一部分，亚洲各国的汉语教学。包括日本的汉语教学；东南亚各国（新加坡、泰国、马来西亚及其他国家）的汉语教学；南亚、西亚国家（巴基斯坦、印度、尼泊尔、土耳其、阿拉伯也门共和国及其他国家）的汉语教学；朝鲜、越南、蒙古的汉语教学。

第二部分，欧洲各国的汉语教学。包括西欧各国（法国、英国、联邦德国、意大利、荷兰、比利时、奥地利）的汉语教学；北欧四国（瑞典、挪威、芬兰、丹麦）的汉语教学；苏联、南斯拉夫和东欧国家（波兰、罗马尼亚、保加利亚、捷克斯洛伐克、匈牙利、民主德国）的汉语教学。

第三部分，北美洲的汉语教学。主要介绍了美国和加拿大两国的情况。

第四部分，非洲、拉丁美洲的汉语教学。包括埃及、突尼斯、阿尔及利亚、毛里求斯、毛里塔尼亚、墨西哥及其他国家。

第五部分澳大利亚和南太平洋各国的汉语教学。包括澳大利亚、新西兰、西萨摩亚、斐济等国家的汉语教学情况。

该书是在国家对外汉语教学领导小组办公室的指导下编写的，所采用的材料大都是从学术著作、报刊、文书档案中收集整理出来的。它为我们提供了了解世界汉语教学发展情况的重要参考资料。

239. 中国语与近代日本

《中国语与近代日本》，[日]安藤彦太郎著，卞立强译，北京大学出版社，1991年2月出版，共164页。

编著者写作该书的意图是根据日中这种复杂特殊的关系，通过中国语教育这个窗口，透视一下近代日中关系的历史、日本近代思想以及在那样一个特殊背景下展开的中国语教育的实际状况。

全书总分八章。

第一章介绍作为"特殊外语"的中国语与战前日本的教育制度；

第二章介绍日本的经典教科书《急救篇》及其作者宫岛大八，还包括"问答体"系列教材；

第三章中国语与汉文，包括日本人对中国认识的双重结构以及学习中国语的传统方法，包括"目读主义"和"会话主义"；

第四章介绍日本中国语教育的流派以及中国语教师的类型，重点介绍科学研究的先驱——伊泽修二与何盛三；

第五章战争与中国语，介绍战争时期编入"军用"课本的所谓"战争外语"以及"沿线官话"；

第六章战争下的胚胎，介绍中国的新文化运动及其带给日本的间接影响；

第七章战后的中国语普及运动，即日本战败后对中国语教育的反思，包括认识和学术研究的变化、仓石中国语讲习会的成立以及汉字的罗马化等问题；

第八章溪流汇成大海，总结全书。

该书客观地反映了近代日本中国语教育的实际状况，材料翔实，评述客观，为日本中国语教学史的研究提供了重要的依据和珍贵的史料。

九、汉外语言对比与对外汉语教学研究

240. 中韩语言文字关系史研究

《中韩语言文字关系史研究》，李得春主编，延边教育出版社，2006年9月出版，共1129页。

该书是延边大学中朝韩日文化比较丛书之一，16开本，共分两册。它在以往研究成果的基础上，用历时和共时、描写与解释相结合的研究方法，较系统地梳理了中韩语言文字之间的历史和现实关系的各个层面，并尽可能全面地评述了不同历史时段、学术领域汉韩语言文字关系的特征。

第一册考察了韩国汉字使用的历史、历代韩国的汉语教育以及当今韩国的汉字教育，还从韩国汉字音的源流出发，阐述了历代韩国汉字音、韩国汉字音韵系统的变化、现代韩国汉字字音、汉韩音音韵特征、古代韩国的汉字特有用法、韩国特有汉字和特有汉字词汇等。

第二册主要介绍了中韩词汇关系、中韩翻译以及韩国对明清汉语的研究情况。它从韩国语词汇的词源学分类出发，研究了韩国汉字词汇的形成和发展过程、韩国语汉字词汇的类型、韩国语汉字词缀的特征、音译汉语借词的类型、中韩词汇的异同等。另外，该册还介绍了中韩翻译史并梳理了中韩翻译文献。这有助于我们从比较语言学的角度，了解韩国历代学者在汉语语音、文字及中韩语言对比研究方面的历史性质。韩国历代学者们经过几个世纪的辛勤劳动所积累的各类语言文献，为中韩语言文字关系留下了中原音韵以来汉语语音演变过程的可靠资料。

该书在编著上有几个比较突出的特色：

第一，分析了中韩语言文字关系史方面的相关文献以及两者之间的历史渊源和现实关系，厘清了中韩间语言文字的脉络，为以后学者对韩国语言文字的研究铺平了道路。

第二，相关韩国汉字音韵系统的整理，为研究明清汉字音韵的学者提供了难得的参考资料。同时，写进该书的还有韩国汉字音与闽南方言的比较、韩国汉字音与广州话的比较以及普通话、广州话、汉韩音的对话关系等。这些都为汉韩语言的对比研究提供了宝贵的可借鉴成果。

第三，该书对韩国语中占 65%左右的汉字词汇进行了较为系统、深入的研究，颇见功力。

该书的出版为国内外韩国学研究领域填补了一个空白，同时也为韩国学的研究做出了重要贡献，这对于韩国、朝鲜、中国等国的从事第二语言教学人员都是很好的参考书。

241. 20 世纪汉外语言对比研究

《20 世纪汉外语言对比研究》，许高渝、张建理主编，高等教育出版社，2006 年 2 月出版，共 281 页。

该书是我国出版的第一部对比语言学史，也是浙江省哲学社会科学"九五"规划项目的研究报告，它以科学的理论体系、丰富可靠的史料和史论结合的研究方法，展示了 20 世纪以来中国对比语言学的发展历程、学术思想以及研究方法的发展变化，揭示了我国对比语言学发展的历史轨迹。

全书五章，大致分成三部分。

第一章为第一部分：我国汉外语言对比研究百年回眸。首先对我国汉外语言对比研究的历史分期进行了科学的划分，由此分阶段地对我国 20 世纪前 50 年及 50 至 90 年代的汉外语言对比研究领域中的重要学术成果作了详尽的梳理与分析。

第二、三、四章为第二部分：汉外语言对比研究。这部分涵盖了汉英、汉俄、汉日、汉德、汉法以及中国香港的汉外语言对比研究。第二、三章，重点从语音、词汇、语法、修辞、语用及语篇等六个方面对汉外对比的研究成果作了述评；第四章辟出专章，介绍我国香港地区汉外对比的研究状况，重点评述汉语与语言教学、语言习得及社会语言运用等方面的研究成果。

第五章为第三部分：新世纪汉外语言对比研究展望。后附《学术期刊上发表的汉外语言对比研究论文篇目索引（1954—2000）》、《汉外语言对比专著、论文集索引（1955—2000）》，具有较强的文献价值。

该书作为我国第一部对比语言学史，既展示了学科发展全貌，又以丰富翔实的资料便于人们详细了解有关专题的大量信息。它不仅能使广大读者对我国百年的对比语言学研究成果有全面的认识，而且对推动我国对比语言学学科向纵深发展、提高研究质量、避免低水平的重复研究均具有重要意义。

242. 日汉比较语法

《日汉比较语法》，秦礼君著，中国科学技术大学出版社，2006 年 1 月出版，共 250 页。

该书以日语语法为参照系，用汉语语法来对照比较，由此较为全面、系统地描写了现代日语语法与现代汉语语法之间的同与异。

全书七章，主要分成两大部分。

前两章为第一部分，主要从宏观上对日汉比较语法的比较方法和比较内容以及日汉语言的语法单位进行勾勒与分析。

后五章为第二部分，即现代日语语法与现代汉语语法异同比较。其中第三章是词法比较，包括汉日名词、数词、代词、动词、形容词、副词、连词、感叹词、助动词、助词的语法功能比较，还包括日语连体词、汉语介词、汉语象声词的特点、分类及语法功能介绍；第四章是单句比较，包括单句的句子成分归纳，单句的主语、谓语、宾语、连体修饰语、连用修饰语等性质和构成分析以及句子的特殊成分、成分的省略、成分的位移等比较研究；第五章是复句比较，包括对复句的性质和特点、关联词语及分类的比较研究；第六章是句子类型比较，包括陈述句、疑问句、祈使句、感叹句、叙述句、判断句、存在句、描写句的比较研究；第七章是敬语研究，包括对敬语的性质、分类及表现形式的比较分析。随后附《例句出处》、《谈汉日语法比较研究》、《建国以来中日语言对比研究》、《日汉语法比较方面部分论文目录》等论文及文献资料。

该书主要为学习日语的中国人，同时也为学习汉语的日本人而编写，可供自学使用，也可作为高等院校日语专业相关课程教材使用。

243. 汉日篇章对比研究

《汉日篇章对比研究》，郑宪信、辛永芬等著，河南大学出版社，2005 年 8 月出版，共 353 页。

"汉日篇章对比研究"系国家"九五"规划社科项目，整个成果共分六个专题，分别是：汉日指称替代比较、汉日词语替代比较、汉日篇章连接关系比较、汉日篇章连接成分比较、汉日篇章连接手段比较、汉日篇章结构比较。

《汉日指称替代比较》分为"人称代词"和"指示代词"两节，前者着重分析汉语和日语人称代词在篇章结构中隐现的不同情况，后者着重从现场指示和文脉指示两方面分析日语指示代词的指代范围；

《汉日词语替代比较》分名词性替代、动词性替代、分句性替代、形容词性替代和副词性替代五节，系统地归纳了汉语和日语篇章中的词语替代现象，详尽地比较了汉日两种语言的差异；

《汉日篇章连接关系比较》从多个角度论述了汉日篇章中句际之间、句群之间及段落之间的多种连接关系，从而发现汉日篇章的连接关系基本是一致的、共有的；

《汉日篇章连接成分比较》分"时间关系连接成分"和"逻辑关系连接成分"两大部分，系统地分析了汉日两种语言篇章中的连接成分；

《汉日篇章连接手段比较》从篇章连接手段的角度分析考察了汉语和日语句子的排列顺序，着重描写和对比了汉语和日语篇章中的 18 种有形连接手段和无形连接手段；

《汉日篇章结构比较》描写了主要语体，即叙述体、论证体、说明体的篇章结构规律。后附《篇章术语汉日对照表》。

该课题在现代篇章语言学的理论背景下，在描写汉日主要篇章现象的基础上，比较了汉日篇章在形式、结构方面的异同，揭示其在形式连贯和功能连贯以及各主要语体的结构要素和这些要素构成篇章时的作用和规律，具体分析归纳了汉语和日语在连贯手段、篇章结构单位和结构层次以及结构单位间的关系与组合等方面的异同，并在具体分析中适当注意对以汉语和日语为母语、各以对方为目的的语言偏误现象的分析。

244. 日汉语言对比研究与对日汉语教学

《日汉语言对比研究与对日汉语教学》，鲁宝元著，华语教学出版社，2005 年出版，共 330 页。

该书从日汉语音、文字系统、同形词、异形同义词、熟语、可能表达、动作结果表达、动态表达、使役表达、处置表达、被动表达、敬语、表达习惯、谐音文化、"不快语"等几个角度进行了系统对比。

全书由十五章构成。

第一章日汉语音对比及汉语语音的教学；

第二章日汉文字系统的对比及汉字的教学；

第三章日汉同形词的对比及同形词的教学；

第四章日汉异形同义词的对比及异形同义词的教学；

第五章日汉熟语的对比及汉语熟语的教学；

第六章日汉可能表达的对比及汉语可能表达的教学；

第七章日汉动作结果表达的对比及汉语结果补语的教学；

第八章日汉动态表达的对比及汉语动态表达的教学；

第九章日汉使役表达的对比及汉语使役句的教学；

第十章日汉处置表达的对比及汉语"把字句"的教学；

第十一章日汉被动表达的对比与汉语"被字句"的教学；

第十二章日汉敬语的对比及汉语敬语的教学；

第十三章日汉表达习惯的对比及汉语表达习惯的养成；

第十四章日汉谐音文化的对比与汉语谐音文化的教学；

第十五章日汉"不快语"的对比与汉语"不快语"的处理问题。

该书从语音、词汇、句型和表达特点等方面，对日语和汉语两种语言做了对比研究。在此基础上，分析了日本人在汉语学习方面的重点、难点和容易出现的偏误并探讨了教学对策问题。该书对从事对日汉语教学的教师和学习汉语的日本人都有实际的参考作用。

245. 汉外语言对比研究

《汉外语言对比研究》，张绍麟著，上海辞书出版社，2004 年 12 月出版，共 329 页。

该书由四个汉外语言对比的研究报告组成，以当前对外汉语教学、汉外跨文化交际和机器翻译工作中的某些热点问题为对象，进行了较为深入细致地调查与对比分析。

全书主要包括两部分内容，前两编是汉英语言对比研究，后两编是汉韩语言对比研究。

第一编：汉英表示动物的基本词对比研究报告，分五个专题对汉英动物词的陪义义位和派生义位以及汉英动物词义位的聚合关系和组合关系进行了对比分析，由此全方位、多视角地揭示在不同社会文化大语境下动物义位呈现出的诸多差异。

第二编：汉英比较句对比研究报告，重点讨论的是汉英比较句语义、语用以及汉英比较句构成要素的对比研究，还包括建立汉英比较句对应模式的设想。

第三编：汉韩同形词同义聚合对比研究报告，主要针对《汉语水平词汇等级大纲》中汉韩同形词进行了对比分析，同时对韩国留学生的汉语词汇教学提出建议和设想。

第四编：汉语与韩国语中词语义位的民族性特征对比研究报告。该编以汉语为基础，首先从义位的宏观结构和微观结构入手，探讨了基义、派生义、陪义、义位的聚合关系、义位的组合关系的民族性，然后从语义、语音和形态的角度进行了义位理据的民族性的分析。

运用对比分析是语言研究的基本方法之一，在语言事实描写和语言理论探索中，用以揭示两种或更多的语言的相同点和不同点。该书的研究成果，为对外汉语教学和跨文化交际，尤其是机器翻译提供了参考和支持。

246. 汉法语言对比研究与应用

《汉法语言对比研究与应用》，贾秀英著，中国社会科学出版社，2003 年 6 月出版，共 256 页。

该书是山西大学外语学院贾秀英教授在对比语言学上研究成果的总结性著作。它对汉法语言与文化，尤其是语法现象做了比较全面的开创性的研究，同时针对汉语学生学习法语的特殊难点也进行了比较有价值的分析。

全书整体上分为三个单元。

第一单元：汉法各类句式的对比研究，由七个章节构成：1. 汉法疑问句的分类及异同；2. 汉法否定句的否定范围；3. 汉法否定句对比；4. 汉法比较句的差异；5. 汉法省略句对比；6. 汉法被动句对比；7. 汉语祈使句与法语命令句式对比。

第二单元：汉法词类、句子成分对比研究，亦由七个章节构成：1. 汉法"体"、"时"对比；2. 汉法句法成分的序列对比；3. 汉语的非主谓句与法语的独立成分对比；4. 汉法句子的主要成分——主谓句对比；5. 汉法宾语对比；6. 汉语的"是"字句与法语的"系词句"；7. 汉法数量词对比。

第三单元：汉法语言文化研究与应用，也由七个章节构成：1. 汉法体态语言初步研究；2. 外语专业"双语"教学模式的探索与应用；3. 双语渗透的英法专业教学与应用；4. 新世纪法语基础语言教学与应用；5. 关于外语教学中的文化因素；6. 关于语言定义的几点思考；7. 改革开放与语言更新。

247. 韩汉翻译基础

《韩汉翻译基础》，柳英绿著，延边大学出版社，2002 年 9 月出版，共 303 页。

自 20 世纪 70 年代初以来，作者一直从事两种形式的第二语言教学：国内朝鲜族中学生、本科生和国外韩国留学生的汉语教学。在教学实践中，作者深深感到把母语翻译成目的语是母语思维过渡到目的语思维的必经之路，于是撰写了这部有关韩汉翻译的教程。

在前言之后，全书共有九章，每章后附主要参考文献：

第一章韩国语和汉语的时间句，分别讲授韩汉语表示时间的方法、韩汉语时间词语的功能及时间句的翻译；

第二章韩国语和汉语的处所句，分为存在处所句、出现处所句、消失处所句、起点处所句、来源处所句、方向句、经由处所句、终点处所句和动作处所句九类；

第三章韩国语和汉语的否定句，从韩国语的前、后否定句、韩汉语的否定程度及其焦点、韩汉语否定词语的位置四个方面具体论述；

第四章韩国语状语和汉语补语，包括韩国语副词状语和汉语的补语，韩国语形容词状语和汉语的补语和韩国语时间、处所、数量状语和汉语的补语三小节；

第五章韩国语和汉语的比较句，分为韩汉语比较事物、性状异同的比较句和表示性质、程度差别的比较句两种；

第六章韩国语动词述语句与汉语的"把"字句，从韩国语的述宾句和状述句两方面来谈；第七章韩国语和汉语的被动句，重点研究了韩汉语被动句中的"NP"和"VP"；

第八章韩国语谓词性述语句与汉语趋向补语句，从表示基本意义和引申意义两方面来谈；

第九章韩国语和汉语的复句，分了三类：并列类、因果类和转折类。

该书问世以前国内出版的几本朝鲜族本科生学习韩译汉的教材和汉族本科生学习汉译韩的教材，重点都放在选词和修辞上，也即如何把话说得更漂亮上，这不符合韩国留学生汉语学习的实际。该书不同于以往的思路，把重点放在了结构和语义的对应关系上，也即如何把话说得正确上，是为最大亮点与特色。另外，该书还有课本形式的韩国语版《韩汉语翻译教程》，章后附有练习，书末附录答案，与本书相辅相成。

248. 韩汉范畴表达对比

《韩汉范畴表达对比》，崔健著，中国大百科全书出版社，2002 年 12 月出版，共 502 页。

该书共分十四章，对韩语和汉语两种语境范畴进行了对比研究。

第一章指称；

第二章方位，对比研究了韩、汉方位词使用上的差异以及韩汉空间方位词的隐喻；

第三章处所；

第四章趋向，对比研究了韩、汉语中趋向词的对应形式；

第五章存在；

第六章时间；

第七章数量，论述了两种语言中，数量词的读法、概数、序数以及数词的位置等；

第八章工具、材料，论述"로"和"用"及"로(써)"和"以"；

第九章比较，从差量、等同、接近、"만큼/有"句和"보다/比"句、倚变关系、不及等几个方面对韩、语进行对比研究；

第十章范围，论述了"모두"和"都"、"모든"和"全部"、"전체"和"全体"、"만"、"뿐"、"밖에"及其在汉语中的相应说法、"도"和"也"；

第十一章程度，论述了"좀"和"有点儿"、"(一)点儿"，"비교적"和"比较"，"더"和"还"、"更"，"가장"和"最"，"…다못하여"及其在汉语中的说法，"너무"和"太"；

第十二章频率，对比研究了"다시"和"再"、"또"和"又"；

第十三章对比研究了"없다"和"没有"、"아니"和"不"、"아니다"和"不是"、不是"못"及其在汉语中的相应说法、"말다"和"别"；

第十四章连接，论述了并列式合成名词、"와"和"和"以及选择："아니면/든지/거나"和"不是…就是…/或者/还是"、同时："…면서…"和"(一)边…(一)边…"。

该书比较了韩汉两种语言在时间、方位、处所等十多项范畴表达方面的特点，从范畴出发，打破语法单位之间的界线，有利于分辨相同或类似的表达形式在语义上的细微差别。

249. 语言接触与英汉借词研究

《语言接触与英汉借词研究》，胡兆云著，山东大学出版社，2001年12月出版，共244页。

该书为英文版，序言之后，是中文版《概述》，为全文内容撮要，全书共三章，外加结论、参考文献。

该书对语言接触和英汉两种语言的词汇借用作了较为系统的探讨。社会文化的接触与交流必然带来语言接触。持不同语言的民族接触的原因很多，如文化交流、商业贸易、战争、殖民统治、移民以及地理位置上的接近等等。不同的社会文化接触，可引起程度不同的语言接触。语言接触总要在参与接触的语言中留下影响。语言借用是语言接触一个重要结果，而词汇借用则是语言借用的主要部分。在词汇借用方面，各种语言之间既存在着一些普遍规律，也存在着许多差异，英语和汉语都有词汇借用的现象，也各有其标志性的借词特点。

该书对语言接触、词汇借用的普遍规律和英汉借词的特点进行了研究，具有较高的学术价值和实用价值。可惜的是本书对于语言借用现象描述的多，相关原因的解释少些。即使如此，它依然对比较语言学、社会语言学、翻译学、跨文化交际学和对外汉语教学研究及应用都具有重要参考价值。

250. 汉语语言学

《汉语语言学》，赵杰编著，朝华出版社，2001年10月出版，共435页。

该书是作者在北京大学东语系、日本语系、阿拉伯语系本科生课堂使用的教材。它以普通语言学理论为指导，以现代汉语（含方言）各要素的共时静态描写为中心，以古代汉语和文学语言的历时动态分析为补充，将汉语与周边外国语和外族语的关系作为创新点，汉外互照、动静结合，全面提取了汉语语音、词汇、语法、语义的总特点和

"二四词（组）加意合"的本位并加以系统阐述，旨在用较短的时间习得汉语语言学各方面的基础知识。

该书共用十章的篇幅详细地介绍和阐述了"汉语语言学"的系统内容，其后附有主要参考书目。

第一章绪论，开门见山地点明了《汉语语言学》的性质和特点、使用对象和内在需求以及汉语在外语专业大学生必备素质体系中的地位和作用；

第二章简介汉语概况、发展分期以及汉民族共同语的形成；

第三章从方言的历史演变和空间分布两方面介绍了汉语的方言并概括出其特征：如文白异读现象，入声韵尾的分布及消失，空间上方言呈现南方话存古、长江两岸为过渡、北方话发展最快的特点；

第四章汉语和周边外语的关系，是全书的亮点或者说特色所在，包括四节：汉语和"域外方言"——日本语、韩国（朝鲜）语、越南语的关系，汉语和南岛语系——印尼、菲律宾语的关系，汉语和汉藏语系——泰国、老挝、缅甸语的关系，汉语受阿尔泰语系影响所产生的变体：蒙式汉语、满式汉语、新疆方言、青海藏汉混合语等变体；

第五章详细讲解现代汉语的语音，分为语音学基础、现代汉语的辅音和声母、现代汉语的元音和韵母、现代汉语的声调及其变调、现代汉语的轻声和儿化、现代汉语的音节结构、现代汉语的区别特征和生成音系七节；

第六章为现代汉语词汇，辨析了语素和词、义位（词义）和义素，列举了合成词的构成方式，还有现代汉语词汇的主要来源和发展变化等问题的探讨；

第七章现代汉语语法，总述了现代汉语的语法特色之后，概述词类、结构关系和句法结构、句子及其结构特点、层次分析法、复句，最后总结出了汉语句法的动态性特征；

第八章从语音、词汇、语法、语义等方面专门论述汉语的特点：二四词（组）加意合的本位；

第九章在介绍了反切注音法、字母和清浊、韵母分析术语后，从语音、词汇、语法三方面回顾了历代汉语的发展演变；

第十章为历代汉语语体的发展与文学语言的变迁，按远古、上古、中古、近古的分期对汉语语体面貌作了一家之言的描述。

该书是全国外语院校、民族院校大学生报考研究生,是中国学生汉外语言翻译和对比研究的母语坐标书,还是各国来华留学生较为全面地了解及学习汉语普通话理想的教科书。

251. 中韩日同形异义语

《中韩日同形异义语》(韩国语版),林成虎、全龙华、金哲会编著,吉林人民出版社、延边教育出版社联合出版,2001 年 5 月出版,共 183 页。

汉字是中华民族创造的人类文化宝库中最重要的财富之一。一直以来,汉字促进了古代朝鲜、日本、越南以及东南亚很多国家语言、文字的发展,从而形成了名副其实的"汉字文化圈"。由于地理位置的特殊性,汉字对韩国、日本在各个方面的影响尤大。不但在韩国语、日语的词汇系统中汉字词汇的比例相当可观,而且日本的汉字就是仿照汉字创制出来的。当然,在接受和学习汉字的过程中,韩日也不是单纯地接受,而是按照自己民族的实际情况进行了改造。今天的汉语、韩国语和日语里仍然存在大量的同形词,虽然它们的语言来源和字形相同,但是意义的范围却有广有狭,甚至意义完全不同的同形词也不在少数。该书的编者们在多年教授汉语、韩国语和日本语的实践中,发现了学生们学习时对母语之外的其他两种语言的习得疑难与困惑,因此把汉语、韩国语和日本语中的同形异义词比如爱人、百姓、本领、出力、当家、改行、热线、新闻等搜集起来作了比较研究,并阐明了它们之间的共同点和不同之处。

该书由韩国学术振兴财团资助出版,它的体例是:按汉语拼音字母的顺序收录相关词语,每个词条先列出汉字形式,附以汉语拼音、韩国语注音和日语假名注音,接下来是韩国语的解释,在举例说明时先举汉语例子,后面紧跟韩国语、日语例句。这对于汉字文化圈内,尤其是韩国、朝鲜、日本的留学生学习汉语,或者是以韩日语为母语的学生学习任何其他两种语言乃至教师讲授而言,都是一种很便利的工具书。

252.汉日比较语法（中日比较文法）

　　《汉日比较语法（中日比较文法）》，赵博源著，江苏教育出版社，1999 年 10 月出版，共 654 页。

　　该书是一本汉语语法和日语语法系统比较研究的专著，由上下二编构成，包括自序、词法、句法、索引、后记。

　　上编：词法。

　　第一章汉日语的名词，主要论述了汉语及日语名词的种类，汉日语名词的相互吸收，日汉语吸收外来词的不同方式，汉日语名词的语法特点，汉日语化名词的形态变化，汉日语名词的数、性、格，汉日语名词的语法功能，汉语中的特殊名词；

　　第二章汉日语的代词，主要论述了代词的意义，汉语及日语代词的种类，汉日语人称代词的用法和比较，日语人称代词的潜在形式，汉日语人称代词的修饰问题，汉日语指示代词及疑问代词的用法与比较，汉语疑问代词的几种特殊用法及其日译问题，汉语的几个特殊代词与日语相应词的比较；

　　第三章汉日语的数词，主要论述了数词应在语法书中占一席之地，数字的用法，汉日语数词的分类及其读法，数词的语法功能及形态特征；

　　第四章汉日语的量词；

　　第五章汉日语的动词；

　　第六章汉语形容词及日语形容词、形容动词；

　　第七章汉日语的副词；

　　第八章汉语介词与日语补格助词；

　　第九章汉日语的连词；

　　第十章汉日语的感叹词。

　　下编：句法。

　　第十一章句法、句子及其分类，包括汉日语句子的总体分类，句子根据语气、谓语、成分的多少、结构形式的分类等内容；

　　第十二章句子成分概述，涵盖汉日语的句子成分、汉日语的词组、汉语词组和单词的区别等内容；

第十三章句子的基本成分，主要是主语、谓语和宾语三种；

第十四章句子的附加成分，包括定语、状语和汉语的补语三小节；

第十五章汉语动词谓语的几种特殊句型，讲了被动句、兼语句和连动句三种句式；

第十六章汉日语的复句，分为复句的意义、汉日语复句的种类、汉语的紧缩复句以及汉日语的多重复句四节。

其后附录的是"本书汉语语法术语"索引和"本书日语语法术语"索引。

该书特点：

首先，该书有一个鲜明的总体观点，贯彻始终。作者继承又发展了高本汉的"位置语"学说，认为汉语实际上是一种有形态变化的语言。这种变化产生于两条途径——词语的本身及外加某种形态标识；不是所有词语都具备这两种性能，但是所有的词语都可以根据形态标识来加以识别。这种汉语的有形态论，确实为汉语同有复杂的形态变化的日语的比较研究提供了广阔的前景。此类的问题，都是一般的汉语语法著作或日语语法著作所未曾触及的，而该书从比较语法的角度出发，都讲得清清楚楚。

其次，此书处处着眼于实用，解决实际问题。该书是为学习汉语的日本人和学习日语的中国人而写的，目的在于让日本人感到汉语并不难同时也让中国人感到日语并不难学。要做到这一步，不仅要从语法的角度出发，对汉日语的异同点作全面的分析比较，而且必须处处做到以日本人的立场来看汉语，以中国的人立场来看日语，既要讲清楚汉日语共同具备的语法现象，而且又要讲清楚并非共同具备的语法现象，阐明各自的语法规则。

其三，该书指点迷津，授人以学习的指针。

该书作为一部工具书，处处为学习者着想，授人以学习的方法，使人便于理解，但同时又是一部理论书，通过比较的途径，将触及的各种问题上升到理论来认识，帮助读者触类旁通，以求运用自如。作者对于汉语与日语各种大小语法问题，花费了大量的时间和心血收集、整理、翻译例句，作了有条不紊的疏理，通过具体的例句来加以说明、演绎、归纳。

253. 朝汉语语法对比

《朝汉语语法对比》，柳英绿著，延边大学出版社，1999 年 1 月出版，共 308 页。

该书为中外语言文化对比丛书，系国家社会科学"九五"规划基金资助项目成果，崔健先生说它是"世上第一部朝汉语语法对比著作"。作者 1985 年发表在《语言研究》第 2 期的《汉语"在＋NP"和朝鲜语"NP＋位格或与格"的对比》，标志着朝汉语对比研究开始走上科学的轨道。后来从事朝汉对比的领域由语法扩展到词汇、语音、音韵、文字、社会语言学、文化语言学、语言文字信息处理、翻译、对外汉语教学等方面，但是较为成熟的还是语法对比，而本书是其集大成者。

全书在序言之下，共有八章：

第一章朝鲜语和汉语的短语，介绍了朝汉语短语的概念、组成手段及类型和特点；

第二章朝汉语主语的对比，包括朝汉语主语的功能类型、语义类型和语用功能三节；

第三章朝汉语谓语对比，认为动词谓语是朝汉语句子的核心，然后从动词谓语与时间、体、礼仪范畴三方面具体研究；

第四章朝汉语宾语的对比；

第五章朝汉语状语的对比；

第六章朝汉语定语的对比，体例一样，都分为功能类型、语义类型和语用功能三节；

第七章朝鲜语状语和汉语补语，分汉语补语的类型、朝鲜语状语与汉语补语的转换条件、朝鲜语辅助动词与汉语的补语三节论述；

第八章朝汉语的几种特殊句式，包含了使动句、被动句、比较句三类。书后附有参考文献和后记。

该部著作有如下几点特色：

1. 内容较为全面系统，在对比句法的同时还进行了词法对比，有些地方还做得很细致，如副词部分；

2. 作者精通朝汉两种语言，能够熟悉两种语言语法研究的成果；

3. 以往的研究只重视功能，该书强调功能、语义、语用的三结合，拓宽和加深了语法对比的内容；

4. 采用了双向对比的研究方法，可以避免很多片面性；

5. 状语和补语的对比，填补了以往的研究空白。补语是汉语独有的语法成分，朝鲜语里没有，但是由于句义的原因汉语的补语常常对应于朝鲜语的状语，所以是可比的。

总之，该书是部有重要学术价值的著作，它的出版无论在国内还是在国外，尤其是朝鲜半岛都很有意义，必将推动国内外朝汉语的对比研究和朝汉语的教学与翻译等研究的深入发展。

254. 英汉语研究与对比

《英汉语研究与对比》，邵志洪著，华东理工大学出版社，1997 年 9 月出版，共 406 页。

该书根据作者在语言学、英语语言与对比和跨文化交际等领域的专题研究成果整理成章。文中语料大多出自当时出版的书刊或名家名作，各章节论述深入浅出，多有独到见解。

该书共分四章，涉及语言研究中八个主要层面，每章各分四节。

第一章构词与理据。前三节是将构词方式分为转化、派生和合成三类，从这三个方面入手比较了英语和汉语在构词方式上异同；第四节是词的理据，介绍了理据的形成原因和影响，以及模糊理据和词的理据的模糊性在构词法和交际中的作用。

第二章功能与语义。第一节，按照词的语义功能，将词汇分成六类，并分析了这六类次的语义功能；第二、三节以具体词语为例讨论了词的涵义和词义的演变；第四节从英汉颜色词、词汇语义容量两个方面比较了英语和汉语，并分析了英语新词语对汉语词语的影响。

第三章搭配与语篇。前两节，从英汉比较的方面研究了词语的惯用搭配和修辞搭配；后两节以诗歌、小说和会话为例进行了语篇分析和翻译评析。

第四章修辞与语用。主要分析了英汉两种语言在修辞手段、语境因素、会话原则、语用含糊四个方面所体现出来的异同。

该书重视理论与应用相结合，既有理论指导，又有使用价值，提供了语言研究与双语比较的选题方向和研究方法。

255. 汉英语对比纲要

《汉英语对比纲要》，潘文国著，北京语言大学出版社，1997年5月出版，共436页。

该书立足于对外汉外语教学，从理论上对汉英语对比研究进行了全面的阐述与分析。

全书十三章，大致分成三个部分。

前四章为第一部分，首先从宏观上对汉英对比研究的内涵及其哲学基础进行了科学的阐述和分析，其次对汉英语发展简史和汉英语法研究简史作了粗略地勾勒和概括，包括汉英语在发展中的特点及其对比，如宏观与微观的对比、对比的目的和途径以及怎样进行汉英对比研究。

第五至第十二章为第二部分，即汉英对比研究，包括：汉英语法特征、汉英基本结构单位、汉英句子、汉英语序、汉英虚词、汉英话语组织法及话语语言心理的一系列对比研究。

最后一章为第三部分，即汉英对比研究一百年回顾，包括对对比与对比史研究的阐述以及1977年以来的对比研究鸟瞰和未来研究趋势的理论思考。

该书吸收并消化了国外汉英对比的研究成果，形成了自己的体系，对汉英语在语音、文字、语法、语言研究史等很多方面进行了对比研究，为汉英语从理论到实践、从宏观到微观的对比研究搭建了基本框架。由于理论性较强，所以其适用对象主要是研究生以上层次的学生及研究人员。

256. 汉外语言文化对比与对外汉语教学

《汉外语言文化对比与对外汉语教学》，赵永新主编，北京语言文化大学出版社，1997年出版，共285页。

该书是《对外汉语教学研究丛书》之一，是北京语言文化大学的老师们几十年风风雨雨、辛勤耕耘所取得的可喜成果。语言教学必须结合文化，对外汉语教学中的文化应包涵两个层面：一是文化因素；二是文化知识。这些文化因素主要体现在三个方面：1. 语言形式内的文化含义；2. 文化背景；3. 非语言信息，也称非语言形式。

全书共分为五章，内容涉及语音、词汇、语法、修辞、成语、习语、构词法以及语言与文化之间的关系等方面。第一章汉外语言对比理论；第二章语音对比与教学；第三章词语对比与教学；第四章句法对比与教学；第五章文化对比与教学。

该书所收的研究成果最早发表于 70 年代，最晚发表于 90 年代中期，时间跨度 20 年。该书立足对外汉语教学的领域，坚持文化导入，是历史阶段的成果，并不是定论式的总结，对于开阔学者视野，了解学术研究轨迹有着不可估量的作用。

257. 语言对比研究与对外汉语教学

《语言对比研究与对外汉语教学》，赵永新著，华语教学出版社，1995 出版，共 233 页。

该书是对十年来对外汉语教学中汉外语言对比研究的回顾与总结。作者深入探讨了语言对比研究对对外汉语教学的指导意义以及语言对比研究的内容、方法和任务；客观论述了十年来对外汉语教学中汉外语言的语音、语法、词汇和修辞等各个方面对比研究的得失；重点探讨了语言对比分析、中介语理论与偏误分析、语言与文化教学以及文化对比研究和两种语言深层次的对比研究等各个方面；总结了我国对外汉语教学界在对比语言研究上所取得的成绩并提出了对比研究应该注意的问题。

全书共分八章。

第一章语言对比研究的兴起及其发展，从五个方面来介绍：

1. 语言对比研究及其在国外的发展；2. 我国第一部语言对比研究的著作——《马氏文通》；3. 我国近代对比语言学的研究；4. 我国当代语言学对比研究；5. 对外汉语教学中的汉外语言对比的研究。

第二章语言对比研究对对外汉语教学的指导意义，认为开展汉外语言对比研究，有利于语言理论的研究、有利于教学质量的提高、有利于汉语教材的编写。

第三章语言对比研究的内容、方法及其任务。主要介绍了不同语言对比研究的可能性，研究的内容、方法及任务。

第四章汉外语言对比研究概述。主要从理论对比研究与语言事实的描写、对比两方面进行论述，后者包括五部分：语音的对比研究，词语的对比研究，词类以及短语的对比研究，语法的对比研究，成语、谚语以及修辞、构词法等方面的对比研究。

第五章语言对比分析、中介语理论与偏误分析，分别讨论了语言对比分析与中介语理论，语言对比分析与错误分析，汉语中介语研究及其意义，语音、词语和语法的偏误分析，以及其他相关中介语和错误分析的文章。

第六章语言与文化教学及文化对比研究概况，内容涵盖两方面：1.语言教学与文化教学的关系；2.对外汉语教学中的文化对比的概况，分为从宏观理论上探讨语言教学中的文化因素的重要性和必要性、从微观上具体对比两种语言中不同的文化因素两部分。

第七章两种语言深层次的对比研究——两种语言思维方式的对比研究，从三个方面来介绍：语言和思维的关系、不同语言的思维方式、汉英语言思维方式的对比研究。第八章是全书的结论。

正文之外，附录10篇文章：《谈汉语的"都"和英语的"all"》、《汉语的"和"与英语的"and"》、《汉英被动结构的比较》、《汉英句子成分省略的比较》、《谈谈英语和汉语比较方式的异同》、《汉英祈使句的比较》、《科学与传统，神似与形似，整体与局部——中西文化比较点滴》、《英语情态助动词与汉语能愿动词的比较》、《汉语和英语词语对比研究》和《汉英合成词的对比研究》。

该书论述问题客观、全面，将对对外汉语教学界语言、文化对比研究的更广泛开展，对对外汉语教学及语言对比研究工作产生积极的影响和借鉴作用，是一部具有初创性的论著，可供从事对外汉语教学工作的教师及语言研究者参考使用。

258. 中西文化比较研究

《中西文化比较研究》，郑春苗著，北京语言学院出版社，1994年2月出版，共321页。

该书共分 17 个专题，包括："论比较文化研究"、"中西文化溯源——古希腊文化与华夏文化之比较"、"中西方封建君主制度的基本特征"、"西方的文艺复兴运动与中国的启蒙思潮"、"中西方的婚姻与家庭"、"婚姻制度与中西方的亲属称谓"、"中西方的姓名与文化"、"中西方的道德与幸福观"、"中西方的礼貌称谓制度"、"中西方的宗教信仰与民族性格"、"中西方的宇宙观及其合流趋向"、"中西方的语言、文字与思维模式"、"中西方绘画艺术比较"、"中西方的园林艺术"、"中西方的地名组合与命名方式"、"原始信仰与中西方的民俗文化"、"中西方的禁忌与语言"。

该书专题依循历史纵线与横线相结合而以横线为主的原则进行写作，在内容和材料的处理上，采取中西对应以中为重的方法，广泛汲取国内外学术界的最新成果，是一部不可多得的学术著作。

259. 汉朝双语对比研究

《汉朝双语对比研究》，延边大学汉语系编，崔吉元主编，延边大学出版社，1989年2月出版，共230页。

该书所用经费由日本国永兴商事株式会社代表取缔役会长青木政雄先生赞助，是延边大学汉语系 1988 年编写的一本语言学论文集，共收录相关研究文章 17 篇，主要是汉朝双语和对比研究方面的，还有几篇专门探讨汉语文的文章。汉朝双语对比是一个亟待开拓的研究领域，该书定名为《汉朝双语对比研究》，即是为了突出延边大学汉语系的研究特点。

根据研究内容可分成两部分。

第一部分，有关汉朝双语和对比研究的，包括：崔吉元《朝鲜族学校双、三语教育形态》、朴东日《延边商业牌匾中表现的民族文化因素》、崔健《"再"字句及其在朝鲜语中的相应说法——汉朝频率•时间副词对比之一》、李菊淳《也谈否定副词"不"和"没（有）"》、刘明章《怎样探求汉朝语汉字音对应规律》、安英姬《谈"－n"韵尾在语流中的变读》、朱松植《再论入派三声和朝鲜语的喉音字母"ㆆ"》、崔奉春《现代汉语温度感觉词的语义分析》、许元德《论朝汉语"转"类词的义位系统》、金京顺《谈汉朝数位的特点》、李振玺《试论传统武术的动作名称及其规范》、金泰坤《谈朝汉双语词典的编纂——兼评〈朝汉词典〉》等 14 篇文章。

　　另一部分是汉语文方面的，有 3 篇论文：南永甲《散文〈春〉的翻译技巧分析》、石恒丕《文章写作中语言民族特点的探析》和杨乃晨《大学语文的思考》。

十、对外汉语教学学术集刊及其他

260. 汉语研究与应用(第五辑)

《汉语研究与应用》(第五辑),中国人民大学对外语言文化学院编,中国社会科学出版社,2007年7月出版,共357页。

该辑内容丰富,创新颇多,从不同侧面反映了汉语教学和汉语本体研究的最新成果。其中首篇专论第一次详细阐述了美国的"关键语言"战略及其"国家安全语言计划"的基本内容和战略目标,发人深省,很值得一读。其余20余篇论文主要涉及语言获得和语言教学、汉语偏误分析和语言对比研究、课堂教学的理论和方法等。如《美国"关键语言"战略及其"国家安全语言计划"》、《语言获利:语言学得和语言习得》、《设计心理学对语言知识表达的启示》、《传统语言教学法在对外汉语教学中的实证研究》、《日语母语者和英语母语者汉语量词习得偏误分析》、《面向汉语教学的语言对比研究》等。

261. 第八届国际汉语教学讨论会论文选

《第八届国际汉语教学讨论会论文选》,高等教育出版社,2007年4月出版,共837页。

该书收录了2005年7月23-25日第八届国际汉语教学讨论会论文92篇,内容包括对外汉语教学与教学法、语音与语音教学、词汇与词汇教学、语法与语法教学、汉字与汉字教学、第二语言习得与测试、教材研究、师资培训与现代教育技术应用等8个方面,反映了国际汉语教学领域的研究成果和经验。

一、教学与教学法方面的论文有:《对外汉语教学中的大气候与小气候:以法国为例》、《对外汉语教学?对外汉语专业?对外汉语学科?》、《面向欧美学生汉语教学的观察与思考》、《关于对外汉语教学大纲的若干思考》、《对外汉语教学和研究中的量化问题》、《对外汉语教学模式创新与教材编写》、《论对外汉语教学模式的构建——由美国明德大学汉语教学谈起》、《"发现模式"在"当代中国"话题课中的应用——对外汉语高级阶段教学模式刍议》、《从"3P模式"到"任务教学法"——任务教学法研究之三》、《对日汉语教学法的一个新的提示——"软诱导方式教学"和"翻译训练法"》、《试论综合课课堂教学设计——教育学视角的分析》、《对外汉语听力教学中语速问题的调查和思考》、《以"学生"为中心，改进口语教学》、《对外汉语教学初级阶段应口语先行》、《对外汉语写作教学与完句成分研究》、《对韩写作教学策略》、《认识和处理对外汉语写作教学中的三大问题——兼谈母语写作与外语写作的异同》、《语块教学在培养汉语语感中的作用》、《汉语言专业经贸方向的课程编制》、《对外汉语教学的学习模式研究》、《以任务为本的商务汉语教学与测试》、《商务汉语教学基本特征初探》、《关于旅游汉语教学的若干思考》、《以词汇教学为中心的汉语能力教学》、《华文教育面临的形势及要解决的问题》。

二、语音与语音教学方面的论文包括：《印度尼西亚学生华语发音偏误分析》、《关于汉语拼音字母a和g的印刷和书写规范问题》、《〈对外汉语教学语音大纲〉研究》。

三、词汇与词汇教学方面的论文，总共有：《谈对外汉语学习型对比词库的构建》、《词汇——语法理论与对外汉语教学》、《中文词汇教学再议》、《韩日汉空间概念在时间领域中的投射》、《对外汉语词汇大纲与两种教材词汇状况的对比研究》、《对外汉语教学中的语用修辞教学》。

四、语法与语法教学方面的论文包括：《试论现代汉语完句范畴》、《现代汉语中"V-在了+NP"的兴起及其语法分析》、《略论"A跟B(不)一样X"中"X"的隐现》、《"V就V在P"格式的语义结构和语用功能》、《关于"要"类词的认知解释——论"要"字由动词到连词的语法化途径》、《论"应该"的情态与体的互动关系》、《动词"算"的语义、语用及语法偏误分析》、《关于"过"和空间词的关系》、《动词前"一"的体貌地位》、《"在、正、正在""呢"的语义特征、句法功能及其教学次序》、《差比句中的情态动词意义分布考察》、《话语指示的语用对比分析与应用》、《现代汉语祈使句"你/你们"主语的选择制约因素》、《语法本体研究与对外汉语语法教学》、《从对外汉语教学的角度谈汉语常用固定格式研究》、《语法教学与认知理念》、《名词性成分充当谓语的语法条件及其教学》、《趋向动词语法化与对外汉语补语教学》、《浅谈教学语法——从比较句谈起》、《语法学用失误与跨文化意识——谈美国中文语法教学中一个带根本性的问题》、《汉葡语法对比与汉语教学问题——以"是+形容词"为例》。

五、汉字与汉字教学方面的论文包括:《论汉字教学的性质、类型、特征对不同类型语言教材中的汉字选择》、《米尼奥大学东方学本科课程现代汉语专业的课程设置——兼谈初级阶段寓汉字教学与文化教学的经验》、《从系统性教学法的角度探讨汉字教学的新倾向》、《对韩汉字文化教学》、《〈一级阅读字表〉的编制及说明》。

六、第二语言习题与测试方面的论文包括:《外国学生汉语词汇学习状况计量研究》、《留学生生造词语的偏误类型及偏误成因分析》、《标记假说与汉语二语习得中的母语迁移现象及习得难度》、《对零起点生汉语疑问句习得的个案研究》、《"着"的习得情况考察》、《不同认知风格的汉语学习者在学习策略运用上的差异研究》、《"重学节省"效应对欧美学生汉语词汇学习的影响》、《用任务型学习理论指导美国学生的汉语学习》、《韩汉孪生词对汉语学习的影响》、《韩国学生借助母语迁移习得汉语词的利与弊》、《中高级韩国学生汉语合成词习得研究》、《HSK 在意大利汉语教学发展进程中的作用——HSK 在意大利米兰的12 年》、《HSK(商务)的理论基础与试题设计思路》、《谈谈汉语口语水平考试》。

七、教材研究方面的论文,共包括:《从两次调查结果的分析看编写海外初级汉语教材的一些原则问题》、《从任务型语言教学反思对外汉语口语教材的编写》、《关于汉语教材编写中的趣味性问题》、《商务汉语教材的范围、内容和开放式架构设计》、《关于加强对韩初级汉语教材针对性的一些思考》、《〈博雅汉语〉编写实践与编写原则》、《强化教学:提高效率之路——〈汉语强化教程〉的编写与实验》、《海外中小学汉语教材的任务》、《北美汉语教材的使用——教师和学生选择教材的标准》、《基于 WEB 的对外汉语教材多媒体协同编著系统设计与开发》。

八、师资培训与现代教育技术应用方面的论文包括：《对外汉语教育学科专门人才的培养——兼谈"课程与教学论"硕士专业的建设》、《培养高级汉语专业人才的先决条件及课程要求、内容与标准》、《中日机器翻译与中文阅读教学》、《远程对外汉语教学的实践与探索》、《中文教学中电脑技术应用的策略与模式》、《Tutorial 汉语远程教学模式中的教学》、《用电脑幻灯片使整体性、互动式对外汉语词汇教学成为现实》、《交互式多媒体汉语教学系统的设计与研制》。

262. 汉语国际推广论丛（第1辑）

《汉语国际推广论丛》（第1辑），潘文国主编，北京大学出版社，2006 年 11 月出版，共 279 页。

该书是一部关于汉语教学研究的理论文集，内容涉及汉语教学模式、教学管理、听力教学、语言文化、教育师资、结构主义教学理论、高级汉语视听、汉字等级等方面，具体如下：

对汉语教学模式的研究，包括《对外汉语教学事业》、《对外汉语(教学)专业与对外汉语学科》、《短期班商务汉语课的设计与教学》；

教学管理方面，有《亟待完善科学、高效的对外汉语教学管理体系》；

听力教学方面，《听力教学难点分析及应对策略》、《善听者与不善听者的听力学习策略对比研究及启示》、《对外汉语听力教学模式评介》；

语言文化方面的文章是《语言、文化与思维》；

教育师资领域，包括《外国留学生语言教学的师资问题》、《海外华文教育师资的地区特点及培训模式初探》、《微格教育与对外汉语师资培训》；

结构主义教学理论，主要有《结构主义教学理论与对外汉语听力教学》；

高级汉语视听的文章是《高级汉语视听说的教学新模式探析》；

汉字等级方面，包括《谈对外汉语汉字教学》、《汉字的等级与对

外汉字教学》;

语音教学方面，有《对外汉语语音诊断测试》、《实验班语音难度调查与汉语拼音字母及其他》、《论汉语中的"同素反序"词》、《由例句"他很黑/白"谈对外汉语教学》、《法语国家学生汉语词汇学习难点分析》、《从日本汉语教学的一些问题谈在中国的对日汉语教学》、《漫谈对外汉语词典中名词的义项分立及其他》、《从"一个红脸，一个白脸"说起》、《论林纾的书名翻译》、《试论中国文艺民俗美学的研究》、《国外汉学界的盛唐诗研究》、《孔子的和谐人格理想的追求》。

该论文集收录的论文形式多样、覆盖面广、论述深刻、适合汉语教学工作者参考学习。

263. 汉语教学学刊（第 2 辑）

《汉语教学学刊》（第 2 辑），李晓琪主编，北京大学出版社，2006年 11 月出版，共 316 页。

汉语作为第二语言的教学，形势喜人也逼人，其学科建设，尤其是基础理论建设任重而道远，为此，北京大学对外汉语教育学院《汉语教学学刊》编委会于 2005 年创办了《汉语教学学刊》。该学刊作为应用语言学刊物，是发表汉语教学领域各方面的研究成果的园地，也是世界各地从事汉语教学及其相关学科研究的教师、学者相互交流、切磋与争鸣的学术平台。它重视学科基础理论的原创性研究，同时也注重教学模式、教学方法、教材建设、语言测试以及师资培训等方面的深入探讨，还关注其他第二语言教学研究中新理论、新经验及其在汉语教学中的应用研究。

该学刊主要内容如下：

第一部分，研究论文：《林焘先生与对外汉语教学》（北京大学对外汉语教育学院）、《差比句偏误的类型与共性》（赵金铭）、《论汉语作为第二语言教学（TCSL）与汉语作为外语教学（TCFL）》（吴勇毅）、《多彩的语言世界与汉语的价值和地位》（张公瑾）、《语言习得与教学内容》（[美]温晓虹）、《对外汉语语法教学的基本环节与模式》（卢福波）、《对外汉语复句教学新探》（刘谦功）、《句尾助词"了"的语义扩张及其使用条件》（［日］杉村博文）、《"是……的"句的语用分析》（李海燕）、《从中文写作过程看 CFL 语言结构复杂度的发展》（［美］靳洪刚）、《中级留学生作文中句首的篇章连接成分》（黄理兵）、《留学生生造词语偏误分析》（朱其智）、《建构主义理论在高级口语课堂的实践探索》（张园）、《新闻与新闻听力课的教学内容》（周守晋）、《利用反馈改进网上汉语教学》（［美］姚道中）、《预科教育中相关测试的分析研究——暨对预科学生入系标准的思考》（辛平、刘立新）、《试论从词典入手催发华文教学师资的自我培训》（郑定欧）、《新加坡华文教育的焦点之一：汉字——基于中小学教材语料库的计量分析》（［新加坡］王惠）和《浅析美国国家汉语学习目标》（王添淼、钱旭菁）。

第二部分，书评：《语言、心智与政治——〈剑桥乔姆斯基指南〉评介》（赵杨）；

第三部分，教学动态：《基础深厚，扎实推进，全面繁荣——日本汉语教育情况综述》（王顺洪）、《韩国庆熙大学的汉语教学》（董林莉）。

264. 对外汉语研究（第二辑）

《对外汉语研究》（第二辑），上海师范大学《对外汉语研究》编委会编，商务印书馆，2006 年 8 月出版，共 208 页。

该书共收论文 18 篇，分对外汉语教学研究、双语本体研究、汉语水平考试研究及学术评论四个板块。

对外汉语教学研究板块收录论文 8 篇，即《从句法结构到功能与篇章：对外汉语语法的循序教学》、《"篇章断句"之汉语阅读策略教学》、《以辅助专业教学为目的的汉语作为第二语言的教学：实践与思考》、《韩汉方向概念表达形式对比》、《从交际语言教学到任务型语言教学》、《心理语言学中的第二语言学习及理论发展》、《输入调整与对外汉语阅读教材编写》、《外国留学生使用"在 NL"的调查分析》。

双语本体研究板块收录论文 6 篇，即《助动词"要"的语义分化及其主观化和语法化》、《"以至"与"以致"——兼论汉语近义虚词的中和倾向》、《从脑波实验来看大脑对语气的认知》、《单音形容词重叠的形式和语法意义》、《"在 L+V"与"V+在 L"的意象图式分析》、《趋向动词教学的前提工程：趋向动词"上"的语义特征考察》。

汉语水平考试研究板块收录论文1篇，即《HSK考生群体分布一致性研究》。

学术评论板块收录论文2篇，即《〈语言自迩集〉的编刊与流传》、《汉语中介语研究述评》。

该期精选的论文，侧重理论实践及调查分析，从多个不同角度反映了对外汉语教学研究领域的最新研究成果，有力推动了该领域的学术研究。

265. 汉语研究与应用(第四辑)

《汉语研究与应用》（第四辑），中国人民大学对外语言文化学院编，中国社会科学出版社，2006年6月出版，共468页。

该辑为中国人民大学对外语言文化学院成立十周年暨留学生本科教育十周年纪念专集，共收入论文25篇，从不同侧面反映了对外汉语教学研究领域的最新研究成果。

该辑收录的论文主要包括两部分内容。

专论两篇：赵金铭的《从对外汉语教学到汉语国际推广》和李宇明的《切音字运动普及教育的主张》，探讨的是面向汉语国际推广而开展的学科历史和现状研究，包括对新形势下学科建设重点问题的思考以及面向中国语言规划的历史对切音字运动普及教育主张的理论阐释。

其他23篇论文则广泛涉及汉语作为第二语言和外语教学的诸多领域，如李泉的《论第一语言与第二语言汉字教学之异同》、马燕华的《从汉字习得角度看单笔部件拆分》、崔永华的《外国研究生专业汉语课程教学设计》、路志英的《商贸汉语教材编写和研究的基本情况述评》、靳洪刚的《第二语言习得与语言形式为中心的结构教学探讨》、傅由的《注意策略与对外汉语听力教学》、幺书君的《试卷结构与听力测试成绩的关系》、曾金金的《东南亚学生华语声调听辨分析》以及武果的《语气词"了"和"呢"的连用》、刘爱菊的《现代汉语连词"并"的来源及其在词典义位中的归属》等，重点探讨了包括汉字及其习得研究，教学理论、教材和教法研究，听力教学及其测试研究，汉语习得及偏误研究等对外汉语教学理论及外汉语教学中面临的相关问题。

266. 对外汉语教学与研究（第二辑）

《对外汉语教学与研究》（第二辑），南京大学海外教育学院胡有清主编，南京大学出版社，2005 年 9 月出版，共 307 页。

该书收录了 22 篇文章，内容上分为六个部分。

第一部分为"特稿"：《中文不朽——兼论成语和格言》，是台湾著名文学家余光中先生在南京大学公开演讲的记录稿。它对于中文魅力的赞颂和张扬，对维护、发展母语的高度责任感，给广大莘莘学子和对外汉语教学事业的从业者产生了特殊的感召力，令我们倍感鼓舞和鞭策。

第二部分是"专论"：陆俭明先生在南京大学做的题为《对外汉语教学与汉语本体研究之间的互动关系》的学术讲演的记录稿，论述了汉语本体研究和对外汉语教学的关系。

第三部分为"对外汉语教学研究"，收录九篇文章：曹贤文《二语习得中的语块理论及其应用》、陈雪岭《跨文化交际与对外汉语教学》、凌德祥《语感训练与汉语阅读教学法》、王玲《对外汉语课堂教学中互动策略探讨》、王一平《基于任务学习法的对外汉语写作教学设想》、李茉莉《从教育心理学的角度看零起点汉语口语教学》、卢微一《谈初级汉语口语的话题教学》、朱文《双语编织教学法的实践与思考》、朱锦岚《从一次 HSK 成绩看听说读写技能的不平衡发展》。

第四部分"对外汉语教学史研究"，收录三篇论文：汪维辉《朝鲜时代的汉语教科书及其研究》，何亚南、苏恩希《试论〈你呢贵姓（学清）〉的语料价值》，张全真《从语言习得角度看〈入唐求法巡礼行记〉中的语法偏误现象》。

第五部分"汉语本体研究：收有七篇文章：马清华《关联标记的结构控制作用》，曹巧玲、石峰《汉语和韩语元音发音对比分析》，杨艳《"很是"、"最是"的主观性》，景凯旋《说"分子"》，唐曙霞《唐宋时期处所介词"于"（於）/"在"的使用情况——唐传奇小说与宋元话本样本预料比较研究》，陈佩秋《副词"倒"的语用特征》，王天星《借代与文化》。

第六部分是"语言学家研究"，只有李开的《论马建忠的语言教育哲学》一篇文章。

267. 中国、日本外国留学生教育学术研讨会论文集(2004)

《中国、日本外国留学生教育学术研讨会论文集》(2004)，高等学校外国留学生教育管理学会编，北京语言大学出版社，2005 年 7 月出版，共 458 页。

该书为中日双方外国留学生机构合作举办的"中国、日本外国留学生教育学术研讨会"论文选，选取了中日留学生教育学术研讨会的优秀论文 44 篇，与会代表就中国的日本留学生教育的发展趋势、存在的问题，以及日本的中国留学生教育的发展趋势、存在的问题等共同研讨，旨在为中日两国留学生教育的进一步发展做出贡献。

收录的论文涵盖了八个专题：

第一专题：中日外国留学生政策及留学生交流。收录了《中日接受留学生政策的现状、比较和展望》、《浅谈留日学生的多元作用》、《留学生政策与中日两国的留学生交流》、《作为高等教育战略的留学政策与中日两国间的留学交流》、《来华留学生留学机构必须面对的三个转变——浙江大学日本来华留学生工作的启示》、《关于外国留学生的接收——以亚细亚大学为例》、《中日留学生教育交流的史实与启示》、《日本"10 万留学生计划"的发展历程及其特色》8 篇文章。

第二专题：日本来华留学生教育。收录了《上海地区日本留学生的情况分析》、《严格要求，认真帮助，培养高质量的日本学位生人才》、《吉林大学日本来华长期留学生的发展分析》、《日本来华留学生在华就业情况分析》、《日本来华中医留学生》、《关于深圳大学日本留学生的调查分析》、《北京大学的日本短期留学生——兼谈做好日本短期留学生工作的认识和体会》、《关于日本人来华留学的思考》、《日本百名中老年短期汉语来华留学人员调查与分析》9 篇文章。

第三专题：日本来华留学生的管理。收录了《浅析中日交流方式的差异与来华日本留学生的管理》、《着眼中日友好大局，努力做好日本留学生的教育管理工作》2 篇文章。

第四专题：中国赴日留学生情况分析。收录了《国际研究生院课程及中国留学生》、《吉林省赴日留学生状况分析》、《中国在日留学生情况分析及建议》3 篇文章。

第五专题：日本外国留学生的管理。收录《国际环境的变化和入境管理法的对应——从国际教育交流的角度研讨》、《留学生与日本人交流的意义与实践》、《留学生"辅导制"》、《中国留学生在日本大学的生活状况及存在的问题——根据在神户大学的调查资料》、《关于东京大学的留学生支援体制——法学政治学研究科的状况》5 篇分析报告。

第六专题：汉语测试及日本留学生的汉语学习。收录了《HSK 的发展、现状及问题》、《从日本学生问卷调查看 HSK 对教学的影响》、《在日汉语教学的思考》、《日中汉语教育的分析与思考》、《日本国内的中文教育——关于大学修养教育》、《关于中文教育和留学中国的现状和问题》、《中日汉语教学若干问题的比较——以大学非汉语专业的汉语教学为事例》、《HSK 与留学生学历教育》8 篇分析文章。

第七专题：日语测试及中国留学生的日语学习。共收录了《从"日本留学考试"分析留学生入学选拔》、《从"日语能力考试"到"日本留学考试"——以留学生升学为目标的考试》、《本科留学生的日语学习需求的变化》、《汉语为母语的日语学习者在日语学习上的难点分析——以有效敬语的教学考察为中心》、《赴日留学人员日语培训及测试分析》5 篇文章。

第八专题：中日高等教育机构的留学生教育合作。收录了《武汉大学与日本创价大学 3+1 合作模式情况分析》、《南开大学——爱知大学大规模短期汉语培训的成功合作》、《中日大学间教育交流的崭新未来——亚细亚大学和大连外国语学院的交流》、《中日中医（汉方）教育机构的教育合作》4 篇分析文章。

268. 对外汉语研究(第一辑)

《对外汉语研究》(第一辑),上海师范大学《对外汉语研究》编委会编,商务印书馆,2005 年 7 月,共 168 页。

上海师范大学长期从事对外汉语研究和对外汉语教学工作,有较强的学术力量和广泛的学术影响。《对外汉语研究》是由上海师范大学对外汉语学院主办的学术期刊。该刊的办刊宗旨是:"以促进国内外对外汉语教学与研究为目标,及时反映汉语教学与研究领域的最新成果和学术动态,全面提升对外汉语教学界的教学和科研队伍的学术水平,为学术讨论、研究和理论创新提供平台。"

该书共收录论文 17 篇,分汉语本体研究、习得与认知研究及课程与教学论研究三个板块。

汉语本体研究板块收录论文六篇,即《试论动宾式动词》、《要重视讲解词语和句法格式的使用环境》、《连续量词和离散量词——谈"每隔——数量"的两种意义》、《汉语的进行体与未完成体》、《名称名词的句法表现》、《汉语节律结构模式初探》。

习得与认知研究板块收录论文五篇,即《汉语作为第二语言教学应突出语感培养》、《语言教学中形式与意义的平衡——任务教学法研究之二》、《当前对外汉语学科建设需要什么样的理论框架》、《韩国学生汉语主要韵母发音——知觉的实验研究》、《汉语"离"和日语"から"、"まで"的认知模式和语用特征之对比》。

课程与教学论研究板块收录论文六篇,即《第二语言的学习和教学》、《"十五"期间对外汉语学科建设研究》、《关于语篇、词汇主导教学——从对日汉语教学中词汇的地位谈起》、《关于汉语作为第二语言教学能力认定的思考》、《多媒体汉语课堂教学的理论与实践》、《HSK(旅游)常用词语表选词原则及相关问题》。

在刚刚跨入 21 世纪之际,创办这样一个刊物,不仅可以进一步扩大汉语在国际上的影响,推动对外汉语事业的发展,也可以进一步提升对外汉语的学科地位,完善对外汉语学科理论的建设。该刊立足于对外汉语教学的理论和实践,从不同侧面反映了对外汉语教学研究领域的最新研究成果,具有较强的指导意义和示范性。

269. 汉语教学学刊（第一辑）

《汉语教学学刊》（第一辑），李晓琪主编，北京大学出版社，2005年7月出版，共294页。

汉语作为第二语言的教学，形势喜人也逼人，其学科建设，尤其是基础理论建设任重而道远，为此，北京大学对外汉语教育学院《汉语教学学刊》编委会于2005年创办了《汉语教学学刊》。该学刊作为应用语言学刊物，是发表汉语教学领域各方面的研究成果的园地，也是世界各地从事汉语教学及其相关学科研究的教师、学者相互交流、切磋与争鸣的学术平台。它重视学科基础理论的原创性研究，同时也注重教学模式、教学方法、教材建设、语言测试以及师资培训等方面的深入探讨，还关注其他第二语言教学研究中新理论、新经验及其在汉语教学中的应用研究。

该辑主要内容如下：

第一部分，研究论文：《关于建立"大华语"概念的建议》（陆俭明）、《语言学习需求与对外汉语教学》（李宇明）、《论汉语书面语法的形成与模式》（[美]冯胜利）、《以动词词法为中心的对外汉语教学语法改革》（[德]柯彼德）、《对外汉语虚词教学研究》（李晓琪）、《汉语[V-V]述结式的"主从"问题探讨》（[法]齐冲）、《VC1C2带宾语的位置及形成的句式》（杨德峰）、《关于动词"来"和"去"选择的问卷调查报告》（[日]古川裕）、《介词"由"标引的事件角色兼及与"从"的比较》（崔希亮）、《汉语重叠的连续统现象——兼谈单音形容词重叠的性质》（李泉）、《关于对外汉语词汇教学大纲建设的一点思考》（张和生）、《再论韩汉两语中的误导词——蝙蝠词》（[韩]孟柱亿）、《韩国学生学习普通话声母的知觉－发音关系》（李丹丹、周小兵）、《文化学与对外汉语文化教学》（张英）、《试论对外汉语预科课程设计中的针对性问题》（王若江）、《中级听力教材编写理念的实践与创新》（刘颂浩）、《HSK（商务）的总体设计》（HSK（商务）研发办公室，刘超英执笔）、《OPI和SOPI：两种口语测试法的相关研究及其在教学中的应用》（[美]柯传仁）和《〈汉语作为外语教学能力认定考试〉（初级）预测结果分析》（马新芳、赵燕清）；

第二部分，书评：《第二语言习得和普遍语法（莉迪亚·怀特）》（赵杨）；

第三部分，教学动态：《法国高校汉语教学一瞥》（李红印）、《英国汉语教学动态》（周守晋）和《莱顿大学汉学系及其现代汉语教学课程简介》（刘晓雨）。

270. 汉语研究与应用（第三辑）

《汉语研究与应用》（第三辑），中国人民大学对外语言文化学院编，中国社会科学出版社，2005年6月出版，共272页。

该辑展示了中国人民大学对外语言文化学院教师和海内外同行在汉语本体和汉语作为第二语言教学理论研究方面的研究成果，内容涉及语法、语义分析、语音研究、语言结构和关联词的应用等。

收录的论文主要涉及两部分内容。

第一部分为汉语作为第二语言教学理论研究方面的成果，收录了《言语交际中的预设否定》（张璐）、《从汉日祈使表达方式的不同看礼貌的文化差异》（徐桂梅）、《多媒体汉字呈现与汉字习得研究：三个跨语言组的汉字测试分析》（靳洪刚）、《韩国学生汉语声调知觉和发音的实验研究》（李晓雪、周小兵）、《语法不教什么——对外汉语语法教学的两个原则问题》（孙德金）、《"任务"的性质和特点——任务教学法研究之一》（吴中伟）、《谈高级汉语阅读课的词汇教学》（罗青松）、《口语习用语的结构类型及其特点》（张风格）、《"文献阅读与写作"课教学探索》（徐承伟）、《美国常用汉语教材分析》（卢伟）等10篇论文。

第二部分为汉语本体研究方面的成果，收录了《单音形容词祈使句及相关的语法化问题》（李泉）、《趋向补语"进来"和"进去"的对称与不对称》（杨德峰）、《关联词语在"无条件句"中使用情况的考察与分析》（武惠华）、《反素情态副词的差异比较》（董正存）、《疑问句中的"呢"》（武果）、《"是……的"结构的语义类型》（蔡永强、侯颖）、《也谈动词前的"不"和"没（有）"》（郑林啸）、《现代汉语介词"连"语法化过程初探》（刘爱菊）、《篇章中的"这下"》（牟云峰）等9篇论文。

271. 语言学与应用语言学研究（第一辑）

　　《语言学与应用语言学研究》（第一辑），北京师范大学汉语文化学院编，中国社会科学出版社，2005 年 5 月出版，共 417 页。

　　全书共收文章 42 篇，按照内容可以分为"语言本体研究"、"对外汉语教学研究"及其他三部分。具体如下：

　　第一部分：语言本体研究，，包括 8 篇文章：徐彩华《中文心理词典中单音节词词素特征的心理现实性》、丁崇明《"V 得好"歧义格式研究及其对动词的选择》、白荃《略论句首"连＋施事"结构的句法功能以及这类结构中"连"的词性》、尚平《对语气的再认识》、季薇《现代汉语副词内部功能分类刍议》、刘兰民《略论汉语词的理据》、舒雅丽《试论段注同义词辨析中的词义特点义素分析法》、宋志明《语词的联想意义及其运用》。

　　第二部分：对外汉语教学研究，是全书的主体，共收有 33 篇论文，遍及语言要素、课型教学等方面：冯丽萍《双语词汇加工的研究方法与理论模型》，李炜东《"不禁"、"禁不住"对谓词性成分的时状限制》，董明、鹤岛俊一郎《〈原本老乞大〉中的"的"——兼及现代汉语的"的"》，汪琦《浅谈"避免"一词在汉语学习词典中的注释问题》，邓波《对外汉语同义词辨析》，冯建明《生词翻译杂议》，刘智伟《近五年来对外汉语词汇教学研究综述》，张会《汉字形体演变的信息论解释》，张和生《多层次加强师资培训，全方位提高教师素养》，宋如瑜《教育视导理论在对外汉语教学上的应用》，陈绂《浅谈针对北美地区华裔子女的汉语教学》，崔立斌《美国学生汉语学习动机的调查》，马燕华《论母语与双语（多语）社会儿童汉字教学之差异》，孙红娟《试论中韩颜色词的文化附加意义》，亓华《"日军用语"与中日跨文化交际问题》，赵宏勃《从文化导入谈起——对外汉语教学中的文化课》，吴成年《对外汉语教学中文化教学研究的问题与对策》，吕俞辉《论本科教学初级阶段文化教学的必要性和相关问题》，周奕《韩国留学生汉语双音节词语声调的发音规律及其教学策略》，李彦春、侯晓虹《初中级水平韩国留学生学习语音的偏误分析》，黄晓琴《数词"一"变调的层次与实质》，贾放《高级阶段汉语口语教材编写现状调查及相关分析》，单力真、朱瑞平《从交际法教学原则看中级汉语听力教材语料的选取》，赵清永《应进一步增强对外汉语教材练习设计的科学性——关于同/近义词辨别选用练习编写的思考》，陈颖《建构汉语听力理解的语言知识网络》，史芬茹《试论对外汉语听力教学》，卢华岩《对外汉语课堂教学中语料的有无文字凭借处理分析》，胡秀梅《多媒体环境下高级口语教学的思考》，付钢《商贸汉语课多媒体教学方式探索》，盛双霞《浅谈对外汉语课堂教学的最优化》，朱志平《对日汉语阅读教学研究述评》，王丕承《速成教学中初级汉语口语表达技能训练与写作相结合的一种尝试》，孙立峰《外国留学生汉语言专业本科毕业论文的写作与指导》。

另外，还有一篇是大泷幸子的《日本的汉语语义研究的回顾与展望——以依据"义位理论"的语义分析为主》。

272. 对外汉语论丛（第四集）

《对外汉语论丛》（第四集），王德春主编，学林出版社，2005 年 3 月出版，共 439 页。

该书是一本论文集，分为教学篇、语法篇、理论篇、文学篇和管理篇五部分。

第一部分为教学篇，收录 5 篇文章，分别是：《关于改进日本学生本科低年级会话课的研究报告》、《外汉写作教学断想》、《试论对外汉语分班教学》、《在视听说教学中应培养学生的个性化——从〈一个都不能少〉教学案例谈起》、《关于一个有效的动宾式离合词的教学方案》。

第二部分语法篇，收录 18 篇文章，包括：《语体风格统计学刍议》、《[V+N]定中式短语的功能及意义》、《汉语离合词研究的成果和问题》、《转折连词"不过"的语法、语义和语用分析》、《"也"与"还"的句法语义语用分析》、《"一直"和"始终"的句法/语义/语用比较》、《浅析"为"与"为了"句法与语义层面上的差别》、《"能"与"能够"慢同辨》、《"都"还是"全"》、《现代汉语中的"太"和"太×"结构》、《"一下"与"一会儿"三个平面比较》、《多角度比较研究"曾经"和"已经"》、《"自"的三个平面分析》、《汉字有几个侧面》、《第二语言习得理论对对外汉语口语教学的启示》、《"不礼貌"背后的礼貌——试论礼貌原则中的反语原则和玩笑原则》、《从汉英缩略词、谐音、符号看网络特色用语》、《汉语颜色词初探》。

第三部分理论篇，收录文章 10 篇，包括：《谈翻译等同》、《从英语新词语的词性零位派生看语言的结构与建构》、《汉美称呼语对比刍议》、《试析英汉句子的结构差异》、《模糊限制成分的分类》、《英汉动物词汇及其文化内涵对比》、《日本人学习汉语辅音的若干问题》、《汉、泰定语语序对比》、《试论布龙菲尔德对索绪尔语言学思想的继承和延伸》、《汉学和中国学涵义刍议》。

第四部分是文学篇，收录的 4 篇文章分别是：《〈汉书·艺文志〉辞赋分类义例试探》、《老舍前期小说中的车夫形象》、《鬼子对"无乡可还"的现代社会的无奈呈现》、《从"个人化写作"到"个人化"写作》。

最后一部分是管理篇，包括 4 篇文章：《对外国留学生汉语言本科学历教育的几点思考》、《文化休克的实质及其对策——谈如何解决来华留学生的"文化休克"问题》、《对日本留学生管理工作的心得》、《浅析印度尼西亚来华留学生市场》。

该论文集涉及范围广，研究角度新，能够给广大的对外汉语教学者和研究者以很好的启示。

273. 汉语研究与应用（第二辑）

《汉语研究与应用》（第二辑），中国人民大学对外语言文化学院编，中国社会科学出版社，2004 年 7 月出版，共 300 页。

该辑共收录对外汉语教学领域的最新或较新研究成果 22 篇，内容包括对外汉语教学学科理论研究、语法和词汇教学研究、汉字习得研究以及运用新的理论和方法所进行的汉语本体研究等。

该辑收录的论文包括两部分内容。

第一部分收录的是该领域著名专家学者的研究成果，包括刘珣的《汉语教学大发展形势下学科建设的断想》、崔永华的《科研课题和对外汉语教学学科建设》、李泉的《第二语言教材的属性、功能和基本分类》、罗青松的《试论高级汉语阅读教材的编写原则——兼谈〈高级汉语阅读〉的编写思路》、邓守信的《对比分析与语法教学》、李晓琪的《汉语初级教程语法项目分布考察及思考》、王建勤的《欧美学生汉语部件认知效应的实验研究》、李禄兴的《形声字读音习得中的归类推比法》、吴勇毅的《词语的解释》、武果的《语篇场景设置与动态助词"了"的隐现》、古川裕的《现代汉语句法以及词法的认知语言学研究——以"凹凸转换原则"为例》。

第二部分是中国人民大学对外语言文化学院教师的研究成果，包括《图式理论与对外汉语听力教学》、《口语习用语的基本特征及其教学》、《"一再"和"再三"用法考察与辨析》、《"索性"和"干脆"》、《"尤其"及相关句式的教学》、《"了₂"的一种教学设计》、《〈第二语言研究方法〉介评》、《对外汉语阅读教学与研究现状述评》、《小句补语的歧义现象》、《功能成分和包孕功能句》、《典型谓宾动词的配价分析》等11 篇文章。

274. 汉语研究与应用(第一辑)

《汉语研究与应用》（第一辑），中国人民大学对外语言文化学院编，中国社会科学出版社，2003 年 6 月出版，共 285 页。

该书是由中国人民大学对外语言文化学院主办的学术年刊，该刊以促进汉语作为外语教学的学科建设为宗旨，集中发表汉语教学理论和教学方法以及与教学相关的汉语本体研究的成果。本辑收录了部分专家学者及中国人民大学对外语言文化学院教师的研究成果 21 篇，内容涉及对外汉语教学语法、语义分析、语音、语言结构及教材研究等方面。

该辑收录的论文包括两部分内容。

第一部分收录的是几位著名学者的研究成果，包括邓守信的《作为独立学科的对外汉语教学》、施光亨的《对外汉语教学整体设计再思考及其他》、赵金铭的《论教案及相关问题 》、鲁健骥的《谈泛读教材的编写技巧——从〈画儿上的美人〉说起》及李泉的《论第二语言教材评估》。

第二部分是中国人民大学对外语言文化学院教师的研究成果，这部分主要涉及两方面内容：

其一是有关对外汉语教学研究的论文，包括《试论对外汉语交互性课堂教学》、《提高听力课教学效果的几点尝试》、《对外汉语口语课教学目标的实现》、《谈对外汉语初级阶段教学语言》、《留学生"被"字句言语表达调查研究》、《留学生本科论文指导的几个问题》、《伯利兹外语教学法评价》、《篇章偏误及篇章教学研究综述》等九篇文章；其二是有关对外汉语教学语法、语音、语义分析、语言结构等研究的论文，包括《关于体词谓语句》、《"连"字句的逻辑结构分析》、《说"难免"》、《副词"不"和"没（没有）"用法辨析》、《插入语的篇章语用价值分析》、《篇章关联词语分析》、《谈字序规范的标准》、《也说〈聊斋志异·狼〉中的"假寐"——兼谈与"假寐"相关的一些问题》等八篇文章。

书中精选的论文，或对学科理论进行宏观阐述，高屋建瓴；或对某一专题展开全新探索，精辟深入，对我国的对外汉语教学工作具有很强的指导作用和示范性。

275. 对外汉语论丛（第三集）

《对外汉语论丛》（第三集），王德春主编，上海外国语大学国际文化交流学院编著，学林出版社，2003 年 6 月出版，共 340 页。

该书共收录 31 篇文章，分为上下两编。

上编为现代汉语研究，共有 11 篇论文，具体包括：学问的《关于现代汉语语法范畴》和《关于现代汉语语法手段》、周上之的《离合词亦此亦彼的中间性质》、陈忠的《"着"的句法、语义特征和对外汉语教学对策》、唐依力的《浅析"为＋NP"格关系》、姚远的《谈汉语外来词的理据》、何戎的《由"软广告"想到特殊的构词方式》、张晓燕的《"一……就……"结构分析》、张芝佳的《四字格——我国政治词汇的鲜明特色》、王迈的《构拟意义框架的一点尝试》、高方英的《仿拟与幽默》。

下编为对外汉语教学研究，涵盖论文 20 篇，篇目和作者是：徐宝姝的《对外国留学生汉语言本科学历教育的几点思考》、邵菁的《认知功能教学法在对外汉语语法教学中的应用》、杨彬的《略论"隐含"及其对外汉语教学的启示》、陶嘉炜的《篇章语言学与对外汉语》、周新玲的《留学生听说能力的分解和综合》、仇鑫奕的《听力教学中的生词问题分析》、冯倩的《浅谈对外汉语阅读课中的词汇教学》、李丽的《初级听力课中的辐射词汇教学法》、高英根的《韩国大学生学汉语的语法病例分析》、糜若焉的《关于日本学生几种汉语语法结构习得顺序的研究》、王丽的《谈对澳大利亚模纳士大学的短期速成教学》、周上之的《德国海德堡大学和上海外国语大学基础汉语教学比较》、陈慧忠的《关于中日对外语言教学的一些对比思考》、俞如珍的《跨文化交际中的形式和意义》、俞灏敏的《留学生中国文学课刍议》、李璞的《论对外书法教学兼带汉字及文化教学的可行》、杨剑宇的《国外汉学界中国通史研究述评》、杨金华《析〈现代汉语学习词典〉》、王恺华的《外汉教学中课外读本的选择》、陈凯湧的《强化服务意识，提高管理水平》。

276. 对外汉语教学与研究(第1辑)

《对外汉语教学与研究》（第 1 辑），南京大学海外教育学院胡有清、钱厚生主编，南京大学出版社，2003 年 4 月出版，共 350 页。

南京大学是我国最早接收外国留学生和访问学者的高等院校之一。从早期的留学生部到现在的海外教育学院，南京大学的教学科研人员在对外汉语教学和研究的园地里辛勤耕耘，培养了一批又一批学有成就的留学生。为了进一步加强海外教育学院对外汉语教学学科建设，编委会决定编辑出版《对外汉语教学与研究》，一方面为该院教师们的科研成果提供发表的园地，另一方面也期望成为国内外学术界交流的一片平台。

论文集第一辑的内容包括汉语本体研究、对外汉语教学理论研究、对外汉语教学方法研究、对外汉文化教学与研究等四个方面。

国家对外汉语教学领导小组办公室主任严美华的文章《汉语，迎来世界注目礼》作为全书的序言。之后，便是全书的主体内容，分而述之：

第一部分为汉语本体研究方面的文章，包括：卞觉非《理论性和应用性：理论语法与教学语法的分野》、周小兵《"着"的教学与对外汉语教学语法》、吴淮南《汉语词语构成的音节因素和节奏语感的培养》、鲁国尧《评〈应用汉语词典〉》、杨锡彭《汉语外来词：音译与音意兼译》、张全真《古本〈老乞大〉与谚解本〈老乞大〉〈朴通事〉语法比较研究》、余宁《〈尚书〉复音词研究》、周同科《〈战国楚竹书·孔子论诗〉疑难字隶读举要》8篇文章。

第二部分为对外汉语教学理论，主要有5篇文章：李开《汉语母语教学向第二汉语教学的转换》、凌德祥《中介语理论与对外汉语教学》、曹贤文《对外汉语习得研究的两种范式》、王天星《第二语言(汉语)习得中教师及其输入方式的制约影响》、陈佩秋《对外汉语高级口语教学输入与输出的关系》。

第三部分为对外汉语教学方法，包括唐曙霞《以"任务法"为原则的写作教学》、陈莎《对外汉语虚词教学探索》、封淑珍《浅论口语教学要项——语气和口气》、李茉莉《谈日本人的思维习惯对汉语学习的迁移作用》、朱锦岚《德国人学习汉语发音的难点分析》。

第四部分是汉文化教学与研究，主要有7篇文章：张海林《对外汉文化教学中的主体意识略论》、王长发《论对外汉语教学中的文化课教学》、杨冬燕《对外汉语语言与文化同步教学初探》、王希杰《就左和右说语言和文化关系的复杂性》、卢微一《论对外汉语教学中的文化张力》、陈雪岭《略论中国饮食文化对汉语的影响》、宫辰《评茅盾的〈中国神话研究 ABC〉》。

277. 对外汉语教研论丛（第二辑）

《对外汉语教研论丛》（第二辑），华东师范大学国际中国文化学院编，华东师范大学出版社，2002年8月出版，共464页。

该书是一部论文集，内容分为五个部分。

第一部分是对语音、词汇、语法等的研究，包含许咸道《汉语与空间意识》、王珏《生命副词及其教学策略》、刘大为《合语法度的概念》、金立鑫《现代汉语中趋向补语和宾语的位置及其认知解释》、史舒薇《语言家族中的"无冕之王"——试论汉语中的外来词》、王晓凌

《"又"在未来事件中的用法浅析》、朱勘宇《小议汉字拼音化的艰难性和可行性》、周子衡《对外汉语教学初级阶段的语法问题》、毛世祯《关于对外汉语语音教学的反思》等9篇论文。

第二部分是对外汉语课程教学研究，收录了徐子亮的《会话教学中语境的应用》、金红莲的《口语教学中的语用问题》、刘弘的《语境假设和对外汉语教学》、华宵颖的《报刊课程三议》、包文英的《对外汉语报刊课教学研究》、肖路的《系统地将影视课纳入对外汉语教学》、史世庆的《谈"视听说"课教学重点的选择》、张春芳《的对外汉语教学中的联想教学浅见》等8篇文章。

第三部分是海外教学的相关研究，收有林晓勤的《建立日本学生汉语中介音语料库的设想及其对日本学生语音教学的启示》、王幼敏的《对日本人书写中文汉字差错规律的分析及思考》、刘方的《日本新版汉语教科书中的注音失误》、陈流芳的《试论俄语接续结构对汉语学习的干扰》、郭校珍的《也谈对西方学生的汉字教学》等5篇文章。

第四部分是计算机辅助教学的研究，收录 3 篇文章分别是吴勇毅的《CAICSL 的理论与软件的设计和开发》、张一如的《计算机辅助对外汉语教学系统的开发和应用》和韩蕾的《双项指人名词同位组构的外部限制》。

最后一部分是对外汉语教学中文化教学研究，收有：陈融的《挫败期与文化误解——关于来华留学生跨文化交际的两个问题》、朱晓琳的《文化背景差异对法国人学汉语的影响》、张永奋的《汉字教学中的文化阐释》以及金志军的《浅谈跨文化交际在对外汉语教学中的应用——由欧美留学生对中国文化的错解所想到》。

278. 中国对外汉语教学学会北京分会第二届学术年会论文集

《中国对外汉语教学学会北京分会第二届学术年会论文集》，中国对外汉语教学学会北京分会编，北京语言文化大学出版社，2001 年 6 月出版，共 455 页。

该论文集总分四个专题，即对外汉语教学的教学原则、语义中心的提取方法、对外汉语专业研究生第二语言习得课程建设、留学生写作训练的中间环节。

　　第一专题为对外汉语教学教学原则，收录文章包括：《试论对外汉语教学的教学原则》、《试谈对外汉语专业研究生第二语言习得课程建设》、《汉语言专业本科生的培养及精读课的任务》、《"高等学校外国留学生汉语教学大纲（长期进修）"编写说明》、《浅谈对海外幼儿的早期汉语教学》、《清代朝鲜人的汉语学习》、《略论汉字表音偏旁及其教学》、《字本位与对外汉语词汇教学》、《从汉字入手探索对外汉语教学的新思路——欧美篇》、《对三所院校四套口语课本的调查统计与分析》、《〈中级汉语口语〉使用情况调查评估报告及其引发的思考》、《高级听力训练的必要性及其教材编写尝试》、《标准参照理论的历史背景回顾》、《HSK 成绩中关于女性考生公平性的分析》、《成绩测试中阅读测试的任务、目标及题型》等。

　　第二专题是语义中心的提取方法研究，收录了《现代汉语中的无标记转指》、《谈"把"字句的语义类型及其对补语的选择》、《语义中心的提取方法》、《也论易位句的特点》、《现代汉语中"之"的用法调查》、《口语中意在否定的"哪儿"和"怎么"换用情况考察》、《双宾动词使用情况考察》、《汉语颜色词语分析》、《浅谈中高级汉语中的关联成分及其使用》等文章。

　　第三部分为对外汉语专业研究生第二语言习得课程建设研究，收录了《试论对外汉语教学过程中的主客体关系》、《第二语言习得态度动机研究》、《短期班教学为长期班教学提供的启示》、《来华欧美留学生汉字习得研究教学实验报告》、《误读与汉字读音认知》、《汉字认知研究的新进展与汉字教学》、《视听课的交际决策与目标词教学同精读课比较的个案实验分析》、《对阅读教学研究的若干思考》、《言语习得与跨文化意识》、《外国留学生课堂提问情况的调查与分析》等文章。

　　最后一个专题是留学生写作训练的中间环节研究，收有《论文写作与思维》、《留学生写作训练的中间环节》、《量词，语法隐喻》、《从俗语、熟语看"吃"对汉语语汇的文化渗透》、《谈对外汉语教学中的礼貌策略问题》、《现代汉语语句中"这种"与"这样"——兼与日语对应词语比较》、《汉语述补结构在日语中的表达方式》、《汉语的"比"字句与法语的相应形式》等。

279. 对日汉语教学国际研讨会文集

《对日汉语教学国际研讨会文集》，陈绂主编，中国社会科学出版社，2001 年 1 月出版，共 319 页。

该书收录了中日学者关于对日汉语教学研究方面的文章 31 篇。

其中日本学者 7 篇，包括：《被动句的日汉对比》、《日本教学现状及今后有待解决的几个问题》、《日本人学习汉语声调方面的一些问题和解决方法》、《关于另一类处所宾语》、《关于 CD 教材的几个问题》、《对日汉语教学中的若干问题》、《在日本实施的汉语能力测试的若干问题》。

中国学者文章 21 篇，包括：《日本留学生汉语标点符号偏误浅析》、《汉日同义异形词的对比考察与对日汉语教学》、《从文化背景差异谈对日汉语教学的特色》、《汉日同义异形词的对比考察与对日汉语教学》、《日本留学生汉语语段表达中母语"た"的特殊迁移现象分析——兼谈助词"了"的语法教学问题》、《中、日 90 年代汉语教材之比较》、《中日汉字词缀比较——兼谈对日留学生汉语词汇教学》、《汉日同义异形词的对比考察与对日汉语教学》、《日本学生使用介词的区分及其分析》、《日本汉语教材及分析》、《在文化特征与民族性格影响下的汉语学习》等。

280. 北大海外教育（第三辑）

《北大海外教育》（第三辑），赵燕皎、李晓琪主编，华语教学出版社，2000 年 9 月出版，共 290 页。

全书共收录 25 篇文章，大致分为三个部分。

第一部分：汉语本体研究，收有 8 篇论文：赵燕皎《"除了…还…"和"除了…也…"》、杨德峰《副词的功能分类》、高艾军《单音节反义形容词的语用选择性》、刘元满《无主句与天候的表达关系》、刘立新《"意思"的意思——"意思"溯源及释义》、张明莹《关于连词"即使"的考察》、徐晶凝《"反正"与"既然"》和泰国张国都的《略谈汉字形体的演变》；

第二部分：对外汉语教学研究，收录 14 篇相关文章：郭振华《教什么？怎么教？——对外汉语教学理论与实践》，戴桂芙《浅谈在口语教学中实施情景教学》，李红印《汉语听力教学再认识》，祖人植《对外汉语口语教学与语用含义的分析——以中级口语句式教学为例》，金舒年《试论记忆在写作中的作用》，李大遂《关于对外汉字教学如何走出困境的思考》，张英《对外汉语语音教学简论》，金兰《从韩国对外韩语教学反观中国对外汉语分课型教学》，李海燕《从留学生文言翻译中的问题谈对外文言教学》，刘超英《对两个学期分班考试的观察和思考》，刘德联、钱旭菁、陈莉、赵昀晖《汉语口语分班水平测试的实践与探索》，刘超英、赵延风、陈莉《从"Ｂ卷"看入学分班测试》，辛平《谈分班测试试题设计的若干问题》和李晓琪《研究生培养与对外汉语教学学科建设》。

第三部分：其他，收录 3 篇文章：王顺洪《中日汉字词缀比较》、宣雅《跨文化交际的几个问题》和俞信宝《中国人的姓名》。

281. 语言与文化论丛（第二辑）

《语言与文化论丛》（第二辑），北京语言文化大学文化学院编，华语教学出版社，2000 年 3 月出版，共 287 页。

北京语言文化大学文化学院正式成立于 1996 年，它标志着北京语言文化大学开始由一所以中、外语言的学习与教学为主要任务的专业院校，向以中、外语言与文化的学习、研究、交流、比较、传播和创新为中心任务的人文社会科学类大学过渡。该论文集即是文化学院部分教学科研人员研究成果的一次总结和展示。

在曲德林校长的"序言"之后，该辑内容包括四个部分，22 篇文章。

第一部分：语言本体研究，收录了郑贵友的《"呈现类"句子中的动宾双系形容词状语》、王恩保的《略论〈音韵正讹〉的语音和词汇》、罗卫东的《古文字考释三则》、毕继万的《谈谈"貌合神离"的词语的文化涵义对比研究》、林建萍的《浅析日语惯用句的构形》。

第二部分：教学与认知研究，收录了田善继的《论文写作与思维》、张宁志的《汉民族思维及语言的特点与汉语短期班强化教学》、高立群的《概念表征的理论模型综述》、施家炜《世纪回首——第二语言习得内在过程研究综述与展望》、陈郁的《对东、西方学生学习动机及相关因素的调查和分析》、冯惟钢的《香港教师普通话教学课程的设计与实施》。

第三部分：文学与艺术研究，收录了郑万鹏的《新现实主义的崛起》、方铭的《文人爱奇心态与战国政治及文化的关系》、张强的《浴室中的镜子（一）——当代女性主义写作的叛逆与救赎》、沈建青的《Women in Construct and Reality: The Iceman Cometh》、王玉林的《〈白鹿原〉与民族解放战争》、刘军茹的《现代大众传媒的三重属性》、刘山花的《对现代重彩画的认识与技法体会》、史大鹏的《我们将走向何处——对民族音乐发展的思考》、张淑红的《对外京剧表演教学特点初探》。

书后附录：《试论新时期大学生社会实践》、《留学生文化班的管理》，是对外汉语教学具体业务方面的探讨。

282. 对外汉语教研论丛（第一辑）

《对外汉语教研论丛》（第一辑），吴碧莲主编，华东师范大学出版社，1999年11月出版，共238页。

该书是一本论文集，收录的26篇文章主要来自华东师范大学。

课程设置研究方面的一篇文章是潘文国的《语言研究与语言教学——兼论"汉语言文字学"专业设立的理论意义和实践意义》。

语音、词汇、语法、汉字等方面的研究有：王珏《抽象名词的语法分类及其语法特征》，朱虹《普通话影响下的上海方言词汇初探》，陈流芳、曲卫国《也谈"比"字句否定式的含义》，姜晓虹《论现代汉语比较句中的"要"字》，傅源《浅析趋向补语"下"的语义源流》，金志军、赵柳英《从"我班有九口留学生"谈汉语物量词的教学》，王幼敏《日本人学汉语发音错误分析及思考》，张春芳《韩国人学习汉语普通话发音难点浅谈》，朱晓琳《法语国家学生汉语发音问题初探》，吴仁甫《汉字的识记》，张永奋《谈谈对外汉语的书写教学》。

文化教学研究方面的文章：许光华《为外国学生开设〈中国文化〉课的几点想法》、陈勤建《日本鸟（日）文化及其与中国文化的关系》、赵惠平《注意发掘教材的文化内蕴——〈中国家常〉教学心得》、李露蕾《价值取舍、文化规约与对韩汉语教学》、陈晓芬《解读李白的新视角——读松浦友文〈李白诗歌抒情艺术研究〉》。

此外，还收有以下文章：吴玉如《积极利用语言环境　提高学生汉语水平》，华宵颖《论情景练习》，子亮、勇毅《功能情景教学谈》，史世庆《谈"视、听、说"课教材的选择和使用方法》，史舒薇《汉语会话教学的四个阶段》，肖路《从儿童习得第一语言与成人学习第二语言的对比中谈对外汉语教学》，吴碧莲《面向世界　面向未来——再论海外华人子弟及外国学童的汉语教学》。

最后附有杨伟民《以质量求发展——谈谈我校的留学生工作》、范剑华《〈对外汉语教研论丛〉编后感》两篇文章。

该校自上世纪 60 年代开始招收外国学生，长期的教学实践，使从事汉语教学的教师根据不同国家、地区的学生的特点，摸索、揣摩，积累了丰富的经验，其中更不乏汉语言文字学方面的学养深厚的专家。该书的出版使当时的研究风气更加浓厚，并为对外汉语教学工作的研究提供了一个交流的平台。

283. 北大海外教育（第一辑）

《北大海外教育》（第一辑），郭振华、赵燕皎主编，北京大学出版社，1997 年 7 月出版，共 350 页。

为了全面总结北京大学海外教育学院的科研成果，进一步探索、完善对外汉语教学理论体系，推动管理工作和对外汉语教学事业的更快发展，北京大学海外教育学院创办了《北大海外教育》。

该集收入了 1996 年撰写的论文 32 篇，主要包括汉语研究、语言学习理论、语言对比研究、汉语教学研究、教材与词典编、汉语教学辅助手段、中华文化在海外以及留学生行政管理工作等方面内容。大致可以划分为三个部分：

第一部分：汉语本体研究，收录的文章计有 5 篇：李芳杰《漫谈汉语语义结构及其研究》，崔希亮《汉语熟语的界定及其分类》，高艾军、傅民《形容词的分类和用法》，任雪梅《"再说"的连接功能分析》，王硕《〈华音启蒙〉的语言——近代白话的一项资料》。

第二部分：二语习得及对外汉语教学，收录文章 24 篇：李杨《论开发语言学习潜能》、祖人植《语言潜移理论纵览》、王顺洪《日本人学习汉语过程中母语的作用》、张起旺《日本学生汉语动词篇误分析》、林欢《两类常见的日本留学生的词序篇误》、李红印《对外汉语教学若干特性的再认识》、刘镰力《词汇教学的阶段性》、陈莉《试论教学模式的建立及意义》、张英《效率 节奏 技巧——对外汉语课堂教学初探》、刘晓雨《中级阶段的口语教学》、方霁《留学生现代汉语祈使句习得初探》、刘元满《汉语中固定搭配的比喻特点及其教学》、金兰《夏威夷大学汉语教学法评价》、戴桂芙《寓功能、结构于情景之中——兼谈〈新汉语教程〉的"新"》、王若江《谈留学生古代汉语课的教学问题》、赵延风《试论中级汉语教材编写中语言与文化的融合思路》、刘德联《汉语中级口语教材评述及编写尝试》、杨德峰和刘元满《短期读本教材编写时应注意的几个问题——介绍系列短期读本教材〈走进中国〉》、李晓琪《外国留学生现代汉语常用词词典编纂散论》、郭振华《浅谈新技术在中文教学中的应用》、黄立《图片在基础汉语教材中的应用——兼谈基础汉语教材的趣味性问题》、张明莹《中级汉语题库的设计原则及具体做法》、辛平《从测试看教学重点及难点》、刘颂浩《再谈多项选择题》。

第三部分：其他方面的文章 3 篇：张国都《中华文化在泰国的传播》、于素荣《北京大学对外汉语教学中心行政管理工作浅论》、王文泉《在留学生中开展文体活动及其在留学生管理工作中的作用浅议》。

284. 中国对外汉语教学学会第六次学术讨论会论文选

《中国对外汉语教学学会第六次学术讨论会论文选》，中国对外汉语教学学会编，华语教学出版社，1999 年出版，共 512 页。

中国对外汉语教学学会第六次学术讨论会，于 1998 年 7 月 12 日至 16 日在大连外国语学院举行。该次会议是中国对外汉语教学界在 20

世纪举行的最后一次全国性学术会议。该次大会的主题是"对外汉语教学回顾与展望"，共有120余篇论文在大会或分组会上宣读。这些论文论就学科的宏观理论思考、汉语本体和文化因素研究、语言对比和语言学习研究、教学建设和师资队伍等方面进行了深入探讨，对学科建设的方方面面作了回顾和总结，以及对未来发展趋势的展望。

该论文选精选了研讨会论文45篇，并在论文选后附《中国对外汉语教学学会第六次学术讨论会论文目录》。所选文章篇目如下：

《世纪之交的华文教育——关于总结和展望的宏观思考》、《从两个〈课题指南〉看对外汉语教学的学科发展》、《对外汉语本科教育二十年》、《规范和发展对外汉语学历教育的三点构想》、《对外汉语教学中的几个问题》、《关于对外汉语教学进一步规范化的建议》、《论面向21世纪中高级汉语进修生的培养》、《"对外汉语教学"的学科性质论探》、《对外汉语教学与其他语言教学的异同》、《也论对外汉语教育学科体系及其科学定位》、《对外汉语教学研究应加强调查统计和数据分析》、《量化调查——对外汉语教学研究的重要手段》、《对外汉语教学学科建设的一个重要课题——谈对外汉语教学历史的研究》、《试论在句首的"由+施事"结构的句法功能》、《汉语陪伴性物量词的由来及其应用原则——兼谈对外汉语教学中的量词教学》、《"了₁"、"了₂"的定位与现代汉语态系统》、《谈动宾语义关系分类的性质问题》、《现代汉字的几何性质及其在汉字教学中的意义》、《汉字的认知及教学方法》、《汉字学与汉字教学》、《汉字的理据性与汉字教学》、《对韩国留学生汉语词汇教学中的几个问题》、《语言对比及其相关理论的拓展空间》、《汉语和英语的时与体》、《浅析留学生汉语写作中的篇章失误——兼谈写作课的篇章教学问题》、《对9名日本学生误读现象的分析》、《论汉语中介语的生成规律》、《外国留学生学习汉语时的焦虑》、《关于对外汉语课外延伸教学的思考》、《对外汉语基础教材的编写问题》、《〈汉语文化双向教程〉的设计与实施》、《从思维模式谈报刊阅读》、《报刊教学综论》、《谈"视、听、说"课教材的选择和使用方法》、《对外汉语教学中中国文化类课程定位、定量问题的再分析》、《句型教学结合语义分析的构想》、《词汇表达训练中的一种量化标准——字词比系数》、《基于 Internet 的中级汉语远程教学》、《多媒体对外汉语教学——21 世纪对外汉语教学的重要手段》、《略论非院校对外汉语教学的基本思路》、《短期与速成汉语教学总体设计的原则和基本内容》、《素质教育与对外汉语教学》、《建设对外汉语专业　走可持续发展之路》、《中国对外汉语教学学会第六次学术讨论会论文述要》。

285. 对外汉语教学探讨集（北京地区第一届对外汉语教学讨论会论文选）

《对外汉语教学探讨集（北京地区第一届对外汉语教学讨论会论文选）》，赵金铭、施光亨、金天相、王魁京、赵燕皎、郭振华编，北京大学出版社，1998 年 6 月出版，共 428 页。

1997 年 7 月 12-13 日在北京大学举行了北京地区第一届对外汉语教学讨论会。该书就是由从提交讨论会的 100 篇论文中选出的 34 篇论文编成的论文选，内容包括语法研究、教学法研究、语言要素教学和汉字、测试、对比研究四部分内容。

语法研究部分，收选 12 篇论文，包括：王魁京的《"把"字句的构造形式与说话人的思维活动模式及观念原则》、袁毓林的《一元动词的配价和配位分析》、方霁的《"我在加州住"与"我住在加州"——试论"NP 在 PPVP"与"NPVP 在 PP"的区别》、苏英霞的《"不是……吗?"句的语用分析》、何一薇的《述补结构内部歧义探析》、卫斓的《疑问代词任指用法的使用条件》、王蔚的《我谈双音形容词 AABB 式重叠》、郭振华的《汉语词语结构的特征》、林杏光的《现代汉语槽关系语言工程的设计》、高艾军的《时间副词对趋向动词句中用"了"的制约》、胡孝斌的《副词"还是"的比较意义》、杨德峰的《说"呢"》。这些论文，有的虽是老话题，由于选取了新的角度，注入了新的认识，从而体现了研究的深入和细致。

教学法的研究一向是对外汉语教学研究的热点，该部分所收的 8 篇论文虽只探讨了某些侧面，却颇有启发。包括沈燕的《谈汉语听力教学中的针对性》、李大农的《试论对韩国学生的现代汉语教学》、刘珣的《论对外汉语教学研究方法》、刘德联的《必要的提示——语言教学的一种手段》、谭春健的《论两种课堂教学方法的有效性 ——兼谈语言交际能力的培养》、张晓慧的《对外汉语教学的复述训练》、刘亚林的《非院校对外汉语教学原则刍议》、王钟华的《课程规范与相关问题》。

语言要素教学研究，包括 5 篇论文。李红印的《语素"男、女"的意义和用法》、史艳岚的《谈报刊语言基础词汇教学》、岑玉珍的《"着"字句的教学探讨》、施春宏的《语义叠架和汉语的分析性》、赵燕皎的《走出语篇教学的盲区》。关于语言要素教学的讨论，实际上已经深入到文化的层次，其他部分的一些文章也不同程度地涉及文化方面的内容。

在汉字、测试、对比研究部分，共收 9 篇论文。其中，关于对外汉语汉字教学的有 6 篇：姜丽萍的《基础阶段留学生识记汉字的认知过程》、崔永华的《汉字部件和对外汉字教学》、陈绂的《谈汉字及汉字教学》、赵明德的《全方位加强汉字教学》、李大遂的《关于合体汉字结构分析问题——部件分析法和偏旁分析法的初步比较》、张惠芬的《汉字教学及其教材编写》。这说明在对外汉语教学中，汉字教学越来越受到重视。这些论文既有宏观的论述，也有对具体教学环节的研讨。其余 3 篇论文是谢小庆的《对 HSK（初中等）稳定性信度的一次实验检验》、饶勤的《对外汉语教学语言特点及量化分析》、王若江的《日本姓氏汉语读音疑难问题探讨》分别讨论了到对外汉语教学语言、HSK 考试的（初中等）的信度、日本姓氏汉语读音等问题。

该书所收论文，质量高、可资借鉴性强，既总结了当时北京地区对外汉语教学研究的成果，提出了新的观点，又反映出该地区对外汉语教学研究发展的趋势，对于对外汉语教学研究的进一步发展做出了重要的贡献。

286. 语言文化教学研究集刊（第一辑）

《语言文化教学研究集刊》（第一辑），北京语言文化大学汉语学院编，华语教学出版社，1997 年 7 月出版，共 404 页。

该书是北京语言文化大学汉语学院科研成果的第三辑，前两辑分别是《语言文化教学论文集》、《语言文化教学研究》。1997 年 5 月，汉语学院第三届教学科研讨论会召开，从 70 篇论文中精选出 36 篇结集出版。

该论文集共分四部分。

第一部分是对外汉语与文化教学研究，收录论文 16 篇；第二部分是汉语的本体研究，收录 6 篇文章；第三部分写汉外对比研究，收进论文 9 篇；最后一部分是文化研究，收录 5 篇文章。

对外汉语与文化教学研究部分，收录：王钟华《试论对外汉语教学课程规范》，杨寄洲、邱军《〈对外汉语初级阶段教学语法大纲〉编写思路》，陈灼《语言学习与语言习得——从〈桥梁——实用汉语中级教程〉的编写谈起》，王碧霞《阅读过程与阅读能力——探讨基础阶段的汉语阅读课教学》，朱建中《图式理论与留学生报刊阅读教学》，付瑶《谈高级阶段的口语表达训练》，刘丽瑛《中高级口语教学的重点》，王世生《中级汉语课的成段表达训练》，李振杰《多音节词组在高年级汉语教学中的地位》，季秀清《语篇分析模式与语篇整体阅读教学》，朱庆明《试谈对外基础汉语教学中的误导现象》，王志胜《汉字教学的现状与设想》，王碧霞、徐叶菁、王小珊《〈听读训练教程〉的理论基础和设计原则》，邱军《初级汉语教学课程（成绩）考试的可靠性和有效性》，刘广徽《试论对港澳学生及海外华人进行普通话教学的特点》，陈清《对外文化教学吸引力探析》。

对汉语本体研究的文章有：张宝林《关系动词的功能、范围与分类》、杨楠《复合趋向补语"下来"中"下"与"来"的着眼点问题》、史艳岚《泛义动词"弄"的语法特点及功能考察》、李珠《动补式插入"得/不"的语义分析》、万艺玲《语素"三""九"构成合成词和固定语》、万业馨《隶书以前汉字体系的简化与自我调节》。

汉外对比研究的文章有：熊文华《汉语和英语的否定句》，阿汉《成语、谚语的文化内涵差异》，郭颖雯《汉俄成语中的文化差异浅析——兼谈成语教学问题》，李百华《从中、尼文化异同现象看对非语言教学》，王志军《试论汉英时间词之差异及相关的交际文化因素》，曾富珍《泰国学生学习汉语语音的难点》，阎德早、方瑛《试论汉外成语词典的设例与语境》，赵葵欣、陈前瑞《浅析是非问句应答方式的语言共性》，高典《试谈语言交际中的文化冲突》。

最后是关于文化研究的文章，包括：宋长宏《"日"与"木"——试谈从日从木诸字产生的文化背景》、宋尚斋《论汉魏六朝的纪行赋》、黄悦《戏剧文学的本质特征——黑格尔〈美学〉札记》、朱彤《新感觉派小说的主题研究》和吴双《明代曲论中的音律地位之争》。

287. 汉语速成教学研究（第一辑）

《汉语速成教学研究》（第一辑），北京语言文化大学汉语速成学院编，北京大学出版社，1997 年 6 月出版，共 293 页。

该书是北京语言文化大学汉语速成学院的教师对对外汉语教学展开研究的理论成果，收录的论文侧重汉语短期速成教学，在理论建设、教学研究、教材编写、教学法探索等诸方面都有新的进展和突破。

该书收录论文 31 篇。内容包括短期汉语教学的方方面面，主要有如下几个特点：

第一，几乎所有文章都紧密结合教学实际，从教学中发现问题、提出问题、研究问题、解决问题。如卢晓逸和朱子仪的《短期对外汉语教学的新趋势及我们对教学特点的再认识》、崔永华的《略论汉语速成教学的设计》、马箭飞的《汉语速成教学的最优化策略》、李德均与翟艳的《对外速成汉语教学原则及其特点的再认识》等论文从宏观上回答了什么是短期速成教学、怎样进行短期速成教学等重大原则问题，提出了最新的研究理论。

第二，论文注重调查研究和实验，从调查和实验入手进行分析研究，得出结论。如赵立江的《中高级汉语视听说课有关问题的调查分析与探讨》，余文青的《以 HSK 成绩分班的实验报告》，武云霞和翟艳的《一次特别教学的总结报告》等，都是通过调查取得第一手的资料和信息。这是进行分析和研究的基础和前提，而且符合认识事物的客观规律。

第三，论文思路开阔，研究范围广泛，文章有深度、有新意。如朱子仪的《课程研究与短期汉语教学的教学系统》、范建民的《"临界"现象与第二语言教学》、田然的《外国学生在中高级阶段口语语段表达现象分析》、王静的《从话题持续性看句式在语篇中的性质》、卢岚岚的《改进听力课教学的几个问题》等文章，都下了很深的功夫，有的在前人未涉足的研究领域创立新说，有的是从新的角度阐述己见，有的是在某一方面或某种程度上突破了前人研究的成果。这些成果都有着相当的理论价值和实践意义。

该论文集促进了对外汉语速成教学更快地向前发展，从文章中可以看出，汉语速成学院的科研工作已经有了广泛的基础，并且具有较强的整体优势。

288. 中国对外汉语教学学会第五次学术讨论会论文选

《中国对外汉语教学学会第五次学术讨论会论文选》，中国对外汉语教学学会编，北京语言学院出版社，1996 年 6 月出版，共 495 页。

该书共收论文 37 篇，具体包括：

《关于汉语时间系统》、《数量因素对"不是 A，就是 B"的制约作用》、《由 V+"有"构成的存现句》、《表比较的"有"字句》、《现代汉语"形+动态助词"考察》、《形容词状语语义指向及其语用特点探析》、《非名词形名结构》、《量词前数词"一"的隐现问题》、《关于"差一点+Jw"的思考》、《试论 V+了+T+的+N》、《关于语言风格学的几个问题（续）》、《跨文化研究的新维度》、《中介语与汉语虚词教学》、《对外汉语教学语言与中介语》、《在短时记忆中考察外国留学生理解汉语句子的实验报告》、《怎样训练阅读理解中的概括能力》、《从听力测试谈留学生听力理解方面的障碍》、《中级汉语水平美国留学生的听力障碍》、《病句分析课的教学》、《"使"字兼语句偏误分析》、《高级汉语学习者的失误分布及其教学策略》、《汉语"能"类助动词和英语 can 类情态动词的对比》、《日语的暧昧性及对日本人学习汉语的影响》、《朝汉语拟声词意义及其体现》、《汉语和英语中的借词》、《谈颠倒词》、《汉语思维方式略议》、《从与"朋友"相关的一类词看中国人的交际文化心理》、《现代汉语称谓系统与对外汉语教学》、《论汉语文化词和文化意义》、《对外汉语教学中文化因素的定性、定位与定量问题》、《略论教学大纲》、《编写新一代基础汉语教材的构想》、《合体适境为本 外交语体为纲》、《制定〈中级汉语课程词汇大纲〉的原则及理论思考》、《HSK

（高等）的内容效度与题型开拓》、《教师培训——汉语教学事业发展的根本保证》。

289. 中国对外汉语教学学会成立十周年纪念论文选

《中国对外汉语教学学会成立十周年纪念论文选》，中国对外汉语教学学会秘书处编，北京语言学院出版社，1996 年 1 月出版，共 482 页。

该书所收论文涉及教学方法、教材编写、汉语本体、测试、汉外对比、汉语教学与文化等方面。具体包括：

《漫谈十年来对外汉语教学界在汉语语法研究方面的收获》、《教外国人汉语语法的一些原则问题》、《对外汉语教学法研究的回顾与展望》、《探索对外汉语教学法新体系》、《1983—1993 对外汉语教材综述》、《对外汉语教学中语言文化研究的问题》、《中介语研究十年》、《中国汉语水平考试（HSK）的发展》、《汉外对比研究与对外汉语教学——兼评汉外语言对比的若干论著》、《近年来汉语信息处理技术在对外汉语教学领域中的应用》、《对外汉语教学的定性、定位、定量问题座谈会纪要》、《在对外汉语教学的定性、定位、定量问题座谈会上的发言》、《在对外汉语教学的定性、定位、定量问题座谈会上的发言》、《对外汉语教学的定性、定位和定量问题》、《关于对外汉语教学定位问题的一点思考》、《对外汉语教学界的两股"文化风"》、《〈中高级对外汉语教学等级大纲〉的研制和思考》、《一年制零起点留学生会话课教学环节的设置及其科学性》、《听力理解领先原则与初级汉语教学》、《给学生听什么——谈中级汉语听力教材编写的几个问题》、《报刊课之我见》、《简论对外汉语教学中的报刊课》、《新词新语与对外汉语教学》、《句法结构的功能解释》、《试论动词性主语句的主语》、《部分述宾结构及宾前定语万分必现性浅探》、《关于"我来你家"之类的分析》、《说"进行"和"进行句"》、《数词成语探》、《"以后"、"后来"、"今后"及其在汉语基础课中的教学》、《说〈词汇等级大纲〉的词类标注问题》、《HSK 的杠杆作用与对外汉语教学》、《双层对应——谈汉外对比模式》、《法语国家学生易入误区例析》、《汉英词语文化上的不对应》、《汉语贬义词与汉民族观念文化》、《"言外之意"与汉民族文化心理》、《称谓与心理》。

290. 中国对外汉语教学学会第四次学术讨论会论文选

《中国对外汉语教学学会第四次学术讨论会论文选》，中国对外汉语教学学会编，北京语言学院出版社，1993年7月出版，共516页。

该书共收论文39篇，内容涉及汉语研究及教学，语言教学与文化，对外汉语教学的总体设计及教学法，汉外对比、错误分析及中介词研究等方面。

汉语研究及教学方面的论文，包括：《对外汉语教学的理论研究问题刍议》、《现代汉语助动词对比研究》、《关于"V+给+n"和"给+n+V"句式》、《双音节动词重叠式"ABAB"带宾语》、《说"话头"》、《对立词的构成及其它》、《表示概数的"多"和"来"的全方位考察》、《动态助词"了"的语法意义及其实现》、《汉语四字格的平起仄收律——统计及分析》、《汉字声旁的音变和认读》、《洋腔洋调的实验研究》、《试谈〈世界汉语教学主题词表〉的编制工作》。

语言教学与文化方面，包括：《语言教学中的文化导入》、《对外汉语教学中的文化导入三论》、《汉文化教学与对外汉语教学关系论——汉文化教学对对外汉语教学的影响及制约模式》、《从感知的角度对第二语言教学和文化的关系的探讨》、《中国饮食文化与对外汉语教学》、《国俗语义学略论》、《语言与交际》、《交际中语言和文化的双向选择》、《"十二"探微》、《中西文化中的自背反现象》。

有关对外汉语教学的总体设计及教学法的，包括：《建立科学的训练体系——中高级阶段汉语教学技能训练问题》、《论汉语教学字词的统计与分级》、《信息落差与口语教学》、《功能项目与功能大纲》、《对外汉语词语教学初探》、《功能和形式的关系及其处理原则——编写对外汉语功能教材的几点体会》、《综合性大学对外汉语教学总体设计浅论》、《对外文言教学刍议》、《关于编写〈表达语法〉的思考》、《对比方法在词汇教学中的应用》、《句群表达能力训练》、《华东师范大学留学生 HSK 考试评述》。

汉外对比、错误分析及中介语研究的文章，包括：《不同语言习惯所造成的语句分析》、《外向型汉外词典的编纂》、《英汉甚词演变的相同趋势》、《谈错误分析课——十年实践的回顾和总结》、《"中介语"的产生与言语行为主体的思维活动》。

291. 双语双文化论丛（第二辑）

《双语双文化论丛》（第二辑），延边大学汉语系《双语双文化论丛》编委会编，刘明章主编，东北朝鲜民族教育出版社，1991 年 4 月出版，共 289 页。

语言对比研究和"比较文化"的研究，不仅对语言学的发展具有重要的理论意义，而且在语言教学和翻译等方面也有重要的实用价值。延边大学地处我国东北朝鲜族地区，有许多双语的研究人才，而且他们和朝鲜半岛南北两方的学术交流和联系也非常密切，具有开展汉朝双语双文化研究得天独厚的优势。因而，《双语双文化论丛》编辑出版的任务便是推进双语和双文化的对比研究。

该辑为译文集，共收录论文 13 篇，具体篇目如下：

南朝鲜大学教育协会（南勇、崔健编译）《南朝鲜中国语言文学学科教学规划开发研究》；金相根（金钟太整理）《古代朝鲜语[*—1t]复辅音现象与阿尔泰语的关系》；安世贤（石关译）《从〈老乞大谚解〉和〈朴通事谚解〉的注音考察十六～十七世纪中国汉字音系统》；李章佑（金一译）《南朝鲜中国文学研究回顾与展望》；金都炼（朴日灿、安英姬译）《汉文学的传入和确立》；韩武熙（韩东吾译）《朝、中翻译文学史研究序说》；申京浩（桂畅源译）《关于朝鲜诗经学之小稿》；许卷洙（韩东吾译）《韩愈诗文在朝鲜》；尹浩镇（桂畅源译）《朝鲜汉文学与苏东坡》；李相圭（尹永镐整理）《中国古典小说对朝鲜古典小说之影响》；韩武熙（韩东吾、金一译）《朝、中抵抗文学的形态》；鸟越宪三郎（金红莲、崔健译）《朝鲜半岛的卵生神话系统》；金河林（徐国玉整理）《鲁迅研究在南朝鲜》。

292. 双语双文化论丛（第一辑）

《双语双文化论丛》（第一辑），延边大学汉语系《双语双文化论丛》编委会编，刘明章主编，延边大学出版社，1990 年 7 月出版，共166 页。

在吕必松先生的《序言》之后，共收录论文 11 篇，基本是关于朝汉语音、词汇、语法对比的研究文章，具体篇目如下：

金基石《汉语"手"与朝鲜语"［son］"语用特征对比》、金红莲《朝汉语拟声词意义特征比较》、崔承一《汉语体词宾语在朝鲜语中的对应形式》、金钟太《汉朝语对应的被动句特点刍议》、崔健《与数量成分相关的几组汉朝句式的对比》、柳英绿《汉语"在＋Np"与朝鲜语"Np＋""Np＋"的对比》、南永甲《翻译的双言特点》、张义源《汉语"个"的朝译刍议》、徐国玉《"一…副词/连词…"格式新探》、安英姬《汉朝语亲属词对比浅谈》、朴泰衡《朝鲜语汉字词字序颠倒及其词义》。

293. 中国对外汉语教学学会第三次学术讨论会论文选

《中国对外汉语教学学会第三次学术讨论会论文选》，中国对外汉语教学学会编，北京语言学院出版社，1990 年 5 月出版，共 358 页。

该书共收论文 34 篇，具体篇目包括：

《关于对外汉语教师业务素质的几个问题》、《谈基础汉语教师的心理素质和课堂教学艺术》、《试论对外汉语教师队伍的建设》、《对对外汉语教学本质之认识》、《内、外汉语教学的分野》、《从"结构—功能"法到"功能—结构"法的设想——关于对外汉语教学法的探讨》、《对语言的学科理解及相应的教学模式》、《对汉语教学理论研究中几个热门问题的思考》、《浅谈对外汉语教学中学生的主体作用》、《汉语速成新教学法尝试》、《历史上的对外汉语教学》、《台湾华文（汉语）教学概观》、《世界语言发展态势与我国的语言文化传播》、《四年制对外汉语教学总体设计提要》、《汉语水平考试（HSK）的等级分数与意义》、《浅谈科技汉语教材的编写》、《语素教学的地位与教材编写》、《一年制文科二级听力教材编写原则刍议》、《听力训练 81 法的理论基础》、《听力构成和听力教学的构想》、《从声调出发进行语音教学的体会》、《现代汉语口语视听说课课堂教学原则与教学实践初探》、《听说与读写分阶段教学的尝试》、《对外汉语教学的快速阅读训练》、《论初级阅读》、《谈留学生的速读训练》、《浅谈汉字教学——学习字素拼合法》、《报刊选课之我见》、《第二语言教学与社会文化》、《中国文化介绍的取向》、《口语习用语探究》、《试谈 "V+有" 类结构》、《汉语量词的选用》、《介词 "朝" 和 "往"》。

294. 第二届国际汉语教学讨论会论文选

《第二届国际汉语教学讨论会论文选》，赵贤州编，人民教育出版社，1988 年 1 月出版，共 700 页。

该书是第二届国际汉语教学讨论会上的论文精选，选收论文 96 篇。该选集作者多为国内外对外汉语教学研究领域的知名学者及教授。另外，为沟通、交流汉语教学情况，附录了相关文章 12 篇。

被选入的论文包括八个方面：

第一部分汉语与汉语教学，收录 25 篇：《 "北京口语调查" 的有关问题及初步研究》（北京语言学院 "北京口语调查" 课题组）、《读报课的设置与教学问题》（陈君宏）、《会话教学以及它和叙述话语之间的关系》（陈绥宁）、《学寓于戏：汉语教学游戏举例》（成令方）、《风格学与对外汉语教学》（程祥徽）、《语言学习环境与外语教学》（关彩华）、《用汉语教汉语的理论基础及其原则》（郭锦桴）、《关于对外汉语教学的断想》（何子铨）、《如何帮助外国学生尽快理解古代汉语》（寇德璋）、《五六十年代对外汉语教学的主要特点》（李培元）、《说与读：语法与抑扬顿挫初探》（刘君若）、《对外汉语教学法的实用面——兼谈汉语教师的地位问题》（刘铭）、《关于 "汉语水平考试" 的研究报告》（刘英林执笔）、《论汉语现象和双语教学中的几个问题》（马学良）、《中文逗号用法与汉语阅读教学》（米凯乐）、《标准语教学和对外汉语教学的异同》（缪锦安）、《七十年代以来北京语言学院对外汉语教学法之发展》（任远）、《列宁格勒大学汉语教学与研究》（司格林）、《传统教学和现代汉语教学》（王寿椿）、《以克漏字测验探讨新加坡的华语教学问题》（吴英成）、《规范语言教学中的语言不规范问题》（徐家帧）、《略论语法停顿》（薛红 叶研）、《短期对外汉语教学的基本原则》（杨光俊）、《汉语教法学初论》（杨石泉 张亚军）、《文化与报刊语言教学》（于丛杨）。

第二部分语音与语音教学，收录 6 篇：《汉语的升调》（陈文芷）、《汉语的中平调》（胡百华）、《全三声的使用和语调对第三声的影响》（石佩雯 李明）、《对"七"、"八"的变调调查》（宋孝才 胡翔）、《从汉语"注音识字，提前读写"实验谈对外汉语语音教学》（王均）、《从一些声调语言的声调说到汉语声调》（赵金铭）。

第三部分词汇与词汇教学，收录 10 篇：《关于语气词——什么是"语气"》（传田章）、《浅谈现代汉语名量词形象化的修辞作用》（傅希孟）、《关于儿化词使用情况的考察》（侯精一）、《基础汉语的词汇教学》（胡炳忠）、《词汇规范和对外汉语教学》（李行健）、《使用敬语的若干问题》（许德楠）、《谈汉语复合词内部的语义构成》（王绍新）、《论口语词语的情感蕴含》（张柏玉）、《关于汉语双音节同形异义词语的问题》（张清常）、《略谈现代汉语中的单音节词问题》（周有光）。

第四部分语法与语法教学，收录 28 篇：《关于"连……也（都）……"格式的一些问题》（高桥弥守彦）、《试论连谓结构"来／去＋VP"中的虚化动词"来／去"》（郭春贵）、《关于"有＋V＋（于）＋0"格式》（郭振华）、《"把"字句的特指问句式》（胡盛仑）、《关于制约汉语语序的一些因素》（胡裕树 陆丙甫）、《句首ＮＰ的"特指性"与句中ＮＰ的"对比性"》（竟成）、《汉语里动词体和动作方式的概念》（李伯）、《试说"双数量结构"》（李赓钧）、《美国学生与"能愿动词"》（李华元）、《论偏正结构做主语的分化及相关句式》（李绍林）、《汉语主宾语观念的再探讨》（李英哲）、《汉语语义句型结构》（李宗宓）、《动态助词"过2、过1、了1"用法比较》（刘月华）、《直接组合的复句》（鲁宝元）、《数量词中间插入形容词情况考察》（陆俭明）、《"被"字宾语的有无》（吕文华）、《动词和动作的方向》（孟琮）、《关于"谁跑得快，谁就得第一"一类句式的几个问题》（杉村博文）、《句群及其在汉语教学中的地位》（田小琳）、《汉语语法的对比教学》（佟秉正）、《怎样教、学"不、没、了、过、着"》（汪有序）、《汉语教学语法的取向》（王培光）、《现代汉语的特指性是非问》（邢福义）、《解说复句刍议》（杨庆蕙）、《"这"的功能嬗变及其他》（叶友文）、《论北京口语的"动宾"结构》（俞敏）、《日本学生常犯的语法错误》（舆水优）、《通信本位汉语篇章语法》（郑锦全）、《时体、动量和动词重叠》（郑良伟）。

第五部分汉字与汉字教学，收录 10 篇：《汉字的再认识》（安子介）、《汉语教学常用汉字的优选问题——前 1000 个高频字的对比分析》（常宝儒）、《计算机和现代汉字学》（李金铠）、《对外汉语教学中汉字教学的新尝试》（卢绍昌）、《从象声词来看汉字规范》（砂冈和子）、《中国与日本简化汉字的评骘及今后整理与简化汉字应循的原则》（谢世涯）、《现代汉语阅读课中的"假借字"问题》（薛凤生）、《美国普林斯顿中学的〈拼音中文〉实验班》（叶漳民 李彼得）、《汉字读音教学中的两个问题——异读和误读》（张拱贵）、《现代汉字笔形论》（张静贤）、《为什么先学拼音文字者要学好华文比较困难——我在马来西亚所观察到的》（钟秋生）。

第六部分汉外对比研究，收录 7 篇：《从华英对比角度看新加坡华文报新闻语言的倾向》（陈新才）、《比较汉语和德语句子结连法的异同》（高立希）、《对比分析和错误分析的研究》（贺上贤）、《外国人学汉语的词语偏误分析》（鲁健骥）、《关于"了"与日语"タ"形的非等值性》（荀春生）、《日汉指示代词用法的对比》（赞井唯允）、《通感语言的民族差异与词语搭配》（张孝忠）。

第七部分教材与工具书编纂，收录 8 篇：《文学作品与中高级汉语教材》（施光亨 李明）、《谈初级汉语教学原文教材的用处和用法》（塔依沙）、《基础汉语教材之管见》（吴洁敏）、《视听说课总体设计、教材编写与教学原则及其在对外汉语教学中的运用》（于康）、《汉语教材与语法》（曾根博隆）、《建国以来对外汉语教材研究报告》（赵贤州）、《如何设计〈大学科技汉语〉》（郑玉）、《一种辞书排检法的设计》（周换琴）。

第八部分汉语教学情况介绍，收录 12 篇：《日中学院的教学情况》（吉田隆司）、《关于ＮＨＫ电视"中国语讲座"》（桓本英雄）、《谈社会语言环境的导入》（杨为夫）、《汉语教学的概况和意见》（芝田稔）、《苏联远东大学汉语教学概况》（哈玛托娃）、《莫斯科大学亚非学院的汉语教学》(康德基)、《几个提高语言教学的要素》(霍陈婉媛 施仲谋)、《普通话速成教学初探》(李莎莉)、《香港 80 年代的汉语教育发展概况》(欧阳汝颖)、《海外汉语教学的特点与方法》(林珊)、《新加坡国立大学华文第二语文进修班的课程设计与教学实践》(林徐典)、《几十年来匈牙利汉语教学的几点体会》(尤山度)。

295. 对外汉语教学研究会第二次学术讨论会论文选

《对外汉语教学研究会第二次学术讨论会论文选》，中国高等教育学会对外汉语教学研究会编，北京语言学院出版社，1987 年 7 月出版，共 355 页。

该论文集所收论文主要探讨了关于对外汉语教学总体设计、教材编写的原则和方法及有关教学法和提高教学质量的问题三个方面的内容。共收论文 37 篇，具体篇目为：

《在对外汉语教学研究会第二届年会闭幕式上的讲话（代序）》、《试论对外汉语教学总体设计》、《零起点一年制留学生基础汉语教学总体设计》、《关于二年制进修班课程设置和教材编写的设想》、《提高教学质量的关键——谈汉语初级班总体设计问题》、《关于〈中级汉语〉的编写》、《关于编写中高级汉语教材的原则》、《文科进修班阅读教材编写原则——从〈现代汉语阅读训练〉的编写谈起》、《高级汉语口语课的教材编写和教学实践》、《浅谈汉语读本的编写与教学》、《功能、结构和情景的结合及其他——浅谈口语教材编写中的几个问题》、《中美常用教材语法比较——兼论初级汉语教材的语法编写原则》、《谈汉语教材中的儿化词语》、《地方性因素与乡土教材》、《对编写华侨、华裔学生古文教材的意见》、《对外汉语教学法之研讨》、《建国以来我国对外汉语教学法研究述评》、《提高课堂教学质量的几个问题》、《对外汉语教学入门阶段以突出听说为好——兼谈课程设置》、《汉语专修班的课程设置要突出实践性原则》、《谈发展对外汉语泛读教学的重要性和迫切性》、《谈"写"的技能培养》、《〈视听说〉教学尝试》、《词汇教学浅谈》、《对外古代汉语教学浅谈》、《报刊文选课浅谈》、《几个与纠正病句有关的问题》、《在如何向外国学生解释"把"字句问题上的一点儿尝试》、《〈电脑辅助语音教学系统〉的设计和功能——推荐一项新的电脑语音教学科研成果》、《试论对外汉语教学工作的评估》、《关于经济汉语班的设想》、《科技汉语教材的"五性"》、《谈语言交际能力》、《词序和词序变换》、《汉日语发音之比较以及日本人汉语发音错误之分析》、《对外汉语教学总体规划课程设置及教材编写的初步设想》、《试谈对进修生的汉语教学》。

296. 对外汉语教学（第一期）

《对外汉语教学》（第一期），邓崇谟、胡炳钟、崔永华主编，北京语言学院出版社，1983 年 12 月出版，共 118 页。

该书是一本论文集，收录了 19 篇文章：

有关教学法的研究，如吕必松《谈谈语言教学法理论的研究》，万志敏、温洁、王颖、佟薰君的《试谈科技汉语教学法的基本原则》；对课程设置提出可行的建议，如程美珍《按言语技能设课的一次尝试》；还有关于教材的研究，如谭敬训、田善继、赵永新的《谈谈〈汉英翻译练习〉教材的编写》；研究对外汉语语言要素及其教学的文章，包括：焦锋《科技汉语阶段教学的语调问题》、周翠琳《〈基础汉语课本〉生词教学点滴》、吴建玲《关于新语法点的引入——〈中级汉语〉教学点滴》、杜玉华《程度补语教学一例》、黄祖英《浅谈〈听力理解〉的词汇教学及课文引入》、李世之《教学中有关笔顺的一些问题》、艾洪玉《谈 ABB 式形容词》；另外还有对外汉语各种课型的教学研究，如宋春菊《关于听力教学的一点想法》、狄昌运《口语教学的几点体会》、姚可心《怎样提高学生的阅读速度——文字阅读教学的点滴体会》、邓崇谟《谈谈写作课的讲评教学》、刘家业《谈新闻听读课教学》；王瑶琨的《如何使学生积极地参加课堂学习活动》是对教学技巧的研究；阎德早和张宏信的《通过汉西对比帮助学生学好汉语》是从语言对比角度进行研究；此外，季秀清和宋希仲的《谈谈"错误分析"与留学生基础汉语教学》是从偏误分析角度对教学进行了探索。

北京语言学院对对外汉语教学的研究开展的较早，该论文集收录的文章凝结了对外汉语教学工作者几十年来的心血，读者可以从中了解上个世纪 80 年代我国对外汉语教学的研究状况，并为以后的工作提供参考。

297. 国际汉语语言学文献索引(1997-2003)

《国际汉语语言学文献索引(1997-2003)》，潘海华、徐烈炯主编，商务印书馆，2007 年 11 月出版，共 343 页。

该书收集自 1997 年至 2003 年期间在海内外出版的、以汉语为研究对象或者以汉语为主要语言材料的语言学著作，包含语音学、音系学、词法学、句法学、语义学、语用学、社会语言学、心理语言学、计算语言学等分支学科，包括期刊论文、专著、论文集、博士论文等，共 3780 条。

该书依据语言学的学科体系分作十大类：

A. 语音学。包括：语音学总论；辅音；元音和双元音；鼻音、流音和滑音；发声(清浊、送气)；重音、节奏和音联；声调和语调；重音、节奏和音联；语音学其他(包括方言语音特点，语音对比研究)。

B. 音系学。包括：音系学总论；单音段音系(元音辅音系统及特点，音位、特征、空特征)；音节理论(音节结构、成分，音节重量)；声调表征(包括连读变调和某些词法及词汇变调)；节拍音系和韵律音系(重音表征，韵律单位及结构，语调表征，音系句法界面)；词汇音系和韵律词法(词缀、变韵、重叠，与音系相关的构词法)；方言音系特征；音系学其他。

C. 词法学。包括：词法学总论(词缀、词素)；词和词组(词的切分，词与词组的区别，词的分类，词组及语法成分的辨别)；复合词(动补复合词，动宾复合词，并入成词)；词库(词典、标码)；词法学与音系学的界面(涉及语音及音系的构词学)；词的结构及词的句法(缩略结构中的语法关系，非宾格动词，使役动词，中间动词)；方言中个别词的研究；词法学其他(包括方言中的重叠、缩略，科技及专业术语，专有名词等)。

D. 句法学。包括：句法学总论；疑问句；"把"字句和"被"字句；主题和主语；句子和短语的结构；代词和反身代词；疑问词、否定词及"连"、"都"的性质和辖域；词序问题；个别词的句法特点和使用；句法学其他。

E. 语义学。包括：语义学总论；题元，配价；语义特点，语义关系(同义，反义，多义，歧义)；指称性，有/无定性，有/无指性；逻辑语义；词汇语义(语义成分，词义，词素意义，成语意义，义素分析)；结构语义(词组意义，句子意义，句子成分的意义，某类结构的意义)；时制，体貌，情态；模糊语义学；语义学其他。

F. 语用学。包括：语用学总论；话语分析，篇章结构和功能(连贯、衔接)，语境，交际；代词等在话语中的指称及参照点；蕴涵；信息结构(话题、焦点、已知/未知信息)；预设；合作原则，言谈规约；言语行动；语用学其他。

G. 社会语言学。包括：社会语言学总论；交谈分析，混码换码；地区变异，方言分区(包括单个方言研究和方言志)；语体变异(包括行业术语、俗语俚语、禁忌语、吉祥语、称谓语、礼貌语、秘密语等)；社会变异(社会、社会阶层，经济地位，特殊语言群体，性别、年龄、民族等)；双语和多语问题；语言的接触与变化(包括语言的变迁、保留和灭绝，词汇借用，洋泾浜语等)；语言规划(语言政策、态度，语言规范，改革，标准语研究)；社会语言学其他。

H. 心理语言学。包括：心理语言学总论；语言理解(书面语，口语)；语言产生(书面语，口语)；第一语言习得(幼儿、儿童，成人语料输入的作用)；第二语言习得(中国人学外语，外国人学汉语，学习机制、学习过程)；双语中的心理语言学问题；语言障碍；聋哑人手语；心理语言学其他。

I. 计算语言学。包括：计算语言学总论；自然语言理解分析，识别、处理，自动分词；自然语言生成；机器翻译；语言统计(词语的概率、频度统计，语料库及基于语料库的统计)；语音识别，语音合成；人机对话，接口，界面；计算机用词典，电子词典；信息处理，信息库，检索；计算语言学其他(汉字编码，机助语言学习)。

J. 其他。

298. 世界汉语教学书目概览（第一分册 1899～1990.3）

《世界汉语教学书目概览》（第一分册 1899～1990.3），北京语言学院，世界汉语教学交流中心信息资料部编，国际文化出版公司，1991年 3 月出版，共 243 页。

该书是为了满足世界汉语教学和研究需要，供从事世界汉语教学工作者参考而编写的，编写基础为北京语言学院语言教学研究所资料中心的藏书。

该书收书范围仅限于有关世界汉语教学方面的图书，不含中外期刊及国内为少数民族编写的汉语教材。该书第一分册为大陆分册，其余两分册分别为港台地区分册和国外分册。该分册收录了 1899—1990年 3 月这一时期在中国大陆出版的世界汉语教学图书和部分非正式出版的汉语教材。共分六个部分：

（一）教材。（二）课外读物。（三）工具书。（四）论著。（五）声像教材。（六）附录：1. 非正式出版物目录；2. 音序索引；3. 建国以来对外汉语教学论文目录选编（1949—1989）。

该书收录的正式出版图书均注明了书名、编者、译者、审订者、出版的单位、地点、时间和版次，还附有比较简明的内容提要，可以为读者提供参考，此外还收录了 1986 年 8 月由北京图书馆编纂、书目文献出版社出版的《民国时期总书目——语言文字分册》的有关书目。最后还附有音序索引。

下　卷

对外汉语教学论著总目
（中國語教學論著總目）·日本卷
（1949——2002）

一、论文索引

1. 總　記

2002 年

〚00001〛小野秀樹　（2002）中國語における「分類」と「描寫」，
　　　　　　　　未名 20（神戸大學中文研究會）

〚00002〛岸峰眞琴　（2002）類型分類の再檢討——孤立語の視點か
　　　　　　　　ら，アジア・アフリカ言語文化研究 63

〚00003〛木村英樹　（2002）アメリカにおける中國語文法研究の動
　　　　　　　　向，中國語學 249

〚00004〛吳念聖　（2002）中國語辭典の可能補語情報について，
　　　　　　　　法政大學教養部紀要 119

〚00005〛佐藤晴彥　（2002）舊本『老乞大』の中國語史における價
　　　　　　　　值，中國語學 249

〚00006〛杉村博文　（2002）中國における中國語文法研究の動向，
　　　　　　　　中國語學 249

〚00007〛戰慶勝　（2002）日中兩語における句讀點の照らし合わ
　　　　　　　　せ，地域總合研究 30（1）

〚00008〛高田智和　（2002）漢字處理と『大字典』，訓點語と訓點
　　　　　　　　資料（訓點語學會）109

〚00009〛立松昇一　（2002）總合中國語へ向けての試み，語學研究
　　　　　　　　101（拓殖大學言語文化研究所）

〚00010〛田村祐之　（2002）『朴通事諺解』翻譯の試み，饕餮 10（中
　　　　　　　　國人文學會）

〚00011〛張筱平　（2002）漢語詈言與中國文化，『言語と文化』愛
　　　　　　　　知大學語學教育研究室紀要 7

〚00012〛戶張早佳子　（2002）漢語拼音方案與注音符號的優劣比較，

中國研究（通號 10）

〖00013〗原田壽美子 （2002）中國語の語彙學習用ソフトウエアの
——形態——プログラムの構造と學習過程
における役割について，名古屋學院大學論
集 人文・自然科學編 39（1）

〖00014〗佐藤晴彦 （2002）〈書評〉近代中國における言語文化
接觸の新研究，開篇 21（好文出版）

〖00015〗彭國躍 （2002）世界の嘆き「ことばの亂れ」——中
國編——（特集 日本語は亂れているか！），
言語 31（9）

〖00016〗水谷誠 （2002）〈書評〉孫玉文『漢語雙調構詞研究』，
創大中國論集 5

〖00017〗守屋宏則 （2002）Book Review 教師・上級者必携 有用
な常用語句の對比説明——對絶！盧福波「對
外漢語常用詞語對比例釋」VS「類義語のニュ
アンス」，東方 256（東方書店）

〖00018〗矢田勉 （2002）文字文化の遺産をコンピューターに
——多國語處理プロジェクトー，學術の動向
7（10）

〖00019〗楊同用 （2002）〈書評〉研究新中國漢語詞匯演變的首
創之作『新中國成立以來漢語詞匯發展變化研
究』讀後，中國語研究 44（白帝社）

〖00020〗二階堂善弘 （2002）中國語電腦道場 1〜9，しにか 13（4
〜12）（大修館書店）

2001 年

〖00021〗石崎博志 （2001）漢語資料による琉球語研究と琉球資料
による官話研究について，日本東洋文化論集
7（琉球大學法文学部）

〖00022〗井上志 （2001）蒙語老乞大 テキストのローマ字転写と
和訳，（卷之一），開篇 21（好文出版）

〖00023〗田村祐之　（2001）舊本『老乞大』と『翻譯老乞大』との異同について，姫路獨協大學外國語部紀要 14

〖00024〗中村雅之　（2001）契丹人の漢語——漢兒言語からの視點，富山大學熱文學部紀要 34

〖00025〗古屋昭弘　（2001）批評と紹介李氏朝鮮訳学研究の高まり一鄭光・尹世英共編『司譯院譯學書冊版研究』鄭光編著『清語老乞大新譯』鄭光主編『原刊老乞大研究』，東洋學報 83（1）（東洋文庫）

2000 年

〖00026〗荒屋勸　（2000）私と中國語，荒屋勸教授古稀紀念中國語論集（白帝社）

〖00027〗木津祐子　（2000）『唐通事心得』譯注稿，京都大學文學部研究既要 39

〖00028〗木津祐子　（2000）唐通事の心得一ことばの傳承，與膳教授退官紀念中國文學論集

〖00029〗田村祐之　（2000）『朴通事諺解』翻譯の試み（5），饕餮 8

〖00030〗寺村政男　（2000）明代歷史資料に見える近世漢語，荒屋勸教授古稀紀念中國語論集（白帝社）

〖00031〗楊　春　（2000）日本留學生「文化偏誤」探析，中國語・中國語教育法の研究（名古屋外國語大學）

〖00032〗李書成　（2000）語言與社會——淺析漢語新詞新釋——，中國語・中國語教育法の研究（名古屋外國語大學）

1999 年

〖00033〗相原茂　（1999）中國語を学ぶための辭典，しにか 10（5）（大修舘書店）

〖00034〗荒川清秀　（1999）ことばと文化，NHK ラジオ中國語講座テキスト 4～12 月號

〖00035〗大塚秀明　（1999）成語攻略小辭典, 中國語 7 月號（内山書店）

〖00036〗玄幸子　（1999）新發見『老乞大』について, しにか 10（12）（大修舘書店）

〖00037〗佐藤晴彦　（1999）中國語を極めるための辭典, しにか 10（5）（大修舘書店）

〖00038〗新谷忠彦　（1999）言語からみたミヤオ・ヤオ, アジア遊學 9（勉誠出版）

〖00039〗田中信一　劉向軍　（1999）從『現代漢語詞典』看漢日雙語詞典的編寫, 拓殖大學言語文化研究所語學研究 91

〖00040〗鄭　光　（1999）元代漢語の『舊本老乞大』, 開篇 19（好文出版）

〖00041〗東方書店業務センター　（1999）中國を知るための電子版辭書, しにか 10（5）（大修舘書店）

〖00042〗中嶋幹起　（1999）個別史中國語, 獨立百周年（建學百二十六年）記念東京外國語大學史

〖00043〗山田人士　（1999）香港の言語狀況, 立命舘言語文化研究 11（3）

〖00044〗佐藤醇　小林二男　平井和之　（1999）中國語と過ごす一日, 中國語 3 月號（内山書店）

1998 年

〖00045〗笹倉一廣　（1998）中國語および中國研究入門案内, 一橋論叢 119

〖00046〗佐藤進　（1998）中國研究この五十年——語學,『日本中國學會五十年史』（日本中國學會）

〖00047〗松本昭　（1998）もう一つの中國語五十年史,『現代中國語學への視座——新シノロジー・言語編』（東方書店）

1997 年

〖00048〗池田巧　　　　（1997）中國語電腦用語小知識, しにか 4 月號（大修舘書店）

〖00049〗池田巧　　　　（1997）中國語電腦事情音聲で中国語を入力するソフト, しにか 4 月號（大修舘書店）

〖00050〗石田あや　　　（1997）中国語でインターネットマツキントツシユ編, しにか 4 月號（大修舘書店）

〖00051〗内田慶市　　　（1997）コンピュータで中国語 Mac のアプリケーション, 中國語 2 月號（内山書店）

〖00052〗内田慶市　　　（1997）コンピュータで中国語インターネットで中語の海に漕ぎ出そう, 中國語 3 月號（内山書店）

〖00053〗内田慶市　　　（1997）中国語の文章を書くマツキントツシユ編, 中國語 4 月號　（内山書店）

〖00054〗喜多田久仁彦　（1997）唐通事の教本『養兒子』（二）, 京都外國語大學研究論業

〖00055〗佐藤進　　　　（1997）コンピュータと中国語, しにか 4 月號（大修舘書店）

〖00056〗中嶋乾起　　　（1997）「chineseness」は存在するか一言語から考える, 中國社會文化學會と中國社會文化第十二號

〖00057〗二階堂善宏　　（1997）中国語の文章を書くウインドズ編, しにか 4 月號（大修舘書店）

〖00058〗二階堂善宏　　（1997）中国語の文章でインターネットウインドズ編, しにか 4 月號（大修舘書店）

〖00059〗二階堂善宏　　（1997）中国語の文章でインターネット中文データベース紹介編, しにか 4 月號（大修舘書店）

〖00060〗平山久雄　　　（1997）橋本万太郎氏を憶う一逝去十周年によせて, 中國圖書 10 號（内山書店）

〖00061〗平山久雄　　　（1997）中国語の有気音について（上）, 早稲

　　　　　　　　田大學教養諸學研究 103

〖00062〗余靄斤　　（1997）橋本萬太郎氏記念集会へのメッセージ,
　　　　　　　　中國圖書 10 號（内山書店）

1996 年

〖00063〗蘆田孝昭　　（1996）漢字語論序説, 中國文學研究 22（早稻
　　　　　　　　田大學中國文學會）

〖00064〗伊藤齊　　（1996）概觀: 東南アジアにおける華語（中國
　　　　　　　　語）の狀況, 中國研究 5（麗澤大學中國研究會）

〖00065〗内田慶一　　（1996）電子化時代の言語コーパス――中國語
　　　　　　　　のコーパス, 言語 10 月號（大修館書店）

〖00066〗大原信一　　（1996）「五四」以降の白話文の變遷, 京都産
　　　　　　　　業大學國際言語科學研究所所報第 17 第 2 號

〖00067〗喜多田久仁彦　　（1996）唐通事の教本『養兒子』（一）,
　　　　　　　　京都外國語大學研究論叢第XIVII號

〖00068〗瀬戶口律子　　（1996）日本琉球的中國語課本『廣應官話』,
　　　　　　　　中國語文 1996 年第 4 期

〖00069〗陳新雄　瀬戶口律子　　（1996）「國語」と「普通話」の違
　　　　　　　　い及び共通點, 語學教育研究論叢 13（大東文
　　　　　　　　化大學語學教育研究所）

〖00070〗黃當時　　（1996）JIS 第一水準漢字と GB 漢字との出入
　　　　　　　　り, 佛教大學文學部論集 80

〖00071〗松村文芳　　（1996）〈書評〉『現代漢語詞典（修訂本）』
　　　　　　　　（中國社會科學院語言研究所編　商務印書館）,
　　　　　　　　中國圖書 12（内山書店）

〖00072〗湯澤質幸　　（1996）八、九世紀東アジアにおける外交用言
　　　　　　　　語――日本•渤海間を中心として―, 文藝言語
　　　　　　　　研究言語編 31（筑波大學）

〖00073〗楊曉安　　（1996）漢語的文化習俗, 福井大學教育學部紀
　　　　　　　　要　第 I 部, 人文科學 47

〖00074〗李葆嘉　　　　（1996）中國語的歷史和歷史的中國──七千年
　　　　　　　　　　　中國語史宏觀通論, 中國語研究 38（白帝社）

1995 年

〖00075〗安藤彦太郎（1995）〈書評〉中國語教育者に有益なテキス
　　　　　　　　　　　ト：『中國語入門教育法』, 東方 175（東方書
　　　　　　　　　　　店）

〖00076〗豬平進　　　（1995）中國語情報處理における入力法──五
　　　　　　　　　　　筆字型入力とピンイン入力, 岐阜經濟大學論
　　　　　　　　　　　集 29-2

〖00077〗大塚秀明　　（1995）「普通話」という言葉について, 中國
　　　　　　　　　　　語の環 32

〖00078〗大原信一　　（1995）〈書評〉牛島德次編『中國成語辭典』
　　　　　　　　　　　を讀む, 東方 176（東方書店）

〖00079〗曾根博隆　　（1995）漢語字典析疑, 明治學院論叢 557

〖00080〗六角恆廣　　（1995）〈書評〉琉球官話の研究：『白姓官話
　　　　　　　　　　　全釋』『琉球官話課本研究』, 東方 172（東方
　　　　　　　　　　　書店）

1994 年

〖00081〗上野惠司　　（1994）食べものこたば 1〜6, NHK ラジオ中國
　　　　　　　　　　　語講座 4 〜9 號（日本放送出版協會）

〖00082〗宇田光　　　（1994）大學生の中國語學習觀, 松坂大學紀要
　　　　　　　　　　　12

〖00083〗內田慶市　　（1994）イソップ東漸──宣教師の「文化の翻
　　　　　　　　　　　譯」の方法をめぐって, 泊園 33（關西大學）

〖00084〗大塚秀明　　（1994）寫本中國語教本の研究, 言語文化論集
　　　　　　　　　　　38（筑波大學）

〖00085〗大原信一　　（1994）30 年代中國の大衆語論爭, 東洋研究
　　　　　　　　　　　109（大東文化大學）

〖00086〗大庭修　　　（1994）日本における中國辭書の輸入, 關西大
　　　　　　　　　　學東西學術研究所紀要 27

〖00087〗景凱旋　橘波信　（1994）『漢語水平詞匯與漢字等級大綱』
　　　　　　　　　　と日本の中國語教科書, 東方 157（東方書店）

〖00088〗蔡鏡浩　　　（1994）中國における白話の發生について,
　　　　　　　　　　大阪女子大文學國文篇

〖00089〗新保敦子　　（1994）中國における識字問題, 早稻田大學學
　　　　　　　　　　術研究（教育・社會科學・體育學編）42

〖00090〗田　禾　　　（1994）漢語研究的動向, 教學 16（日中學院）

〖00091〗深井實　　　（1994）漢字文化圈試論（1）, 駒澤大學北海道
　　　　　　　　　　教養部研究紀要 29

1993 年

〖00092〗相原茂　　　（1993）字謎初級講座（9）〜（18）, 東方 142
　　　　　　　　　　號〜151 號（東方書店）

〖00093〗岩佐昌暲　　（1993）中國語辭典——何を選ぶか, 中國語 5
　　　　　　　　　　月號（内山書店）

〖00094〗牛島德次　　（1993）中國語を學んで, 文教大學言語文化 6

〖00095〗大方孝典　　（1993）言葉との出会い——中國に一ヶ月滯在
　　　　　　　　　　して——, 拓殖大學論集（人文・自然科學）1
　　　　　　　　　　〜1

〖00096〗大河内康憲　（1993）パソコン入力資料についての提案中
　　　　　　　　　　國語學, 中國語學 240（日本中國語學會）

〖00097〗日下恒夫　　（1993）五十音引き漢和熟語辭典, 言語 5 月號
　　　　　　　　　　（大修舘書店）

〖00098〗駒林麻理子　（1993）中日辭典のはなし, NHK ラジオ中國語
　　　　　　　　　　講座四月號

〖00099〗朱美第　　　（1993）民族共通語の規範における歷史と現
　　　　　　　　　　狀, 流通經濟大學論集 282

〖00100〗鳥井克之　　（1993）近十年の中國語文法研究の回顧と展
　　　　　　　　　　望, 東方 1151 號（東方書店）

〖00101〗内藤正子　（1993）「語言」と「言語」,中央學院大學教育論集 6～1

〖00102〗望月眞澄　（1993）漢和辭典の新展望,しにか 4 月號（大修館書店）

〖00103〗八卷俊雄　（1993）漢字文化圈廣告の比較,東京經濟大學會誌 180

〖00104〗林華東　（1993）關於歷史比較語言學在漢語史研究中的思考,中國語研究 35（白帝社）

〖00105〗齊藤洋典　（1993）漢字をめぐる連想機構,日本語學 8 月號（明治書院）

1992 年

〖00106〗相原茂　（1992）最近の辭書四點——中日辭典のはなし,NHK ラジオ中國語講座 4 月號（日本放送出版協會）

〖00107〗相原茂　（1992）名前を中國語で讀む,NHK ラジオ中國語講座 8 月號

〖00108〗相原茂　佐藤進　（1992）海外の言語學〈中國〉『中國語文』1991 年第 4 期～第 6 期（總第 223 期～第 225 期）,言語 21～6（5 月號）通卷 246（大修館書店）

〖00109〗相原茂　佐藤進　（1992）海外の言語學〈中國〉『中國語文』1992 年第 1 期～第 3 期（總第 226 期～第 228 期）,言語 21～12（11 月號）通卷 252（大修館書店）

〖00110〗荒川清秀　（1992）日本人の名前や地名を中國式に讀むことについて,しにか 5 月號 3～5（大修館書店）

〖00111〗高橋良政　（1992）漢語虛詞研究小史,日本大學櫻文論叢 34

〖00112〗鳥井克之　　（1992）中國における中國語文法學史研究,
　　　　　　　　　　　關西大學文學論集 41～2

1991 年
〖00113〗相原茂　佐藤進　（1991）海外の言語學〈中國〉『中國語
　　　　　　　　　　　文』1990（總第 217 期～第 219 期）, 言語 20
　　　　　　　　　　　～5（5 月號）（大修館書店）
〖00114〗相原茂　佐藤進　（1991）海外の言語學〈中國〉『中國語
　　　　　　　　　　　文』1991（總第 220 期～第 222 期）, 言語 20
　　　　　　　　　　　～11（11 月號）
〖00115〗高田時雄　　（1991）中國語圈へ, 朝日選書四三六世界のこ
　　　　　　　　　　　とば（朝日ジヤーナル）

1990 年
〖00116〗家野四郎　　（1990）「おっ母あこいつはおんの字だせ」,
　　　　　　　　　　　東方 102 號（89）東方書店
〖00117〗都染直也　　（1990）「大阪ことば」の微妙なニュアンス
　　　　　　　　　　　を中國語で表現——大阪ことばと中國語, 東
　　　　　　　　　　　方 95 號（89）

1989 年
〖00118〗相原茂　佐藤進　（1989）海外の言語學——中國, 大修館
　　　　　　　　　　　書店『言語』18～5

1988 年
〖00119〗相原茂　　　（1988）馬希文, 言語 17（6）（大修館書店）
〖00120〗相原茂　佐藤進　（1988）海外の言語學（中國）『中國語
　　　　　　　　　　　文』1987 年第 3 期～4 期（總第 198 期～199
　　　　　　　　　　　期）, 言語 17（1）（大修館書店）
〖00121〗相原茂　佐藤進　（1988）海外の言語學（中國）『中國語

文』1987 年第 5 期～6 期（總第 200 期～201
期），言語 17（6）（大修館書店）

〖00122〗クマキヒデヒコ　（1988）倉石武四郎先生と日本語の正書
法, 日中學院報 151

〖00123〗橋本萬太郎　（1988）ことばの比較類型論, 林四郎編『應
用言語學講座 第 2 卷 外國語と日本語』（明
治書院）

〖00124〗平山久雄　（1988）橋本萬太郎氏を憶う, 東方學 75

〖00125〗平山久雄　（1988）橋本萬太郎氏を偲ぶ, アジア·アフリ
カ語の計數研究 30

〖00126〗萬小力　（1988）關於漢語口語的信息冗餘問題（一），
開篇 5（早稻田大學文學部 564 研究室内）

〖00127〗萬小力　（1988）關於漢語口語的信息冗餘問題（二），
開篇 6（好文出版）

〖00128〗村田忠禧　（1988）漢字使用頻度統計にもとづくキーボ
ードでの中國語情報入力方式について, 言語
文化センター紀要 8（東京大學教學部）

1986 年

〖00129〗相原茂　佐藤進　（1986）海外の言語學——中國, 日本語
學 86 年 2 月

〖00130〗相原茂　佐藤進　（1986）海外の言語學——中國, 日本語
學 86 年 8 月

〖00131〗蘆田孝昭　（1986）嗓子問題,『中國語』61 年 1 月（大修
館書店）

〖00132〗蘆田孝昭　（1986）聞く耳,『中國語』61 年 2 月（大修館
書店）

〖00133〗石崎慧如　（1986）漢語語言節律的分析（一），麗澤大學
紀要 43

〖00134〗入矢義高　（1986）中國口語史の構想, 集刊東洋學紀要 43

〖00135〗大原信一　（1986）中國語にはいった日本語, 東洋研究 78

〖00136〗奥津敬一郎　（1986）日中對照數量表現, 日本語學86年8月

〖00137〗奥村訓代　（1986）中國人と數字考, COSMICA16（京都外國語大學）

〖00138〗小島憲之　（1986）古辭書所見——誤寫誤訓などの周邊, 密教文化156

〖00139〗高橋庸一郎（1986）中國語音と義, 水門15

〖00140〗武信彰　（1986）中國語における造語と喻——ことば遊びから, 麗澤大學紀要42

〖00141〗飛田良文　呂玉新　（1986）「中國語と對應する漢語」を診斷する, 日本語學86年6月

〖00142〗林柳煙　（1986）略論漢語拼音字母の演變, 京都外國語大學研究論業18

1985 年

〖00143〗相原茂　佐藤進　（1985）海外の言語學——中國, 言語15（1）

〖00144〗相原茂　佐藤進　（1985）海外の言語學——中國, 言語15（8）

〖00145〗植村俊亮　（1985）計算機による中國語の索引作り, アジアクオータリー15（4）

〖00146〗中川正之　（1985）日本語と中國語の對照研究, 日本語學4（7）

〖00147〗橋本萬太郎　（1985）中國の南と北, 學業39

〖00148〗周有光著　村田茂譯　（1985）中國語入力問題とピンイン鍵盤設計, アジアクオータリー16（1）（2）

〖00149〗山下清海　（1985）シンガポールにおける華人方言集團のすすみわけとその崩壊, 地理學評論38（5）

1984 年

〖00150〗相原茂　佐藤進　（1984）海外の言語學——中國, 言語 13
　　　　　　（10）

〖00151〗岡本文良　　（1984）大漢と辭典と諸橋轍次, 言語 13（1）

〖00152〗小川泰生　　（1984）海事中國語資料集（3）救難(1)（資
　　　　　　料), 海上保安大學校研究報告第 1 部 29（1）

〖00153〗手塚宗平　　（1984）中國ことわざの考察, 德山大學紀要 6

〖00154〗橋本萬太郎　（1984）北中國のなぞなぞ, 世界なぞなぞ大
　　　　　　事典

〖00155〗橋本萬太郎　（1984）南中國のなぞなぞ, 世界なぞなぞ大
　　　　　　事典

〖00156〗平田一幸　　（1984）中國と日本の「コトバ」と「ことば」
　　　　　　——つの異文化間コシユニケーション　論一,
　　　　　　外國語教育 10

〖00157〗望月八十吉　（1984）日本語から中國語を眺める, 日本語
　　　　　　と中國語の對照研究 9

1983 年

〖00158〗相原茂　佐藤進　（1983）海外の言語學——中國, 言語 12
　　　　　　（4）

〖00159〗相原茂　佐藤進　（1983）海外の言語學——中國, 言語 12
　　　　　　（11）

〖00160〗本多淨道　（1983）『中國の「常用字」論考』——「漢語
　　　　　　音音節」の例字をめぐって——, 青山學院大
　　　　　　學一般教育部會論集 24

〖00161〗大河内康憲　（1983）描くための語言, 伊地智善繼, 辻本春
　　　　　　彦兩教授退宮紀念中國語學, 中國文學論集

〖00162〗清田潤　（1983）ローマ字表記中國語單詞の機械處理,
　　　　　　中國研究月報 428

〖00163〗橋本萬太郎　（1983）回憶語言學大師趙元任先生（黃德時
　　　　　　譯), 傳記文學第 255 號（第 43 卷第 2 期）

〖00164〗松村文芳　（1983）現代中國語（普通話）視覺言語と聽
覺言語, 伊地智善繼. 辻本春彦兩教授退宮紀
念中國語學, 中國文學論集

〖00165〗望月八十吉　（1983）日本語から中國語を眺める一その二
一, 日本語と中國語の對照研究

1982 年

〖00166〗牛鳩德次　（1982）「普通話」と「北京話」, 中國語 269

〖00167〗王　力　（1982）日本の中國語學習者のみなさんへ一
原文, 致日本的中國語學習者, 中國語 267

〖00168〗小川環樹　（1982）趙元任先生の追憶, 均社論業

〖00169〗江英居　（1982）漢字の「一字一音」に對する變則——
中國語についての基本概念——, 駒澤大學外
國語學部論集 16

〖00170〗輿水優　（1982）普通話, 言語 1982（6）

〖00171〗鈴木修次　（1982）中國と日本語上、中、下, 東亞（霞山
會）179～181

1981 年

〖00172〗小島環樹　（1981）中國の字書, 中國の漢字

〖00173〗筧文生　（1981）「現代日中辭典」編集者の中國力を問
う, 中國文藝研究會報 28

〖00174〗相原茂　佐藤進　（1981）海外の言語學——中國——, 言
語 1981（2）

〖00175〗上尾龍介　（1981）日本語と中國語の——つの接點, 音聲
言語の理解と運用に關する總合的研究（九州
大學教養部）

〖00176〗金子二郎　（1981）中國語の變革, 中國語 9（專家漫筆）

〖00177〗小南一郎　（1981）漢字の表現, 中國の漢字

〖00178〗曾德興　　（1981）中國文字拉丁化の理論につい——國
語ローマ字に對する批判を中心として——,
中央學院大學論業 15～2

〖00179〗内藤正子　（1981）現代中國語の aspect について,中國
文化研究 7

〖00180〗森川久次郎　（1981）中國の言語二,アジア・アメリカ文
化研究所研究年報 15

1980 年

〖00181〗森川久次郎　（1980）中國の言語,アジア・アフリカ文化
研究所研究年報（東洋大學）14

〖00182〗藤堂明保　（1980）日本語と漢語の間——對譯の基本,
文學 48～11

〖00183〗相原茂　佐藤進　（1980）海外の言語學中國,言語 9～10

〖00184〗蘇德昌　（1980）中國言語學界の新しい動き,言語 9～
10

〖00185〗波多野太郎　（1980）北京大學教授王力博士,中國語學 227

〖00186〗大川完三郎　（1980）中國語の辭書,言語 9～5

〖00187〗田鳩一夫　（1980）漢字情報處理システムの課題——漢
字セットの設計と漢字辭書運用シテスムに
ついて,國文學研究資料館紀要 6

1979 年

〖00188〗松本昭　（1979）中國語學明と暗,中國語 228、232、238

〖00189〗佐藤保　（1979）中國的ことば,月刊ことば 3～5

〖00190〗前川晃　（1979）現代中國語とその社會的背景について
（下）——特に新語新釋について ,東海大學紀
要（文學部）30

〖00191〗佐藤晴彦　（1979）琉球寫本官話課本のことば,中國語學
226

〖00192〗波多野太郎　（1979）最近中國學界的動向——文學、言語

の研究, 龍溪 50

〖00193〗深井實　　（1979）藤堂明寶の「漢字文化圈」に関する 3
　　　　　　　　　　書を讀んで, 北海道駒澤大學研究紀要 14

〖00194〗上野惠司　　（1979）最近的中國刊學關係書目（3～4）, 中
　　　　　　　　　　國語研究 18～19

〖00195〗尾崎雄二郎　（1979）漢字の世界（7）「字典」というこ
　　　　　　　　　　とば, 國語科通信（角川書店）40

〖00196〗白井啓介　　（1979）「四角號碼」——漢和辭典のもう——
　　　　　　　　　　つの檢索法, 言語 8～12

〖00197〗近藤春雄　　（1979）大漢和辭典と誤植のことなど, 說林（愛
　　　　　　　　　　知縣立大學國文學會）27

〖00198〗島津忠夫　　（1979）（紹介）近藤春雄著『中國學藝大事典』,
　　　　　　　　　　說林（愛知縣立大學國文學會）27

1976 年

〖00199〗大原信一　　（1976）北京語と共通語, 同志社外國文學研究
　　　　　　　　　　13

1975 年

〖00200〗長谷川良一　（1975）中國できいた共通語, 中國文學研究
　　　　　　　　　　第 1 期（早稲田大學文學部中國文學研究室）

1973 年

〖00201〗溫戴奎　　　（1973）海外客家方言及馬來、玻里尼西亞語
　　　　　　　　　　系各民族の普通話教學, 中國語學 228

〖00202〗小林立　　　（1973）敗戰後の日中關係と中國語教育（報
　　　　　　　　　　告ノート）, 香川大學一般教育研究第 5 號

〖00203〗卞民岩　　　（1973）中國語の語感について（講演要旨）,
　　　　　　　　　　中國の言語と文化第 2 號

〖00204〗望月八十吉　（1973）日本語と中國語の音節, 人文研究第
　　　　　　　　　　25 卷第 3 分冊

〖00205〗六角恆廣　（1973）中國語教育の現實と理念，早稻田商學
　　　　　　　同政會（早稻田商學）第 237 號

1972 年

〖00206〗池田博臣　岡田臣弘　長谷川一郎　原伊作　寄藤明
　　　　　　　（1972）座談會「職場の中國語體驗」，中國語
　　　　　　　72～4

〖00207〗倉石武四郎　（1972）中國語のシルエツト，朝日アジアビ
　　　　　　　ユー12～13

〖00208〗香坂順一　新井寶雄　（1972）你好！中國語，每日新聞社
　　　　　　　72～9

〖00209〗香坂順一　（1972）文革後の言語研究の方向，言語生活 249

〖00210〗竹内實　（1972）革命とことば——中國のばあい，言語
　　　　　　　72～6

〖00211〗藤堂明保　（1972）中國人のことば，經濟評論增刊號 71～
　　　　　　　10

1971 年

〖00212〗倉石武四郎　（1971）中國の言語，中國語 71、1～2

1970 年

〖00213〗倉石武四郎　（1970）中國語の機徵をさぐる，中國語學 204

〖00214〗吉村五郎　（1970）中國語の特質，大東文化大學紀要 8

〖00215〗香坂順一　（1970）中國語における語の機能分化，人文研
　　　　　　　究 21～4

1969 年

〖00216〗大原信一　（1969）中國語のうつりかわり北京語と共通語
　　　　　　　をめぐって一，毛澤東著作言語研究 3 1969、1
　　　　　　　～3

〖00217〗藤堂明保　（1969）漢字の世界，國際文化 190

1968 年

〖00218〗大原信一　　（1968）中國語のうつりかわり（上）（中）（下），
　　　　　　　　　　　中國語 102～104、7～9

〖00219〗竹内好　　　（1968）標準語と普通話「中國を知るために
　　　　　　　　　　　53」，中國 59、58、10

〖00220〗松本昭　　　（1968）わたしの讀んだ本『中國文化業書(1)
　　　　　　　　　　　言語』，言語生活 1986、8～3

〖00221〗輿水優　　　（1968）中國における言語政策，英語教育 68、
　　　　　　　　　　　12 月號

2. 教　育

2002 年

〖00222〗相原茂　　　（2002）〔Q&A〕「不 V 了」の文法，中國語 4 月
　　　　　　　　　　　號（内山書店）

〖00223〗荒川清秀　　（2002）〔Q&A〕「～着」と「～下去」はどう
　　　　　　　　　　　達う？，中國語 5 月號（内山書店）

〖00224〗荒川清秀　　（2002）〔Q&A〕出ルに對して出スはどういう，
　　　　　　　　　　　中國語 11 月號（内山書店）

〖00225〗安藤好惠　　（2002）〔やさしい読み物〕上學路上（1），
　　　　　　　　　　　中國語 8 月號（内山書店）

〖00226〗安藤好惠　　（2002）〔やさしい読み物〕上學路上（2），
　　　　　　　　　　　中國語 9 月號（内山書店）

〖00227〗安藤好惠　　（2002）〔やさしい読み物〕上學路上（3），
　　　　　　　　　　　中國語 10 月號（内山書店）

〖00228〗安藤好惠　　（2002）〔やさしい読み物〕上學路上（4），
　　　　　　　　　　　中國語 11 月號（内山書店）

〖00229〗板谷俊生　　（2002）〔やさしい読み物〕我們家的男子漢(1)，
　　　　　　　　　　　中國語 12 月號 zzz（内山書店）

〖00230〗遠藤光曉　（2002）〔發音 6 講〕聲調に，中國語 10 月號（内山書店）

〖00231〗遠藤光曉　（2002）〔發音 6 講〕母音に，中國語 11 月號（内山書店）

〖00232〗遠藤光曉　（2002）〔發音 6 講〕子音に，中國語 12 月號（内山書店）

〖00233〗王亞新　　（2002）作文教室，中國語 1 月號（内山書店）

〖00234〗王亞新　　（2002）作文教室，中國語 2 月號（内山書店）

〖00235〗王亞新　　（2002）作文教室，中國語 3 月號（内山書店）

〖00236〗王亞新　　（2002）作文教室，中國語 4 月號（内山書店）

〖00237〗王亞新　　（2002）作文教室，中國語 5 月號（内山書店）

〖00238〗王亞新　　（2002）作文教室，中國語 6 月號（内山書店）

〖00239〗王亞新　　（2002）作文教室，中國語 7 月號（内山書店）

〖00240〗王亞新　　（2002）作文教室，中國語 8 月號（内山書店）

〖00241〗王亞新　　（2002）作文教室，中國語 9 月號（内山書店）

〖00242〗王亞新　　（2002）作文教室，中國語 10 月號（内山書店）

〖00243〗王亞新　　（2002）作文教室，中國語 11 月號（内山書店）

〖00244〗王亞新　　（2002）作文教室，中國語 12 月號（内山書店）

〖00245〗小川文昭　（2002）〔文法〕「主語」のこと（1），中國語 5 月號（内山書店）

〖00246〗小川文昭　（2002）〔文法〕「主語」のこと（2），中國語 6 月號（内山書店）

〖00247〗小川文昭　（2002）〔文法〕「賓語」のこと，中國語 7 月號（内山書店）

〖00248〗小川文昭　（2002）〔文法〕言語の表現の二重性，中國語 8 月號（内山書店）

〖00249〗小川文昭　（2002）〔文法〕「就」「才」のこと，中國語 12 月號（内山書店）

〖00250〗小野秀樹　（2002）〔中國語入門〕疑問詞を用いる疑問文，中國語 4 月號（内山書店）

〖00251〗小野秀樹　（2002）〔中國語入門〕語氣詞「嗎」「呢」「吧」,
中國語 5 月號（内山書店）

〖00252〗小野秀樹　（2002）〔中國語入門〕「存在」を表す文,中
國語 6 月號（内山書店）

〖00253〗小野秀樹　（2002）〔中國語入門〕「名詞述語文」,中國
語 7 月號（内山書店）

〖00254〗小野秀樹　（2002）〔中國語入門〕「目的語」,中國語 8
月號（内山書店）

〖00255〗小野秀樹　（2002）〔中國語入門〕「連動文」,中國語 9
月號（内山書店）

〖00256〗小野秀樹　（2002）〔中國語入門〕「前置詞」,中國語 10
月號（内山書店）

〖00257〗小野秀樹　（2002）〔中國語入門〕「補語（1）」,中國語
11 月號（内山書店）

〖00258〗小野秀樹　（2002）〔中國語入門〕「補語（2）」,中國語
12 月號（内山書店）

〖00259〗郭春貴　（2002）日本人にっとて難解な中國語文法につい
て,廣島修道大學諭集 42（2）人文編

〖00260〗加納陸人　梅曉蓮　（2002）日中兩國語におけるコミュニ
ケーション・ギャップについての考察——斷
リ表現を中心に——,言語と文化

〖00261〗魏穗君　（2002）インターネットを用いた中國語教育の
實現化に向けて,視聽覺教育

〖00262〗喜多田久仁彦　（2002）〔やさしい読み物〕玻璃又安好了
（2）,中國語 1 月號（内山書店）

〖00263〗喜多田久仁彦　（2002）〔やさしい読み物〕玻璃又安好了
（3）,中國語 2 月號　（内山書店）

〖00264〗喜多田久仁彦　（2002）〔やさしい読み物〕玻璃又安好了
（4）,中國語 3 月號　（内山書店）

〖00265〗木村英樹　（2002）〔Q&A〕Z の所有領域,中國語 3 月號（内
山書店）

〖00266〗姜麗萍　（2002）〔基礎會話〕你認識她嗎？,中國語 4 月
號（内山書店）

〖00267〗姜麗萍　（2002）〔基礎會話〕找語伴侣兒,中國語 5 月號
（内山書店）

〖00268〗姜麗萍　（2002）〔基礎會話〕不能再便宜了,中國語 6 月
號（内山書店）

〖00269〗姜麗萍　（2002）〔基礎會話〕不見不散,中國語 7 月號（内
山書店）

〖00270〗姜麗萍　（2002）〔基礎會話〕你看通知了嗎？,中國語 8
月號（内山書店）

〖00271〗姜麗萍　（2002）〔基礎會話〕我甚麼時候開過玩笑？,中
國語 9 月號（内山書店）

〖00272〗姜麗萍　（2002）〔基礎會話〕要不要去醫院檢查一下？,
中國語 10 月號（内山書店）

〖00273〗姜麗萍　（2002）〔基礎會話〕給她打打氣,中國語 11 月號
（内山書店）

〖00274〗姜麗萍　（2002）〔基礎會話〕HSK 考試,中國語 12 月號（内
山書店）

〖00275〗姜麗萍　（2002）對日本學生的漢語口語教學初探,中國言
語文化論叢 5

〖00276〗日下恒夫　（2002）〔Zat's 學中國語〕「留學反對同盟」
その後,中國語 1 月號（内山書店）

〖00277〗日下恒夫　（2002）〔Zat's 學中國語〕「しない」理由,
中國語 2 月號（内山書店）

〖00278〗日下恒夫　（2002）〔Zat's 學中國語〕中國語學習アンケ
ート,中國語 3 月號　（内山書店）

〖00279〗日下恒夫　（2002）〔Zat's 學中國語〕大きいことはいい
ことか,中國語 4 月號（内山書店）

〖00280〗日下恒夫　（2002）〔Zat's 學中國語〕欲張り語學のすす
め,中國語 5 月號（内山書店）

〖00281〗日下恒夫　（2002）〔Zat's 學中國語〕たまには寄り道を，中國語 6 月號（内山書店）

〖00282〗日下恒夫　（2002）〔Zat's 學中國語〕意外に役立つ文章作法,中國語 7 月號（内山書店）

〖00283〗日下恒夫　（2002）〔Zat's 學中國語〕朱子と豚,中國語 8 月號（内山書店）

〖00284〗日下恒夫　（2002）〔Zat's 學中國語〕ちょっと大膽とちょっと臆病,中國語 9 月號（内山書店）

〖00285〗日下恒夫　（2002）〔Zat's 學中國語〕親はあっても子は育つ,中國語 10 月號（内山書店）

〖00286〗日下恒夫　（2002）〔Zat's 學中國語〕歸りたがる人々,中國語 11 月號（内山書店）

〖00287〗日下恒夫　（2002）〔Zat's 學中國語〕大人になりたくない,中國語 12 月號（内山書店）

〖00288〗黑坂滿輝　高芳　（2002）日本學生漢語造句偏誤分析,北海道文教大論集 3

〖00289〗黑澤直道　（2002）〔論壇〕中國少數民族言語の學習方法,中國語 11 月號（内山書店）

〖00290〗洪　芸　（2002）漢語作爲第二外語教學特點簡析暨教材編寫原則,京都外國語大學研究論叢 60

〖00291〗高順全　（2002）三個平面理論與漢語語法教學,京都外國語大學研究論叢 60

〖00292〗康鳳麗　（2002）中國語入門教育における教材開發の試み——漢字を窗口に日本と中國の文化の異同を理解する,鈴鹿醫療科學大學紀要 9

〖00293〗輿水優　（2002）基本語ノート「案」,中國語 1 月號（内山書店）

〖00294〗輿水優　（2002）基本語ノート「信」,中國語 2 月號（内山書店）

〖00295〗輿水優　（2002）基本語ノート「單」,中國語 3 月號（内山書店）

〖00296〗興水優　　　（2002）基本語ノート「接」, 中國語 4 月號（内
山書店）

〖00297〗興水優　　　（2002）基本語ノート「連」, 中國語 5 月號（内
山書店）

〖00298〗興水優　　　（2002）基本語ノート「暴」, 中國語 6 月號（内
山書店）

〖00299〗興水優　　　（2002）基本語ノート「横」, 中國語 7 月號（内
山書店）

〖00300〗興水優　　　（2002）基本語ノート「木」, 中國語 8 月號（内
山書店）

〖00301〗興水優　　　（2002）基本語ノート「小」, 中國語 9 月號（内
山書店）

〖00302〗興水優　　　（2002）基本語ノート「股」, 中國語 10 月號（内
山書店）

〖00303〗興水優　　　（2002）基本語ノート「漂」, 中國語 11 月號（内
山書店）

〖00304〗興水優　　　（2002）基本語ノート「側」, 中國語 12 月號（内
山書店）

〖00305〗吳念聖　　　（2002）〔基礎會話〕坐出租車, 中國語 1 月號
（内山書店）

〖00306〗吳念聖　　　（2002）〔基礎會話〕買旗袍, 中國語 2 月號（内
山書店）

〖00307〗吳念聖　　　（2002）〔基礎會話〕中文迷, 中國語 3 月號（内
山書店）

〖00308〗吳念聖　　　（2002）中國語辭書の可能補語情報について,
法政大學教養部紀要 119

〖00309〗小林二男　　（2002）〔やさしい読み物〕今天我請客（1）,
中國語 4 月號（内山書店）

〖00310〗小林二男　　（2002）〔やさしい読み物〕今天我請客（2）,
中國語 5 月號（内山書店）

〖00311〗小林二男　　（2002）〔やさしい読み物〕今天我請客（3），
中國語 6 月號（内山書店）

〖00312〗小林二男　　（2002）〔やさしい読み物〕『性格・命運・
我的故事』序, 中國語 7 月號（内山書店）

〖00313〗西條正　　　（2002）〔實踐會話〕日本留學（10），中國語
1 月號（内山書店）

〖00314〗西條正　　　（2002）〔實踐會話〕日本留學（11），中國語
2 月號（内山書店）

〖00315〗西條正　　　（2002）〔實踐會話〕日本留學（12），中國語
3 月號（内山書店）

〖00316〗西條正　　　（2002）〔實踐會話〕日本生活情報（1），中國
語 4 月號（内山書店）

〖00317〗西條正　　　（2002）〔實踐會話〕日本生活情報（2），中國
語 5 月號（内山書店）

〖00318〗西條正　　　（2002）〔實踐會話〕日本生活情報（3），中國
語 6 月號（内山書店）

〖00319〗西條正　　　（2002）〔實踐會話〕日本生活情報（4），中國
語 7 月號（内山書店）

〖00320〗西條正　　　（2002）〔實踐會話〕日本生活情報（5），中國
語 8 月號（内山書店）

〖00321〗西條正　　　（2002）〔實踐會話〕日本生活情報（6），中國
語 9 月號（内山書店）

〖00322〗西條正　　　（2002）〔實踐會話〕日本生活情報（7），中國
語 10 月號（内山書店）

〖00323〗西條正　　　（2002）〔實踐會話〕日本生活情報（8），中國
語 11 月號（内山書店）

〖00324〗西條正　　　（2002）〔實踐會話〕日本生活情報（9），中國
語 12 月號（内山書店）

〖00325〗蔡北國　邢紅兵　（2002）漢語水平詞匯雙音節詞結構分析,
名古屋外國語大學外國語學部紀要 24

〖00326〗鹽山正純　（2002）表記日本人聞遠えやすい外國語——中
國語·本學科〔言語コミユニケ一シヨン〕、
中國語專攻2年生の回答例を中心に，文明21

〖00327〗史有爲　（2002）針對日本人的漢語語音教學（下篇）中
國語教育學研究之3，應用言語學研究紀要4
（明海大學大學院）

〖00328〗史有爲　（2002）〔Q&A〕「先生」と「老師」，中國語9
月號（内山書店）

〖00329〗蔣士珍　（2002）漢語離合詞性質的分析與對外漢語離合
詞的教學，熊本學園大學文學，言語學論（1）

〖00330〗杉村博文　（2002）〔Q&A〕ゲンコツ——發で頭の牛を！，
中國語2月號（内山書店）

〖00331〗杉村博文　（2002）〔Q&A〕辭書になくても——，中國語8
月號（内山書店）

〖00332〗砂岡和子　村上公一　于洋（2002）發信·交流型中國語
教育 Chinese Online，語研フオ一ラム17（早
稻田大學語學研究所）

〖00333〗瀬戸口律子　（2002）明清時期日本琉球的漢語教學，大東文
化大學外國語學研究3

〖00334〗戰慶勝　（2002）中日兩語對照研究方法について，地域
綜合研究30（1）

〖00335〗千野明日香　（2002）〔精讀〕『小學生優秀作文分題競選
寫物』より，中國語12月號（内山書店）

〖00336〗田中榮一郎　（2002）中學校教科書の漢文教材に頻出する
自立語について，二松學舍大學人文論叢68

〖00337〗田田佐和子　（2002）〔精讀〕戴晴『我的四個父親』（1），
中國語4月號（内山書店）

〖00338〗田田佐和子　（2002）〔精讀〕戴晴『我的四個父親』（2），
中國語5月號（内山書店）

〖00339〗田田佐和子　（2002）〔精讀〕戴晴『我的四個父親』（3），
中國語6月號（内山書店）

〖00340〗田田佐和子　（2002）〔精讀〕戴晴『我的四個父親』（4），
中國語7月號（內山書店）

〖00341〗趙春利　楊才英　（2002）語感問題與第二語言信息轉換教
學法, 現代中國語研究4（朋友書店）

〖00342〗張筱平　（2002）語用論　日中言語交際中的文化差異
——從言語功能角度比較分析, 文明21

〖00343〗趙　晴　（2002）生活語彙としての自然地理用語と日中
比較の指導上のに問題點（2）——山に關する
語——, 文學會紀要13（愛知學院大學大學院）

〖00344〗張文鋒　（2002）日本人學生の漢語學習における母語の
否定的影響　について, 立命館言語文化研究

〖00345〗辻田正雄　（2002）「普通話水平測試大綱」について, 佛
教大學文學部文學部論集86

〖00346〗辻田正雄　（2002）〔精讀〕王蒙『戀愛的季節』（2），
中國語1月號（內山書店）

〖00347〗辻田正雄　（2002）〔精讀〕王蒙『戀愛的季節』（3），
中國語2月號（內山書店）

〖00348〗辻田正雄　（2002）〔精讀〕王蒙『戀愛的季節』（4），
中國語3月號（內山書店）

〖00349〗翟　艷　（2002）日本學生典型動詞偏誤解析, 關西外國
語大學研究論集76

〖00350〗田　禾　（2002）〔Q&A〕「明天你來得早一點兒」, 中國
語7月號（內山書店）

〖00351〗土井和代　（2002）〔論壇〕「玩個痛快」の意味と形, 中
國語6月號（內山書店）

〖00352〗中川正之　（2002）〔Q&A〕「隨你的便」は失禮ですか,
中國語1月號（內山書店）

〖00353〗野口宗親　（2002）明治期熊本における中國語教育（2），
熊本大學教育學部紀要　人文科學（51）

〖00354〗馬　挺　（2002）學生主導の中國語授業の試みについて
分析, 語研16（早稻田大學語學研究所）

〖00355〗原田學史　　（2002）〔論壇〕「醫生不讓起床」について，
　　　　　　　　　　中國語 7 月號（内山書店）

〖00356〗原田壽美子　（2002）中國語の語彙學習用ソフトウェアの
　　　　　　　　　　──形態──プログラムの構造と學習過程に
　　　　　　　　　　おける役割について，名古屋學院大學論集 人
　　　　　　　　　　文·自然科學篇 39（1）

〖00357〗平井和之　　（2002）〔作文のコツ〕「這麼，那麼，怎麼」
　　　　　　　　　　等（1），中國語 1 月號（内山書店）

〖00358〗平井和之　　（2002）〔作文のコツ〕「這樣，那樣，怎麼樣」
　　　　　　　　　　等（2），中國語 2 月號（内山書店）

〖00359〗平井和之　　（2002）〔作文のコツ〕「這麼，那麼，怎麼」
　　　　　　　　　　等（3），中國語 3 月號（内山書店）

〖00360〗平井和之　　（2002）〔作文のコツ〕指示詞「這，那，哪」
　　　　　　　　　　（1），中國語 4 月號（内山書店）

〖00361〗平井和之　　（2002）〔作文のコツ〕指示詞「這，那，哪」
　　　　　　　　　　（2），中國語 5 月號（内山書店）

〖00362〗平井和之　　（2002）〔作文のコツ〕話し言葉に用いられる
　　　　　　　　　　「吧」，中國語 6 月號　（内山書店）

〖00363〗平井和之　　（2002）〔作文のコツ〕反語文（1），中國語 7
　　　　　　　　　　月號（内山書店）

〖00364〗平井和之　　（2002）〔作文のコツ〕反語文（2），中國語 8
　　　　　　　　　　月號（内山書店）

〖00365〗平井和之　　（2002）〔作文のコツ〕反語文（3），中國語 9
　　　　　　　　　　月號（内山書店）

〖00366〗平井和之　　（2002）〔作文のコツ〕連動文（1），中國語
　　　　　　　　　　10 月號（内山書店）

〖00367〗平井和之　　（2002）〔作文のコツ〕連動文（2），中國語
　　　　　　　　　　11 月號（内山書店）

〖00368〗平井和之　　（2002）〔作文のコツ〕連動文（3），中國語
　　　　　　　　　　12 月號（内山書店）.

〖00369〗平尾節子　（2002）中國における外國語教育の研究——北
　　　　　　　　　京・天津・上海——,愛知大學語學教育研究
　　　　　　　　　室既要 6

〖00370〗古屋昭弘　（2002）『老乞大 朝鮮中世の中國語會話讀本』,
　　　　　　　　　開篇 21（好文出版）

〖00371〗星野朱美　安田明生　（2002）日本人學生による中國語有
　　　　　　　　　氣音發話の VOT とパワーによる評價,日本音
　　　　　　　　　響學會誌 58（11）

〖00372〗鱒澤彰夫　（2002）日本外地の中國語教育と方言音,中國
　　　　　　　　　文學研究 28

〖00373〗松浦恆雄　（2002）〔精讀〕新鳳霞『逃げられない小玲子』
　　　　　　　　　（1）,中國語 8 月號（内山書店）

〖00374〗松浦恆雄　（2002）〔精讀〕新鳳霞『逃げられない小玲子』
　　　　　　　　　（2）,中國語 9 月號（内山書店）

〖00375〗松浦恆雄　（2002）〔精讀〕新鳳霞『逃げっこない』（1）,
　　　　　　　　　中國語 10 月號（内山書店）

〖00376〗松浦恆雄　（2002）〔精讀〕新鳳霞『逃げっこない』（2）,
　　　　　　　　　中國語 11 月號（内山書店）

〖00377〗村上公一　（2002）コンピュータによる中國語學習支援(語
　　　　　　　　　學教育における情報技術の的活用),大學教育
　　　　　　　　　と情報 10（4）

〖00378〗孟子敏　　（2002）日語學生漢語發音的音節音拍化傾向分
　　　　　　　　　析,言語文化研究 21（2）

〖00379〗山口直人　（2002）中國語聞き取り能力の教授法に關する
　　　　　　　　　一試案,語學教育研究論叢 19（大東文化大學
　　　　　　　　　語學教育研究所）

〖00380〗山田眞一　（2002）〔中國語入門〕連動文,處置文,中國
　　　　　　　　　語 1 月號（内山書店）

〖00381〗山田眞一　（2002）〔中國語入門〕受身文,比較文,反語
　　　　　　　　　文,中國語 2 月號（内山書店）

〖00382〗山田眞一　（2002）〔中國語入門〕つなぐことば表現文型，中國語 3 月號（内山書店）

〖00383〗楊凱榮　（2002）〔Q&A〕「もう遅い」を中國語でいうと，中國語 6 月號（内山書店）

〖00384〗楊凱榮　（2002）〔Q&A〕値段の尋ね方，中國語 12 月號（内山書店）

〖00385〗劉乃華　（2002）試論漢語學習者學習策略與學習效果之關係，紀要 34 言語文學編（愛知縣立大學外國語學部）

〖00386〗林嘉惠　（2002）臺灣人日本語學習者における有聲・無聲破裂音習得の問題點の再檢討——日本語・中國語・臺灣語三言語の音韻・音聲をふまえて——，應用言語學研究紀要 4（明海大學大學院）

2001 年

〖00387〗相原茂　（2001）〔常用文ファイル〕「你學了幾年中文？」，中國語 1 月號（内山書店）

〖00388〗相原茂　（2001）〔常用文ファイル〕「再説吧。」，中國語 2 月號（内山書店）

〖00389〗相原茂　（2001）〔常用文ファイル〕「都怪你！」，中國語 3 月號（内山書店）

〖00390〗相原茂　（2001）〔Q&A〕上手な「會」，中國語 4 月號（内山書店）

〖00391〗相原茂　（2001）〔Q&A〕あやまる時全面的に，中國語 10 月號（内山書店）

〖00392〗荒川清秀　（2001）〔Q&A〕「〜に習う」は「教」を使って表現する？，中國語 5 月號（内山書店）

〖00393〗荒川清秀　（2001）〔Q&A〕「多吃點兒」というのに、「早點兒」とは？，中國語 11 月號（内山書店）

〖00394〗荒見泰史　　桂弘　（2001）「上海普通話」の特徴と中國
　　　　　　　　　語學習者の注意點, 明海大學教養論文集 13

〖00395〗井口晃　　　（2001）〔精讀〕林希『1957 百人の愛』（1），
　　　　　　　　　中國語 4 月號（内山書店）

〖00396〗井口晃　　　（2001）〔精讀〕林希『1957 百人の愛』（2），
　　　　　　　　　中國語 5 月號（内山書店）

〖00397〗井口晃　　　（2001）〔精讀〕林希『1957 百人の愛』（3），
　　　　　　　　　中國語 6 月號（内山書店）

〖00398〗井口晃　　　（2001）〔精讀〕林希『1957 百人の愛』（4），
　　　　　　　　　中國語 7 月號（内山書店）

〖00399〗犬塚優司　　（2001）〈書評〉胡振華「キルギス共和國の東
　　　　　　　　　干語、中國語教育の研究」, Nidaba30（西日本
　　　　　　　　　言語研究會）

〖00400〗岩本眞理　　（2001）筑波大學圖書館『南山考講記』につい
　　　　　　　　　て（2）, 人文研究 53（4）

〖00401〗王亞新　　（2001）作文教室, 中國語 4～12 月號（内山書店）

〖00402〗大西智之　　（2001）中國語教授法の問題點とその改善策に
　　　　　　　　　關する――試案, 帝塚山大學人文科學部紀要
　　　　　　　　　6

〖00403〗小川郁夫　　（2001）アル化語と中國語教育, 福岡國際大學
　　　　　　　　　紀要 6

〖00404〗小川隆　　　（2001）「異文化」理解のための初修外國語
　　　　　　　　　――中國語を中心として, 外國語部論集（駒澤
　　　　　　　　　大學外國語部）

〖00405〗小川文昭　　（2001）〔やさしい讀み物〕夏天爲什麼特別熱
　　　　　　　　　呢？（1）, 中國語 4 月號（内山書店）

〖00406〗小川文昭　　（2001）〔やさしい讀み物〕夏天爲什麼特別熱
　　　　　　　　　呢？（2）, 中國語 5 月號（内山書店）

〖00407〗小川文昭　　（2001）〔やさしい讀み物〕風是怎樣起的？（1），
　　　　　　　　　中國語 6 月號（内山書店）

【00408】小川文昭 （2001）〔やさしい讀み物〕風是怎樣起的？（2），
中國語 7 月號（内山書店）

【00409】加藤晴子 （2001）〔中國語入門〕比較文と分量，中國語
1 月號（内山書店）

【00410】加藤晴子 （2001）〔中國語入門〕處置文と受身文，中國
語 2 月號（内山書店）

【00411】加藤晴子 （2001）〔中國語入門〕使役文，中國語 3 月號
（内山書店）

【00412】釜屋修 （2001）雜感·わが中國語學習視事始——無
米之炊，外國語部論集 55（駒澤大學外國語部）

【00413】喜多田久仁彦 （2001）〔やさしい讀み物〕玻璃又安好了？
（1），中國語 12 月號（内山書店）

【00414】木村英樹 （2001）〔Q&A〕「從」から「到」までの文法，
中國語 9 月號（内山書店）

【00415】日下恒夫 （2001）〔中國語發音漫話〕暖かい音聲，中國
語 1 月號（内山書店）

【00416】日下恒夫 （2001）〔中國語發音漫話〕次男の耳の付け根，
中國語 2 月號（内山書店）

【00417】日下恒夫 （2001）〔中國語發音漫話〕Vの悲劇，中國語 3
月號（内山書店）

【00418】日下恒夫 （2001）〔Zat's 學中國語〕なにわともあれ雜
學のススメ，中國語 4 月號（内山書店）

【00419】日下恒夫 （2001）〔Zat's 學中國語〕汚いことはいいこ
とだ，中國語 5 月號（内山書店）

【00420】日下恒夫 （2001）〔Zat's 學中國語〕時には辭書のない
子のように，中國語 6 月號（内山書店）

【00421】日下恒夫 （2001）〔Zat's 學中國語〕親を選びなさい，
中國語 7 月號（内山書店）

【00422】日下恒夫 （2001）〔Zat's 學中國語〕每朝カラスの鳴き
聲が，中國語 8 月號（内山書店）

〖00423〗日下恒夫　（2001）〔Zat's 學中國語〕「留學反對！？」同盟, 中國語 9 月號（内山書店）

〖00424〗日下恒夫　（2001）〔Zat's 學中國語〕やっぱり「留學」反對, 中國語 10 月號（内山書店）

〖00425〗日下恒夫　（2001）〔Zat's 學中國語〕素敵な「生きたことば」, 中國語 11 月號　（内山書店）

〖00426〗日下恒夫　（2001）〔Zat's 學中國語〕もっと言葉を, 中國語 12 月號（内山書店）

〖00427〗胡玉華　（2001）中國語文法の教授におけるルール學習の問題一教育心理學の視點から, 外國語部論集 55（駒澤大學外國語部）

〖00428〗吳念勝　（2001）〔基礎會話〕機場初遇, 中國語 4 月號（内山書店）

〖00429〗吳念勝　（2001）〔基礎會話〕重訪上海, 中國語 5 月號（内山書店）

〖00430〗吳念勝　（2001）〔基礎會話〕意氣相投, 中國語 6 月號（内山書店）

〖00431〗吳念勝　（2001）〔基礎會話〕我自己來, 中國語 7 月號（内山書店）

〖00432〗吳念勝　（2001）〔基礎會話〕上海的早晨, 中國語 8 月號（内山書店）

〖00433〗吳念勝　（2001）〔基礎會話〕電話應約, 中國語 9 月號（内山書店）

〖00434〗吳念勝　（2001）〔基礎會話〕電話改約, 中國語 10 月號（内山書店）

〖00435〗吳念勝　（2001）〔基礎會話〕邊吃邊談, 中國語 11 月號（内山書店）

〖00436〗吳念勝　（2001）〔基礎會話〕你中文說的眞好, 中國語 12 月號（内山書店）

〖00437〗洪潔清　（2001）中國語教育における文化紹介の必要性, 新島學園女子短期大學紀要 21

〖00438〗西條正　　（2001）〔會話〕驛、停留所, 中國語 1 月號（内山書店）

〖00439〗西條正　　（2001）〔會話〕病院、醫院, 中國語 2 月號（内山書店）

〖00440〗西條正　　（2001）〔會話〕こたつ、ストーブ, 中國語 3 月號（内山書店）

〖00441〗西條正　　（2001）〔實踐會話〕日本留學（1）, 中國語 4 月號（内山書店）

〖00442〗西條正　　（2001）〔實踐會話〕日本留學（2）, 中國語 5 月號（内山書店）

〖00443〗西條正　　（2001）〔實踐會話〕日本留學（3）, 中國語 6 月號（内山書店）

〖00444〗西條正　　（2001）〔實踐會話〕日本留學（4）, 中國語 7 月號（内山書店）

〖00445〗西條正　　（2001）〔實踐會話〕日本留學（5）, 中國語 8 月號（内山書店）

〖00446〗西條正　　（2001）〔實踐會話〕日本留學（6）, 中國語 9 月號（内山書店）

〖00447〗西條正　　（2001）〔實踐會話〕日本留學（7）, 中國語 10 月號（内山書店）

〖00448〗西條正　　（2001）〔實踐會話〕日本留學（8）, 中國語 11 月號（内山書店）

〖00449〗西條正　　（2001）〔實踐會話〕日本留學（9）, 中國語 12 月號（内山書店）

〖00450〗佐藤普美子　（2001）〔精讀〕卞之林『寂寞』『水成岩』, 中國語 1 月號（内山書店）

〖00451〗佐藤普美子　（2001）〔精讀〕馮至『歧路』, 中國語 2 月號（内山書店）

〖00452〗佐藤普美子　（2001）〔精讀〕穆旦『防空壕の抒情詩』, 中國語 3 月號（内山書店）

〖00453〗史有為　（2001）針對日本人的漢語音教育（上篇）中國語教育學研究之二, 應用言語學研究 3（明海大學大學院應用言語學研究科紀要編集委員會）

〖00454〗鹽旗伸一郎　（2001）情報リテラシーと中國語教育, 外國語部論集 55（駒澤大學外國語部）

〖00455〗鹽山正純　（2001）日本人の間違えやすい外國語一中國語…本學科、中國語專攻 2 年生の解答例を中心に, 文明 216（愛知大學國際コミュニケーション學會）

〖00456〗柴田清繼　（2001）在坂時の西島良爾とその中國語教育活動,『一海・太田兩教授退休紀念中國學論集』（翠書房）

〖00457〗白銀志榮　（2001）〔やさしい讀み物〕別人的姑媽（1）, 中國語 1 月號（內山書店）

〖00458〗白銀志榮　（2001）〔やさしい讀み物〕別人的姑媽（2）, 中國語 2 月號（內山書店）

〖00459〗白銀志榮　（2001）〔やさしい讀み物〕別人的姑媽（3）, 中國語 3 月號（內山書店）

〖00460〗杉村博文　（2001）〔Q&A〕隙閒の中?, 中國語 3 月號（內山書店）

〖00461〗杉村博文　（2001）〔Q&A〕目上の人に「送你」は失禮?, 中國語 8 月號（內山書店）

〖00462〗砂岡和子　（2001）第二回中文電化教學國際研討會に參加して, 東方 247（東方書店）

〖00463〗砂岡和子　（2001）語彙&語法ヘルプ機能付き中國語 CALL ドリル〝ゴーツー（構詞）, 教養諸學研究 111（早稻田大學政治學部教養諸學研究會）

〖00464〗高橋庸一郎　（2001）中國語初級教育の基本を考える一中國語の發音と語法を中心にして（日本語及び中國語の初級教育における問題點とその克

　　　　　　　　　服），大學教育研究所年報 4　（阪南大學大

　　　　　　　　　學教育研究所）

〖00465〗瀧澤恭子　（2001）これで解決！稱呼の悩み，中國語 2 月

　　　　　　　　　號（内山書店）

〖00466〗武信彰　　（2001）「兼語式」の教學上の取り扱いについ

　　　　　　　　　ての一考察，明治大學教養論集 344

〖00467〗玉置重俊　（2001）2000 年 HIU 第二回中國語研修報告書，

　　　　　　　　　北海道情報大學紀要 12（2）

〖00468〗趙　靜　　（2001）大學における現行中國語教育の問題點

　　　　　　　　　と改善法について——制度上の問題點を巡っ

　　　　　　　　　て——，立命館言語文化研究 13（1）

〖00469〗陳　軍　　（2001）〔基礎會話〕看望病人，中國語 1 月號

　　　　　　　　　（内山書店）

〖00470〗陳　軍　　（2001）〔基礎會話〕換錢，中國語 2 月號（内山

　　　　　　　　　書店）

〖00471〗陳軍　　　（2001）〔基礎會話〕送禮物，中國語 3 月號（内

　　　　　　　　　山書店）

〖00472〗塚本尋　　（2001）北京語における連續音中の諸現象（下）

　　　　　　　　　中國語發音指導法試論（3），杏林大學外國語

　　　　　　　　　學部紀要 13

〖00473〗辻田正雄　（2001）〔精讀〕王蒙『戀愛的季節』（1），

　　　　　　　　　中國語 12 月號（内山書店）

〖00474〗中川正之　（2001）〔Q&A〕「人生」ってなんですか，中國

　　　　　　　　　語 2 月號（内山書店）

〖00475〗中川正之　（2001）〔Q&A〕「繼續」は動詞·副詞?，中

　　　　　　　　　國語 7 月號（内山書店）

〖00476〗中里見敬　（2001）〔やさしい讀み物〕陳平原　神田書肆

　　　　　　　　　街（1），中國語 8 月號（内山書店）

〖00477〗中里見敬　（2001）〔やさしい讀み物〕陳平原　神田書肆

　　　　　　　　　街（2），中國語 9 月號（内山書店）

〖00478〗中里見敬　　（2001）〔やさしい讀み物〕陳平原　神田書肆
街（3），中國語 10 月號（内山書店）

〖00479〗中里見敬　　（2001）〔やさしい讀み物〕陳平原　神田書肆
街（4），中國語 11 月號（内山書店）

〖00480〗中野修　橋本壽夫　AntonyN, Cominos　（2001）日本語中
國語英語の語學映像教材の作成，神戸學院女
子短期大學紀要 34

〖00481〗萬清華　　（2001）動態語言——依據語言的自然法則對中
國語教育的提言，神奈川大學大學院言語と文
化論集 8

〖00482〗平井和之　　（2001）〔作文〕因果關係の表現，中國語 1 月
號（内山書店）

〖00483〗平井和之　　（2001）〔作文〕目的關係の表現，中國語 2 月
號（内山書店）

〖00484〗平井和之　　（2001）〔作文〕動作の否定と時間の表現，中
國語 3 月號（内山書店）

〖00485〗平井和之　　（2001）〔作文のコツ〕「日にち」に關する語，
中國語 4 月號（内山書店）

〖00486〗平井和之　　（2001）〔作文のコツ〕副詞「再」，中國語 5
月號（内山書店）

〖00487〗平井和之　　（2001）〔作文のコツ〕結果補語「着 zhao」，
中國語 6 月號（内山書店）

〖00488〗平井和之　　（2001）〔作文のコツ〕移動を表す「過去、過
來」の用法，中國語 7 月號（内山書店）

〖00489〗平井和之　　（2001）〔作文のコツ〕副詞「都」，中國語 8
月號（内山書店）

〖00490〗平井和之　　（2001）〔作文のコツ〕「高くない程度」の表
し方，中國語 9 月號　（内山書店）

〖00491〗平井和之　（2001）〔作文のコツ〕形容詞＋「一點兒」（1），
中國語 10 月號（内山書店）

〖00492〗平井和之　（2001）〔作文のコツ〕形容詞＋「一點兒」（2），
　　　　　　　　　中國語 11 月號（内山書店）

〖00493〗平井和之　（2001）〔作文のコツ〕「這麼、那麼、怎麼」
　　　　　　　　　等（1），中國語 12 月號（内山書店）

〖00494〗彭佳紅　　（2001）庄野英二先生の兒童文學を中國語で樂
　　　　　　　　　しむ（6），こだはら（帝塚山學院大學）23

〖00495〗星野富裕子　島祐美子　郭清蓮　（2001）New approach to
　　　　　　　　　language teaching ——visualization of
　　　　　　　　　chinese pronunciation, 電子情報通信學會技
　　　　　　　　　術研究報告 101（421）

〖00496〗星野富裕子　島祐美子　郭清蓮　（2001）New approach to
　　　　　　　　　language teaching ——visualization of
　　　　　　　　　chinese pronunciation, 電子情報通信學會技
　　　　　　　　　術研究報告 101（423）

〖00497〗星野富裕子　島祐美子　郭清蓮　（2001）New approach to
　　　　　　　　　language teaching ——visualization of
　　　　　　　　　chinese pronunciation, 電子情報通信學會技
　　　　　　　　　術研究報告 101（425）

〖00498〗舛谷銳　幸田痲里子　（2001）授業探訪中國語海外語學研
　　　　　　　　　修と國際交流, 大學教育研究フォーラム 6（立
　　　　　　　　　教大學立教大學共通カリキユラム運営センタ
　　　　　　　　　ー）

〖00499〗鱒澤彰夫　（2001）御幡雅文傳考拾遺, 中國文學研究 27

〖00500〗村上公一　（2001）コンピュータを利用した中國語発音教
　　　　　　　　　育とその學習効果, 學術研究 外國語·外國文
　　　　　　　　　學編 49（早稲田大學教育學部）

〖00501〗孟子敏　　（2001）日語學生的漢語語音偏誤及其成因, 言
　　　　　　　　　語文化研究 20（2）（松山大學教育學部）

〖00502〗安井二美子　（2001）LL 教室を使った中國語教育につい

て（嘱託教師による授業報告），大學教育研究
フォーラム 6（立教大學立教大學共通カリキユ
ラム運営センター）

〖00503〗山下輝彦　（2001）第一回中國語をご紹介しましょう（「ラ
　　　　　　　　　　ジオたんぱ」慶應義塾の時間語學入門講座 1），
　　　　　　　　　　三色旗 645（慶應義大學慶應通信）

〖00504〗山田眞一　（2001）〔中國語入門〕漢字は同じ？，中國語
　　　　　　　　　　4 月號（内山書店）

〖00505〗山田眞一　（2001）〔中國語入門〕基本的な語順と動詞述
　　　　　　　　　　語文，中國語 5 月號　（内山書店）

〖00506〗山田眞一　（2001）〔中國語入門〕形容詞述語文、疑問文，
　　　　　　　　　　中國語 6 月號（内山書店）

〖00507〗山田眞一　（2001）〔中國語入門〕名詞述語文と数量表現，
　　　　　　　　　　中國語 7 月號（内山書店）

〖00508〗山田眞一　（2001）〔中國語入門〕主述述語文、存在表現、
　　　　　　　　　　介詞の働き，中國語 8 月號（内山書店）

〖00509〗山田眞一　（2001）〔中國語入門〕数量、補語、方向補語、
　　　　　　　　　　結果補語，中國語 9 月號（内山書店）

〖00510〗山田眞一　（2001）〔中國語入門〕動作のすがた，中國語
　　　　　　　　　　10 月號（内山書店）

〖00511〗山田眞一　（2001）〔中國語入門〕様態、補語、可能補語，
　　　　　　　　　　中國語 11 月號（内山書店）

〖00512〗山田眞一　（2001）〔中國語入門〕助動詞とその周邊，中
　　　　　　　　　　國語 12 月號（内山書店）

〖00513〗楊凱榮　　（2001）〔Q&A〕「買她的票」となぜ言えない？，
　　　　　　　　　　中國語 1 月號（内山書店）

〖00514〗楊凱榮　　（2001）〔Q&A〕「沒有東西吃」「沒有吃的東
　　　　　　　　　　西」の違い，中國語 6 月號（内山書店）

〖00515〗楊凱榮　　（2001）〔Q&A〕所在と存在はどう違う？，中國
　　　　　　　　　　語 12 月號（内山書店）

〖00516〗李　春　　（2001）日本人の中國語聽解力に關する研究,
　　　　　　　　　　日本獸醫畜產大學研究報告 50

〖00517〗李鳳吾　　（2001）〔特別寄稿〕重視教研究加強科學建設
　　　　　　　　　　──中國對外漢語教學的一箇重要課題, 創大
　　　　　　　　　　中國論集 4（創價大學文學部外國語學科中國
　　　　　　　　　　語專攻）

〖00518〗陸儉明　　（2001）中國語法教學中需關注的語義現象, 中
　　　　　　　　　　國語學 248

〖00519〗呂傳紅　高建新　（2001）對外漢語教學之思考,『一海・太
　　　　　　　　　　田兩教授退休紀念中國學論集』（翠書房）

〖00520〗盧　濤　（2001）『話題漢語』教材編寫構想, 地域綜合研
　　　　　　　　　　究 28（2）（鹿兒島國際大學地域總合研究所）

〖00521〗渡邊晴夫　（2001）〔精讀〕孫犁『幻覺』（1）,中國語 8
　　　　　　　　　　月號（內山書店）

〖00522〗渡邊晴夫　（2001）〔精讀〕孫犁『幻覺』（2）,中國語 9
　　　　　　　　　　月號（內山書店）

〖00523〗渡邊晴夫　（2001）〔精讀〕孫犁『幻覺』（3）,中國語
　　　　　　　　　　10 月號（內山書店）

〖00524〗渡邊晴夫　（2001）〔精讀〕孫犁『幻覺』（4）,中國語
　　　　　　　　　　11 月號（內山書店）

2000 年

〖00525〗相原茂　　（2000）〔常用文ファイル〕「請問」,中國語
　　　　　　　　　　1 月號（內山書店）

〖00526〗相原茂　　（2000）〔常用文ファイル〕「祝你!」,中國語
　　　　　　　　　　2 月號（內山書店）

〖00527〗相原茂　　（2000）〔常用文ファイル〕「祝你生日快樂!」,
　　　　　　　　　　中國語 3 月號（內山書店）

〖00528〗相原茂　　（2000）〔常用文ファイル〕「恭喜恭喜!」,中
　　　　　　　　　　國語 4 月號（內山書店）

【00529】相原茂　　　（2000）〔Q&A〕「位置について、用意、ドン！」，中國語 5 月號（内山書店）

【00530】相原茂　　　（2000）〔常用文ファイル〕「恭喜發財！」，中國語 5 月號（内山書店）

【00531】相原茂　　　（2000）〔常用文ファイル〕「有的是時間。」，中國語 6 月號（内山書店）

【00532】相原茂　　　（2000）〔常用文ファイル〕「你愛喫不喫。」，中國語 7 月號（内山書店）

【00533】相原茂　　　（2000）〔常用文ファイル〕「再坐一會兒。」，中國語 8 月號（内山書店）

【00534】相原茂　　　（2000）〔常用文ファイル〕「白跑了一趟」，中國語 9 月號（内山書店）

【00535】相原茂　　　（2000）〔常用文ファイル〕「差不多了，走吧。」，中國語 10 月號（内山書店）

【00536】相原茂　　　（2000）〔Q&A〕「不在」と「沒在」，中國語 11 月號（内山書店）

【00537】相原茂　　　（2000）〔常用文ファイル〕「我回家了。」，中國語 11 月號（内山書店）

【00538】相原茂　　　（2000）〔常用文ファイル〕「屋里坐。」，中國語 12 月號（内山書店）

【00539】荒川清秀　　（2000）〔Q&A〕「沒要過」の意味は？，中國語 6 月號（内山書店）

【00540】荒川清秀　　（2000）〔Q&A〕「找」の意味がよく分からない，中國語 12 月號（内山書店）

【00541】今井敬子　　（2000）〔中國語入門〕比較文、處置文、受動文，中國語 1 月號（内山書店）

【00542】今井敬子　　（2000）〔中國語入門〕「是…的」、「再」、「就」、「也」など，中國語 2 月號（内山書店）

【00543】今井敬子　　（2000）〔中國語入門〕複文、依頼、勸誘表現など，中國語 3 月號（内山書店）

〖00544〗岩佐昌暲　（2000）〔精讀〕李國文『悵惘』（1～4），中國語 8～11 月號（内山書店）

〖00545〗岩本眞理　（2000）筑波大學圖書館藏『南山考講記』について（1），大阪市立大學文學部紀要 52

〖00546〗上村ゆう美　（2000）逸話からみる毛澤東の位置の歷史的變遷——建國後の教科書より，人間文化研究學報 23

〖00547〗上村ゆう美　（2000）臺灣の國語教科書：執筆者の視點，東アジア地域研究 7

〖00548〗薄井俊二　（2000）教員養成課程における漢文講義授業の實踐の一端，新たしい漢字漢文教育 31

〖00549〗衛德泉　（2000）未名湖畔耕耘記——中國語教學的回想——，中國語、中國語教育法の研究（名古屋外國語大學）

〖00550〗王占華　（2000）編寫漢語教科書的認知原則，北九州大學外國語學部紀要 99

〖00551〗大平桂一　（2000）倉石武四郎と吉川幸次郎が中國留學から持ち帰ったもの，大阪女子大學、北京大學學術交流報告集

〖00552〗岡部謙治　（2000）『茶館』數來賓の音樂性，日中言語對照研究論集 2（白帝社）

〖00553〗小川郁夫　（2000）中國語教育用「ピンイン正書法基本法則」，福岡國際大學紀要 4

〖00554〗小川恒夫　佐藤恒夫　（2000）漢語研究のための漢字情報處理（2）——表計算ソフトによる文字操作とその教授法私案（1）——，中國學研究論集 5（廣島中國學會）

〖00555〗加藤晴子　（2000）〔中國語入門〕主語と述語、程度副詞と程度補語，中國語 4 月號（内山書店）

〖00556〗加藤晴子　（2000〔中國語入門〕目的語、定語と場所を表すことば，中國語 5 月號（内山書店）

〖00557〗加藤晴子　（2000）〔中國語入門〕狀語と「是…的」, 中國語 6 月號（内山書店）

〖00558〗加藤晴子　（2000）〔中國語入門〕狀態補語, 中國語 7 月號（内山書店）

〖00559〗加藤晴子　（2000）〔中國語入門〕助動詞と可能補語, 中國語 8 月號（内山書店）

〖00560〗加藤晴子　（2000）〔中國語入門〕「了」と結果補語、方向補語, 中國語 9 月號　（内山書店）

〖00561〗加藤晴子　（2000）〔中國語入門〕「着」と連動文, 中國語 10 月號（内山書店）

〖00562〗加藤晴子　（2000）〔中國語入門〕「過」と動作の回數、動詞の重ね形, 中國語 11 月號（内山書店）

〖00563〗加藤晴子　（2000）〔中國語入門〕いろいろな目的語, 中國語 12 月號（内山書店）

〖00564〗木村英樹　（2000）〔Q&A〕「給」が使えない「ために」, 中國語 10 月號（内山書店）

〖00565〗日下恒夫　（2000）〔中國語發音漫話〕さよなら三角、またきて四角, 中國語 1 月號（内山書店）

〖00566〗日下恒夫　（2000）〔中國語發音漫話〕基本母音, 中國語 2 月號（内山書店）

〖00567〗日下恒夫　（2000）〔中國語發音漫話〕基本母音（つづき）, 中國語 3 月號（内山書店）

〖00568〗日下恒夫　（2000）〔中國語發音漫話〕音聲とは何か, 中國語 4 月號（内山書店）

〖00569〗日下恒夫　（2000）〔中國語發音漫話〕アダムのリンゴの話, 中國語 5 月號（内山書店）

〖00570〗日下恒夫　（2000）〔中國語發音漫話〕スパナのようなもの, 中國語 6 月號（内山書店）

〖00571〗日下恒夫　（2000）〔中國語發音漫話〕口むろ相關圖, 中國語 7 月號（内山書店）

〖00572〗日下恒夫　（2000）〔中國語發音漫話〕舌先の三角形, 中國語 8 月號（内山書店）

〖00573〗日下恒夫　（2000）〔中國語發音漫話〕「他」の発音から, 中國語 9 月號（内山書店）

〖00574〗日下恒夫　（2000）〔中國語發音漫話〕やっぱり「他」の発音, 中國語 10 月號　（内山書店）

〖00575〗日下恒夫　（2000）〔中國語發音漫話〕咳にはお茶を, 中國語 11 月號（内山書店）

〖00576〗日下恒夫　（2000）〔中國語發音漫話〕「H」の音, 中國語 12 月號（内山書店）

〖00577〗倉橋幸彦　（2000）「やさしい読み物」貧嘴張大民的幸福生活（1）～（4）, 中國語 4～7 月號（内山書店）

〖00578〗玄宜青　（2000）〔Q&A〕「肯定」と「一定」, 中國語 1 月號（内山書店）

〖00579〗吳念聖　（2000）中國與辭書における離合詞の處理方法についての一調查, 早稻田大學語研フォーラム 13

〖00580〗吳麗君　（2000）日本學生漢語作文偏差分析, 荒屋勸教授古稀紀念中國語論集（白帝社）

〖00581〗吳麗君　（2000）日本留學生漢語篇章時空連接成分偏誤分析, 日中言語對照研究論集 2（白帝社）

〖00582〗黃名時　（2000）アメリカの華人子女の華語學習——校と大學のはざまで——國語、中國語教育法の研究（名古屋外國語大學）

〖00583〗輿水優　（2000）第六屆國際漢語教學討論會印象記, 中國言語文化論叢 3（東京外國語大學中國言語研究會）

〖00584〗西條正　（2000）〔會話〕とまる、停止、ストップ, 中國語 1 月號（内山書店）

〖00585〗西條正　　（2000）〔會話〕レストラン、食堂, 中國語 2
月號（内山書店）

〖00586〗西條正　　（2000）〔會話〕便所、トイレ, 中國語 3 月號
（内山書店）

〖00587〗西條正　　（2000）〔會話〕パーティー、宴会, 中國語 4
月號（内山書店）

〖00588〗西條正　　（2000）〔會話〕部屋、ルーム, 中國語 5 月號（内
山書店）

〖00589〗西條正　　（2000）〔會話〕○○代、○○賃, 中國語 6 月
號（内山書店）

〖00590〗西條正　　（2000）〔會話〕門、戸、ドア, 中國語 7 月號（内
山書店）

〖00591〗西條正　　（2000）〔會話〕アルバイト、パート, 中國語 8
月號（内山書店）

〖00592〗西條正　　（2000）〔會話〕祭、フェスティバル, 中國語 9
月號（内山書店）

〖00593〗西條正　　（2000）〔會話〕安賣り、バーゲンセール, 中國
語 10 月號（内山書店）

〖00594〗西條正　　（2000）〔會話〕○○路、○○街道, 中國語 11
月號（内山書店）

〖00595〗西條正　　（2000）〔會話〕報告、レポート, 中國語 12 月
號（内山書店）

〖00596〗佐佐木勲人　（2000）〔やさしい読み物〕大熊貓, 中國語
8 月號（内山書店）

〖00597〗佐佐木勲人　（2000）〔やさしい読み物〕兩隻小獅子, 中
國語 9 月號（内山書店）

〖00598〗佐佐木勲人　（2000）〔やさしい読み物〕小猴子下山, 中
國語 10 月號（内山書店）

〖00599〗佐佐木勲人　（2000）〔やさしい読み物〕小壁虎借尾巴,
中國語 11 月號（内山書店）

〖00600〗佐藤進　　（2000）〔Q&A〕中國の「近代」とは？，中國語
　　　　　　　　　2 月號（内山書店）

〖00601〗佐藤普美子　（2000）〔精讀〕何其芳『雨天』，中國語 12
　　　　　　　　　月號（内山書店）

〖00602〗地藏堂貞二　（2000）『海上花列傳』の言語——作者の「共
　　　　　　　　　通語」の世界——，北陸大學紀要 24

〖00603〗徐　曼　　（2000）〔基礎會話〕談天氣，中國語 1 月號（内
　　　　　　　　　山書店）

〖00604〗徐　曼　　（2000）〔基礎會話〕過春節，中國語 2 月號（内
　　　　　　　　　山書店）

〖00605〗徐　曼　　（2000）〔基礎會話〕告別，中國語 3 月號（内
　　　　　　　　　山書店）

〖00606〗續三義　　（2000）日譯漢教學小議，荒屋勸教授古稀紀念
　　　　　　　　　中國語論集（白帝社）

〖00607〗白銀志榮　（2000）〔やさしい読み物〕別人的古瑪（10），
　　　　　　　　　中國語 12 月號（内山書店）

〖00608〗杉村博文　（2000）〔Q&A〕言うが早いか，中國語 9 月號（内
　　　　　　　　　山書店）

〖00609〗鈴木律子　（2000）日本の高等學校における中國語につい
　　　　　　　　　て，中國語研究 42（白帝社）

〖00610〗砂岡和子　小川利康　村上公一　（2000）〔國際ネットワ
　　　　　　　　　ーク型中國語教育 Chinese Online 實踐報告〕，
　　　　　　　　　漢字文獻情報處理 1（好文出版）

〖00611〗砂岡和子　（2000）國際ネットワーク型語學學習プログラ
　　　　　　　　　ムの教授導入——早稻田大學 Chinese Online
　　　　　　　　　實踐報告，早稻田大學政治經濟學部紀要諸學
　　　　　　　　　教養 109

〖00612〗副島一郎　（2000）いかに発音を習得させるか——訓練
　　　　　　　　　TUTOR 制の試み，中國語教育法の研究（名古
　　　　　　　　　屋外國語大學）

〖00613〗陳如珪　（2000）中國語教授的探索, 中國語、中國語教育法の研究（名古屋外國語大學）

〖00614〗陳　軍　（2000）〔基礎會話〕路遇, 中國語 4 月號（内山書店）

〖00615〗陳　軍　（2000）〔基礎會話〕照相, 中國語 5 月號（内山書店）

〖00616〗陳　軍　（2000）〔基礎會話〕討還架, 中國語 6 月號（内山書店）

〖00617〗陳　軍　（2000）〔基礎會話〕找人, 中國語 7 月號（内山書店）

〖00618〗陳　軍　（2000）〔基礎會話〕借書, 中國語 8 月號（内山書店）

〖00619〗陳　軍　（2000）〔基礎會話〕打電, 中國語 9 月號（内山書店）

〖00620〗陳　軍　（2000）〔基礎會話〕修理, 中國語 10 月號（内山書店）

〖00621〗陳　軍　（2000）〔基礎會話〕發傳眞, 中國語 11 月號（内山書店）

〖00622〗陳　軍　（2000）〔基礎會話〕點菜, 中國語 12 月號（内山書店）

〖00623〗中川正之　（2000）〔Q&A〕「竝列」に注意！, 中國語 8 月號（内山書店）

〖00624〗西川和男　（2000）北京研修を終えて, 或問 1

〖00625〗畠山香織　（2000）〔やさしい読み物〕兒子（2）～（4）, 中國語 1～3 月號（内山書店）

〖00626〗樋口靖　（2000）〔精讀〕呂叔湘翻譯『父親要別人都和他一樣』（2）, 中國語 1 月號（内山書店）

〖00627〗樋口靖　（2000）〔精讀〕呂叔湘翻譯『父親要別人都和他一樣』（3）, 中國語 2 月號（内山書店）

〖00628〗樋口靖　（2000）〔精讀〕呂叔湘翻譯『父親釘扣子』, 中國語 3 月號（内山書店）

〖00629〗樋口勇夫　（2000）初級中國語の教授および家庭學習指導
　　　　　　　　試案,名古屋學院大學外國語教育紀要30

〖00630〗平井和之　（2000）〔作文〕長い連體修飾語を避ける,中
　　　　　　　　國語4月號（内山書店）

〖00631〗平井和之　（2000）〔作文〕長い連體修飾語の處理方法,
　　　　　　　　中國語5月號（内山書店）

〖00632〗平井和之　（2000）〔作文〕長い連用修飾語と補語,中國
　　　　　　　　語6月號（内山書店）

〖00633〗平井和之　（2000）〔作文〕「在/到/給」（1）,中國語7
　　　　　　　　月號（内山書店）

〖00634〗平井和之　（2000）〔作文〕「在/到/給」（2）,中國語8
　　　　　　　　月號（内山書店）

〖00635〗平井和之　（2000）〔作文〕「在/到/給」（3）,中國語9
　　　　　　　　月號（内山書店）

〖00636〗平井和之　（2000）〔作文〕「多數、多量」の表し方,中
　　　　　　　　國語10月號（内山書店）

〖00637〗平井和之　（2000）〔作文〕「確信」と「推量」を表す副
　　　　　　　　詞（1）,中國語11月號（内山書店）

〖00638〗平井和之　（2000）〔作文〕「確信」と「推量」を表す副
　　　　　　　　詞（2）,中國語12月號（内山書店）

〖00639〗馬鳳如　　（2000）中國語會話教育の改革構想,漢語教學研
　　　　　　　　究春季號

〖00640〗宮田一郎　（2000）特集〇中國語基本動詞練習帳,中國語
　　　　　　　　3月號（内山書店）

〖00641〗山口守　　（2000）〔精讀〕巴金『寒夜』（1）～（4）,
　　　　　　　　中國語4～7月號（内山書店）

〖00642〗山田眞一他　（2000）學内LANを利用した中國語言語行動
　　　　　　　　學習支援システムについて,高岡短期大學紀
　　　　　　　　要15

〖00643〗山田留里子　（2000）學日語的中國留學生的錯誤例句及分
　　　　　　　　析——像教材引入教學的嘗試——關市立大學

論集 43（3）

〖00644〗楊凱榮　　（2000）〔Q&A〕「偶爾」の使い方, 中國語 3 月
　　　　　　　　　號（内山書店）

〖00645〗楊凱榮　　（2000）〔Q&A〕「按揭」って何？, 中國語 7 月
　　　　　　　　　號（内山書店）

〖00646〗陸儉明　　（2000）中國語教學中的詞匯教學問題, 荒屋勸教
　　　　　　　　　授古稀紀念中國語論集（白帝社）

〖00647〗劉甦朝　　（2000）關於「一點」的用法和偏誤分析, 荒屋勸
　　　　　　　　　教授古稀紀念中國語論集（白帝社）

〖00648〗呂　軍　　（2000）分析錯別字、探討對日漢語教學, 中國語、
　　　　　　　　　中國語教育法の研究（名古屋外國語大學）

〖00649〗渡邊春夫　（2000）中國語教育のカリキユラムと教材, 明
　　　　　　　　　海大學教養論文集 12

1999 年

〖00650〗相原茂　　（1999）〔Q&A〕「對」と「對了 1」と「對了 2」,
　　　　　　　　　中國語 4 月號（内山書店）

〖00651〗相原茂　　（1999）〔Q&A〕〔とつさ〕の中國語, 中國語 10
　　　　　　　　　月號（内山書店）

〖00652〗相原茂　　（1999）〔常用文ファイル〕「我走了。」, 中國
　　　　　　　　　語 1 月號（内山書店）

〖00653〗相原茂　　（1999）〔常用文ファイル〕「下次我請客。」,
　　　　　　　　　中國語 2 月號（内山書店）

〖00654〗相原茂　　（1999）〔常用文ファイル〕「今天天氣不錯啊。」,
　　　　　　　　　中國語 3 月號（内山書店）

〖00655〗相原茂　　（1999）〔常用文ファイル〕「待遇還行吧？」,
　　　　　　　　　中國語 4 月號（内山書店）

〖00656〗相原茂　　（1999）〔常用文ファイル〕「便宜點怎麼樣？」,
　　　　　　　　　中國語 5 月號（内山書店）

〖00657〗相原茂　　（1999）〔常用文ファイル〕「再饒一個吧」,
　　　　　　　　　中國語 6 月號（内山書店）

〖00658〗相原茂　　（1999）〔常用文ファイル〕「最近忙什麼呢？」，中國語 7 月號（内山書店）

〖00659〗相原茂　　（1999）〔常用文ファイル〕」還要別的嗎？」，中國語 8 月號（内山書店）

〖00660〗相原茂　　（1999）〔常用文ファイル〕「有事兒找我。」，中國語 9 月號（内山書店）

〖00661〗相原茂　　（1999）〔常用文ファイル〕「你家有什麼人」，中國語 10 月號（内山書店）

〖00662〗相原茂　　（1999）〔常用文ファイル〕「您是哪一位？」，中國語 11 月號（内山書店）

〖00663〗相原茂　　（1999）〔常用文ファイル〕「太好了。」，中國語 12 月號（内山書店）

〖00664〗安藤彦太郎　（1999）〈書評〉「支那語」葬送の名曲ー『漢語師家傳』，東方 224（東方書店）

〖00665〗石川正人　（1999）受驗科目としての漢文の指導,駿臺フォーラム 17

〖00666〗今井敬子　（1999）〔中國語入門〕簡體字、ピンィン、聲調,中國語 4 月號（内山書店）

〖00667〗今井敬子　（1999）〔中國語入門〕母音、子音、輕聲,中國語 5 月號（内山書店）

〖00668〗今井敬子　（1999）〔中國語入門〕-n と-ng、数の数え方,中國語 6 月號（内山書店）

〖00669〗今井敬子　（1999）〔中國語入門〕否定と疑問,中國語 7 月號（内山書店）

〖00670〗今井敬子　（1999）〔中國語入門〕「有」と「在」動詞の連用（1）,中國語 8 月號（内山書店）

〖00671〗今井敬子　（1999）〔中國語入門〕動作、行為と時間,中國語 9 月號（内山書店）

〖00672〗今井敬子　（1999）〔中國語入門〕助動詞,中國語 10 月號（内山書店）

〖00673〗今井敬子 （1999）〔中國語入門〕補語, 中國語 11 月號 （内山書店）

〖00674〗今井敬子 （1999）〔中國語入門〕「在」と「着」動詞の 連用（2）など, 中國語 12 月號（内山書店）

〖00675〗今井裕子 （1999）〔やさしい読み物〕「對不起」和「沒 關係」（1）～（4）, 中國語 4～7 月（内山書 店）

〖00676〗岩本眞理 （1999）『漢語跬步』と『南山俗語考』, 大阪 市立大学人文研究 51(6)

〖00677〗岩本眞理 （1999）現行初級用教科書付属の CD に関する 調査, 中國語教育研究ファイル（3）（全國中 國語教育協議會）

〖00678〗于吉文 （1999）中國の識字教育の問題點に関する分析, 中國研究月報 53（5）（社團法人中國研究所）

〖00679〗王 麗 （1999）對外漢語基礎會話教學方法論及其操作, 京都外國語大學論叢 54

〖00680〗王欣雨 劉忻 篠田裕之 （1999）舌運動計測システム 中國語發音學習への應用, 電氣學會論文誌 E センサ・マイクロマシン部門誌 119（4）（電 氣學會）

〖00681〗小川郁夫 （1999）中國語のピンイン表記に関するいくつ かの問題, 福岡國際大学紀要 1

〖00682〗小川利康 （1999）中國語教育における CALL の可能性, 早稲田商學同攻會文化論集 14

〖00683〗霍有明 魚小輝 （1999）略談中日文化交流與日本大學的 漢語教育, 信州大學システム研究開發センタ 一紀要 5

〖00684〗神田千冬 （1999）〔やさしい読み物〕皇帝的新裝(1～4), 國語 8～11 月號（内山書店）

〖00685〗喜多山幸子 （1999）〔Q&A〕再び「道」について, 中國語 6 月號（内山書店）

〖00686〗喜多山幸子　（1999）〔Q&A〕第 3 聲の連續, 中國語 12 月
號（内山書店）

〖00687〗日下恒夫　（1999）〔發音漫話〕やさしい「兒化」, 中國
語 1 月號（内山書店）

〖00688〗日下恒夫　（1999）〔發音漫話〕「兒化」は「n」が嫌い,
中國語 2 月號（内山書店）

〖00689〗日下恒夫　（1999）〔發音漫話〕「兒化」は「i」も苦手,
中國語 3 月號（内山書店）

〖00690〗日下恒夫　（1999）〔發音漫話〕ポテトの秘密, 中國語 4
月號（内山書店）

〖00691〗日下恒夫　（1999）〔發音漫話〕「ポテト」の続き, 中國
語 5 月號（内山書店）

〖00692〗日下恒夫　（1999）〔發音漫話〕まず「a」から, 中國語 6
月號（内山書店）

〖00693〗日下恒夫　（1999）〔發音漫話〕口の中, 中國語 7 月號（内
山書店）

〖00694〗日下恒夫　（1999）〔發音漫話〕舌の姿を變える, 中國語
8 月號（内山書店）

〖00695〗日下恒夫　（1999）〔發音漫話〕舌の位置と三角形, 中國
語 9 月號（内山書店）

〖00696〗日下恒夫　（1999）〔發音漫話〕「i」の舌の位置, 中國語
10 月號（内山書店）

〖00697〗日下恒夫　（1999）〔發音漫話〕「u」には二つの顔, 中國
語 11 月號（内山書店）

〖00698〗日下恒夫　（1999）〔發音漫話〕二つの「ア」, 中國語 12
月號（内山書店）

〖00699〗玄宜青　（1999）〔Q&A〕「～點兒」の使い方, 中國語 1
月號（内山書店）

〖00700〗玄宜青　（1999）〔Q&A〕「要」と「得」, 中國語 7 月號
（内山書店）

〖00701〗西條正　　　（1999）〔會話〕投資信詫（1）, 中國語 1 月號
　　　　　　　　　　（内山書店）

〖00702〗西條正　　　（1999）〔會話〕投資信詫（2）, 中國語 2 月號
　　　　　　　　　　（内山書店）

〖00703〗西條正　　　（1999）〔會話〕金錢債務訴訟, 中國語 3 月號
　　　　　　　　　　（内山書店）

〖00704〗西條正　　　（1999）〔會話〕預金と貯金, 中國語 4 月號（内
　　　　　　　　　　山書店）

〖00705〗西條正　　　（1999）〔會話〕お父さん、お母さん, 中國語
　　　　　　　　　　5 月號（内山書店）

〖00706〗西條正　　　（1999）〔會話〕ハイキング、ピクニック, 中國
　　　　　　　　　　語 6 月號（内山書店）

〖00707〗西條正　　　（1999）〔會話〕快速、急行、特急, 中國語 7
　　　　　　　　　　月號（内山書店）

〖00708〗西條正　　　（1999）〔會話〕ふろ、バス、, 中國語 8 月號（内
　　　　　　　　　　山書店）

〖00709〗西條正　　　（1999）〔會話〕ごはん、ライス, 中國語 9 月號
　　　　　　　　　　（内山書店）

〖00710〗西條正　　　（1999）〔會話〕手紙、メーィル、, 中國語 10
　　　　　　　　　　月號（内山書店）

〖00711〗西條正　　　（1999）〔會話〕彼氏、ボーィフレンド, 中國語
　　　　　　　　　　11 月號（内山書店）

〖00712〗西條正　　　（1999）〔會話〕試驗、テスト, 中國語 12 月號
　　　　　　　　　　（内山書店）

〖00713〗佐藤素子　　（1999）初級漢語會話課教學探索--關於表述動
　　　　　　　　　　機, 創大中國論集 2

〖00714〗佐藤素子　　（1999）〔Q&A〕日中間の筆順の違い, 中國語 2
　　　　　　　　　　月號（内山書店）

〖00715〗佐藤素子　　（1999）〔Q&A〕眞理の追究は「追求眞理」,
　　　　　　　　　　中國語 8 月號（内山書店）

〖00716〗徐　曼　　　（1999）〔基礎會話〕在飛機上,中國語 4 月號
（内山書店）

〖00717〗徐　曼　　　（1999）〔基礎會話〕迎接,中國語 5 月號（内
山書店）

〖00718〗徐　曼　　　（1999）〔基礎會話〕做客,中國語 6 月號（内
山書店）

〖00719〗徐　曼　　　（1999）〔基礎會話〕約會,中國語 7 月號（内
山書店）

〖00720〗徐　曼　　　（1999）〔基礎會話〕道歉,中國語 8 月號（内
山書店）

〖00721〗徐　曼　　　（1999）〔基礎會話〕談愛好,中國語 9 月號（内
山書店）

〖00722〗徐　曼　　　（1999）〔基礎會話〕郊遊,中國語 10 月號（内
山書店）

〖00723〗徐　曼　　　（1999）〔基礎會話〕在書店,中國語 11 月號（内
山書店）

〖00724〗徐　曼　　　（1999）〔基礎會話〕看病,中國語 12 月號（内
山書店）

〖00725〗杉山明　　　（1999）〔論壇〕(1)「中国語入門期の教授方を
検討する」を読んで,中國語 2 月號(内山書店)

〖00726〗鈴木基子　　（1999）第二外語漢語統一考試數據的分析,日
本大學經濟學研究會紀要 29

〖00727〗砂岡平子　　（1999）21 世紀の中國語教育——6 回國際漢語
教學討論會から,早稲田大学教養諸学研究
107

〖00728〗蘇　林　　　（1999）中國語發音指導上の問題點について,
北海學園北見大學論集 21（3）

〖00729〗高畠惟一　　（1999）〔論壇〕(2)中國語テキストに望む,
中國語 2 月號（内山書店）

〖00730〗武井満幹　森岡文泉　（1999）臺灣における國語（中國語）
　　　　　　教育, 廣島大學廣島中國學學會中國學研究論
　　　　　　集 3

〖00731〗武信彰　（1999）〔中國語入門〕大づかみに、そして少
　　　　　　しわがままに, 中國語 1 月號（内山書店）

〖00732〗武信彰　（1999）〔中國語入門〕考える語學、楽しむ語學,
　　　　　　中國語 2 月號（内山書店）

〖00733〗武信彰　（1999）〔中國語入門〕言語の壁、文化の垣根,
　　　　　　中國語 3 月號（内山書店）

〖00734〗翟宜彊　（1999）試議短期漢語教學中的文化要素, 阪南論
　　　　　　集人文自然科學編 34（3）

〖00735〗野口宗親　（1999）明治期熊本における中國語教育（1）,
　　　　　　熊本大學教育學部紀要 48

〖00736〗畠山香織　（1999）〔やさしい読み物〕兒子（1）, 中國語
　　　　　　12 月號（内山書店）

〖00737〗藤本恆　（1999）ビジネス中國語（商務漢語）雑話私の
　　　　　　實踐中國語（10）慶弔電報, 日中經協ジャーナ
　　　　　　ル 63（日中經濟協會）

〖00738〗藤本恆　（1999）ビジネス中國語（商務漢語）雑話私の
　　　　　　實踐中國語（11）日中成語・ことわざ, 日中
　　　　　　經協ジャーナル 64（日中中經濟協會）

〖00739〗藤本恆　（1999）ビジネス中國語（商務漢語）閑話——
　　　　　　漢字の説明をする——偏と旁（その 1）, 日中
　　　　　　經協ジャーナル 65（日中經濟協會）

〖00740〗藤本恆　（1999）ビジネス中國語（商務漢語）閑話——
　　　　　　化學品の名稱（元素名）, 日中經協ジャーナル
　　　　　　66（日中經濟協會）

〖00741〗藤本恆　（1999）ビジネス中國語（商務漢語）閑話——
　　　　　　漢字を調べる——偏と旁（その 2）, 日中經協
　　　　　　ジャーナル 67（日中經濟協會）

〖00742〗鱒澤彰夫　（1999）如何にして「書く中國語」を習得する
　　　　　　　　　か，早稲田大學中國文學研究 25

〖00743〗松崎治之　（1999）南開大學中國語研修覺書，筑紫女學園
　　　　　　　　　短期大學紀要 34

〖00744〗三井啓吉　（1999）中國語の發音指導法の一試案——入門
　　　　　　　　　學習者が無理なく習得することを目指して，
　　　　　　　　　創大中國論集 2

〖00745〗村上公一　（1999）Web ページ探索を中心とした中國語講
　　　　　　　　　讀授業——自己學習能力の獲得を目指して，
　　　　　　　　　早稲田大學學術研究 48

〖00746〗孟　丹　　（1999）中國語〔作文〕CAI システムの研究，
　　　　　　　　　オフィス・オートメーション 20（オフィスオ
　　　　　　　　　ートメーション學會）

〖00747〗森岡ゆかり　（1999）中國語入門教育における映像教材活
　　　　　　　　　用について——試みとその効果，近幾大學是
　　　　　　　　　聽覺教育 3（通卷 20）

〖00748〗山口直入　（1999）〔作文〕復合動詞（3），中國語 1 月號
　　　　　　　　　（内山書店）

〖00749〗山口直入　（1999）〔作文〕可能補語，中國語 2 月號（内
　　　　　　　　　山書店）

〖00750〗山口直入　（1999）〔作文〕総復習，中國語 3 月號（内山
　　　　　　　　　書店）

〖00751〗山下輝彦　（1999）關于漢語教學中的正音問題，慶應義塾
　　　　　　　　　大學語學視聽覺教育研究室紀要 31

〖00752〗山田留里子　（1999）中國語を第一外国語とする学生に対
　　　　　　　　　する中国語教育について——外國研修を中心
　　　　　　　　　に，下関市立大學論集 43（2）

〖00753〗湯城吉信　（1999）一般教育としての漢文教育の意義再考，
　　　　　　　　　新しい漢字漢文教育 29（研文社）

〖00754〗楊立明　　（1999）中國語の聲調の知覺に関する實驗的研究——聲調教育のための基礎的研究, 明治大學人文科學研究所紀要 45

〖00755〗楊凱榮　　（1999）〔Q&A〕「掌握」、「學好」、「學會」の違い, 中國語 3 月號（內山書店）

〖00756〗楊凱榮　　（1999）〔Q&A〕「這個春天」は言えますか, 中國語 9 月號（內山書店）

〖00757〗李　明　　（1999）〔基礎會話〕喂! 山田三惠嗎?, 中國語 1 月號（內山書店）

〖00758〗李　明　　（1999）〔基礎會話〕您買什麼書?, 中國語 2 月號（內山書店）

〖00759〗李　明　　（1999）〔基礎會話〕祝你一路順風!, 中國語 3 月號（內山書店）

〖00760〗李　春　　（1999）中國語授業における「作品づくり」の意味——會話授業を中心に, 日本獸醫畜産大學研究報告 48

〖00761〗山田眞一　（1999）實踐中國語學習法——作文, 中国語 4 月號～12 號（內山書店）

1998 年

〖00762〗相原茂　　（1998）〔常用文ファイル〕多少錢一張?, 中國語 1 月號（內山書店）

〖00763〗相原茂　　（1998）〔常用文ファイル〕怎麼賣?, 中國語 2 月號（內山書店）

〖00764〗相原茂　　（1998）〔常用文ファイル〕多多保重, 中國語 3 月號（內山書店）

〖00765〗相原茂　　（1998）〔常用文ファイル〕祝你一路平安, 中國語 4 月號（內山書店）

〖00766〗相原茂　　（1998）〔常用文ファイル〕不見不散, 中國語 5 月號（內山書店）

〖00767〗相原茂　　（1998）〔常用文ファイル〕你找誰？，中國語 6 月號（內山書店）

〖00768〗相原茂　　（1998）〔常用文ファイル〕怎麽走？，中國語 7 月號（內山書店）

〖00769〗相原茂　　（1998）〔常用文ファイル〕我今天特地來謝謝你的，中國語 8 月號（內山書店）

〖00770〗相原茂　　（1998）〔常用文ファイル〕隨你的便，中國語 9 月號（內山書店）

〖00771〗相原茂　　（1998）〔常用文ファイル〕什麽風把你吹來了？國語 10 月號（內山書店）

〖00772〗相原茂　　（1998）〔常用文ファイル〕來，喫吧！國語 11 月號（內山書店）

〖00773〗相原茂　　（1998）〔常用文ファイル〕請慢用！國語 12 月號（內山書店）

〖00774〗相原茂　　（1998）〔Q&A〕「拿包裹去」の意味解釋，中國語 4 月號（內山書店）

〖00775〗相原茂　　（1998）〔Q&A〕「よろしくおねがいします」，中國語 10 月號（內山書店）

〖00776〗荒川清秀　（1998）〔Q&A〕方向補語の「來」、「去」はいつ必要？，中國語 5 月號（內山書店）

〖00777〗荒川清秀　（1998）〔Q&A〕「好看」には見ヤスイという意味はない？，中國語 11 月號（內山書店）

〖00778〗荒川清秀　（1998）〔應用編に進む方のために〕語の語順（1），NHK ラジオ中國語講座テキスト 4 月號（日本放送出版協會）

〖00779〗荒川清秀　（1998）〔應用編に進む方のために〕中國語の語順（2），NHK ラジオ中國語講座テキスト 5 月號（日本放送出版協會）

〖00780〗荒川清秀　（1998）〔應用編に進む方のために〕中國語の方向補語，NHK ラジオ中國語講座テキスト 6 月號（日本放送出版協會）

〖00781〗荒川清秀　（1998）〔應用編に進む方のために〕動詞の連
用から文の連用へ,NHK ラジオ中國語講座テ
キスト 7 月號（日本放送出版協會）

〖00782〗石川正人　（1998）漢文讀解指導の要素,海城學園研究會
集録第 22 集

〖00783〗金若靜　（1998）日本語を中國人に正しい傳えるための
翻譯について――用語と場面と――II,櫻美
林大學中國文論叢 23

〖00784〗喜多田久仁彦　（1998）唐通事の教本『養兒子』（三）,
京都外國語大學研究論叢 51

〖00785〗喜多山幸子　（1998）〔Q&A〕アルファベットをどう讀む
か,中國語 6 月號（内山書店）

〖00786〗日下恒夫　（1998）中國語發音漫話：「酒鬼」の發音,中
國語 1 月號（内山書店）

〖00787〗日下恒夫　（1998）中國語發音漫話：「そり舌音」は舌を
そらせます,中國語 2 月號（内山書店）

〖00788〗日下恒夫　（1998）中國語發音漫話：「zhi」は「zi」と
仲間,中國語 3 月號（内山書店）

〖00789〗日下恒夫　（1998）中國語發音漫話：「ピンイン」は發音
記號ではありません,中國語 4 月號（内山書
店）

〖00790〗日下恒夫　（1998）中國語發音漫話：音節の構造「につい
て」,中國語 5 月號（内山書店）

〖00791〗日下恒夫　（1998）中國語發音漫話：音節の構造「つづき」,
中國語 6 月號（内山書店）

〖00792〗日下恒夫　（1998）中國語發音漫話：音節の構造「3 度目」,
中國語 7 月號（内山書店）

〖00793〗日下恒夫　（1998）中國語發音漫話：いわゆる「濁音」の
こと,中國語 8 月號（内山書店）

〖00794〗日下恒夫　（1998）中國語發音漫話：ちょっと「有聲音」,
中國語 9 月號（内山書店）

〖00795〗日下恒夫　（1998）中國語發音漫話：輕聲音節の「濁音化」，
　　　　　　　　　　　中國語 10 月號（內山書店）

〖00796〗日下恒夫　（1998）中國語發音漫話：「弟弟」と「德國」，
　　　　　　　　　　　中國語 11 月號（內山書店）

〖00797〗日下恒夫　（1998）中國語發音漫話：「兒化」のすすめ，
　　　　　　　　　　　中國語 12 月號（內山書店）

〖00798〗玄宜青　　（1998）〔Q&A〕「〜けれども」「〜が」と「但
　　　　　　　　　　　是」，中國語 1 月號（內山書店）

〖00799〗玄宜青　　（1998）〔Q&A〕「不能〜」と「〜不了」，中國
　　　　　　　　　　　語 7 月號（內山書店）

〖00800〗胡福生　　（1998）敦煌書と甘肅人民出版社，東方 208（東
　　　　　　　　　　　方書店）

〖00801〗西條正　　（1998）實踐中國語學習法·會話　救急車，中
　　　　　　　　　　　國語 1 月號（內山書店）

〖00802〗西條正　　（1998）實踐中國語學習法·會話　火事，中國
　　　　　　　　　　　語 2 月號（內山書店）

〖00803〗西條正　　（1998）實踐中國語學習法·會話　列車事故，
　　　　　　　　　　　中國語 3 月號（內山書店）

〖00804〗西條正　　（1998）實踐中國語學習法·會話　クレジッ
　　　　　　　　　　　トカード，中國語 4 月號　（內山書店）

〖00805〗西條正　　（1998）實踐中國語學習法·會話　キャッシ
　　　　　　　　　　　ュカード（1），中國語 5 月號（內山書店）

〖00806〗西條正　　（1998）實踐中國語學習法·會話　キャッシ
　　　　　　　　　　　ュカード（2），中國語 6 月號（內山書店）

〖00807〗西條正　　（1998）實踐中國語學習法·會話　銀行振替，
　　　　　　　　　　　中國語 7 月號（內山書店）

〖00808〗西條正　　（1998）實踐中國語學習法·會話　キャッシ
　　　　　　　　　　　ュコーナー（1），中國語 8 月號（內山書店）

〖00809〗西條正　　（1998）實踐中國語學習法·會話　キャッシ
　　　　　　　　　　　ュコーナー（2），中國語 9 月號（內山書店）

〖00810〗西條正　　（1998）實踐中國語學習法・會話　外為法, 中
　　　　　　　　　　國語 10 月號（內山書店）

〖00811〗西條正　　（1998）實踐中國語學習法・會話　プリペイ
　　　　　　　　　　ドカード, 中國語 11 月號　（內山書店）

〖00812〗西條正　　（1998）實踐中國語學習法・會話　電子マネ
　　　　　　　　　　ー, 中國語 12 月號（內山書店）

〖00813〗佐藤進　　（1998）品詞や意味と聲調との對應關係, 中國
　　　　　　　　　　語 2 月號（內山書店）

〖00814〗佐藤進　　（1998）〔Q&A〕n、g と日本漢字音の對應, 中
　　　　　　　　　　國語 8 月號（內山書店）

〖00815〗清水登　　（1998）〔論壇〕中國語入門期の教授法を檢討
　　　　　　　　　　する, 中國語 6 月號（內山書店）

〖00816〗砂岡和子　（1998）パーフエク TV の中國語世界（上）,
　　　　　　　　　　東方 203（東方書店）

〖00817〗砂岡和子　（1998）パーフエク TV の中國語世界（下）,
　　　　　　　　　　東方 204（東方書店）

〖00818〗副島一郎　（1998）中國語學科學生のコンピユータに對
　　　　　　　　　　する意識と利用の現狀からコンピユータ利
　　　　　　　　　　用教育の將來を考える, 名古屋外國語大學外
　　　　　　　　　　國語學部紀要 18

〖00819〗高橋良行　（1998）早大教育學部における「中國語統一
　　　　　　　　　　到達度テキスト」について, 中國文學研究第
　　　　　　　　　　24 期

〖00820〗武信彰　　（1998）〔中國語入門〕ウエ——ルを取って,
　　　　　　　　　　中國語 4 月號（內山書店）

〖00821〗武信彰　　（1998）〔中國語入門〕低く高くかつ力を込め
　　　　　　　　　　てスピーディーに, 中國語 5 月號（內山書店）

〖00822〗武信彰　　（1998）〔中國語入門〕音づくりのウオーミン
　　　　　　　　　　グアップ, 中國語 6 月號　（內山書店）

〖00823〗武信彰　　（1998）〔中國語入門〕ピンイン・ローマ字
　　　　　　　　　　トどう付き合うか, 中國語 7 月號（內山書店）

〖00824〗武信彰　　（1998）〔中國語入門〕いつも一緒！？似た者同士？，中國語 8 月號（內山書店）

〖00825〗武信彰　　（1998）〔中國語入門〕情報過多はかえって意味希薄！？，中國語 9 月號（內山書店）

〖00826〗武信彰　　（1998）〔中國語入門〕急がば回れ，中國語 10 月號（內山書店）

〖00827〗武信彰　　（1998）〔中國語入門〕仕組みと働き，中國語 11 月號（內山書店）

〖00828〗武信彰　　（1998）〔中國語入門〕臨場感をもって學ぶ，中國語 12 月號（內山書店）

〖00829〗趙　軍　　（1998）アルチメディア教材と初級中國語教育，千葉商科大學國府臺學會千葉商大紀要 36（2）

〖00830〗鳥井克之　（1998）〈書評〉『漢語教學語法研究』高更正、王紅旗等著──文法の轉生を模索する學說史的考察，東方 212（東方書店）

〖00831〗長谷川良一　（1998）私の中國語遍歷（1），東方 206（東方書店）

〖00832〗長谷川良一　（1998）私の中國語遍歷（2），東方 207（東方書店）

〖00833〗長谷川良一　（1998）私の中國語遍歷（3），東方 208（東方書店）

〖00834〗長谷川良一　（1998）私の中國語遍歷（4），東方 209（東方書店）

〖00835〗長谷川良一　（1998）私の中國語遍歷（5），東方 210（東方書店）

〖00836〗藤本恒　　（1998）ビジネス中國語（商務漢語）雜話私の實踐中國語（その 6）『人民日報』と四文字熟語，日中經協ジャーナル 59（日中經濟協會）

〖00837〗古川裕　　（1998）〔中國語入門〕補語の發想と表現，中國語 1 月號（內山書店）

〖00838〗古川裕　　（1998）〔中國語入門〕未然と已然, 中國語 2 月號（内山書店）

〖00839〗古川裕　　（1998）〔中國語入門〕介詞の役割, 中國語 3 月號（内山書店）

〖00840〗松尾幸忠　（1998）中國古典學における「音讀」と「訓讀」, 岐阜大學地域科學部研究報告書第 3 號

〖00841〗山口直人　　（1998）實踐中國語學習法・作文 「の」と「的」, 中國語 4 月號（内山書店）

〖00842〗山口直人　（1998）實踐中國語學習法・作文「も」と「也」, 中國語 5 月號（内山書店）

〖00843〗山口直人　　（1998）實踐中國語學習法・作文 「た」と「了」（1）, 中國語 6 月號（内山書店）

〖00844〗山口直人　　（1998）實踐中國語學習法・作文 「た」と「了」（2）, 中國語 7 月號（内山書店）

〖00845〗山口直人　　（1998）實踐中國語學習法・作文 「ている」と「着」、「在」, 中國語 8 月號（内山書店）

〖00846〗山口直人　　（1998）實踐中國語學習法・作文 目的語前置文, 中國語 9 月號（内山書店）

〖00847〗山口直人　　（1998）實踐中國語學習法・作文 主述述語文, 中國語 10 月號（内山書店）

〖00848〗山口直人　（1998）實踐中國語學習法・作文 複合動詞（1）, 中國語 11 月號（内山書店）

〖00849〗山口直人　（1998）實踐中國語學習法・作文 複合動詞（2）, 中國語 12 月號（内山書店）

〖00850〗山下龍二　（1998）漢語教材をワープロで作る, 新しい漢字漢文教育 26 號

〖00851〗山田眞一　（1998）實踐中國語學習法・作文　ドアを閉めてください, 中國語 1 月號（内山書店）

〖00852〗山田眞一　（1998）實踐中國語學習法・作文　ほかにまだ用事がありますか, 中國語 2 月號（内山書店）

〖00853〗山田眞一　（1998）實踐中國語學習法・作文　もし明日雨なら私は行きません, 中國語 3 月號（内山書店）

〖00854〗楊凱榮　（1998）〔Q&A〕名簿の順番, 中國語 3 月號（内山書店）

〖00855〗楊凱榮　（1998）〔Q&A〕「時間到了」と「時間來了」, 中國語 9 月號（内山書店）

〖00856〗橫山裕　有馬卓也　（1998）新しい中國語教育についての實踐と提案——ビデオ教材の利用と音聲入力の可能性, 德島大學總合科學部言語文化研究 5

〖00857〗吉原英夫　（1998）倉石武四郎氏の中國古典教育論について, 北海道教育大學札幌校國語國文學科札幌國語研究 3

〖00858〗劉德有　（1998）『我輩は猫である』と『我是猫』, 東方 210（東方書店）

〖00859〗上野賢一　（1998）琉球の漢學, 新しい漢字漢文教育 26 號

1997 年

〖00860〗相原茂　（1997）〔常用文ファイル〕你今年多大了？, 中国語 1 月號（内山書店）

〖00861〗相原茂　（1997）〔常用文ファイル〕彼此彼此, 中国語 2 月號（内山書店）

〖00862〗相原茂　（1997）〔常用文ファイル〕沒問題, 中国語 3 月號（内山書店）

〖00863〗相原茂　（1997）〔常用文ファイル〕眞是的, 中国語 4 月號（内山書店）

〖00864〗相原茂　（1997）〔常用文ファイル〕再見（1）, 中国語 5 月號（内山書店）

〖00865〗相原茂　　　（1997）〔常用文ファイル〕再見（2）,中国語
　　　　　　　　　　6月號（内山書店）

〖00866〗相原茂　　　（1997）〔常用文ファイル〕拜拜,中国語7月
　　　　　　　　　　號（内山書店）

〖00867〗相原茂　　　（1997）〔常用文ファイル〕先來兩瓶啤酒,中
　　　　　　　　　　国語8月號（内山書店）

〖00868〗相原茂　　　（1997）〔常用文ファイル〕請別客氣,中国語
　　　　　　　　　　9月號（内山書店）

〖00869〗相原茂　　　（1997）〔常用文ファイル〕不客氣,中国語10
　　　　　　　　　　月號（内山書店）

〖00870〗相原茂　　　（1997）〔常用文ファイル〕廁所在那兒,中国語
　　　　　　　　　　11月號（内山書店）

〖00871〗相原茂　　　（1997）〔常用文ファイル〕多少錢,中国語12
　　　　　　　　　　月號（内山書店）

〖00872〗相原茂　　　（1997）〔Q&A〕まあまあ「還hái」,中国語4
　　　　　　　　　　月號（内山書店）

〖00873〗相原茂　　　（1997）〔Q&A〕「不」の新しい變調か？「不
　　　　　　　　　　都」bu dou の發見,中国語10月號（内山書店）

〖00874〗青木五郎　　（1997）古典讀解講座,中国語4月號〜12號（内
　　　　　　　　　　山書店）

〖00875〗亞東書店　　（1997）中國語を始めよう中國語分野別辭典ガ
　　　　　　　　　　イド,しにか5月號　（大修舘書店）

〖00876〗荒岡啓子　　（1997）君の中国語の点検實踐・研究コース,
　　　　　　　　　　中国語10月號（内山書店）

〖00877〗荒川清秀　　（1997）中國語を始めよう中國語辭典引きくら
　　　　　　　　　　べ,しにか5月號（大修舘書店）

〖00878〗植田均　　　（1997）中国語Ⅰ・Ⅱ,奈良産業大學經濟學會
　　　　　　　　　　産業と經濟特別號第3版

〖00879〗榎本英雄　　（1997）中國語を始めようラジオ・テレビ講座
　　　　　　　　　　を活用する,しにか5月號（大修舘書店）

〖00880〗岸陽子　　　（1997）中國語を始めよう「漢文」を中国語で
　　　　　　　　　　　よんでみよう，しにか5月號（大修舘書店）

〖00881〗日下恒夫　　（1997）〔中國語發音漫畫〕中國語は、發音が
　　　　　　　　　　　「いのち」，中国語4月號（内山書店）

〖00882〗日下恒夫　　（1997）〔中國語發音漫畫〕中國語は、聲調第
　　　　　　　　　　　3聲が「いのち」，中国語5月號（内山書店）

〖00883〗日下恒夫　　（1997）〔中國語發音漫畫〕中國語母音は、「e」
　　　　　　　　　　　と「u」が「いのち」，中国語6月號（内山書
　　　　　　　　　　　店）

〖00884〗日下恒夫　　（1997）〔中國語發音漫畫〕　無氣は大聲、有
　　　　　　　　　　　氣は小聲，中国語7月號（内山書店）

〖00885〗日下恒夫　　（1997）〔中國語發音漫畫〕「チャーシュー」
　　　　　　　　　　　は嫌い，中国語8月號（内山書店）

〖00886〗日下恒夫　　（1997）〔中國語發音漫畫〕2種類の二重母音，
　　　　　　　　　　　中国語9月號（内山書店）

〖00887〗日下恒夫　　（1997）〔中國語發音漫畫〕「ン」と「ん」、
　　　　　　　　　　　ん?，中国語10月號（内山書店）

〖00888〗日下恒夫　　（1997）〔中國語發音漫畫〕「金魚」と「クジ
　　　　　　　　　　　ラ」，中国語11月號（内山書店）

〖00889〗日下恒夫　　（1997）〔中國語發音漫畫〕「iu」と「ui」，
　　　　　　　　　　　中国語12月號（内山書店）

〖00890〗倉橋幸彦　　（1997）君の中國語の點檢基礎力點檢コース，
　　　　　　　　　　　中国語10月號（内山書店）

〖00891〗玄宜青　　　（1997）〔Q&A〕「小〜」「老〜」の訳し方，中
　　　　　　　　　　　国語1月號（内山書店）

〖00892〗玄宜青　　　（1997）〔Q&A〕「〜してはいけないのか」の訳
　　　　　　　　　　　し方，中国語7月號（内山書店）

〖00893〗黄當時　　　（1997）日本の中国語教育における基本語彙，
　　　　　　　　　　　佛教大學文學論集81

【00894】黄名時　（1997）日本語音声を用いた中国語発音習得法
　　　　　　　　試案, 名古屋學院外國語學部論集第 8 卷第 2
　　　　　　　　號

【00895】胡志昂　（1997）日本語を始めよう中国語で手紙を書い
　　　　　　　　てみる, しにか 5 月號（大修舘書店）

【00896】許勢常安　（1997）戦後日本の中国語教育の教材について
　　　　　　　　——特に中国語の基礎発音——, 專修商學論
　　　　　　　　集第 62 號 123

【00897】近藤直子　（1997）中国語を始めよう讀解力を養う, しに
　　　　　　　　か 5 月號（大修舘書店）

【00898】西條正　（1997）實踐中國語學習法會話, 中国語 4 月號～
　　　　　　　　12 號（内山書店）

【00899】佐藤進　（1997）〔Q&A〕中國語の形容詞が日本語の動
　　　　　　　　詞?, 中国語 2 月號（内山書店）

【00900】佐藤進　（1997）〔Q&A〕中國語で古典學ぶには?, 中国
　　　　　　　　語 8 月號（内山書店）

【00901】清水登　（1997）〔精讀〕陳建民「漢語與漢民族的心理
　　　　　　　　特徵」（漢語と漢民族の心理特徵）（1）, 中
　　　　　　　　国語 11 月號（内山書店）

【00902】清水登　（1997）〔精讀〕陳建民「漢語與漢民族的心理
　　　　　　　　特徵」（漢語と漢民族の心理特徵）（2）, 中
　　　　　　　　国語 12 月號（内山書店）

【00903】鈴木基子　（1997）漢語教育改革和問題分析——以日本大
　　　　　　　　學經濟學院為例, 日本大學經濟學部研究紀要
　　　　　　　　24 號

【00904】鈴木基子　（1997）97 年度前期中國語試驗の分析と短期
　　　　　　　　語學研修の報告, 日本大學經濟學部研究紀要
　　　　　　　　25 號

【00905】武信彰　（1997）中国語を始めよう文法に強くなる, し
　　　　　　　　にか 5 月號（大修舘書店）

〖00906〗鄭麗藝　　　（1997）教養中國語教育の現状と對策, 送山大
　　　　　　　　　　學言語文化研究 16 巻 2 號

〖00907〗西川優子　（1997）中国語を始めよう今年は春から中国語,
　　　　　　　　　　しにか 5 月號（大修舘書店）

〖00908〗西川優子　（1997）中国語を始めよう中国語で話そう, し
　　　　　　　　　　にか 5 月號（大修舘書店）

〖00909〗秦佳郎　　（1997）中国語を始めよう中国に留学する, し
　　　　　　　　　　にか 5 月號（大修舘書店）

〖00910〗古川裕　　（1997）中国語ウォーミングアップ講座　發音
　　　　　　　　　　と文字, 中国語 5 月號（内山書店）

〖00911〗古川裕　　（1997）中国語ウォーミングアップ講座　語法
　　　　　　　　　　と文法, 中国語 6 月號（内山書店）

〖00912〗古川裕　　（1997）中国語ウォーミングアップ講座　主語
　　　　　　　　　　と述語、そして目的語, 中国語 7 月號（内山書
　　　　　　　　　　店）

〖00913〗古川裕　　（1997）中国語ウォーミングアップ講座　補語、
　　　　　　　　　　兼語、修飾語など, 中国語 8 月號　（内山書店）

〖00914〗古川裕　　（1997）中国語ウォーミングアップ講座　疑い
　　　　　　　　　　と問いかけ, 中国語 9 月號（内山書店）

〖00915〗古川裕　　（1997）中国語ウォーミングアップ講座　数の
　　　　　　　　　　世界, 中国語 10 月號（内山書店）

〖00916〗古川裕　　（1997）中国語ウォーミングアップ講座　空間
　　　　　　　　　　の表現, 中国語 11 月號　（内山書店）

〖00917〗古川裕　　（1997）中国語ウォーミングアップ講座　時間
　　　　　　　　　　の表現, 中国語 12 月號（内山書店）

〖00918〗馬鳳如　　（1997）中國語の發音と會話, 山口縣立大學國
　　　　　　　　　　際文化學部要紀要第 3 號

〖00919〗三瀦正道　（1997）中国語を始めよう時事中国語に強くな
　　　　　　　　　　る, しにか 5 月號（大修舘書店）

〖00920〗宮田一郎　（1997）中国語入門　実話の位置をめぐつて,
　　　　　　　　　　中国語 1 月號（内山書店）

〖00921〗宮田一郎　（1997）中国語入門　使役受身など, 中国語2月號（内山書店）

〖00922〗宮田一郎　（1997）中国語入門　述語の構造をめぐつて, 中国語3月號（内山書店）

〖00923〗宮田一郎　（1997）中國語とは10のポイント, 中国語5月號（内山書店）

〖00924〗村上公一　（1997）コンピユータによる中国語教材提示, 福井大学教育實踐研究21

〖00925〗村田裕子　（1997）検定試験を受けよう, 中國語をモノにするためのカタログ（アルク）

〖00926〗村田裕子　（1997）中国語を始めよう中国語検定試験にチャレンジ, しにか5月號（大修舘書店）

〖00927〗山田繪里　（1997）〈書評〉中国語レベルアップに強い味方『中国語表現300例』, 東方201（東方書店）

1996 年

〖00928〗相原茂　（1996）常用文「你早！」, 中國語1月號（内山書店）

〖00929〗相原茂　（1996）常用文「謝謝」, 中國語2月號（内山書店）

〖00930〗相原茂　（1996）常用文「不好意思」, 中國語4月號（内山書店）

〖00931〗相原茂　（1996）常用文「請喝茶」, 中國語5月號（内山書店）

〖00932〗相原茂　（1996）常用文「哪里哪里」, 中國語6月號（内山書店）

〖00933〗相原茂　（1996）常用文「哪兒的話」, 中國語7月號（内山書店）

〖00934〗相原茂　（1996）常用文「好久沒見」, 中國語8月號（内山書店）

〖00935〗相原茂　　　（1996）常用文「不要緊」，中國語 9 月號（内山書店）

〖00936〗相原茂　　　（1996）常用文「沒關係」，中國語 10 月號（内山書店）

〖00937〗相原茂　　　（1996）常用文「打擾你們」，中國語 11 月號（内山書店）

〖00938〗相原茂　（1996）常用文「看你說的」，中國語 12 月號（内山書店）

〖00939〗荒川清秀　（1996）やさしい讀み物, NHK ラジオ中國語講座テキスト 1996、11～1997、3

〖00940〗王志芳　（1996）現代中國語教育における音聲指導の問題について, 岩手大學人文社會科學部紀要 58

〖00941〗大川完三郎　（1996）中國語初級テキスト關する一考察, 國學院雜誌 97 第 11 號

〖00942〗大川完三郎　夢廣學　（1996）中國語入門「一邊兒聊天兒一邊兒爬吧」, 中國語 1 月號（内山書店）

〖00943〗大川完三郎　夢廣學　（1996）中國語入門「只好臨陣磨槍了」, 中國語 2 月號（内山書店）

〖00944〗大川完三郎　夢廣學　（1996）中國語入門「山田的來信」, 中國語 3 月號（内山書店）

〖00945〗金　琦　（1996）中國教育上の問題点についての一考察、日本人學習者の中國語発音障害とその克服について一, 東京國際大學論業商學部編 54

〖00946〗日下恒夫　張勤　（1996）やさしい作文の初步(10)～(12), 中國語 1 月號～3 月號（内山書店）

〖00947〗許勢常安　（1996）專大の第十二回中國語聽解力コンテストについて, 專修商學論集 61

〖00948〗西條正　（1996）實踐中國語學習法·會話「お節料理」, 中國語 1 月號（内山書店）

〖00949〗西條正　（1996）實踐中國語學習法·會話「驛辨」, 中國語 2 月號（内山書店）

〖00950〗西條正　　（1996）實踐中國語學習法・會話「鄉土料理」，中國語 3 月號（内山書店）

〖00951〗西條正　　（1996）實踐中國語學習法・會話「餃子ライス」，中國語 4 月號（内山書店）

〖00952〗西條正　　（1996）實踐中國語學習法・會話「ハンバーガー」，中國語 5 月號（内山書店）

〖00953〗西條正　　（1996）實踐中國語學習法・會話「燒鳥」，中國語 6 月號（内山書店）

〖00954〗西條正　　（1996）實踐中國語學習法・會話「日本的ファストフード」，中國語 7 月號（内山書店）

〖00955〗西條正　　（1996）實踐中國語學習法・會話「麻婆豆腐」，中國語 8 月號（内山書店）

〖00956〗西條正　　（1996）實踐中國語學習法・會話「屋台料理」，中國語 9 月號（内山書店）

〖00957〗西條正　　（1996）實踐中國語學習法・會話「ラーメン」，中國語 10 月號（内山書店）

〖00958〗西條正　　（1996）實踐中國語學習法・會話「果物」，中國語 11 月號（内山書店）

〖00959〗西條正　　（1996）實踐中國語學習法・會話「あんばん」，中國語 12 月號（内山書店）

〖00960〗重松淳　　（1996）日本語話者の中國語聲調習得考，中國文學研究 22（早稻田大學中國文學會）

〖00961〗白水紀子　（1996）參商傳説，中國語 7～9 月號（内山書店）

〖00962〗鈴木義昭　（1996）中國語發音指導の一方法ーＶＴ法を応用にー，中國文學研究 22（早稻田大學中國文學會）

〖00963〗高橋良行　（1996）早大教育學部における中國語教育の現狀と展望——履修學生のアンケート調査を中心として，中國文學研究 22（早稻田大學中國文學會）

〖00964〗高村麻實　（1996）通信教育における中國語発音學習指導
（2）二音節聲調の誤讀狀況, 中國文學論業
21（櫻美林大學）

〖00965〗竹中憲一　（1996）滿洲における中國語教育（4）, 人文論
業 35（早稻田大學中國文學會）

〖00966〗張若瑩　（1996）試論對外漢語教學中的文化語言學問題,
中國語研究 38（白帝社）

〖00967〗陳文芷 バターソン　北條格　（1996）言葉と生活·續成語
慣用語など, 中國語 1 月號〜3 月號（內山書店）

〖00968〗陳業男　（1996）對日漢語教學中的幾個問題, 京都外國
語大學研究論業第 XVIII號

〖00969〗中野淳子　（1996）中國入門教育の第一人者, 中國文學研
究 22（早稻田大學中國文學會）

〖00970〗二通信子　（1996）中國語母語語話者の日本語アクセント
習得上の問題, 北海道學園大學學園論集 89

〖00971〗長谷川良　（1996）第 5 回中國語教育國際シンポジウム,
早稻田大學大學院文學研究科紀要 42 第 2 分冊

〖00972〗藤森猛　（1996）中國語初級發音教育における發音表紀
の統一的活用と発音練習, 愛知大學外語研紀
要 22

〖00973〗山田眞　（1996）中國語を母語とする日本語學習者の言
語習得過程における若干の問題, 高岡短期大
學紀要 8

〖00974〗山崎直樹　（1996）教養的教育の中國語學習における到達
目標設定の試み, 中國文學研究 22（早稻田大
學中國文學會）

〖00975〗叶君海　（1996）實踐中國語學習法·作文 「是」につ
いて, 中國語 4 月號（內山書店）

〖00976〗叶君海　（1996）實踐中國語學習法·作文 「也」「都」
「又」, 中國語 5 月號（內山書店）

〖00977〗叶君海　　　（1996）實踐中國語學習法・作文「不」と「沒」, 中國語 6 月號（内山書店）

〖00978〗叶君海　　　（1996）實踐中國語學習法・作文 介詞「在」 と「從」, 中國語 7 月號（内山書店）

〖00979〗叶君海　　　（1996）實踐中國語學習法・作文 「一點」と 「有點」, 中國語 8 月號（内山書店）

〖00980〗叶君海　　　（1996）實踐中國語學習法・作文「就」と「才」, 中國語 9 月號（内山書店）

〖00981〗叶君海　　　（1996）實踐中國語學習法・作文 「剛」「剛 才」「剛好」など, 中國語 10 月號（内山書店）

〖00982〗叶君海　　　（1996）實踐中國語學習法・作文 「～と思う」 と「したい」, 中國語 11 月號（内山書店）

〖00983〗叶君海　　　（1996）實踐中國語學習法・作文 日本語形式 名詞の譯し方, 中國語 12 月號（内山書店）

〖00984〗吉永慎二郎　趙凝　（1996）中國語発音教授に關する一考 察, 秋田大學總合基礎教育研究紀要 3

〖00985〗劉　丹　　　（1996）中國語教育の中の「四聲」教授方につ いて, 純心人文研究 2（長崎純心大學人文學 部）

〖00986〗呂　傅　中山文　（1996）漢語語音教學初探, 人文學部 紀要 13（神戸學院大學人文學部）

〖00987〗渡邊宏明　　　（1996）コンピューターによる中國語學習法, 法政大學教養部紀要 95

1995 年

〖00988〗相原茂　　　（1995）〔Q&A〕「午後 8 時」と言えない！？, 中國語 4 月號（内山書店）

〖00989〗相原茂　　　（1995）〔Q&A〕どににストレスを置くか？, 中 國語 10 月號（内山書店）

〖00990〗荒川清秀　　　（1995）〔Q&A〕ちょっとをどう譯す, 中國語 5 月號（内山書店）

〖00991〗豬平進　　（1995）中國語情報處理における入力法——五
筆字型入力とピンイン入力, 岐阜經濟大學論
集 29

〖00992〗三志芳　　（1995）漢語の基本習得段階において連關する
四つの能力——聞く、話す、讀む、書く, アル
テス・リベラレス 57（岩手大學人文科學部紀
要）

〖00993〗大川完三郎　孟廣學　（1995）中國語入門（1）～（9），
中國語 4 月號～12 月號（內山書店）

〖00994〗小川文昭　（1995）作文：うれしく思いました, 中國語 1
月號（內山書店）

〖00995〗小川文昭　（1995）作文：なんでもあげます, 中國語 2 月
號（內山書店）

〖00996〗小川文昭　（1995）作文：したことがあります, 中國語 3
月號（內山書店）

〖00997〗日下恒夫　（1995）やさしい作文の初步（1）～（9），中
國語 4 月號～12 月號（內山書店）

〖00998〗嚴　明　　（1995）大學中國語專業教學體系的檢討, 言語
研究 18（神奈川大學言語研究センター）

〖00999〗小林祥浩　（1995）學校文法試案（其三）——品詞と機能
（中），研究紀要 29（佐賀女子短期大學）

〖01000〗近藤和夫　（1995）中國語言與中國貿易, 名古屋學院大學
外國語學部論集 6～2

〖01001〗西條正　　（1995）會話：初もうで, 中國語 1 月號（內山
書店）

〖01002〗西條正　　（1995）會話：建国記念の日, 中國語 2 月號（內
山書店）

〖01003〗西條正　　（1995）會話：卒業の季節, 中國語 3 月號（內
山書店）

〖01004〗西條正　　（1995）會話：お祝いの食事, 中國語 4 月號（內
山書店）

〖01005〗西條正　　（1995）會話: 壽司, 中國語 5 月號（內山書店）

〖01006〗西條正　　（1995）會話: 刺身, 中國語 6 月號（內山書店）

〖01007〗西條正　　（1995）會話: 天ぷら, 中國語 7 月號（內山書店）

〖01008〗西條正　　（1995）會話: 季節のたべもの, 中國語 8 月號（內山書店）

〖01009〗西條正　　（1995）會話: 精進料理, 中國語 9 月號（內山書店）

〖01010〗西條正　　（1995）會話: うなぎ, 中國語 10 月號（內山書店）

〖01011〗西條正　　（1995）會話: 鍋料理, 中國語 11 月號（內山書店）

〖01012〗西條正　　（1995）會話: そば, 中國語 12 月號（內山書店）

〖01013〗佐藤進　　（1995）〔Q&A〕「入聲」とは何ですか?, 中國語 2 月號（內山書店）

〖01014〗佐藤進　　（1995）〔Q&A〕四聲と強さの關係, 中國語 8 月號（內山書店）

〖01015〗城谷武男　　（1995）學習主體形成についての覺え書——選擇中國語 2B 授業私案, 北海學園大學學園論集 83

〖01016〗城谷武町　　（1995）中國語教育における組織論的方法の形成・實踐・結果——北海學園大學における十二年の總括, 齊藤喜博研究 9

〖01017〗朱新建　　（1995）中國語と日本語の音聲の比較——中國語學習者の發音とヒアリングのために, 愛知學院大學語研紀要 20～1

〖01018〗鈴木基子　　（1995）可能補語學習上の難點, 研究紀要 20（日本大學經濟學部）

〖01019〗鈴木基子　　（1995）日本人における可能補語誤用についての分析——形體部分, 漢學研究 33

〖01020〗竹中憲一 （1995）〔滿洲〕における中國語教育（2），
人文論集（早稻田大學法學會）

〖01021〗武永尚子 （1995）教育上における可能補語の扱い（2）
──「…得了/不了」「…得/不得」の用法，
二松學舍大學人文論叢 54

〖01022〗立松昇一 （1995）教職中國語を考える（2）──初級を
中心とした文法事項の指導，麗澤大學紀要 61

〖01023〗谷峰夫 （1995）關於字謎，海保大研究報告 41

〖01024〗陳文芷 （1995）ことばと生活：しっかり，中國語 1 月
號（內山書店）

〖01025〗陳文芷 （1995）ことばと生活：こと・もの，中國語 2
月號（內山書店）

〖01026〗陳文芷 （1995）ことばと生活：本音と建て前，中國語
3 月號（內山書店）

〖01027〗陳文芷 パターソン　北條格　（1995）ことばと生活
（續）：成語、慣用語など，中國語 4 月號～12
月號（內山書店）

〖01028〗塚本尋 （1995）北京語における連續音の諸現象──上
──中國語發音指導法試論──2，杏林大學外
國語學部紀要 7

〖01029〗丁秀山 （1995）中國語（漢語）における「拼音」の歩
みとその地位について，中京大學教養論叢 36

〖01030〗長谷川良一 （1995）カリキユラム改變第一年目，中國文
學研究 21（早稻田大學中國文學會）

〖01031〗林要三 （1995）コンピユータ支援による中國語學習ソ
フトを開發して，東方 166（東方書店）

〖01032〗林要三 （1995）「中文電化教學國際研討會」に參加し
て，東方 176（東方書店）

〖01033〗星野忠國 （1995）談談漢語口語課程學法，東海大學紀要
外國語教育センター16

〖01034〗山田眞一　（1995）シンガポールの初等教育における華語
　　　　　　　　教育——南華小學校の場合,高岡短期大學紀
　　　　　　　　要6

〖01035〗楊凱榮　（1995）〔Q&A〕中國語の乳兒語は？,中國語9
　　　　　　　　月號（內山書店）

〖01036〗李永寧　（1995）中國語教育——ひとつの試み,文學部
　　　　　　　　紀要9-1（文教大學）

〖01037〗劉　力　（1995）試論語言教學中的「聽説」,語學教育
　　　　　　　　研究論叢12（大東文化大學）

1994 年

〖01038〗相原茂　（1994）NHK ラジオ中國語講座入門編,1～9月
　　　　　　　　號（日本放送出版協會）

〖01039〗荒川清秀　（1994）體驗的外國語學習法,NHK ラジオ中國
　　　　　　　　語講座10～11月號（日本放送出版協會）

〖01040〗荒川清秀　（1994）〔Q&A〕十年餘りは「十年多」,中國語
　　　　　　　　5月號（內山書店）

〖01041〗荒川清秀　（1994）〔Q&A〕「半個人」と「1.53人」,中
　　　　　　　　國語11月號（內山書店）

〖01042〗植田均　（1994）中國語Ⅰ・Ⅱ,產業と經濟特別號（奈
　　　　　　　　良產業大學）

〖01043〗植田均　（1994）中國語生活口語語彙——常用二〇〇〇
　　　　　　　　語,國際交流通信甲戌篇秋季號（奈良產業大
　　　　　　　　學）

〖01044〗上野惠司　（1994）NHK ラジオ中國語講座應用編,4～7月
　　　　　　　　號（日本放送出版協會）

〖01045〗大瀧幸子　（1994）中國語の發音（1）（2）,中國語4月
　　　　　　　　號、5月號（內山書店）

〖01046〗大塚秀明　（1994）〔作文〕副詞の呼應,中國語1月號（內
　　　　　　　　山書店）

〖01047〗大塚秀明　（1994）〔作文〕桃李ものいわざれば,中國語
　　　　　　　　　2 月號（內山書店）

〖01048〗大塚秀明　（1994）〔作文〕後期複習,中國語 3 月號（內
　　　　　　　　　山書店）

〖01049〗小川郁夫　（1994）中國語の拼音表記について,中國語學
　　　　　　　　　文學論叢 7（名古屋大學）

〖01050〗小川文昭　（1994）〔作文〕…は…です,中國語 4 月號（內
　　　　　　　　　山書店）

〖01051〗小川文昭　（1994）〔作文〕…は…ですか,中國語 5 月號
　　　　　　　　　（內山書店）

〖01052〗小川文昭　（1994）〔作文〕…を…します,中國語 6 月號
　　　　　　　　　（內山書店）

〖01053〗小川文昭　（1994）〔作文〕…の…,中國語 7 月號（內山
　　　　　　　　　書店）

〖01054〗小川文昭　（1994）〔作文〕…しなさい,中國語 8 月號（內
　　　　　　　　　山書店）

〖01055〗小川文昭　（1994）〔作文〕…があります,中國語 9 月號
　　　　　　　　　（內山書店）

〖01056〗小川文昭　（1994）〔作文〕…で、…に、…へ…,中國語
　　　　　　　　　10 月號（內山書店）

〖01057〗小川文昭　（1994）〔作文〕寐つかれませんでした,中國
　　　　　　　　　語 11 月號（內山書店）

〖01058〗小川文昭　（1994）〔作文〕話すのが流暢です,中國語 12
　　　　　　　　　月號（內山書店）

〖01059〗玄宜青　　（1994）〔Q&A〕你能願諒我嗎？,中國語 1 月
　　　　　　　　　號（內山書店）

〖01060〗兒玉啓子　（1994）中國語のフォネームとその指導法——
　　　　　　　　　特に元首を中心として,神田外語大學紀要 6

〖01061〗吳念聖　　（1994）傳田章『中國語基礎』の文法說明につ
　　　　　　　　　いて,早稻田大學語學教育研究 ILTNEWS95

〖01062〗許勢常安　（1994）專大の第十囘中國語聽解力コンテスト
　　　　　　　　について, 專修商學論叢 57（專修大學）

〖01063〗許勢常安　（1994）專大の第十一囘中國語聽解力コンテス
　　　　　　　　トについて, 專修商學論叢 58（專修大學）

〖01064〗西條正　　（1994）〔會話〕お正月, 中國語 1 月號（內山
　　　　　　　　書店）

〖01065〗西條正　　（1994）〔會話〕ホテルとレストラン, 中國語
　　　　　　　　2 月號（內山書店）

〖01066〗西條正　　（1994）〔會話〕晝食, 中國語 3 月號（內山書
　　　　　　　　店）

〖01067〗西條正　　（1994）〔會話〕一年の始まり, 中國語 4 月號
　　　　　　　　（內山書店）

〖01068〗西條正　　（1994）〔會話〕ゴールデンウイーク, 中國語
　　　　　　　　5 月號（內山書店）

〖01069〗西條正　　（1994）〔會話〕梅雨, 中國語 6 月號（內山書
　　　　　　　　店）

〖01070〗西條正　　（1994）〔會話〕お中元, 中國語 7 月號（內山
　　　　　　　　書店）

〖01071〗西條正　　（1994）〔會話〕お盆, 中國語 8 月號（內山書
　　　　　　　　店）

〖01072〗西條正　　（1994）〔會話〕彼岸, 中國語 9 月號（內山書
　　　　　　　　店）

〖01073〗西條正　　（1994）〔會話〕文化祭, 中國語 10 月號（內山
　　　　　　　　書店）

〖01074〗西條正　　（1994）〔會話〕七五三, 中國語 11 月號（內山
　　　　　　　　書店）

〖01075〗西條正　　（1994）〔會話〕クリスマス, 中國語 12 月號（內
　　　　　　　　山書店）

〖01076〗佐藤進　　（1994）呂叔湘『笑話里的語言學』を讀む, 中
　　　　　　　　國語 11 月號（內山書店）

〖01077〗司馬美子　　（1994）基礎漢語詞彙和語法教學的若干問題
　　　　　　　　　　──關於句型階段的詞彙教學──, 日中學院
　　　　　　　　　　教學 16

〖01078〗砂岡和子　　（1994）中國語の基礎力點檢, 中國語 10 月號
　　　　　　　　　　（內山書店）

〖01079〗仙田美智子　（1994）中國における幼兒の言語教育につい
　　　　　　　　　　て──連想識字についての報告, 近幾大學九
　　　　　　　　　　州短期大學研究紀要 24

〖01080〗蘇　林　　　（1994）中國語の捲舌音發音 zh, ch, sh, r の教
　　　　　　　　　　授法に關する一考察, 北見大學論集 31

〖01081〗宋宗光　　　（1994）大學における中國語教育──現狀と問
　　　　　　　　　　題點, 廣島女學院大學一般教育紀要 4

〖01082〗竹中憲一　　（1994）〔滿洲〕における中國語教育（2）,
　　　　　　　　　　早稻田大學人文論叢 33

〖01083〗千島英一　　（1994）廣東話やさしい讀み物（1）（2）, NHK
　　　　　　　　　　ラジオ中國語講座 8、11 月號（日本放送出版
　　　　　　　　　　協會）

〖01084〗千島英一　　（1994）NHK ラジオ中國語講座應用編, 1～3 月
　　　　　　　　　　號（日本放送出版協會）

〖01085〗陳文芷　　　（1994）〔ことばと生活〕なさけない, 中國語
　　　　　　　　　　1 月號（內山書店）

〖01086〗陳文芷　　　（1994）〔ことばと生活〕たのしむ, 中國語 2
　　　　　　　　　　月號（內山書店）

〖01087〗陳文芷　　　（1994）〔ことばと生活〕常識·非常識, 中國
　　　　　　　　　　語 3 月號（內山書店）

〖01088〗陳文芷　　　（1994）〔ことばと生活〕我們哥兒們的…, 中
　　　　　　　　　　國語 4 月號（內山書店）

〖01089〗陳文芷　　　（1994）〔ことばと生活〕打電話, 中國語 5 月
　　　　　　　　　　號（內山書店）

〖01090〗陳文芷　　　（1994）〔ことばと生活〕你掙多少錢?, 中國
　　　　　　　　　　語 6 月號（內山書店）

〖01091〗陳文芷　　　（1994）〔ことばと生活〕你是說, 中國語 7 月
　　　　　　　　　　號（內山書店）

〖01092〗陳文芷　　　（1994）〔ことばと生活〕眞不錯, 中國語 8 月
　　　　　　　　　　號（內山書店）

〖01093〗陳文芷　　　（1994）〔ことばと生活〕抱歉抱歉, 中國語 9
　　　　　　　　　　月號（內山書店）

〖01094〗陳文芷　　　（1994）〔ことばと生活〕たいへんだ, 中國語
　　　　　　　　　　10 月號（內山書店）

〖01095〗陳文芷　　　（1994）〔ことばと生活〕まじめな話し, 中國
　　　　　　　　　　語 11 月號（內山書店）

〖01096〗陳文芷　　　（1994）〔ことばと生活〕久しぶり, 中國語 12
　　　　　　　　　　月號（內山書店）

〖01097〗塚本慶一　　（1994）NHK ラジオ中國語講座應用編, 12 月號
　　　　　　　　　　（日本放送出版協會）

〖01098〗西川優子　　（1994）NHK ラジオ中國語講座入門編, 10〜12
　　　　　　　　　　月號（日本放送出版協會）

〖01099〗林信一　　　（1994）變容しつつある中國の中國語教育, 玉
　　　　　　　　　　川大學論叢 34

〖01100〗彭佳紅　　　（1994）中國人日本語學習者の誤用文の研究,
　　　　　　　　　　帝塚山學院大學研究論集 29

〖01101〗彭佳紅譯　　（1994）日本人學生の中國語表現における數詞
　　　　　　　　　　の誤用問題, 中國文化論叢 4

〖01102〗牧田英二　　（1994）語學教育に關する學生の意識調査——
　　　　　　　　　　中國語, 早稻田大學語學教育論集 9

〖01103〗牧田英二　　（1994）NHK ラジオ中國語講座應用編, 8〜11
　　　　　　　　　　月號（日本放送出版協會）

〖01104〗松尾善弘　　（1994）中國の學生を對象とする日本語教育,
　　　　　　　　　　鹿兒島大學教育學部教育實踐研究紀要 4

〖01105〗山下輝彥　　（1994）關於日本學生中文考試中閱讀理解問題
　　　　　　　　　　出題方法的探討, 藝文研究 65（慶應義塾大學）

〚01106〛湯淺邦宏　（1994）故事成語の研究——大學生の實態調査を踏まえて, 島根大學教育學部附屬教育實踐研究指導センター紀要 4

1993 年

〚01107〛井上良雄　（1993）中國語の發音は難しいか——中國語發音教授法に関する一考察, 天理大學外國語教育（理論と實踐）19

〚01108〛今里禎　（1993）新編現代漢語（下）の「語彙」の解釈について, 京都外國語大學研究論集 42

〚01109〛王德春　（1993）建構主義外語教育論, 中國語 4 月號（内山書店）

〚01110〛大瀧幸子　（1993）中國語學習初級の要點, 中國語 4 月號（内山書店）

〚01111〛大塚秀明　（1993）挨拶の言葉, 中國語 5 月號（内山書店）

〚01112〛大塚秀明　（1993）二つの省略, 中國語 6 月號（内山書店）

〚01113〛大塚秀明　（1993）さまざまな動賓關係, 中國語 6 月號（内山書店）

〚01114〛大塚秀明　（1993）動詞の前と後, 中國語 7 月號（内山書店）

〚01115〛大塚秀明　（1993）まばらなあやだ, 中國語 8 月號（内山書店）

〚01116〛大塚秀明　（1993）動作の区分, 中國語 10 月號（内山書店）

〚01117〛大塚秀明　（1993）動作の補足, 中國語 11 月號（内山書店）

〚01118〛大塚秀明　（1993）動作の軽重, 中國語 12 月號（内山書店）

〚01119〛蒲豊彦　（1993）中國語授業の現在——関西圏の四年制私立大学を中心として, 京都橘女子大學外國語教育センター紀要 2

〚01120〛神田和正　（1993）漢字指導への一考察——小學校時代の漢字學習體驗より, 安田女子大學紀要 21

〖01121〗日下恒夫　（1993）入門講話しっかり勉強日々向上, 中國語 1 月號（内山書店）

〖01122〗日下恒夫　（1993）入門講話コンドルが飛んでいる, 中國語 2 月號（内山書店）

〖01123〗玄宜青　（1993）〔Q&A〕「給他寫信」「寫信給他」, 中國語 7 月號（内山書店）

〖01124〗高烈夫　（1993）外國語教育の中の「比較研究」, 阪南大學阪南論集（人文・自然科學編）29～1

〖01125〗吳念聖　（1993）中國語表記へのアプローチ――教育指導の立場から, ILTNEWS93（早稲田大學語學教育研究所）

〖01126〗沙　平　（1993）試論對日本學生的漢語語音教學, 長崎縣立大學論集 36～4

〖01127〗佐藤修子　盧鳳俊　（1993）大連外國語學院日本語學部學生の日本語作文に見られる誤用, 北星大學北星論集 30

〖01128〗城谷武夫　（1993）一九九二年北海學園大學における中國語教育狀況報
告――（試案）實踐五年間の總括, 北海學園大學學園論集 5

〖01129〗沈文良　（1993）「北京語」「閩南語」における發音の比較, 天理大學外國語教育（理論と實踐）19

〖01130〗沈文良　（1993）閩南語・北京語における發音についての檢討, 天理大學學報 44-2

〖01131〗戴桂芙　（1993）日本人の中國語學習における發音の難點例と指導方法の簡論, 名古屋商科大學論集 38～1

〖01132〗高村麻實　（1993）通信教育における中國語發音學習指導（1）――發音學習教育教材と單音節聲調の誤讀狀況, 櫻美林大學中國文學論集 18

〖01133〗竹中憲一　（1993）〔滿洲〕における中國語教育（1），早
　　　　　　　　　稻田大學人文論集 32

〖01134〗立松昇一　（1993）教職中國語を考える（1）──初級テ
　　　　　　　　　キストと學習事項，麗澤大學紀要 57

〖01135〗陳文芷　　（1993）ことばと生活 我們的「冒號」，中國語
　　　　　　　　　1 月號（内山書店）

〖01136〗陳文芷　　（1993）「穿小鞋」と「吃小寵」，中國語 2 月
　　　　　　　　　號（内山書店）

〖01137〗陳文芷　　（1993）做紅娘，中國語 3 月號（内山書店）

〖01138〗陳文芷　　（1993）啊、噢、嗯，中國語 4 月號（内山書店）

〖01139〗陳文芷　　（1993）哎喲、你怎麼了？，中國語 5 月號（内
　　　　　　　　　山書店）

〖01140〗陳文芷　　（1993）嗨、這像話？，中國語 6 月號（内山書
　　　　　　　　　店）

〖01141〗陳文芷　　（1993）びっくりした！，中國語 7 月號（内山
　　　　　　　　　書店）

〖01142〗陳文芷　　（1993）寂しい（1），中國語 8 月號（内山書店）
〖01143〗陳文芷　　（1993）寂しい（2），中國語 9 月號（内山書店）
〖01144〗陳文芷　　（1993）餘裕、餘裕！，中國語 10 月號（内山書
　　　　　　　　　店）

〖01145〗陳文芷　　（1993）わからない，中國語 11 月號（内山書店）
〖01146〗陳文芷　　（1993）怕～，中國語 12 月號（内山書店）

〖01147〗堤博美　田中良　笠置侃一　（1993）奈良大学第二外國語
　　　　　　　　　履修生に対するアンケート調査，奈良大學紀
　　　　　　　　　要 21

〖01148〗戸張嘉勝　（1993）臺灣語教育における轉調の指導につい
　　　　　　　　　て──「アクセント核」に基づく整理から，
　　　　　　　　　駒澤大學中國研究 2

〖01149〗土橋幸正　（1993）筆順調査を通しての一考察，比治山女
　　　　　　　　　子短期大學紀要 28

〖01150〗中村俊弘　（1993）大学での中國語選択の授業への一考察
　　　　　　　　　——專門課程での中→日譯を中心に，追手門
　　　　　　　　　學院大學東洋文化學年報 8

〖01151〗永田均　　（1993）留學生の漢字教育と專門讀解，阪南論
　　　　　　　　　集（社會科學編）29～1

〖01152〗長穀川良一　（1993）ききわけることを重視する中國語教
　　　　　　　　　育，早稻田大學中國文學研究 18

〖01153〗福地桂子　（1993）長崎縣下中國語辯論大會二十年の成
　　　　　　　　　果，中國語文研究 4

〖01154〗籐原輝三　（1993）日本人の中國語學習——文字を中心と
　　　　　　　　　して——，愛知學院大學語研紀要 19～1

〖01155〗宮本幸子　（1993）日本第二外國語的中國語教學問題的探
　　　　　　　　　討，中國語學 240（日本中國語學會）

〖01156〗望月八十吉　（1993）初級中國語文法，中國語 4～12 月號
　　　　　　　　　（内山書店）

〖01157〗俞稔生　　（1993）中國語の發音——日本人特有の陷りや
　　　　　　　　　すい誤り攻略法，長崎ウエスレヤン短期大學
　　　　　　　　　紀要 16

〖01158〗楊凱榮　　（1993）〔Q&A〕「東西」と「事」，中國語 3 月
　　　　　　　　　號（内山書店）

〖01159〗横山永三　桐島熏子　（1993）言語學習への一考察——
　　　　　　　　　日本と中國を中心として——，九州産業大學
　　　　　　　　　教養部紀要 29～4

〖01160〗依藤醇　　（1993）漢字・ローマ字・聲調，中國語 4 月號
　　　　　　　　　（内山書店）

〖01161〗依藤醇　　（1993）ローマ字の發音，中國語 5 月號（内山
　　　　　　　　　書店）

〖01162〗依藤醇　　（1993）数の数え方，中國語 6 月號（内山書店）

〖01163〗依藤醇　　（1993）人稱代詞・動詞と…，中國語 7 月號（内
　　　　　　　　　山書店）

〖01164〗依藤醇　　　（1993）所有·存在の表現, 中國語 8 月號（内山書店）

〖01165〗依藤醇　　　（1993）助動詞, 中國語 9 月號（内山書店）

〖01166〗依藤醇　　　（1993）アスペクト助詞, 中國語 10 月號（内山書店）

〖01167〗依藤醇　　　（1993）補語（1）, 中國語 11 月號（内山書店）

〖01168〗依藤醇　　　（1993）補語（2）, 中國語 12 月號（内山書店）

〖01169〗渡邊正一　　（1993）漢文教育の理論, 國學院中國學會報 39

〖01170〗トゥルーデイ·マドゥッツ　　（1993）漢字學習の一考察──漢語圏意外の外國人向け、漢字學習法, 文教大學言語と文化 6

1992 年

〖01171〗相原茂　　　（1992）字謎入門講座 9～12, 東方 1 月號 130～4 月號 133

〖01172〗相原茂　　　（1992）字謎初級講座 1～8, 東方 5 月號 134～12 月號 141

〖01173〗赤松みのり　（1992）留學生の語彙教育一考察──專門分野の外來語と漢語·漢字語を中心にして──, 攝南大學攝大學術 B 人文科學·社會科學編 10

〖01174〗淺山佳郎　（1992）中國語話者の日本語作文に見られる「レル／ラレル」文に關する誤用例分析, 秋草學園短期大學紀要 9

〖01175〗今西凱夫　（1992）三國志を讀む（10）～（21）, NHK ラジオ中國語講座 1 月號～12 月號

〖01176〗大西智之　（1992）中國語教育の現狀──北京語學院の場合, 帝塚山大學帝塚山論集 75

〖01177〗王遒珍　（1992）試談對外漢語的教育方法, 神奈川大學人文研究 112

〖01178〗小林祥浩　（1992）學校漢文法試案（其一）──文型と表現──, 佐賀女子短期大學研究紀要 26

〖01179〗許勢常安　（1992）專大の第八回中國語聽解力コンテスについて, 專修大學專大商學論集 53

〖01180〗許勢常安　（1992）專大の第八回中國語聽解力コンテスについて, 專修大學專大商學論集 54

〖01181〗肖　勇　（1992）日本語教育における日本と中國の言語・文化の相違について, 靜修短期大學研究紀要 23

〖01182〗段　伶　甲斐勝二譯註　（1992）資料と檢討中國語文學習の周邊其二『「山花詞」簡論』釋注——雲南白族の傳統文學について, 福岡大學總合研究所報 144 人文科學編 8〜3

〖01183〗張明輝　（1992）字體と音標の中國語教學上に對する影響について, 二松學舍大學論集 35

〖01184〗陳綏寧　（1992）學習漢語要注意排除各種語言因素的干擾, 長崎大學教養部紀要人文科學 3〜1

〖01185〗陳通生　（1992）論口語教學中的語言技能轉換, 熊本商科大學熊本商大論集 38〜2、3 通卷 90、91 合併號

〖01186〗陳文芷　（1992）關於聲調訓練教材的報告, 日本大學人文科學研究研究紀要 43

〖01187〗津熊良政　東淳一　（1992）中國人學習者を對象とした日本語音聲學習テキストにおける韻律表記——ＦＯの立て直すと統語構造の關係を中心に——, 立命館大學國際語言文化研究所立命館言語文化研究 3〜4

〖01188〗長島猛人　（1992）漢文學習における讀みとディクテーション——學習化プログラム——, 新しい漢文教育 15（全國漢文教育學會）

〖01189〗西川和男　（1992）中國語入門教育のための基本單語, 關西大學（中國文學會）

〖01190〗馬　挺　　（1992）〔中日辭典〕に思うこと望むこと——この一冊既に得た逆の一冊が欲しい，飜譯の世界4月號17〜4通卷193（バベルプレス）

〖01191〗保坂律子　（1992）中國歸化者への日本語指導試行の報告——発音の指導を中心に，お茶の水女子大學言語文化と日本語教育

〖01192〗松岡榮志　（1992）新刊辭書書評『中日辭典』，飜譯の世界4月號17〜4通卷193

〖01193〗松村文芳　（1992）パソコンを利用した中國語の教育と研究，神奈川大學言語研究14

〖01194〗森川登美江　（1992）授業實踐報告(2)——中國語初級の授業から——，大分大學經濟論集43〜4

〖01195〗森川登美江　（1992）授業實踐報告(3)——中國語初級の授業から——，大分大學經濟論集44〜1

〖01196〗山口みや子　（1992）夢周公——日本語教育と中國語——，國學院大學大學院中國學會報38

〖01197〗楊培珠　（1992）對外漢語教材的内在吸引力——簡評『中級漢語教程』上冊的趣味性——，神戸學院大學人文學部紀要4

〖01198〗來思平　田子譯　（1992）中國語會話教授上の一私見，漢學研究30（日本大學中國文學會）

〖01199〗林　芳　（1992）中國語習得の決め手は——中·日兩國の相違から、學習者への助言として，神田外語大學紀要4

1991 年

〖01200〗相原茂　（1991）新春ことば遊び，NHK ラジオ中國語講座1月號

〖01201〗相原茂　（1991）字謎入門講座1〜8，東方122〜129

〖01202〗明木茂夫 （1991）現代中國語の各種音聲表記法について——その中國語授業の發音指導への應用,九州大學中國文學論集 20

〖01203〗荒川清秀 （1991）中日辭典のはなし,NHK ラジオ中國語講座 4 月號

〖01204〗荒川清秀 （1991）中日辭典のはなし（續）,NHK ラジオ中國語講座 5 月號

〖01205〗荒川清秀 （1991）NHK ラジオ中國語講座を擔當して,愛知大學外語研紀要 15

〖01206〗岩佐昌暲 （1991）一般教育における中國語教育の現狀と問題點,中國語文研究 2（中國當代文學讀書會）

〖01207〗植田渥雄 （1991）發音教學與語音對比,櫻美林大學中國語文學論叢 16

〖01208〗上野惠司 （1991）どかがおかしい？ なぜおかしい？ 10 ～21,NHK ラジオ中國語講座 1～12 月號

〖01209〗王占華 （1991）外國語教學方法中的飜譯法和直接法及其在對日漢語教學中的應用,西南學院大學國際文化論集 5～11

〖01210〗大原信一 （1991）中國の識字問題（その二）,同志社大學外國文學研究 59

〖01211〗顧順蓮 （1991）中日文法についてのいくつかの比較研究——日本人學生向けの中國語教育を中心に,神戶學院大學人文學部紀要 2

〖01212〗許勢常安 （1991）專大の第七回中國語聽解力コンテストについて,專修商學論集 51

〖01213〗沈國威 （1991）珊珊の場合——在日中國人子弟の二言語併用,言語 20～8（8 月號）

〖01214〗鈴木英昭 （1991）日本人學習者への助言——李鋼氏に聞く,NHK ラジオ中國語講座 3 月號

〖01215〗曾我德興　（1991）中國の識字教育に關する一考察——識字教育の流派を中心として，中央學院大學比較文化 5

〖01216〗高橋明郎　（1991）初修外國語としての中國語教育——本學の現狀と問題，香川大學一般教育研究 40

〖01217〗張明輝　（1991）中國語の教學概念及び正意と反意の相通ずる釋例について，二松學舍大學人文論叢 47

〖01218〗陳通生　（1991）從對「听能——社會系統」的分析來探討听能研究的方法論問題，熊本商大論集 37～3（通卷 88）

〖01219〗陳通生　（1991）論漢語聲調教學法的改革，中國語學 238

〖01220〗内藤正子　（1991）高名凱の記述言語學評について，中國語學 238

〖01221〗前田均　（1991）日本語教師の制限コード，天理大學山邊道 35

〖01222〗牧田英二　（1991）中國語の教科書について——中級講讀を中心に，早稻田大學語學教育論叢 6

〖01223〗松岡榮志　（1991）辭典書評——七ヵ國三九冊を徹底解剖する　中日——中國語の辭典あれこれ，飜譯の世界 4 月號　（バベル・ブレス）

〖01224〗光岡玄　（1991）中國語發音の基礎教育，駒澤大學外國語部論集 34

〖01225〗三輪典嗣　（1991）中國語學史稿（6），日本大學櫻文論叢 30

〖01226〗村上嘉英　（1991）語言政策與方言——由報刊看臺灣最近語言政策，天理大學外國語教育 17

〖01227〗吉田隆英　（1991）中國語教育實習の課題，姬路獨協大學教職課程研究

〖01228〗渡邊晴天 （1991）教材としての微型小説——授業に使ってみて,東海大學外國語教育センター所報 11

〖01229〗渡邊晴天 （1991）微型小説のすすめ,你好 7、8 月號（NHK 學園）

1990 年

〖01230〗岩佐昌暲 荀春生 （1990）ステップ中國語「比較の表現」,中國語 361

〖01231〗岩佐昌暲 荀春生 （1990）ステップ中國語「疑問代詞の用法（1）」,中國語 362

〖01232〗岩佐昌暲 荀春生 （1990）ステップ中國語「疑問代詞の用法（2）」,中國語 363

〖01233〗植田渥雄 （1990）中國に於ける對外漢語教育,中國文學論叢第 15 號（櫻美林大學）

〖01234〗王鐵橋 （1990）日中敬語表現と儒教文化,言語と文化第 3 號

〖01235〗大石敏之 （1990）中國語學習者のための親切なガイドブック——中國語學習ハンドブック,東方 94 號（89）

〖01236〗岡田文之助（1990）中國語初級テキストの研究,高崗短期大學紀要

〖01237〗韓荔華 （1990）類聚與放射——談對外漢語教學中擴展詞彙量的幾種方法——中國文學論叢第 15 號（櫻美林大學）

〖01238〗黃明曄 （1990）談對外語言教學的動態語音訓練,中國文學論叢第 15 號（櫻美林大學）

〖01239〗輿水優 （1990）基本語ノート,中國語（1～3 月大修館書店）（4 月內山書店）

〖01240〗輿水優 （1990）中國語を學ぶ樂しみ,NHK ラジオ中國語講座（日本放送出版協會）

【01241】興水優　　（1990）日本語にならない言葉（中國語編），
　　　　　　　　　飜譯の世界（バベルプレス）

【01242】許勢常安　（1990）關於專修大學 1988 年舉辦的中文聽解
　　　　　　　　　力比賽,世界華文教育研討會論文集（新加坡華
　　　　　　　　　文研究會）

【01243】城谷武男　（1990）1989 年度北海學園大學における中國
　　　　　　　　　語教育狀況報告,北海學園大學學園論集 65 號

【01244】望月八十吉　砂岡和子　（1990）中國語の辭書を選び方使
　　　　　　　　　い方ガイド,週刊讀書人 3 月 26 日號

【01245】望月八十吉　砂岡和子　（1990）語彙が充實した〔現代漢
　　　　　　　　　語詞典補編〕,東方 107 號（東方書店）

【01246】陶山信男　（1990）大學における中國語教學の狀況と方
　　　　　　　　　法,駿河臺出版社

【01247】高村麻實　（1990）幻の中國語教科書──清水安三『支那
　　　　　　　　　語讀本』の發音教育──,中國文學論爭第十五
　　　　　　　　　號（應美林大學）

【01248】陳順和　　（1990）中國語學習態度の研究,東海大學外國語
　　　　　　　　　教育センター所報第 10 輯

【01249】長島猛人　（1990）中國未開放農村での教育,埼玉教育
　　　　　　　　　No. 500

【01250】長島猛人　（1990）中國における日本語教育の現狀,月刊
　　　　　　　　　國語教育 Vol. 10 No. 3

【01251】長島猛人　（1990）中國の大學と日本語教育の事情,埼玉
　　　　　　　　　縣高等學校國語教育研究會（研究集錄）第 303
　　　　　　　　　號

【01252】長島猛人　（1990）話し方についての分析と試み,尚學圖
　　　　　　　　　書國語展望

【01253】那須清　　（1990）舊外地における中國語教育──東北地
　　　　　　　　　區を除く中國における狀況──,人文研究第
　　　　　　　　　107 集（神奈川大學人文學會）

〖01254〗長谷川良一　（1990）LL 教室を組み入れた中國語入門, 中
國文學研究（早稻田大學中國文學會 89）

〖01255〗福地桂子　（1990）中國語教育における LL 授業の實踐,
長崎總合科學大學紀要

〖01256〗望月八十吉　（1990）初級階段における中國語の諸問題,
北九州大學外國語學部紀要第 68 號

〖01257〗六角恆廣　（1990）今は昔〔支那語〕のほん 1～10, 東方
96 號～105 號（89）

〖01258〗六角恆廣　（1990）今は昔〔支那語〕のほん 11～22, 東方
106 號～117 號

〖01259〗六角恆廣　（1990）中國語の特徵, 長岡技術科學大學公開
講座『受講テキスト』

〖01260〗六角恆廣　（1990）中國語學習と中國,『創大アジア研究』
11 號（創價大學アジア研究所）

〖01261〗渡邊晴天　（1990）「中國語科教育法」私案——年間の授
業をふり返って——, 東海大學外國語教育セ
ンター所報第 10 輯

1988 年

〖01262〗相原茂　杉村博文　木村英樹　中川正之　（1988）〔Q&A〕,
中國語 337～348（大修館書店）

〖01263〗相原茂　（1988）北京語, 言語 17（8）（大修館書店）

〖01264〗荒川清秀　（1988）中國語教師のための「入門」書（相原
茂　杉村博文　木村英樹　中川正之著『中國
語入門〔Q&A〕101』大修館書店の書評, 東方
82（東方書店）

〖01265〗安藤彥太郎　（1988）日本の中國語教育（17）～（31）,
日中學院報 143～157

〖01266〗安藤彥太郎　（1988）近代日中關係史の貴重な基礎資料（六
角恆廣著）『中國語教育史の研究』東方書店
の書評, 東方 92（東方書店）

〖01267〗伊地智善繼　（1988）六角恆廣著 中國語教育史の研究，
〈書評〉，週刊讀書人 1988 年 10 月 17 日

〖01268〗一般外國語問題共同研究グループ　（1988）外國語科目の
選擇と履修狀況——そのアンケート調査集計
結果——，語學研究 9（神奈川大學外國語研究
センター）

〖01269〗岩佐昌暲　（1988）説明のくどい？ 中國語入門講座，中國
語 340～348（大修館書店）

〖01270〗榎本英雄　（1988）テレビ中國語講座，テレビ中國語講座
21（10）、22（1）～（9）（日本放送出版協
會）

〖01271〗遠藤紹德　（1988）日中・中日飜譯表現文法 第 7 回～第
18 回，飜譯の世界 13（1）～（12）（バベル・
プレス）

〖01272〗遠藤紹德　（1988）中國語で手紙を書いてみよう（1）～
（9），テレビ中國語講座 22（1）～（9）（日
本放送出版協會）

〖01273〗大川完三郎　（1988）ラジオ中國語講座 應用編，ラジオ中
國語講座 26（1）～（3）（日本放送出版協會）

〖01274〗小川文昭　中島咲子　劉香織　山田眞一　（1988）問題と
解答，中國語 337～348（大修館書店）

〖01275〗落合茂　（1988）繪で見る中國語，中國語 337～348（大
修館書店）

〖01276〗郭春貴　（1988）作文誌上添削，中國語 337～348（大修
館書店）

〖01277〗鐘ヶ江信光　（1988）十一番目の〔中國語學科〕，東方 86
（東方書店）

〖01278〗喜多山幸子　（1988）君の中國語の點檢基礎コース，中國
語 346（大修館書店）

〖01279〗日下恒夫　佐藤晴彦　（1988）あなたも話せる——おしゃ
　　　　　　ぶり中國語入門, 中國語 337～339（大修館書
　　　　　　店）

〖01280〗日下恒夫　（1988）初級あるいは復習講話, 中國語 340～
　　　　　　348（大修館書店）

〖01281〗興水優　（1988）ラジオ中國語講座　入門編, ラジオ中國
　　　　　　語講座 25（10）～26（6）（日本放送出版協
　　　　　　會）

〖01282〗興水優　（1988）中國語の辭典, ラジオ中國語講座 26（1）
　　　　　　（日本放送出版協會）

〖01283〗駒林麻理子　（1988）簡體字のはなし, テレビ中國語講座
　　　　　　22（1）（日本放送出版協會）

〖01284〗齊藤秋男　（1988）〈書評〉『中國語と近代日本』, 飜譯
　　　　　　の世界 13（8）（バベル・プレス）

〖01285〗佐藤富士雄　（1988）ラジオ中國語講座　入門編, ラジオ中
　　　　　　國語講座 26（7）～26（9）（日本放送出版協
　　　　　　會）

〖01286〗讚井唯允　（1988）テレビ中國語講座, テレビ中國語講座
　　　　　　21（10）～（12）（日本放送出版協會）

〖01287〗謝清宏　（1988）中國語の教授法について, 語學研究 53
　　　　　　（拓殖大學語學研究所）

〖01288〗鈴木義昭　（1988）初級中國語教育における二、三の問題
　　　　　　點, 語學教育論集（早稲田大學語學教育研究
　　　　　　所）

〖01289〗砂崗和子　（1988）語文短信（その 9）～（その 10）, 日
　　　　　　中學院報 159～161

〖01290〗高島俊男　（1988）〈書評〉安藤彦太郎『中國語と近代日
　　　　　　本』, 東方 87（東方書店）

〖01291〗高島俊男　（1988）相原茂　杉村博文　木村英樹　中川正
　　　　　　之著『中國語入門 Q&A101』〈書評〉, 東方 89
　　　　　　（東方書店）

〖01292〗高橋海生　（1988）談談二年級會話課的教材和教學方法，
中文教學 11（日中學院出版局）

〖01293〗高橋由利子　（1988）中國の簡體字，上山英昭（代表）赤
坂寅夫 小池和男編『話題源地理 心を搖する
樂しい授業』（東京法令出版）

〖01294〗高橋由利子　（1988）ふだん着中國語，中國語 342、344、
346、348（大修館書店）

〖01295〗武信彰　（1988）辭書を引く樂しみ（1）、（2），テレ
ビ中國語講座 22（1）～（2）（日本放送出版
協會）

〖01296〗武田次朗　（1988）實踐飜譯講座，中國語 340～348（大修
館書店）

〖01297〗『中國語』編集室　（1988）大學の中國語教育(4)、(5)
——第2外國語の教室から——，中國語337、
338（大修館書店）

〖01298〗『中國語』編集室　（1988）中國語教育ヲさぐる，中國語
342, 344, 345, 347（大修館書店）

〖01299〗陳文芷　（1988）ラジオ中國語講座 應用編，ラジオ中國
語講座 26（4）～（6）（日本放送出版協會）

〖01300〗中嶋幹起　（1988）廣東話，言語 18（8）（大修館書店）

〖01301〗中野謙二　（1988）中國語のすすめ（3）～（6），言語
17（1）～（4）（大修館書店）

〖01302〗西槇光正著　木野井美紗譯　（1988）趣味中國語表現，日
中學院報 146、148、149、151、152

〖01303〗橋本南都子　（1988）日中貿易入門——その實物とことば，
中國語 337～339（大修館書店）

〖01304〗鱒澤彰夫　（1988）〈短評〉安藤彦太郎著『中國語と近代
日本』を讀んで，開編 5（早稻田大學文學部 564
研究室内）

〖01305〗鱒澤彰夫　（1988）北京官話教育と『言語自邇集 散語問答 明知10年3月川崎近義氏鈔本』, 中國語學235

〖01306〗松村文芳　讚井唯允　牧田英二　宮尾正樹　（1988）初步の解釋, 中國語337〜348（大修館書店）

〖01307〗宮田一郎　（1988）ラジオ中國語講座應用編, ラジオ中國語講座25（10）〜（12）（日本放送出版協會）

〖01308〗山下輝彦　（1988）やさしい作文, 中國語337〜339（大修館書店）

〖01309〗山下輝彦　（1988）使用日文個人電腦進行中文教科書詞頻調査的嘗試, 慶應義塾大學語學視聽覺教育研究室紀要21

〖01310〗姚希孟　（1988）日本人學生の中國語作文に見られる日本語の干渉について, 外國語教育——理論と實踐——14（天理大學外國語教育センター）

〖01311〗楊行夫　（1988）やさしい作文, 中國語340〜348（大修館書店）

〖01312〗横川伸　（1988）植田まさし「コボちゃん」飜譯講座, 中國語337〜348（大修館書店）

〖01313〗吉島茂　（1988）第二次「外國語の學習に關するアンケート」の集計報告, 言語文化センター紀要8（東京大學教養學部）

〖01314〗李文生　（1988）李先生の會話教室, 中國語337〜348（大修館書店）

〖01315〗劉景春　（1988）試談「不」和「沒、沒有」的異同, 言語文化研究7（1）〜（2）（松山商科大學商經研究會）

〖01316〗呂才楨　戴惠本　賈永芬著　望月圭子編譯　（1988）おかしな中國語！病句分析, 中國語337、338（大修館書店）

〖01317〗黎　波　　（1988）ラジオ中國語講座 應用編,ラジオ中國
　　　　　　　　　語講座 26（7）～（9）（日本放送出版協會）

〖01318〗盧曉逸　　（1988）「外大における外國語授業について」
　　　　　　　　　外國人教師による座談會 第 4, A. V. Journa
　　　　　　　　　113（大阪外國語大學）

〖01319〗六角恆廣　（1988）『中國語教育史の研究』の資料さがし,
　　　　　　　　　東方 92（東方書店）

1987 年

〖01320〗相原茂　　（1987）ラジオ中國語講座入門編,ラジオ中國
　　　　　　　　　語講座 25（1）～（6）（日本放送出版協會）

〖01321〗相原茂　　尾崎文昭　守屋宏澤　（1987）中國語入門教
　　　　　　　　　室 10～12, 中國語 325～327（大修館書店）

〖01322〗荒岡啓子　（1987）やさしい作文, 中國語 325～327（大修
　　　　　　　　　館書店）

〖01323〗荒屋勸　　（1987）中國語作文における日本語の干渉につ
　　　　　　　　　いて,語學教育研究論業 4（大東文化大學語學
　　　　　　　　　教育研究所）

〖01324〗植田渥雄　（1987）半三聲の發音指導に關する考察と提言
　　　　　　　　　――日本語のアクセントとの對比から――,
　　　　　　　　　櫻美林大學中國文學論業 12

〖01325〗大田完三郎　（1987）ラジオ中國語講座應用篇,ラジオ中
　　　　　　　　　國語講座 25（1）～（3）（日本放送出版協會）

〖01326〗金德厚　　（1987）「語言教學」與「文化教學」,教學通訊
　　　　　　　　　8（中國語研修學校）

〖01327〗日下恒夫　佐藤晴彦　（1987）おなたも話せる―おしゃべ
　　　　　　　　　り中國語入門, 中國語 328～336（大修館書店）

〖01328〗興水優　　（1987）ラジオ中國語講座入門編,ラジオ中國
　　　　　　　　　語講座 24（10）～（12）25（7）～（9）（日
　　　　　　　　　本放送出版協會）

〖01329〗小林以久 （1987）日本語教育における教授法と教材、教
具について——中國語を母國語とする學習者
を中心に，櫻美林大學中國文學論業 13

〖01330〗讚井唯允 （1987）テレビ中國語講座，中國語講座 20（10）
〜（12）（日本放送出版協會）

〖01331〗鈴木義昭 （1987）『對外漢語教學論集』を讀——中國に
おける對外漢語教育について——，語學教育
論集（早稻田大學語學教育研究所）

〖01332〗砂岡和子 （1987）中國語歲時紀，中國語 325〜327（大修
館書店）

〖01333〗砂岡和子 （1987）語文短信（その 1〜8），日中學院報 144
〜150、152

〖01334〗曾根博隆 （1987）漢語教材與語法重點，明治學院論業 419
總合科學研究 29

〖01335〗高島俊男 （1987）倉石武四郎『支那語教育の理論と實際』
〈書評〉，東方 81 （東方書店）

〖01336〗陳文芷 （1987）ラジオ中國語講座應用編，ラジオ中國
語講座 25（4）〜（6）（日本放送出版協會）

〖01337〗（中國語）編集室 （1987）大學の中の中國語，中國語 330、
332、333、335（大修館書店）

〖01338〗中野謙二 （1987）中國語のすすめ 1、2，言語 16（12）、
（13）（大修館書店）

〖01339〗那須清 （1987）支那語研究舍——北京にあった無名の
中國語學校——，北九州大學外國語學部紀要
61

〖01340〗西川優子 （1987）第二回國際漢語教學討論會に參加して，
教學通訊 9（中國語研修學校）

〖01341〗橋本南都子 （1987）日中貿易入門——その實務とことば，
中國語 328〜336 （大修館書店）

〖01342〗長谷川良一 （1987）『基礎漢語課本』試驗補遺（その 2），
中國文學研究 13 （早稻田大學中國文學會）

〖01343〗丸山砂惠子　小澤真理子　（1987）「二」和「兩」, JIAOXUE10
　　　　　　（日中學院）

〖01344〗森本芙佐子　（1987）中國語口語教育におけるの方法〈その試について〉, 東海大學外國語教育所報 7

〖01345〗山下輝彥　（1987）やさしい作文, 中國語 328〜336（大修館書店）

〖01346〗楊立明　（1987）口語和書面語的界限及其在漢語教學實踐中的應用, 早稻田大學語學教育研究所紀要 33

〖01347〗李文生　（1987）李先生の會話教室, 中國語 328〜336（大修館書店）

〖01348〗呂才禎　戴惠本　賈永芬著　望月圭子　神子貴司譯（1987）病句分析, 中國語 325〜331、335（大修館書店）

1986 年

〖01349〗遠藤光曉　（1986）中國語發音教育に關するメモ, JIAOXUE10

〖01350〗許勢常安　（1986）專大の第二回中國語聽解力コンテストについて, 專大商學論業 41

〖01351〗謝清宏　（1986）中國語における破音字の一考察, 拓殖大學語學研究所『語學研究』44

〖01352〗張志公　（1986）漢語語法研究與中學教學語法——在日本中國語學會第三十五屆全國大會上の講演, 中國語學 233

〖01353〗陳文芷　（1986）關於語音教學的幾個問題, 日本大學人文科學研究所研究紀要 32

〖01354〗長谷川良一　（1986）中國語教育をめぐるふたつのこと——北京通信——, 早稻田大學中國文學會『中國文學研究』12

〖01355〗平田一幸　（1986）男子學生と女子學生の閒における中國文を日本文へ翻譯 する際に示される差異についての初步の研究, 天理大學學報 148

1985 年

〖01356〗伊地智善繼　（1985）中國語學研究と中國語教育——趙元任教授の語學の業績について, 泊園 24

〖01357〗青木五郎譯　（1985）初級中學國語教材『論語』六則について, 京都教育大學國文學會誌 20

〖01358〗興水優　（1985）中國語學習のボンイン, 言語生活 401

〖01359〗長谷川良一　（1985）第二外國語は週二こまでよいか, 中國文學研究 11

〖01360〗星野忠國　（1985）中國語テストの理論と實踐, 東海大學紀要（外國語教育）5

〖01361〗水谷誠　（1985）教養外國語自由選擇の問題點, 中國文學研究 11

〖01362〗南本義一　（1985）中國の國語教育 21 八十年代國語科教育研究の源流（上）——中學語文教學法について一, 研究集錄 70（岡山大學教育學部）

1984 年

〖01363〗許勢常安　（1984）專大の第一回中國語聽解力について, 專大商學論業 38

〖01364〗許勢常安　（1984）專大の第一回中國語前期期末統一試について, 專修語學ラボラトリー論集 13

〖01365〗曾我德興　（1984）中國語教授法の再檢討, 中央學院大學綜合科學研究所紀要 33

〖01366〗千々岩弘一　（1984）漢字教授の動向——1910 年代前半を中心に一, 鹿兒島短期大學研究紀要 33

〖01367〗內藤正子　（1984）教學上の助詞のあついについて, 中國文學研究 10

〖01368〗長谷川良一　（1984）〔基礎漢語課本〕實驗補疑, 中國文
學研究 10

〖01369〗李培元　　（1984）對外國學生進行漢語教學の幾個問題,
東京大學外國語科研究紀要 31（4）

1983 年

〖01370〗輿水優　　（1983）中國語のすすめ, 言語 12（5）

〖01371〗松尾善弘　（1983）漢字問題と漢字教育, 鹿兒島大學教育
學部研究紀要（人文・社會科學編）34

〖01372〗劉　山　　（1983）日本 NHK 電視廣播「中國語講座」介
紹, 語言教學與研究 15

〖01373〗六角恆廣　（1983）中國語教育史の研究, 早稻田商學 300

1982 年

〖01374〗小川文昭　（1982）外國語學習と音讀, 中國語 265

〖01375〗澤田啓二　（1982）中國人の日本語を添削して, 外國語教
育 8

〖01376〗那須清　　（1982）中國語と私, 文學論輯 28

〖01377〗長谷川良一　（1982）〔基礎漢語課本〕を使用しはじめて,
中國文學研究 8

1981 年

〖01378〗大原信一　（1981）動賓構造, 中國語 10（教學月報）

〖01379〗大原信一　（1981）對照研究, 中國語 11（教學月報）

〖01380〗島田虔次　（1981）中國史を教えていて, 中國語 10（專家
漫筆）

1980 年

〖01381〗崗崎滿義　（1980）誰か「感じる中國語」という本を書か
ないか一體驗的中國語學習法, 思想の科學（第
六次）122

〖01382〗菱沼透　　（1980）中國の新しいキユラムと教科書,言語
9～1

〖01383〗志賀正年　　（1980）LL 中國語教學の具象的進展考,中國語
250

〖01384〗長谷川良一　　（1980）北京語言學院とその中國語教育,早
稲田大學大學院文學研究科紀要 25

〖01385〗長谷川良一　　（1980）北京語言學院夏期中國語研修班に參
加して,中國文學研究（早稲田大學中國文學
會）6

〖01386〗川上久壽　　（1980）ソ聊の中國語教科書,大東文科大學紀
要 18（人文科學）

〖01387〗相原茂　荒川清秀　　（1980）教學月報,中國語 240～242、
243～251

〖01388〗蘇德昌　　（1980）中國における日本語教育,日本語教育
41

〖01389〗戸田昌孝　　（1980）臺灣の日本語教育事情,日本語教育
41

〖01390〗菱沼透　　（1980）中國語と日本語の言語干涉——中國
人學習者の誤用例,日本語教育 42

〖01391〗淺野鶴子　　（1980）中國人に對する入門期の授業——ひ
とつの試み,日本語教育研究 19

〖01392〗佐治圭三　　（1980）中國における日本語教育（インタビ
ュー）,言語生活 345

〖01393〗櫨山健介　　（1980）中國日語教師訪日代表團を招いて,中
國研究所月報 384

1979 年

〖01394〗荒屋勸　　（1979）『漢語教科書』の語法重點と補足説明
資料——『基礎漢語』『漢語初步』との比較,
大東文化大學紀要 17（人文科學）

〖01395〗香坂順一　（1979）黎·劉『漢語語法教材』第二編（抄錄），中國語研究 19

〖01396〗早川通介　（1979）中華人民共和國の小學校教科書，愛知學院大學論業一般教育研究 27〜1

〖01397〗六角恆廣　（1979）中國語教育論について，早稻田商學 278

〖01398〗大河内康憲　（1979）（研究の手引）中國語學，中國語 233

〖01399〗長谷川良一　（1979）日本の學生の中國語發音習得上の困難點，中國文學研究（早稻田大學中國文學會）4（1978）

〖01400〗橋内武道　（1979）英國大學における中國語教育アジア，アジア研究所紀要（亞細亞大學）5（1978）

1976 年

〖01401〗志賀正年　（1976）LL 中國語教育の方法論考，中國語學 223（98〜104）

〖01402〗寺岡龍含　（1976）漢文·中國語科·漢文學の具體の教育體制について，韓文學（福井漢文學會）15

1973 年

〖01403〗小林立　（1973）中國語の試驗，中國語學 218

〖01404〗志賀正年　（1973）中國貿易通信文の表現樣態考（3），中文研究 14

〖01405〗鈴木達也　（1973）「基礎漢語」と「漢語教科書」の比較，中國語學 218

〖01406〗田中秀　（1973）中國商業貿易書信文，經濟往來社 73〜11

〖01407〗藤堂明保　（1973）藤堂先生の中國語入門　カセットテープ、テキスト，NHK サービスセンター 73〜6

〖01408〗藤堂明保　（1973）NHK　VTR 教材、中國語講座初級、中級，NHK サービスセンタ

1972 年

〖01409〗華夏　長谷川寬　（1972）ビジネス中國語(一般基礎),日刊工業新聞社 72～2

〖01410〗片岡公正　（1972）中國語學習運動の實際と展望,中國語學習運動一

〖01411〗小林立　（1972）中國語教師の姿勢について,中國語學 215

〖01412〗駒林麻理子　（1972)中國語入門講座正しい發音(一)(二)(三), 中國語 72～6、7、8、9

〖01413〗志賀正年　（1972）中國語入門講座,中國語 72～4、5、6

〖01414〗芝田稔　（1972）文法と作文,中國語 72～6、7、8、9

〖01415〗志村良治　（1972）文法の初步,中國語 72～7、73～3

〖01416〗東海林清　（1972）會話,中國語 72～4、73～3

〖01417〗住田照夫　（1972）中國現代商業通信文,燎原 72～5

〖01418〗六角恆廣　（1972）戰後の中國語教育,早稻田商學 22

1971 年

〖01419〗安藤彦太郎　（1971)中國認識と中國語教育,「日本人の中國觀」所收

〖01420〗安藤陽子　（1971）會話,中國語 71、4～12, 72～1、2、3

〖01421〗伊地智善繼（1971）中國語入門,中國語 71～4、5、6、7、8

〖01422〗折敷瀨興　（1971）作文教室,中國語 71、4～11

〖01423〗歐陽可亮　蔡楊喜美　（1971）現代ビジネス中國語（商業實務中國語）カセット・テープ 付,產業能率短期大學教育事業部

〖01424〗神崎多寶子　（1971）作文教室,中國語 71～12, 72～1、2、3

〖01425〗香坂順一　（1971）新中國語入門カセットテープ付,滿江紅 71～3

〖01426〗香坂順一　（1971）基礎講座、普通話のはなし（1）（2）
　　　　　　　　　　　（3），中國語 71～12、72～12

〖01427〗興水優　　（1971）現代の中國, 三修址 71～3

〖01428〗興水優　　（1971）語法講座, 中國語 71～8、9、10、11、
　　　　　　　　　　　12，72～1、2、3

〖01429〗興水優　竹内實　戸川芳郎　高橋均　（1971）座談會「中
　　　　　　　　　　　國語の學び方」, 中國語 71～4

〖01430〗志賀正年　（1971）LL 教育のシステム化試探――その
　　　　　　　　　　――環としての中國語教育考一, 中國語學 212

〖01431〗志賀正年　（1971）中國貿易通信文の表現樣態考, 中文研
　　　　　　　　　　　究 12

〖01432〗鈴木直治　（1971）教養過程における初級中國語の教育,
　　　　　　　　　　　中國語教育

〖01433〗高橋均　　（1971）基礎講座、簡體字, 中國語 71～7

〖01434〗那須清　　（1971）基礎講座、發音（上）、（下）, 中國
　　　　　　　　　　　語 71～4

〖01435〗長谷川一郎　（1971）中國語入門, 中國語 71～9、10、11、
　　　　　　　　　　　12，72～1、2、3

〖01436〗松本昭　　（1971）基礎講座、中國語はどんな言語か（1）
　　　　　　　　　　　（2）（3），中國語 71～7、8、9

1970 年

〖01437〗六角恆廣　戸川芳郎　（1970）對談「中國語教育の一〇〇
　　　　　　　　　　　年」, 中國語 70～8

〖01438〗興水優　　（1970）やさしい中國語の作文――怎樣寫中文,
　　　　　　　　　　　大學書林 70～2

〖01439〗野地潤家　（1970）中國の國語教育――國語讀法教學原論
　　　　　　　　　　　（原哲編著）を中心に――, 教育學研究紀要
　　　　　　　　　　　15

〖01440〗小川壽一　（1970）一九三〇年代中華人民共と國の國語教
　　　　　　　　　　　科書, 宇部短期大學學術報告 7

〖01441〗田中秀　　（1970）オークランド大學の中國語試験, 中國
　　　　　　　　　語學 200

〖01442〗田中秀　　（1970）ニュージーランド. オーストラリにお
　　　　　　　　　ける中國語教育, 中國語學 205

1969 年

〖01443〗那須清　　（1969）檢定試驗と中國語教育, 中國語學 188 69
　　　　　　　　　～2、3

〖01444〗竹内好　　（1969）教授法の多様──中國を知るために
　　　　　　　　　（65）, 中國 62～691

〖01445〗竹内好　　（1969）もっと臺灣──中国を知るために(57),
　　　　　　　　　中國 63～693

〖01446〗竹内好　　（1969）倉石さんのこと──中國を知るため
　　　　　　　　　に（61）, 中國 67～696

〖01447〗許常安　　（1969）〔大學初級中國語克本〕, 中國語文教
　　　　　　　　　學研究會 69～6

〖01448〗辻井哲雄　（1969）續語法教學における諸問題（1）──
　　　　　　　　　とくに 助詞系の「之」について──, 漢文教
　　　　　　　　　室 91

〖01449〗那須清　　（1969）舊滿洲地區における中國語の教育. 研
　　　　　　　　　究に關する覺え書, 文學論輯 16

〖01450〗張　昊　　（1969）今後國語文教育根本問題, 東西文化 28

1968 年

〖01451〗辻井哲雄　（1968）語法教學における諸問題（中）（下）,
　　　　　　　　　漢文教室

〖01452〗安藤彦太郎　（1968）中國語教育の歷史と課題, 中國研究
　　　　　　　　　月報 247、68～9

〖01453〗小林立　　（1968）中國語の授業, 中國語學 185、68～11

〖01454〗小林立　　（1968）中國語の授業（續）, 中國語學 186、
　　　　　　　　　68～12

【01455】倉石武四郎　長谷川寛　（1968）（座談會）中國與學習の
　　　　　　　　方法と問題（上）（中）（下），中國語 99～
　　　　　　　　101、68～4、9

【01456】新島淳良　（1968）中國語教育者の責任，中國語 103、68
　　　　　　　　～8

【01457】竹内好　（1968）外國語教育のこと朝鮮文字のこと——
　　　　　　　　中國を知るために（49），中國 54、68～5

【01458】竹内好　（1968）目的と方法——中國を知るために（50），
　　　　　　　　中國 55、68～6

【01459】安藤彦太郎　（1968）〈書評〉『中國語會話入門』，大安
　　　　　　　　157、　68～12

3．語　法

2002 年

【01460】相原茂　（2002）〔Q&A〕「不 v 了」の文法，中國語 4
　　　　　　　　月號（内山書店）

【01461】荒川清秀　（2002）〔Q&A〕「～著」と「～下去」はどう 違
　　　　　　　　う？，中國語 5 月號（内山書店）

【01462】荒川清秀　（2002）中國語文法の用語から，國文學解釋と
　　　　　　　　鑑賞 1 月號

【01463】荒川清秀　（2002）ボイス關わる表現，「日語系教學問題
　　　　　　　　之探討」研討會論文集

【01464】荒木典子　（2002）水滸傳の待遇表現，開篇 21（好文出版）

【01465】伊原大策　（2002）「忍心」与句子賓語——探討動賓結構
　　　　　　　　動詞「忍心」後接句子賓語之句法——，言語文
　　　　　　　　化論集 60

【01466】今井俊彦　（2002）中國語における二重目的語文の希少性，
　　　　　　　　中國語學 249

【01467】于克勤　（2002）程度副詞「很」の構文について檢討，
　　　　　　　　聖母女學院短期大學研究紀要 31

〖01468〗Elly Hagenaar 著　中里見敬譯　（2002）（翻譯）中國語の自由間接話法, 言語科學 37

〖01469〗王學群　（2002）會話文における「V 著」と「在…V」のふるまいについて, 日中言語對照研究論集 4

〖01470〗大西博子　（2002）呉方言形容詞「AAX」形式における「X」について——分布狀況と類型化——, 近畿大學語學教育部紀要 2（1）

〖01471〗小方伴子　（2002）先秦・兩漢の使動用法と使令兼語式, 中國語學 249

〖01472〗岡田玲　（2002）現代中國語における命題とモダリティ小考, 愛知論叢 73

〖01473〗小川泰生　（2002）中國語と日本語の接續表現——條件表現を表す「たら」——, 中國學研究論集 8

〖01474〗小川文昭　（2002）〔文法〕「存現文」のこと, 中國語 4 月號（内山書店）

〖01475〗小川文昭　（2002）〔文法〕「主語」のこと（1）, 中國語 5 月號（内山書店）

〖01476〗小川文昭　（2002）〔文法〕「主語」のこと（2）, 中國語 6 月號（内山書店）

〖01477〗小川文昭　（2002）〔文法〕「賓語」のこと, 中國語 7 月號（内山書店）

〖01478〗小川文昭　（2002）〔文法〕「主語」言語の表現の二重性, 中國語 8 月號（内山書店）

〖01479〗小川文昭　（2002）〔文法〕「就」「才」のこと, 中國語 9 月號（内山書店）

〖01480〗小栗山惠　（2002）「會」と貶義との結びつき——臺灣國語の視點から——, 東アジア地域研究 9

〖01481〗小野秀樹　（2002）〔中國語入門〕「存在」を表す文, 中國語 6 月號（内山書店）

〖01482〗小野秀樹　（2002）〔中國語入門〕「名詞述語文」，中國語 7 月號（内山書店）

〖01483〗小野秀樹　（2002）〔中國語入門〕「目的語」，中國語 8 月號（内山書店）

〖01484〗小野秀樹　（2002）〔中國語入門〕「連動文」，中國語 9 月號（内山書店）

〖01485〗小野秀樹　（2002）中國語における「分類」と「描寫」——「名詞述語文」を成立させる要因から，未名 21

〖01486〗郭春貴　（2002）日本人にとって難解な中國語文法について，廣島修大論集 42（2）人文編

〖01487〗加藤晴子　（2002）中國語の可能補語と可能を表す助動詞，明海大學外國語學部論集 14

〖01488〗加藤宏紀　（2002）現代中國語の「時制」の意味研究，人文研究 146（神奈川大學人文學會）

〖01489〗韓　越　（2002）論「再」「又」「還」的動作的重復，言語文化論叢 11（千業大學外國語センター）

〖01490〗關西大學大學院東アジア言語教育研究會　（2002）呂冀平著『漢語語法基礎』，千里山文學論集 68

〖01491〗北川修一　（2002）歷史文法と方言文法——閩南語の「bat4」開篇——，開篇 21（好文出版）

〖01492〗木村英樹　（2002）アメリカにおける中國語文法研究の動向，中國語學 249

〖01493〗木村英樹　（2002）「的」の機能擴張——事物限定から動作限定へ，現代中國語研究 4（朋友書店）

〖01494〗許金生　（2002）中國語における程度補語文の成立の條件——日中對譯にみられる程度補語文の時制的な意味を中心として——，立命館言語文化研究 14（2）

〖01495〗許金生　（2002）中國語の「得を使う」程度補語について——日本語との對應關係を中心として，Polyglossia 5

〖01496〗許金生　（2002）中國語における程度補語文の成立の條件——日中對譯にみられる程度補語文の時制的な意味を中心として——，言語文化研究 14（2）

〖01497〗許清平　小野由美子　（2002）日中母語話者「依頼」，鳴門教育大學實技教育研究 12

〖01498〗金立鑫　（2002）把字句的配價成分及其句法結構，現代中國語研究 4（朋友書店）

〖01499〗玄幸子　（2002）〔文法〕と「了」，中國語 1 月號（内山書店）

〖01500〗玄幸子　（2002）〔文法〕時相，時制，時態，中國語 2 月號（内山書店）

〖01501〗玄幸子　（2002）〔文法〕「把」文字，中國語 3 月號（内山書店）

〖01502〗高　靖　（2002）現代日本語のヤリモライ對する國語の譯について，日本文學論集 26

〖01503〗河野直惠　（2002）「才」と「了」の共起關係について，中國語學 249

〖01504〗小嶋榮子　（2002）授受動詞がつかわれるうけみ文の構造的なタイプ，日中言語對照研究論集 4

〖01505〗吳大綱　（2002）動詞意味の連續性をめぐって，日中言語對照研究論集 4

〖01506〗吳念聖　（2002）中國語辭書の可能補語情報について，政法大學教養部紀要 119 外國語學・外國文學編

〖01507〗呼美蘭　（2002）再歸表現「自己」について，中國語學 249

〖01508〗吳淩非　　（2002）動詞的最大周期和最小周期及其應用,
現代中國語研究 4（朋友書店）

〖01509〗佐々木勳人　（2002）「了」を二つ使うとき,未名 21（神
戶大學中文研究會）

〖01510〗佐藤富士雄　（2002）名詞句「一個人」の連用修飾用法,
中央大學論集 23

〖01511〗支洪濤　吉田則夫　（2002）身體部位名稱を含む慣用句に
ついての計量的分析——中國語との對照を通
して,岡山大學教育學部研究集錄 121

〖01512〗史彤嵐　　（2002）形容詞と「一點兒」をめぐつて,關西
大學中國文學會紀要 23

〖01513〗司富珍　　（2002）與周遍性主語句有關的多重性特徵核
查,現代中國語研究 4（朋友書店）

〖01514〗島津幸子　（2002）時閒を表すプレーズを構成する前置詞
「等」と「當」について,中國語學 249

〖01515〗史有為　（2002）常州話的達成貌及其價值,現代中國語
研究 4（朋友書店）

〖01516〗周靜賢　（2002）類義褙合動詞和成分動詞互相轉換,中
國語中國文化 2

〖01517〗周　荐　（2002）漢語構詞和詞購（上）,立命館言語文
化研究 13（4）

〖01518〗周　荐　（2002）漢語構詞和詞購（下）,立命館言語文
化研究 14（2）

〖01519〗周　莉　（2002）中國語と日本語の稱呼の異同——對人
關係の中日閒の異同との關連における,橫濱
商大論集 35（1、2）

〖01520〗朱繼征　（2002）「要～了」と「快～了」について,新
僞大學經濟學年報 26

〖01521〗蔣士珍　　（2002）漢語離合詞性質的分析與對外漢語離
合詞的教學,熊本學園大學文學・言語學論集 9
（1）

〖01522〗徐國玉　　　（2002）「得」と伴う補語の肯定式と否定式の
　　　　　　　　　　　對應と非對應, 大阪産業大學論集・人文科學
　　　　　　　　　　　編 107

〖01523〗徐列炯　　　（2002）焦點的不同概念及其在漢語中的表現
　　　　　　　　　　　形式, 現代中國語研究 3（朋友書店）

〖01524〗白銀志榮　　（2002）動量狀語「～次」について, 神田外語
　　　　　　　　　　　大學紀要 14

〖01525〗杉村博文　　（2002）中國における中國語文法研究の動向,
　　　　　　　　　　　中國語學 249

〖01526〗鈴木康之　　（2002）なぜ文に構造ができるか, 日中言語對
　　　　　　　　　　　照研究論集 4

〖01527〗角谷聰　　　（2002）中國語の感嘆表現──「X 死我了！」
　　　　　　　　　　　文を中心として, 中國學研究論集 10（廣島中
　　　　　　　　　　　國學學會）

〖01528〗石毓智　　　（2002）使用比率、慣用語化和語法化, 現代中
　　　　　　　　　　　國語研究 4（朋友書店）

〖01529〗孫汝健著　竹島毅譯　（2002）文の分類基準問題再考, 日
　　　　　　　　　　　中言語對照研究論集 4

〖01530〗高橋彌守彥　（2002）「往+客語」の「往」の用法につい
　　　　　　　　　　　て, 語學教育研究論叢 3（大東文化大學語學教
　　　　　　　　　　　育研究所）

〖01531〗高橋彌守彥　（2002）文成分について, 大東文化大學紀要
　　　　　　　　　　　40（人文科學）

〖01532〗武井滿幹　　（2002）中國語の「字謎」の活用, 中國學研究
　　　　　　　　　　　論集 10（廣島中國學學會）

〖01533〗竹越孝　　　（2002）從『老乞大』的修訂來看句尾助詞「了」
　　　　　　　　　　　的形成過程, 中國語學 249

〖01534〗張亞軍　　　（2002）程度副詞「非常」的虛化過程考察, 現
　　　　　　　　　　　代中國語研究 4（朋友書店）

〖01535〗陳　光　　　（2002）由「啊」構成的表展延量語法形式, 現
　　　　　　　　　　　代中國語研究 4（朋友書店）

〖01536〗都筑雅子　宮本節子　張勤　（2002）「勧め」表現におけ
る統語形式とポライトネスの關係‥日英中對
照, 現代中國語研究 4（朋友書店）

〖01537〗翟　艶　　（2002）日本學生典型動詞偏誤解析, 關西外國
語大學研究論集 76

〖01538〗陶紅印　　（2002）漢語口語敍事體關係從句結構的語義
和篇章屬性, 現代中國語研究 4（朋友書店）

〖01539〗DengMeihwa　（2002）中國語の「離合動詞」の下位分類
——日中同形語を中心に, 言語と交流 5

〖01540〗中川正之　（2002）中國語の動詞をどう捉えるか（特集動
詞とは何か——その機能と意味の捉え方），
言語 31（12）（大修館書店）

〖01541〗中西正樹　（2002）否定文の中で脱落しない「了」につい
て, 攝大人文科學 10

〖01542〗西槇永志　（2002）副詞「都」に関する調査と分析, 開篇
21（好文出版）

〖01543〗西山猛　（2002）唐代における動詞「話」の成立, 言語
文化論究 16（九州大學言語文化研究院）

〖01544〗馬小兵　（2002）日本語の「で」と中國語の「就」——
許容範圍を指示する用法を中心に——, 言語
と文化 15

〖01545〗馬小兵　（2002）中國語の「對+N1+的+N2」と日本語の
「N1+に対する+N2」について, 文學部紀要 16
（1）

〖01546〗菱沼透　（2002）挿入成分としての「我說、你說」「我
看、你看」, 創大中國論集 5（創價大學文學外
國語學科中國語專攻）

〖01547〗馮富榮　　（2002）中國語受動文の學習過程における母
語〔日本語〕の影響について, 愛知淑德大學論
集コミユニケーション學部篇（2）

〖01548〗方美麗　　（2002）「行く先の結びつき」～日中対照分析,
　　　　　　　　　外國語教育論集 24

〖01549〗方美麗　　（2002）「連語論」「移動動詞」と「空間名詞」
　　　　　　　　　との関係―中国語の視点から, 日本語科學（通
　　　　　　　　　號 11）

〖01550〗朴貞姫　　（2002）空間背景場所概念の表現における日中
　　　　　　　　　対照研究, 日中言語對照研究論集 4

〖01551〗三木夏華　（2002）北方吳語の授受搆文に見られる介詞の
　　　　　　　　　史的變化, 中國語學 249

〖01552〗水谷誠　　（2002）孫玉文『漢語變調構詞研究』, 創大中
　　　　　　　　　國論集 5（創價大學文學外國語學科中國語專
　　　　　　　　　攻）

〖01553〗宮島琴美　（2002）〔論壇〕量詞「個」の機能, 中國語 2
　　　　　　　　　月號（内山書店）

〖01554〗山田眞一　（2002）〔中國語入門〕受身文、比較文、反語
　　　　　　　　　文, 中國語 2 月號（内山書店）

〖01555〗山田眞一　（2002）〔中國語入門〕つなぐ言葉、表現文型,
　　　　　　　　　中國語 3 月號（内山書店）

〖01556〗山田留里子　（2002）「動＋了+起來」, 下關市立大學論集
　　　　　　　　　46（2）

〖01557〗山田留里子　（2002）現代中國語「了」と方向補語「起來」
　　　　　　　　　について―日本語との対照を中心に―, 福岡
　　　　　　　　　大學言語教育研究センター紀要 1

〖01558〗楊　達　　（2002）借用量詞の「財源」, 中國文學研究 28

〖01559〗芳澤ひろ子　（2002）存現文に「在」がつくとき, お茶の
　　　　　　　　　水女子大學中國文學報 21

〖01560〗李晗蕾　　（2002）形式動詞謂語句的語用功能, 中國語研
　　　　　　　　　究 44（白帝社）

〖01561〗李光赫　　（2002）中國語の狀況把握係數量表現について
　　　　　　　　　――「ようだ」「らしい」との対照を中心,
　　　　　　　　　國語學研究（通號 41）

〖01562〗李貞愛　　（2002）「新娘子眞漂亮嗎」の「眞」は程度副
　　　　　　　　　詞か, お茶の水女子大學中國文學報 21

〖01563〗劉綺紋　　（2002）パーフェクトとしての「一了」「一過」,
　　　　　　　　　岐阜經濟大學論集 35（3）

〖01564〗劉勛寧　　（2002）漢語書面語和口語的距離, 現代中國語
　　　　　　　　　研究 4（朋友書店）

〖01565〗林　璋　　（2002）中國語の數量詞アスペクト, 日中言語
　　　　　　　　　對照研究論集 4

〖01566〗蘭　梅　　（2002）初探漢語中的量詞及應用——試比較與
　　　　　　　　　日語的不同——, 流通科學大學論集　人間・社
　　　　　　　　　會・自然編 14（3）

〖01567〗蘭　梅　　（2002）中國語の「這・那・哪+數量詞」につ
　　　　　　　　　いて, 流通科學大學論集　人間・社會・自然編
　　　　　　　　　15（1）

〖01568〗盧萬才　　（2002）中國語呼稱の敬語的機能に関する考
　　　　　　　　　察, 麗澤大學紀要 74

2001 年

〖01569〗相原茂　　（2001）「不可以」の分布狀況, お茶の水女子
　　　　　　　　　大學中國文學會報 20

〖01570〗安籐好惠　（2001）中國の不満表明ストらレジー, 奥羽大
　　　　　　　　　學文學部紀要 13

〖01571〗石田友美　（2001）M3 狀語としての二音節形容詞に關す
　　　　　　　　　る一考察, 中國言語文學論叢 4（東京外國語大
　　　　　　　　　學中國語文化研究會）

〖01572〗井絵克子　（2001）五感における程度表現——形容詞の一
　　　　　　　　　側面, 中國學志豫號（大阪市立大學中國學會）

〖01573〗井上優　　（2001）中國語・韓國語との比較から見た日
　　　　　　　　　本語のテンス・アスペクト, 言語 30（13）（大
　　　　　　　　　修館書店）

【01574】伊原大策　（2001）結果補語構造「V見」の発生とその變
　　　　　　　　遷, 日本中國學會報

【01575】伊伏啓子　（2001）中國語の「無標被動句」について, 北
　　　　　　　　九州市立大學大學院紀要 15

【01576】鵜殿倫次　（2001）動作者名詞を持たない他動文——文法
　　　　　　　　語料として, 愛知県立大學外國語學部紀要言
　　　　　　　　語・文學編 33

【01577】遠藤雅裕　（2001）中國語動作動詞「拿」の多義の構造,
　　　　　　　　中央大學論集 22

【01578】王雅新　　（2001）中國語の「有人 VP」構文について, 言
　　　　　　　　語と文化 1（東洋大學言語文化研究所）

【01579】王學群　　（2001）地の文における「V着」のふるまいに
　　　　　　　　ついて, 日中言語對照研究論集 3

【01580】王占華　　（2001）關於漢語動詞的結果蘊涵, 北九州大學
　　　　　　　　外國語學部紀要 102

【01581】大島吉郎　（2001）「ウチ」と「ソト」——動詞「坐」の
　　　　　　　　語用論的解釋をめぐって, 語學教育研究論叢
　　　　　　　　18（大東文化大學語學教育研究所）

【01582】大瀧幸子　（2001）中國語狀語中心語統合型と日本語運用
　　　　　　　　修飾統合型——形容詞分類を中心とする比較
　　　　　　　　對照, 金澤大學中國語學中國文學教室紀要 5

【01583】大瀧幸子　（2001）中國語動詞と形容詞が構成する統合型
　　　　　　　　の文法的意識特徴　（その 2）動詞と形容詞
　　　　　　　　「清楚」の結びつきを通して, 東洋文化研究所
　　　　　　　　紀要 141（東京大學東洋文化研究所）

【01584】大橋志華　（2001）動補構造「動詞+上」に對應する日本
　　　　　　　　語表現について, 日中言語對照研究論集 3

【01585】小野秀樹　（2001）「的」の「モノ化」機能一「照應」と
　　　　　　　　「是…的」文をめぐって, 現代中國語研究 3
　　　　　　　　（朋友書店）

〖01586〗溫雅珺　　　（2001）中國語の「起來/下來/下去」おぇるアスペクチユアルナ意味用法——日本語の「てくる/ていく」との對照研究,大阪大學言語文化學 11

〖01587〗郭雲輝　　　（2001）「かたり」におけるタクシスの表し方,お茶の水女子大學中國文學會報 20

〖01588〗木村裕章　（2001）中國語における動賓構造の複合動詞内部の結合性について,東亜法學論叢 6

〖01589〗玄幸子　　　（2001）〔文法〕補語（1）,中國語 4 月號（内山書店）

〖01590〗玄幸子　　　（2001）〔文法〕補語（2）,中國語 5 月號（内山書店）

〖01591〗玄幸子　　　（2001）〔文法〕くっついたり離れたりする言葉,中國語 6 月號（内山書店）

〖01592〗玄幸子　　　（2001）〔文法〕「有る」と「在る」,中國語 7 月號（内山書店）

〖01593〗玄幸子　　　（2001）〔文法〕存在文いろいろ,中國語 8 月號（内山書店）

〖01594〗玄幸子　　　（2001）〔文法〕語順と時間,中國語 9 月號（内山書店）

〖01595〗玄幸子　　　（2001）〔文法〕被動句,中國語 10 月號（内山書店）

〖01596〗玄幸子　　　（2001）〔文法〕「詞類」（品詞）と「兼類」,中國語 11 月號（内山書店）

〖01597〗玄幸子　　　（2001）〔文法〕數詞と量詞,中國語 12 月號（内山書店）

〖01598〗呼美蘭　　　（2001）感情表現における「心里」,大阪産叢大學論集人文科學編 105

〖01599〗高順全　楊永龍　（2001）「已經」的語法意義試析,現代中國與研究 3（朋友書店）

〖01600〗黃春玉　　　（2001）現代中國語における結果補語の意味および構文的特徴, 多元文化 1（名古屋大學國際言語文化研究科國際多元化文化專攻）

〖01601〗黃利惠子　　（2001）現代中國語における形容詞補語構文の多義性——雙方向性動向と單方性動詞, 言語文學論集 23（1）（名古屋大學言語文化部）

〖01602〗黃利惠子　　（2001）現代中國語における「見」の多義構造と統語的特徵, 多元文化 1（名古屋大學國際言語文化研究科國際多元化文化專攻）

〖01603〗小嶋美由紀　（2001）「人家（renjia）」と「人（ヒト）」の「自稱詞用法」, 中國語學 248

〖01604〗小嶋榮子　　（2001）現代日本語における授受動詞が使われる受身文一若干の中國語との對照もふまえて, 總合社會科學研究 2（3）

〖01605〗左思民　　　（2001）漢語中時・體・標記的合一性, 現代中國語研究 3（朋友書店）

〖01606〗柴　森　　　（2001）關於「是…的」句中賓語的位置, 語研フォーラム 14（早稻田大學語學教育研究所）

〖01607〗Shi xiaowei　（2001）中國語と日本語における表現の具體性について, 明治學院大學外國語教育研究所紀要 11

〖01608〗史彤嵐　　　（2001）形容詞と關連のある命令表現, 中國文學會紀要 22（關西大學）

〖01609〗司富珍　　　（2001）漢語「都」字句裏的多重特徵核查, 現代中國語研究 3（朋友書店）

〖01610〗史彤嵐　　　（2001）「V 得 C」構文における「得」の文法機能, 中國語學 248

〖01611〗時衛國　　　（2001）程度副詞與量性成分的共現關係, 現代中國語研究 3（朋友書店）

〖01612〗時衛國　　　（2001）程度副詞「頗」「甚」的用法, 富山大學人文學部紀要 34

〖01613〗朱　彥　　（2001）現代漢語「了」研究述評, 現代中國語研究 3（朋友書店）

〖01614〗朱繼征　　（2001）「～過 1」と「～了 1」について, 新潟大學經濟學年報 25

〖01615〗周　剛　　（2001）單純並列連詞及其相關句式, 明海大學教養論文集 13

〖01616〗周　剛　　（2001）漢語連詞的預設, 中國語學 248

〖01617〗周　靜　　（2001）漢語肯定和否定研究的新特點, 現代中國語研究 3（朋友書店）

〖01618〗徐迎新　　（2001）「還」と「再」の表す重複表現について, 日中言語對照研究論集 3

〖01619〗徐烈炯　　（2001）焦點的不同概念及其在漢語中的表現形式, 現代中國語研究 3（朋友書店）

〖01620〗蕭国政　郭婷婷　（2001）「動詞+了+數量+了」的動態結構及「了」的意義與功能, 現代中國語研究 2（朋友書店）

〖01621〗申亞梅　　（2001）從詞彙語意結構看漢語動詞的情狀分類與作格性, 中國語學 248

〖01622〗杉村博文　（2001）「我妹妹」和「我的妹妹」的位置, 現代中國語研究 2（朋友書店）

〖01623〗杉村博文　（2001）「他媽（的）」的句法研究, 現代中國語研究 3（朋友書店）

〖01624〗鈴木基子　（2001）漢日表示存在的句子在認知上的異同, 研究紀要 35（日本大學經濟學研究會）

〖01625〗鈴木慶夏　（2001）對學形式の意味とシンタクス, 中國語學 248

〖01626〗齊滬揚　唐依力　（2001）與「把+O+V+L」句式中動詞配價相關的幾箇問題, 現代中國語研究 3（朋友書店）

〖01627〗稅錫昌　邵敬敏　（2001）「V+滿」的句法語意分析, 現代中國語研究 2（朋友書店）

〖01628〗石毓智　　（2001）動補結構語法化的句法環境, 現代中國語研究 3（朋友書店）

〖01629〗關光世　　（2001）「V 給」文の意味特徵に關する考察, 中國語學 248

〖01630〗戰慶勝　　（2001）對漢語比喩現象的探討和整理, 國際文化學部論集 2（2）（鹿兒島國際大學）

〖01631〗曹逢甫　林麗卿　（2001）橫看成嶺側成峰——以漢語難字結構為例談句法與結構之間的關係, 現代中國語研究 2（朋友書店）

〖01632〗高橋めぐみ　（2001）中國語における複句の連接, 愛知論叢 71（愛知大學大學院院生協議會）

〖01633〗高橋彌守彦　（2001）趨向動詞「來」について, 大東文化大學紀要 39（人文科學）

〖01634〗高橋彌守彦　（2001）「向+客語」における「向」の日本語譯, 日中言語對照研究論集 3

〖01635〗高橋彌守彦　（2001）「向+客語」における「向」の用法について, 語學教育研究論叢 18（大東文化大學語學教育研究所）

〖01636〗高橋彌守彦　（2001）動補連語「走出來」について, 大東文化大學外國語學教育研究 2

〖01637〗竹越美奈子　（2001）〔論壇〕時間副詞「在」的合理性, 中國語 6 月號（內山書店）

〖01638〗多和田峰子　（2001）「着」の意味的連続性, 多元文化 1（名古屋大學國際言語文化研究科國際多元化文化專攻）

〖01639〗張　勤　　（2001）什麼時候用「你饒我這一遭, 好嗎?」——現代漢語請求言語行爲的得體規則,『一海・太田両教授退休記念 中國學論集』（翠書房）

〖01640〗張誼生　　（2001）說「的話」, 現代中國語研究 3（朋友書店）

〖01641〗張崇　劉繼超　（2001）現代漢語的 VV 與近代漢語的 V 一 V, 中國語研究 43（白帝社）

〖01642〗陳曉程　（2001）中國語の「把」構文の意味——述部を中心に——, 東京大學言語學論集 20

〖01643〗田　禾　（2001）語序問題與句子的三箇平面, お茶の水女子大學中國文學會報 20

〖01644〗陶紅印　（2001）「出現」類動詞與動態語義學, 現代中國語研究 2（朋友書店）

〖01645〗戶川芳郎　（2001）文末の「一云」と「一為」, 二松 15（二松がく舍大學大學院紀要）

〖01646〗島井克子　（2001）中國語の語彙と單語（下）中國語教學文法の再構築を目指して, 關西大學外國語教育研究 1

〖01647〗中川正子　（2001）中國語統語論のパイオニア朱德熙, 言語 2 別冊言語の 20 世紀 101 人（大修館書店）

〖01648〗中川千枝子　（2001）〔文法〕多音節語句の構造とリズム, 中國語 1 月號（內山書店）

〖01649〗中川千枝子　（2001）〔文法〕語形成と語形變化, 中國語 2 月號（內山書店）

〖01650〗中川千枝子　（2001）〔文法〕名詞句の構造と文の構造, 中國語 3 月號（內山書店）

〖01651〗中川洋子　（2001）現代中國語の連用修飾構造「很+形容詞+地」についての考察, 現代中國語研究 2（朋友書店）

〖01652〗成戶浩嗣　（2001）感覺動詞に後置される「一到/見」（その 2）, 愛知學泉大學コミュニティ政策紀要 4

〖01653〗西槇永志　（2001）副詞「都」に關する調查と分析, 開篇 21（好文出版）

〖01654〗西槇光正　（2001）漢語「及物化」芻議, 語學研究 96（拓殖大學言語文化研究所）

〖01655〗西山猛　　（2001）古代漢語「是」字中的繫詞的產生與指
　　　　　　　　　　示代詞的發展, 言語科學 36（九州大學大學院
　　　　　　　　　　言語文化研究院言語研究會）

〖01656〗馬道山　　（2001）從特殊疑問句的生成語法研究看自然語
　　　　　　　　　　言的類型, 現代中國語研究 3（朋友書店）

〖01657〗白海燕　　（2001）「出る」「出+場所目的語」に見られ
　　　　　　　　　　る空間認知のずれについて, 國際文化學 4（神
　　　　　　　　　　戸大學國際文化學會）

〖01658〗范　曉　　（2001）漢語的語序, 中國語學 248

〖01659〗范　曉　　（2001）論語法研究中結構和功能相結合的原
　　　　　　　　　　則, 現代中國語研究 2（朋友書店）

〖01660〗馮蘊澤　　（2001）近世中國語における「得」の意味、機
　　　　　　　　　　能と用法一『金瓶梅（崇禎本）』をテキスト
　　　　　　　　　　に, 熊本學園大學論集（總合科學）7（2）

〖01661〗布川雅英　（2001）「把」構文中の述語動詞に附加される
　　　　　　　　　　「過」についての一考察, 中國語研究 43（白
　　　　　　　　　　帝社）

〖01662〗籐井茂利　（2001）東アジア學の　方法　（2）文末の「之」
　　　　　　　　　　の用法再檢討, 福岡大學人文論叢 33（3）

〖01663〗方經民　　（2001）「方位」時空和漢語的「前」「後」,
　　　　　　　　　　言語文化研究 21（1）（松山大學學術研究會）

〖01664〗丸尾誠　　（2001）中國語の移動動向詞に關する——考察
　　　　　　　　　　一着点との關係において, 中國言語文學論叢
　　　　　　　　　　4（東京外國語大學中國語文化研究會）

〖01665〗Miao Qian　（2001）中國語直譯表現および中日直喻構文
　　　　　　　　　　の比較一「象…樣」と「ようだ」, 経営研究
　　　　　　　　　　15（2）（愛知學泉大學経営研究所）

〖01666〗三宅登之　（2001）代詞「每」との組み合わせからみた副
　　　　　　　　　　詞「都」の文法的意味, 東京大學言語學論集
　　　　　　　　　　62

〖01667〗宮本厚子　（2001）現代中國語の可能表現—肯定形を中心に，外國語部論集 53（駒澤大學外國語部）

〖01668〗守屋宏則　（2001）Book review 珠玉の指南書——『あ、知ってる中國語』（相原茂著），東方 242（東方書店）

〖01669〗森山卓郎　李光赫　（2001）狀況把握系形式の構文論的位置の日中對照——内的述語の連用修飾の議論から，日中言語對照研究論集 3

〖01670〗山田留里子　（2001）「～了起來」の「了」の位置について，日中言語對照研究論集 3

〖01671〗山田留里子　（2001）關於復合趨向補語「起來」及其日譯——以形容詞后加的「起來」為中心，下關市立大學論集 44（3）

〖01672〗山田留里子　（2001）中國語「動詞+了+複合方向輔助語」の日本語への對應，下關市立大學論集 45（1）

〖01673〗山田留里子　（2001）アスペクトをあらわす「～てくる」の中國語譯との對照分析，下關市立大學論集 45（2）

〖01674〗楊曉　安高芳　（2001）「NP1+給+NP2+V」句之歧義分析，北海道文教大學論集 2

〖01675〗楊寧　田村容子譯　（2001）中國語の場所詞はなぜ方位詞をともなわなくてもよいのか？，未名 19（中文研究會）

〖01676〗楊俊光　（2001）關於「正」、「在」、「正在」，櫻美林大學中國文學論叢 26

〖01677〗横川澄枝　（2001）〔論壇〕「VP 的 N」構造の中心語の一差異の考察，中國語 2 月號（内山書店）

〖01678〗吉田清香　林智　（2001）同程度を表す 2 つの比較構文とその差異の考察，金澤大學中國語學中國文學教室紀要 5

〖01679〗李活熊　張麟聲　（2001）日本語の「（の）上」と中國語
の「上」をめぐって，日本語學 20（1）（明治
書院）

〖01680〗李奇楠　（2001）日本語と中國語の形容詞述語文につい
て——語用論的立場からの一考察，ことば 22
（現代語日本語研究會）

〖01681〗李國英　（2001）「複合方向補語」で構成される「動補
結構」，日中言語對照研究論集 3

〖01682〗李貞愛　（2001）確認の「啊」と「吧」，お茶の水女子
大學中國文學會報 20

〖01683〗李冬梅　（2001）時制與漢語時制，中國言語文學論叢 4
（東京外國語大學中國語文化研究會）

〖01684〗李　明　（2001）語法札記三則，中國語研究 43（白帝社）

〖01685〗陸慶和　（2001）「反正」的語法意義與語用功能——與
「無論」、「不管」及「既然」的用法相比較，
中國語研究 43（白帝社）

〖01686〗呂仁梅　（2001）中國語における文末助詞「呢」の機能，
鶴山論叢 1（神戶大學鶴山論叢刊行會）

〖01687〗林煒煌　（2001）中國語条件表現における助動詞「會」
の役割一日本語から中國語に翻譯する際の問
題點から，大阪大學言語文化學 10

〖01688〗魯曉琨　（2001）助動詞「能」的語義構成及其肯否不對
稱現象，現代中國語研究 3（朋友書店）

〖01689〗盧萬才　（2001）中國語の依賴表現と對人關係，麗澤學
際ジャーナル 9（2）（麗澤大學經濟學會）

1999 年

〖01690〗荒川清秀　（1999）〔Q&A〕「到中国回去」はまちがい？，
中國語 5 月號（内山書店）

〖01691〗荒川清秀　（1999）〔Q&A〕結果補語の「着 zhao」＝「到」？，
中國語 11 月號（内山書店）

〖01692〗淡島成高 （1999）日本語「動詞+ている」に對應する中
國語の文型, 麗澤大學紀要 68

〖01693〗安熙貞 （1999）上代資料の「在」と「有」の用字法研
究（其の一）——日・韓・中の用例を通じて,
福岡大學大學院論集 31（2）

〖01694〗伊藤さとみ （1999）虛指の「他」, 中國語學 246

〖01695〗伊藤加奈子 （1999）接續詞「因爲」の特徵, 信州大學人
文科學論集文化コミュニケーション學科編
33

〖01696〗井上優 （1999）モダリティの類型論（2）——日中兩語
の疑問文の機能をめぐって, 言語 28（6）（大
修舘書店）

〖01697〗今井敬子 （1999）談話における「所以」の用法と機能,
靜岡大學人文論集 50（1）

〖01698〗于 康 （1999）現代中國語の命題構造の階層性, 関西
学院大學言語と文化

〖01699〗于克勤 （1999）接續詞「不但」に関する複文の檢討,
聖母女學院短期大學研究紀要 29

〖01700〗遠藤光曉 （1999）中國語のエッセンス（10）～（12）,
中國語 1～3 月號（内山書店）

〖01701〗王志英 （1999）中國語の「形容詞の命令文」と「一點
儿」について, 中國語學 246

〖01702〗王志英 （1999）中國語の語氣助詞「吧」の傳達機能,
中國語研究 41（白帝社）

〖01703〗王亞新 （1999）中國語の名詞述語文における「指定」
機能, 東洋大學紀要教養課程編 38

〖01704〗王學群 （1999）中國語の「V 着」について, 現代中國
語研究論集（中國書店）

〖01705〗王學群 （1999）「V 着 zhe」のかたちの命令文につい
て, 千葉商大紀要 37（2）

〖01706〗王學群　　（1999）中國語の「V着」について，日中言語
　　　　　　　　　對照研究論集（白帝社）

〖01707〗王占華　　（1999）對漢語實語語義類別傳統分類的再思
　　　　　　　　　考，現代中國語研究論集（中國書店）

〖01708〗王　嵐　　（1999）廈門語「有」の用法について，開篇18
　　　　　　　　　（好文出版）

〖01709〗王硯農　　（1999）漢語と日本語の受け身について，愛知
　　　　　　　　　大學中國21第6號

〖01710〗大瀧幸子　（1999）中國語動詞と形容詞とがと構成する統
　　　　　　　　　合型の文法的意義特徴（その1）動詞と形容
　　　　　　　　　詞「清楚」の結びつきを通して，東京大學東洋
　　　　　　　　　文化研究所紀要138

〖01711〗大瀧幸子　（1999）中國語動詞と形容詞「清楚」とが構成
　　　　　　　　　する統合型の文法的意義特徴（1），金澤大學
　　　　　　　　　中國語學中國文學教室紀要3

〖01712〗大西克也　（1999）試釋「是」，論集中国古代の文字と文
　　　　　　　　　化（汲古書院）

〖01713〗郭雲輝　　（1999）中國語の實踐表現に関する一考察一無
　　　　　　　　　標の場合を中心に，お茶の水女子大学中國文
　　　　　　　　　學會報18

〖01714〗葛金龍　　（1999）日中同形漢語副詞「全然」についての
　　　　　　　　　比較研究，愛媛大學愛媛國文と教育32

〖01715〗木村裕章　（1999）中國語の主題文と對比文，熊本學園大
　　　　　　　　　學文學・言語學論集6（2）

〖01716〗金立鑫　　（1999）現代語言學及其語法學的追求，現代中
　　　　　　　　　國語研究論集（中國書店）

〖01717〗邢志強　　（1999）「そうだ」「ようだ」「みたいだ」「ら
　　　　　　　　　しい」の意義と中國語譯，北海學園北見大學論
　　　　　　　　　集21（3）

〖01718〗邢志強　　（1999）日本語の「の」と中國語の「的」との
　　　　　　　　　比較研究，北海學園北見大學論集22（1）

〖01719〗呼美蘭　　（1999）小説における「Ｖ了Ｏ」と「ＶＯ了」の一考察, 中國語學 246

〖01720〗吳禮權　　（1999）論中國現代修辭學發展嬗變之歷程(上), 京都外國語大學研究論叢 54

〖01721〗洪玉芳　　（1999）感覺語の比喩的な意味による感覚轉移の問題, 中國語學 246

〖01722〗輿水優　　（1999）文法研究の流れ, 東方 224（東方書店）

〖01723〗小林立　　（1999）「ＶＰ—的」構造を含む判断文, 香川大學經濟論叢 71（4）

〖01724〗小林立　　（1999）助詞の「的」について, 香川大學經濟論叢 72（1）

〖01725〗崔玉華　　（1999）研究ノート日本語の「まで」と中国語の「到」——對應しない場合を中心に, 横濱商大論集 33（1）

〖01726〗佐佐木勳人　　（1999）南方方言における GIVE の處置文, 中國語學 246

〖01727〗佐藤富士雄　　（1999）（時間語・場所語+動詞句）の内部構造——朱德熙著『語法講義』第二刷『重印題記』の意味するもの, 中央大學論集 20

〖01728〗史彤嵐　　（1999）與重音有關的句法現象, 現代中國語研究論集（中國書店）

〖01729〗史彤嵐　　（1999）／Ｖ得Ａ／構文について, 中國語學 246

〖01730〗史有為　　（1999）「的」字三辨, 現代中國語研究論集（中國書店）

〖01731〗時衛國　　（1999）論程度副詞連用, 中國語學 246

〖01732〗時衛國　　（1999）中國語と日本語における程度副詞の對照研究——「更」「還」と「もっと」「さらに」, 東京經濟大學コミュニケーション科學 10

〖01733〗時衛國　　（1999）中國語と日本語における程度副詞の對照研究——「比較」と「比較的」，富山大學人文學部紀要

〖01734〗下地早智子　（1999）被害受身の日中比較，中國語學 246

〖01735〗朱繼征　　（1999）中國語の完了相について，中國語學 246

〖01736〗周　剛　　（1999）連詞的範圍與分類之在認識，中國語學 246

〖01737〗周　剛　　（1999）漢語連詞產生和發展的歷史回顧，現代中國語研究論集（中國書店）

〖01738〗荀春生　　（1999）漢語的敬語及其文化心理背景，九州大學言語文化論究 10

〖01739〗徐國玉　　（1999）「在」格的「在」的隱現，現代中國語研究論集（中國書店）

〖01740〗徐國玉　　（1999）中國語の「得」を伴う補語の分類，大阪經濟法科大學東アジア研究 24

〖01741〗徐一平　　（1999）中日對譯コーパスの構築について，日中言語對照研究論集（白帝社）

〖01742〗杉村博文　（1999）「把個老漢感動得…」について，現代中國語研究論集（中國書店）

〖01743〗杉村博文　（1999）〔文法〕形容詞と程度，中國語 4 月號（內山書店）

〖01744〗杉村博文　（1999）〔文法〕「我妹妹」と「桌子底下」，中國語 5 月號（內山書店）

〖01745〗杉村博文　（1999）〔文法〕あなたはだれ？ 名前は？，中國語 6 月號（內山書店）

〖01746〗杉村博文　（1999）〔文法〕目的語の意味，中國語 7 月號（內山書店）

〖01747〗杉村博文　（1999）〔文法〕主語の意味，中國語 8 月號（內山書店）

〖01748〗杉村博文　（1999）〔文法〕中國語の品詞, 中國語 9 月號
　　　　　　　　　（内山書店）

〖01749〗杉村博文　（1999）〔文法〕文をめぐつて, 中國語 10 月號
　　　　　　　　　（内山書店）

〖01750〗杉村博文　（1999）〔文法〕行爲と結果, 中國語 11 月號
　　　　　　　　　（内山書店）

〖01751〗杉村博文　（1999）〔文法〕多義形式の解説について, 中
　　　　　　　　　國語 12 月號（内山書店）

〖01752〗鈴木康之　（1999）連語論研究の國際性, 日中言語對照研
　　　　　　　　　究論集（白帝社）

〖01753〗齊瀘揚　　（1999）與方向動詞研究相關的若干問題, 現代
　　　　　　　　　中國語研究論集（中國書店）

〖01754〗蘇德昌　　（1999）日中の敬語表現, 現代中國語研究論集
　　　　　　　　　（中國書店）

〖01755〗宋　燕　　（1999）談有關漢語語法及日漢表達對比的幾個
　　　　　　　　　問題, お茶の水女子大学中國文學會報 18

〖01756〗宋玉柱　　（1999）重讀『現代漢語語法講話』獻疑, 現代
　　　　　　　　　中國語研究論集（中國書店）

〖01757〗孫　琦　　（1999）連用修飾で用いられる感情表現の特徵
　　　　　　　　　——中國語との比較から, ことば２０（現代日
　　　　　　　　　本語研究會）

〖01758〗高橋彌守彥　（1999）述語として用いられる單音節形容詞
　　　　　　　　　について, 大東文化大學語學教育研究論叢 16

〖01759〗高橋彌守彥　（1999）「了」と「是…的」の古の關係につ
　　　　　　　　　いて, 大東文化大學紀要人文科學編 37

〖01760〗高橋彌守彥　（1999）「我看了書」は非文と言えるだろう
　　　　　　　　　か, 日中言語對照研究論集（白帝社）

〖01761〗竹越孝　　（1999）『今文孝經直解』考, 鹿兒島大學法文
　　　　　　　　　學部紀要人文學科論集 49

〖01762〗武信彰　　（1999）〔論壇〕「可以」の發話内行爲的用法
　　　　　　　　　について, 中國語 6 月號（内山書店）

〖01763〗段　威　　（1999）語音語滙修辭及其語用意義, 神田外語大學紀要 11

〖01764〗張勤　都築雅子　宮本節子　（1999）命令表現と丁寧さ——現代中國語の相手利益命令表現を中心に, 現代中國語研究論集（中國書店）

〖01765〗張　黎　　（1999）範疇語法的若干理論問題, 現代中國語研究論集（中國書店）

〖01766〗張濟卿　　（1999）論「兼語式」及與其相關的句法結構系統, 現代中國語研究論集（中國書店）

〖01767〗張　健　　（1999）中國語文法教授に関する試み——初級講座の「量詞」を中心として, 廣島大學廣島中國學學會中國學研究論集 4

〖01768〗程遠巍　　（1999）中國語に翻訳された文における受身文, 現代中國語研究論集（中國書店）

〖01769〗鄭曉青　　（1999）受身文の日中對照研究——構文と表現における相違點, 日中言語對照研究論集（白帝社）

〖01770〗陶　琳　　（1999）「面子」の意味構造に関する一考察——日本語と中國語との比較, 比較文化研究 47（日本比較文化學會）

〖01771〗陶　琳　　（1999）中・日・英間の敬語の比較, 富山商船高等專門學校研究集錄 32

〖01772〗仲眞紀子　金敬愛　陳萌華　（1999）中國人 2、3、4 歳兒と母親・および母親と大人と他者の對話における中國語助數詞の使用, 千葉大學教育學部研究紀要 1（47）

〖01773〗中川正之　　（1999）要素還元主義を離れた日本語と中国語の對照研究, 廣島大學廣島中國學學會中國學研究論集 3

〖01774〗西槇光正　　（1999）介詞「朝、向、往」語法比較分析, 拓殖大學言語文化研究所語學研究 92

〖01775〗西山猛　　（1999）廣東語の同類指示と古代漢語の「其」，
　　　　　　　　　九州大學言語文化論究言語情報特集號

〖01776〗任　鷹　　（1999）工具實語的受動化及其形成條件分析，
　　　　　　　　　現代中國語研究論集（中國書店）

〖01777〗橋本永貢子　（1999）形容詞の連體修飾と「的」，中國語
　　　　　　　　　學 246

〖01778〗波多野太郎　（1999）『北京口語語法──詞法卷』讀後，
　　　　　　　　　開篇 19（好文出版）

〖01779〗原由起子　（1999）關於程度副詞「十分」和「非常」，現
　　　　　　　　　代中國語研究論集（中國書店）

〖01780〗馮富榮　　（1999）外國學生學習動態助詞「了」的常見錯
　　　　　　　　　誤與分析，現代中國語研究論集（中國書店）

〖01781〗平井勝利　成戶浩嗣　（1999）中國語の「V到」とそれに
　　　　　　　　　対応する日本語の表現，名古屋大學言語文化
　　　　　　　　　論集 20（2）

〖01782〗平井勝利　多和田峰子　（1999）「一過」の意味的連續性，
　　　　　　　　　名古屋大學言語文化論集 21（1）

〖01783〗プロジェクト D　（1999）中國語動作動詞の研究（一）捏
　　　　　　　　　掐，中國語研究 41（白帝社）

〖01784〗方經民　　（1999）漢語空間方位參照的認知特點和語義理
　　　　　　　　　解，現代中國語研究論集（中國書店）

〖01785〗彭國躍　　（1999）中國語に敬語が少ないのはなぜ？，言
　　　　　　　　　語 28（11）（大修舘書店）

〖01786〗彭國躍　　（1999）文革中における中國語絕對敬語の復活
　　　　　　　　　とその社會的背景，神奈川大學人文研究 137

〖01787〗彭　杰　　（1999）中國語の比喻と日本語の比喻，曙光 10
　　　　　　　　　（日中文化研究會和泉書院）

〖01788〗彭廣陸　　（1999）「飛機模型」と「模型飛行機」をめぐ
　　　　　　　　　って，中國語研究 41（白帝社）

〖01789〗方美麗　　（1999）カテゴリカルな意味「日中對照研究の
　　　　　　　　　視點から」，國文學解釋と鑑賞 1 月號（至文堂）

〖01790〗龔黔林　（1999）日中兩國語の可能表現について——自動詞の可能表現を中心に, 神戸女學院大學論集 45（3）

〖01791〗保坂律子　（1999）隔たりはどう表現されているか——認知的觀點から見た中國語表現, お茶の水女子大学中國文學會報 18

〖01792〗牧野美奈子　（1999）「可能不可能」とその周邊, 中國語學 246

〖01793〗町田茂　（1999）動詞句連接における名詞・動詞の無形化と推論, 中國語學 246

〖01794〗町田茂　（1999）現代中國語の動詞句連接及び主語・主題, 山梨大學教育人間科學研究報告 49（1）

〖01795〗松村文芳　（1999）名詞中心の統語論（2）, 神奈川大學人文研究 135

〖01796〗村上信貴　（1999）數量詞（quantifier）の否定に關する考察, 中國語學 246

〖01797〗村松惠子　（1999）現代中國語における「我」と「你」（2）, 名城大學人文紀要（3）

〖01798〗村山洋子　（1999）場所目的語における動作と目的語の關係について, お茶の水女子大学中國文學會報 18

〖01799〗望月八十吉　望月圭子　（1999）いわゆる「多主語構文」の日中語對照, 現代中國語研究論集（中國書店）

〖01800〗森宏子　（1999）「這項工作由我負責」——介詞「由」の意味機能再考, 大阪市立大學中國學志大有號

〖01801〗森中野枝　（1999）中國語の程度副詞「挺」について, 中國語學 246

〖01802〗安井二美子　（1999）「把」構文述部における必要條件, 中國語學 246

〖01803〗山口直入　（1999）「V 在+L」構文の他動性について, 中
　　　　　　　　　國語學 246

〖01804〗山田留里子　（1999）雙音節形容詞作狀語與補語, 中國語
　　　　　　　　　研究 41（白帝社）

〖01805〗余　維　　（1999）空間指示的語用對比分析——以日漢
　　　　　　　　　現場指示對比分析為中心, 現代中國語研究論
　　　　　　　　　集（中國書店）

〖01806〗楊光俊　　（1999）關于「着」表示動作結果的存續, 櫻美
　　　　　　　　　林大學中國文學論叢 24

〖01807〗楊德峰　　（1999）也說「時間」和「時候」, 中國語研究
　　　　　　　　　41（白帝社）

〖01808〗吉田妙子　（1999）副詞「もう」が呼び起こす情意性——
　　　　　　　　　中國語話者の「もう」の使用に於ける母語干
　　　　　　　　　涉, 日本語教育 101（日本語教育學會）

〖01809〗劉勛寧　　（1999）「做」和「作」, 現代中國語研究論集
　　　　　　　　　（中國書店）

〖01810〗梁　紅　　（1999）中國語の結果相（resultative）とパ
　　　　　　　　　ーフェクト（perfect）, 中國語學 246

〖01811〗梁曉虹　　（1999）試論無著道忠對近代漢語虛詞研究的
　　　　　　　　　貢獻, 愛知縣立大學外國語學部紀要言語·文
　　　　　　　　　學編

〖01812〗和田安正　（1999）共同研究中國語文法學に関する一考
　　　　　　　　　察, アジア文化研究 6　（國際アジア文化學
　　　　　　　　　會）

〖01813〗渡邊麗玲　（1999）助動詞「能」與「會」的句法語義分析
　　　　　　　　　——以表示能力與可能性為中心, 現代中國語
　　　　　　　　　研究論集（中國書店）

1998 年

〖01814〗相原茂　　（1998）〈書評〉大河內康憲教授退官紀念論文
　　　　　　　　　集刊行會編『大河內康憲教授退官紀念中國語

學論文集』——日本の中國語學の今を代表す
る論文集, 東方 203（東方書店）

〖01815〗相原茂　　（1998）中國語の類義表現,『現代中國語學へ
の視座——新シノロジー・言語篇』（東方書
店）

〖01816〗秋山淳　　（1998）語彙概念構造と動補複合動詞, 中國語
學 245

〖01817〗秋山淳　　（1998）中國語の「述補」複合動詞形成, 北方
人 6（北九州大學中國言語文化研究會）

〖01818〗石村廣　　（1998）動補動詞の認知的視點, 中國文化（中
國文化學會）56

〖01819〗一木達彥　（1998）時間を表す成分の談話文法的意味と否
定の焦點, 北方人 6（北九州大學中國言語文化
研究會）

〖01820〗伊藤加奈子　（1998）「有」の談話的機能, 中國語學 245

〖01821〗井上優　黃麗華　（1998）日本語と中國語の省略疑問文「α
ハ？」「α呢？」, 國語學 192

〖01822〗今井敬子　（1998）中國語の因果表現——談話におる選擇
要因について——（Ⅰ）, 靜岡大學人文學部人
文論集 49（Ⅰ）

〖01823〗于克勤　　（1998）「點」及び「一點」、「有點」の用法
についての檢討, 大阪產業大學論集 96（人文
科學編）

〖01824〗鵜殿倫次　（1998）「とりたて」と「焦點」, 中國語學 245

〖01825〗達藤雅裕　（1998）中國語の動作動詞「提」と「挈」をめ
ぐって, 中央大學論集 19

〖01826〗達藤光曉　（1998）中國語のエッセンス（1）, 中國語 4
月號（內山書店）

〖01827〗達藤光曉　（1998）中國語のエッセンス（2）, 中國語 5
月號（內山書店）

〖01828〗達藤光曉　　（1998）中國語のエッセンス（3），中國語 6
月號（内山書店）

〖01829〗達藤光曉　　（1998）中國語のエッセンス（4），中國語 7
月號（内山書店）

〖01830〗達藤光曉　　（1998）中國語のエッセンス（5），中國語 8
月號（内山書店）

〖01831〗達藤光曉　　（1998）中國語のエッセンス（6），中國語 9
月號（内山書店）

〖01832〗達藤光曉　　（1998）中國語のエッセンス（7），中國語 10
月號（内山書店）

〖01833〗達藤光曉　　（1998）中國語のエッセンス（8），中國語 11
月號（内山書店）

〖01834〗達藤光曉　　（1998）中國語のエッセンス（9），中國語 12
月號（内山書店）

〖01835〗王亞新　　　（1998）「姜是老的辣」等句式的語義特徵，中
國語學 245

〖01836〗王學群　　　（1998）中國語の「V着」について，千葉商科
大學國府臺學會千葉商大紀要 36（Ⅰ）

〖01837〗王　森　　　（1998）『老乞大』『朴通事』的融合式「把字
句」，中國語研究 40（白帝社）

〖01838〗大瀧幸子　　（1998）離合詞に「這個/那個」を插入した合
成語擴張形式について(一)——その擴張意義
と文法的意義特徵の分析，金澤大學文學部中
國語學中國文學教室紀要第 2 輯

〖01839〗大西克也　　（1998）「殹」「也」の交替——六國統一前後
に於ける書面語言語の一側面，中國出土資料
研究第二號

〖01840〗小川文昭　　（1998）重ね型動詞について，明治大學外國語
教育研究所紀要 8

〖01841〗屋上圭介　木村英樹　西村義樹　（1998）二重主語とその
　　　　　　周邊——日中英對照, 言語 27（11）（大修館
　　　　　　書店）

〖01842〗小野秀樹　（1998）中國語の比較文, 中國語學 245

〖01843〗何群雄　（1998）キリスト教宣教師による中國語文法研
　　　　　　究——19 世紀イギリス・プロテスタント系を
　　　　　　中心に, 異文化交流と近代化——京都國際セ
　　　　　　ミナー一九九六（大空社）

〖01844〗何群雄　（1998）ロバート・モリソンとの『通用漢言
　　　　　　文法』, 一橋研究 23（4）

〖01845〗郭雲輝　（1998）中國語における限定動詞・無限界動
　　　　　　詞とアスペクトとの關係, おちゃの水女子大
　　　　　　學中國文學會報 17

〖01846〗木村裕章　（1998）中國語における文中の焦點について,
　　　　　　熊本大學園大學文學・言語論文集 5（2）

〖01847〗木村裕章　（1998）中國語の主題文と目的語前置文, 北方
　　　　　　人 6（北九州大學中國言語文化研究會）

〖01848〗胡金定　（1998「比」構文における「更」「還」, 阪南
　　　　　　論集人文・自然科學編 33（4）

〖01849〗呼美蘭　（1998）「V 了 0 了」の表現形式におけるモダ
　　　　　　リティ, 大阪産業大學論集 94（人文科學編）

〖01850〗呼美蘭　（1998）「V 了 OB」の使用狀況とその意味, 中
　　　　　　國語 9 月號（內山書店）

〖01851〗吳念聖　（1998）反補語論——共導動詞の提倡——, 法
　　　　　　政大學教養部紀要 103

〖01852〗小林立　（1998）中國語における中心語分析と IC 分析,
　　　　　　香川大學經濟論叢 70（4）

〖01853〗小林立　（1998）中國語の文法體系, 香川大學經濟論叢
　　　　　　71（1）

〖01854〗小林立　（1998）中國語における形式と意味, 香川大學
　　　　　　經濟論叢 71（2）

〖01855〗讚井唯允　（1998）中國語形容詞の連體修飾用法——漢語
　　　　　　　　形容詞作定語——, 東京都立大學人文學部人
　　　　　　　　文學報 292

〖01856〗讚井唯允　（1998）中國語の「文終止」とコンテクスト性,
　　　　　　　　『現代中國語學への視座——新シノロジー·言
　　　　　　　　語篇』（東方書店）

〖01857〗島田亞寶　（1998）方向動詞及び方向補語に關する一考
　　　　　　　　察, 東京外國語大學中國言語文化論叢第 2 集

〖01858〗下地早智子　（1998）方向補語と目的語の語順について,
　　　　　　　　東京都立大學人文學部人文學報 292

〖01859〗朱繼征　（1998）中國語の進行相について, 中國語學
　　　　　　　　245

〖01860〗周　剛　（1998）關聯詞語的套用, 中國語學 245

〖01861〗沈　力　（1998）淺述漢語動詞的分離, 中國語學 245

〖01862〗杉村博文　（1998）文法——データ·分析·記述·生成,
　　　　　　　　『現代中國語學への視座——新シノロジー·言
　　　　　　　　語篇』（東方書店）

〖01863〗杉村博文　（1998）論壇：イヌとワンピースと好漢, 中國
　　　　　　　　語 2 月號（內山書店）

〖01864〗杉村博文　（1998）類語義のニュアンス：「很…」「…得
　　　　　　　　很」, 東方 214（東方書店）

〖01865〗杉山一也　劉綺紋　（1998）中國語動詞のアスペクチュ
　　　　　　　　アルな意味の分析, 岐阜經濟大學論集 32（2）

〖01866〗鈴木祥史　（1998）中國語の助動詞の位置, 立命館言語文
　　　　　　　　化研究 9（5）（6）

〖01867〗鈴木常勝　（1998）主體でない方語、亂反射する動詞の意
　　　　　　　　味——中國語のわかりにくさは、どこから来
　　　　　　　　るのか, 大阪産業大學論集 94（人文科學編）

〖01868〗成春有　（1998）中日動詞的幾個特徵——中日語言對照
　　　　　　　　研究——, 櫻美林大學中國文學論叢 23

〖01869〗張　勤　　（1998）策動的言語行為の遂行のストラテジー
　　　　　　　　　　──中國語と日本語との對照を中心に──,
　　　　　　　　　　中京大學社會科學研究所社會科學研究 18（2）

〖01870〗張佩霞　　（1998）用言續中國語「的」日本語準體助詞用
　　　　　　　　　　法中心, 千葉大學人文學部國語國文學會語文
　　　　　　　　　　論叢 25

〖01871〗田　禾　　（1998）「了」の問題について, お茶の水女子
　　　　　　　　　　大學中國文學會報 17

〖01872〗中川正之　（1998）モノとコトの日中英對照 ──とくに
　　　　　　　　　　日本語の「モノ」と中國語の「的」と英語の
　　　　　　　　　　「er」をめぐって,『現代中國語學への視座
　　　　　　　　　　──新シノロジー・言語篇』（東方書店）

〖01873〗野田耕司　（1998）現代中國語における材料格について,
　　　　　　　　　　中國語學 245

〖01874〗中川千枝子　（1998）類義語のニュアンス：「差不多…了」
　　　　　　　　　　「快…了」「都…了」, 東方 210（東方書店）

〖01875〗馬清華　　（1998）漢語祈使句理論本質, 中國語研究 40
　　　　　　　　　　（白帝社）

〖01876〗服部元彦　楊劍橋　（1998）當代中國語文的使用規範及其
　　　　　　　　　　不足, 京都外國語大學研究論叢 51

〖01877〗原由起子　（1998）「從」──來源を表すものとして, 姫
　　　　　　　　　　路獨協大學外國語學部紀要 11

〖01878〗針谷壯一　（1998）介詞句「對～」と副詞「都」の位置に
　　　　　　　　　　ついて, 東京外國語大學中國言語文化研究會
　　　　　　　　　　中國言語文化論叢第 2 集

〖01879〗菱沼透　　（1998）形容詞「好」の意味と言語的・社會的
　　　　　　　　　　條件, 創大中國論集 1

〖01880〗成井勝利　成戸浩嗣　（1998）「在Ｖ」と「Ｖ着」の使い
　　　　　　　　　　分け, 名古屋大學言語文化部言語文化論集 19
　　　　　　　　　　（2）

〖01881〗藤田糸惠　　（1998）中國語の中立受け身文と被害受け身文, お茶の水女子大學中國文學會報 17

〖01882〗保坂律子　（1998）「離」が表す時間的「隔たり」, お茶の水女子大學中國文學會報 17

〖01883〗町田茂　　（1998）現代中國語連動式の成立條件, 流通經濟大學論集 32（4）

〖01884〗松村文芳　（1998）「名詞中心の統語論」と「語素の分布規則」,『現代中國語學への視座──新シノロジー・言語篇』（東方書店）

〖01885〗松村文芳　（1998）現代文法を考える──屬性と個體と意味特徵, しにか 5 月號（大修館書店）

〖01886〗松村文芳　（1998）文法講座：形容詞の意味上の役割, 中國語 1 月號（內山書店）

〖01887〗松村文芳　（1998）文法講座：方向動詞「來」「去」の意味上の役割, 中國語 2 月號（內山書店）

〖01888〗松村文芳　（1998）文法講座：動態助助詞「着」の意味上の役割, 中國語 3 月號（內山書店）

〖01889〗萬清華　　（1998）說「兒」, 神奈川大學人文學會人文研究 134

〖01890〗三宅登之　（1998）ある種の場所實語の動詞との意味關係について, 東京外國語大學論集 56

〖01891〗村松惠子　（1998）談話の視點からみた現代中國語の代名詞「它」, 名古屋大學中國語學文學論集第 10 輯

〖01892〗森宏子　　（1998）「從」の空間認識, 中國語學 245

〖01893〗森宏子　　（1998）目的表現の多樣性──情報構造の視點から, 大阪市立大學中國學志否號

〖01894〗森中野枝　（1998）中國語の副詞「倒」について, 中國語學 245

〖01895〗山口直人　（1998）研究ノート：「V+L」構文の動態・靜
　　　　　　　　態と自・他轉換――語彙概念構造の觀點から,
　　　　　　　　北方人6（北九州大學中國言語文化研究會）

〖01896〗山崎直樹　（1998）類義語のニュアンス：「在V・V着」,
　　　　　　　　東方212（東方書店）

〖01897〗山添秀子　（1998）「V個O」形式における「個」の意味
　　　　　　　　的・文法的機能,中國語學245

〖01898〗山田忠司　（1998）機能語「給」の用法について――老舍
　　　　　　　　作品をコーパスとして――,東京外國語大學
　　　　　　　　中國言語文化研究會中國言語文化論叢第2集

〖01899〗山田留里子　（1998）中國語から日本語に翻譯される際の
　　　　　　　　いくつかの考察,中國語研究40（白帝社）

〖01900〗山田留里子　（1998）現代中國二音節形容詞の狀語と補語
　　　　　　　　について,下關市立大學論集第42卷

〖01901〗楊凱榮　（1998）「好+數量詞」の意味機能,中國語學
　　　　　　　　245

〖01902〗餘　維　（1998）人稱指示的語用對比分析――漢外對比
　　　　　　　　語用學的嘗試,關西外國語大學研究論叢68

〖01903〗楊光俊　（1998）關於「沒V」之後出現「了」的兩句式
　　　　　　　　――漢語形容詞作定語――,櫻美林大學中國
　　　　　　　　文學論叢23

〖01904〗楊德峰　（1998）口語中述語與補語之間的易位現象,中
　　　　　　　　國語研究40（白帝社）

〖01905〗芳澤ひろ子　（1998）動作の對象を導く「向」と「對」,
　　　　　　　　お茶の水女子大學中國文學會報17

〖01906〗李　珊　（1998）漢語短時體重疊動詞源流考,中國語學
　　　　　　　　245

〖01907〗李冬梅　（1998）性質形容詞謂語句的是非疑問句和正反
　　　　　　　　疑問句,東京外國語大學中國言語文化研究會
　　　　　　　　中國言語文化論叢第2集

〖01908〗陸儉明　　　（1998）現代漢語時量詞説略, 姬路獨協大學外
　　　　　　　　　　　國語學部紀要 11

〖01909〗劉蘭英　　　（1998）語境與詞, 京都外國語大學研究論叢 50

1996 年

〖01910〗荒川清秀　　（1996）〈書評〉『文法講義』（朱德熙著 杉
　　　　　　　　　　　村博文·木村英樹譯白帝社）, 中國圖書 4 月號
　　　　　　　　　　　（内山書店）

〖01911〗荒屋勧　　　（1996）〈書評〉張靜教授の中國語學『語言、
　　　　　　　　　　　語用、語學』, 東方 180（東方書店）

〖01912〗荒川清秀　　（1996）日本語と中國語移動動詞, 愛知大學外
　　　　　　　　　　　語研紀要 22

〖01913〗荒川清秀　　（1996）日本語學と對照言語學——中國語の對
　　　　　　　　　　　照, 日本語學 7（明治學院）

〖01914〗荒川清秀　　（1996）〔Q&A〕選擇疑問文はどこをくりかえ
　　　　　　　　　　　す, 中國語 5 月號（内山書店）

〖01915〗荒川清秀　　（1996）〔Q&A〕「住在北京一年了」おかしい？,
　　　　　　　　　　　中國語 11 月號（内山書店）

〖01916〗岩本眞理　　（1996）比喩構造と形容詞——後置比喩詞との
　　　　　　　　　　　共置を中心に（2）, 人文研究 48（大阪市立
　　　　　　　　　　　大學文學部）

〖01917〗鵜殿倫次　　（1996）中國語名詞の語順と類型論, 愛知大學
　　　　　　　　　　　外語研紀要 21

〖01918〗鵜殿倫次　　（1996）「領名詞＋介詞構造＋的」定語をもつ
　　　　　　　　　　　名詞句, 中國語學 243（日本中國語學會）

〖01919〗遠藤雅裕　　（1996）中國語動作動詞のネットワーク「特つ」
　　　　　　　　　　　類「拿」類を中心に一, 早稲田大學學院文學研
　　　　　　　　　　　究科紀要 42 第 2 分冊

〖01920〗王占華　　　（1996）處處短語句的蘊涵「在」的隱現, 人文研
　　　　　　　　　　　究 48 第 11 分冊（大阪市立大學）

〖01921〗大島吉郎　（1996）「動・到」と「動・着」の分部について（四）―巴金著『家』を中心に―, 大東文化大學紀要 34

〖01922〗大瀧幸子　（1996）時間と距離に關する中國語形容詞の意味分析, 中國語學中國文學教師紀要 1（金澤大學文學部）

〖01923〗小川郁夫　（1996）「上星期」「這星期」「下星期」について, 下關市立大學論集第 39 卷第 2、3 合併號

〖01924〗溫云水　（1996）現代漢語的敬体問題, 開篇 VOL. 14（好文出版）

〖01925〗加藤阿幸　（1996）従日中難譯表述方式看日語及漢語潛性現象, 中國文學研究 22（早稻田大學中國文學會）

〖01926〗加藤晴子　（1996）「了」「着」による中國語動詞の分類とその日本語への対応, 明海大學外國語學部論集 9

〖01927〗神谷修　（1996）試論「打」従動詞到動詞前綴的發展, 言語文化論集第 XVII 卷第 2 號（名古屋大學言語文化部）

〖01928〗川端加代　（1996）「要不」の意味と用法―「否則」との比較から―, 中國語學 243（日本中國語學會）

〖01929〗北岡正子　（1996）鳥居克之著『中國文法學説史』を讀む（上）, 中國文藝研究會報 174

〖01930〗北岡正子　（1996）鳥居克之著『中國文法學説史』を讀む（中）, 中國文藝研究會報 175

〖01931〗北岡正子　（1996）鳥居克之著『中國文法學説史』を讀む（下）, 中國文藝研究會報 176

〖01932〗木村裕章　（1996）中國語における定名詞語句の限定性について, 中國語 7 月號（内山書店）

〖01933〗木村裕章　（1996）「把」字句と目的語前置文の比較分析, 中國語學 243（日本中國語學會）

〖01934〗玄幸子　　　（1996）『生経』語法都記, 人文科學研究 92（新
　　　　　　　　　　　潟大學人文學部）

〖01935〗玄宜青　　　（1996）〔Q&A〕推量を表す副詞, 中國語 7 月號
　　　　　　　　　　　（内山書店）

〖01936〗呉念聖　　　（1996）類似文型の比較研究一「吃飯考」と「進
　　　　　　　　　　　門考」「讓學生背」と「把書放在桌子上」,
　　　　　　　　　　　政法　大學教養學部紀要 95

〖01937〗呉念聖　　　（1996）論黎錦熙・劉世儒『漢語語法教材』的補
　　　　　　　　　　　語觀——以田章的漢語課文『中國語基礎文法』
　　　　　　　　　　　對照, 語研フォーラム 4（早稻田大學語學研究
　　　　　　　　　　　所）

〖01938〗佐々木勳人　（1996）「被、給」と「把、給強調」の「給」
　　　　　　　　　　　再考, 中國語學 243　　（日本中國語學會）

〖01939〗佐藤富士雄　（1996）〈書評〉守屋宏則著『やさしく詳し
　　　　　　　　　　　い中國語文法法の基礎』, 東方 178（東方書店）

〖01940〗讚井唯允　　（1996）文法講座アスペクトとテンス, 中國語
　　　　　　　　　　　4 月號（内山書店）

〖01941〗讚井唯允　　（1996）文法講座アスペクト助詞「了」と語氣
　　　　　　　　　　　助詞「了」, 中國語 5 月號（内山書店）

〖01942〗讚井唯允　　（1996）文法講座語氣助詞「呢」時間副詞「在」
　　　　　　　　　　　およびアスペクト助詞「着」, 中國語 6 月號（内
　　　　　　　　　　　山書店）

〖01943〗讚井唯允　　（1996）文法講座結果補語・方向補語とアクチ
　　　　　　　　　　　ォンスアルト（1）, 中國語 7 月號（内山書店）

〖01944〗讚井唯允　　（1996）文法講座結果補語・方向補語とアクチ
　　　　　　　　　　　ォンスアルト（2）, 中國語 8 月號（内山書店）

〖01945〗讚井唯允　　（1996）文法講座可能補語, 中國語 9 月號（内
　　　　　　　　　　　山書店）

〖01946〗讚井唯允　　（1996）文法講座助動詞「能、會、可以」, 中
　　　　　　　　　　　國語 10 月號（内山書店）

〖01947〗讚井唯允　（1996）文法講座状態補語の意味と用法, 中國語 11 月號（内山書店）

〖01948〗讚井唯允　（1996）文法講座数量補語と目的語の語順, 中國語 12 月號（内山書店）

〖01949〗澤田啓二　（1996）「相信」「信」「不能相信」について, 外國語教育(17)理論と實踐ー22（天理大學外國語教育センター）

〖01950〗讚井唯允　（1996）「動量補語」の語彙及び分布の歴史的変遷, 人文學報 273（東京都立大學人文學部）

〖01951〗史有爲　（1996）小句和小句本位, 中國語研究 38（白帝社）

〖01952〗周農　（1996）「喻之多邊」與語用誤區, 中國語研究 38（白帝社）

〖01953〗周國強　（1996）漢語量詞的形象性和形象修辭色彩, 語學研究 82（拓殖大周語學研究所）

〖01954〗荀春生　（1996）對「道」和「這個」的考察, 言語文化論究 7（九州大學言語文化部）

〖01955〗沈　力　（1996）談漢語的使役句和被動句的結構, 中國語學 243（日本中國語學會）

〖01956〗宋玉柱　（1996）論存在句系列, 中国語研究 38（白帝社）

〖01957〗曹德和　（1996）隱語詞彙構造規律探津, 中国語研究 38（白帝社）

〖01958〗高橋彌守彦　（1996）個體量詞「個」における若干の問題, 語學教育研究論業 13（大東文化大學語學教育研究所）

〖01959〗竹島毅　（1996）原因使役文について, 語學教育研究論業 13（大東文化大學語學教育研究所）

〖01960〗張習東　（1996）漢語的過去時與「了」, 語學教育研究論業 13（大東文化大學語學教育研究所）

〖01961〗張　勤　（1996）現代中國語の明示的言語行爲について, 中國語學 243（中國語學）

〖01962〗張燕春　　（1996）「V＋上/下」的語義，語法分析，中國語研究 38（白帝社）

〖01963〗張　健　　　（1996）試析建安賦中的購詞現象，中國語學 243（日本中國語學）

〖01964〗陳力衛　　（1996）現代漢語における連用修辭の語構成について，目白學園女子短期大學研究紀要 33

〖01965〗董志堯　　（1996）關於近代漢語指代詞的幾點思考，中國語研究 38（白帝社）

〖01966〗内藤正子　（1996）形容詞論──STATIVE VERBS の効用一，中國語學 243（日本中國語學會）

〖01967〗成户浩嗣　（1996）中國語「在」と日本語「カラ」の対照研究，岐阜經濟大學論集 30　第 2 號

〖01968〗西山猛　　（1996）上古漢語における指示詞「彼」の他稱詞としての用法，九州中國學會報 34

〖01969〗濱口英樹　（1996）中國語の節と文の構造について，中國語學 243（日本中國語學）

〖01970〗林原文子　（1996）「處置式（把字句）」の「處置」とは何か，關西外國語大學研究論集

〖01971〗針谷壯一　（1996）介詞の下位分類について，中國語學 243（日本中國語學會）

〖01972〗平井勝利　成户浩嗣　（1996）動作の結果としての存在を表す表現，言語文化論集第 XVII 卷第 1 號（名古屋大學言語文化部）

〖01973〗平井勝利　成户浩嗣　（1996）移動動作の場所を示す「從」と補語をうける「ヲ」の日中対照，言語文化論集第 XVII 卷第 2 號（名古屋大學言語文化部）

〖01974〗文楚雄　　（1996）中國語の目的語の位置，研究文化研究 7 卷 5、6 合併號（立命舘大學國際言語文化研究所）

〖01975〗馬眞　平井和之譯　（1996）実用文法講座文（1）複，中國語 1 月號（内山書店）

〖01976〗馬眞　平井和之譯　（1996）実用文法講座文（2）複,中國語2月號（内山書店）

〖01977〗馬眞　平井和之譯　（1996）実用文法講座文能用（3）複,中國語3月號（内山書店）

〖01978〗馬鳳如　（1996）漢語否定詞「不」和「没」使用,山口縣立大學國際文化學科紀要

〖01979〗牧野美奈子　（1996）「是～的」の意味と形,人文學報273（東京都立大學人文學部）

〖01980〗牧野美奈子　（1996）〔論壇〕「是～的」の意味再考,中國語2月號（内山書店）

〖01981〗丸尾誠　（1996）動作の重ね型について―動作者•話者の表現意圖との關連において,中國語學243（日本中國語學會）

〖01982〗宮本厚子　（1996）現代中國語可能表現の否定形,東京外國語大學大學院言語地域文化研究2

〖01983〗宮田一郎　（1996）〔中國語入門〕発音、ローマ字、漢字,中國語4月號（内山書店）

〖01984〗宮田一郎　（1996）〔中國語入門〕動詞文をめぐって,中國語5月號（内山書店）

〖01985〗宮田一郎　（1996）〔中國語入門〕形容詞文、疑問型のいろいろ,中國語6月號（内山書店）

〖01986〗宮田一郎　（1996）〔中國語入門〕完了や変化など,中國語7月號（内山書店）

〖01987〗宮田一郎　（1996）〔中國語入門〕進行、持続、過去の経験,中國語8月號（内山書店）

〖01988〗宮田一郎　（1996）〔中國語入門〕助動詞文をめぐって,中國語9月號（内山書店）

〖01989〗宮田一郎　（1996）〔中國語入門〕比較文をめぐって,中國語10月號（内山書店）

〖01990〗宮田一郎　（1996）〔中國語入門〕移動と方向をめぐって,中國語11月號（内山書店）

〖01991〗宮田一郎　（1996）〔中國語入門〕動作と結果など, 中國語 12 月號（内山書店）

〖01992〗森宏子　（1996）比較文に現れる「要」について, 中國語學 243（日本中國語學會）

〖01993〗山添秀子　（1996）〔論壇〕「看看」と「看一看」の語用論的考察, 中國語 9 月號（内山書店）

〖01994〗山田留里子　（1996）狀語と定語になる現代中國語の二者節形容詞について一修飾語としての移動を中心に, 中國語研究 38（白帝社）

〖01995〗山根眞太郎　（1996）古代漢語の使役文における「之」をめぐって, 中國語學 243（日本中國語學會）

〖01996〗山口直人　（1996）反復疑問句文と副詞の共起に關する一考察, 中國語學 243（日本中國語學會）

〖01997〗由本樹子　（1996）中國語話者と日本人の日本語による「誤解」一断りの表現を中心に一, 神田外語大學大學院紀要言語科學研究第 2 號

〖01998〗楊德峰　（1996）試論「把」字句中狀語的位置, 岡山大學文學部紀要 26

〖01999〗楊立明　（1996）間接疑問句的韻律特徵和語氣助詞的關係, 中國語學 243（日本中國語學會）

〖02000〗李　明　（1996）日語「～ている」與漢語「正在」「着」之比較, 中國語研究 38（白帝社）

〖02001〗陸儉明　守屋宏則譯　（1996）〈書評〉いま中國で注目の結合價文法研究『現代漢語配價法研究』紹介, 東方 187（東方書店）

〖02002〗劉　虹　（1996）漢語會話中的對答結構類型, 京都女子大學人文論業 44

〖02003〗魯曉琨　（1996）「V 完」和「V 好」, 中國語學 243（日本中國語學會）

〖02004〗六谷康朗　（1996）〔論壇〕程度目的語の意味と用法, 中國語 6 月號（内山書店）

1995 年

〖02005〗相原茂　　　（1995）中國語法助動詞の否定形式, お茶の水
　　　　　　　　　　　女子大學中國文學會報 14

〖02006〗荒川清秀　　（1995）中國語の狀態動詞, 語學研究大會論集
　　　　　　　　　　　3（大東文化大學語學教育研究所）

〖02007〗荒川清秀　　（1995）〔Q&A〕狀態補語と結果補語, 中國語
　　　　　　　　　　　11 月號（内山書店）

〖02008〗石田和子　　（1995）現代中國語における「諾否疑問文」の
　　　　　　　　　　　應答表現, お茶の水女子大學中國文學會報 14

〖02009〗伊藤加奈子　（1995）中國語の主題について, お茶の水女
　　　　　　　　　　　子大學中國文學會報 14

〖02010〗岩本眞理　　（1995）比喩構造と形容詞——後置比喩詞との
　　　　　　　　　　　共起を中心に, 人文研究（大阪市立大學會）47
　　　　　　　　　　　～3

〖02011〗汪玉林　　　（1995）略談漢語敬語, 大東文化大學語學研究
　　　　　　　　　　　所研究論叢 12

〖02012〗王占華　　　（1995）從「對 X 有 Y」的格式看分布的異類互
　　　　　　　　　　　補, 中國語學 242（日本中國語學會）

〖02013〗王有芬　　　（1995）從「把」字結構的思維過程入手、結合
　　　　　　　　　　　語境教「把」字結構, 京都外國語大學研究論叢
　　　　　　　　　　　45

〖02014〗大島吉郎　　（1995）「動・到」と「動・着」の分布につ
　　　　　　　　　　　いて（3）——『水滸傳』を中心に, 大東文化
　　　　　　　　　　　大學紀要 33

〖02015〗大瀧幸子　　（1995）中國語入門: 動詞を述語とする述補構
　　　　　　　　　　　造（2、3）, 中國語 1、2 月號（内山書店）

〖02016〗大瀧幸子　　（1995）中國語入門: 構造と構造の比較, 中國
　　　　　　　　　　　語 3 月號（内山書店）

〖02017〗大瀧幸子　　（1995）中國語に於ける連體修飾統合型と主述
　　　　　　　　　　　統合型の文法的意義特徵——形容詞と名詞の

組み合わせからの分析, 金澤大學文學部論集 15

〖02018〗大瀧幸子　（1995）述語補語統合型の統合意義特徵——動詞と形容詞との組み合わせを對象として, 東洋文化研究所紀要 128

〖02019〗加藤晴子　（1995）狀語的意義和狀語在「把」字句中的位置, 中國語學 242（日本中國語學會）

〖02020〗金谷順子　（1995）「數詞+動量詞次」が狀語になる場合についての一考察, 中國文化 53

〖02021〗加納光　平井勝利　（1995）現代中國語の持續相・進行相を表す「V 着」と「在 V」の使い分け, 四日市大學論集 7～2

〖02022〗加納光　平井勝利　（1995）現代中國語の動補形式「VR」と「V 得 R」の使い分け, 四日市大學論集 8～1

〖02023〗郭春貴　（1995）日中兩國語の數量詞の用法の相違——日本人學習者の誤用例から, 廣島修道大學人文學會論集 35～2 人文編

〖02024〗桂小蘭　（1995）漢語慣用句の形式における修辭格の役割, 帝塚山學院大學中國文化論叢 4

〖02025〗神田弘慶　（1995）東アジア語の「漢數詞」の形態——その相違を探求しつつ——, 福岡大學總合研究所報告 173

〖02026〗勒衞衞　（1995）中國語の「V+起・來」をめぐって——日本語との對照研究（續）, 愛知大學文學論叢 108

〖02027〗勒衞衞　（1995）漢日語中數量短語的對應關係, 外語研紀要 19（愛知大學）

〖02028〗邢福義　（1995）選擇問句群與前引特指問的同指性變層加合, 中國語研究 37（白帝社）

〖02029〗玄宜青　（1995）〔Q&A〕「不是～嗎」と「是不是～」, 中國語 7 月號（内山書店）

〖02030〗玄幸子　　（1995）〔賢愚經〕に於ける——「與」の用法
　　　　　　　　　について——口語史研究への一試論, 関西大
　　　　　　　　　學中國文學會紀要 16

〖02031〗顧盤明　　（1995）日語「の」與漢語「的」——兼及「…
　　　　　　　　　のだ」與「是…的」, 中國語研究 37（白帝社）

〖02032〗黄名時　呂英傑　（1995）關於助詞「了」的語義・語用
　　　　　　　　　淺説, 名古屋學院大學外國語學部論集 7～1

〖02033〗佐藤富士雄　（1995）中國語反復疑問文の構造とその教授
　　　　　　　　　法, 中央大學論集 16

〖02034〗史有爲　　（1995）完句與完句標志, 語學研究大會論集 3
　　　　　　　　　（大東文化大學語學教育研究所）

〖02035〗史有爲　　（1995）漢語詞類柔性處理試談, 大阪外國語大
　　　　　　　　　學論集 12

〖02036〗史有爲　　（1995）效率單位: 語素和短語之間「回到起點」
　　　　　　　　　的思考, 大阪外國語大學論集 14

〖02037〗朱繼征　　（1995）中國語の「助動詞+動詞」と否定——
　　　　　　　　　「不」と「沒」の文法的使い分けと意味的分析
　　　　　　　　　を中心に, 中國語學 242（日本中國語學會）

〖02038〗杉天泰史　（1995）「中國語における語順の變化」をめぐ
　　　　　　　　　る議論, 明海大學教養論文集 7

〖02039〗杉村博文　（1995）這頃子這匹子!——「這」による指示
　　　　　　　　　の諸相, 中國語 6 月號（內山書店）

〖02040〗杉村博文　（1995）中國語における動詞・形容詞の承前
　　　　　　　　　形式, 語學研究大會論集 3（大東文化大學語學
　　　　　　　　　教育研究所）

〖02041〗高橋彌守彥　（1995）場所語における 3 つの問題點, 語學
　　　　　　　　　教育研究論叢 12（大東文化大學）

〖02042〗竹島毅　　（1995）「兼語文」の範圍と問題點, 大東文化
　　　　　　　　　大學紀要 33

〖02043〗張艶宇　　（1995）中國語の「被動文」の分類についての
　　　　　　　　　　再檢討——日本語受け身文との關連を中心に
　　　　　　　　　　——, 現代社會文化研究 3（新潟大學）

〖02044〗張慶雲　張志毅　（1995）語法面から見た同義語の差異,
　　　　　　　　　　中國語 1 月號（內山書店）

〖02045〗陳文芷　　（1995）零主語——漢日比較, 漢學研究 33

〖02046〗苞山武義　（1995）現代中國語におけるモダリティの表現
　　　　　　　　　　體系, 北九州大學學院紀要 9

〖02047〗苞山武義　（1995）「V 得 R」結果補語の分類と構造, 中國
　　　　　　　　　　語學 242

〖02048〗丁伊勇　　（1995）胡以魯の漢語構造論·文法編——『國
　　　　　　　　　　語學草創』の意義, 中國語學 242

〖02049〗鄭新培　　（1995）淺談日語長句中譯法, 大東文化大學紀
　　　　　　　　　　要 33（人文科學）

〖02050〗豊嶋裕子　（1995）中國語の「命令文」に關して, 中國語
　　　　　　　　　　7 月號（內山書店）

〖02051〗戶則市子　（1995）「在 V」における「在」のモダリティ
　　　　　　　　　　性: 事象敍述命題實現中の述部取り立て, お茶
　　　　　　　　　　の水女子大學中國文學會報 14

〖02052〗鳥井克之　（1995）中國語文法學説史, 関西大學文學論集
　　　　　　　　　　44

〖02053〗引山武義　（1995）「V 得 R」結果補語の分類と構造, 中國
　　　　　　　　　　語學 242

〖02054〗中川千枝子　（1995）漢語並列構造における接續詞と副詞
　　　　　　　　　　の接續機能, 中國語學 242

〖02055〗中川裕三　（1995）中國語の文法形式と結果含意, 中國語
　　　　　　　　　　學 242

〖02056〗馬清華　　（1995）論漢語祈使句的特徵問題, 岡山大學文學
　　　　　　　　　　部紀要 23

〖02057〗原田壽美子　（1995）中國語の受動態について——主語の
　　　　　　　　　　選擇の觀點からの問題提起, 名古屋學院大學

外國語學部論集 6～2

〖02058〗馮寶珠　（1995）「兼語式」構文について, 中國語學 242
（日本中國語學會）

〖02059〗平井勝利　成戶浩嗣　（1995）身體部分變現の日中對照,
言語文化論集
15～2（名古屋大學）

〖02060〗平井勝利　成戶浩嗣　（1995）所謂存在變化に見られる動
作性, 言語文化論集 17～10（名古屋大學）

〖02061〗馮寶珠　（1995）「兼語式」構文について, 中國語學 242

〖02062〗藤田糸惠　（1995）現代中國語「讓」における使役表現と
受動表現について, 中國語 11 月號（內山書店）

〖02063〗方美麗　（1995）名詞と動詞の組み合わせ：日中文法對
照研究, お茶の水女子大學中國文學會報 14

〖02064〗鮑延毅　（1995）動詞研究（一）, 中國語研究 37（白帝
社）

〖02065〗萬清華　（1995）關於「去」與「來」動詞的歸類, 中國
語學 242（日本中國語學會）

〖02066〗三瀦正道　（1995）現代中國語新聞體と文語文法, 中國研
究 4（麗澤大學中國語研究會）

〖02067〗望月圭子　（1995）中國・臺灣における中國語研究, 言語
3 月號（大修館書店）

〖02068〗望月八十吉　（1995）初級中國語文法第 22～24 回, 中國語
1～3 月號（內山書店）

〖02069〗山崎直樹　（1995）物語における新規項目の導入と文型の
選擇, 中國語學 242

〖02070〗安本武正　（1995）補語と動詞の重複及びその省略, 文化
紀要 41（弘前大學教養部）

〖02071〗山田留里子　（1995）日中兩語の比較文とその連體修飾
——「比」構文と程度副詞, 日語知識（大連
外國語學院）

〖02072〗山田留里子　（1995）雙音節形容詞作狀語狀況考察, 世界

漢語教學第三期（世界漢語教育學會）

〘02073〙楊曉安　　（1995）漢語數量詞組的分離功能, 福井大學言語學部紀要 44

〘02074〙楊曉安　　（1995）漢語「語序型」的文化理解, 福井大學言語學部紀要 45

〘02075〙楊　達　　（1995）量詞の形態的な意味特徴について──視聽覺機能による認知と關連して, 中國語學 242（日本中國語學會）

〘02076〙李勉東　　（1995）中國語における「從…到」構造, 東北大學言語學論集 4

〘02077〙劉一之　　（1995）「了」的語法意義, 中國語學 242（日本中國語學會）

〘02078〙劉一之　　（1995）北京口語的程度副詞, 岐阜教育大學紀要 29

〘02079〙劉　虹　　（1995）漢語會話中的對答結構類型, 人文論叢 43（京都女子大學人文社會學會）

〘02080〙林　洪　　（1995）現代中國語に見られる外來語──『現代漢語詞典』における中國語の外來語の調査を中心に, 學藝國語國文 27

〘02081〙盧　濤　　（1995）文末の「去」の機能について, 中國語學 242（日本中國語學會）

1994 年

〘02082〙相原茂　　（1994）〔Q&A〕「鈡」zhong について, 中國語 4 月號（內山書店）

〘02083〙相原茂　　（1994）〔Q&A〕一匹の死んだカニ, 中國語 6 月號（內山書店）

〘02084〙相原茂　　（1994）〔Q&A〕介詞フレーズを含む文を否定するとき, 中國語 10 月號（內山書店）

〘02085〙綾部武彦　　（1994）副詞「～極了」の用法について, 日中學院教學 16

【02086】荒川清秀　（1994）買ッテクルと「買來」,愛知大學外語研究紀要 18

【02087】安藤好惠　（1994）「有點兒」「比較」について,お茶の水女子大學中國文學會報 13

【02088】岩本眞理　（1994）「比況短語」について,大阪市立大學中國學志 7

【02089】小川文昭　（1994）「白紙」と「白的紙」について,明治學院大學論叢 532 總合研究 47

【02090】王志芳　（1994）中國語の否定詞「不」と「沒」の比較研究,岩手大學アルテスリブライス 55

【02091】王占華　（1994）「做V」格式及其相關問題,中國語學 241（日本中國語學會）

【02092】王勇　（1994）中國語の「補語」について,長崎ウェスレヤン短期大學紀要 71

【02093】大河内康則　（1994）中國語の人稱名詞「們」,大東文化大學語學教育研究所中國語研論集 2

【02094】大島吉郎　（1994）「喝」に關する若干の問題（六）——『紅樓夢』程甲本・程乙本の比較を中心に,語學教育研究論叢 11（大東文化大學）

【02095】大瀧幸子　（1994）數值表現と名詞述語文,中國語 6 月號（內山書店）

【02096】大瀧幸子　（1994）數量表現と名詞述語文・名詞フレーズ,中國語 7 月號（內山書店）

【02097】大瀧幸子　（1994）名詞フレーズと形容詞の種類、形容詞フレーズ,中國語 8 月號（內山書店）

【02098】大瀧幸子　（1994）動詞の分類と述語目的語構造,中國語 9 月號（內山書店）

【02099】大瀧幸子　（1994）動詞の分類と述語目的語構造アスペクト,中國語 10 月號（內山書店）

【02100】大瀧幸子　（1994）動詞述語文の諸形式,中國語 11 月號（內山書店）

〖02101〗大瀧幸子　（1994）動詞を述語とする述補構造, 中國語 12 月號（内山書店）

〖02102〗何彼德　（1994）漢語裏雙語素述賓結構（DVO）的性質和類型, 中國語學 241（日本中國語學會）

〖02103〗加納光　平井勝利　（1994）現代中國語における「使」「讓」「叫」を用いた使役表現の考察, 四日市大學論集 6〜2

〖02104〗加納光　平井勝利　（1994）現代中國語の所謂使役表現に用いられる「讓」及び「給」の使い分け, 四日市大學論集 7〜1

〖02105〗郭春貴　（1994）「把字句」の用法について, 廣島修大論集 34〜2

〖02106〗川端加代　（1994）「A 有 B 那麼……」型比較文, 中國語 6 月號（内山書店）

〖02107〗神田千多　（1994）中國語の特徴——日中對譯にみられる「モノ」的表現と「コト」的表現, 中國語研究 36（白帝社）

〖02108〗喜多山幸子　（1994）〔Q&A〕烟酒不分家, 中國語 12 月號（内山書店）

〖02109〗靳衛衛　（1994）中國語の「V+起・來」をめぐって——日本語の表現と對照研究, 愛知大學論叢 107

〖02110〗計　鋼　（1994）漢日語言中因果關係表達方式的隱顯特性及互譯時的處理方法, 中國語研究 36（白帝社）

〖02111〗玄宜青　（1994）現代語の當為性判斷をあらわす諸形式の意味タイプ, 中國語學 241（日本中國語學會）

〖02112〗玄宜青　（1994）「別」と「不許」, 中國語 7 月號（内山書店）

【02113】小寺春水　（1994）「是～的」構文の目的語の位置につい
て, 人文學報 253（東京都立大學）

【02114】顧順蓮　（1994）漢日主語の比較研究, 神戸學院大學人
文學部紀要 19

【02115】小林祥浩　（1994）學校漢文法試案（其二）──品詞と機
能（上）, 佐賀女子短期大學研究紀要 28

【02116】佐々木勲人　（1994）中國語の受益文, 言語文化論叢 38（筑
波大學）

【02117】佐藤進　（1994）中國文言課本解説略年表, 人文學報
253（東京都立大學）

【02118】佐藤進　（1994）〔Q&A〕「名詞+名詞」の語構成, 中國
語 2 月號（內山書店）（12）

【02119】佐藤富士雄　（1994）中國語の文の組み立ては？（一）
（二）, NHK ラジオ中國語講座 2、3 月號（日
本放送出版協會）

【02120】佐藤富士雄　（1994）判斷文は名詞述語文？, NHK ラジオ
中國語講座 8、10 月號（日本放送出版協會）

【02121】讚井唯允　（1994）日本語三人稱代名詞の成立と中國語,
人文學報 253（東京都立大學）

【02122】澤田博美　（1994）現代中國語における助動詞と副詞の語
順について, お茶の水女子大學中國文學會報
13

【02123】史有為　（1994）動詞重疊及其句法功能, 大東文化大學
語學教育研究所中國語研究論集 2

【02124】朱繼征　（1994）中國語の「嗎」「呢」について, 日中
學院教學 16

【02125】周　剛　（1994）「V 了」和「VR」, 中國語學 241（日本
中國語學會）

【02126】徐時儀　（1994）介詞「打」得最早使用年代及「虛化説」
攷探, 俗語研究 1（花園大學）

【02127】田島英一　（1994）中國語における「島の條件」, 藝文研

究 66（慶應義塾大學）

〖02128〗高橋彌守彦　（1994）「他在家看電視」について,語學教育研究論叢 11（大東文化大學）

〖02129〗竹島毅　（1994）中國語の反語表現,大東文化大學紀要 32

〖02130〗陳訪澤　（1994）中國語の雙主述構造文について——主述述語文と連述文の區別を兼ねて,北海道大學饗餐 2

〖02131〗戶張嘉勝　（1994）同一單音形容詞當同一動詞的狀語或補語時在詞義上的變化之考察,中華民國留日學人學術論文專輯 7

〖02132〗中川祐三　（1994）副詞と反復疑問文との共起について——認知語言學的觀點から,中國語學 241（日本中國語學會）

〖02133〗中裏見敬　（1994）中國語テクストにおけるディスクール／イストワール——時間の指示詞による形式的識別,山形大學紀要人文科學 13～1

〖02134〗中島悅子　（1994）日中條件表現の對照——「と」を中心として,日本語學 8 月號（明治書院）

〖02135〗西槇光正　（1994）現代中國語介詞研究（三）,拓殖大學語學研究 74

〖02136〗橋本永貢子　（1994）日本語と中國語の名詞句結構について——「V（する）N がある）と「有 NV」を通しての語用論的考察,岐阜大學教養研究報告 30

〖02137〗原由起子　（1994）「V 了 0 動量」と「V 了 0」,中國語學 241（日本中國語學會）

〖02138〗馬場侯臣　禹永愛　（1994）日中兩語の斷り表現をめぐって,北海道教育大學紀要人文科學編 45～1

【02139】菱沼透　　（1994）日本語と中國語の移動動詞——「ある
　　　　　　　　く」に對應する中國語の表現,明治大學教養論
　　　　　　　　集 265

【02140】平井勝利　成戸浩嗣　（1994）中國語の「在トコロ+V」と
　　　　　　　　日本語の「非トコロ・ニ V する」表現の考察
　　　　　　　　（2）,言語文化論集 15～2（名古屋大學）

【02141】馮蘊澤　　（1994）中國語の連動式構文、二重目的語構文
　　　　　　　　及び兼語式構文の統語論的解釋について,九
　　　　　　　　州大學文學研究 91

【02142】古川裕　　（1994）狀態形容詞を含む名詞句の特性——「厚
　　　　　　　　厚的一本書」と「一本厚厚的書」,中國語 9
　　　　　　　　月號（內山書店）

【02143】古屋昭弘　（1994）白居易詩にみえる V 教(0)C について,
　　　　　　　　開篇 12（好文出版）

【02144】文楚雄　　（1994）中國語「得」補語文の構造,立命館言
　　　　　　　　語文化研究 6～2

【02145】保坂律子　（1994）方向を表す介詞「往」——「向」「朝」
　　　　　　　　との比較から,お茶の水女子大學中國文學會
　　　　　　　　報 13

【02146】町田茂　　（1994）感情形容詞の特質,中國語學 241（日
　　　　　　　　本中國語學會）

【02147】圓山聰子　（1994）談話の原則と存在、出現を表す文,中
　　　　　　　　國語 7 月號（內山書店）

【02148】三宅登之　（1994）「兼語式」のプロトタイプ,中國語學
　　　　　　　　241（日本中國語學會）

【02149】三宅登之　（1994）關於「着」表示的語法意義,縣立新潟
　　　　　　　　女子短期大學研究紀要 21

【02150】望月八十吉　（1994）動詞が主語・目的語になるか,中國
　　　　　　　　語學 241（日本中國語學會）

【02151】望月八十吉　（1994）初級中國語文法 11～22,中國語 1 月
　　　　　　　　號～12 月號（內山書店）

〖02152〗山根眞太郎　（1994）古代漢語特殊用法研究, 中國中世紀文學研究 26（廣島大學）

〖02153〗俞稔生　（1994）中國語の「虛詞」について, 長崎ウエスレヤン短期大學紀要 17

〖02154〗楊凱榮　（1994）受益表現について――「給」と「てあげる、てくれる」との比較を中心に, 九州國際大學教養研究 1～1

〖02155〗楊凱榮　（1994）〔Q&A〕「去」の重ね型, 中國語 3 月號（內山書店）

〖02156〗楊凱榮　（1994）〔Q&A〕「快請吃吧」と「請快吃吧」, 中國語 9 月號（內山書店）

〖02157〗楊 達　（1994）「很」「眞」についての構造研究――そのモダリティを通して, 成城文藝 148

〖02158〗依藤醇　（1994）比較文と處置文, 中國語 1 月號（內山書店）

〖02159〗依藤醇　（1994）受け身と使役, 中國語 2 月號（內山書店）

〖02160〗依藤醇　（1994）複文, 中國語 3 月號（內山書店）

〖02161〗依藤醇　（1994）中國語初級再入門――中級を始めるにあたって, 中國語 4 月號（內山書店）

〖02162〗盧 濤　（1994）「向雷鋒學習」考, 大阪經濟大學教養部紀要 12

〖02163〗Christine Lammarre　（1994）可能補語考（Ⅰ）――『老乞大』『朴通事』諸版本の異同を中心に, 大阪女子大學文學國文篇 45

1992 年

〖02164〗相原茂　（1992）〔Q&A〕「比」構文、後ろに「不」, 中國語 4 月號 387

〖02165〗盧立一郎　（1992）偏正複句試析, 山形大學紀要（人文科學）12～3

〖02166〗荒川清秀　（1992）〔Q&A〕「穿上」の「上」は結果補語？,
中國語 5 月號 388

〖02167〗今井敬子　（1992）「ゼロ照應」の日中對照——主題化と
の關連で,信州大學教養部紀要 26

〖02168〗岩崎皇　　（1992）形容詞補語における指示と意味關係
——過分義現象再考,東京都立大學人文學報
234

〖02169〗牛島德次　（1992）漢語の助字,しにか 4 月號 3〜4

〖02170〗大河内康憲　（1992）語法實現體としての「了」,中國語
3 月號 386

〖02171〗大瀧幸子　（1992）中國語離合詞が提起する文法問題(そ
の 2）,明海大學外國語學部論集 4

〖02172〗岡本俊裕　（1992）「是」の強調について,京都外國語大
學研究論叢 39

〖02173〗小川郁夫　（1992）中國語の「一…也+否定表現」につい
て,下關市立大學論集 35〜2、3 合併號

〖02174〗小川文昭　（1992）の「實現關係」について,中國語學 239
（日本中國語學慧）

〖02175〗奥津敬一郎　（1992）存在文の對照研究（1）——中國語
——,日本女子大學紀要文學部 41

〖02176〗木村英樹　（1992）BEI 受身文の意味構造,中國語 6 月號
389

〖02177〗玄宜青　　（1992）現代中國語におけるモダリティを擔う
副詞成分,中國語 239（日本中國語學會）

〖02178〗玄宜青　　（1992）〔Q&A〕「想」について,中國語 7 月號
390

〖02179〗吾念聖　　（1992）動詞後の「在」について,早稻田大學語
學教育研究所 LLTNEWS91

〖02180〗坂井裕子　（1992）中古漢語の是非疑問文,中國語學 239
（日本中國語學會）

〖02181〗佐々木勳人　（1992）受身標識の個性と文法化, 神戸大學
　　　　　　未名 10

〖02182〗佐藤富士雄　（1992)中國語の助動詞／能願動詞を考える,
　　　　　　中央大學論集 13

〖02183〗讚井唯允　（1992)語用論的具體化と一般化──いわゆる
　　　　　　「無定 NP 主語句」と「存在句」を中心に, 東
　　　　　　京都立大學人學學報 234

〖02184〗澤田奈保子　（1992)名詞の指定性と形容詞の限定性、描
　　　　　　寫性について──色彩名詞と色彩形容詞の使
　　　　　　い分け要因の分析から──, 言語研究 102
　　　　　　（日本語言學會）

〖02185〗柴田昭二　王學群　（1992)中國語の「V 着」とそれに對
　　　　　　應する日本語の表現, 相川大學一般教育研究
　　　　　　42

〖02186〗清水登　（1992)中國語における時間表現の二次元性に
　　　　　　ついて, 新潟大學人文學部人文科學研究 82

〖02187〗謝文慶　（1992)現代漢語同義詞與反義詞的關係, 松山
　　　　　　大學言語文化研究 11～2

〖02188〗周昭考　（1992)自動詞の他動性と他動詞の自動性につ
　　　　　　いて, 帝塚山學院大學 PACIFICA 4

〖02189〗沈國威　（1992)中國語における正反疑問文とその選擇
　　　　　　原理について, 松蔭女子學院大學文林 26

〖02190〗杉村博文　（1992)〔語法〕場所を處置對象とする「把」
　　　　　　構文, 中國語 9 月號 392

〖02191〗杉村博文　（1992)〔語法〕「疑問代詞+都…」の意味分
　　　　　　析, 中國語 10 月號 393

〖02192〗杉村博文　（1992)〔語法〕「疑問代詞+也…」の意味分
　　　　　　析, 中國語 11 月號 394

〖02193〗杉村博文　（1992)〔語法〕補語を導く「V 得」の文法機
　　　　　　能, 中國語 12 月號 395

〖02194〗鈴木義昭　（1992）現代中國語の「關係聯詞語」, 早稻田大學日本語研究センター紀要 4

〖02195〗錢乃榮　（1992）論漢語的向心多分析句法和句型, 福井大學教育學部紀要第Ⅰ部人文科學國語學・國文學・中國語編 41

〖02196〗高嶋謙一　（1992）古代漢語　太古編（8）～（10）, 中國語 1 月號～3 月號 384～386

〖02197〗高橋彌守彦　（1992）場所語における二つの問題點, 中國語學 239（日本中國語學會）

〖02198〗高橋彌守彦　（1992）方位詞の有無について──身體名詞と抽象名詞の場合──, 大東文化大學紀要 30（人文科學）

〖02199〗高橋彌守彦　（1992）「只有」の用法と品詞に關する一考察, 大東文化大學語學教育研究論叢 9

〖02200〗竹島毅　（1992）「是…的」構文について, 大東文化大學語學教育研究論叢 9

〖02201〗武信彰　（1992）「太+不+形容詞／動詞」に關するプロトタイプからの考察, 麗澤大學紀要 54

〖02202〗張起旺　（1992）漢語的反問表達, 帝塚山學院大學中國文化論叢創刊號

〖02203〗陳洲擧　（1992）態度、情緒語言──插入語──我之插入語觀, 中國語學 239（日本中國語學會）

〖02204〗陳洲擧　（1992）「了」之我見──從語法結構的角度分析「了」──, 大東文化大學語學教育研究論叢 9

〖02205〗鶴橋俊宏　（1992）松下文法における「動詞の一般格」について, 靜岡縣立大學短期大學部日本文化研究 4

〖02206〗鄭曉青　（1992）日中受け身表現に關する對照研究──相手受け身についての考察, 大東文化大學日本文學研究 31

〖02207〗鄭曉青　（1992）日本語の受動文——中國語との對照研
　　　　　　　　究のためのメモ，大東文化大學對照言語研究
　　　　　　　　2

〖02208〗鄭亨奎　（1992）接續表現の日中對照研究——逆說の接
　　　　　　　　續を中心に——，廣島大學教育學部紀要第2
　　　　　　　　部40

〖02209〗戶沼市子　（1992）「V得／V不得」について——對象の
　　　　　　　　「屬性述べ立て」，お茶の水女子大學中國文學
　　　　　　　　會報11

〖02210〗戶張嘉勝　（1992）漫談「慢點儿說」的語義——單音節形
　　　　　　　　容詞「快」「慢」的詞義考察，麗澤大學中國研
　　　　　　　　究創刊號

〖02211〗豊嶋裕子　（1992）「NPP+VP」の成立條件，中國語7月號
　　　　　　　　390

〖02212〗内藤正子　（1992）趙元任譯「走到鏡子里跟阿麗思看見
　　　　　　　　里頭有些些什麼」に見られる否定の表現につ
　　　　　　　　いて，中國語學239（日本中國語學會）

〖02213〗中川正之　（1992）特集　・外から見た日本語〈中國語か
　　　　　　　　ら見た〉語構成——とくに並列語をめぐって，
　　　　　　　　言語3月號21〜3通卷243

〖02214〗中川裕三　（1992）ＣＲ他動詞文について——認知言語學
　　　　　　　　的觀點から——，中國語學239（日本中國語學
　　　　　　　　會）

〖02215〗中川裕三　（1992）使役義を表す動補動詞について——意
　　　　　　　　味構造を中心に——，東京都立大學人文學報
　　　　　　　　234

〖02216〗中島悅子　（1992）間接受身文の成立——日本語と中國語，
　　　　　　　　ことば13（現代日本研究會）

〖02217〗中島悅子　（1992）自・他の對應と日中對照研究——自
　　　　　　　　動と結果，日本女子大學大學院の會會誌11

〖02218〗中島悦子　（1992）自・他の對應と日中對照研究——他動化, 國士館短期大學紀要 17

〖02219〗西槇光正　（1992）現代漢語介詞研究（一）, 拓殖大學語學研究所 68

〖02220〗西槇光正　（1992）現代中國語補語研究, 拓殖大學語學研究所 70

〖02221〗馬場俊臣　盧春蓮　（1992）日中依賴表現の比較對照, 北海道教育大學紀要第一部 A 人文科學編 43～1

〖02222〗原田壽美子　（1992）直接引用と間接引用に關する二、三の考察, 中國語學 239（日本中國語學會）

〖02223〗原田起子　（1992）〔語法〕「并」「決／絕」と「一定」「總」, 中國語 1 月號 384

〖02224〗原田起子　（1992）〔語法〕離合詞と時量表現について, 中國語 2 月號 385

〖02225〗一木達彦　（1992）中國語の否定のスコープと焦點——對照研究の觀點から, 北九州大學大學院紀要 5

〖02226〗平井勝利　成戸浩嗣　（1992）「在・トコロ+V」と「手段・デ+V」表現の考察, 名古屋大學言語文化論集 14～1

〖02227〗古川裕　（1992）〔語法〕禁止表現をめぐつて, 中國語 4 月號 387

〖02228〗古川裕　（1992）〔語法〕疑問表現をめぐつて——コトの「疑う」とムードの「問いかけ」——, 中國語 5 月號 388

〖02229〗古川裕　（1992）〔語法〕みせかけの疑問表現について——「明知故問」の語氣詞「嘛」, 中國語 6 月號 389

〖02230〗古川裕　（1992）〔語法〕否定疑問「不是…嗎」の表現意圖, 中國語 7 月號 390

〖02231〗古川裕　　（1992）〔語法〕 副詞「也」の接續機能——
　　　　　　　　　　並立添加そして逆接讓步——, 中國語 8 月號
　　　　　　　　　　391

〖02232〗町田茂　　（1992）「動詞——賓語——動詞+得——程度
　　　　　　　　　　補語」の文法意味——處置の「把」と非處置
　　　　　　　　　　のV, 中國語學 239（日本中國語學會）

〖02233〗安本武正　（1992）動詞と形容詞の重ね型の問題點——聲
　　　　　　　　　　調と意味の問題について, 弘前大學教養部文
　　　　　　　　　　化紀要 35

〖02234〗余煥叡　　（1992）關於漢語借詞, 姬路獨協大學外國語學
　　　　　　　　　　部紀要 6

〖02235〗楊凱榮　　（1992）〔Q&A〕「能平安地回國了」はまだ歸國
　　　　　　　　　　していないの?, 中國語 9 月號 392

〖02236〗楊立明　　（1992）調位變體跟表達功能之間的聯係模式初
　　　　　　　　　　探——以常用語「什麼」為中心, 中國語學 239
　　　　　　　　　　（日本中國語學）

〖02237〗依藤醇　　（1992）連動式における「着 zhe」, 東京外國
　　　　　　　　　　語大學論集 44

〖02238〗李勉東　　（1992）口語交際中發語人的多項選擇, 東北大學
　　　　　　　　　　言語學論集 1

1991 年

〖02239〗相原茂　　（1991）〔基礎講座語法〕能 · 會 · 可以, 中國
　　　　　　　　　　語 372（1 月號）

〖02240〗相原茂　　（1991）〔基礎講座語法〕ある種の疑問文, 中國
　　　　　　　　　　語 373（2 月號）

〖02241〗相原茂　　（1991）〔基礎講座語法〕非文の原理, 中國語
　　　　　　　　　　374（3 月號）

〖02242〗相原茂　　（1991）中國語比較文における二つの否定型,
　　　　　　　　　　お茶の水女子大學中國文學會報 10

〖02243〗王亞新　　　（1991）「把字句」の使用について——日譯中
　　　　　　　　　　　の例文の分析から, 教學通訊 11

〖02244〗大河内康憲　（1991）〔語法〕主語の支配する文群, 中國
　　　　　　　　　　　語 377（6 月號）

〖02245〗大河内康憲　（1991）〔語法〕流水句, 中國語 378（7 月號）

〖02246〗大河内康憲　（1991）〔語法〕使役構文と感情表現, 中國
　　　　　　　　　　　語 382（11 月號）

〖02247〗大河内康憲　（1991）〔語法〕使役構文と感情表現（二）,
　　　　　　　　　　　中國語 383（12 月號）

〖02248〗大島吉郎　（1991）存現文における現象の發生と終息——
　　　　　　　　　　　「下雨了」と「雨住了」, 大東文化大學外國語
　　　　　　　　　　　學會誌 20

〖02249〗大西智子　（1991）「好什麼」と「有什麼好」, 中國語學
　　　　　　　　　　　238

〖02250〗小川泰生　（1991）日中對照研究——主語の省略について
　　　　　　　　　　　（二）資料編, 中國中世文學研究 20（中國中
　　　　　　　　　　　世文學會）

〖02251〗小野秀樹　（1991）中國語における可能表現の「否定」—
　　　　　　　　　　　—「他動性」を通しての「不能 VR」及び「V
　　　　　　　　　　　不 R」の考察, 中國語學 238

〖02252〗崔　健　　（1991）「不再 VP」と「再（葉）不 VP」, 日本
　　　　　　　　　　　語と中國語の對照研究 14

〖02253〗徐　曼　　（1991）程度補語に關する一考察——「～得很」
　　　　　　　　　　　「得厲害」などについて, 文教大學言語と文化
　　　　　　　　　　　4

〖02254〗徐　揚　　（1991）「才」字說略——從日本學生的造句談
　　　　　　　　　　　起, 中國語學 238

〖02255〗白木通　　（1991）「會」の意味, 岐阜經濟大學論集 25～
　　　　　　　　　　　3

〖02256〗申淑子　（1991）「してくる」——「しはじめる」と「～起來」——「開始～」——日中對照を求めて，國文學解釋と鑑賞 716（1 月號）（至文堂）

〖02257〗沈　力　（1991）中國語の結果補語をとる「V—得」文の構造について，言語研究 100

〖02258〗菅井柴野　（1991）漢字における〈手の記號〉の役割，早稻田大學中國文學研究 17

〖02259〗鈴木和子　（1991）「覺得+不 VP」と「不覺得+VP」，駒澤大學外國語部論集 34

〖02260〗鈴木直治　（1991）再び語氣詞としての「其」について，金澤大學教養部論集人文科學編 28～2

〖02261〗蘇思純　（1991）關於現代漢語中幾個語氣助詞在時間上的若干問題，山形大學人文科學紀要 12～2

〖02262〗高橋彌守彥　（1991）「在+場所詞」の「在」について，中國語學 238

〖02263〗竹中憲一　（1991）方向を示す介詞について，早稻田大學人文論集 30

〖02264〗陳　岩　（1991）副詞「就」の表現機能及びその區別，北九州大學外國語學部紀要 72

〖02265〗西槇光正　姚偉　（1991）助詞「着」と「得」について，中國語研究 33

〖02266〗西本惠司　（1991）日本語における人稱意識について，廣島修大論集人文編 32～1（通卷 59）

〖02267〗原由起子　（1991）「有」構文と連體修飾，姬路獨協大學外國語學部紀要 4

〖02268〗原由起子　（1991）「有・N・VP」に於ける N と VP の關係，中國語學 238

〖02269〗原由起子　（1991）〔語法〕「有 NVP」と「有 VP 的 N」，中國語 379（8 月號）

〖02270〗原由起子　（1991）〔語法〕動量補語の位置について，中國語 380（9 月號）

〖02271〗原由起子　（1991）〔語法〕動量補語の位置について（續），
中國語 381（10 月號）

〖02272〗原田壽美子　（1991）中國語における發語の引用──「說」
「問」「告訴」「罵」「叫」に關して，名古屋
學院大學外國語學部論集 3〜1

〖02273〗菱沼透　（1991）格助詞「で」についての對照研究（一），
明治大學教養論集外國語・外國文學通卷 237

〖02274〗平井和之　（1991）「〜起來」の表す意味，東京外國語大
學論集 42

〖02275〗平井和之　（1991）朱德熙『「在黑板上寫字」及相關句式』
の三つの稿について，東京外國語大學論集 43

〖02276〗平井勝利　加納光　（1991）中國語の所謂連動式表現と否
定の焦點，名古屋大學言語文化論集 13〜1

〖02277〗彭廣陸　（1991）中國語における詞組について──その
研究序說，大東文化大學對照語言學研究 1

〖02278〗保坂律子　（1991）現代中國語の副詞「太」について，お
茶の水女子大學中國文學會報 10

〖02279〗町田茂　（1991）「動詞─賓語─動詞─結果補語」式の文
法的意味──處置の「把」と非處置の V，中國語
學 238

〖02280〗三宅登之　（1991）動補構造と「了」の省略，中國語學 238

〖02281〗望月八十吉　（1991）漢語語法札記，北九州大學外國語學
部紀要 73

〖02282〗山口直人　（1991）動補動詞の類型と形成について，中國
語學 238

〖02283〗山崎直樹　（1991）中國語における料理文の研究──特に
他動性、談話の中心／周邊との關聯から，早稻
田大學中國文學研究 17

〖02284〗楊　達　（1991）形容詞の程度を強める副詞について
──情報のなわ張り理論を通じて，中國語學
238

1990 年

〚02285〛相原茂　　（1990）「這」「這個」「這塊」など, 中國語 2 月號（大修館書店）

〚02286〛相原茂　　（1990）動詞と目的語の間柄, 中國語 4 月號（内山書店）

〚02287〛相原茂　　（1990）比較文の二つの否定型, 中國語 5 月號

〚02288〛相原茂　　（1990）VO 構造の動詞, 中國語 6 月號

〚02289〛相原茂　　（1990）介詞構造と日本語, 中國語 7 月號

〚02290〛相原茂　　（1990）介詞フレーズを含む文をどう否定するか, 中國語 8、9 月號（内山書店）

〚02291〛相原茂　　（1990）場所を表す「在 NP」, 中國語 10 月號

〚02292〛相原茂　　（1990）副詞の意味指向, 中國語 11 月號

〚02293〛相原茂　　（1990）二重目的語構文, 中國語 12 月號

〚02294〛相原茂　楊凱榮　（1990）自動詞・他動詞——日本語と中國語, 國文學解釋と鑑賞（至文堂）

〚02295〛阿部博幸　（1990）場所的存在の表現をめぐって——日・英・中の比較による「場所的存在」と「所有」「所在」との關係, 日本語と日本文學（筑波大學國語國文學會）第 13 號

〚02296〛荒川清秀　（1990）自動詞と可能補語,（外語研究紀要）（愛知大學）第 14 號

〚02297〛井出靜　（1990）從畫面語言「被」字句的統計分析看「被」字句的功能和意義, 中國語學第 237 號中國語學會

〚02298〛伊原大策　（1990）「正在 V」句型から見た『西遊記』諸本, 言語文化論集

〚02299〛植田均　（1990）近代漢語中介詞特殊用法——和、同、替——,『中國語研究』32（白帝社）

〚02300〛王曙光　（1990）間接被動句, 中國語研究 10 月號

〖02301〗大島吉郎　（1990）了と「文終止」に關わる幾つかの要因
について──コンテキストをいかに規定する
か,『外國語學會誌』第19號（大東文化大學
外國語學會）

〖02302〗大西智之　（1990）「嗎」と「か」,中國語學第237號

〖02303〗小川郁夫　（1990）中國語における數を含む「時間詞」に
ついて──表現方法を中心として──,下關
市立大學論集第33卷第3號

〖02304〗小野秀樹　（1990）中國語の可能表現──他動性を通して
の「能V得R」の考察──,『中國語學』（中
國語學會）

〖02305〗加藤晴子　（1990）「V得+狀態補語」の「V」の受事「N2」,
中國語學237號　日本中國語學會

〖02306〗神田千冬　（1990）進行、持續表現における「在」と「着」
の機能分化傾向について,中國語 No. 356(89)

〖02307〗木村英樹　（1990）文脈依存と狀況依存,中國語 No. 368

〖02308〗木村英樹　（1990）漢語第三人稱代詞敬語制約現象的考
察,中國語文

〖02309〗小林立　（1990）中國語における「時」の表現について,
香川大學一般教育研究第37號

〖02310〗讚井唯允　徐揚　（1990）中國語受動文における、被・
叫・讓・給の互換性,東京都立大學人文學報
No. 213

〖02311〗朱廣興　（1990）「品詞による中文構造分析」批判──
大河内康憲先生に教えを乞う,大阪大學文學
部中國研究集刊

〖02312〗修　剛　（1990）日中兩語の動詞のテンス、アスペクト
に關する考察──「タ」形と「了」形の對照比
較を中心に,神戸外大論叢第40卷第5號（89）

〖02313〗杉村博文　（1990）中國語と日本語の名詞連接表現比較,
『大阪外國語大學論集』第4號

〖02314〗杉村博文　（1990）「的」と「の」,大阪外國語大學中國語 No. 368

〖02315〗鈴木直治　（1990）再び「惟」について,金澤大學教養部論集·人文科學編 27-2

〖02316〗高橋彌守彦　（1990）方位詞を決定する條件について,北京外國語學院·大東文化大學交流協定十周年紀念論文集

〖02317〗田口善久　（1990）現代中國語の補語をともなう「得」の解釋について,東京大學言語學論集（89）

〖02318〗張仁歐　（1990）狀語の「很」、「不」と述語との關係,久留米大學商學部創立四十周年紀念論文集

〖02319〗趙金銘　（1990）現代漢語中「滿」和「一」的不同分布及其語義特徵,中國語 No. 359（89）

〖02320〗戶沼市子　（1990）V、O 構造の語句における時量·動量成分の位置とその意味への反映について,お茶の水女子大學中國文學會報

〖02321〗鳥井克之　（1990）戰後の中國語學習者、教育者、研究者へのバトンタッチ——日本における中國語文法研究史,東方 103 號（89）

〖02322〗内藤正子　（1990）中國語における語順の問題——修飾語の「倒裝」について——,中央學院大學教養論叢第 3 巻第 1 號

〖02323〗内藤正子　（1990）高名凱の範疇について,早稲田大學中國語文學研究第 16 輯

〖02324〗長尾光之　（1990）古中國語の語順變化をめぐる問題——疑問代名詞を中心に——,集刊東洋學 62（89）

〖02325〗中川正之　（1990）類型論からみた中國語と日本語,日本語の文脈依存性に關する理論的實證的研究 2（神戶大學教養部）

〖02326〗中川正之　（1990）世界の中の中國語——類型論からみた中國語·日本

語・英語──, 中國語 368 號

〖02327〗中野淳子　（1990）試論動詞「我」的方向性, 鹿兒島大學文科報告第 25 號第 3 分冊

〖02328〗橋本高勝　（1990）現代漢語の返事について, 京都産業大學論集第 19 卷第 3 號

〖02329〗松尾善弘　（1990）「至於犬鳥皆能有養」解, 鹿兒島大學教育學部紀要第 41 卷

〖02330〗村松惠子　（1990）對話の呼吸──日本語と中國語の話し方・聞き方～聞き方あいづちを中心として（一）, 四日市大學論集第 3 卷第 1 號

〖02331〗望月圭子　（1990）日・中兩國語の結果を表す複合動詞, 東京外國語大學論集 40

〖02332〗望月八十吉　（1990）中國語の疑問文（その 5）, 北九州大學外國語學部紀要第 70 號

〖02333〗守屋宏則　（1990）中國語形容詞の重ね型について, 明治大學教養論集 227 號、外國語、外國文學

〖02334〗山崎直樹　（1990）テクストにおける姓名の連鎖とその代名詞的機能, 中國語學 237

〖02335〗山下輝彦　（1990）關於指示代詞的中稱──以山東省博山方言等為例, 慶應義塾大學部藝文研究第 58 號

〖02336〗來思平　（1990）對「住在語言學院」和「在語言學院住」這兩種句式的一點看法, 研究紀要第 40 號

1988 年

〖02337〗荒川清秀　（1988）「到」は介詞か, 愛知大學外國語研究室紀要 12

〖02338〗荒川清秀　（1988）複合漢語の日中比較, 日本語學 7（5）（明治書院）

〖02339〗石崎潮　（1988）中國語量詞の用法解釋, 語學研究 52（拓殖大學語學研究所）

〖02340〗石崎潮　　　（1988）中國語量詞の用法解釋（續）,語學研究 56（拓殖大學語學研究所）

〖02341〗泉敏弘　　　（1988）特別な「虛化」,中國語學

〖02342〗井出靜　　　（1988）最近漢語畫面語言「被」字句的使用情況和「被」字句教學,論集 29（青山學院大學一般教育部會）

〖02343〗伊藤明美　　（1988）談漢語動賓式自動詞,中文教學 11（日中學院出版局）

〖02344〗伊原大策　　（1988）「放心得下」小考——早期白話型可能補語句型の變遷——,言語文化論集 25（筑波大學　現代語•現代文化學系）

〖02345〗今井敬子　　（1988）中國語の間接疑問文,中國語學 235

〖02346〗鵜殿倫次　　（1988）中國語の使役•連動と方向性複合動詞,愛知縣立大學外國語學部紀要　言語•文學編 20

〖02347〗大瀧幸子　　（1988）「知道、明白、懂得」の意義素記述,中國語學 235

〖02348〗大塚秀明　　（1988）『老乞大』『朴通事』の言語について,言語文化論集 27（筑波大學　現代語•現代文化學系）

〖02349〗大西智之　　（1988）「Φ／在／當 A 時候 B」について,中國語學 235

〖02350〗大西智之　　（1988）中國語の要求表現,德山大學論叢 30

〖02351〗大西智之　　（1988）否定疑問文——中國人學習者の誤用例から——,外國語•外國文學研究 11（大阪外國語大學大學院修士會）

〖02352〗奧田寬　　　（1988）現代中國語における調理操作動詞の意味記述について——特に「煮る」意味を持つ動詞中心に　,姬路獨協大學外國語學部紀要Ⅰ

【02353】郭春貴 （1988）連述構造「來／去+VP」中の虚化動詞「來／去」について，言語文化研究 13（廣島大學總合科學部）

【02354】郭春貴 （1988）試論動態助詞「過」與「了」，中國語學 235

【02355】金山泰正 （1988）「你」的用法，中文教學 11（日中學院出版局）

【02356】神谷修 （1988）試論古漢語介詞「于」、「於」，言語文化論集 9（2）（名古屋大學總合言語センター）

【02357】神谷修 （1988）「是…的」結構之探討，言語文化論集 10（1）（名古屋大學總合言語センター）

【02358】吳愛蓮　山内啓介 （1988）中國語と日本語——中日言語表現の違いについて——，愛知大學外國語研究室紀要 12

【02359】吳悅 （1988）關于「再」和「又」的通信，中文教學 11（日中學院出版局）

【02360】吳大綱 （1988）現代中國語動詞のテンス・アスペクト——日本語との比較——，日本文學論集 12（大東文化大學大學院日本文學專攻院生會）

【02361】黃麗華 （1988）中國語の打撃動詞「捶」「敲」「拍」について，日本語研究 9（東京都立大學國語學研究室）

【02362】香坂順一 （1988）『水滸傳』に見られる能願動詞，東洋研究 87（大東文化大學東洋研究所）

【02363】小林立 （1988）中國語における單音節と複音節の副詞について，香川大學一般教育研究 34

【02364】佐田智明 （1988）皆川淇園の助字觀について，國語國文研究と教育 19・20（熊本大學教育學部國文學會）

〖02365〗讚井唯允　（1988）中國語指示代名詞野語用論的再檢討,
　　　　　　　　人文學報 198（東京都立大學人文學部）

〖02366〗地藏堂貞二　（1988）清代北京語孜（Ⅰ）——「京話指南」
　　　　　　　　のことば,北陸大學紀要 12

〖02367〗朱廣與　（1988）中國語動詞の自他性,日本學報 7（大
　　　　　　　　阪大學文學部日本學研究室）

〖02368〗徐建敏　（1988）中國語の「也」と日本語の「も」——
　　　　　　　　とりたての觀點からみた對應——,都大論究
　　　　　　　　25（東京都立大學國語國文學會）

〖02369〗杉村博文　（1988）面白くて役に立つ文法の本　（吳競存
　　　　　　　　・侯學超著『現代漢語句法分析』北京大學出
　　　　　　　　版社の書評）,東方 84（東方書店）

〖02370〗杉村博文　（1988）現代漢語「疑問代詞+也/都……」格式
　　　　　　　　的句法語意分析,大阪外國語大學學報 76（1）、
　　　　　　　　（2）（言語編・文學編）

〖02371〗鈴木和子　（1988）『「象聲詞」のタイプと音聲描寫特長』,
　　　　　　　　外國語部論集 27（駒澤大學外國語部）

〖02372〗鈴木晴子　（1988）「把字句」の分類,中國語 344（大修
　　　　　　　　館書店）

〖02373〗鈴木晴子　（1988）「把字句」の機能的分析,中國語學 235

〖02374〗砂子和子　（1988）タクシーには酔えない？——原因を表
　　　　　　　　す動賓結構について——,中文教學 11（日中
　　　　　　　　學院出版局）

〖02375〗瀬戶口律子　（1988）琉球寫本官話課本——『白姓官話』
　　　　　　　　について——,語學教育研究論叢 5（大東文化
　　　　　　　　大學語學教育研究所）

〖02376〗高橋彌守彦　（1988）方位詞「上」と「里/中」について,
　　　　　　　　外國語學會誌 17（大東文化大學外國語學會）

〖02377〗高橋彌守彦　（1988）介詞「連」について,中國語學 235

〖02378〗竹中憲一　（1988）ことばの十字路Ⅰ～Ⅴ,日中學院報 148
　　　　　　　　～150、152、154

〖02379〗竹中憲一　（1988）中國語における程度副詞と形容詞の共
　　　　　　　　　起關係, 中文教學 11（日中學院出版局）

〖02380〗田島英一　（1988）中國語における NP 構造と α 移動をめ
　　　　　　　　　ぐって, 藝文研究所 52（慶應義塾大學藝文學
　　　　　　　　　會）

〖02381〗兒野道子　（1988）試論中國語の單文における基本 10 文
　　　　　　　　　型, 語學研究所 52（拓殖大學語學研究所）

〖02382〗趙秀英　　（1988）譯出來、還是不譯出來——由「一」構
　　　　　　　　　成的數量詞譯成日文時——, 北九州大學外國
　　　　　　　　　語學部紀要 62

〖02383〗張仁政　　（1988）時間また場所と方位詞との關係, 久留
　　　　　　　　　米大學論叢 37（2）

〖02384〗趙文華　　（1988）中國語と日本語——具象性と抽象性,
　　　　　　　　　水門——言葉と歴史——16（水門の會）

〖02385〗朱德熙著　戸崎哲彦譯（1988）『定語と狀語』, 彦根論叢
　　　　　　　　　250（滋賀大學經濟學會）

〖02386〗戸崎哲彦　（1988）中國語の所謂介詞「連」について, 彦
　　　　　　　　　根論叢 251、252（滋賀大學經濟學會）

〖02387〗豐嶋裕子　（1988）「被」字句の成立條件にかんして, 中
　　　　　　　　　國語學 235

〖02388〗豐嶋裕子　（1988）「被」字句から能動文への變換につい
　　　　　　　　　て, 中國語 347（大修館書店）

〖02389〗中野淳子　（1988）副詞「纔」と動態、語氣助詞「了」の
　　　　　　　　　隨伴關係, 文科報各 23（3）獨語・獨文學・佛
　　　　　　　　　語・佛文學・中國語編鹿兒島大學教養部）

〖02390〗中村浩一　（1988）介詞「問」について, 語學教育研究論
　　　　　　　　　叢 5（大東文化大學語學教育研究所）

〖02391〗西槇光正　（1988）漢語疊音散論, 中文教學 11（日中學院
　　　　　　　　　出版局）

〖02392〗西槇光正　（1988）把字句之變式及其條件, 語學教育研究
　　　　　　　　　論叢 5（大東文化大學語學教育研究所）

〚02393〛原由起子　（1988）「高興」と「高高興興」, 中國語 338
（大修館書店）

〚02394〛古川裕　（1988）内容修飾語を承ける名詞の類, 中國語 345
（大修館書店）

〚02395〛星野忠國　（1988）論漢語動詞的態, 東海大學紀要外國語
教育センター8

〚02396〛松尾良樹　（1988）漢代譯經と口語——譯經による口語史
・初探, 禪文化研究所既要 15

〚02397〛水野義道　（1988）中國語のあいづち, 日本語學 7（13）
（明治書院）

〚02398〛村松惠子　（1988）日中語對照研究——中國語の干渉によ
る日本語格助詞の誤用分析——, 日本福祉大
學研究紀要 73

〚02399〛村松惠子　（1988）「着」の文法的意味, 中國語學 235

〚02400〛望月八十吉　（1988）中國語における能格的表現, 北九州
大學外國語學部紀要 64

〚02401〛守屋宏則　（1988）「爸爸今天晚上回來得晚」について,
東洋大學紀要教養課程編 27

〚02402〛矢嶋美都子　（1988）中國語の語順——日本語の語順と同
じになる場合について, 語順研究 3（亞細亞大
學言語・文化研究所）

〚02403〛山口英彦　（1988）『通制條格』に見える『蒙文直譯體』
の文末成分について, 神戸外大論叢 39（6）

〚02404〛山口直人　（1988）「在+處所」に關聯する 2 つの問題,
北九州大學大學院紀要創刊號

〚02405〛山口直人　（1988）介賓連語補語の特殊なものについて
——特に「在+場所」の場合, 折尾女子經濟短
期大學論集 23

〚02406〛山崎直樹　（1988）テクストの繼續性と固有名詞, 早稻田
大學大學院文學研究科紀要別冊 14 文學・藝
術學編

〖02407〗山崎直樹　（1988）名詞句にあって「的」を用いない幾つ
　　　　　　　　　　　かのものについて，中文研究集刊創刊號（中國
　　　　　　　　　　　文學研究會）

〖02408〗楊天戈　　（1988）現代漢語「了」字的用法，外國語學會
　　　　　　　　　　　誌 17（大東文化大學外國語學會）

〖02409〗吉儀壽雄　（1988）「不敢」再論に答えて，漢文教室 159
　　　　　　　　　　　（大修館書店）

〖02410〗劉凡夫　　（1988）日本語の「タ」と中國語の「了」の對
　　　　　　　　　　　照研究——動詞への接續を中心に，國語學研
　　　　　　　　　　　究 27（東北大學文學部國語學研究室内）

〖02411〗劉　麗　　（1988）日本語の「きる」「切」に對應する中
　　　　　　　　　　　國語の表現——「切」を中心に，日本語研究 9
　　　　　　　　　　　（東京都立大學國語學研究室）

〖02412〗梁　慧　　（1988）中國語の「關」と「しめる」「とじる」
　　　　　　　　　　　との比較，日本語研究 9（東京都立大學國語學
　　　　　　　　　　　研究室）

1987 年

〖02413〗荒川清秀　張婉行　（1987）「不」と「沒」，外語研紀要
　　　　　　　　　　　11（愛知大學外國語研究室）

〖02414〗荒屋勸　　（1987）中國語作文における誤譯原因の分析
　　　　　　　　　　　——名詞・動詞・形容詞，大東文化大學紀要
　　　　　　　　　　　25 人文科學

〖02415〗伊井健一郎　（1987）「比～大三倍」について，德山大學
　　　　　　　　　　　紀要 44、45

〖02416〗大瀧幸子　（1987）中國語知覺・思考動詞の意味記述
　　　　　　　　　　　——「覺得、看、以爲、認爲、想」——，中國
　　　　　　　　　　　語學 234

〖02417〗大西智之　（1987）「以後」と「後來」，中國語 335（大
　　　　　　　　　　　修館書店）

〖02418〗片山博美　（1987）近い未來のことからを表す「就……了」について, 教學通訊 8（中國語言修學校）

〖02419〗喜久田久仁彦　（1987）方向補語「開來」「開去」について, 京都外國語大學研究論業 29

〖02420〗木村英樹　（1987）中國語の敬語, 言語 16（8）（大修館書店）

〖02421〗小林立　（1987）數量の表現について, 汲古書院

〖02422〗齋藤泰治　（1987）動賓關係の一側面, 教學通訊 8（中國語言修學校）

〖02423〗鈴木義昭　（1987）現代漢語における「無主句」と「存現結構」について, ILT NEWS 79 早稻田大學語學教育研究所

〖02424〗鈴木義昭　（1987）現代漢語における形容詞+「了」について（2）, ILT NEWS 81 早稻田大學語學教育研究所

〖02425〗櫪山健介　（1987）「突然」と「忽然」, JIAOXUE10（日中學院）

〖02426〗服部昌之　（1987）中國語の「出現」について, 北九州大學外國語學紀要 開學 40 周年紀念號

〖02427〗原由起子　（1987）「還」とその程度性, 日本語と中國語の對照研究 12（日本語と中國語對照研究會）

〖02428〗菱沼透　（1987）「好人都讓你做了」という文について——話し言葉の文身文, 教學通訊 8（中國語言修學校）

〖02429〗菱沼透　（1987）『現代漢語八百詞』における「被字句」, 明治大學教養部論集 179 外國文學

〖02430〗平井和之　（1987）「誰讓〜〜」という形式の一用法について, 教學通訊 8（中國語言修學校）

〖02431〗村松惠子　（1987）「了」の意味と機能, 名古屋大學人文科學研究 16

〖02432〗望月八十吉　（1987）中國語の疑問文（その 2、3）, 北九

州大學外國語學紀要開學 40 周年紀念號 61

1986 年

〖02433〗荒川清秀　（1986）現代日本語における漢字の意味——特に同訓異字について, 日中對照研究會『日本語と中國語の對照研究』11

〖02434〗荒川清秀　（1986）接辭「性」「式」「風」, 大修館『日本語學』1986 年 3 月

〖02435〗荒川清秀　（1986）中國語の方向補語について, 愛知大學『外語研紀要』10

〖02436〗荒川清秀　（1986）中國語動詞の意味における段階性, 大修館『日本語學』1986 年 9 月

〖02437〗荒川清秀　（1986）字音形態素の意味と造語力, 愛知大學『文學論業』82、83

〖02438〗伊原大策　（1986）所謂「兼語式」の變遷について——「VO 在 P」、「VO 到 P」、「VO 出來」など——, 中國語研究 1986 年春

〖02439〗今井敬子　（1986）現代中國語の主主動補と賓主動補, アジア・アフリカ言語文化研究 31

〖02440〗今井敬子　（1986）趨向構文の構造段階, アジア・アフリカ言語文化研究 26

〖02441〗今井敬子　（1986）現代白話に見られる「結果を表わす動補構造」のタイプ, 信州大學教養部紀要 20

〖02442〗今里禎　（1986）中國語の「有」及び「遊泳」について, 天理大學學報 148

〖02443〗小川文昭　（1986）判斷詞「是」について, 明治學院論業 391

〖02444〗尾崎實　（1986）「怎麼」について——方法. 手段と原因. 理由の用法から——, 關西大學文學論集創立百周年紀念特輯

〖02445〗王硯農　　（1986）漫談中國語の結果補語, 名古屋商科大學論集 31（1）

〖02446〗王　宏　　（1986）日語「ある」「いる」與漢語「有」「在」の對應關係, 櫻美林大學中國文學論業 12

〖02447〗王　宣　　（1986）中國語における「受身」の表現, 法政大學教養部紀要 57

〖02448〗大河内康憲　（1986）中國語の文と句の連接, 日本語學 1986 年 10 月

〖02449〗大島吉郎　　（1986）比較文の「還」關若干の考察, 中國語研究 1986 年春

〖02450〗郭春貴　　（1986）表示動作方向の介詞「朝」「向」「住」の差異, 廣島大學綜合科學部紀要 V 言語文化研究 12

〖02451〗郭春貴　　（1986）關於「了」の問題, 中國語學 233

〖02452〗神谷修　（1986）現代中國語における近義文, 言語文化論集Ⅷ1（名古屋大學總合言語 1）

〖02453〗北浦藤郎　　（1986）「成」と「莫」「罔」について——或る日の授業より——, 國學院大學漢文學會『漢文學會々報』

〖02454〗小林立　　（1986）中國語における使役と受身の表現について, 香川大學一般教育部『香川大學一般教育研究』30

〖02455〗香坂順一　　（1986）早期白話に輕聲を見る, 中國語研究 1986 年秋

〖02456〗讚井唯允　　（1986）集合概念を表わす名詞の意味と統語法, 人文學報（東京都立大學人文學會）180

〖02457〗島井克之　　（1986）中國語構文分析方法論爭, 関西大學文學論集創立百周年紀念特輯

〖02458〗内藤正子　　（1986）條件句となる「等～」表現について, 中國語學 233

【02459】中川正之　（1986）接辭「場」「所」，日本語學 1986 年 3
月

【02460】服部昌之　（1986）「着」をともなう連動式文と「て」「な
がら」「まま」，大連外國語學院〔外語與外語
教學〕61 年 1 月

【02461】原由紀子　（1986）接辭「の」——中國語との比較から，
日本語學 1986 年 3 月

【02462】原田松三郎　（1986）「しかし」と「可是」——日本語と
中國語の逆說を表わす接續詞について，神戶
外大論業 37（4）

【02463】松本昭　（1986）中國語の擬音語. 擬態語，日本語學 1986
年 7 月

【02464】若林建志　（1986）現代中國語「无」の一考察，中國語研
究 1986 年秋

1985 年

【02465】相原茂　（1985）「親嘴」の「嘴」は誰のもの，明治大學
教養部論集（外國文學）176

【02466】伊地智善繼　（1985）北京方言における接尾辭「—r、—
子、—頭」について，關西大學中國文學會紀要
9

【02467】泉敏弘　（1985）北方「給」使役. 被動用法の來源，中國
語學 232

【02468】今井敬子　（1985）「結果を表わす動補構造」の統辭法，
中國語學 232

【02469】今里禎　（1985）現代中國語の構造助詞「的」の重要性
について，天理大學學報 143

【02470】上野惠司　（1985）『四世同堂』を聽く——普通話の實態
（動詞・形容詞編）——，東洋研究 73

【02471】牛島德次　（1985）中國語の受動表現，日本語學 4（4）

【02472】王曙光　（1985）中日聽覺形容詞表達形式之比較，中國

　　　　　　　　　　語研究 24

〖02473〗大河内康憲　（1985）量詞の個體化機能, 中國語學 232

〖02474〗小川泰生　（1985）日中比較語法研究——「が」について,
　　　　　　　　古田教授退官紀念中國文學語學論集

〖02475〗小林立　（1985）中國語における實詞と虛詞について,
　　　　　　　　香川大學一般教育研究 27

〖02476〗小林立　（1985）中國語における文成文の語序の移動に
　　　　　　　　ついて, 香川大學一般教育研究 27

〖02477〗齊藤泰治　（1985）連體修飾語の處理をめぐって, 中國文
　　　　　　　　學研究 11

〖02478〗杉村博文　（1985）道具目的語の形成, 中國語學 232

〖02479〗瀬戸口律子　（1985）中國語の「象聲詞」——日本語の擬
　　　　　　　　音語との比較を中心に——, 大東文化大學紀
　　　　　　　　要 23（人文科學）

〖02480〗田口理一　（1985）中國語のアスペタト（下）, 中國語研
　　　　　　　　究 24

〖02481〗張之強　（1985）舊體詩詞中の一些語法問題, 古田教授退
　　　　　　　　官紀念中國文學語學論集

〖02482〗張麟聲　（1985）中日兩語のアスペタト——「了」と「た」
　　　　　　　　を中心に一, 日本語學 4（3）

〖02483〗内藤正子　（1985）所謂「主語の二重性」について, 中國
　　　　　　　　文學研究 11

〖02484〗中川千枝子　（1985）漢語副詞「都」の文脈分析及語氣分
　　　　　　　　析, 京都產業大學論集 14（3）

〖02485〗林隆司　（1985）漢語の三人稱代詞について——他、其、
　　　　　　　　之と中心として, 語學研究 40（拓殖大學語學
　　　　　　　　研究所）

〖02486〗原由起子　（1985）語氣副詞「可」と「并」「倒」「却」,
　　　　　　　　中國語學 232

〖02487〗原田松三郎　（1985）日本語と中國語の因果關係を表わす
　　　　　　　　複文について, 外國學研究 16（神戶外大）

〖02488〗宮下典男　（1985）「被」の多義の用法, 中國文學研究 11

〖02489〗望月圭子　（1985）中國語における主語と主題, 言語文化研究 3（東京外國語大學大學院外國語學研究科言語・文化研究會

〖02490〗望月八十吉　（1985）從日語看華語の主題, 第一屆世界華文教學研討會論文集（世界華文出版社）

1984 年

〖02491〗荒川清秀　（1984）日本語と中國語——日本語の感情（感覺）形容詞について——, 日本語學 4（3）

〖02492〗泉敏弘　（1984）「給」字の致使、被動用法研究, 中國語學 231

〖02493〗植田均　（1984）「特殊」な「了」について, 中國語學 231

〖02494〗神谷修　（1984）中國語と日本語の形容詞について（その一）, 中國語學 231

〖02495〗菊田正信　（1984）接尾辭「了」覺書き, 人文學報 231

〖02496〗國金海二　（1984）江戶時代の漢語法書にみられる「活字・死字」について, 中國文化 39

〖02497〗齋藤泰治　（1984）「了 1e」について, 中國文學研究 10

〖02498〗杉村博文　（1984）處置と遭遇, 中國語學 231

〖02499〗瀨戶口律子　（1984）擬音語・擬態語表現（日本語——中國語）, 大東文化大學紀要（人文科學 22）

〖02500〗高木宜　（1984）漢語表時の今古, 愛知學院大學論業一般教育研究 32～2

〖02501〗高橋君平　（1984）漢文も漢語も文法は同じ、漢文訓讀で一字再讀は不可, 中國語學 231

〖02502〗高橋彌守彥　（1984）方位詞の用法について, 大東文化大學紀要人文科學 22

〖02503〗張仁政　（1984）「不」「不是」及び「沒」「沒有」, 久留米大學論業 32（2）

〖02504〗張忠國　　（1984）現代中國語の目の語, 東海大學紀要 4

〖02505〗張麟聲　　（1984）中日兩國のアスペクトー「了」と「た」を中心に, 日本語學 4（3）

〖02506〗内藤正子　　（1984）語法上の虛實概念をめぐって, 中國文學研究 9

〖02507〗内藤正子　　（1984）「給+V」構文に關する一考察, 中國語學 231

〖02508〗望月八十吉　　（1984）中國語の疑問文, 北九州大學外國語學紀要 53

〖02509〗楊慧珠　柴田武　　（1984）中國語社會における敬語表現, 言語 31（6）

1983 年

〖02510〗雨堤千枝子　　（1983）形容詞「好」謂語句, 伊地智善繼、辻本春彦兩教授退宮紀念中國語學·中國文學論集

〖02511〗岩田憲幸　　（1983）「使」、「令」と使役構文, 中國語學 230

〖02512〗大河内康憲　　（1983）日·中語の被動表現, 日本語學 2（4）

〖02513〗果荃英　　（1983）關於副詞「就」在句中所表示の意義, 駒澤大學外國語學部紀要 1983-3

〖02514〗木村英樹　　（1983）指示と方位——「他那本書」の構造と意味をめぐって, 伊地智善繼、辻本春彦兩教授退宮紀念(中國語學·中國文學論集)

〖02515〗小林立　　（1983）中國語における重疊の表現について, 伊地智善繼、辻本春彦兩教授退宮紀念（中國語學·中國文學論集）

〖02516〗佐藤利行　　（1983）現代中國語における反復疑問表現について, 中國中世文學研究 16

〖02517〗澤田啓二　（1983）「在」小考——共起する成分との關聯
から，伊地智善繼、辻本春彦兩教授退宮紀念
（中國語學・中國文學論集）

〖02518〗徐仲華　（1983）中國人的禮貌和禮貌語言，中國語 286

〖02519〗杉村博文　（1983）試論趨向補語「下」「下來」「下去」
的引申用法，語言教學與研究 18

〖02520〗杉村博文　（1983）「的」前移せよ，伊地智善繼、辻本春
彦兩教授退宮紀念中國語學. 中國文學論集

〖02521〗高橋君平　（1983）聯合動詞と方向（趨向）動詞，中國語
學 230

〖02522〗高橋由紀子　鄭懿得　（1983）漢日名量詞瑣談，語言教學
與研究 15

〖02523〗陳建民　（1983）漢語口語裏的追加句，中國語 282

〖02524〗橋本萬太郎　（1983）北方漢語的結構發展，語言研究 1983
年第 1 期

〖02525〗若林建志　（1983）補語による強調について——否定詞
「不」の表現をめぐって，中國語研究 22

1982 年

〖02526〗相原茂　（1982）中國語の複句，明治書院(講座日本語
學) 11

〖02527〗荒川清秀　劉青然　（1982）中國語動詞の意味記述（Ⅰ），
愛知大學文學論業 68

〖02528〗荒川清秀　（1982）日本語名詞のトコロ「空間」性——中
國語との關連で，日本語と中國語の對照研究
（大阪外國語大學）6

〖02529〗荒川清秀　（1982）日本語と中國語（3）——中國語の名
詞をめぐって-，愛知大學外國語研究室報 6

〖02530〗伊原大策　（1982）進行を表す「在」について，中國語學
229

〖02531〗鵜殿倫次　（1982）北京語動詞の自動. 他動詞とアスパタ

　　　　　　　　　　ト辭の働き，愛知縣立大學外國語學部紀要 15

〖02532〗大石敏之　（1982）「了」と「文終止」について，中國語
　　　　　　　　　　學 229

〖02533〗奧津敬一郎　徐昌華　（1982）日本語と中國語の比較構文
　　　　　　　　　　について，都大論究 19

〖02534〗大河内康憲　（1982）中國構文論の基礎，講座日本語學 10

〖02535〗小川文昭　（1982）「構造」について，中國語學 229

〖02536〗奧田寛　（1982）寛說「一箇」，中國語學 229

〖02537〗奧田寛　（1982）形容詞のある性質について，日本語と
　　　　　　　　　　中國語の對照研究（大阪外國語大學）6

〖02538〗神谷修　（1982）試論「把」字句及其日語譯法，中國語
　　　　　　　　　　學 229

〖02539〗菊田正信　（1982）助動詞「要」その周邊，人文學報（東
　　　　　　　　　　京都立大學人文學會）156

〖02540〗木村英樹　（1982）日本語・中國語對應表現用例集——
　　　　　　　　　　指示詞，日本語中國語對照研究會（大阪外國語
　　　　　　　　　　大學）3

〖02541〗杉村博文　喜多田久仁彦　（1982）日本語・中國語對應
　　　　　　　　　　表現用例集——（方向補語）「上」「上來」
　　　　　　　　　　「上去」「下」「下來」「下去」，日本語中國
　　　　　　　　　　語對照研究會 4

〖02542〗杉村博文　（1982）「被動と結束」拾遺，日本語と中國語
　　　　　　　　　　の對照研究（大阪外國語大學）7

〖02543〗杉村博文　（1982）中國語における動詞の承前形成，日本
　　　　　　　　　　語と中國語の對照研究（大阪外國語大學）6

〖02544〗杉村博文　（1982）「是…的」——中國語の「のだ」の文，
　　　　　　　　　　講座日本語學 12

〖02545〗鈴木直治　（1982）指示詞としての「是」について——古
　　　　　　　　　　代漢語指示詞札記 2，金澤經濟大學論集 16～1

〖02546〗宋玉柱　（1982）可逆句——參加中國語言學會第一次年
　　　　　　　　　　會論文，中國語研究 22

〖02547〗高橋君平 　（1982）處動構造と無主句, 中國語學 229

〖02548〗中川正之 　（1982）中國語の名詞と日本語の名詞, 未名 2

〖02549〗中村浩一 　（1982）動詞狀語について, 大東文化大學紀要
（人文科學）20

〖02550〗仁科絲惠 　（1982）複合方向補語について――賓語との位
置關係を中心に, お茶の水女子大學中國文學
會報 1

〖02551〗波多野太郎 　（1982）讀中國近刊虛詞研究書, アジア・ア
フリカ文化研究所研究年報 16

〖02552〗原田壽美子 　（1982）兼語式と使役性, 未名創刊號

〖02553〗原田壽美子 　（1982）何が兼語式を構成するか, 中國語 269

〖02554〗原田松三郎 　（1982）再び量詞について, 神戸外大業輪 33
～3

〖02555〗松村文芳 　（1982）「得」字構造の中國語・日本語, 未名
2

〖02556〗望月八十吉 　（1982）日本語から中國語をながめる, 日本
語と中國語の對照研究（大阪外國語大學）7

〖02557〗ヤホントフ著　川上久壽譯 　（1982）現代中國語における
補助的副詞を用いた複合從屬文の構成, 大東
文化大學紀要（人文科學）20

〖02558〗山崎吾妻 　（1982）動作表現に關する一考察, 日本語と中
國語の對照研究（大阪外國語大學）6

〖02559〗若林建志 　（1982）中國語動詞の性格について――「搖晃」
「蹦跳」というをに言葉めぐって, 中國語學
229

〖02560〗若林建志 　（1982）現代中國語における文言的要素――補
語をめぐって, 中國語研究 22

1981 年

〖02561〗荒川清秀 　（1981）中國語助動詞にみられるいくつかのカ
テゴリー, 愛知大學文學論業 67

【02562】荒川清秀　（1981）中國語名詞のトコロ性——日本語との
關連 で——, 日中對照研究會 1981～11

【02563】荒川清秀　（1981）「了」のいる時といらぬ時, 中國語學
228

【02564】有田忠弘　（1981）接尾辭「兒」について, 龍谷紀要 2～2

【02565】伊藤道治　（1981）語詞「麼」の用法に關して, 立命館
430、431、432

【02566】牛島德次　（1981）語法, 中國語六（研究の手引）

【02567】牛島德次　（1981）『馬氏文通』, 中國語八（研究の手引）

【02568】内田慶市　（1981）中國人は語をどのように分類してきた
か『馬氏文通』以前, 三浦つとむ編『現代言語
學批判』言語過程說の展開

【02569】内田慶市　（1981）結果補語と否定の過程, 中國語研究 20

【02570】鵜殿倫次　（1981）北京語二項目動詞文のつかいについて,
愛知縣立大學外國語學部紀要 14

【02571】大石敏之　（1981）〔論壇〕疑問に關する一考察, 中國語
5

【02572】大原信一　（1981）表現文法, 中國語 9（教學月報）

【02573】川口榮一　（1981）動詞を目的語にとる動詞, 京都外國語
大學研究論業 22

【02574】木村英樹　（1981）被動と「結果」, 日本語と中國語の對
照研究 5

【02575】木村英樹　（1981）「付着」の「着/zhe/」と「消失」の
「了/le/」, 中國語 258

【02576】西條正　（1981）現代中國語における戰鬪的表現 , 津田
塾大學紀要 13

【02577】佐藤晴彦　（1981）「難道」小考, 人文研究 33～2

【02578】武信彰　（1981）病句からみた動實結構, 麗澤大學紀要
30（1980）

【02579】内藤正子　（1981）現代中國語の aspect について, 中國文
學研究 7

〖02580〗長尾光之　（1981）中國語譯「生經」の言語, 福島大學教養學部「論集」（人文科學部門）33

〖02581〗望月八十吉　（1981）中國語動詞と格文法ノート, 大阪市立大學文學部紀要人文研究 33〜2

〖02582〗望月八十吉　（1981）中國語語法學の現狀と問題點, 中國語學 228

〖02583〗山岸共　（1981）呂叔湘主編『現代漢語八百詞』の『現代漢語語法要點』について, 中國語學 228

1980 年

〖02584〗望月八十吉　（1980）中國語語法學の現狀と問題點, 人文研究（大阪市立大學文學部）32〜4

〖02585〗望月八十吉　（1980）中國語の世界創造的述語, 中國語 245

〖02586〗陳愛文　于平　海澤洲　（1980）並列二音節語の語順について, 九州共立大學紀要 14〜2

〖02587〗杉村博文　（1980）所有不可能名詞, 中國語 227

〖02588〗荒川清秀　（1980）中國語の狀態動詞, 愛知學院大學論業 65

〖02589〗小川文昭　（1980）「現存文」の過程的構造, 東洋大學紀要教養課程編 19

〖02590〗大河内康憲　（1980）中國語の可能表現, 日本教育 41

〖02591〗菊田正信　（1980）受身の表現をめぐって, 人文學報（東京都立大學人文學會）140

〖02592〗相原茂　（1980）「給 gěi」について, 中國語 247

〖02593〗高橋彌守彦　（1980）助詞「的」について 1, 大東文化大學紀要 18（人文科學）

〖02594〗高橋彌守彦　（1980）「的」の用法に關する一考察, 中國語學 227

〖02595〗堀田洋子　（1980）格助詞「で」の中國語における表現, 駒澤大學外國語部論集 12

〖02596〗中村浩一　（1980）現代中國語における「～于」ということばについて，大東文化大學紀要 18（人文科學）

〖02597〗田中益見　（1980）中國語の強調——提前、動前の適用範圍について一前，橫濱商業大學紀要 3

〖02598〗岡部謙治　（1980）詞の重疊について，大東文化大學紀要 18（人文科學）

〖02599〗大瀧幸子　（1980）中國語語氣詞の意味述論，中國語 241

〖02600〗大瀧幸子　（1980）中國語語氣詞の意味記述（その 2），中國語學 227

〖02601〗巢山恆明　（1980）「為」字の語法理解とその訓讀，漢文教室 135

〖02602〗長田夏樹　（1980）日朝兩國漢文訓讀探源（上），朝鮮學報 97

1979 年

〖02603〗高橋君平　（1979）漢語の文法體系（上），中國語學 226

〖02604〗高橋君平　（1979）句文に於ける主語の絕對性，九州中國學會報 22

〖02605〗渡邊昭夫　（1979）普通話に於けるについて，中國語研究 18

〖02606〗相原茂　（1979）否定を拒む二、三の要因，中國語研究 19

〖02607〗矢野光治　藍清漢　（1979）漢語の存在文について，中國語學 226

〖02608〗荒川清秀　（1979）中國語における形容詞の命令文，中國語學 226

〖02609〗張仁政　（1979）處置式の目的語.動詞及びその附加語，久留米大學論業 28～1

〖02610〗波多野太郎　（1979）受動「被」の展望を廻って，中國文學研究（早稻田大學中國文學會）

〖02611〗中村浩　　（1979）行爲動詞と新しい表現について, 中國
語研究 18

〖02612〗渡邊茂彦　（1979）「來」、「去」と「行く」「來る」,
北九洲大學外國語學部紀要 36

〖02613〗矢野光治　藍清漢　（1979）中國語のアスペタト形式素
「着」について, 立正大學教養部紀要 12

〖02614〗加賀美嘉富　（1979）中國語における方向補語（續）――
そのはたらきと質的轉換, 中央大學文學部紀
要 90（文學科 43）

〖02615〗大内田三郎　（1979）中國語的可能補語について, 中國語
學 226

〖02616〗杉村博文　（1979）「得」字構造と「的」字構造, 中國語
234

〖02617〗尾崎實　（1979）「數量」と「程度」――現代中國語に
おける「很」の用法, 關西大學文學論集 28～
13

〖02618〗川本邦衛　（1979）量詞・類別詞論覺書, 慶應義塾大學言
語文化研究所紀要

〖02619〗川口榮一　（1979）「連詞」について, 京都外國語大學研
究論業 XIX

〖02620〗高橋彌守彦　（1979）「到達關係」を表わす連詞について
その, 中國語學 226

〖02621〗大瀧幸子　（1979）中國語語氣詞の意味記述（その 1）, 中
國語學 226

〖02622〗果荃英　（1979）語氣助詞「呢」, 駒澤大學外國語部論
集 9

〖02623〗高橋彌守彦　（1979）標點符號の研究――2 その, 大東文
化大學紀要 17（人文科學）

〖02624〗西條正　（1979）中國語の善惡の表現法, 津田塾大學紀
要 11

〖02625〗小林立　　（1979）中國語における時間の表現法, 松山商
大論集 30～4

〖02626〗早川通介　（1979）現代漢語の文體特色素, 愛知學院大學
論業一般教育研究 27～1

1976 年

〖02627〗鈴木達也　（1976）兼語文について, 言語文化論集筑波大
學現代語·現代文化學習系

〖02628〗望月八十吉　（1976）中國語における直接引用の間接化,
中國語學 223
（41～51）

〖02629〗中川正之　杉村博文　（1976）日中兩國語における數量表
現,『日本語と中國語の對照研究』――大阪外
國語大學日中語對照研究會

〖02630〗中川正之　（1976）日中兩國語における讓步不可能名次に
ついて, 中國語學 223（52～58）

〖02631〗望月八十吉　（1976）日本語と中國語の複合名詞句,『日
本語と中國語の對照研究』――大阪外國語大
學日中語對照研究會

〖02632〗高橋君平　（1976）漢語の受動表現について, 中國語學 223
（16～24）

〖02633〗相原茂　　（1976）「很+不·形容詞」の成立條件, 中國語
學 223（71～91）

〖02634〗松村文芳　（1976）『副詞、能願動詞の相互承接の統語論
の考察』――日本語との關聯――, 鹿兒島經大
論集 16～4

〖02635〗相原茂　　（1976）構造助詞の「de」得省略可能性――
Inalienable　Possession, 漢文學會會報 35

〖02636〗杉村文博　（1976）「他課文念得很熟」について, 中國語
學 223（92～97）

〖02637〗山下輝彦 （1976）現代中國語における「補語」について，藝文研究 35

〖02638〗川上久壽 （1976）「是」若干の問題，小樽商科大學人文研究 51

〖02639〗望月八十吉 （1976）王力『中國現代語法』こと項索引，人文研究 28〜4（大阪市立大學文學部紀要）

1975 年

〖02640〗三野昭一 （1975）中國文法における複句と單句の區分，中國總と研究創刊號

〖02641〗大河内康憲 （1975）「是」のムード特性，大阪外國語大學學報 33（言語・文學篇）

〖02642〗中澤信三 （1975）中國語の「語氣詞」について，漢學研究（日本大學中國文學會）第 13、14 合併號

〖02643〗澤田啓二 （1975）賓語提前に係る若干の問題，中國の言語と文化第 4 號

1974 年

〖02644〗大河内康憲 （1974）「是」のムード特性，大阪外國語大學學報 33 號

〖02645〗加賀美嘉富 （1974）中國語における方向補語——その中心語と賓語，中央大學『紀要』第 74 號

〖02646〗鈴木達也 （1974）把字句について，中國語學 221

〖02647〗長谷川良一 （1974）『中國語一六〇〇（上）』『文法のまとめ』の圖形について，目加田誠博士古稀紀念『中國文學論集』

〖02648〗松村文芳 （1974）中國語における感情表現，鹿兒島經大論集第 15 卷 2 號

1973 年

〖02649〗望月八十吉 （1973）日本語と中國——とくに主語につい

　　　　　　　　　　て，人文研究 24～2

〖02650〗宮田一郎　（1973）反復疑問について，人文研究 24～2

〖02651〗服部昌之　（1973）指量詞についての一考察，現代中國語
　　　　　　　　　　總と研究會會報 5

〖02652〗中田喜勝　（1973）連詞「と」の動詞形容詞を結ぶ用法に
　　　　　　　　　　ついて，現代中國語總と研究會會報 5

〖02653〗相原茂　（1973）中國語の「把」字句に關する諸問題，漢
　　　　　　　　　　文學會會報

1972 年

〖02654〗太田辰夫　（1972）中國における敬語の問題，言語生活 249

〖02655〗小林立　（1972）中國語にみる「時制」の表現，香川大學
　　　　　　　　　　教育學部研究報告（第 1 部）32

〖02656〗中川正之　（1972）構造助詞の「の」について，中國語學
　　　　　　　　　　217

〖02657〗望月八十吉　（1972）中國語の疑問詞，人文研究 23～3

〖02658〗三浦叶　（1972）明治年間に於ける漢文法の研究（上），
　　　　　　　　　　東洋文化研究所紀要（無窮會）8

1969 年

〖02659〗上野惠司　（1969）「被」について，關西大學中國文學會
　　　　　　　　　　紀要 2

〖02660〗尾崎實　（1969）「～掉」について，人文研究 20～10

〖02661〗高橋君平　（1969）中國文法の用語，中國語學 193

〖02662〗野口正之　（1969）漢語否定詞の研究，大東文化大學紀要
　　　　　　　　　　（教養部）2

〖02663〗劉文獻　（1969）修飾關係における「的」不變，中國語學
　　　　　　　　　　149

1968 年

〖02664〗石田武夫　（1968）中國語における音調と文法との間, 彦根論業（滋賀大學經濟學部 132、133、68、12

〖02665〗瀧澤俊亮　（1968）中國の人稱, 東京支那學報 68～6

4. 文　字

2002 年

〖02666〗阿辻哲次　（2002）部首のはなし10 「かた」——おのおの方参ろうぞ, しにか 13（1）（大修館書店）

〖02667〗阿辻哲次　（2002）部首のはなし11「とめる」——「正」戰爭!?, しにか 13　（2）（大修館書店）

〖02668〗阿辻哲次　（2002）部首にはなし12「き」——「鬼」さんどちら, しにか 13（3）　（大修館書店）

〖02669〗阿辻哲次　（2002）部首のはなし13——「馬」〔ウマ〕と書なきや死刑!?, しにか 13（4）（大修館書店）

〖02670〗阿辻哲次　（2002）部首のはなし14——「台」も漢字改革した結果, しにか 13　（5）（大修館書店）

〖02671〗阿辻哲次　（2002）部首のはなし15——「米」丹精コメテ作られます, しにか 13　（6）（大修館書店）

〖02672〗阿辻哲次　（2002）部首のはなし16——「口」話すもクチ、食うもクチ, じにか 13（7）（大修館書店）

〖02673〗阿辻哲次　（2002）部首のはなし17——「辛」始皇帝も辛かった?, しにか 13　（8）（大修館書店）

〖02674〗阿辻哲次　（2002）部首のはなし18——「麥」紂王は銀シヤリを食えたか?, しにか 13（9）（大修館書店）

〖02675〗阿辻哲次　（2002）部首のはなし19——「尸」出してすっきりしたい, しにか 13　（10）（大修館書店）

〖02676〗阿辻哲次　（2002）部首のはなし20――「目」夫は妻の目をおそれる，しにか 13　（11）（大修館書店）

〖02677〗阿辻哲次　（2002）部首のはなし21――「麻」マダレで引くのはアサハカ，しにか 13（12）（大修館書店）

〖02678〗小林さゆり　（2002）東アジア各國の漢字事情中國（特集2漢字の將來を考える），しにか 13（5）（大修館書店）

〖02679〗高久由美　（2002）蘿振玉――甲骨文字研究の先蹤（特集1人物で読む漢字の歴史），しにか 13（12）（大修館書店）

〖02680〗高部千春　（2002）簡體字について続，中國語研究 44（白帝社）

〖02681〗立石廣男　（2002）「謂之」考，中國語中國文化 2

〖02682〗張　莉　（2002）中國古代漢字における「目の記號」の考察，人間環境学 11

〖02683〗辻井喬　（2002）現代詩と漢字・漢詩，しにか 13（8）（大修館書店）

〖02684〗富谷至　（2002）李斯と篆書の制定（特集1人物で読む漢字の歴史），しにか 13（12）（大修館書店）

〖02685〗西原一幸　（2002）顔氏一族と『干祿字書』――俗字の活用（特集1人物で読む漢字の歴史），しにか 13（12）（大修館書店）

〖02686〗荻庭勇　（2002）閏字考，大東文化大學漢學會誌 41

〖02687〗本田貴彦　（2002）殷代の金文について，立命館文學 23

2001 年

〖02688〗阿辻哲次　（2001）漢字を巡る日本の状況，しにか 12（2）（大修館書店）

〖02689〗樺島忠夫　（2001）「表外漢字字體表」とは何か, しにか 12（2）（大修館書店）

〖02690〗高部千春　（2001）簡体字について, 中国語研究 43（白帝社）

2000 年

〖02691〗池田證壽　（2000）『圖書總目録』の漢字について――『大漢和辭典』に見えない例を中心に――, 北海道大學文學研究所既要 101

〖02692〗一海知義　（2000）對談：漢字文化圏の歴史と未來, 加藤周一對談集 4（かもから出版）

〖02693〗一海知義　（2000）「貨」「幣」という文字の原義と歴史, 環 3（筱原書店）

〖02694〗一海知義　（2000）對談：漢字文化圏の歴史と未來, 世界 676

〖02695〗寺井泰明　（2000）町、邑、城、里、村――漢字から見た「まち」と「さと」, 悠久 83（おうふう）

1998 年

〖02696〗松岡榮志　（1998）名前の漢字とコンピユータ, 學鐙 95（6）（丸善）

1996 年

〖02697〗周錦樟　（1996）固定漢字聲旁表構擬及其問題點, 外國語教育論集 18（筑波大學外國語センター）

1995 年

〖02698〗加納喜光　（1995）藤堂明保『漢字語源辭典』の方法――漢語の意味論, 國文學・解釋と鑑賞 1 月號

〖02699〗佐田智明　（1995）「助詞詳解」の諸本について, 福岡大學人文論叢 27～1

〖02700〗朱一星　　（1995）漢字の書體·字體·字形, 京都外國語
　　　　　　　　　　大學研究論叢XIVI

〖02701〗曾我德興　（1995）中國の文字改革に關する一考察——注
　　　　　　　　　　音字母について, 人間自然論叢 3（中央學院大
　　　　　　　　　　學）

〖02702〗谷峰夫　　（1995）關於字謎, 海保大研究報告·法文學系
　　　　　　　　　　41〜1

〖02703〗杜　勤　　（1995）「三」の文字學的一考察——その「虚
　　　　　　　　　　數」的意味をめぐって, 大阪產業大學論集·人
　　　　　　　　　　文科學編 86

1990 年

〖02704〗荒川清秀　（1990）漢字の對照研究, 中國語 8、9 月號（内
　　　　　　　　　　山書店）

〖02705〗井出靜　　（1990）12 歲少女が考案した中國漢字のワープ
　　　　　　　　　　ロ入力方式, 科學朝日 12 月號朝日新聞出版社

〖02706〗今井潤太郎　（1990）〇は漢字か, 愛知大學國際關係研究
　　　　　　　　　　所紀要第 91 號

〖02707〗賴惟勤　水谷誠　（1990）漢字の變遷——中國古典を讀む
　　　　　　　　　　ために（6）——,『漢文教室』167

1986 年

〖02708〗芝田稔　　（1986）日中兩國における漢字の異同について,
　　　　　　　　　　關西大學東西學術研究所紀要 19

〖02709〗錢乃榮　　（1986）漢字と現代中國語の適應, 語の計數研究
　　　　　　　　　　26

〖02710〗吉田照子　（1986）漢字の話, 福岡女子短大紀要 32

1982 年

〖02711〗鈴木修次　（1982）漢字の特質, 文化廳「漢字」16

1981 年

〖02712〗安宇植　　（1981）漢字の傳來から固有の文字——朝鮮の場合——, 文學 49～4

〖02713〗貝塚茂樹　　（1981）漢字の起源, 中國の漢字

〖02714〗金子二郎　　（1981）ことばともじ, 中國語 7（專家漫筆）

〖02715〗久島茂　　（1981）漢字——字形と意味の相關——, 靜岡大學教育學部研究報告（人文・社會科學篇）31

〖02716〗田中有　　（1981）漢字書體の變遷, 言語 1981、11

〖02717〗西田龍雄　　（1981）東アジアの文字, 講座言語 5

〖02718〗彭澤周　　（1981）日中兩國文化のかけ橋上・下——漢字およびその略字化, 大阪外國語大學學報（文化・文學編 51、53）

〖02719〗望月眞澄　　（1981）漢字における單語家族, 言語 1981、11

〖02720〗吉田惠　　（1981）漢字の構成, 中國の漢字

1980 年

〖02721〗吉田雅子　上里賢一　（1980）中國の簡化字——第二次漢字簡化方案を中心に, 琉球大學法文學部紀要（國文學・哲學論集 24）

〖02722〗宮部寬　　（1980）漢字簡化字についての一考察（1）現狀を中心に, 多摩藝術學園紀要 5

〖02723〗天沼寧　　（1980）日中漢字字體對照表, 大妻女子大學文學部紀要 12

〖02724〗杉本つもむ　（1980）漢字——その現代と將來, 月刊ことば 416

〖02725〗賀集寬　井上道雄　石原岩太郎　（1980）漢字の視覺的複雜性に關する諸要因, 人文論究（關西學院大學人文學院）30～1

〖02726〗坂井健一　　（1980）漢字の形・音・義, 漢字の常識（漢文研究シリーズ 10、尚學圖書）

〖02727〗興水優　　　（1980）音符と義符, 漢字の常識（漢文研究シ
　　　　　　　　　　　リーズ 10、尚學圖書）

〖02728〗戶井田行世　（1980）漢字の簡化, 漢字の常識（漢文研究
　　　　　　　　　　　シリーズ 11、尚學圖書）

5. 語　彙

2002 年

〖02729〗相原茂　　　（2002）類義語のニュアンス 190「踩・踏」,
　　　　　　　　　　　東方 260（東方書店）

〖02730〗荒岡啓子　　（2002）類義語のニュアンス 181「面向・面臨
　　　　　　　　　　　・面對」, 東方 251（東方書店）

〖02731〗荒川清秀　　（2002）日中漢語語基の比較, 國語學 53（1）

〖02732〗荒川清秀　　（2002）類義語 185　のニュアンス「按・推・
　　　　　　　　　　　壓」, 東方 255（東方書店）

〖02733〗植田均　　　（2002）　常用語義の變遷, 産業と經濟 17（5）
　　　　　　　　　　　（人文・自然・體育特集號）（奈良産業大學
　　　　　　　　　　　經濟經営學會）

〖02734〗鵜殿倫次　　（2002）類義語のニュアンス 183「不會一・一
　　　　　　　　　　　不了」, 東方 253（東方書店）

〖02735〗遠藤雅裕　　（2002）中日辭典における臺灣系語彙の扱い
　　　　　　　　　　　について, 語研フォーラム 16（早稻田大學語
　　　　　　　　　　　學研究所）

〖02736〗遠藤雅裕　　（2002）中日辭典における臺灣系語彙の扱いに
　　　　　　　　　　　ついて——補
　　　　　　　　　　　遺——, 語研フォーラム 16（早稻田大學語學
　　　　　　　　　　　研究所）

〖02737〗王希傑　　　（2002）複合詞的深層結構和表層結構及其理据
　　　　　　　　　　　性, 中國語研究 44（白帝社）

〖02738〗朱京偉　　（2002）中國における日本製植物學用語の受容
　　　　　　　　　　——二十世紀初期の中國資料を中心に，明海
　　　　　　　　　　日本裕 7

〖02739〗大瀧幸子　（2002）類義語のニュアンス 189「坦率・直率」，
　　　　　　　　　　東方 259（東方書店）

〖02740〗小栗山惠　（2002）「會」と貶義との結びつきについて
　　　　　　　　　　——臺灣語句語の視點から，東アジア域研究

〖02741〗小野秀樹　（2002）「中國語入門」語氣詞「嗎」「呢」
　　　　　　　　　　「吧」，中國語 5 月號（内山書店）

〖02742〗郭玉傑　　（2002）中日同形の漢語，福井工業大學研究紀
　　　　　　　　　　要 32

〖02743〗川島優子　（2002）中國語の「犬」と「狗」，中國研究論
　　　　　　　　　　集 8

〖02744〗木村秀次　（2002）漢語の履歴 小辭典（特集 2 目からウ
　　　　　　　　　　ロコの漢語の履歴），月刊しにか 13（8）大修
　　　　　　　　　　舘書店）

〖02745〗木村秀次　木村一　陳力衛　野澤勝夫　（2002）漢語の履
　　　　　　　　　　歴（特集 2 目からうろこの漢語の履歴），月
　　　　　　　　　　刊しにか 13（8）大修舘書店）

〖02746〗河野直惠　（2002）「才」と「了」の 共起關係について，
　　　　　　　　　　中國語學 249

〖02747〗吳岳樺　　（2002）日中兩國語における外來語の定義比較，
　　　　　　　　　　文學會紀要 13（愛知學院大學大學院）

〖02748〗吳紅哲　　（2002）「ダロウ」と「吧 ba」の確認要求用法
　　　　　　　　　　の比較，岡山大學大學院文化科學研究科紀要
　　　　　　　　　　13

〖02749〗輿水優　　（2002）基本語ノート「案」，中國語 1 月號（内
　　　　　　　　　　山書店）

〖02750〗輿水優　　（2002）基本語ノート「信」，中國語 2 月號（内
　　　　　　　　　　山書店）

〖02751〗興水優　　　（2002）基本語ノート「單」,中國語 3 月號（内
　　　　　　　　　　山書店）

〖02752〗興水優　　　（2002）基本語ノート「接」,中國語 4 月號（内
　　　　　　　　　　山書店）

〖02753〗興水優　　　（2002）基本語ノート「連」,中國語 5 月號（内
　　　　　　　　　　山書店）

〖02754〗興水優　　　（2002）基本語ノート「暴」,中國語 6 月號（内
　　　　　　　　　　山書店）

〖02755〗興水優　　　（2002）基本語ノート「橫」,中國語 7 月號（内
　　　　　　　　　　山書店）

〖02756〗興水優　　　（2002）基本語ノート「木」,中國語 8 月號（内
　　　　　　　　　　山書店）

〖02757〗興水優　　　（2002）基本語ノート「小」,中國語 9 月號（内
　　　　　　　　　　山書店）

〖02758〗興水優　　　（2002）基本語ノート「股」,中國語 10 月號（内
　　　　　　　　　　山書店）

〖02759〗興水優　　　（2002）基本語ノート「漂」,中國語 11 月號（内
　　　　　　　　　　山書店）

〖02760〗興水優　　　（2002）基本語ノート「側」,中國語 12 月號（内
　　　　　　　　　　山書店）

〖02761〗文慶哲　　　（2002）日本語・韓國語・中國語の漢語語彙
　　　　　　　　　　について,總合政策論集 2（1）

〖02762〗鹽山正純　　（2002）西洋料理と中國語──『造洋飯書』
　　　　　　　　　　（1899）の語彙を中心に,文明 21（8）（愛知
　　　　　　　　　　大學國際コミユニケーション學會）

〖02763〗島津幸子　　（2002）時間を表す構成する前置詞「等」と「當」
　　　　　　　　　　について,中國語學 249

〖02764〗史有為　　　（2002）〔Q&A〕「先生」と「老師」,中國語 9
　　　　　　　　　　月號（内山書店）

〖02765〗周日安　　　（2002）關于建立多義復句概念的設想,中國語
　　　　　　　　　　研究 44（白帝社）

〖02766〗吳淑園　（2002）「に」と「で」の情報傳達機能（1）中國語「在」と對照して，言葉と文化（3）

〖02767〗杉村博文　（2002）類義語のニュアンス191「怎麽了・怎么囘事儿」，東方261（東方書店）

〖02768〗砂岡和子　（2002）類義語のニュアンス192「滿・全・盡」，東方262（東方書店）

〖02769〗千野明日香　（2002）中國のことわざ（58）はじめての一步，しにか13（1）　（大修舘書店）

〖02770〗千野明日香　（2002）中國のことわざ（59）旅，しにか13（2）（大修舘書店）

〖02771〗千野明日香　（2002）中國のことわざ（60）（最終回）——途な女，しにか13（3）（大修舘書店）

〖02772〗祖生利　（2002）元代白話碑文中詞尾「每」的特殊用法，中國語研究44（白帝社）

〖02773〗高橋彌守彦　（2002）「朝＋客語」の「朝」の用法について，日本言語對照研究論集4

〖02774〗趙　晴　（2002）生活語彙としての自然地理用語の日中比較と指導上の問題點（2）——山に關する語——，文學會紀要13（愛知學院大學大學院）

〖02775〗張麗群　（2002）論哪些身體部位名詞可作借用量詞——兼論「一口」与「嘴」的差异，研究紀要63（日本大學文理學部）

〖02776〗陳謙臣　（2002）『現代漢語詞典』改訂?見中國? 變貌——1996年改訂の『「現代漢語詞典」修訂本』について（その1），籠谷紀要24（1）

〖02777〗翟東娜　（2002）日本語? 中國語? 形狀助數詞?，日中言語對照研究論集4

〖02778〗中川千枝子　（2002）類義語のニュアンス188「碰見・碰到・碰上・遇見・遇到・遇上」，東方258（東方書店）

〖02779〗中島吾妻　（2002）「這兒/那兒」と 「這個地方/那個地方」——「トコロ」か「場所」か, 中國語學 249

〖02780〗西香織　（2002）無生物主語「它」に關する一考察, 中國語學 249

〖02781〗西槇永志　（2002）副詞「都」に關する調査と分析, 開篇 21（好文出版）

〖02782〗馬小兵　（2002）中國語の介詞「作爲」と日本語の複合格助詞「として」——「資格·立場」を表す「作爲」と「として」を中心に, 日中言語對照研究論集 4

〖02783〗原由紀子　（2002）類義語のニュアンス 182 「聽得見·能聽見」, 東方 252（東方書店）

〖02784〗菱沼透　（2002）插入成分としての「我說、你說」「我看、你看」, 創大中國論集 5

〖02785〗王立達　于康　澤谷敏行譯　（2002）現代中國語における日本語からの借用語, エクス

〖02786〗安井二美子　（2002）類義語のニュアンス 184 「～是 N·～是個 N」, 東方 254（東方書店）

〖02787〗楊光俊　（2002）關於「會」的幾個問題, 櫻美林大學 中國學論業 27

〖02788〗楊達　（2002）類義語のニュアンス 186「涼·冷」, 東方 256

〖02789〗李鴻谷　（2002）日中漢語造語の對照—複合漢語を中心に, 麗澤學院ジャーナル 10（1）

〖02790〗李貞愛　（2002）副詞「淨」について, 中國語學 249

〖02791〗劉瑞明　（2002）釋「消失子」及其系列詞語, 中國語研究 44（白帝社）

〖02792〗梁曉紅　（2002）佛教音義与漢語雙音化研究, アカデミア文學·語學編 71

〖02793〗菱志偉　（2002）中國古典に由來する日中熟語や諺の相違點について（6），法政大學教養部紀要 119 外國語學・外國文學編

〖02794〗盧　濤　（2002）「文化」考，中國語學 249

〖02795〗渡部修　（2002）「前年」をオトトシと訓むこと——万業表記に見る日中口語交流の——側面——，國學院雜誌 103（11）

2001 年

〖02796〗荒川清秀　（2001）辭書工房から 30「語の意味の存在條件」，東方 247（東方書店）

〖02797〗井出克子　（2001）中國語五感表現に見られる共感覺に基づく比喩について，中國語學 248

〖02798〗伊藤さとみ　（2001）「白靴」と「雪白一雙靴」，中國語學 248

〖02799〗伊藤大策　（2001）「夢見」の「見」は何を「見る」，筑波大學「東西言語文化の類型論」特別プロジェクト研究成果報告書 H12 年度 IV

〖02800〗伊藤大策　（2001）「小心」に見られる原因賓語生成の一類型——小心の語史，中國文化 59

〖02801〗鵜殿倫次　（2001）類義語のニュアンス 170「爲了・以便・為了不・以免」，東方 240（東方書店）

〖02802〗大川完三郎　（2001）類義語のニュアンス 173「撞・碰・磕」，東方 243（東方書店）

〖02803〗大河内康憲　（2001）「日」と「天」と「號」，現代中國語研究 3（朋友書店）

〖02804〗大瀧幸子　（2001）類義語のニュアンス 175「再・多」，東方 245（東方書店）

〖02805〗大塚秀明　（2001）類義語のニュアンス 179「全部・所有・一切」，東方 249（東方書店）

〖02806〗奧田寬　（2001）類義語のニュアンス 177「綁·捆」,東方 247（東方書店）

〖02807〗甲斐勝二　（2001）辭書工房から 27「生活は戲れに非ず」,東方 244（東方書店）

〖02808〗筧久美子　（2001）『專家漫筆』書簡文人稱あれこれ（1）～（3）,中國語 1～3 月號（内山書店）

〖02809〗筧久美子　（2001）漢語稱謂——女性呼稱を中心に,財團法人新村出版記念財團報

〖02810〗邱魁富　（2001）言語と文化——近年中日の新語·流行語の變化を中心に,明の星女子短期大學紀要 19

〖02811〗金敬雄　（2001）井上哲次郎の『訂增英華字典』に於ける譯語の修訂についての考察(5)譯語の訂正,行政社會論集 13（4）（福島大學行政社會學會）

〖02812〗金　路　（2001）「改革開放」中的漢語詞語,語學教育研究論厳 18（大東文化大學語學教育研究學會）

〖02813〗胡明揚　（2001）漢語詞類研究的歷史和現狀,現代中國語研究 2（朋友書店）

〖02814〗高　靖　（2001）現代日本語のヤリモライと中國語の「給」について,對照言語學研究 11

〖02815〗黃黨時　（2001）『新華字典』における死生観に關連する言葉,佛教大學總合研究所紀要 8

〖02816〗項夢水　（2001）連城（文亨鄉文保村）方言同音字彙,開篇 21（好文出版）

〖02817〗輿水優　（2001）基本語ノート「安」,中國語 1 月號（内山書店）

〖02818〗輿水優　（2001）基本語ノート「壺」,中國語 2 月號（内山書店）

〖02819〗輿水優　（2001）基本語ノート「理」,中國語 3 月號（内山書店）

〖02820〗輿水優　　　（2001）基本語ノート「考」, 中國語 4 月號（内山書店）

〖02821〗輿水優　　　（2001）基本語ノート「買」, 中國語 5 月號（内山書店）

〖02822〗輿水優　　　（2001）基本語ノート「陪」, 中國語 6 月號（内山書店）

〖02823〗輿水優　　　（2001）基本語ノート「拐」, 中國語 7 月號（内山書店）

〖02824〗輿水優　　　（2001）基本語ノート「付」, 中國語 8 月號（内山書店）

〖02825〗輿水優　　　（2001）基本語ノート「親」, 中國語 9 月號（内山書店）

〖02826〗輿水優　　　（2001）基本語ノート「裁」, 中國語 10 月號（内山書店）

〖02827〗輿水優　　　（2001）基本語ノート「城」, 中國語 11 月號（内山書店）

〖02828〗輿水優　　　（2001）基本語ノート「混」, 中國語 12 月號（内山書店）

〖02829〗周　薦　　　（2001）熟語分類論, 立命館言語文化研究 12（4）

〖02830〗白木通　　　（2001）中國語新語リスト——「～戸」「～家」「～民」「～員」「～者」「～族」, 経営研究 15（1）　（愛知學泉大學経営研究所）

〖02831〗杉村博文　　（2001）類義語のニュアンス 169「看不起・看不上」, 東方 239（東方書店）

〖02832〗杉山明　　　（2001）しにかフォラム「可愛」から「卡哇伊」へ, しにか 12（3）　　（大修館書店）

〖02833〗砂岡和子　　（2001）類義語のニュアンス 172「使・令」, 東方 242（東方書店）

〖02834〗砂岡和子　　（2001）類義語のニュアンス 176「團體・集團・集體・社團」, 東方 246（東方書店）

〖02835〗戰慶勝　　　（2001）中日外來語の對照分析, 國際文化學部論集 1（3・4）（鹿児島國際大學）

〖02836〗曹　煒　　　（2001）現代漢語詞義和内部屈折, 中國語研究 43（白帝社）

〖02837〗高島俊男　　（2001）香港はホンコンか「お言葉ですが…（313）」, 週刊文春 43（41）

〖02838〗高橋茂男　　（2001）〔話題のことば〕黄金周, 中國語 5 月號（内山書店）

〖02839〗高橋茂男　　（2001）〔話題のことば〕全球化, 中國語 6 月號（内山書店）

〖02840〗高橋茂男　　（2001）〔話題のことば〕兩岸關係, 中國語 7 月號（内山書店）

〖02841〗高橋茂男　　（2001）〔話題のことば〕嚴打, 中國語 8 月號（内山書店）

〖02842〗高橋茂男　　（2001）〔話題のことば〕靖國神社, 中國語 9 月號（内山書店）

〖02843〗高橋茂男　　（2001）〔話題のことば〕APEC 亞太經合組織會議, 中國語 10 月號（内山書店）

〖02844〗高橋茂男　　（2001）〔話題のことば〕奧運會, 中國語 11 月號（内山書店）

〖02845〗高橋茂男　　（2001）〔話題のことば〕廈門特大走私案, 中國語 12 月號（内山書店）

〖02846〗竹越美奈子　（2001）辭書工房から 23「料理の名前」, 東方 240（東方書店）

〖02847〗竹越美奈子　（2001）辭書工房から 24「續・料理の名前」, 東方 241（東方書店）

〖02848〗竹越美奈子　（2001）辭書工房から 28「回鍋肉續々・料理の名前」, 東方 245（東方書店）

〖02849〗谷口知子　　（2001）日中ことばの交流——「望遠鏡」を中心として——, 中國語學 248

〖02850〗高橋茂男　（2001）〔話題のことば〕沙尖暴, 中國語 4 月
號（内山書店）

〖02851〗千野明日香　（2001）中國のことわざ 46「不倫」, しにか
12 (1)（大修館書店）

〖02852〗千野明日香　（2001）中國のことわざ 47「暗誦」, しにか
12 (2)（大修館書店）

〖02853〗千野明日香　（2001）中國のことわざ 48「家族」, しにか
12 (3)（大修館書店）

〖02854〗千野明日香　（2001）中國のことわざ 49「教師」, しにか
12 (4)（大修館書店）

〖02855〗千野明日香　（2001）中國のことわざ 50「あと始末」, し
にか 12 (5)（大修館書店）

〖02856〗千野明日香　（2001）中國のことわざ 51「阿 Q 精神」, し
にか 12 (6)（大修館書店）

〖02857〗千野明日香　（2001）中國のことわざ 52「諧謔」, しにか
12 (7)（大修館書店）

〖02858〗千野明日香　（2001）中國のことわざ 53「お返し」, しに
か 12 (8)（大修館書店）

〖02859〗千野明日香　（2001）中國のことわざ 54「心の諺」, しに
か 12 (9)（大修館書店）

〖02860〗千野明日香　（2001）中國のことわざ 55「泥繩」, しにか
12 (10)（大修館書店）

〖02861〗千野明日香　（2001）中國のことわざ 56「橋の下」, しに
か 12 (11)（大修館書店）

〖02862〗千野明日香　（2001）中國のことわざ 57「俺の諺」, しに
か 12 (12)（大修館書店）

〖02863〗趙　晴　（2001）生活語彙としての日中比較と指導上の
問題点 (1)――海に關する語, 文研會紀要 12
（愛知學院大學に文學研究科）

〖02864〗張麗群　（2001）試論身體部位名詞作量詞使用時的特徵,
中國語學 248

〖02865〗陶 琳 （2001）日本人と中國人の敬語意識の對照研究,
社會環境研究6（金澤大學院社會環境科學研
究科）

〖02866〗中川千枝子 （2001）類義語のニュアンス174「我替你·
我幫你·我給你」,東方244（東方書店）

〖02867〗中桐典子 （2001）逆流のマーカー「纔」,お茶の水女子
大學中國文學會報20

〖02868〗中野謙二 （2001）〔話題のことば〕21世紀争水,中國語
1月號（内山書店）

〖02869〗中野謙二 （2001）〔話題のことば〕西氣東輸工程,中國
語2月號（内山書店）

〖02870〗中野謙二 （2001）〔話題のことば〕九五から十五へ,中
國語3月號（内山書店）

〖02871〗中村俊弘 （2001）辭書工房から26事典的辭書『新華字
典』,東方243（東方書店）

〖02872〗中村俊弘 （2001）辭書工房から29「初級者使用辭書の
危機」,東方246（東方書店）

〖02873〗中村俊弘 （2001）辭書工房から33「背景がわかる工具
書」,東方250（東方書店）

〖02874〗橋本永貢子 （2001）中國語數量詞の「恣意性」について,
岐阜大學地域科學部研究報告9

〖02875〗原田壽美子 （2001）中國語基礎語彙表の作成と利用につ
いて——檢定試驗對應の観点から,名古屋學
院大學論集（言語·文化篇）12（2）

〖02876〗菱沼透 （2001）人稱代詞「我」「你」的使用狀況,創大
中國論集4（創價大學文學部國語學科中國語
專攻）

〖02877〗古川裕 （2001）色彩語小辭典——色の名前と色の世界,
中國語3月號（内山書店）

〖02878〗プロジェクトD （岩本眞理他）（2001）中國語動作動詞
の研究（3）抓,中國語研究43（白帝社）

〖02879〗彭國躍　　（2001）現代中國語の敬語と呼稱問題——社會體制，價值觀との關係（エッセイ第7回社會言語科學研究大會より），人文學と情報処理32（勉誠社）

〖02880〗彭廣陸　　（2001）日本における中國語新聞の用語に關する考察，日中言語對照研究論集3（日中言語對照研究會）

〖02881〗彭廣陸　　（2001）固有名詞と連語の間——中日比較を中心に，對照言語學研究11

〖02882〗宮川浩也　（2001）東洋醫學の世界で使われる書名・人名などの特殊な読み方について，中醫臨床22（2）（東洋學術出版社）

〖02883〗森宏子　　（2001）辭書工房から25「羊の哀しみ」，東方242（東方書店）

〖02884〗森宏子　　（2001）辭書工房から31「精神」，東方248（東方書店）

〖02885〗森岡文泉　（2001）臺灣語「國語」と中國語「普通話」の比較研究（3）語彙を中心に，國語國文論集31（安田女子大學日本文學科）

〖02886〗森岡文泉　趙建紅　（2001）現代中國語の人稱代名詞「你們」について，中國學論集31（中國文學研究會）

〖02887〗山崎直樹　（2001）類義語のニュアンス178「看・見・看見・看到」，東方241（東方書店）

〖02888〗山本未英　（2001）擬音語による日本語と中國語の比較分析，外國語論集2（名古屋大學院院生協議會）

〖02889〗李鴻谷　馮書　（2001）漢語動詞雜談——做・幹・弄・辦，麗澤大學紀要

〖02890〗李　楠　　（2001）日本語、中國語における共同行為者の認知——日中同形語「共同」の對照研究，國際文化學（神戸大學國際文化學會）

〖02891〗李　薇　　（2001）日中兩言語の語彙の交流——日本語借
用語について，對照言語學研究 11

〖02892〗李立冰　　（2001）中國語の新語に關する考察，外國語教育
論集 23（築波大學外國語センター）

〖02893〗劉　平　　（2001）淺論日漢詞彙中的同素逆序詞，愛知大學
國際問題研究所紀要（アジア文化交流ト特集
號）

〖02894〗林玉惠　　（2001）誤用からみた日中同形語の干渉——日
本人中國語學習者を中心に，日本語研究セン
ター報告 9（大阪樟陰女子大學日本語研究セ
ンター）

〖02895〗盧萬才　　（2001）中國語と日本語の挨拶言葉の對照——
中日大學生を對象とするアンケートを通して，
麗澤大學紀要 73

〖02896〗盧　濤　　（2001）說「朋友」，中國語學 248

〖02897〗渡邊雅之　（2001）実践研究報告時代背景を重視した故事
成語の授業，新しい漢字漢文教育 32（全國漢
文教育學會）

2000 年

〖02898〗相原茂　　（2000）辭書工房から 18 ペンギン、可愛い！，
東方 235（東方書店）

〖02899〗相原茂　　（2000）辭書工房から 20 パンダも可愛い，東方
237（東方書店）

〖02900〗相原茂　　（2000）現代中國語「おめでとう」考，中國文化
58（筑波大學文藝言語學系内中國文學學會）

〖02901〗荒岡啓子　（2000）類義語のニュアンス 166「一貫・一向
・一直」，東方 236（東方書店）

〖02902〗荒川清秀　（2000）辭書工房から 16 辭書の基準と現實の
音，東方 233（東方書店）

〖02903〗荒川清秀　（2000）辭書工房から 17 辭書の基準と現實の
　　　　　　　　　音（續），東方 234（東方書店）

〖02904〗荒川清秀　（2000）類義語のニュアンス 167「留下·剩下」，
　　　　　　　　　東方 237（東方書店）

〖02905〗荒川清秀　（2000）私と近代日中學術用語の研究，或問 1

〖02906〗荒屋勸　（2000）現代中國語における常用成語について，
　　　　　　　　　文明 21～5

〖02907〗植田均　（2000）舊白話詞匯的殘存度——基礎概念以及
　　　　　　　　　名次常用詞詞匯（3），荒屋勸教授古稀紀念中
　　　　　　　　　國語論集（白帝社）

〖02908〗植田均　（2000）「普通話」に移行した口語，產業と經
　　　　　　　　　濟 14（5）（奈良產業大學經濟經營學會）

〖02909〗內田慶市　（2000）「您」に関わることがら，產業と經濟
　　　　　　　　　14（5）（奈良產業大學經濟經營學會）

〖02910〗及川淳子　菅沼雲龍　（2000）日中文化比較試論——日本
　　　　　　　　　の「義理」と中國の「関係」，麗澤學際ジャー
　　　　　　　　　ナル 8-1

〖02911〗王德春　（2000）論詞語的語體分化，中國語、中國語教
　　　　　　　　　育法の研究（名古屋外國語大學）

〖02912〗大川完三郎　（2000）類義語のニュアンス 158「把兒·柄
　　　　　　　　　·提手·把手·拉手」，東方 228（東方書店）

〖02913〗大川完三郎　（2000）辭書工房から 15「閉じ込める」と
　　　　　　　　　「閉めだす」，東方 232（東方書店）

〖02914〗大瀧幸子　（2000）類義語のニュアンス 161「早一會兒」
　　　　　　　　　「早一點兒」，東方 231（東方書店）

〖02915〗大塚秀明　（2000）類義語のニュアンス 160「姓·叫」，
　　　　　　　　　東方 230（東方書店）

〖02916〗奧山佳代子　（2000）近世唐話における多樣性，或問 1

〖02917〗甲斐勝二　（2000）辭書工房から 12 懷かしき四角號碼，
　　　　　　　　　東方 236（東方書店）

〖02918〗金丸邦三 （2000）〔俗語随考〕元曲歇後語二則, 中國語 1 月號（内山書店）

〖02919〗靳衛衛 （2000）輪詞素可互為顛倒的雙音節詞——以 HSK 詞匯等級大綱為中心——, 關西外國語大 學研究論集 72

〖02920〗輿水優 （2000）基本語ノート「造」, 中國語 1 月號（内 山書店）

〖02921〗輿水優 （2000）基本語ノート「喘」, 中國語 2 月號（内 山書店）

〖02922〗輿水優 （2000）基本語ノート「題」, 中國語 3 月號（内 山書店）

〖02923〗輿水優 （2000）基本語ノート「圓」, 中國語 4 月號（内 山書店）

〖02924〗輿水優 （2000）基本語ノート「提」, 中國語 5 月號（内 山書店）

〖02925〗輿水優 （2000）基本語ノート「印」, 中國語 6 月號（内 山書店）

〖02926〗輿水優 （2000）基本語ノート「天」, 中國語 7 月號（内 山書店）

〖02927〗輿水優 （2000）基本語ノート「端」, 中國語 8 月號（内 山書店）

〖02928〗輿水優 （2000）基本語ノート「跌」, 中國語 9 月號（内 山書店）

〖02929〗輿水優 （2000）基本語ノート「嫩」, 中國語 10 月號（内 山書店）

〖02930〗輿水優 （2000）基本語ノート「掏」, 中國語 11 月號（内 山書店）

〖02931〗輿水優 （2000）基本語ノート「堵」, 中國語 12 月號（内 山書店）

〖02932〗柴春華 （2000）冰心散文語言的咀嚼感, 荒屋勸教授古稀 紀念中國語論集（白帝社）

〖02933〗西條正　（2000）「你好！」の形成について，荒屋勸教授古稀紀念中國語論集（白帝社）

〖02934〗瀨見邦彥　（2000）楊萬里詩の口語表現，島大言語文化 9

〖02935〗塩山正純　（2000）モリソン譯『神天聖書』について，或問 1

〖02936〗塩山正純　（2000）嚴復の翻譯による新漢語——語史的アプローチ、「天演論」の場合，千里山文學論集 63（關西大學大學院文學研究科）

〖02937〗周一農　（2000）詞義的文化擴張及其他——以「綠」為例，中國語研究所 42（白帝社）

〖02938〗杉村博文　（2000）類義語のニュアンス 162「停下（來）・停住」，東方 232（東方書店）

〖02939〗鈴木基子　（2000）辭書工房から 11「女強人」と「潑辣」—語のイメージより——，東方 228（東方書店）

〖02940〗砂岡和子　（2000）類義語のニュアンス 159「亂・胡」，東方 229（東方書店）

〖02941〗砂岡和子　（2000）類義語のニュアンス「不斷・不停・沒完」，どう違う？中國語類義語のニュアンス 2（東方書店）

〖02942〗砂岡和子　（2000）類義語のニュアンス「不要緊・沒問題・沒事・沒關係」，どう違う？中國語類義語のニュアンス 2（東方書店）

〖02943〗砂岡和子　（2000）類義語のニュアンス「有・帶」，どう違う？中國語類義語のニュアンス 2（東方書店）

〖02944〗砂岡和子　（2000）類義語のニュアンス「多少錢・怎麼賣」，どう違う？中國語類義語のニュアンス 2（東方書店）

〖02945〗砂岡和子　　（2000）類義語のニュアンス「種・子兒・核兒」，どう違う？中國語類義語のニュアンス 2（東方書店）

〖02946〗砂岡和子　　（2000）類義語のニュアンス「收・受・接」，どう違う？中國語類義語のニュアンス 2（東方書店）

〖02947〗砂岡和子　　（2000）類義語のニュアンス「煎・烤・燒」，どう違う？中國語類義語のニュアンス 2（東方書店）

〖02948〗砂岡和子　　（2000）辭書工房から 13CAI 態辭書, 東方 230（東方書店）

〖02949〗砂岡和子　　（2000）辭書工房から 21 切れて單語, 東方 238（東方書店）

〖02950〗曹泰和　　　（2000）「幸虧」、「幸好」をめぐって——コミユニケーションと認知の視點から——, お茶の水女子大學中國文學會報 19

〖02951〗竹月美奈子　（2000）辭書工房から 14 メトニミ——と辭書, 東方 231（東方書店）

〖02952〗谷口知子　　（2000）「望遠鏡」の語誌について, 或問 1

〖02953〗田村裕之　　（2000）古代中國の詩文における「東門」の含義について, 火輪 8

〖02954〗千野明日香　（2000）「中國のことわざ」34 心の闇, しにか 11（1）（大修舘書店）

〖02955〗千野明日香　（2000）「中國のことわざ」35 裏切り, しにか 11（2）（大修舘書店）

〖02956〗千野明日香　（2000）「中國のことわざ」36 片思い, しにか 11（3）（大修舘書店）

〖02957〗千野明日香　（2000）「中國のことわざ」37 涙, しにか 11（4）（大修舘書店）

〖02958〗千野明日香　（2000）「中國のことわざ」38 人任せ, しにか 11（5）（大修舘書店）

〖02959〗千野明日香　（2000）「中國のことわざ」39 太め, しにか 11（6）（大修館書店）

〖02960〗千野明日香　（2000）「中國のことわざ」40 日頃の悩み, しにか 11（7）（大修館書店）

〖02961〗千野明日香　（2000）「中國のことわざ」41 年寄り, しにか 11（8）（大修館書店）

〖02962〗千野明日香　（2000）「中國のことわざ」42 黄金の屋, しにか 11（9）（大修館書店）

〖02963〗千野明日香　（2000）「中國のことわざ」43 菜の花と西瓜, しにか 11（10）（大修館書店）

〖02964〗千野明日香　（2000）「中國のことわざ」44 父と子, しにか 11（11）（大修館書店）

〖02965〗千野明日香　（2000）「中國のことわざ」45 虚榮, しにか 11（12）（大修館書店）

〖02966〗中鉢雅量　（2000）唐宋口語釋義拾遺（1）——杜詩を中心として, 名古屋外國語大學外國語學報紀要 20

〖02967〗寺井泰明　（2000）町、邑、城、里、村——漢字から見た「まち」と「さと」, 悠久 83（おうふう）

〖02968〗中川千枝子　（2000）類義語のニュアンス 157「時間・時候」, 東方 227（東方書店）

〖02969〗中野謙二　（2000）〔話題のことば〕世紀之交をどう乗り切る, 中國語 1 月號（内山書店）

〖02970〗中野謙二　（2000）〔話題のことば〕合家出門、旅遊過年, 中國語 2 月號（内山書店）

〖02971〗中野謙二　（2000）〔話題のことば〕尾を引く「兩國論」, 中國語 3 月號（内山書店）

〖02972〗中野謙二　（2000）〔話題のことば〕科技興國をめざして, 中國語 4 月號（内山書店）

〖02973〗中野謙二　（2000）〔話題のことば〕西部大開發の推進, 中國語 5 月號（内山書店）

〖02974〗中野謙二　（2000）〔話題のことば〕保衛綠色、關注森林，中國語 6 月號（内山書店）

〖02975〗中野謙二　（2000）〔話題のことば〕望子成龍と泡影幻夢，中國語 7 月號（内山書店）

〖02976〗中野謙二　（2000）〔話題のことば〕『入世』は機遇か挑戰か，中國語 8 月號（内山書店）

〖02977〗中野謙二　（2000）〔話題のことば〕「三個代表」の新キャンペーン，中國語 9 月號（内山書店）

〖02978〗中野謙二　（2000）〔話題のことば〕社區養老迫在眉睫，中國語 10 月號（内山書店）

〖02979〗中野謙二　（2000）〔話題のことば〕「上海五國」の結束めざす中國，中國語 11 月號（内山書店）

〖02980〗中野謙二　（2000）〔話題のことば〕12315 投訴電話，中國語 12 月號（内山書店）

〖02981〗中村浩一　（2000）『普通話三千常用詞表』と『水滸』——名詞（用例資料），大東文化大學紀要 38

〖02982〗野間文史　（2000）五經正義語彙語法劄記（五），廣島大學文學部紀要 60

〖02983〗波多野太郎　（2000）「力巴兒」試探，中國語學研究開篇 20（好文出版）

〖02984〗原由起子　（2000）類義語のニュアンス 164「V 不了・不能 V」，東方 234（東方書店）

〖02985〗菱昭透　（2000）現代中國語における姓名稱呼についての概觀，創打中國論集 3

〖02986〗平野佐和　（2000）補注近世語彙「布袋」について，中國俗文學研究 16

〖02987〗平山久雄　（2000）「給」の來源——「過與」說に寄せて——，中國語學 247

〖02988〗古田敬一　（2000）詩經の比喩——「如」字使用の直喩について，村山吉廣教授古稀記念中國古典學論集（汲古書院）

〖02989〗彭廣陸　　（2000）日中兩國語における姿勢動詞の比較，日中言語對照研究論集 2（白帝社）

〖02990〗前川幸雄　高建斌　（2000）日本語譯註、揚長征著「北京的青年流行語」，福井大學教育地域科學部紀要 1（人文科學）51

〖02991〗森宏子　　（2000）辭書工房から 10 辭書力, 東方 227（東方書店）

〖02992〗守屋宏則　（2000）類義語のニュアンス 163「靠・憑」，東方 233（東方書店）

〖02993〗山崎直樹　（2000）類義語のニュアンス 165「臉頰・面頰・腮幫子・臉蛋」，東方 235（東方書店）

〖02994〗楊　達　　（2000）類義語のニュアンス 168「大概・好像」，東方 238（東方書店）

〖02995〗梁曉紅　　（2000）試論魏晉南北朝漢譯佛經中的同義復合副詞, 愛知縣立大學外國語學部紀要言語、文學編 32

1999 年

〖02996〗相原茂　　（1999）辭書工房から 3「評上了高職」，東方 220（東方書店）

〖02997〗相原茂　　（1999）類義語のニュアンス 154「歇・休息」，東方 224（東方書店）

〖02998〗荒岡啓子　（1999）辭書工房から 7「寧左勿右」, 東方 224（東方書店）

〖02999〗荒岡啓子　（1999）類義語のニュアンス 155「抓・捉」，東方 225（東方書店）

〖03000〗荒川清秀　（1999）辭書工房から 1「漂亮的姑娘」, 東方 218（東方書店）

〖03001〗荒川清秀　（1999）辭書工房から5辭書の用例, 東方222（東方書店）

〖03002〗荒川清秀　（1999）類義語のニュアンス153「盖・套・罩」，

　　　　　　　　　　東方223（東方書店）

〖03003〗荒川清秀　（1999）近代日中學術用語の研究をめぐって，
　　　　　　　　　　愛知大學中國21第6號

〖03004〗伊原大策　（1999）「擔心」が實語をとるに至るまで，筑
　　　　　　　　　　波大學東西文化の類型論特別プロジエクト研
　　　　　　　　　　究報告書2

〖03005〗伊原大策　（1999）二つの「耽心」——白話「耽心」「擔
　　　　　　　　　　心」の誕生，東北大學中國語學文學論集4

〖03006〗植田均　　（1999）『現代漢語詞典』中の（書）標示の語
　　　　　　　　　　（I），奈良産業大學産業と經濟13（5）

〖03007〗植田均　　（1999）中國語多音辭典（1），奈良産業大學既
　　　　　　　　　　要15

〖03008〗植田均　　（1999）舊白話詞匯的殘存度——基礎概念以及
　　　　　　　　　　名詞常用詞詞匯（2），奈良産業大學既要15

〖03009〗鵜殿倫次　（1999）類義語のニュアンス152「還・更」，東
　　　　　　　　　　方222（東方書店）

〖03010〗大川完三郎　（1999）辭書工房から2插し繪から見る『新
　　　　　　　　　　華字典』，東方219（東方書店）

〖03011〗大川完三郎　（1999）辭書工房から6語氣助詞「吧」の記
　　　　　　　　　　述から，東方223　（東方書店）

〖03012〗大芝孝　　（1999）移り変わる中国語——北京の新語・流
　　　　　　　　　　行語から1～2，東方225～226（東方書店）

〖03013〗大島吉郎　（1999）「找」考（四）——『儒林外史』を中
　　　　　　　　　　心に，大東文化大學語學教育研究論叢16

〖03014〗大瀧幸子　（1999）類義語のニュアンス146「表示・表達
　　　　　　　　　　・表明・表現」，東方216（東方書店）

〖03015〗大塚秀明　（1999）類義語のニュアンス147「出發・動身
　　　　　　　　　　・離開」，東方217（東方書店）

〖03016〗大原信一　（1999）中國の近代用語事始め——フライヤー
　　　　　　　　　　と梁啓超の譯書論，大東文化大學東洋研究134

〖03017〗岡部謙治　（1999）二音節語の第一音節重讀について——

　　　　　　　　　　名詞語彙を中心にして，日中言語對照研究論
　　　　　　　　　　集（白帝社）

〖03018〗奧田寬　　（1999）類義語のニュアンス151「愛・好」，東
　　　　　　　　　　方221（東方書店）

〖03019〗夏　茜　　（1999）現代シンガポール華語における日本語
　　　　　　　　　　からの外來語の意味と用法に関する一考察，
　　　　　　　　　　中國語研究41（白帝社）

〖03020〗神谷修　　（1999）試論日語擬態詞之中譯，名古屋大學言
　　　　　　　　　　語文化論集21（1）

〖03021〗倪建周　冬明　（1999）「支那」の語源についての考察，
　　　　　　　　　　中國圖書8月號（内山書店）

〖03022〗胡士雲　　（1999）日本的中化出版物中漢語來用日語的情
　　　　　　　　　　況調查，現代中國語研究論集（中國書店）

〖03023〗吳世雄　　（1999）漢語譯名研究——prototype的漢語譯
　　　　　　　　　　名探析，中國語研究41（白帝社）

〖03024〗輿水優　　（1999）基本語ノート「撤」，中國語1月號（内
　　　　　　　　　　山書店）

〖03025〗輿水優　　（1999）基本語ノート「髒」，中國語2月號（内
　　　　　　　　　　山書店）

〖03026〗輿水優　　（1999）基本語ノート「軟」，中國語3月號（内
　　　　　　　　　　山書店）

〖03027〗輿水優　　（1999）基本語ノート「毛」，中國語4月號（内
　　　　　　　　　　山書店）

〖03028〗輿水優　　（1999）基本語ノート「硬」，中國語5月號（内
　　　　　　　　　　山書店）

〖03029〗輿水優　　（1999）基本語ノート「悶」，中國語6月號（内
　　　　　　　　　　山書店）

〖03030〗輿水優　　（1999）基本語ノート「火」，中國語7月號（内
　　　　　　　　　　山書店）

〖03031〗輿水優　　（1999）基本語ノート「臉」，中國語8月號（内
　　　　　　　　　　山書店）

〖03032〗興水優　　　　（1999）基本語ノート「團」，中國語9月號（内山書店）

〖03033〗興水優　　　　（1999）基本語ノート「抱」，中國語10月號（内山書店）

〖03034〗興水優　　　　（1999）基本語ノート「保」，中國語11月號（内山書店）

〖03035〗興水優　　　　（1999）基本語ノート「祝」，中國語12月號（内山書店）

〖03036〗佐藤亨　　　　（1999）〈書評〉田島優者『近代漢字表記語の研究』，國語學199（國語學會）

〖03037〗鹽田雄大　　　（1999）日本・韓國・中國の專門用語——日本語とはどのくらい似ているか，國文學解釋と鑑賞1月號（至文堂）

〖03038〗周一農　　　　（1999）說「指鹿爲馬」，中國語研究41（白帝社）

〖03039〗徐時儀　　　　（1999）「睡覺」詞義衍變春蠢測，開篇19（好文出版）

〖03040〗沈國威　　　　（1999）〈書評〉荒川清秀著『近代日中學術用語の形成と傳
　　　　　　　　　　　播——地理學用語を中心に』，國語學199（國語學會）

〖03041〗砂岡和子　　　（1999）辭書工房から4解體辭書，東方221（東方書店）

〖03042〗砂岡和子　　　（1999）類義語のニュアンス145「高興・開心」，東方215（東方書店）

〖03043〗石　林　　　　（1999）中國的民間反語——秘密語研究，神奈川大學人文研究135

〖03044〗石　林　　　　（1999）中國民間數字隱語——秘密語研究（三），神奈川大學人文研究137

〖03045〗石　林　　　　（1999）中國的娼妓隱語——秘密語研究（三），神奈川大學人文研究138

〖03046〗千野明日香　（1999）「中國のことわざ」22犬さえ嫌う，しにか10(1)（大修舘書店）

〖03047〗千野明日香　（1999）「中國のことわざ」23罵聲，しにか10(2)（大修舘書店）

〖03048〗千野明日香　（1999）「中國のことわざ」24忍從，しにか10(3)（大修舘書店）

〖03049〗千野明日香　（1999）「中國のことわざ」25夕飯の後，しにか10(4)（大修舘書店）

〖03050〗千野明日香　（1999）「中國のことわざ」26不遇，しにか10(5)（大修舘書店）

〖03051〗千野明日香　（1999）「中國のことわざ」27藍より青く，しにか10(6)（大修舘書店）

〖03052〗千野明日香　（1999）「中國のことわざ」28別れ，しにか10(7)（大修舘書店）

〖03053〗千野明日香　（1999）「中國のことわざ」29手前味噌，しにか10(8)（大修舘書店）

〖03054〗千野明日香　（1999）「中國のことわざ」30犬の愛，しにか10(9)（大修舘書店）

〖03055〗千野明日香　（1999）「中國のことわざ」31七光り，しにか10(10)（大修舘書店）

〖03056〗千野明日香　（1999）「中國のことわざ」32美しい人，しにか10(11)（大修舘書店）

〖03057〗千野明日香　（1999）「中國のことわざ」33老成，しにか10(12)（大修舘書店）

〖03058〗莊瑞蓮　（1999）「痛み」の表現についての日・中兩言語間の對照比較，日本語學18（5～7）（明治書院）

〖03059〗孫遜　（1999）中國語の「銀行」について，福井大學國語國文學38

〖03060〗土淵知之　（1999）漢語・佛教語「人間（じんかん・にんげん）」が、「ひと」の意に用いられるよう

になった時期についての再考, 國學院雜誌100
（3）

〖03061〗鳥井克之　（1999）中國語の語素·單語（上），關西大學
文學論集49（1）

〖03062〗中川裕三　（1999）中國語における動物の類別について
——「雙」「匹」「頭」のカテゴリーを中心に
一, 愛知大學中國21第6號

〖03063〗中野謙二　（1999）〔話題のことば〕建國50周年を迎える,
中國語1月號（内山書店）

〖03064〗中野謙二　（1999）〔話題のことば〕春節は網絡拜年で,
中國語2月號（内山書店）

〖03065〗中野謙二　（1999）〔話題のことば〕活躍する稽察特派員,
中國語3月號（内山書店）

〖03066〗中野謙二　（1999）〔話題のことば〕南水北調の具體化へ,
中國語4月號（内山書店）

〖03067〗中野謙二　（1999）〔話題のことば〕污染城市, 中國語5月
號（内山書店）

〖03068〗中野謙二　（1999）〔話題のことば〕はびこる走私、撲滅,
中國語6月號（内山書店）

〖03069〗中野謙二　（1999）〔話題のことば〕雅魯藏布は世界の峽
谷, 中國語7月號（内山書店）

〖03070〗中野謙二　（1999）〔話題のことば〕期待される非公有制
経済, 中國語8月號（内山書店）

〖03071〗中野謙二　（1999）〔話題のことば〕「三講」教育のねら
い, 中國語9月號（内山書店）

〖03072〗中野謙二　（1999）〔話題のことば〕國慶節の移り変わり,
中國語10月號（内山書店）

〖03073〗中野謙二　（1999）〔話題のことば〕霸權主義的新發展と
は, 中國語11月號（内山書店）

〖03074〗中野謙二　（1999）〔話題のことば〕澳門回歸のもつ意味
あい, 中國語12月號（内山書店）

〖03075〗野間文史　（1999）五經正義語譯語法劄記（4），廣島大學
　　　　　　　　文學部紀要

〖03076〗服部元彦　（1999）漢語異型詞的規範問題，京都外國語大
　　　　　　　　學研究論叢53

〖03077〗原由起子　（1999）佛・道二教より見る淨土經典の語彙，
　　　　　　　　東方219（東方書店）

〖03078〗鮑延毅　　（1999）語詞研究（5），中國語研究41（白帝社）

〖03079〗馬清華　　（1999）論漢語喜悅概念的形式，中國語研究41
　　　　　　　　（白帝社）

〖03080〗牧野美奈子　（1999）〔辞書工房から〕9語彙の配列，東方
　　　　　　　　226（東方書店）

〖03081〗宮田和子　（1999）井上哲次郎の『訂增英華字典』の典據
　　　　　　　　——增補譯語的選擇，英學史研究32（日本英學
　　　　　　　　史學會）

〖03082〗孟子敏　　（1999）　漢語複合詞對同義語素的選擇，現代中
　　　　　　　　國語研究論集（中國書店）

〖03083〗望月眞澄　（1999）ツエは中国語にあらざるや，神奈川大
　　　　　　　　學人文研究135

〖03084〗守屋宏則　（1999）類義語のニュアンス148「食堂・飯店
　　　　　　　　・餐廳」，東方218（東方書店）

〖03085〗安井二美子　（1999）類義語のニュアンス156「先・首先」，
　　　　　　　　東方226（東方書店）

〖03086〗山口建治　（1999）「胡」のつくことば「胡説」「胡亂」
　　　　　　　　（『うそ』の語源は中国語の『胡説』か？）補
　　　　　　　　説，神奈川大學人文研究135

〖03087〗楊達　山崎淑子　（1999）類義語のニュアンス150「沒事
　　　　　　　　兒・沒關係」，東方220（東方書店）

〖03088〗淩志偉　　（1999）中國古典に由來する日中熟語や諺の相
　　　　　　　　違點について（5），法政大學教養部紀要108

1998 年

〚03089〛相原茂　　（1998）類義語のニュアンス：「看上・看中・看好」，東方213（東方書店）

〚03090〛荒川清秀　（1998）中國學最前線——中國近代語彙史，しにか2月號（大修館書店）

〚03091〛荒川清秀　（1998）日本漢語の中國語への流入，日本語學17（6）（明治書店）

〚03092〛荒川清秀　（1998）類義語のニュアンス：「出門・外出・出差」，東方207（東方書店）

〚03093〛荒川清秀　（1998）ロプシャイト英華字典の譯語の來源をめぐって，愛知大學コミユニケーション學會文明21創刊號

〚03094〛荒岡啓子　（1998）類義語のニュアンス：「怪・怨・恨」，東方206（東方書店）

〚03095〛伊原大策　（1998）「幫忙你」は誤りか——語史的觀點から見た離合詞「幫忙」とその周邊——，築波大學現語・現代文化學系言語文化論叢48

〚03096〛伊原大策　（1998）「洗澡考」，中國語學245

〚03097〛植田均　　（1998）『現代漢語詞典』中の「一般語語彙（普通語）へ移行「口」・「方」符號語彙」について，奈良產業大學紀要14

〚03098〛內田慶市　（1998）「黑茶」から「紅茶」へ，關西大學東西學術研究所紀要31

〚03099〛鵜殿倫次　（1998）類義語のニュアンス：「怎麼樣？・什麼樣？」，東方209（東方書店）

〚03100〛海野一隆　（1998）〈書評〉『近代日中學術用語の形成と傳播』荒川清秀著——感動をよぶ徹底追跡，東方206（東方書店）

〚03101〛大川完三郎　魯曉琨　（1998）類義語のニュアンス：「親自・自己・本身・本人」，東方208（東方書店）

〚03102〛小川榮一　劉玲　（1998）漢語と和語のオノマトペ語彙の

關わり——「颯々（と）」と「さっさつと」
との關係を中心に——, 福井大學教育學部紀
要49（1）（人文科學國語學・國文學・中國學
篇）

〖03103〗小川恒男　（1998）阿遜時の色彩表現, 四國大學紀要A人文
・社會科學篇9

〖03104〗奧田寬　　（1998）類義語のニュアンス：「豐富・豐盛」,
東方204（東方書店）

〖03105〗郭德玉　　（1998）「浮雲」における用字の實態調查——
中國語と對照して, 東京經濟大學人文自然科
學論集105

〖03106〗梶原滉太郎　（1998）近代漢語の變遷, 日本語學17（6）（明
治書院）

〖03107〗輿水優　　（1998）基本語ノート「透」, 中國語1月號（內
山書店）

〖03108〗輿水優　　（1998）基本語ノート「慢」, 中國語2月號（內
山書店）

〖03109〗輿水優　　（1998）基本語ノート「舉」, 中國語3月號（內
山書店）

〖03110〗輿水優　　（1998）基本語ノート「數」, 中國語4月號（內
山書店）

〖03111〗輿水優　　（1998）基本語ノート「吹」, 中國語5月號（內
山書店）

〖03112〗輿水優　　（1998）基本語ノート「運」, 中國語6月號（內
山書店）

〖03113〗輿水優　　（1998）基本語ノート「咬」, 中國語7月號（內
山書店）

〖03114〗輿水優　　（1998）基本語ノート「挖」, 中國語8月號（內
山書店）

〖03115〗輿水優　　（1998）基本語ノート「抽」, 中國語9月號（內
山書店）

〖03116〗 輿水優　　　（1998）基本語ノート「幫」，中國語10月號（內山書店

〖03117〗 輿水優　　　（1998）基本語ノート「本」，中國語11月號（內山書店）

〖03118〗 輿水優　　　（1998）基本語ノート「專」，中國語12月號（內山書店）

〖03119〗 近藤和夫　　（1998）中國語に於ける外來語の問題，名古屋學院大學論集（言語文化篇）9（2）

〖03120〗 近藤和夫　　（1998）中國兩岸の貿易・海運用語の差達を考える，名古屋學院大學論集（言語文化篇）10（1）

〖03121〗 鹽田雄大　　（1998）日本・韓國・中國の專門用語——日本語とはどのくらい似ているか，國文學解釋と鑒賞64（1）（至文堂）

〖03122〗 周一農　　　（1998）說比喻岐義，中國語研究40（白帝社）

〖03123〗 沈國威　　　（1998）新漢語研究に關する思考，松陰女子學院大學國文學研究室文林32

〖03124〗 白維國　　　（1998）〈書評〉親文字「阿、八、草、打、大」から見た『中國語大辭典』の收錄語彙について——『中國語大辭典』大東文化大學中國語大辭典編纂室編，東方207（東方書店）

〖03125〗 平松圭子　劉力　（1998）王朔『給我頂住』の言語について，大東文化大學東洋研究127

〖03126〗 方美麗　　　（1998）カテゴリカルな意味——「日中對照研究の視點から」，國文學解釋と鑒賞64（1）（至文堂）

〖03127〗 鮑延毅　　　（1998）語詞研究（四），中國語研究40（白帝社）

〖03128〗 守屋宏則　　（1998）類義語のニュアンス：「才能・才華・才幹」，東方205（東方書店）

〖03129〗 宮田和子　　（1998）『現代漢語外來詞研究』再考（1）——十九世紀の英華・華英辭典を中心に——，

英學史研究31（日本英學史學會）

〖03130〗宮田和子　（1998）W. H. Medhurst 『華英字典』に現れた
康熙字典の用例——R. Morrison〔字典〕との
比較——, 英學史研究30（日本英學史學會）

〖03131〗安井二美子　（1998）類義語のニュアンス：「掘・刨・挖」,
東方211（東方書店）

〖03132〗楊學軍　（1998）中國古代食俗語釋四題, 開篇17（好文
出版）

〖03133〗楊達　山崎淑子　（1998）類義語のニュアンス：「好的・
好嘞（哩）」, 東方203（東方書店）

〖03134〗李亞明　（1998）漢語複合縮略詞語結構分析, 中國語研
究40（白帝社）

〖03135〗李鴻谷　（1998）中日同形詞小考, 麗澤大學紀要66

〖03136〗李麗桃　（1998）中國語の待遇表現「請」について(續),
實踐國文學53

〖03137〗梁曉虹　（1998）說「溝港」, 開篇17（好文出版）

〖03138〗呂清夫　（1998）バーリンとケイの色名進化論の中の中
國語色名の發展についての考察, 日本色彩學
會志22（1）

1996 年

〖03139〗相原茂　（1996）〔Q&A〕絕滅寸前！？「不可以」, 中國
語4月號（内山書店）

〖03140〗相原茂　（1996）〔Q&A〕否定は「不行」一色, 中國語10
月號（内山書店）

〖03141〗相原茂　（1996）類義語のニュアンス115「摘・采」, 東
方184（東方書店）

〖03142〗相原茂　（1996）類義語のニュアンス118「挑・選」, 東
方187（東方書店）

〖03143〗荒川清秀　（1996）類義語のニュアンス「分手・分開・分
別・分頭」, 東方（東方書店）

〖03144〗荒川清秀　（1996）地理學用語の系譜（Ⅰ）──中國洋學
　　　　　　　會を中心に，文學論業112〜113（愛知大學）

〖03145〗荒岡啓子　（1996）類義語のニュアンス119「合適・適當
　　　　　　　・妥當・恰當」，東方188（東方書店）

〖03146〗池本和夫　（1996）中國語辭典と名物學，東方187（東方書
　　　　　　　店）

〖03147〗植田均　（1996）『現代漢語詞典』中の〈書〉語彙の認
　　　　　　　定，奈良産業大學紀要12

〖03148〗植田均　（1996）『現代漢語詞典』中の〈口〉語彙の認
　　　　　　　定，産業と經濟第10卷5號（奈良産業大學經濟
　　　　　　　學會）

〖03149〗遠藤雅裕　（1996）中國語の色彩語彙「赤」の行方──臺
　　　　　　　灣方言の色彩語彙體系を中心に──，中國文
　　　　　　　學研究22（早稻田大學中國文學會）

〖03150〗大瀧幸子　（1996）類義語のニュアンス110「凄慘・悲慘
　　　　　　　・傷心」，東方179（東方書店）

〖03151〗大冢秀明　（1996）類義語のニュアンス113「湖・池」，東
　　　　　　　方182（東方書店）

〖03152〗大川完三郎　（1996）類義語のニュアンス114「省得・免
　　　　　　　得」，東方183（東方書店）

〖03153〗彙田寬　（1996）類義語のニュアンス120「好・容易」，
　　　　　　　東方189（東方書店）

〖03154〗神谷修　（1996）漢語没罵詈的社會文化背景與文化内涵
　　　　　　　（之一），言語文化論集第ⅩⅤⅡ卷第1號（名古屋
　　　　　　　大學言語文化部）

〖03155〗闞緒良　（1996）說「亦」（一），中國文學研究38（白
　　　　　　　帝社）

〖03156〗喜多山幸子　（1996）〔Q&A〕「對」と「副」，中國語6月
　　　　　　　號（内山書店）

〖03157〗喜多山幸子　（1996）〔Q&A〕どちらにゆずんだらいい？，
　　　　　　　中國語12月號（内山書店）

〖03158〗許羅莎　　　（1996）中國語ノート（四），中國文學研究38（白帝社）

〖03159〗姜　琳　　　（1996）同字異音成語釋例20例，中國語古典研究41（中國語古典研究會）

〖03160〗玄宜靑　　　（1996）〔Q&A〕「出張」と「出差」，中國語1月號（內山書店）

〖03161〗興水優　　　（1996）基本語ノート「約」，中國語1月號（內山書店）

〖03162〗興水優　　　（1996）基本語ノート「反」，中國語2月號（內山書店）

〖03163〗興水優　　　（1996）基本語ノート「巧」，中國語3月號（內山書店）

〖03164〗興水優　　　（1996）基本語ノート「辦」，中國語4月號（內山書店）

〖03165〗興水優　　　（1996）基本語ノート「登」，中國語5月號（內山書店）

〖03166〗興水優　　　（1996）基本語ノート「剩」，中國語6月號（內山書店）

〖03167〗興水優　　　（1996）基本語ノート「地」，中國語7月號（內山書店）

〖03168〗興水優　　　（1996）基本語ノート「找」，中國語8月號（內山書店）

〖03169〗興水優　　　（1996）基本語ノート「準」，中國語9月號（內山書店）

〖03170〗興水優　　　（1996）基本語ノート「輪」，中國語10月號（內山書店）

〖03171〗興水優　　　（1996）基本語ノート「花」，中國語11月號（內山書店）

〖03172〗興水優　　　（1996）基本語ノート「洗」，中國語12月號（內山書店）

〖03173〗近藤和夫　　（1996）現代臺灣語言中存在的日本語，名古屋

　　　　　　　　　　學院大學産業科學研究所

〖03174〗佐藤利行　（1996）「多少」について，中國中世文學研究
　　　　　　　　　29（中國中世文學會）

〖03175〗佐藤進　　（1996）〔Q&A〕3音節語の聲調・アクセント，中
　　　　　　　　　國語2月號（内山書店）

〖03176〗佐藤進　　（1996）〔Q&A〕中國語に性差はあるか？，中國
　　　　　　　　　語8月號（内山書店）

〖03177〗須藤建太郎　（1996）李商隱『樂游原』詩の「只是」をめ
　　　　　　　　　ぐって――唐詩虚詞初探――，中國文學研究
　　　　　　　　　22（早稻田大學中國文學會）

〖03178〗砂岡和子　（1996）類義語のニュアンスⅢ「不斷・不停・
　　　　　　　　　沒完」，東方180（東方書店）

〖03179〗宋玉柱　　（1996）重讀『現代漢語語法講話』，北九州大
　　　　　　　　　學大學院紀要10

〖03180〗陳洲學　　（1996）「一個」意義、作用及使用傾向，語學教
　　　　　　　　　育研究論業13（大董文化大學語學教育研究所）

〖03181〗寺井泰明　（1996）古代中國の「楊」と「柳」，千葉工業
　　　　　　　　　大學研究報告・人文篇33

〖03182〗原由起子　（1996）類義語のニュアンス112「了解・理解」，
　　　　　　　　　東方181（東方書店）

〖03183〗平松圭子　劉力　（1996）『女店員』（老舍）の言語につ
　　　　　　　　　いて，東洋研究所191（大東文化大學東洋研究
　　　　　　　　　所）

〖03184〗古田朱美　立松昇一　（1996）中國語の色彩語彙と象徵，
　　　　　　　　　流通經濟大學論集30第3號

〖03185〗彭國躍　　（1996）近代中國語敬語辭の意味ネットワーク，
　　　　　　　　　富山大學人文學部紀要25

〖03186〗彭國躍　　（1996）近代中國語敬語辭の文脈条件の一考察，
　　　　　　　　　富山大學人文學部紀要24

〖03187〗鮑延毅　　（1996）語詞研究（二），中國文學研究38（白
　　　　　　　　　帝社）

〖03188〗松尾善弘　（1996）「山高水長」考, 教育實踐研究6（鹿兒島大學教育學部）

〖03189〗守屋宏則　（1996）類義語のニュアンス117「安靜・寧靜・安寧」, 東方185（東方書店）

〖03190〗安井二美子　（1996）類義語のニュアンス109「家・所」, 東方178（東方書店）

〖03191〗楊凱榮　（1996）〔Q&A〕「吃飽了」と「喫夠了」, 中國語3月號（內山書店）

〖03192〗楊凱榮　（1996）〔Q&A〕「合適」と「適當」, 中國語9月號（內山書店）

〖03193〗楊　達　（1996）類義語のニュアンス116「頂・最」, 東方186（東方書店）

〖03194〗楊學軍　（1996）漢語成語義發微, 開篇VOL14（好文出版）

〖03195〗李永寧　（1996）中國人の罵り言葉, 言語と文化9（文教大學言語文化研究所）

〖03196〗李順然　（1996）中文和譯の難しさ（上）, 東方183（東方書店）

〖03197〗李順然　（1996）中文和譯の難しさ（下）, 東方184（東方書店）

〖03198〗陸曉光　（1996）現代漢語常用詞彙中的漢日類似詞之初步調查, 佐賀大學教養部研究紀要28

〖03199〗陸曉光　古川末喜　（1996）NHK甲級詞彙中的漢日類似之檢証演例, 佐賀大學教養部研究紀要29

〖03200〗劉　之　（1996）北京話中的感嘆詞, 聖德學園、岐阜教育大學紀要32

〖03201〗林世景　（1996）中國の成語の用例及びその變遷, 高山學院大學論集37

1995 年

〖03202〗相原茂　（1995）類義語のニュアンス101「不禁・不覺」, 東方170（東方書店）

〖03203〗秋谷裕幸　丁芳云　（1995）類義語のニュアンス97「構成・組成」，東方166（東方書店）

〖03204〗秋山淳　（1995）中國語の語形成論，北九州大學大學院紀要8

〖03205〗荒岡啓子　（1995）類義語のニュアンス102「黑・暗」，東方171（東方書店）

〖03206〗荒屋勸　（1995）現代中國語における常用成語について，語學研究大會論集3（大東文化大學語學教育研究所）

〖03207〗石崎潮　（1995）中國語における修辭用法——音・色・味について，語學研究80（拓殖大學）

〖03208〗池本和夫　（1995）中國の農諺に現れる鳥類，明星大學研究紀要31

〖03209〗鵜殿倫次　（1995）類義語のニュアンス107「感到・覺得・感覺」，東方176（東方書店）

〖03210〗王　橋　（1995）中國語における新語發生の現狀，岐阜教育大學紀要30

〖03211〗大川完三郎　（1995）類義語のニュアンス100「飜・範・到・顛倒」，東方169（東方書店）

〖03212〗大塚秀明　（1995）類義語のニュアンス97「接待・招待」，東方168（東方書店）

〖03213〗岡田文之助　（1995）中國語の變化に關するノート——單詞・連語に限定して，中國語2月號

〖03214〗奧田寬　（1995）類義語のニュアンス105「死、去世、逝世」，東方174（東方書店）

〖03215〗喜多山幸子　（1995）〔Q&A〕「道」と「條」，中國語6月號（內山書店）

〖03216〗喜多山幸子　（1995）〔Q&A〕「老師」「教師」「教員」，中國語12月號（內山書店）

〖03217〗勒衛衛　（1995）「果然」與「果眞」，愛知大學文學論叢109

〖03218〗計　鋼　　（1995）漢語「在」的一字三譯及「歩く」中心說, 中國語研究37（白帝社）

〖03219〗玄宜青　　（1995）〔Q&A〕「好」「對」「是」, 中國語1月號（内山書店）

〖03220〗胡士雲　　（1995）漢語北方語的親屬稱謂詞, 大阪外國語大學論集12

〖03221〗輿水優　　（1995）基本語ノート「層」, 中國語1月號（内山書店）

〖03222〗輿水優　　（1995）基本語ノート「當」, 中國語2月號（内山書店）

〖03223〗輿水優　　（1995）基本語ノート「運」, 中國語3月號（内山書店）

〖03224〗輿水優　　（1995）基本語ノート「急」, 中國語4月號（内山書店）

〖03225〗輿水優　　（1995）基本語ノート「總」, 中國語5月號（内山書店）

〖03226〗輿水優　　（1995）基本語ノート「臺」, 中國語6月號（内山書店）

〖03227〗輿水優　　（1995）基本語ノート「跳」, 中國語7月號（内山書店）

〖03228〗輿水優　　（1995）基本語ノート「挑・選」, 中國語8月號（内山書店）

〖03229〗輿水優　　（1995）基本語ノート「氣」, 中國語9月號（内山書店）

〖03230〗輿水優　　（1995）基本語ノート「夾」, 中國語10月號（内山書店）

〖03231〗輿水優　　（1995）基本語ノート「板」, 中國語11月號（内山書店）

〖03232〗輿水優　　（1995）基本語ノート「中」, 中國語12月號（内山書店）

〖03233〗杉村博文　（1995）類義語のニュアンス103「雙・對」, 東

方172（東方書店）

〖03234〗砂岡和子　（1995）類義語のニュアンス104「種子·子兒·核兒」，東方173（東方書店）

〖03235〗鈴木廣光　（1995）漢譯聖書におけるpneumaの飜譯について，キリスト教史學49

〖03236〗鈴木誠　（1995）近代漢語讀本『水滸傳』部分の註釋について，中國研究49（麗澤大學中國研究會）

〖03237〗曾根博隆　（1995）漢語字典析疑，明治學院論叢557

〖03238〗高橋彌守彦　（1995）場所語について，大東文化大學紀要33

〖03239〗高橋彌守彦　（1995）場所語における三つの問題點，語學研究論叢（大東文化大學語學研究所）

〖03240〗立石廣男　（1995）「色」字考，漢學研究33

〖03241〗張仁政　（1995）漢字と單語の割合，久留米大學外國語學研究所紀要2

〖03242〗張龍虎　高橋彌守彦　（1995）中國語語源探訪「鼻祖」，東方166（東方書店）

〖03243〗張龍虎　高橋彌守彦　（1995）中國語語源探訪「砸鍋」，東方167（東方書店）

〖03244〗張龍虎　高橋彌守彦　（1995）中國語語源探訪「傀儡」，東方168（東方書店）

〖03245〗張龍虎　高橋彌守彦　（1995）中國語語源探訪「師傅」，東方169（東方書店）

〖03246〗寺村政男　（1995）原因·理由を表す「上頭」について──發生から終焉まで，中國文學研究21（早稻田大學中國文學會）

〖03247〗寺村政男　（1995）近世漢語中に見える胡語系語彙の（4）──Q～S，大東文化大學紀要33

〖03248〗中川千枝子　（1995）類義語のニュアンス108「同·相同·一樣」，東方177

〖03249〗許山秀樹　（1995）古典時における「V將」──「V殺」と

の比較を中心に, 中國詩文論叢14（早稲田大學）

〖03250〗馬場俊臣　（1995）中日兩國の擬音語について――オモマトペの對照研究のための豫備的考察――, 北海道教育大學紀要・人文科學編46～1

〖03251〗菱沼透　（1995）動詞「到」の意味と用法, 創價大學外國語學部紀要5

〖03252〗薬　進　（1995）「認爲」「覺得」「感到」の意味の異同について, 語學教育論叢12（大東文化大學）

〖03253〗山崎直樹　鄭亨奎　（1995）類義語のニュアンス106「從前、以前、過去、曾經」, 東方175（東方書店）

〖03254〗楊凱榮　（1995）〔Q&A〕「絕對」≠「絕對」, 中國語3月號（內山書店）

〖03255〗楊　達　（1995）類義語のニュアンス98「可…了・太…了」, 東方167（東方書店）*

〖03256〗李柏令　（1995）略論漢語詞語的雙音化縮減, 阪南論集31

〖03257〗林　洪　（1995）現代中國語に見られる外來語――『現代漢語詞典』における中國語の外來語の調査を中心に, 學藝國語國文學27

〖03258〗若林建志　（1995）數詞の「虛」と「實」について, 東洋大學紀要34

1994 年

〖03259〗相原茂　（1994）類義語のニュアンス95「喫・嘗」, 東方164（東方書店）

〖03260〗荒岡啓子　（1994）類義語のニュアンス85「焦急・着急」, 東方154（東方書店）

〖03261〗荒川清秀　（1994）「貿易風」起源考, 愛知大學文學論叢105

〖03262〗荒川清秀　（1994）類義語のニュアンス「叫」と「喊」,

東方158（東方書店）

〘03263〙伊藤德也　（1994）「即興」という語彙についてのメモ, 中國文藝研究會報150

〘03264〙宇野義博　（1994）1920年代の中國語と現代中國語について——語劇臺本『新聞記者』, 外國語學會誌23（大東文化大學）

〘03265〙鵜殿倫次　（1994）類義語のニュアンス87「做·干·辨·搞·進行」, 東方156（東方書店）

〘03266〙遠藤雅裕　（1994）古代中國の色彩語彙, 中國語學241（日本中國語學會）

〘03267〙遠藤雅裕　（1994）北方官話の色彩語彙體系, 中國文學研究20（早稻田大學）

〘03268〙小川利康　（1994）はやり言葉203, チャイニーズドラゴン11〜8、12〜20

〘03269〙汪維輝　（1994）試譯「席帽」「棺木裏瞪眼」「調直」, 俗語言研究1（花園大學）

〘03270〙汪玉林　（1994）略談近幾年的流行詞語, 外國語學會誌23（大東文化大學）

〘03271〙王繼如　（1994）說「席帽」, 俗語言研究1（花園大學）

〘03272〙王曙光　（1994）中國語における「外國人」に對する呼稱考, 帝京國際文化7

〘03273〙大島吉郎　（1994）「動·到」と「動·着」の分布について（2）——兒女英雄傳を中心に, 大東文化大這紀要32

〘03274〙大塚秀明　（1994）類義語のニュアンス86「一邊…一邊…」「又…又…」, 東方155（東方書店）

〘03275〙太田辰夫　（1994）『燕山叢錄』に見る明代北京語, 中國語研究36（白帝社）

〘03276〙折敷瀬興　（1994）現代中國語總濟用語の一考察, 一橋論叢112〜1

〘03277〙關西中國語オノマタペ研究會　（1994）中國語オノマタペ

歳時記 お正月はいつも「熱熱鬧鬧」, 言語1月
號 (大修館書店)

〖03278〗關西中國語オノマタペ研究會　(1994) 春江水暖かにして
鴨先ず知る, 言語2月號 (大修館書店)

〖03279〗關西中國語オノマタペ研究會　(1994) 清明, 言語3月號 (大
修館書店)

〖03280〗關西中國語オノマタペ研究會　(1994) 洛陽城東桃李の花,
言語4月號 (大修館書店)

〖03281〗關西中國語オノマタペ研究會　(1994) 端午にはよもぎを,
言語5月號 (大修館書店)

〖03282〗關西中國語オノマタペ研究會　(1994) 暑い夏涼しい夏,
言語6月號 (大修館書店)

〖03283〗關西中國語オノマタペ研究會　(1994) 美しい星空の悲し
い物語, 言語7月號 (大修館書店)

〖03284〗關西中國語オノマタペ研究會　(1994) 中秋の明月, 言語8
月號 (大修館書店)

〖03285〗關西中國語オノマタペ研究會　(1994) 重陽登樓河蟹, 言
語9月號 (大修館書店)

〖03286〗關西中國語オノマタペ研究會　(1994) 立冬素描, 言語10
月號 (大修館書店)

〖03287〗關西中國語オノマタペ研究會　(1994) 陰極陽昇の冬至,
言語11月號 (大修館書店)

〖03288〗關西中國語オノマタペ研究會　(1994) 臘月, 言語12月號
(大修館書店)

〖03289〗關長龍　(1994)「東壁打西壁」之方言啓示獻例, 俗語
言研究1 (花園大學)

〖03290〗木村哲也　(1994) 中國語起源の外來語の表記について
——マージャン用語に題材をとって, 北海道教
育大學人文論究57

〖03291〗許羅莎　(1994) 中國語ノート (二), 中國語研究36 (白
帝社)

〖03292〗曲彥斌　　　（1994）關於禪俗語言的民俗語源問題, 俗語言研究1（花園大學）

〖03293〗胡從會　　　（1994）「打」字又音又義, 俗語言研究1（花園大學）

〖03294〗吳麗麗　　　（1994）「孽障」與「蠢蟲」——淺談『紅樓夢』中的兩類「不肖子孫」, 富山大學人文學部紀要20

〖03295〗黃正浩　　　（1994）漢字語彙の日中朝對照研究, 日本語教育29（早稻田大學）

〖03296〗江藍生　　　（1994）漢語詞語的考釋方法——以演繹法為中心, 中國語研究36（白帝社）

〖03297〗興水優　　　（1994）基本語ノート「塡」, 中國語1月號（內山書店）

〖03298〗興水優　　　（1994）基本語ノート「采」, 中國語2月號（內山書店）

〖03299〗興水優　　　（1994）基本語ノート「解」, 中國語3月號（內山書店）

〖03300〗興水優　　　（1994）基本語ノート「門」, 中國語4月號（內山書店）

〖03301〗興水優　　　（1994）基本語ノート「忘」, 中國語5月號（內山書店）

〖03302〗興水優　　　（1994）基本語ノート「亮」, 中國語6月號（內山書店）

〖03303〗興水優　　　（1994）基本語ノート「求」, 中國語7月號（內山書店）

〖03304〗興水優　　　（1994）基本語ノート「淺」, 中國語8月號（內山書店）

〖03305〗興水優　　　（1994）基本語ノート「背」, 中國語9月號（內山書店）

〖03306〗興水優　　　（1994）基本語ノート「彈」, 中國語10月號（內山書店）

〖03307〗興水優　　　　（1994）基本語ノート「搬」, 中國語11月號（內山書店）

〖03308〗興水優　　　　（1994）基本語ノート「遍」, 中國語12月號（內山書店）

〖03309〗坂井健一　　　（1994）再爹考, 日本大學人文科學研究所研究紀要45

〖03310〗滕志賢　　　　（1994）試釋「看樓打樓」等, 俗語言研究1（花園大學）

〖03311〗秦禮君　　　　（1994）試將詞組重分類, 中國語研究36（白帝社）

〖03312〗鈴木基子　　　（1994）「好了」和「行了」, 中國語學241（日本中國語學會）

〖03313〗鈴木基子　　　（1994）「偶爾」和「偶然」, 中國語研究36（白帝社）

〖03314〗砂岡和子　　　（1994）目連救母變文の呼稱法, 駒澤女子大學研究紀要開學紀念號

〖03315〗砂岡和子　　　（1994）類義語のニュアンス「普通・一般・通常」, 東方162（東方書店）

〖03316〗瀨戶口律子　　（1994）擬聲詞和擬態詞的對譯問題, 中國語文通訊29

〖03317〗曹　煒　　　　（1994）論漢語義詞的理據性和非理據性, 中國語研究36（白帝社）

〖03318〗孫國震　　　　（1994）中日兩國の料理動詞の對應に關する一考察——煮物を中心に, 和光大學人文學部紀要29

〖03319〗橘純信　　　　（1994）現代中國語における中日同形語の占める割合, 日本大學國際關係學部研究年報15

〖03320〗張　勤　　　　（1994）日中笑いのオノマトペ, 言語12月號（大修館書店）

〖03321〗張龍虎　高橋彌守彥　　（1994）中國語語源探訪その3「上當」, 東方154（東方書店）

〖03322〗張龍虎　高橋彌守彥　（1994）中國語語源探訪その4「吃醋」，東方155（東方書店）

〖03323〗張龍虎　高橋彌守彥　（1994）中國語語源探訪その5「擡杠」，東方156（東方書店）

〖03324〗張龍虎　高橋彌守彥　（1994）中國語語源探訪その6「借光」，東方157（東方書店）

〖03325〗張龍虎　高橋彌守彥　（1994）中國語語源探訪その7「留鬚」，東方158（東方書店）

〖03326〗張龍虎　高橋彌守彥　（1994）中國語語源探訪その8「傻瓜」，東方159（東方書店）

〖03327〗張龍虎　高橋彌守彥　（1994）中國語語源探訪その9「春秋」，東方160（東方書店）

〖03328〗張龍虎　高橋彌守彥　（1994）中國語語源探訪その10「洞房」，東方161（東方書店）

〖03329〗張龍虎　高橋彌守彥　（1994）中國語語源探訪その11「油條」，東方162（東方書店）

〖03330〗張龍虎　高橋彌守彥　（1994）中國語語源探訪その12「餃子」，東方163（東方書店）

〖03331〗張龍虎　高橋彌守彥　（1994）中國語語源探訪その13「丈夫」，東方164（東方書店）

〖03332〗張龍虎　高橋彌守彥　（1994）中國語語源探訪その14「千金」，東方165（東方書店）

〖03333〗陳力衛　（1994）近代における2字漢語の語構成の一問題——その出典例とのかかわるをめぐつて，立教大學國文23

〖03334〗丁　大　（1994）中日音象徵語の對照研究について——玉村文郎氏の論文を讀んで，中國語研究36（白帝社）

〖03335〗寺村政男　（1994）近世漢語中に見える胡語系語彙の研究III——H2～N，大東文化大學紀要32

〖03336〗中川千枝子　（1994）類義語のニュアンス96「天空·天上

・空中」, 東方165（東方書店）

〖03337〗中野淳子 （1994）延安兒童文學の文體——語法面より考察, 中國文學研究20（早稻田大學）

〖03338〗中村浩一 （1994）『老乞大』と現代中國語——人の動作・行爲をあらわす動詞について, 大東文化大學語學教育研究所中國語研究論集2

〖03339〗服部昌之 （1994）中國語の「準備」「預備」「打算」, 北九州大學外國語學部紀要80

〖03340〗原由起子 （1994）類義語のニュアンス94「二位・兩位」, 東方163（東方書店）

〖03341〗朴才煥 （1994）「一定」考, 東海大學湘南文學28

〖03342〗守屋宏則 （1994）類義語のニュアンス90「拉・拖」, 東方159（東方書店）

〖03343〗安井二美子 （1994）類義語のニュアンス91「柔和・溫柔」, 東方161（東方書店）

〖03344〗山崎直樹 鄭亨奎 （1994）類義語のニュアンス88「相信・認爲・覺得・想・看」, 東方157（東方書店）

1992 年

〖03345〗相原茂 （1992）〔Q&A〕「點心」ってなに？, 中國語10月號（内山書店）

〖03346〗相原茂 （1992）類義語のニュアンス66「頭・第」, 東方6月號135（東方書店）

〖03347〗秋谷裕性 楊達 （1992）類義語のニュアンス64「舊・老」, 東方4月號133

〖03348〗荒岡啓子 （1992）類義語のニュアンス68「親切・熱情・熱心」, 東方8月號137

〖03349〗荒川清秀 那須雅之 （1992）中國語の造字力——二字漢字を中心に, 日本語學5月號11～5（明治書院）

〖03350〗淡島成高 （1992）日本語なんでも相談「氣分が悪い」の使い分けは？, 月刊日本語2月號5-2通卷50（ア

ルク）

〖03351〗池上正治　（1992）「氣」の日本的受容——日本語の中の
「氣」——，日本學歷史・文學・宗教・文明19
（明著刊行會）

〖03352〗石崎潮　（1992）中國語重疊詞（疊語）の分析，拓殖大
學語學研究70

〖03353〗石田知子　（1992）「值得」と「可以」——「有價值」を
表す類義ペアとして，お茶の水女子大學中國
文學會報11

〖03354〗石綿敏雄　（1992）外來語と日本文化，日本語學3月號11～
3

〖03355〗泉敏弘　（1992）類義語のニュアンス65「肯定・一定」
東方5月號134

〖03356〗牛島德次　（1992）北京語の概數を表す「來的」について，
中國文化——研究と教育——大塚漢文學會會
報50

〖03357〗鵜殿倫次　（1992）類義語のニュアンス70「多・增多・增
加・增長・增添」，東方10月號139

〖03358〗遠藤紹德　（1992）日本語における漢語語彙及び中國語の
同形語彙との比較，大東文化大學語學教育研
究論叢9

〖03359〗大川完三郎　（1992）類義語のニュアンス62「袋儿・包
儿・兜儿」，東方2月號131

〖03360〗大島吉郎　（1992）「喝」に關する若干の問題(四)——
「欲」「哈」を中心に，大東文化大學語學教育
研究論叢9

〖03361〗大瀧幸子　（1992）類義語のニュアンス67「快樂・快活」，
東方7月號136

〖03362〗大塚秀明　（1992）類義語のニュアンス69「感動・激動・
感激・感謝」，東方9月號133

〖03363〗大西智之　（1992）中國語の自稱詞，中國語學239

〖03364〗奥田寛　　　（1992）類義語のニュアンス71「寫・記・塡」，
　　　　　　　　　　　東方11月號140

〖03365〗尾崎實　　　（1992）老舍の小説における「為是」の用法，
　　　　　　　　　　　關西大學文學論集41～4

〖03366〗尾崎實　　　（1992）パンと中國人，関西大學東西學術研究
　　　　　　　　　　　所所報55

〖03367〗落合守和　　（1992）『清文啓蒙』十八世紀北方漢語の口語
　　　　　　　　　　　語彙，東京都立大學人文學報234

〖03368〗柿市里子　　（1992）日本の成語と中國の成語——『三省堂
　　　　　　　　　　　中國故事成語辭典』から，三省堂ぶっくれっと
　　　　　　　　　　　96

〖03369〗金井康　　　（1992）「筆答」の對義語は「口頭」か「口答」
　　　　　　　　　　　か，漢字漢文24-37　　（全國漢字漢文教育研究
　　　　　　　　　　　會）

〖03370〗神谷修　　　（1992）現代漢語量詞之探討，名古屋大學言語
　　　　　　　　　　　文學論集14～1

〖03371〗河内良弘　　（1992）滿漢合璧雍正王朝奏摺釋注，京都大學
　　　　　　　　　　　文學部研究紀要31

〖03372〗喜多山幸子　（1992）〔Q&A〕「二位」と「兩位」，中國語
　　　　　　　　　　　6月號389

〖03373〗國金海二　　（1992）「必」字考，文教大學女子短期大學部
　　　　　　　　　　　研究紀要36

〖03374〗久野マリ子　劉穎　（1992）北京語の「飲食」動詞群の意
　　　　　　　　　　　味——日本語との對照研究から，國學院大學
　　　　　　　　　　　日本文化研究所紀要69

〖03375〗桂小蘭　　　（1992）日本語と中國語の慣用語に關する一考
　　　　　　　　　　　察——慣用句構成語の比較を中心に，大阪大
　　　　　　　　　　　學言語文化學1

〖03376〗玄幸子　　　（1992）口語語彙資料七種總合拼音索引，大阪
　　　　　　　　　　　市立大學中國學志7

〖03377〗小出貫英　　（1992）「桃花源記」中の「外人」の解釋につ

いて,漢文教室173 11月號（大修館書店）

〖03378〗輿水優　　　（1992）基本語ノート「摺」,中國語1月號384

〖03379〗輿水優　　　（1992）基本語ノート「張」,中國語2月號385

〖03380〗輿水優　　　（1992）基本語ノート「刷」,中國語3月號386

〖03381〗輿水優　　　（1992）基本語ノート「糖」,中國語4月號387

〖03382〗輿水優　　　（1992）基本語ノート「嘴」,中國語5月號388

〖03383〗輿水優　　　（1992）基本語ノート「租」,中國語6月號389

〖03384〗輿水優　　　（1992）基本語ノート「嚴」,中國語7月號390

〖03385〗輿水優　　　（1992）基本語ノート「響」,中國語8月號391

〖03386〗輿水優　　　（1992）基本語ノート「遠」,中國語9月號392

〖03387〗輿水優　　　（1992）基本語ノート「藍」,中國語10月號393

〖03388〗輿水優　　　（1992）基本語ノート「濕」,中國語11月號394

〖03389〗輿水優　　　（1992）基本語ノート「短」,中國語12月號395

〖03390〗顧明耀　　　（1992）中國語外來語と日本語外來語との對照研究,筑波大學外國語教育論集14

〖03391〗坂井裕子　　（1992）「視」から「看」へ補遺,奈良女子大學橘頌3

〖03392〗謝文慶　　　（1992）現代漢語同義詞與反義詞的關係,松山大學言語文化研究11～2

〖03393〗徐尚揆　　　（1992）「飜譯老乞大」と「老乞大諺解」の副詞對照索引,東京外國語大學論集44

〖03394〗鈴木基子　　（1992）『三六五夜故事』の「象聲詞」——口の動きに關連する表現,日本大學漢學研究30

〖03395〗鈴木基子　　（1992）『三六五夜故事』の「象聲詞」——自然界,中國語學239（日本中國語學會）

〖03396〗鈴木基子　　（1992）魯迅小説における「象聲詞」,中國語研究34（白帝社）

〖03397〗石汝傑　　　（1992）漫談漢語和中國社會,帝塚山學院大學中國文化論叢1

〖03398〗瀬戸口律子　（1992）「白姓官話」の寫本二種に於ける比較,大東文化大學語學教育研究論叢9

【03399】曹麗萍　　（1992）日中同形異義漢語について，東洋大學短期大學日本文學研究會會報7

【03400】高橋繁樹　　（1992）元刊雜劇三十種語彙集成（四），佐賀大學研究紀要24

【03401】高橋均　　（1992）敦煌本論語疏について（下）「提示句」の檢討，東京外國語大學論集44

【03402】張紹好　小川學夫　（1992）漢語の日中對照研究——古典語に由来する擬態語を中心に——，鹿兒島純心女子短期大學研究紀要22

【03403】張　平　　（1992）對譯構成の漢語表現——「左右」の意味變化を中心とする考察——，鳴門教育大學國語教育會語文と教育6

【03404】陳士昌　　（1992）日中兩語におけるオノマトペの對照研究（二），廣島大學教育學部紀要第二部40

【03405】寺村政男　　（1992）近世漢語中に見える胡語系語彙の研究 I——A～C——，大東文化大學紀要30人文科學

【03406】寺村政男　　（1992）滿洲語文獻より見た近世漢語語彙の研究——滿漢合璧「西廂記」編その1，大東文化大學語學教育研究論叢9

【03407】寺村政男　　（1992）漢語とアルタイ語の出會い，言語の世界10（言語研究學會）

【03408】陶振孝　　（1992）中國語と日本語の「擬聲語」についての對照，早稻田大學日本語研究教育センター講座日本語教育27

【03409】長尾光之　李開　（1992）「五燈會元」詞語考釋，福島大學教育學部論集人文教育部門52

【03410】中西泰洋　　（1992）日中文表現法の對照的考察——文末詞と語氣助詞について（I）——，大阪外國語大學日本語・日本文化18

【03411】中野淳子　　（1992）關于動詞「活」的用法，鹿兒島大學文科報告27～3

〖03412〗夏井邦男　劉笑明　（1992）語彙の變化とその要因——「宿屋·旅館·ホテル」の場合を中心として,北海道教育大學紀要第一部A人文科學編43～1

〖03413〗西山猛　（1992）『孟子』近指指示詞的特殊用法,九州大學文學研究89

〖03414〗野林正路　（1992）認識言語學の開拓——中國と日本における『茄子』の分類·語彙體系の記述と價值比較試論,茨城大學教養部紀要24

〖03415〗橋本實紀　（1992）反復·頻度を表す中國語副詞——「往往」と「常常·經常」——,お茶の水女子大學中國文學會報11

〖03416〗波多野太郎　（1992）元曲疏證（三）,中國語學研究開編9（好文出版）

〖03417〗彭　飛　（1992）日本語と中國語の「役職名」,日本語學3月號11～3

〖03418〗前川幸雄　鄭建　鄭波　（1992）當今漢語新次初探（第二稿）,福井工業高等專門學校福井高專研究紀要人文·社會科學26

〖03419〗馬愼　聞き手　（1992）罵人話,中國語7月號390

〖03420〗松岡榮志　（1992）漢字と漢語,文化言語學の建設（三省堂）

〖03421〗三保忠夫　（1992）トルファン墓葬出土文書における量詞の考察,島根大學教育學部紀要人文·社會科學26

〖03422〗向島成美　（1992）「坐」の訓について,漢文教室171　3月號

〖03423〗村木新次郎　（1992）日本語の語彙と日本文化,日本語學3月號11～3

〖03424〗守屋宏則　（1992）類義語のニュアンス63「擴展·擴大·擴張」,東方3月號132

〖03425〗守屋宏則　（1992）語彙の構造と音聲上の規律,シンガポ

ール・マレーシア華文文學『馬華文學とその
周邊』（三冬社）

〖03426〗安井二美子　（1992）類義語のニュアンス61「堆・群・幫
・伙・班」，東方1月號130

〖03427〗安本武政　（1992）「能」「會」「可以」「能夠」の意味
と用法について――『中國語入門〔Q＆A〕101』
の疑問點，弘前大學教養部文化紀要36

〖03428〗矢野賀子　（1992）上海語の外來語，聖德學院岐阜教育大
學紀要24

〖03429〗山崎直樹　吳志剛　（1992）類義語のニュアンス72「帶・
領・跟・陪」，東方12月號141

〖03430〗楊光俊　（1992）關于儿化問題，櫻美林大學中國文學論叢
17

〖03431〗楊夫青　（1992）近代中國における日本からの「新名詞」
の受容について，日本大學漢學研究11

〖03432〗吉見孝夫　馬場俊臣　（1992）日中兩國語の呼稱の比較
――複雜さと使い分け――，北海道教育大學紀
要第一部A人文科學編43～1

〖03433〗陸慶和　（1992）日本語の「ある」と中國語の「有」と
の異同，關西學院大學人文論究41～4

〖03434〗盧　濤　（1992）上下關係を表す語彙體系の日中語對照
研究，大阪經濟大學教養部紀要10

〖03435〗若林建志　（1992）「馬之千里者」について，シンガポー
ル・マレーシア華文文學『馬華文學とその周
邊』（三冬社）

〖03436〗郗政民　（1992）「歧路燈」釋詞，中國語學研究開編9（好
文出版）

1991 年

〖03437〗柿市里子　（1991）『漢語史稿』引用例語彙分類索引（そ
の一），東洋大學東洋學研究26

〖03438〗郭涵瀛　佐藤素子　（1991）釋「半晌」，創價大學外國語
　　　　　　　學科紀要創刊號
〖03439〗興水優　　（1991）基本語ノート「底」，中國語372（1月
　　　　　　　號）
〖03440〗興水優　　（1991）基本語ノート「靠」，中國語373（2月
　　　　　　　號）
〖03441〗興水優　　（1991）基本語ノート「溝」，中國語374（3月
　　　　　　　號）
〖03442〗興水優　　（1991）基本語ノート「鍾」，中國語375（4月
　　　　　　　號）
〖03443〗興水優　　（1991）基本語ノート「路」，中國語376（5月號）
〖03444〗興水優　　（1991）基本語ノート「太」，中國語377（6月
　　　　　　　號）
〖03445〗興水優　　（1991）基本語ノート「挺」，中國語378（7月
　　　　　　　號）
〖03446〗興水優　　（1991）基本語ノート「劈」，中國語379（8月
　　　　　　　號）
〖03447〗興水優　　（1991）基本語ノート「破」，中國語380（9月
　　　　　　　號）
〖03448〗興水優　　（1991）基本語ノート「扔」，中國語381（10月
　　　　　　　號）
〖03449〗興水優　　（1991）基本語ノート「只」，中國語382（11月
　　　　　　　號）
〖03450〗興水優　　（1991）基本語ノート「送」，中國語383（12月
　　　　　　　號）
〖03451〗古田島洋介　（1991）現代中國語における「緣」——中國
　　　　　　　人留學生を對象とする語學アンケート，明星
　　　　　　　大學研究紀要人文學部27
〖03452〗竹下永貢子　（1991）代詞「它」の指示對象と機能，中國
　　　　　　　語學238
〖03453〗内薦正子　（1991）日本語と中國語の對照研究「　待つ」

と「 等」をめぐって, 中央學院大學比較文化5

〚03454〛中川千枝子 （1991）類義語のニュアンス60「沒能・不能」, 東方129

1988 年

〚03455〛上野惠司 （1988）ことば拾零(58)～(60), ラジオ中國語講座25(10)～(12)（日本放送出版協會）

〚03456〛上野惠司 （1988）私家版中國語辭典（1）～(9), ラジオ中國語講座26（1）～(9)（日本放送出版協會）

〚03457〛大川完三郎 孟廣學 （1988）近義詞素描, 中國語337、338、342、344、345、347（大修館書院）

〚03458〛高偉建 （1988）日本の漢語に於ける文化的意義特徵, 語文と教育2（鳴門教育大學國語教育學會）

〚03459〛興水優 （1988）基本語ノート, 中國語337～348（大修館書店）

〚03460〛近藤和夫 （1988）現代中國語（北京・臺灣）における用語統一の問題, 名古屋學院大學外國語教育紀要

〚03461〛齊藤匡史 （1988）日中同形語をめぐって, 東亞大學研究論業13（1）

〚03462〛竹中憲一 （1988）中國語の略語, 日本語學7（10）（明治書院）

〚03463〛竹中憲一 （1988）中國語と日本語における字順の逆轉現象, 日本語學7（10）（明治書院）

〚03464〛趙莉萍 （1988）日本の慣用句と中國の慣用語, 論叢10（甲南女子大學文學部國文科大學院内）

〚03465〛陳榮生 （1988）中國語の名稱に關する一考察, 國士館大學教養論集26

〚03466〛手塚宗平 （1988）現代中國語會話における常用ことわざ, 德山大學論叢30

〖03467〗中みき子　（1988）中國語の心理表現——頭、心，腹をめ
　　　　　　　　　ぐって，京都外國語大學研究論叢30

〖03468〗那須清　（1988）中國語の中の外来語,語學研究10（神
　　　　　　　　　奈川大學外國語研究センター）

〖03469〗菩　明　（1988）最新北京流行語ガイド,東方82～93（
　　　　　　　　　東方書店）

1986 年

〖03470〗王永全　（1986）漢日辭典と中日辭典,人文研究35（4）
　　　　　　　　　（關西學院大學人文學會）

1985 年

〖03471〗神谷修　（1985）中國語と日本語の形容詞について（そ
　　　　　　　　　の二）,言語文化論集7（1）（名古屋大學總合
　　　　　　　　　言語センター）

〖03472〗曾根博隆　（1985）現代中國語の語彙——『現代漢語辭典』
　　　　　　　　　の新舊兩版を較べて,駒澤大學外國語部論集
　　　　　　　　　21

〖03473〗林隆司　（1985）漢語の三人稱代詞について——他、
　　　　　　　　　其、之を中心として,語學研究40（拓殖大學語
　　　　　　　　　學研究所）

〖03474〗矢野光治　（1985）現代漢語における時間詞「以前」「以
　　　　　　　　　後」について,立正大學教養部紀要18

〖03475〗楊啓橋　（1985）中日同形異義詞比較研究,古田教授退
　　　　　　　　　官紀念中國文學語學論集

1984 年

〖03476〗佐藤富士雄　井口晃　大川完三郎　小林二男　依藤醇
　　　　　　　　　渡邊新一　（1984）漢語難語句の解釋——「人
　　　　　　　　　民文學」1976、1～1977、12,『人文研紀要』2

〖03477〗高木宣　（1984）「是」の定義と詞性とその靈用,二松

學舍大學東洋學研究所集刊14

〖03478〗中村信幸　（1984）「說似」という語について，中國俗文學研究2

〖03479〗星野崇賜　（1984）漢語反義詞釋義，上武大學論集15

〖03480〗水野義道　張紀孝　（1984）漢語「更」と日語「もっと」，語言教學與研究19

1983 年

〖03481〗中川正之　（1983）「也」と「又」——日本語の「も」と「また」との比較から，伊地智善繼. 辻本春彦兩教授退宮紀念中國語學. 中國文學論集

〖03482〗菱昭透　（1983）日本語と中國語の常用字彙，中國研究月報428

〖03483〗依藤醇　（1983）中國語の身體名稱——（資料），東京外國語大學論集33

〖03484〗依藤醇　（1983）中國語にあおける外來語について，中國語277

1982 年

〖03485〗荒川清秀　（1982）中國語の語彙，講座日本語學12

〖03486〗大河内康憲　（1982）中國語の色彩語，日本語と中國語對照研究（大阪外國語大學）7

〖03487〗高增傑　（1982）中日兩國語凝聲詞の對照——その構成と文法機能に關する二、三の考察，中國研究22

〖03488〗香坂順一　（1982）中國語ノート（三），中國語研究22

〖03489〗齊藤喜代子　（1982）「講究」について，二松學舍大學東洋研究所 集刊（1981年度）

〖03490〗瀬戶口律子　（1982）日中兩國間における擬音語. 擬態語について，大東文化大學紀要（人文科學）20

〖03491〗張耀雄　（1982）中國語の「多音字」について，專修大學人文論集28

1981 年

〖03492〗大瀧幸子　（1981）語氣詞naの意味記述, 中國語6（論壇）

〖03493〗加納喜光　（1981）食べもの漢字のシンブリズム, 華味三昧——中國料理の文化と歷史（講談社）

〖03494〗佐藤亨　（1981）中國初期洋學書の語彙 とわが國近代漢語との關連について西方要紀を中心に一, 人文科學研究（新瀉大學）59

1980 年

〖03495〗野口宗親　王長江　（1980）中國語における凝聲語語彙の研究2, 熊本大學教育學部紀要29（第二分冊・人文科學）

〖03496〗太田辰夫　（1980）中日厲談, 神戶外大論業31～3

〖03497〗荒川清秀　（1980）日本語と中國語（2）——呼稱語について, 愛知大學外國語研究室報4

〖03498〗相浦杲　（1980）日中のことわざ的慣用表現について——主として兩者に共通する表現, 日本語教育41

〖03499〗原田健太郎　（1980）日本語と中國語同形異義語考7～12, 言語91、1～6

〖03500〗鈴木英夫　（1980）新漢語の造出と享受——明治前期の新聞を資料として, 國語と國文學57～4

〖03501〗松井利彦　（1980）〔私の讀んだ本〕佐藤喜代治著『日本の漢語』, 言語生活 338

〖03502〗前田富祺　（1980）〈書評〉佐藤喜代治著『日本の漢語——その源流と變遷——』, 文藝研究（日本文藝研究會）94

〖03503〗福島邦道　（1980）〈書評〉佐藤喜代治著『日本の漢語』, 國語學 123

〖03504〗林柳煙　　　（1980）中日詞滙對照研究——通用比率——，
研究論業（京都外國語大學）20

1976 年

〖03505〗玉村文郎　　　（1976）漢語の形容語彙，『日本語と中國語の
對照研
究』——大阪外國語大學日中語對照研究會

〖03506〗波多野太郎　　（1976）「北京官話常言用例」解題索引，横
濱市立大學論業（人文科學系列）27～3

〖03507〗依藤醇　　　（1976）「們」について，東京外國語大學論集 26

〖03508〗佐藤晴彦　　　（1976）「開始」について，人文研究 28～4（大
阪市立大學文學部紀要）

1975 年

〖03509〗安念一郎　　　（1975）京劇の慣用語について，亞細亞大學教
養部紀要 11

〖03510〗大瀧幸子　　　（1975）中國語の形容詞の意味分析，中國語學
第 222 號

〖03511〗原田松三郎　　（1975）「爲人民服務」について，神戸外大
論業 26～3

1974 年

〖03512〗張仁政　　　（1974）中國語の疑問語氣詞——嗎、呢、啊に
ついて——，久留米大學論業第 23 卷第 2 號

〖03513〗辻井哲雄　　　（1974）委婉副詞としての「其」，同志社外國
文學研究第 11 號

〖03514〗那須清　　　（1974）中日對照音聲學用語（試稿），言語科
學第 10 號

〖03515〗服部昌之　　　（1974）能願動詞「可能」を中心する，北九州
大學外國語學部紀要第 25 號

1973 年

〖03516〗那须清　　　（1973）日本人が著わした中國語教科書の語彙，現代中國語總と研究會會報第 5 號

1972 年

〖03517〗荒川清秀　（1972）現代中國語同義詞の考察——「紅旗」を 中心にして，中國語教育 2

〖03518〗岩橋伸吉　（1972）漢語の規範化と現狀，中國語教育 2

〖03519〗香坂順一　（1972）新語介紹，中國語 72〜4、73〜3

〖03520〗輿水優　　（1972）基本語ノート，中國語 71〜4、73〜3

〖03521〗鳥居久靖　（1972）「歇後語」研究序說，天理大學學報 74

1970 年

〖03522〗望月八十吉　（1970）「不」と「不是」，中國語學 201

〖03523〗望月八十吉　高維先　（1970）「來」と「去」，中國語學 202

〖03524〗望月八十吉　（1970）「給」について，人文研究 214

〖03525〗高維先　　（1970）一些常用同義詞，天理大學會報 23〜5

二、著作索引

1. 總　記

2002 年

〖03526〗漢字文獻情報處理研究會編　　(2002)漢字文獻情報處理研究
第 3 號, 好文出版

〖03527〗『現代中國語研究』編輯委員會編　　(2002)現代中國語研究
第 4 期, 朋友書店

〖03528〗松尾善弘　　(2002)漢字・漢語・漢文論, 白帝社

2001 年

〖03529〗王學群　段躍中　　(2001)漢語, 日本僑報社

〖03530〗長田夏樹　　(2001)漢字文化圏と比較語言學（長田夏樹論
述集下）, ナカニシヤ出版

〖03531〗六角恆廣　　(2001)中國語關係書書目〔增補版〕1867～2000,
不二出版

2000 年

〖03532〗相原茂　荒川清秀　喜多山幸子　玄宜青　佐籐進　楊凱榮
(2000)中國語教室 Q&A101, 大修舘書店

〖03533〗岡垣篤幸　　(2000)日中中日機電技術用語詞典〔ポケット
版〕, 東方書店

〖03534〗Bernhard Karlgren 著　大原信一他譯　　(2000)中國的言語
——その特質と歷史について, ゆまに書店

〚03535〛近代漢語研究會編　（2000）中國語、中國語學參考文獻目録
〔2000年度版〕,近代漢語研究會（大東文化大
中國語學科）

〚03536〛慶穀壽信　（2000）慶穀壽信先生自定年譜、著述目録,東京
都立大人文學部

〚03537〛杉本達夫　牧田英二　古屋昭弘　（2000）デイリーコンサ
イス日中中日詞典〔中型版〕,三省堂

〚03538〛名古屋外國語大學中國語教育法研究會編　（2000）中國語
・中國語教育法の研究,名古屋外國語大學

〚03539〛丹藤佳紀　（2000）中國現代ことば事情,岩波書店

〚03540〛橋本万太郎著作集刊行會編　（2000）橋本万太郎著作集第一
巻,内山書店

〚03541〛有元佐貴子　内田昌宏　（2000）2000版中國語をものにす
るカタログ,アルク

1999年

〚03542〛埋橋德良　（1999）日中言語文化交流の先驅者,白帝社

〚03543〛Karlgren, Bernhard　岩村忍　魚返善雄　（1999）支那言語
學概論「世界言語學名著選集東アジア言語篇
1」,ゆまに書房

〚03544〛近代漢語研究會　（1999）中國語・中國語學參考文獻目録
〔99年度版〕,近代漢語研究會

〚03545〛現代中國語研究會　（1999）現代中國語研究論集,中國書店

〚03546〛竹内實　矢吹晉　（1999）中國情報用語事典〔1999～2000
年版〕,蒼蒼社

〚03547〛張一帆　小島朋之　（1999）中國新語流星語事典,日中通信
社

〚03548〛鄭麗蕓　（1999）目からウロコの日中比較文化論──こ
とば・文化・藝術,駿河臺出版

〚03549〛戶川芳郎　佐藤進　濱口富士雄　（1999）全譯漢辭海,三省
堂

〖03550〗二階堂善弘　千田大介　池田巧　(1999)コンピューターで中國語, 大修館書店

1998 年

〖03551〗神奈川大學中國語學科　(1998)現代中國語學への視座──新シノロジー・言語篇──, 東方書店

〖03552〗小島憲之　(1998)漢語逍遙, 岩波書店

〖03553〗中島幹起　(1998)電腦處理: 西夏文字諸解對照表 (稿), 不二出版

1997 年

〖03554〗アルク　(1997)中国語をモノにするためのカタログ: 98 (アルク地球人ムック), アルク

〖03555〗上野恵司　(1997)ことばの文化背景──中國語 51 話, 白帝社

〖03556〗大河内康憲　(1997)中國語の諸相, 白帝社

〖03557〗大河内康憲　(1997)日本語と中國語の對照研究論文集, くろしお出版

〖03558〗大河内康憲教授退官記念論文集刊行會　(1997)中國語學論文集──大河内康憲教授退官記念, 東方書店

〖03559〗大島正二　(1997)中國言語學史, 汲古書院

〖03560〗大島正二　(1997)〔辭書〕の發明: 中國言語學史入門, 三省堂

〖03561〗奧田寛　(1997)中國人の非言語コミユニケーション, 東方書店

〖03562〗近代漢語研究會　(1997)中國語・中國語學參考文獻目錄〔1997 年度版〕, 近代漢語研究會

〖03563〗國立國會圖書館專門資料部　(1997)中國語・朝鮮語增加圖書目錄第 96 號, 國立國會圖書館

〖03564〗ジエームズ・J・ワン　森由美譯　(1997)爆裂中國語, 日經 BP 社

〖03565〗張乃方　　(1997)中國語あいさつハンドブック,白水社

〖03566〗内藤正子　(1997)中國語研究　ことばの性相,白帝社

〖03567〗余靄斤　遠藤光暁　(1997)橋本萬太郎記念中國語學論集,
　　　　　　　内山書店

〖03568〗楊愚魯　黑木實　(1997)中國語の手紙の書き方,ナツメ社

1996 年

〖03569〗安藤彦太郎 (1996)中國語と近代日本〈岩波新書〉,岩波書
　　　　　　　店

〖03570〗伊藤英俊　(1996)漢字文化とコンピューター,中央公論社

〖03571〗牛島德次　(1996)中國語、その魅力と魔力,同學社

〖03572〗内田慶一　野原康宏　(1996)マックで中國語,ひつじ書房

〖03573〗大島吉郎　(1996)近代漢語研究資料・索引四種,近代漢語
　　　　　　　研究會

〖03574〗近代漢語研究會　(1996)中國語・中國與學參考文獻目錄
　　　　　　　〔96 年度版〕,近代漢語研究會

〖03575〗盧田孝昭　(1996)漢字語論序説,中國文學研究 22 (早稻田
　　　　　　　大學中國文學會)

〖03576〗伊藤齊　(1996)概念: 東南アジアにおける華語 (中國語
　　　　　　　の狀況),中國研究 5 (麗澤大學中國研究會)

〖03577〗内田慶一　(1996)電子化時代の言語コーパスー中國語の
　　　　　　　コーパスー,言語 10 月號 (大修館書店)

〖03578〗大原信一　(1996)「五四」以降の白話文の變遷,京都產業
　　　　　　　大學國際語言科學國際語言研究所所報第 17
　　　　　　　第 2 號

〖03579〗喜多田久仁彦　(1996)通唐事の教本『養兒子』(一),京
　　　　　　　都外國語大學研究論業第 XIVII 號

〖03580〗瀨戶口律子　(1996)日本琉球的中國語課本『廣應宮話』,
　　　　　　　中國語文 1996 年第 4 期

〖03581〗陳新雄　瀨戶口律子譯　(1996)「國語」と「普通話」の違

い及び共通点, 語學教育研究論業 13（大東文化大學語學教育研究所）

〚03582〛黃當時　　（1996）JIS 第一水準漢字と GB 漢字との出入り, 佛教大學文學部論集 80

1995 年

〚03583〛近代漢語研究會　（1995）中國語・中國語學參考文獻目錄〔95 年度版〕, 近代漢語研究會

1994 年

〚03584〛大原信一　（1994）近代中國のことばと文字, 東方書店

〚03585〛末岡實　　（1994）「漢字の知識」これだけ講座, 海苑社

〚03586〛瀨戶口律子　（1994）白姓官話全譯, 明治書院

〚03587〛瀨戶口律子　（1994）琉球官話課本, 香港中文大學中國文化研究所

〚03588〛高田時雄編　（1994）中國語史の資料と方法, 京都大學人文科學研究所

〚03589〛西村政人　山內啓介　李麗秋　（1994）生活場面事典, 三修社

〚03590〛六角恆廣　（1994）中國語書誌, 不二出版

1993 年

〚03591〛上野惠司　（1993）中國語を考えるヒント, 中華書店

〚03592〛田中謙二　（1993）ことばと文學——中國語學論集, 汲古書院

1991 年

〚03593〛上山あゆみ　（1991）はじめてのひとの言語學——ことばの世界へ, くろしお出版

〚03594〛中本正智　劉麗　（1991）日本語と中國語の對照研究, 學術情報

〖03595〗波多野太郎　（1991)中國語文資料彙刊第一編（全四卷），
　　　　　　　不二出版

〖03596〗埋橋得良　（1991)伊澤修二の中國語研究　日中文化交流
　　　　　　　の先覺者,銀河書房

1988 年

〖03597〗香坂順一　（1988)新版中國語常用單語 3000,米生館

〖03598〗藤堂明保　松本昭　竹田晃　（1988)漢字源,學習研究社

〖03599〗藤堂明保先生文集編集委員會編　（1988)藤堂明保　中國へ
　　　　　　　かける橋Ⅱ,日中學院

〖03600〗農林水產技術會議事務局譯編　（1988)英中日氣象用語集,
　　　　　　　農林統計學會

〖03601〗長谷川清司　（1988)中國語見たまま聞いたまま──しゃ
　　　　　　　れ・さび・味のある表現集,福井中國語講習
　　　　　　　會

〖03602〗波多野太郎編・解題　（1988)中國文學語學資料集成（第
　　　　　　　一篇）,不二出版

〖03603〗波多野太郎編・解題　（1988)中國文學語學資料集成（第
　　　　　　　二篇）,不二出版

1987 年

〖03604〗大河内康憲　（1987)中國定期刊行誌所揭中國語法學論文分
　　　　　　　類索引 1978～1987,大阪外國語大學中國語學
　　　　　　　研究室

〖03605〗波多野太郎編・解題　（1987)中國語學資料業刊(第 5 篇)公
　　　　　　　文研究・日語中譯・聲音研究篇・補遺,不二
　　　　　　　出版

〖03606〗平山久雄　相原茂　砂岡と子　古屋昭弘　遠藤光曉
　　　　　　　(1987)藤堂明保中國語學論集,汲古書院

1986 年

〚03607〛荒屋勸　　　(1986)中國語表現三〇〇例, 光生館
〚03608〛上野惠司　　(1986)中國ことばの旅——中國を知るための
　　　　　　　　　　80 章——, 白帝社
〚03609〛加藤道理　　(1986)現代に生きる漢語, 東洋書店

1985 年

〚03610〛京都外國語大學附屬圖書館編　(1985)中國語圖書目錄,
〚03611〛田中秀　　　(1985)諺と漢民族（下）（中國故事成語例解）,
　　　　　　　　　　永と語學社
〚03612〛陳舜臣　陳謙臣　(1985)日本語と中國語, 德問書店
〚03613〛丁秀山　　　(1985)あなたの疑問に答える中國語百問百答,
　　　　　　　　　　東方書店
〚03614〛藤堂明保　相原茂　(1985)新訂中國語概論, 大修館書店
〚03615〛野上正　　　(1985)時事中國語ハントブツク最新 100 のト
　　　　　　　　　　ピックス, 東方書店
〚03616〛孟廣學　　　(1985)手紙で學ぶ中國語, 日本放送協會
〚03617〛林俊男　山本賢二　(1985)中國の放送を聽くための「中國
　　　　　　　　　　語知識」, 大學書林
〚03618〛六角恆廣　　(1985)中國語關係書書目（1867～1945）, 不二
　　　　　　　　　　出版

1984 年

〚03619〛武吉次郎　　(1984)中國翻譯•通譯ハントブツク, 東方書店
〚03620〛丁秀山　　　(1984)中國語日常會話表現集, 金星堂
〚03621〛日中貿易用語研究會　(1984)ビジネスマンのための日中
　　　　　　　　　　貿易コレポンハントブツク, 東方書店
〚03622〛波多野太郎　(1984)中國語學資料業刊, 不二出版
〚03623〛孟廣學　　　(1984)手紙で學ぶ中國語, 日本放送出版學會
〚03624〛山下輝彦　　(1984)中國語の入門, 白水社

〖03625〗ユネスコ・アジア文化センタ――(1984)アジア 20 か國語
　　　　　　日常會話ハントブツク,蝸牛社

〖03626〗旅行會話研究會　(1984)海外旅行中國語會話,實業之日本
　　　　　　社

〖03627〗六角恆廣　(1984)近代日本の中國語教育,不二出版

1983 年

〖03628〗中嶋幹起　(1983)中國語基礎一五〇〇語,大學書林

〖03629〗橋本萬太郎　(1983)漢民族と中國社會（民族の世界史五),
　　　　　　山川出版社

〖03630〗水上靜夫　(1983)漢字語言事典,雄山閣出版

1980 年

〖03631〗貝塚茂樹　小川環樹　(1980)中國の漢字(『日本語の世界』
　　　　　　第三）,中央公論社

〖03632〗倉石武四郎　(1980)ことばと思維と社會（倉石武四郎著作
　　　　　　集一）,くろしお出版

〖03633〗倉石武四郎　(1980)漢字・日本語・中國語（倉石武四郎著作
　　　　　　集二）,くろしお出版

〖03634〗丁秀山　(1980)中國ことばの雜學,廣報企業センタ

1979 年

〖03635〗藤堂明保　(1979)中国語概論,大修館

〖03636〗中國文學語學文獻案内編集委員會　(1979)中國文學語學文
　　　　　　獻案内,編者發行

〖03637〗中國科學院語言研究所　(1979)中國語言學論文索引,龍溪
　　　　　　書舍影印

〖03638〗論説資料保存會編　(1979)中國關係論説資料二十（1978
　　　　　　年）第 2 分冊 文學・語學（上、下冊）,編者
　　　　　　發行

1972 年

〖03639〗倉石武四郎 　（1972）中國語は外國語である，史泉書房
1972、12

〖03640〗六角恆廣 　（1972）中國語の表現，大盛堂書房

1970 年

〖03641〗今富正巳 　（1970）中國語の普通話における書面言語と口
頭言語のについての試論，二松學舍大學論集
1970、3

1969 年

〖03642〗藤堂明保 　（1969）「日本語と漢語」，秀英出版 　東京 1969、
5

2. 教 育

2002 年

〖03643〗相原茂 　郭雲輝 　保坂律子 　（2002）朋アリ遠方ヨリ來タ
ル中國語中級編（CD 付），好文出版

〖03644〗相原茂 　（2002）話すための中國語北京七泊八日の
旅，PHP 研究所

〖03645〗相原茂 　郭雲輝 　保坂律子 　（2002）學ビテ時ニ之ヲ習フ
中國語入門（CD 付），好文出版

〖03646〗相原茂 　陳淑梅 　飯田敦子 　（2002）一年生のころ〔改訂
版〕，朝日出版社

〖03647〗秋月久美子 　郭雅坤 　（2002）すぐ使える！短い中國語表
現 1300（CD2 枚付），實務教育出版社

〖03648〗麻生晴一郎 　郭雅坤 　（2002）旅の指さし會話帳 33 JAPAN
中國語〔北京語版〕，情報センター出版局

〖03649〗荒川清秀 　周閲 　鹽山正純 　（2002）キャンパスライフ中
國語，白帝社

〖03650〗飯田眞紀　（2002）らくらく旅の香港の廣東語, 三修社

〖03651〗市瀬智紀　程艶春　（2002）ハイブリッド中國語ヒアリン
　　　　　グマスター（CD—ROM、CD 付）, 三修社

〖03652〗市瀬智紀　程艶春　（2002）中國語ヒアリングマスター,
　　　　　三修社

〖03653〗井上貴仁　李彦學　（2002）中國語中級テキスト 悠游北
　　　　　京（CD 付）, 白帝社

〖03654〗今田好彦　梁春香編著　（2002）新聞で讀む 21 世紀の中
　　　　　國, 白帝社

〖03655〗植田渥雄　監修　楊光俊　王聰　河野愛子　（2002）中國
　　　　　語の文法の使い方 55, 三修社

〖03656〗植田均編著　（2002）實際の中國語會話初級編（CD 付）,
　　　　　晃洋書房

〖03657〗上野惠司　（2002）〔新版〕中國語 考えるヒント, 白帝社

〖03658〗上野惠司　監修　鈴木律子　（2002）標準高校中國語（CD
　　　　　付）, 白帝社

〖03659〗上野惠司　（2002）〔CD ブック〕中國語發音の基礎, NHK
　　　　　出版社

〖03660〗榎本英雄　（2002）〔CD ブック〕NHK テレビ中國語會話 は
　　　　　じめての北京, NHK 出版社

〖03661〗遠藤紹德　（2002）〔新裝版〕トレーニングペーパー 中
　　　　　國語/單語（CD3 枚付）, ニュートン・プレス

〖03662〗王菊銘　（2002）はじめて學ぶ 基礎講座 中國語（CD、
　　　　　CD—ROM 付）, 國際語學社

〖03663〗王欣雨　（2002）ハイブリッド中國語發音トレーニン（CD
　　　　　—ROM、CD 付）, 三修社

〖03664〗王彩香　（2002）中國語入門テキスト Part1, 駿河壹出
　　　　　版社

〖03665〗王瑞來　（2002）文法・練習を中心に 中國語急就編初
　　　　　級から中級まで, 白帝社

〖03666〗王瑞來　（2002）中國語急救編, 白帝社

〖03667〗王占華　水本敬子　G・アナトラ（2002）中國語學會話百
　　　　　　　　科留學準備から歸國まで, 駿河壹出版社
〖03668〗大内田三郎　（2002）基本文型150で覺える中國語 中國
　　　　　　　　語の特徵をふまえた學習書, 駿河壹出版社
〖03669〗小川郁夫　（2002）チャレンジ中檢準2級 問題と解說第
　　　　　　　　44〜45回（CD付）, 白帝社
〖03670〗小川郁夫　（2002）チャレンジ中檢2級・準2級 問題と
　　　　　　　　解說 第45〜46回（CD付）, 白帝社
〖03671〗小川郁夫　（2002）問題を解いて覺える中國語1（CD付）,
　　　　　　　　白帝社
〖03672〗小川郁夫　（2002）チャレンジ中檢1級・2級 問題と解
　　　　　　　　說 第44〜45回（CD付）, 白帝社
〖03673〗海外ガイドブック編集　（2002）誰でも話せる海外旅行中
　　　　　　　　國語會話, JTB
〖03674〗片岡新　（2002）中國語でコミュニケーション 生活會
　　　　　　　　話編（CD付）, アルク
〖03675〗菊田正信　黃麗華　（2002）中國語ステップ40 第2版,
　　　　　　　　大修館書店
〖03676〗金　路　（2002）資格獲得 中國語の第一步（CD付）,
　　　　　　　　白帝社
〖03677〗金　路　（2002）ユーモア中國語中級編, 駿河壹出版社
〖03678〗堀黎美　陳月吾　（2002）〔改訂版〕こんな時には 商務
　　　　　　　　中國語入門, 晃洋書房
〖03679〗啓微　高潤生　（2002）大學生活, 金星堂
〖03680〗國際コミュニケーション研究所編（2002）ベストフレンド
　　　　　　　　中國語會話（CD付）, 柏伸出版社
〖03681〗輿水優　（2002）中國人の生活を知る中國語入門（CD
　　　　　　　　付）, 白水社
〖03682〗胡興智　（2002）らくらく旅の中國語, 三修社
〖03683〗佐川年秀　阮亮　青峰　（2002）CD BOOK はじめての上海
　　　　　　　　話, 明日香出版社

〖03684〗佐藤富士雄　吳鴻春　（2002）綠さんの留學生活〔改訂版〕（CD付），白帝社

〖03685〗佐藤正透　（2002）何から何まで言つてみる　暮らしの中國語單語7000,語研

〖03686〗佐藤正透　（2002）暮らしの中國語單語7000,語研

〖03687〗ジヤレツクス　（2002）分野別ベーシック2000語　話す中國語の單語力（CD、CD—ROM付），語研

〖03688〗紹文周　（2002）CD BOOK　はじめての中國語發音,明日香出版社

〖03689〗小溪教材研究チーム　（2002）高校生からの中國語（CD付），白帝社

〖03690〗紹文周　（2002）しつかり身中國語レーニングブツク（CD付），ベレ出版

〖03691〗徐健安　（2002）新實用漢語會話（CD付），中國書店

〖03692〗徐曼　田中寛　（2002）CD BOOK らくらく中國語文法＋「から」會話,國際語學社

〖03693〗沈曉文　（2002）中國語通譯案内業試驗對策問題集　新版,日中學院

〖03694〗角田實　加藤晴子　（2002）ハイブリツト日本語·中國語對照生活會話（CD—ROM、CD付），三修社

〖03695〗高田裕子　塚本慶一　監修　（2002）いちばんやさしい中國語會話入門（CD付），池田書店

〖03696〗高橋晋一　（2002）トラブラないトラベル會話　中國語臺灣を旅する（CD付），三修社

〖03697〗高橋優子　（2002）トラブラないトラベル會話　中國語中國を旅する（CD付），三修社

〖03698〗高橋良行　村上公一　陸明　（2002）初めての中國語コミュニケーション,同學社

〖03699〗高橋良行　村上公一　陸明　（2002）樂しい中國語コミュニケーション,同學社

〖03700〗武井こうじ　（2002）海外旅行必携　急病パスポート中國

語←→日本語, 交通新聞社

〖03701〗竹内誠　　（2002）はじめてみようよ中國語, 丸善

〖03702〗竹島金吾監修　尹景春　竹島毅著　（2002）〔新版〕中國
　　　　　語さらなる一歩, 白水社

〖03703〗武永尚子　船谷佳子　（2002）やさしい中國語會話 基本
　　　　　表現でらくらく話せる（CD付）, 高橋書店

〖03704〗谷峰夫　（2002）上を目指す學習者のための中國語表現
　　　　　777, 晃洋書房

〖03705〗千島英一　成瀬武史　原案　（2002）自分のすべてを口に
　　　　　できる本（CD付）, アルク

〖03706〗千島英一　（2002）香港廣東語會話〔新裝版〕, 東方書店

〖03707〗中檢研究會編　（2002）中檢準2級問題集2002年版 第
　　　　　43〜45回＋模擬試驗（CD2枚付）, 光生館

〖03708〗中檢研究會編　（2002）中檢準4級問題集2002年版 第
　　　　　43〜45回（CD付）, 光生館

〖03709〗中檢研究會編　（2002）中檢2級・1級問題集2002年版 第
　　　　　4回、第45回＋模擬試驗（CD付）, 光生館

〖03710〗中檢研究會編　（2002）中檢3級問題集2002年版 第43
　　　　　回〜45回＋模擬試驗（CD2枚付）, 光生館

〖03711〗中檢研究會編　（2002）中檢4級問題集 2002年版 第43
　　　　　回〜45回＋模擬試驗（CD2枚付）, 光生館

〖03712〗中國語コミュニケーション協會編　（2002）TECC實踐過
　　　　　去問題集 第9回〜第11回, 東方書店

〖03713〗中國語入門教育研究會編　（2002）チャレンジ中檢3級 問
　　　　　題と解說 第45〜46回（CD付）, 白帝社

〖03714〗中國語入門教育研究會編　（2002）チャレンジ中檢4級準
　　　　　4級 問題と解說 第44〜45回（CD付）, 白帝
　　　　　社

〖03715〗中國語入門教育研究會編　（2002）チャレンジ中檢3級 問
　　　　　題と解說 第44〜45回（CD付）, 白帝社

〖03716〗中國語入門教育研究會編　（2002）チャレンジ中檢４級
　　　　　　　　　·準４級 問題と解說 第45～46回（CD付），
　　　　　　　　　白帝社

〖03717〗張仁政　（2002）トインボー中國語新版 生活中國語（CD2
　　　　　　　　　枚付），中國書店

〖03718〗張乃方　（2002）〔新版〕生活中國語（CD2 枚付），評
　　　　　　　　　論社

〖03719〗暢素梅　（2002）３秒で話す中國語（CD付），中經出版

〖03720〗陳浩　梁月軍　張繼濱　（2002）中國語日常·旅行會話
　　　　　　　　　STEP30（CD付），駿河壹出版社

〖03721〗塚本慶一　濱田ゆみ　（2002）最新實用中國語會話〔入門
　　　　　　　　　編〕，鳳書房

〖03722〗塚本慶一　濱田ゆみ　（2002）２年生コミユニケーション
　　　　　　　　　中國語，白水社

〖03723〗TLS 出版編集部　（2002）男と女の中國語會話術（CD
　　　　　　　　　付），TLS 出版社星雲社發賣

〖03724〗鄭幸枝　（2002）日本語ですばやく引ける 使える話せ
　　　　　　　　　る·中國語單語，語研

〖03725〗董燕　遠藤光曉　（2002）北京物語，朝日出版社

〖03726〗東京大學教養學部中國語部會編　（2002）中國語講讀教材
　　　　　　　　　園地（CD2 枚付），東京大學出版會

〖03727〗董紅俊　（2002）中國語中級講讀テキスト當代中國雜文
　　　　　　　　　集，白帝社

〖03728〗杜若明　李珊　于梅芬　（2002）走進中國語，日貿出版社

〖03729〗戶沼市子　邢玉芝　澁谷瑞江　（2002）動詞をながめて中
　　　　　　　　　國語初級から少し進んで（CD付），朝日出版
　　　　　　　　　社

〖03730〗中島皓象　（2002）慶祝名句集，東方出版

〖03731〗中島吾妻　（2002）中國語初級テキスト中國語の玉手箱
　　　　　　　　　（CD付），白帝社

〖03732〗中山時子　楊立明　郭春貴　孟廣學　（2002）中國語で學ぶ中國文化基層知識〔改訂版〕,東方書店

〖03733〗日本中國語學會中國語ソフトアカデミズム檢討委員會編（2002）日本の中國語教育その現狀と課題・二〇〇二,日本中國語學會/好文出版社

〖03734〗野島進　王宣　（2002）ハイブリッド 辭書なしで學べる中國語の最初步(CD—ROM 單語帳＋CD2 枚付),三修社

〖03735〗野島進　（2002）ハイブリッド中國語練習帳（CD—ROM 單語帳付）,三修社

〖03736〗野島進　王宣　（2002）辭書なしで學べる中國語の最初步,三修社

〖03737〗白帝社編集部編　（2002）中國語 大學入試センター試驗對策問題集 平成12、13、14 年度,白帝社

〖03738〗莫邦富監修　櫻志娟　吳　梅　廣江祥子　（2002）中國ビジネス必携中國語ミニフレーズ（CD 付）,The Japan Times

〖03739〗林要三　（2002）ハイパー中國語 實用漢語課本〔日本語版〕CD-ROMVer. 1. 5,東方書店

〖03740〗廣岡今日子　（2002）旅の指さし會話帳37 上海中國語・上海話,情報センター出版

〖03741〗深澤春太郎　（2002）すぐに役立つビジネス中國語（CD 付）,評論社

〖03742〗武繼平編注　德澄雅彦譯　野芒朗讀　（2002）現代中國散文選（CD 付）,中國書店

〖03743〗藤本恒　岡本篤子　上林紀子　（2002）ビジネス中國語マニュアル〔改訂版〕,東方書店

〖03744〗船田秀佳　（2002）2 週間ですぐに話せる中國語（CD 付）,駿河壹出版社

〖03745〗文彬　李芳　（2002）クローズアップ中國ニュース 2002～2002,國際語學社

〚03746〛松浦勉　　（2002）かんたんラクラク診察室での中國語,東京圖書出版會/星雲社

〚03747〛松岡榮志　（2002）中國語活用語 2200, 三省堂

〚03748〛水野衛子　趙怡華　（2002）中華電影的北京語 中國·臺灣映畫で學ぶ北京語 名作·名シーン·名セリフ集, キネマ旬報社

〚03749〛三瀦正道　陳祖蓓　（2002）（2002 年度版）時事中國語の教科書, 朝日出版社

〚03750〛宮田一郎　李臨定　（2002）中國語文法演習テキスト, 光生館

〚03751〛六角恆廣　（2002）中國語教育史稿拾遺, 不二出版

〚03752〛村尾康子　（2002）アパレル業界·日中韓英 對譯ワードブック, 東京堂出版

〚03753〛MEMO ランダム　（2002）中國語ミニフレーズ（カード型 ROM 付）, 三修社

〚03754〛木林教衛　（2002）ガイド模擬試驗問題集〔中國語〕（2001 年度版）（分析解答付）, 現代中國語學院

〚03755〛木林教衛　（2002）實踐中國語作文問題集 第 3 集（模範解答付）, 現代中國語學院

〚03756〛木林教衛　（2002）通譯案内業國家試驗問題過去問題集中國語 平成 11 年～13 年（分析解答付）, 現代中國語學院

〚03757〛木林教衛　（2002）通譯案内業國家試驗問題と解答 中國語 平成 14 年度版（分析解答付）, 現代中國語學院

〚03758〛木林教衛　（2002）通譯案内業（ガイド）試驗 中國語過去問題解說 平成元年～14 年, 法學書院

〚03759〛木林教衛監修　（2002）通譯案内業（ガイド）試驗 中國語過去問題解說 平成元年～13 年, 法學書院

〚03760〛守屋宏則　（2002）ことたび中國語（CD 付）, 白水社

〖03761〗八木章好　廣麗媚　（2002）はじめての中國語ぷうとんほ
　　　　　　　あ, 朝日出版社

〖03762〗安田國子　（2002）體驗的中國語會話（CD 付）, UNICOM

〖03763〗安田正　三宅章子　朱迎偉　（2002）わずか 8 パターンで
　　　　　　　覺得る中國語入門　はじめて學ぶ日本人のた
　　　　　　　めの完全速習法（CD 付）, ジヤパンタイムズ

〖03764〗矢野光治　（2002）簡明中國語, 駿河壹出版社

〖03765〗山川英彦　（2002）上海便り, 光生館

〖03766〗山田留美子　韓衛華　伊井健一郎　（2002）中國語の花束,
　　　　　　　駿河壹出版社

〖03767〗楊凱榮　張麗群　（2002）中級テキスト　實力のつく中國
　　　　　　　語（CD 付）, 白帝社

〖03768〗楊　達　（2002）音で覺える中國語會話特訓, 同學社

〖03769〗楊天浩　杉本つかさ　（2002）あとは話す勇氣だけ！30
　　　　　　　日で覺える中國語（CD2 枚付）, 國際語學社

〖03770〗吉川雅之　（2002）廣東語初級教材　香港粵語「語彙とリ
　　　　　　　スニングⅠ」（CD2 枚付）, 白帝社

〖03771〗吉富透　（2002）覺える中國語, 駿河壹出版社

〖03772〗Language Research Association 編　小針朋子譯　（2002）
　　　　　　　すぐに使える中國語會話　スーパー•ビジユア
　　　　　　　ル（CD 付）, ユニコム

〖03773〗李大川　金丸良子　松岡正子　鈴木誠　（2002）中國語で學
　　　　　　　ぶ國民閒文化, ゆまに書房

〖03774〗劉山　李培元　（2002）（CD）　修訂新中國語（上）, 中華
　　　　　　　書店

〖03775〗劉山　李培元　（2002）（CD）　修訂新中國語（下）, 中華
　　　　　　　書店

〖03776〗渡邊晴天　徐祖瓊　（2002）はじめて習う中國語（CD 付）,
　　　　　　　白水社

2001 年

〖03777〗張恆悅　楊曉文　（2001）現代中國フォーカス會話中心中級テキスト, 郁文堂

〖03778〗陳洲擧　劉光赤　水野麗子　（2001）中國語耳留學（CD2枚付）, 隆美出版

〖03779〗浜田ゆみ　（2001）最新實用中國語會話〔入門編〕, 鳳書房

〖03780〗傅田章　（2001）中國語 I （01）, 放送大學教育振興會

〖03781〗傅田章　（2001）中國語 II （02）, 放送大學教育振興會

〖03782〗董燕　遠藤光曉　（2001）話す中國語北京編 1（CD 付）, 朝日出版社

〖03783〗董燕　遠藤光曉　（2001）話す中國語北京編 2（CD 付）, 朝日出版社

〖03784〗董燕　遠藤光曉　（2001）話す中國語北京編 3（CD 付）, 朝日出版社

〖03785〗董燕　遠藤光曉　（2001）話す中國語北京編 4（CD 付）, 朝日出版社

〖03786〗長井裕子　田邊鐵　渡邊浩司　（2001）中國語檢定對策準 2 級（CD 付）, アルク

〖03787〗中島惠　（2001）「寫真對應」トラブラないトラブル會話 廣東話——旅・香港, 三修社

〖03788〗中野達　柿市里子　胡婉如　（2001）中國語總合教本——基礎から發展まで, 東方書店

〖03789〗中野達　（2001）カラー音節表による中國語發音のすべて, 駿河臺出版社

〖03790〗名古屋外國語大學中國語學科　（2001）精選中文讀本。

〖03791〗西川優子　スタジオ・ネコマンマ　（2001）（NEWS ハンディ）ニーハオ教授の中國語レッスン（ミニ CD 付）, 三修社

〖03792〗西川和男　徐晶凝　桂小蘭　龐新平　（2001）初級テキスト 樂樂中國語（CD 付）, 白帝社

〖03793〗日中學院單語集編集スタッフ　（2001）中國語通譯案内業
　　　　　　試驗對策單語集第 4 版, 日中學院

〖03794〗野島進　　（2001）ROM 單中國語練習帳　實力養成練習問
　　　　　　題+解説, 三修社

〖03795〗野島進　　（2001）初步の中國語, 三修社

〖03796〗野島進　王宣　（2001）辭書なしで學べる中國語の最初步
　　　　　　（音聲 CD2 枚+CD-ROM 單語帳 1 枚付）, 三修社

〖03797〗馬眞　郭春貴　（2001）簡明中國語文法ポイント 100, 白
　　　　　　帝社

〖03798〗長谷川寬　金丸邦三　（2001）新わかる中國語基礎編, 三
　　　　　　省堂

〖03799〗潘潔　卞惟行　（2001）はじめての中國語, 晃洋書房

〖03800〗古川裕　（2001）チャイニーズ・プライマー　New Edition,
　　　　　　東方書店

〖03801〗古川裕　（2001）CD 版 HSK 對策 3～5 級, アルク

〖03802〗古川慧能公　（2001）仕事に使える中國語　これ一冊で基
　　　　　　本からビジネス出張まで（CD 付）, 明日香出
　　　　　　版社

〖03803〗毎日留學年鑑刊行會　（2001）毎日留學年鑑 5 中國留學,
　　　　　　毎日コミュニケーションズ

〖03804〗待場裕子　能勢良子　小野秀樹　孫暉　劉平　史建偉
　　　　　　（2001）初級から中級へ留學氣氛で中國語（CD
　　　　　　付）, 白帝社

〖03805〗三潴正道　陳祖蓓　（2001）〔2001 年度版〕時事中國語
　　　　　　の教科書 走出去吧, 朝日出版社

〖03806〗MEMO ランダム　（2001）NEW 中國語ミニフレーズ 7 パター
　　　　　　ン（ミニ CD 付）, 三修社

〖03807〗本林教衡　（2001）實踐中國語作文問題集（模範解答付）
　　　　　　〔第 1 集改訂版〕, 現代中國語學院

〖03808〗森岡文泉　森野繁夫　武井滿幹　（2001）中國的語言和文
　　　　　　化, 白帝社

〖03809〗山内智惠美　高芳　（2001）會話でスタート！樂しい中國語（CD付），同學社

〖03810〗山田眞一　（2001）500語マスター基本中國語，同學社

〖03811〗山本康宏　（2001）樂して樂しむ樂「らくらく」旅會話　廣東話，東進ブックス

〖03812〗山本康宏　（2001）今すぐ話せる廣東話單語集（CD2枚付），東進ブックス

〖03813〗山田留里子　（2001）中國語の花束，駿河臺出版社

〖03814〗吉川雅之　（2001）廣東話入門教材香港粵語〔發音〕（CD付），白帝社

〖03815〗吉松志奈子　林德勝譯　（2001）易解日語慣用句やさしい慣用句，三思堂

〖03816〗吉村敏雄　（2001）CD BOOK すこし話せると10倍たのしい中國語，明日香出版社

〖03817〗羅世蘭　（2001）ニューポケット中國語による日本語會話，金園社

〖03818〗凌雲鳳　（2001）新世紀中國語（CD付），中華書店

〖03819〗若林建志　（2001）中級講讀中國語で學ぶ生活の知恵と技法，白帝社

〖03820〗渡邊晴夫　吳鴻春　（2001）中級中文，DTP出版

〖03821〗渡邊晴夫　（2001）現代小説入門，DTP出版

〖03822〗渡邊晴夫　（2001）中文入門改訂版，DTP出版

2000 年

〖03823〗相原茂　（2000）あ、知ってる中國語——常用文ファイル50，東方書店

〖03824〗相原茂　荒川清秀　大川完三郎　杉村博文　（2000）どう違う？中國語類義語のニュアンス2，東方書店

〖03825〗相原茂　陳淑梅　（2000）語學三十六景（中國語入門），東方書店

〖03826〗赤坂智子　羅謙　（2000）氣持ちを傳える中國語表現 1700,
　　　　　實務教育出版

〖03827〗岩佐昌暲　荀春生　（2000）實力中國語（CD 付テキスト）,
　　　　　中國書店

〖03828〗于美香　于羽　（2000）ネイティブが良く使う中國語表現,
　　　　　語研

〖03829〗及川淳子　（2000）中國語をはじめよう！,ノウア

〖03830〗大内田三郎　（2000）基礎からよく分かる中國語文法參考
　　　　　書,駿河臺出版社

〖03831〗小川郁夫　（2000）チャレンジ中檢 2 級・準 2 級 第 40
　　　　　～41 回,白帝社

〖03832〗小川郁夫　（2000）中國を知るための中國語中級テキスト,
　　　　　白帝社

〖03833〗小川郁夫　（2000）中國語實習〔初級〕,白帝社

〖03834〗小川郁夫　（2000）中國語文法 完成マニュアル,白帝社

〖03835〗小澤千代子　蔣文明　表野和江　八木章好　（2000）中國
　　　　　語基礎級,慶應義塾外國語學校

〖03836〗邱質朴　平田昌司　中裕史　（2000）情景漢語,朋友書店

〖03837〗胡逸飛　（2000）時事中國語ハンドブック,實務教育出
　　　　　版

〖03838〗香坂順一改編　康玉華等著　（2000）實踐中國語會話,東
　　　　　方書店

〖03839〗輿水優　（2000）ゼロから始める中國語（CD 付）,三修
　　　　　社

〖03840〗徐送迎　（2000）樂しい中國語（Ⅰ）,駿河臺出版社

〖03841〗徐送迎　（2000）中國語教室,白帝社

〖03842〗紹文周　（2000）CD BOOK はじめての中國語,明日香出
　　　　　版社

〖03843〗杉山明　（2000）食在中國 おいしい旅行會話,東方書
　　　　　店

〖03844〗塚本慶一　花澤聖子　（2000）最新實用中國語會話, 鳳凰
　　　　　　房

〖03845〗中野久夫　（2000）中國語單語がらくらく頭に入る本, 山
　　　　　　下出版社

〖03846〗日本中國語檢定協會編　（2000）中檢 2 級、1 級問題集（2000），
　　　　　　光生館

〖03847〗日本中國語檢定協會編　（2000）中檢 3 級問題集（2000），
　　　　　　光生館

〖03848〗日本中國語檢定協會編　（2000）中檢 4 級問題集（2000），
　　　　　　光生館

〖03849〗日本中國語檢定協會編　（2000）中檢準 2 級問題集（2000），
　　　　　　光生館

〖03850〗日本中國語檢定協會編　（2000）中檢準 4 級問題集（2000），
　　　　　　光生館

〖03851〗野村邦近　（2000）はじめての中國語單語集, ナツメ社

〖03852〗ファンキー末吉　穀川典代　（2000）中國語で歌おう！
　　　　　　——カラオケで学ぶ中國語, アルク

〖03853〗八木章好　（2000）初級中國語例解アイテム 72, 朝日出版
　　　　　　社

〖03854〗矢野光治　（2000）すぐに役立つ中國語表現, 駿河臺出版
　　　　　　社

〖03855〗山内智惠美　（2000）會話でスタート！楽しい中國語, 同
　　　　　　學社

〖03856〗山田留裏子　（2000）ようこそ中國語教室へ, 駿河臺出版
　　　　　　社

〖03857〗盧益中　黃東柏　（2000）實用ビジネス中國語會話, 白帝
　　　　　　社

〖03858〗若林建志　有澤晶子　王亞新　（2000）中國語基礎文法
　　　　　　15 課, 白帝社

〖03859〗渡邊晴夫　（2000）中文入門, エーアンドエー

1999 年

〖03860〗相原茂　　（1999）中國語の学び方, 東方書店

〖03861〗相原茂　戸沼市子　石田知子　陳愛玲　（1999）はじめて
　　　　　　のTECCレッスン, 同學社

〖03862〗朝倉摩理子　（1999）驚くほど身につく中國語, 高橋書店

〖03863〗荒川清秀　（1999）美香 in China, 同學社

〖03864〗荒川清秀　許秋寒　上野由紀子　（1999）中國語スケッチ
　　　　　　15, 朝日出版社

〖03865〗荒川清秀　羅京莉　（1999）中級口語中國語北京の明子,
　　　　　　白帝社

〖03866〗市瀬智紀　程艶香　（1999）語學王中國語, 三修社

〖03867〗市瀬智紀　程艶香　（1999）中國語ヒアリングマスター,
　　　　　　三修社

〖03868〗岩佐昌暲　（1999）實力中國語, 中國書店

〖03869〗岩本真理　王占華　清原文代　（1999）現代漢語基礎III,
　　　　　　白帝社

〖03870〗上野惠司　（1999）新版例解中國語入門（CD 付）, 白帝社

〖03871〗榎本英雄　（1999）CD エクスプレス中國語, 白水社

〖03872〗王欣雨　（1999）中國語發音トレーニング, 三修社

〖03873〗王欣雨　（1999）中國語發音の基礎, 三修社

〖03874〗小川郁夫　（1999）中國語ファースト・ステップ, 白帝社

〖03875〗小川泰生　張健　富永一登　（1999）中國語實用手紙の書
　　　　　　き方, 白帝社

〖03876〗小川利康　王延偉　（1999）CD 付カタコトの中國語がら
　　　　　　くらく話せる本, 中經出版

〖03877〗小倉憲二　林博明　（1999）CD 付今すぐ話せる中國語〔入
　　　　　　門編〕, 東進ブックス

〖03878〗菊池隆雄　村山敬三　六谷明美　（1999）基礎から解釋へ
　　　　　　──漢文必携, 桐原書店

〖03879〗金若靜　（1999）3 日でおぼえる中國語, 學生社

〖03880〗黑坂滿輝　楊曉安　（1999）ビッグバン中國語, 同學社

〖03881〗邢鑑生　　（1999）すぐに役に立つ（例文中心）中國語手
紙實例集,駿河臺出版社

〖03882〗顧春芳　神林裕子　邢明月　（1999）CD 付言い換え練習
による中國語入門,白帝社

〖03883〗顧春芳　邢明月　（1999）會話と文章で学ぶ中級中國語,
白帝社

〖03884〗胡山林　周龍梅　（1999）明快漢語會話,中國書店

〖03885〗香坂順一　康玉華　王德珮　（1999）實踐中國語會話〔新
装版〕CD 付,東方書店

〖03886〗興水優　　（1999）メモ式中國語早わかり,三修社

〖03887〗是永駿　陳薇　（1999）中國語入門,郁文堂

〖03888〗佐佐木勳人　原口庄輔　原口友子　（1999）ダイナミック
中國語會話初級編文法ガイド＋ワークブック,
洋販出版

〖03889〗讚井唯允　朱繼征　（1999）こうすれば話せる CD 中國語,
朝日出版社

〖03890〗重松淳　砂岡和子　關根謙　（1999）TECC 方式で学ぶレ
ベルアップ中國,朝日出版社

〖03891〗渉谷裕子　孟若燕　（1999）キャンパス的中國語,同學社

〖03892〗朱全安　　（1999）實力養成中國語,白帝社

〖03893〗中國國際放送局日本語部編　（1999）ゆうゆう北京こちら
北京放送です,東方書店

〖03894〗紹文周　　（1999）しっかり学ぶ中國語——文法と練習問
題,べレ出版

〖03895〗沈躍　小倉憲二　（1999）今すぐ話せる中國語〔應用編〕,
東進ブックス

〖03896〗新谷秀明　荀春生　（1999）中國語の廣場,中國書店

〖03897〗鈴木義昭　王延偉　（1999）CD 付中國語が面白いほど身
につく本,中經出版

〖03898〗砂岡和子　趙軍　（1999）語ろう中國はてな物語（フロン
ティア）,白帝社

〖03899〗砂岡和子　趙軍　（1999）語ろう中國はてな物語（クラシック）, 白帝社

〖03900〗田中則明　（1999）誰でも書ける！中國語, チャイナワーク

〖03901〗張一帆　榎本英雄　（1999）中國語作文傳授, 日中通信社

〖03902〗張乃方　（1999）中國語實習コース, 白水社

〖03903〗張黎　佐藤晴彥　（1999）中國語表現文法, 東方書店

〖03904〗張建　（1999）中國文化漫談, 白帝社

〖03905〗陳卓敏　（1999）21 世紀日常中國語會話, 柏伸出版

〖03906〗翟新華　史美俊　陳真　（1999）ミンミン 父との旅路, NHK出版

〖03907〗傅田章　吳念聖　（1999）現代中國語基礎〔改訂編〕, 内山書店

〖03908〗董燕　遠藤光曉　（1999）中國語プロムナード, 好文出版

〖03909〗鄭紅　（1999）注音注解中國語郁達夫『沉淪』, 人と文化社

〖03910〗董燕　遠藤光曉　（1999）我是貓 2, 白帝社

〖03911〗東海大學外國語教育センター　（1999）キャンパス中國語, 白帝社

〖03912〗東方通信社　（1999）北京放送やさしいビジネス中國語, 東洋經濟新報社

〖03913〗内藤正子　（1999）1 からはじめる中國語練習, 白水社

〖03914〗中山時子　飯泉彰裕　（1999）中國語作文のための短文練習, 東方書店

〖03915〗南雲智　（1999）じっくり讀もう中國, 光生舘

〖03916〗西川優子　（1999）ニーハオ教授の中國語レッスン, 三修社

〖03917〗日本國際貿易促進協會　（1999）組立式・日中ビジネス文例辭典〔貿易編〕, 日本國際貿易促進協會ビジネス中國語研究會

〖03918〗日本中國語檢定協會　（1999）中檢2級・1級問題集,光
　　　　　　生舘

〖03919〗日本中國語檢定協會　（1999）中檢準2級問題集（CD付）,
　　　　　　光生舘

〖03920〗日本中國語檢定協會　（1999）中檢3級問題集（CD付）,
　　　　　　光生舘

〖03921〗日本中國語檢定協會　（1999）中檢4級問題集（CD付）,
　　　　　　光生舘

〖03922〗野澤俊敬　（1999）CD付中國語レッスンABC,白帝社

〖03923〗野島進　王宣　（1999）辭書なしで学べる中國語の最初歩,
　　　　　　三修社

〖03924〗堀黎美　陳月吾　山崎淑子　（1999）こんな時には,晃洋
　　　　　　書房

〖03925〗牧田英二　楊立明　（1999）新編・例文中心初級中國語,
　　　　　　同學社

〖03926〗舛谷銳　小早川真理子　（1999）日本の文化を中國語で紹
　　　　　　介する本,中經出版

〖03927〗マルチリンがル編集部　（1999）中國語イキイキ表現〔初
　　　　　　級〕,アルク

〖03928〗Memoランダム　（1999）中國語ミニフレーズ7パターン,
　　　　　　三修社

〖03929〗守屋宏則　柴森　（1999）聞く・話すフォーアップ初級
　　　　　　中國語,同學社

〖03930〗八木章好　（1999）漢語趣話,白帝社

〖03931〗山田留里子　（1999）ようこそ中國語教室へ―英語も楽し
　　　　　　めます,駿河臺出版社

〖03932〗山田真一　（1999）基本語で学ぶ中國語初級,同學社

〖03933〗楊凱榮　（1999）初級會話テキスト表現する中國語（CD
　　　　　　付）,白帝社

〖03934〗李哲權　朴文緒　（1999）ユーモア中國語,白帝社

〖03935〗梁春香　肖廣　（1999）カナ發音・ピンイン付き中國語常用實用會話集,南雲堂フエニックス

〖03936〗梁春香　（1999）やさしい初歩の中國語,南雲堂

〖03937〗魯啓華　卞惟行　（1999）中國語第一步,晃洋書房

〖03938〗六角恆廣　（1999）漢語師家傳——中國語教育の先人たち,東方書店

〖03939〗渡邊晴夫　楊幸雄　高村麻美　（1999）フレッシュ中國語,白水社

1998 年

〖03940〗相原茂　（1998）中國語へのパスポート（CD付）,朝日出版社

〖03941〗相原茂　（1998）中國語速修15日,創拓社出版

〖03942〗相原茂　梁月軍　陳浩　（1998）ニーハオ、美知子！,郁文堂

〖03943〗アグネス・チヤン　（1998）とつさのひとこと中國語：アグネスが教えるおもしろいほど通じるフレーズ集,ｋｋロングセララーズ

〖03944〗朝倉摩理子　（1998）CDではじめるやさしい中國語會話入門,池田書店

〖03945〗朝日中國文化學院編　松岡榮志　李玉敬　（1998）中國語基本語3000,三省堂

〖03946〗荒川清秀　（1998）美香 in China,同學社

〖03947〗荒川清秀　許秋寒　上野由紀子　（1998）中國語スケッチ15,朝日出版社

〖03948〗荒川清秀　（1998）中國語文法システム15,同學社

〖03949〗荒川清秀　（1998）中國語ステップバイステップ,白水社

〖03950〗市瀬智紀　（1998）語學王・中國語,三修社

〖03951〗今富正巳　（1998）しくみで考える中國語讀解教室,白水社

〖03952〗岩本眞理　王占華　清原文代　（1998）現代漢語基礎Ⅰ,
　　　　　白帝社

〖03953〗于克勤　（1998）中級中國語·實用會話,文理閣

〖03954〗植田均　（1998）CD付き中國滯在實踐會話〔初級編〕,
　　　　　晃洋書房

〖03955〗内田慶市　（1998）新校·アラカルト中國語,同學社

〖03956〗榎本英雄　（1998）できる中國語,同學社

〖03957〗榎本英雄　王京蒂　（1998）中國語で話しましょう,朝日
　　　　　出版社

〖03958〗閻紅生　（1998）最新中國小故事選集,光生館

〖03959〗王少鋒　（1998）中國語の新しい勉強法,明石書店

〖03960〗小倉憲二　（1998）今すぐ話せる中國語〔入門編〕,ナガ
　　　　　セ

〖03961〗祁　放　（1998）CD付きはじめての中國語會話,新星出
　　　　　版社

〖03962〗角田寶　加藤晴子　（1998）日本語>中國語對照生活會話
　　　　　ノート,三修社

〖03963〗兒野道子　（1998）現代中國語展望薹,三修社

〖03964〗川口榮一　（1998）CD付き中國語運用能力檢定試驗·基
　　　　　礎模擬問題集1,KJA 國際情報アカデミー

〖03965〗川口榮一　劉繭英　（1998）ガイド中國語,KJA 國際情報
　　　　　アカデミー

〖03966〗漢語教材研究會　（1998）テスト方式中國語ワードチェッ
　　　　　ク3000,白帝社

〖03967〗木村英樹　（1998）中國語Ⅳ,放送大學教育振興會

〖03968〗邱奎福　（1998）中國語常用基本單語3233：ローマ字
　　　　　·カナ發音·ピンイン付き,南雲堂フェニッ
　　　　　クス

〖03969〗邱奎福　（1998）中國語手紙の文例集,アルク

〖03970〗姜波　鄭正浩　加治敏之　（1998）大學生のための中國
　　　　　語：初級テキスト,白帝社

〖03971〗姜明寶主編　佐々木勲人　原口庄輔　原口友子譯
　　　　　　（1998）ダイナミツグ中國語會話・初級編,
　　　　　洋販出版

〖03972〗胡振剛　俞稔生　（1998）中國語文法まちがいテエツク,
　　　　　白帝社

〖03973〗康玉華　王德珮　（1998）基礎中國語會話,東方書店

〖03974〗香坂順一　（1998）日本語から中國語へ: 作文問題解答付,
　　　　　光生館

〖03975〗興水優　　（1998）ハンデイ：メモ式中國語早わかり,三
　　　　　修社

〖03976〗興水優　李繼禹　（1998）役に立つ中國語會話,三修社

〖03977〗蔡汝浩　鈴木基子　施小燁　丁鋒　長井真友子　白根理
　　　　　惠　（1998）ドリルで學ぶ中國語Ⅰ,白帝社

〖03978〗蔡汝浩　鈴木基子　施小燁　丁鋒　長井真友子　白根理
　　　　　惠　鈴木秀美　梅澤和幸　（1998）ドリルで
　　　　　學ぶ中國語Ⅱ,白帝社

〖03979〗施光亨　王紹新　（1998）キイ・フテーズで學ぶ新聞中
　　　　　國語,東方書店

〖03980〗鈴木基子　（1998）教育活動報告中國における短期留學と
　　　　　長期留學について,日本大學經濟學部

〖03981〗鈴木義昭　（1998）はじめて學ぶ中國人と日本人のための
　　　　　會話ハンドブツク,駿河臺出版社

〖03982〗セイコーアイ・メデイアサービス企畫・製作　（1998）
　　　　　やさしい中國語入門,語研

〖03983〗關根謙　橋本永貢子　（1998）中國語15分ドリル,同學社

〖03984〗戰慶勝　（1998）中國語プラクテイス,大學教育出版

〖03985〗高木百合子　（1998）基本からよくわかる中國語・中級
　　　　　レベルをめざして,語研

〖03986〗竹島金吾　（1998）中文課本・基礎編,金星堂

〖03987〗橘弘昌　（1998）中國語パズル集・遊んで了解,木耳社

〖03988〗田中道代　（1998）中國語で言ってみたい「この一言」，語研

〖03989〗谷峰夫　（1998）中國語·更なる一歩のために，晃洋書房

〖03990〗谷峰夫　（1998）中國語四字成語ドリル，晃洋書房

〖03991〗張偉雄　黄麗華　邵迎建　（1998）活用中國語：會話と短文で學ぶ初級テキスト，白帝社

〖03992〗張　歌　（1998）サルにもわかるCDライブ中國語，ジャパン·ミックス

〖03993〗陳眞　李明　（1998）生き生き中國語，同學社

〖03994〗陳文芷　（1998）積木式中國語，東方書店

〖03995〗陳如　劉立新　劉虹　（1998）いきいき中國語(上)·(下)，中華書店

〖03996〗地藏堂貞二　閻紅生　（1998）はじめまして中國語，光生館

〖03997〗地藏堂貞二　閻紅生　（1998）最新中國小故事選集·中國語中級テキスト，光生館

〖03998〗陳洪傑　（1998）現代漢語二十課，白帝社

〖03999〗東方書店〔簡明實用漢語課本〕編集部　（1998）簡明實用漢語課本，東方書店

〖04000〗富坂聰　（1998）ＣＤ付き中國語大人の會話集，ナツメ社

〖04001〗富爾良　（1998）中國語快速完成1ラクラク！〔入門編〕發音·基本表現，創育

〖04002〗富爾良　（1998）中國語快速完成3チャレンジ！〔會話編〕基本會話，創育

〖04003〗富爾良　（1998）中國語快速完成3スイスイ！〔初級編〕ことばのきまり，創育

〖04004〗西川優子　スタジオ·ネコマンマ　（1998）ハンディ：ニィハオ教授の中國語レッスン，三修社

〖04005〗西川優子　（1998）チャイニーズランド，三修社

〖04006〗西村政人　山内啓介　鈴木基子　（1998）CD ブック北京
話生活場面事典, 三修社

〖04007〗日中學院　（1998）中國語通譯案內業試驗對策單語集, 日
中學院

〖04008〗日本中國語檢定協會　（1998）第 33 回中國語檢定試驗問
題集 1997 年度秋季, 光生館

〖04009〗日本中國語檢定協會　（1998）第 34 回中國語檢定試驗問
題集：準 4 級から準 2 級, 光生館

〖04010〗日本中國語檢定協會　（1998）第 35 回中國語檢定試驗問
題集, 光生館

〖04011〗野島進　王宣　（1998）辭書なしで中國語學べる中國語の
最初步, 三修社

〖04012〗野村邦近　（1998）CD 付き中國語檢定 3 級 98 年版, ナツ
メ社

〖04013〗馬眞　伊井健一郎　山田留里子　（1998）北京留學——1
ランク上の中國語會話, 光生館

〖04014〗橋本南都子　李素楨　（1998）速修中國語の發音マンツー
マン, 白水社

〖04015〗八角高茂　李平　（1998）中國語ビジネスレター實例集：
見積書・契約書から禮狀・祝い狀まで完全網
羅, 語研

〖04016〗彭浩　楊昭　（1998）オールランド中國語, 風響社

〖04017〗方如偉　（1998）中國語 10 課, 白水社

〖04018〗鱒澤彰夫　劉力　（1998）超カンタン使える中國語會
話, LYU 工房

〖04019〗松本惠以子　（1998）中國語/廣東語の國會話集：中華人
民共和國、香港、臺灣：中國語/廣東語を使っ
て旅行される方へ, 日地出版

〖04020〗宮本一郎　（1998）日常會話のエッセンス, 桂書房

〖04021〗村田裕子　田邊鐵　渡邊浩司　（1998）中國語檢定對策準
2 級, アルク

〖04022〗MEMO ランダム　（1998）中國語ミニフレーズ 7 パターン,
　　　　　　三修社

〖04023〗矢野光治　（1998）中國語基本ワードバンク,駿河臺出版

〖04024〗山下輝彦　（1998）覺えてみよう中國語：必修ボキヤブラ
　　　　　　リー：入門中國語の基本的語彙力をつけたい
　　　　　　人に,アスク

〖04025〗山下輝彦　（1998）學えてみよう中國語：文法トレーニン
　　　　　　グ：入門文法の初歩から確實に學習したい人
　　　　　　に,アスク

〖04026〗山下輝彦　（1998）聞いてみよう中國語：實踐リスニング：
　　　　　　入門中國語のリスニングを伸ばしたい人に,
　　　　　　アスク

〖04027〗山下輝彦　（1998）中國語でコミユニケーション：中國語
　　　　　　初級テキスト：ことばのしくみから易しい會
　　　　　　話へ,金星堂

〖04028〗呂小燕　言語情報研究所　（1998）暮らしの單語集：中國
　　　　　　語,ナツメ社

〖04029〗楊光俊　王聰　河野愛子　（1998）中國語の文法と使い方
　　　　　　55,三修社

〖04030〗李凌燕　（1998）聽いて話すための中國語基本單語プラス
　　　　　　2000,語研

〖04031〗李凌燕著　入交みず　（1998）中國の小學生はどう中國語
　　　　　　を覺えるか,はまの出版

〖04032〗劉曉民　まどか清之　（1998）ビジネスマンが作つた中國
　　　　　　語會話に困らない本,日本實業出版社

〖04033〗林曉光　葛慧芬　（1998）傳統と新しい中國人·日本人
　　　　　　との比較：中國語中級讀解テキスト,白帝社

〖04034〗六角恆廣　（1998）中國語教本類集成第 10 集第 1 卷,不二
　　　　　　出版

〖04035〗六角恆廣　（1998）中國語教本類集成第 10 集第 2 卷,不二
　　　　　　出版

〖04036〗六角恆廣　（1998）中國語教本類集成第 10 集第 3 卷,不二
　　　　　　　　出版

〖04037〗六角恆廣　（1998）中國語教本類集成補集〔江戶時代唐話
　　　　　　　　篇〕第 1 卷,不二出版

〖04038〗六角恆廣　（1998）中國語教本類集成補集〔江戶時代唐話
　　　　　　　　篇〕第 2 卷,不二出版

〖04039〗六角恆廣　（1998）中國語教本類集成補集〔江戶時代唐話
　　　　　　　　篇〕第 3 卷,不二出版

〖04040〗六角恆廣　（1998）中國語教本類集成補集〔江戶時代唐話
　　　　　　　　篇〕第 4 卷,不二出版

〖04041〗六角恆廣　（1998）中國語教本類集成補集〔江戶時代唐話
　　　　　　　　篇〕第 5 卷,不二出版

〖04042〗六角恆廣　（1998）中國語教本類集成補集〔江戶時代唐話
　　　　　　　　篇〕,不二出版

〖04043〗六角恆廣　（1998）中國語學習餘聞,同學社

1997 年

〖04044〗相原茂　（1997）中國掌の小説選——アンソロジイ,東方
　　　　　　　　書店

〖04045〗秋月久美子　郭雅坤　（1997）短い中國語表現——すぐ使
　　　　　　　　える！（カセット版）,実務教育出版

〖04046〗淺井惠子　山本珠美　（1997）旅行中國語ハンディーブッ
　　　　　　　　ク——手續き&安心情報付き,西東社

〖04047〗淺井惠子　山本珠美　（1997）CD で覚える楽しい中國語
　　　　　　　　會話入門,西東社

〖04048〗朝倉摩理子　（1997）中國語旅行會話ハンドブック,池田
　　　　　　　　書店

〖04049〗アスペクト編集部　（1997）三國志中國語入門——ドラマ
　　　　　　　　『三國演義』より,アスペクト

〖04050〗鱒澤彰夫　劉力　（1997）超カンタン使える中國語會話新
　　　　　　　　訂版,LYU 工房

〖04051〗荒川清秀　（1997）NHK ラジオ中國語講座テキスト〔應用編〕4 月～7 月, 日本放送出版協會

〖04052〗荒川清秀　（1997）中國語システム 15, 同學社

〖04053〗池上貞子　于振領　（1997）初級中國語——花ばな, 朝日出版社

〖04054〗市瀨智紀　程艷春　（1997）（語學王）中國語, 三修社

〖04055〗尹景春　竹島毅　（1997）中國語はじめの一歩, 白水社

〖04056〗植田均　（1997）當代中國語會話〔初級編〕, 晃洋書房

〖04057〗上野惠司　魯曉琨　（1997）楽しい中國語——朋子北京留學, 郁文堂

〖04058〗于克勤　（1997）はじめての中國語——中國語基礎, 昭和堂

〖04059〗閻紅生　地藏堂貞二　（1997）最新中國小故事選集, 光生館

〖04060〗汪輝驊　唐唯　（1997）中國語ビギニング, 三修社

〖04061〗王欣雨　山本健一　（1997）ユーモアで學ぶ中國語, 三修社

〖04062〗岡部謙治　孔令敬　（1997）中國語トレーニング&トレーニング——文型中心·基礎力充實, 白帝社

〖04063〗郭春貴　（1997）初級中國語——一步一步簡單實用, 東方書店

〖04064〗川口榮一　李力　（1997）模擬問題集 1 初級·中級, KJA 出版

〖04065〗神崎多實子　待場裕子　（1997）中國語通譯トレーニング講座——逐次通譯から同時通譯まで, 東方書店

〖04066〗菊田正信　黃麗華　（1997）中國語ステップ 40, 大修館書店

〖04067〗黑坂滿輝　村上公一　楊曉安　（1997）コミュニケーション中國語——會話と表現 Ⅰ：基礎編, 同學社

〖04068〗黑坂滿輝　村上公一　楊曉安　（1997）コミュニケーション中國語——會話と表現 Ⅱ：基礎編, 同學社

〖04069〗邢志強　　　（1997）覺えやすい中國語會話, 早美出版社

〖04070〗吳浜　是永駿　（1997）重疊影像: ダブル・イメージ（中國現代小説系列）, 東方書店

〖04071〗蔡汝浩　鈴木基子　施小煒　長井真友子　白根理惠　（1997）ピンインで學ぶ初級中國語Ⅰ・Ⅱ, 白帝社

〖04072〗蔡汝浩　鈴木基子　施小煒　丁鋒　長井真友子　白根理惠　（1997）ドリルで學ぶ中國語〔1997年版〕, 白帝社

〖04073〗蔡汝浩　鈴木基子　施小煒　長井真友子　白根理惠　鈴木秀美　（1997）中國語Ⅳ〔1997年版〕, 白帝社

〖04074〗西條正　　　（1997）中國語溫故知新, 三修社

〖04075〗相良逸欣　　（1997）ビジネス中國語入門編, 國書刊行會

〖04076〗佐藤晴彦　王占華　（1997）中國語中級會話テキスト——通譯入門, 白帝社

〖04077〗志村規矩夫　中野謙二　（1997）新現代を讀む時事中國語, 國際語學社

〖04078〗紹文周　　　（1997）はじめての中國語發音, 明日香出版社

〖04079〗沈國威　中川正之　（1997）ブラッシュアップ中國語——初級から中級へ, 朝日出版社

〖04080〗蘇童　古川裕　（1997）離婚指南: 別れのてびき（中國現代小説系列）, 東方書店

〖04081〗千島英一　小倉エージ　（1997）NHK初めての香港旅行會話——廣東話を話そう！, 日本放送出版協會

〖04082〗地藏堂貞二　闇紅生　（1997）はじめまして中國語, 光生館

〖04083〗中國語コミュニケーション協會　（1997）中國語コミュニケーション能力檢定のすべて〔本編〕, ベネッセコーポレーション

〖04084〗中國語コミュニケーション協會　（1997）中國語コミュニケーション能力檢定對應 TECC 實戰模試, ベネッセコーポレーション

〖04085〗張曉衛　（1997）修學旅行のためのサポート中國語, 同學社

〖04086〗趙暘　（1997）ちょうようの實用中國語, 光琳社出版

〖04087〗張黎　佐藤晴彥　内田慶市　（1997）中國語表現のポイント 99, 好文出版

〖04088〗丁秀山　坂井田ひとみ　（1997）實用中心のやさしい入門中國語——大學中國語初級テキスト, 金星堂

〖04089〗傳田章　（1997）中國語ⅠⅡ〔改訂版新版〕, 放送大學教育振興會

〖04090〗東鄉實著　王振鎖譯審　滑本忠譯　（1997）日中對譯ビジネス文書文例事典＝商務信函實例事典, 梧桐書院

〖04091〗長島猛人　（1997）漢字・漢字のすすめ（3）, 漢文教育學會（研文社）

〖04092〗中山時子　佐藤光　趙間先　（1997）中國語表現 300 例——日本人の發想・中國人の發想, 東方書店

〖04093〗日本中國語檢定協會　（1997）合本中檢問題集（準 4 級・4 級・3 級）, 光生館

〖04094〗日本中國語檢定協會　（1997）合本中檢問題集ヒアリング・テープ 3 級第 28 回～第 31 回, 光生館

〖04095〗日本中國語檢定協會　（1997）中國語檢定試驗 3 級への挑戰——實踐模擬試驗問題集, 光生館

〖04096〗原瀨隆司　（1997）初學漢語, 光生館

〖04097〗畢淑敏　杉村博文編注　（1997）一厘米：1 センチ（中國現代小説系列）, 東方書店

〖04098〗方如偉　王智新　鐙屋一　（1997）中國語入門, 白水社

〖04099〗馬健全　吉澤彌生　（1997）ひとことコミュニケーション廣東話香港便利店, 東方書店

〖04100〗松本洋子　（1997）病院で困らないための中國語：會話編（日中對譯）&用語編（日中英中日英對照），サンセール

〖04101〗三野昭一　（1997）文法中心中國語への挑戰,白帝社

〖04102〗三野昭一　高橋良行　吳念聖　羅奇祥　（1997）文法と表現實用中國語八百句,同學社

〖04103〗村上公一　黑坂滿輝　楊曉安　（1997）スリーステップ中國語——語法と表現 1 基礎編,同學社

〖04104〗室田岳東　（1997）漢詩の吟詩は中國語で——日中永遠の友好を夢見て（上下）,近代文藝社

〖04105〗MEMO ランダム　（1997）中國語ミニフレーズ 7 パターン——機内で覺えて現地で使える,三修社

〖04106〗山下輝彦　（1997）はじめての中國語,郁文堂

〖04107〗山下輝彦　（1997）入門始めてみよう中國語：「基礎マスター」：全くはじめて中國語を勉強する人のために,アルク

〖04108〗山下輝彦　（1997）入門話してみよう中國語：初心者でもすぐに中國語で會話したい人に,アルク

〖04109〗山下輝彦　（1997）入門讀んでみよう中國語：「實用リーディング」：初心者でもすぐに中國語が讀めるようになりたい人に,アルク

〖04110〗葉千榮　（1997）中國語らくらく講座,日本事業出版社

〖04111〗余華　大河內康憲編注　（1997）活着：ある農夫の一生（中國現代小説系列）,東方書店

〖04112〗横山信子　（1997）見て・きいて・わかる圖解中國語會話〔入門編・上級編〕,洋販出版

〖04113〗羅奇祥　（1997）中國一期——中國語初級,三修社

〖04114〗李青　文楚雄　（1997）樂しい中國語會話——中級テキスト,晃洋書房

〖04115〗李培元　任遠　（1997）スタンダード中國語（上下）,中華書店

〖04116〗林柳煙　　（1997）霜紅——中國語會話：中級, 晃洋書房
〖04117〗渡邊晴夫　劉靜　（1997）中國の短い小説, 朝日出版社

1996 年

〖04118〗相原茂　　（1996）中國語學習ハンドブック〔改訂版〕,
　　　　　　大修館
〖04119〗秋月久美子　（1996）短い中國語表現 1730, 實務教育出版
　　　　　　社
〖04120〗淺井惠子　（1996）やさしい中國語會話入門, 西東社
〖04121〗朝倉眞理子　（1996）そのまま使える中國語會話, 南雲堂
〖04122〗荒川清秀　（1996）中國語ステップ・バイ・ステップ, 白水
　　　　　　社
〖04123〗井芹貞夫　（1996）模範中國語會話, 木耳社
〖04124〗市瀬智起　（1996）語學王・中國語, 三修社
〖04125〗裏千家國際局　（1996）茶の湯六か國語會話, 淡行社
〖04126〗崗部謙治　（1996）ブラッシユ・アップ　チヤイニーズ—
　　　　　　発音・會話・ヒアリング, 白帝社
〖04127〗小川郁夫　（1996）カタカナで學ぶ中國語一週間, 白帝社
〖04128〗小川郁夫　路玉昌　李志華　（1996）はじめよう初級中
　　　　　　國語, 白帝社
〖04129〗小川郁夫　路玉昌　李志華　（1996）がんばろう中級中
　　　　　　國語, 白帝社
〖04130〗木村英樹　（1996）中國語はじめの一歩「ちくま新書」,
　　　　　　筑摩書房
〖04131〗許德南, 興水優　（1996）中國語スピーチ・あいさつ, 東方
　　　　　　書店
〖04132〗興水優　　（1996）ビジネスマンの中國語會話, 三修社
〖04133〗興水優　　（1996）中國滞在・中國旅行役に立つ中國會話,
　　　　　　三修社

〖04134〗蔡汝浩　鈴木基子　施小煒　長井真友子　白根理恵
　　　　　　（1996）ピンインで學ぶ初級中國語（1996年
　　　　　　版）, 白帝社

〖04135〗三野昭一　（1996）よくわかる中國語入門, 同學社

〖04136〗徐　曼　　（1996）中國語中級テキスト跟我學, 國際語學
　　　　　　社

〖04137〗城谷武男　谷内哲治　（1996）中國語鑑定對策（四級•準
　　　　　　四級）, アルク

〖04138〗沈潔　失田博士　松井一夫　小山三郎　（1996）沈潔と學
　　　　　　ぶ〈朗讀〉中國語, 晃洋書房

〖04139〗沈　潔　　　（1996）カセットテープ沈潔と學ぶ〈朗讀〉
　　　　　　中國語, 晃洋書房

〖04140〗趙軍　砂岡和子　（1996）亮太の冒険, 白帝社

〖04141〗田中聰子　（1996）新訂中國語文通ガイド, 木耳社

〖04142〗陳凱歌　水野衛子　（1996）中華電影的中國語さらば、わ
　　　　　　が『霸王別姫』愛中國語•日本語對譯シナリオ
　　　　　　集, キネマ旬報

〖04143〗鄭麗蕓　　（1996）キャンパス中國語會話, 駿河台出版社

〖04144〗中川正之　（1996）はじめての人の中國語「はじめての人
　　　　　　シリーズ」, くろしお出版

〖04145〗長島猛人　（1996）漢字•漢文のすすめ（1）, 漢文教育學
　　　　　　會（研文社）

〖04146〗長島猛人　（1996）漢字•漢文のすすめ（2）, 漢文教育學
　　　　　　會（研文社）

〖04147〗日本中國語檢定協會　（1996）第29回（1995年秋季）中
　　　　　　國語檢定試驗問題集, 光生館

〖04148〗日本中國語檢定協會　（1996）中國語檢定試驗4級への挑
　　　　　　戦ヒアリング•テープ, 光生館

〖04149〗日本中國語檢定協會　（1996）中國語檢定試驗4級への挑
　　　　　　戦——実践模擬試驗問題集, 光生館

〖04150〗日本中國語檢定協會　（1996）第 30 回（1996 年度春季）中國語檢定試驗問題集, 光生館

〖04151〗日本中國語檢定協會　（1996）第 30 回中國語檢定試驗ヒアリング（2 級·準 2 級）, 光生館

〖04152〗日本中國語檢定協會　（1996）第 30 回中國語檢定試驗ヒアリング（3 級·4 級·準 4 級）, 光生館

〖04153〗日本中國語檢定協會　（1996）めざせ中檢合格！3 級中國語檢定模擬試驗問題集, 光生館

〖04154〗日本中國語檢定協會　（1996）ガイド（通譯案内業）試驗 3 ヵ國語年度別問題集（平成元年～7 年）, 法學書院

〖04155〗長谷川良一　（1996）中國語入門ヒヤリング·テスト, 東方書店

〖04156〗藤井省三　（1996）中國映画を讀む本, 朝日新聞社

〖04157〗北京放送局日本語部　（1996）中國語入門講座北京からニイホオーこちら北京放送局です, 東方書店

〖04158〗堀黎美　魯啓華　山崎淑子　（1996）中文Ⅰ, 晃洋書房

〖04159〗堀黎美　魯啓華　山崎淑子　（1996）中文Ⅱ, 晃洋書房

〖04160〗堀黎美　魯啓華　山崎淑子　（1996）中文Ⅲ, 晃洋書房

〖04161〗馬鳳如　李雪雲　（1996）中國語演習, 白帝社

〖04162〗山岡榮志　（1996）やさしい中國語入門, 語研

〖04163〗村田裕子　渡邊浩司　（1996）中國語檢定對策三級, アルク

〖04164〗MEMO ランダム　（1996）7 パターン中國語旅行會話, 三修社

〖04165〗李淩燕著　納村公子編　（1996）中國の子供はどう中國語を覚えるか, はまの出版

1995 年

〖04166〗相原茂　（1995）イラストで覺える中國語速修 15 日, 創拓社

〖04167〗相原茂　玄宜青　（1995）リピート中國語, 朝日出版社

〖04168〗相原茂　楊凱榮　張麗群　（1995）ドリル式中國語テキス
ト 2：日本と中國, くろしお出版

〖04169〗阿部悟　張篠平　（1995）基礎からわかる初級中國語, 藝
林書房

〖04170〗荒川清秀　（1995）中級中國語會話・作文テキスト, 光生
館

〖04171〗荒川清秀　上野由紀子　勒衛衛　（1995）中國語のエッセ
ンス, 同學社

〖04172〗荒屋勸　尹景春　岡部謙治　（1995）中國語ネットワーク,
朝日出版社

〖04173〗荒屋勸監修　（1995）語學教育研究所中國語部會資料集
1, 大東文化大學

〖04174〗岩佐昌暲　梁愛蘭　（1995）よくわかる中國語初級, 光生
館

〖04175〗岩佐昌暲　笠征　海澤州　（1995）中國語初級テキスト起
飛, 中國書店

〖04176〗上野惠司　（1995）NHK 新中國語入門　中文基礎, 日本放送
出版協會

〖04177〗牛島德次　（1995）老舍　『駱駝祥子』註釋, 同學社

〖04178〗榎本英雄　王京蒂　陳祖蓓　（1995）アクセス中國, 朝日
出版社

〖04179〗王曙光　（1995）中文新編〔時事編〕, 白帝社

〖04180〗大川完三郎　（1995）樂しく學ぶ中國笑話選, 日本放送出
版協會

〖04181〗小川郁夫　（1995）中國語實習——基礎, 白帝社

〖04182〗蔡海云　（1995）大學中文讀本, 白帝社

〖04183〗木村英樹　小野秀樹　（1995）北京の風, 白帝社

〖04184〗邢鑑生　（1995）すぐに役に立つ中國語實用手紙文, 駿
河台出版社

〖04185〗輿水優　（1995）初級コース中國語, 白水社

〖04186〗志村規矩夫　中野謙二　（1995）現代を讀む時事中國語,
　　　　　　國際語學社

〖04187〗車　麗　　　（1995）最新中國語あれこれ, 白水社

〖04188〗紹文周　　　（1995）はじめての中國語, 明日香出版社

〖04189〗沈潔　橋本永貢子　小山三郎　（1995）〔羅針盤〕中國語,
　　　　　　同學社

〖04190〗鈴木達也　鈴木基子　吳志剛　（1995）わかりやすい初級
　　　　　　中國語文法, 駿河台出版社

〖04191〗張亞軍　林芳　（1995）中·日·英對照實用中國語會話,
　　　　　　白水社

〖04192〗張淑英　　　（1995）ゆっくり學ぼう慢慢學習, 好文出版

〖04193〗趙慧欣　　　（1995）大學生實用中國語, 白帝社

〖04194〗張繼濱　　　（1995）ベーシック·チャイニーズ, 白帝社

〖04195〗張聰仁　　　（1995）實用中國語入門すぐに使える例文 280,
　　　　　　國際語學社

〖04196〗張娜麗　　　（1995）新しい中國語〔應用編〕, 駿河台出版
　　　　　　社

〖04197〗塚本慶一　　（1995）實踐ビジネス中國語會話, 白水社

〖04198〗丁秀山　坂井田ひとみ　（1995）生活の中の基礎會話, 金
　　　　　　星堂

〖04199〗寺井泰明　廖伊莊　利波雄一　（1995）資格獲得初級中國
　　　　　　語〔文法編〕, 同學社

〖04200〗寺井泰明　廖伊莊　利波雄一　（1995）資格獲得初級中國
　　　　　　語〔會話編〕, 同學社

〖04201〗西川優子　　（1995）ニーホォ教授の中國語レッスン, 三修
　　　　　　社

〖04202〗西川優子　　（1995）中國語フォーシーズンズ, 朝日出版社

〖04203〗長谷川良一　（1995）中國語入門教授法, 東方書店

〖04204〗林修三　　　（1995）三文字式はじめての中國語會話, 日本實
　　　　　　業出版社

〖04205〗平井和子　顧國正　（1995）中國語の世界, 白帝社

〖04206〗馬眞　伊井健一郎　山田留里子　（1995）馬老師と學ぶ中國語, 駿河台出版社

〖04207〗三瀦正道　（1995）すぐ使える中國語必需會話 777, 朝日出版社

〖04208〗森野繁夫　（1995）中國故事選, 白帝社

〖04209〗八木章好　（1995）悠悠中國語——ヒアリングの泉, 同學社

〖04210〗矢嶋美都子　楊麗瓊　（1995）你知道嗎, 白帝社

〖04211〗矢野光治　周國強　星野明彦　翠川信人　中野達　（1995）中國語基本ワードバンク, 駿河台出版社

〖04212〗矢野賀子　劉一之　（1995）生活實用口語課本, 白帝社

〖04213〗劉小俊　金森由美子　胡寶華　高橋庸一郎　（1995）中國在變, 白帝社

〖04214〗盧曉逸　大瀧幸子　（1995）當代小小説選 2, 白帝社

〖04215〗渡邊晴夫　楊幸雄　（1995）百字小説, 白帝社

〖04216〗渡邊晴夫　楊幸雄　高村麻實　（1995）フレッシュ中國語, 白水社

1994 年

〖04217〗池上貞子　（1994）中國人のこころ——現代に生きる故事, 朝日出版社

〖04218〗板谷俊生　板谷秀子　馬鳳如　（1994）今すぐ使える中國語, 光生館

〖04219〗王硯農　焦龍顥　荒屋勸　（1994）對話で學ぶ中國語テキスト, 光生館

〖04220〗王曙光　（1994）用法を中心にした中國語テキスト中文新編〔會話編〕, 白帝社

〖04221〗大瀧幸子監修　蔡曉軍譯　（1994）對譯中國語で讀む日本の歷史, 國際語學社

〖04222〗岡田英樹　李青　文楚雄　（1994）パノラマ中國語——中國語中級テキスト，朋友書店

〖04223〗金丸邦三　吳悅　（1994）中國歷史文化風俗，白水社

〖04224〗姜昆　小島英夫　（1994）ユーモア中國語會話，東方書店

〖04225〗輿水優　武信彰　西川優子　（1994）中國語マガジンBOOK'94，三修社

〖04226〗古藤友子　（1994）漢字マラソン第二卷對義語類義語，アルク

〖04227〗佐々木信彰　（1994）原典で讀む現代中國經濟，東方書店

〖04228〗鹽見敦郎　荊明月　石汝傑　（1994）漢語初級課本，朋友書店

〖04229〗全國高等學校中國語教育研究會　（1994）〔改訂版〕高校中國語，白帝社

〖04230〗中國語友の會　（1994）中國語 問題と解答，內山書店

〖04231〗中國語友の會　（1994）中國語 問題と解答〔基礎編〕，內山書店

〖04232〗陳通生　（1994）中國語教授法——理論と實踐，中國書店

〖04233〗陳文芷　（1994）積み木式中國語，東方書店

〖04234〗角田寶　加藤晴子　（1994）日中對照生活會話ノート，三修社

〖04235〗鄧懿主編　香坂順一編譯　（1994）漢語初級教程日本語版（下），光生館

〖04236〗鄧恩明　荒岡啓子　（1994）樂しく學ぶ中國語の知識，東方書店

〖04237〗豐福健二　王順洪　柴田清繼　（1994）初級漢語教本，白帝社

〖04238〗豐福健二　王順洪　柴田清繼　（1994）中級漢語——旅行會話と中國知識，駿河臺出版社

〖04239〗中川正之　沈國威　（1994）中國語基本會話，白帝社

〖04240〗中山時子　尹景春　（1994）チェックアップ中國語，東方書店

〖04241〗日本中國語檢定協會 （1994）第 25 回中國語檢定試驗問題集, 光生館

〖04242〗日本中國語檢定協會 （1994）第 26 回中國語檢定試驗問題集, 光生館

〖04243〗日本中國語檢定協會中國語の環編集室 （1994）めざせ中檢合格！——準 4 級・4 級, 光生館

〖04244〗福地桂子 （1994）基礎學習中國語, 中國書店

〖04245〗福地桂子 （1994）中國語研修旅行（會話テキスト）, 川口印刷

〖04246〗藤本恆 （1994）ビジネス中國語マニュアル, 東方書店

〖04247〗武拍索 （1994）中國語慣用句型 500, 中華書店

〖04248〗堀黎美 山崎淑子 （1994）中國語 1, 晃洋書房

〖04249〗三瀦正道 （1994）中國語ドリルベック, 朝日出版社

〖04250〗三宅登之 森本美佐子 （1994）ツーウェイ中國語, 東方書店

〖04251〗村上公一 小川郁夫 （1994）12 回で學ぶ中國語 I, 白帝社

〖04252〗村上公一 小川郁夫 （1994）12 回で學ぶ中國語 II, 白帝社

〖04253〗林芳 （1994）中國語ひと言挨拶集, 中華書店

〖04254〗渡邊晴夫 楊幸雄 高村麻美 （1994）フレッシュ中國語, 白水社

1993 年

〖04255〗HSK 研究會 （1993）HSK 模撰問題集, 好文出版

〖04256〗相原茂 玄宜青 （1993）語法ルール 66——漢語精粹, 朝日出版社

〖04257〗荒川清秀 （1993）〔やさしい読み物〕——笑い話 NHK 中國語ラジオ講座テキスト（平成 4 年 12 月號～5 年 3 月號）, 日本放送出版協會

〖04258〗池田武雄譯 （1993）中國語古典讀法, 朋友書店

〖04259〗石黑やすえ　何曉毅　嶋田恭子　（1993）實踐中國語——一緒に學びましょう,駿河臺出版社

〖04260〗上野惠司　（1993）小華和瑪麗,白帝社

〖04261〗榎本英雄　陳文芷　（1993）中國語を學びましょう〔新訂版〕,朝日出版社

〖04262〗遠藤紹德　（1993）英語から學ぶ中國語,創拓社

〖04263〗王硯農　焦龍顯　荒屋勸　（1993）中國語トレーニングテキスト,光生社

〖04264〗王元武　鶴島俊一郎　（1993）中國語中級會話テキスト　北京旅行,白帝社

〖04265〗王孝廉　齊籐匡　新谷秀明　渡邊茂彦　（1993）中國語ベーシック,中國書店

〖04266〗王運珍　釜屋修　（1993）北京文學小景分間小説精選一,三修社

〖04267〗王曙光　（1993）用法を中心とした中國語テキスト中文新篇〔中級篇〕,白帝社

〖04268〗大石智良　淩志偉　會士才　千野明日香　鈴木靖　（1993）ポイント學習中國語初級（上）（下）,東方書店

〖04269〗岡田英樹　李青　文楚雄　（1993）パノラマ中國語,朋友書店

〖04270〗小川郁夫　（1993）中國語をマスターするための中國語文法,白帝社

〖04271〗小川郁夫　（1993）中國語中級對話 64,白帝社

〖04272〗小木裕文　馬鳳如　（1993）山東知識課本,光生社

〖04273〗上條紀昭　瀬戸口律子　籐原煇三　（1993）中國語四百字物語——中國語中級テキスト,駿河臺出版社

〖04274〗漢語水平考試部　（1993）HSK 受驗のでびき・ヒアリング,東方書店

〖04275〗邱質穆著　平田昌司編譯　（1993）說什麼和怎麼說〔改訂版〕,朋友書店

〖04276〗邱奎福　　（1993）やさしい中國語會話, 南雲社

〖04277〗久保田美年子　何鳴　（1993）實踐中國語テキスト初級篇,
　　　　　　　白帝社

〖04278〗栗原悟　吳川　（1993）會話と表現文型で學ぶ中國語テキ
　　　　　　　スト, 相模女子大學出版部

〖04279〗香坂順一　施一昕　（1993）おぼえておきたい中國語生活
　　　　　　　會話, 光生社

〖04280〗興水優　（1993）NHK 氣がるに學ぶ中國語, 日本放送出版
　　　　　　　協會

〖04281〗徐曼　田中寬　（1993）らくらく中國語——文法から會話,
　　　　　　　國際語學社

〖04282〗鈴木基子　（1993）中國語翻譯（『生活場面事典』中國語・中
　　　　　　　國大陸篇）, 三修社

〖04283〗鈴木義昭　王延偉　（1993）中國語がおもしろいほど身に
　　　　　　　つく本, 中經出版

〖04284〗陶山信男　（1993）語法をふまえた初級中國語〔新訂版〕,
　　　　　　　駿河薹出版社

〖04285〗関根謙　竹島永貢子　余志紅　（1993）基礎力判定二〇分
　　　　　　　ドリル中國語, 同學社

〖04286〗竹島金吾　兒野道子　（1993）中國語 123, 白帝社

〖04287〗武信彰　（1993）コミユニケーーションの中國語, 三修社

〖04288〗谷峰夫　（1993）中國語讀本, 近代文藝社

〖04289〗千島英一　（1993）NHK ラジオ中國語講座〔應用篇〕テキ
　　　　　　　スト 1 月號～3 月號, 日本放送出版協會

〖04290〗千島英一　（1993）初めて學ぶ廣東語, 語研

〖04291〗張乃方　（1993）ステツプアツプ中國語, 白水社

〖04292〗張芳枝　張耀雄　（1993）日本民話集 1（浦島太郎）, 中
　　　　　　　國語教育研究所

〖04293〗陳州學著　駒林麻理子譯　（1993）未来へのメツセージ寫
　　　　　　　給未來的回憶, 駿河薹出版社

〖04294〗程美珍　高橋海生　（1993）中國語中級作文, 白帝社

〖04295〗程美珍　大瀧幸子　（1993）チャイニーズグラマー,白帝
　　　　　社

〖04296〗傅田章　（1993）中國語Ⅳ一沈從文『牛』（放送大學新テ
　　　　　キスト）,放送大學教育振興會

〖04297〗鄧懿　香坂順一編譯　（1993）漢語初級教程〔日本語版〕
　　　　　（上）北京大學中國語テキスト,光生社

〖04298〗中川正之　沈國威　（1993）中國語入門教科書,白帝社

〖04299〗中川正之　沈國威　（1993）中國語中級教科書讀物〔文法
　　　　　篇〕,白帝社

〖04300〗西川優子　（1993）NHKラジオテキスト中國語座〔入門篇〕
　　　　　テキスト四月號～九月號,日本放送出版協會

〖04301〗西槙光正　吉池孝一　（1993）中國留學必修表現100選,
　　　　　駿河臺出版社

〖04302〗西村明　岩佐昌暲　河村誠司　（1993）中國經濟を読む,
　　　　　白帝社

〖04303〗日本中國語檢定協會編　（1993）第20回～23回中國語檢
　　　　　定試驗問題集(準2級•2級•1級),光生館

〖04304〗日本中國語檢定協會編　（1993）第20回～23回中國語檢
　　　　　定試驗問題集(準4級•4級•3級),光生館

〖04305〗日本中國語檢定協會編　（1993）第23回中國語檢定試驗
　　　　　問題,光生館

〖04306〗日本中國語檢定協會編　（1993）第24回中國語檢定試驗
　　　　　問題,光生館

〖04307〗原田松三郎　清水登　小林康則　（1993）漢語初學——初
　　　　　めて學ぶ中國語——,金星堂

〖04308〗菱沼透　吳川　（1993）中國語を學ぶ〔中級篇〕,白帝社
〖04309〗一橋書店　（1993）九四年度漢字檢定問題集,一橋書店
〖04310〗吉川裕　（1993）チャイニーズ•プライマーvol.1,東
　　　　　方書店
〖04311〗吉川裕　（1993）チャイニーズ•プライマーvol.2,東
　　　　　方書店

〖04312〗北京放送局日本語部　白美英　（1993）中國語の世界 北京放送中國語ヒアリング講座, 東方書店

〖04313〗北京放送局日本語部　白美英　（1993）北京放送みんなの中國語會話, 東方書店

〖04314〗彭見明著　中川正之　木村英樹　沈國威　小野秀樹（1993）那山・那人・那狗, 白帝社

〖04315〗牧田英二　（1993）NHK ラジオ中國語座〔應用篇〕テキスト, 4 月號〜9 月號, 日本放送出版協會

〖04316〗牧田英二　楊立明　（1993）新選中國現代文, 同學社

〖04317〗牧田英二　楊立明　（1993）〔新訂〕例文中心初級中國語, 同學社

〖04318〗松尾善弘　（1993）漢語入門〔文法篇〕, 白帝社

〖04319〗三潴正道　（1993）新・中國の新聞を読もう——レベル別中國語學習, 朝日出版社

〖04320〗矢野光治　関口勝　（1993）中國語でスタート, 駿河臺出版社

〖04321〗山下輝彦　（1993）やさしい中國語〔改訂版〕簡明中文課本, 白水社

〖04322〗山下輝彦　新谷雅樹　関根謙　李青　（1993）北京戀情, 同學社

〖04323〗ユネスコアジア文化センター　（1993）アジア２３か国語日常會話ハンドブック, 蝸牛社

〖04324〗來思平　相原茂著　喜多山幸子編譯　（1993）日本人の中國語——誤用例54 例, 東方書店

1992 年

〖04325〗相原茂　（1992）NHK ラジオ中國語講座〔入門編〕テキスト 4 月號〜9 月號, 日本放送出版協會

〖04326〗アジア文化國際學院教材編集委員會　（1992）現代中國語會話〔應用編〕, アジア文化總合研究所

〖04327〗荒川清秀　趙煒宏　上野由紀子　（1992）簡明初級中國語,
　　　　　光生館

〖04328〗荒川清秀　趙煒宏　上野由紀子　（1992）中國——人と暮
　　　　　らし——, 光生館

〖04329〗荒屋勸　尹景春　阿部博幸　（1992）大學中國語中級テキ
　　　　　スト中國と日本, 朝日出版社

〖04330〗今西凱夫　來思平　許祖貽　（1992）你好! 役に立つ中
　　　　　國語入門, 駿河台出版社

〖04331〗上野惠司　（1992）NHK ラジオ中國語講座〔應用編〕テキ
　　　　　スト 4 月號～7 月號, 日本放送出版協會

〖04332〗上野惠司　玄宜青　（1992）中國語考えるヒント, 中華書
　　　　　店

〖04333〗内田慶市　（1992）アラカルト中國語——什錦漢語——,
　　　　　同學社

〖04334〗榎本英雄　（1992）言える中國語, 同學社

〖04335〗榎本英雄　（1992）NHK CD ブックすぐに役立つはじめて
　　　　　の中國語, 日本放送出版協會

〖04336〗田曙光　浜口裕子　中村樓蘭　唐亮　（1992）大學一年級,
　　　　　白帝社

〖04337〗太田進　坂口直樹　小池一郎　（1992）巴金『月夜』〔改
　　　　　訂版〕, 白水社

〖04338〗大西守　增茂尚志著　鈴木基子　吳志剛譯　（1992）外國
　　　　　人と日本人醫師の臨床會話集 6〔中國語編〕,
　　　　　三修社

〖04339〗小川郁夫　（1992）中國語初級對話 64, 白帝社

〖04340〗現代新書編集部　（中國語部分: 船橋洋　園田矢　矢吹晋
　　　　　半野朗）　（1992）外國語をどう學んだか　現
　　　　　代新書 1090, 講談社

〖04341〗香坂順一　（1992）日本語から中國語へ, 光生館

〖04342〗香坂順一　羅小東　（1992）おぼえておきたい中國語成語
　　　　　300, 光生館

〖04343〗香坂順一　羅小東　（1992）おぼえておきたい中國語慣用語300,光生館

〖04344〗黄當時　幺書君　（1992）中文課本碧水,晃洋書房

〖04345〗興水優　（1992）メモ式　中國語早分かり,三修社

〖04346〗興水優　施光亨　王紹新　（1992）キィ・フレーズで學ぶ新聞中國語,東方書店

〖04347〗興水優　武信彰　西川優子　（1992）中國語マガジンBOOK'92,三修社

〖04348〗最高裁判所事務總局　（1992）法廷通譯ハンドブック(中國語),法曹社

〖04349〗ＪＴＢ　（1992）ひとり歩きの中國語自遊自在（ひとり歩きの會話集⑤）,日本交通公社出版事業部

〖04350〗清水登　（1992）漢語初學──初めて學ぶ中國語,金星堂

〖04351〗周國強　（1992）中國語ＡＢＣ,大學書林

〖04352〗紹文周　（1992）文周式　中國語獨習シリーズ　開眼中國語發音入門,ＣＴＣ研修企劃

〖04353〗武信彰　（1992）ＮＨＫラジオ中國語講座〔應用編〕テキスト8月號〜11月號,日本放送出版社

〖04354〗立松昇一　朱美第　（1992）これだけ學ぼう中國語レッスン,大學書林

〖04355〗田中亮三郎　（1992）すぐに役立つ中國語會話,成美堂出版

〖04356〗中國國家對外中國語教學指導グループ辦公室漢語水平考試部編　（1992）HSK受驗のてびき　漢語水平考試大綱〔日本語版〕,東方書店

〖04357〗中國語セミナー21編　（1992）新版チャレンジ中國語檢定3級,白帝社

〖04358〗趙金銘　張亞軍　山田留理子　（1992）中國語と中國文化讀本,駿河台出版社

〖04359〗趙賢州　砂岡和子　（1992）中國語中級テキスト　續・中國はてな物語『二十个為什麼・續集』,白帝社

〖04360〗張耀雄　張芳枝　（1992）中國語中級テキスト　好朋友讀本, 金星堂

〖04361〗陳洲擧　駒林麻理子　（1992）食爲天　食を天と成す, 駿河台出版社

〖04362〗陳　眞　（1992）NHK ラジオ中國語講座〔入門編〕テキスト 1 月號～3 月號, 日本放送出版社

〖04363〗陳　眞　（1992）NHK ラジオ中國語講座〔入門編〕テキスト 10 月號～12 月號, 日本放送出版社

〖04364〗丁秀山　（1992）大學中國語テキスト　基礎中國語講座 ——旅行會話——, 金星堂

〖04365〗傅田章　（1992）〔放送大學教材〕 中國語III——『家』巴金·曹禺,（財）放送大學教育振興會

〖04366〗ナースの外國語研究會　（1992）すぐ使えるナースのための中國語會話一〇〇〇, 桐書房

〖04367〗中山時子　尹景春　（1992）チェック·アップ中國語〔基礎編〕, 東方書店

〖04368〗西村正邦　（1992）中國俗諺ペチャクチャ 100 句, 中國語言學院

〖04369〗日本中國語檢定協會編　（1992）第 21 回中國語檢定試驗問題集（準 4 級から 1 級）, 光生館

〖04370〗日本中國語檢定協會編　（1992）第 22 回中國語檢定試驗問題集（準 4 級から 2 級）, 光生館

〖04371〗日本中國語檢定協會編　（1992）改訂中國語檢定試驗準 4 級ガイダンス中國語の根底, 光生館

〖04372〗日本中國語檢定協會　『中國語の環』編集室編　（1992）〔改訂〕中國語檢定試驗合格のための模擬試驗と解説（4 級·3 級）, 光生館

〖04373〗潘兆明　陳眞　陳如　（1992）とにかく話そう中國語（上·下）, 中華書店

〖04374〗北京語言學院　楊殿武　張惠先　（1992）〔續〕一分間小說選, 中華書店

〖04375〗北海道新聞社　（1992）中國語で話そう北海道, 北海道新聞社

〖04376〗堀黎美　石橋成康　山崎淑子　（1992）中國語初級, 晃洋書房

〖04377〗三潴正道　王宣　（1992）現代中國　走馬看花, 朝日出版社

〖04378〗宮田一郎　李臨定　（1992）文型を中心にした中國語文法演習, 光生館

〖04379〗宮本幸子　武永尚子　（1992）自然に話せる中國語, 駿河台出版社

〖04380〗村尾康子　（1992）日中英・アパレル業界用語　對譯ハンドブツク, センイ・ジヤアナル

〖04381〗八木章好　胡志昂　（1992）電影中國語　芙蓉鎮, 東方書店

〖04382〗矢野光治　（1992）司棋と又安『紅樓夢』, 駿河台出版社

〖04383〗山下輝彦　李青　関根謙　新谷雅樹　（1992）しなやかに中國語, 同學社

〖04384〗山本賢二　（1992）NHK ラジオ中國語講座〔應用編〕テキスト 1 月號～3 月號, 日本放送出版協會

〖04385〗葉千榮　王宓　（1992）上海キヤンパス・ライフ女子大學生の中國語講座, 東方書店

〖04386〗横山信子　（1992）外國人勞動者のにほん語會話（中國語・ポルトガル語・スペイン語）, 三修社

〖04387〗横山信子　（1992）中國人の接客にほん語會話, 三修社

〖04388〗李青　（1992）若い世代の中國語――初級――, 晃洋書房

〖04389〗李培元　郭春貴　（1992）中國語講讀テキスト京味小小説, 白帝社

〖04390〗劉家業他　（1992）從早到晩　太郎の一日, 好文出版

〖04391〗劉蘭英　川口榮一　（1992）中國旅遊, 光生館

1991 年

〖04392〗相原茂　木村英樹　山村博文　中川正之　（1991）中國語學習〔Q&A〕101, 大修館書店

〖04393〗相原茂等　（1991）中國語なぞなぞの本 2, 東方書店

〖04394〗荒川清秀　（1991）NHK ラジオ中國語講座〔入門編〕テキスト 4 月號～9 月號, 日本放送出版協會

〖04395〗稲葉昭二　岡田文之助　（1991）中國語教科書中級, 晃洋書房

〖04396〗岩佐昌暲　苟春生　（1991）中國語入門講座, 櫂歌書房

〖04397〗植田渥雄　（1991）會話で學ぶ中國語　大家說漢語, 金星社

〖04398〗上野惠司　（1991）NHK ラジオ中國語講座〔應用編〕テキスト 4 月號～7 月號, 日本放送出版協會

〖04399〗内田慶市　（1991）漢語指南, 光生館

〖04400〗榎本英雄　（1991）中國に遊びましょう, 朝日出版社

〖04401〗遠藤紹德　（1991）中國語キーワード一〇〇〇, 教育社

〖04402〗大内田三郎　（1991）基本表現　中國語作文, 駿河臺出版社

〖04403〗大瀧幸子　徐曼　（1991）你好嗎?, 好文出版

〖04404〗王嵐　（1991）中國語の基礎と實用, ふたば書房

〖04405〗岡田文之助　（1991）漢語第一步, 同學社

〖04406〗尾崎實　（1991）中國人と中國語, 光生館

〖04407〗溫端政著　高橋均　高橋由利子　（1991）諺語のはなし——中國のことわざ『基本中國語學雙書七』, 光生館

〖04408〗郭春貴　（1991）生活中國語　決まり表現三〇〇, 白帝社

〖04409〗釜屋修等著　（1991）中國語青年, 三修社

〖04410〗金文京　（1991）教養のための中國語, 大修館書店

〖04411〗日下恒夫　石汝傑　（1991）ことばの旅, 好文出版

〖04412〗黑坂滿輝　澤崎久和　笠原祥士郎　（1991）表現マスター中國語——淺きから深きの一六章——, 同學社

〖04413〗香坂順一　（1991）中國語朝から晩まで, 光生館

〖04414〗香坂順一　（1991）你好から告辭まで, 光生館

〖04415〗興水優　武信彰　西川優子　（1991）中國語マガジンBook'91, 三修社

〖04416〗佐藤進　蘇思純　（1991）秘書の傳言, 白帝社

〖04417〗佐藤富士雄　（1991）NHK ラジオ中國語講座〔入門編〕テキスト 1 月號〜3 月號, 日本放送出版協會

〖04418〗紹文周　（1991）開眼中國語文法開門編, CTC 研修企劃

〖04419〗白井啓介　李永寧　（1991）やさしく話す中國語——ひとくち旅行會話, 第三書房

〖04420〗山村博文　（1991）〔初・中級聞き取り教材〕中國・中央電視臺『新聞聯播』, 東京外國語大學アジア・アフリカ言語文化研究所

〖04421〗武信彰　（1991）NHK ラジオ中國語講座〔應用編〕テキスト 8 月號〜11 月號, 日本放送出版協會

〖04422〗田中亮三郎　（1991）（CD 付 ）中國語會話事典, 成美堂出版

〖04423〗田部井文雄　菅野禮行　江連隆　土屋泰男　（1991）大修館 漢文學習ハンドブック, 大修館書店

〖04424〗趙賢州　砂岡和子　（1991）中國語はてな物語『二十個為什麼? 』, 白帝社

〖04425〗張乃方　（1991）〔新版〕電話中國語會話, 評論社

〖04426〗張乃方　（1991）對話中國語——話題による會話練習, 白水社

〖04427〗陳　眞　（1991）NHK ラジオ中國語講座〔入門編〕テキスト 10 月號〜12 月號, 日本放送出版協會

〖04428〗陳卓敏　永井義男　（1991）ハンディ・ビジネス中國語會話, 柏仲出版

〖04429〗中川正之　（1991）とんでとんで中國語, 白帝社

〖04430〗中山時子　黑澤秀子　尹景春　（1991）中國語トーク&リード, 東方書店

〖04431〗西槇光正　（1991）面白い中國語會話, 駿河臺出版社

〖04432〗西村正邦　内山加代　（1991）中國語會話が樂しく話せる歇後語一〇〇選, 中國語文研究會

〖04433〗梅沙　川口榮一　（1991）新兒童讀物選, 駿河臺出版社

〖04434〗林修三　　　（1991）三文字學習法シリーズⅢ, 有朋塾

〖04435〗平井勝利　加納光　白木通　成戸浩嗣　（1991）ようこそ、中國語の世界へ！, 白帝社

〖04436〗古川裕　　　（1991）中國語研修テキスト中國語總合編, 東京外國語大學アジア・アフリカ言語文化研究所

〖04437〗古川裕　　　（1991）中國語研修テキスト中國語發音・形態編, 東京外國語大學アジア・アフリカ言語文化研究所

〖04438〗北京語言學院　（1991）實用漢語課本〔日本語版〕Book 1、2, 東方書店

〖04439〗水野蓉　渡邊安代　瀧澤恭子　（1991）元氣です中國ことばと文化, 朝日出版社

〖04440〗三瀦正道　　（1991）中國語トピックス, 朝日出版社

〖04441〗三瀦正道　王歡　（1991）中國民話選二靈子和傻子, 白帝社

〖04442〗守屋宏則　余延玲　（1991）中國語プレリュード, 朝日出版社

〖04443〗矢野光治　董黎民　（1991）Zeroからの中國語, 駿河臺出版社

〖04444〗山下輝彦　　（1991）やさしくわかる中國語入門〔改訂版〕, 駿河臺出版社

〖04445〗山本賢二　　（1991）NHKラジオ中國語講座〔應用編〕テキスト1月號～3月號, 日本放送出版協會

〖04446〗山本賢二　　（1991）NHKラジオ　中國語講座〔應用編〕テキスト12月號, 日本放送出版協會

〖04447〗余煥睿　村上嘉英　（1991）『雷雨』第四幕（曹禺）, 白帝社

〖04448〗楊麗雅　鈴木基子　王慕君　（1991）初級中國語 藤原浩の中國遊學, 白帝社

〖04449〗李培元等編著　（1991）〔修訂〕新中國語應用編, 中華書店

〖04450〗六角恆廣　（1991）中國語教本類集成, 不二出版

1990 年

〖04451〗相原茂　（1990）はじめての中國語, 講談社

〖04452〗相原茂　孟廣學　（1990）NHK たのしい中國語ニーハォ明明, 日本放送出版協會

〖04453〗相原茂　（1990）中國語なぞなぞの本, 東方書店

〖04454〗相原茂　（1990）午後の中國語, 同學社

〖04455〗相原茂　（1990）ベーシックリーダー22, 白帝社

〖04456〗荒川清秀　（1990）NHK ラジオ中國語講座テキスト, 日本放送出版協會

〖04457〗稲葉昭二　岡田文之助　秦莉芳　（1990）中國語教科書初級, 晃洋書房

〖04458〗尹景春　（1990）『チェックアップ中國語〔入門編〕』, 東方書店

〖04459〗遠藤哲夫　（1990）知的漢字入門, 山海堂

〖04460〗岡部謙治　（1990）この中國語はなぜ誤りか, 光生館

〖04461〗小川郁夫　馬鳳如　（1990）中國語中級テキスト中國を知ろう, 白帝社

〖04462〗邱質朴著　平田昌司譯　（1990）說什么和怎么說——意圖と場面による中國語表現——, 朋友書店

〖04463〗川口榮一　梅沙　（1990）新兒童讀物選, 駿河臺出版社

〖04464〗川口榮一　黃林妹　（1990）中國語文精讀, 朋友書店

〖04465〗輿水優　（1990）中國語ステップ, 東方書店

〖04466〗三潴正道　王勸　（1990）中國民話選 I 兎子和狼, 白帝社

〖04467〗陶山信男　（1990）語法をふまえた初級中國語, 駿河臺出版社

〖04468〗武吉次朗　（1990）中國語ビジネスレターテキスト, 光生館

〖04469〗武吉次朗　遠藤紹德　（1990）新編東方中國語講座第四卷
〔翻譯編〕，東方書店

〖04470〗陳川舉　佐々木静子　李德律　（1990）花紅柳綠中國語基
礎發音 110 番，駿河臺出版社

〖04471〗寺井泰明　劉樹仁　（1990）90 年代的初級中國語，同學社

〖04472〗内藤幹治　劉光赤譯　（1990）中國古跡巡禮〔中文版〕，
駿河臺出版社

〖04473〗橋本高勝　（1990）中國語文法ノート，晃洋書房

〖04474〗平木眞快　周國强　田治民　（1990）實用中國語基礎會話，
白帝社

〖04475〗藤本恒　（1990）パターン活用ビジネス中國語セミナー，
東方書店

1989 年

〖04476〗相原茂　守屋宏則　刈間文俊　徐琼　彭廣隆　（1989）ド
リル式中國語テキストⅡ，くろしお出版

〖04477〗相原茂　玄宜青　（1989）語法ルール 66，朝日出版

〖04478〗相原茂　（1989）あ々結婚，朝日出版

〖04479〗荒川清秀　王硯農　（1989）中國語 20 限，光生館

〖04480〗荒屋勸　大原信一　釜屋修共　（1989）新編・東方中國
語講座(第二卷)，東方書店

〖04481〗稻葉昭二　岡田文之助　秦莉芳　（1989）學校生活を基に
した 中國語教科書中級，光生館

〖04482〗稻葉昭二　岡田文之助　秦莉芳　（1989）中國兒童文學選
讀，光生館

〖04483〗今枝二郎　久保田瑛子　前田繁樹　若林建志　續三義
（1989）やさしい中國語——初級讀本，大學書
林

〖04484〗今枝二郎　久保田瑛子　前田繁樹　若林建志　吳念聖共
編　（1989）やさしい中國語——初級文法と
會話，大學書林

〖04485〗遠藤紹德 （1989）パターンで學ぶ最新貿易中國語, 國書刊行會

〖04486〗遠藤紹德 （1989）中日飜譯表現文法, バベル・プレス

〖04487〗小川郁夫 馬鳳如 （1989）文法をわかりかすく説明した中國語, 白帝社

〖04488〗大瀧幸子 盧曉逸 （1989）中國語中級テキスト, 白帝社

〖04489〗吳悅 生敏 古澤幸子 （1989）中國語基礎會話, 日中學院出版局

〖04490〗陶山信男 （1989）語法をふまえた初級中國語, 駿河臺出版社

〖04491〗高村麻實 植田渥雄 今若靜 清水登 渡邊晴夫 楊幸雄 共 （1989）中國語基礎力養成, 日本放送協會（NHK 學園）

〖04492〗田中秀 （1989）〔續編〕中國語で學ぶ漢詩（律詩・樂府詩・古詩編）, 永和語學社

〖04493〗田中秀 （1989）中國語會話を漢詩に學ぶ, 永和語學社

〖04494〗田中秀 （1989）漢詩の原音歌詠, 永和語學社

〖04495〗兒野道子 （1989）中國語文法讀本, 光生館

〖04496〗張乃方 内藤正子 （1989）中國語の手紙, 白水社

〖04497〗丁秀山 （1989）シリーズ中國語テキスト・Ⅰ中國語基礎講座, 光生館

〖04498〗丁秀山 （1989）シリーズ中國語テキスト・Ⅱ中國語基礎講座, 光生館

〖04499〗丁秀山 （1989）シリーズ中國語テキスト・Ⅲ中國語基礎講座, 光生館

〖04500〗西槙光正 高橋彌守彦 （1989）會話への道, 光生館

〖04501〗西槙光正 （1989）面白い中國語會話, 駿河臺出版社

〖04502〗橋本高勝 黃當時 黃名時 （1989）中文課本, 晃洋書房

〖04503〗藤本恆 伊井健一郎 （1989）新編・東方中國語講座第六卷商業通信文 編, 東方書店

〖04504〗堀黎美 汪有偉 （1989）中國語（一）, 安部書店

〖04505〗前川幸男　（1989）中國語教本, 國立福井工業高專

〖04506〗松尾善弘　（1989）漢語入門〔發音編〕, 白帝社

〖04507〗待場裕子　能勢良子　（1989）新編東方中國語講座第五卷
　　　　　式辭·あいさつ編, 東方書店

〖04508〗余煥睿　（1989）大學中國語會話, 東方藝林書房

〖04509〗六角恆廣　（1989）中國語教育史論考, 不二出版

1988 年

〖04510〗相原茂　（1988）中國語へのパスポート, 朝日出版社

〖04511〗井坂孝雄　（1988）ジョークでレッスン　速讀中國語, 東方
　　　　　書店

〖04512〗上海師範大學對外漢語教研室編　伊地智善繼　西川和男
　　　　　（1988）中國語入門, 東方書店

〖04513〗稻葉昭二　（1988）學校生活を基にした　中國語教科書初
　　　　　級, 光生館

〖04514〗今富正巳　橫川伸　守屋宏則　（1988）大學中國語, 朝日
　　　　　出版社

〖04515〗上野惠司　（1988）名作シリーズ　新進女流作家作品選（王
　　　　　安憶）, 東方書店

〖04516〗王彦承　菱沼透　（1988）中國語を學ぶ人門篇, 白帝社

〖04517〗崗晴天　山下輝彦　金文京　（1988）バラエティーチャイ
　　　　　ニーズ——中級讀本——, 同學社

〖04518〗加賀義嘉富　賈鳳池　内藤幹治　矢野光治編著　（1988）
　　　　　中國とのふれあい——初級語法讀本——〔改
　　　　　訂版〕, 駿河臺出版社

〖04519〗郭春貴　（1988）簡明實用初級中國語, 白帝社

〖04520〗菊田正信　孟廣學　（1988）中國語で中國, 駿河臺出版社

〖04521〗茹志娟著　木村英樹　中川正之　（1988）中國語初級テキ
　　　　　ストゆりの花, 白帝社

〖04522〗金德厚　李德津　陳洲學　伊藤訓子　（1988）大學公共漢
　　　　　語, 駿河臺出版社

〖04523〗黑澤秀子　楊立明　（1988）まんがで學ぶ中國語, 東方書店

〖04524〗黄當時　植田均　（1988）中文課本 綠風, 晃洋書房

〖04525〗香坂順一　（1988）會話からの中國語入門, 光生館

〖04526〗香坂順一　（1988）作文からの中國語入門, 光生館

〖04527〗香坂順一　上野惠司　（1988）新編 基礎漢語, 光生館

〖04528〗興水優　（1988）新編 LL 中國語基礎Ⅰ, 大修館書店

〖04529〗興水優　（1988）新編 LL 中國語入門, 大修館書店

〖04530〗許勢常安　陳榮　（1988）大學中級中國語課本〔再修訂版〕, 東京中國語教育研究會

〖04531〗小林康則　（1988）中文初階（ちゅうぶんしょかい）, 白帝社

〖04532〗蔡海雲　（1988）大學中文, 白帝社

〖04533〗佐藤素子　佐藤博　（1988）留學生日記, 大學書林

〖04534〗芝田稔　日下恒夫　（1988）ホイホウ・ルーメン, 白水社

〖04535〗白水紀子　（1988）中國の新聞を讀もう, 駿河臺出版社

〖04536〗陶山信男　（1988）〔改訂版〕語法をふまえた（初級中國語）, 駿河臺出版社

〖04537〗張光正　（1988）大學中國語中級テキスト 日中生活習慣の違い, 金星堂

〖04538〗鄭國雄編著　上野惠司改編　（1988）スポークン・チャイニーズ——テキスト版『半年學會中國話』——, 光生館

〖04539〗董黎明　（1988）エッセンシャル中國語——中級編, 東伸サービス株式會社 中國語センター

〖04540〗鳥井克之　（1988）中國語文法入門, 東方書店

〖04541〗中野達　（1988）中國語教本, 白水社

〖04542〗中山時子監修　馬欣華著　黑澤秀子　楊立明編註　（1988）學ぼう 中國 & 中國語, 東方書店

〖04543〗西野廣祥　尚俠　（1988）はじめての中國語, 藝林書房

〖04544〗橋本高勝　黄當時編著　（1988）中文課本甲, 晃洋書房

〖04545〗引田春海　（1988）實用中國語會話, 金園社

〖04546〗藤井省三　（1988）魯迅「童話」集兔和毛猫及其他 中國
文學名作雙書 3, 駿河臺出版社

〖04547〗北京大學對外漢語教學中心著　孫宗光譯　（1988）留學生
日のための中國語會話中級(上)、（下）, 國書
刊行會

〖04548〗牧田英二　楊立明　（1988）例文中心‧初級中國語, 同學
社

〖04549〗矢野光治　關口勝　（1988）わたしたちの中國語, 駿河臺
出版社

〖04550〗楊為夫　（1988）中國之行——中國語中級會話テキスト
——, 光生館

〖04551〗相原茂　（1988）中國語學習ハンドブック, 大修館書店

〖04552〗安藤彥太郎　（1988）中國語と近代日本, 岩波書店

〖04553〗上野惠司著　白帝社中國語センター編　（1988）チヤレン
ジ中國語檢定 3 級, 白帝社

〖04554〗遠藤紹德監修　教育社編　（1988）頻度順 中國語單語ト
レーニングペーパー, 教育社

〖04555〗武田秀男　黃水清　（1988）中國語實力判斷ドリル〔中級
編〕, 東方書店

〖04556〗田中聰子著　竺小梅譯　（1988）中國語文通ガイド, 萌土
社

〖04557〗丁秀山　（1988）中國語百問百答 II, 東方書店

〖04558〗中山時子　鹿琮世　藤山和子　（1988)新しい中國語語法,
東方書店

〖04559〗長谷川正時　（1988）通譯の世界へ 中國語通譯テキスト
シリーズ NO. 10, 日中通譯出版會

〖04560〗樋口勝　李珍　（1988）聽いて、話すための——中國語基
本單語 2000, 語研

〖04561〗楊為夫　陳文芷　教育社　（1988）30 日間完成トレーニ
　　　　　　　ングペーパー中國語教養課程文法中心, 教育
　　　　　　　社

〖04562〗六角恆廣　（1988）中國語教育史の研究, 東方書店

〖04563〗劉三富　岩佐昌暲　海澤州　秦耕司　（1988）中國語をマ
　　　　　　　スターしよう, 中國書店

1981 年

〖04564〗田中秀　（1981）漢文から中國語の道――中國語文の新し
　　　　　　　い學び方, 永和語學社

1980 年

〖04565〗香坂順一　（1980）基本文型中國語初級テキスト王家的一
　　　　　　　天, 光生館

〖04566〗長谷川寬　（1980）わかる中國語基礎編〔第二版〕, 三省
　　　　　　　堂

〖04567〗長谷川寬　（1980）わかる中國語實力編〔第二版〕, 三省
　　　　　　　堂

〖04568〗長谷川良一　（1980）ひとりで學べる　生きた初級中國語,
　　　　　　　行人社

〖04569〗引田春海　（1980）自習ができる實用中國語會話, 金園社

〖04570〗加賀美嘉富　矢野光治　（1980）簡明現代中文, 駿河臺出
　　　　　　　版社

〖04571〗長谷川寬　張乃方　（1980）電話中國語會話 社交から業
　　　　　　　務まで常用パターンのいろいろ, 評論社

〖04572〗横川伸　（1980）ひとり歩きの中國旅行會話, 東方書店

〖04573〗北京語言學院　（1980）基礎漢語課本（1）～（4）（中文、
　　　　　　　英文）, 中國外文出版社、中國國際書店發行

〖04574〗澤山晴三郎　植田渥雄　（1980）中文選編〔中・上編〕,
　　　　　　　敬文社

〖04575〗現代中文研究會　（1980）新中文テキスト, 金星堂

1975 年

〖04576〗加賀美嘉富　賈鳳池　內藤幹治　矢野光治　（1975）精通
現代中文, 駿河臺出版

〖04577〗加賀美嘉富　（1975）選讀現代中文, 駿河臺出版 1975、5

〖04578〗藤堂明保　（1975）藤堂·中國語講座, 學習研究社 1975、6

〖04579〗大原信一　（1975）東方中國語講座 2 讀物篇, 東方書店
1975、10

〖04580〗香坂順一　（1975）一問多答中國語會話 I·II, 光生館
1975、6

〖04581〗大原信一　辻井哲雄　（1975）現代中文讀本, 東方書店
1975、1

〖04582〗中國語友の會　倉石武四郎　（1975）中國語發音教室改訂
版, 大修館 1975、11

〖04583〗望月八十吉　高維先　（1975）中國語コース, 協會 1975、
10

〖04584〗六角恆廣　橫山宏　（1975）中國語への道, 大修館 1975、
3

〖04585〗加賀美嘉富　賈鳳池　內藤幹治　矢野光治　（1975）はじ
めて中國語を學ぶ人のためのハンドブツグ,
駿河臺出版 1975、7

〖04586〗高橋彌守彦　（1975）シンガポールの語文教育, 大東文化
大學紀要（人文科學）13

1974 年

〖04587〗現代中文研究會　（1974）現代中文テキスト, 金星堂 1974、
1

〖04588〗澤山晴三郎　（1974）中國語會話練習帖, 大學書林 1974、
1

〖04589〗若井佐一郎　（1974）簡易實用中國語, 明治書院 1974、2

〖04590〗引田春海　（1974）實用中國語會話, 金園社 1974

〖04591〗楊名時　　　（1974）ニイハオ中國語, 明治書院 1974、2

〖04592〗岡晴天　　　（1974）中國語基本文型——表現二〇〇, 三省堂 1974、5

〖04593〗菊田正信　　（1974）NHK 中國語入門, 日本放送協會出版部 1974

〖04594〗香坂順一　　（1974）統合中國語課本, 光生館 1975、2

〖04595〗長谷川寬　　（1974）標準中國語會話, 白水社 1974、6

〖04596〗藤堂明保　宮田一郎　　（1974）NHK 中國語講座, 日本放送出版協會 1974

1973 年

〖04597〗田中清一郎　　（1973）やさしい中國語入門, 評論社 1973、9

〖04598〗千原英之進　　（1973）現代基礎中國語, 笠間書院

〖04599〗長谷川良一　（1973）カドリール式、中國語一六〇〇（上卷）, 文林書院 1973、7

〖04600〗林曉蓉　長谷川寬　（1973）現代中國語會話—日中兩國の生活を語る, 白水社 1973、4

〖04601〗林曉蓉　長谷川寬　（1973）入門中國語會話上卷, 白水社 1973、9

〖04602〗香坂順一　（1973）基礎中國語中國商務印書館原編『基礎漢語』日本語版上, 滿江紅 1973、3

〖04603〗香坂順一　（1973）中級現代中文, 光生館 1973、3

〖04604〗北京・商務印書館編　東方書店出版部譯　（1973）基礎中國語上・下, 東方書店 1973、3

〖04605〗松井博光　佐伯慶子　（1973）中國民話选, 光生館 1973、1

〖04606〗上野惠司　尾崎實　（1973）語學のレコート・テープ中國語編, 言語生活(260) 1973、5

〖04607〗太田辰夫　末延保雄　他一名　（1973）基礎中國語講座, 科學技術學園 1973、5

〖04608〗香坂順一　（1973）現代中國語會話, NHK

〖04609〗香坂順一　（1973）新入門中國語, 光生館 1973、12

〖04610〗香坂順一　（1973）基礎中國語中國商務印書館原編『基礎漢語』日本語版, 滿江紅 1973、8

〖04611〗金丸邦三　（1973）現代中國語會話　講談社版テキストカセット, 講談社

〖04612〗金丸邦三　（1973）NHK 中國語入門應用讀解篇, 日本放送協會出版部 1973、7

〖04613〗漢語研究會　（1973）〔北京放送〕聞き取りの基礎, 龍溪書舍 1973、9

〖04614〗興水優　（1973）LL 中國語初級・中級・上級, 大修館書店 1973、5、7

1972 年

〖04615〗香坂順一　上野惠司　大内田三郎　尾崎實　（1972）文法・作文テキスト中國語の基礎, 光生館 1972、3

〖04616〗香坂順一　（1972）初級現代中文, 光生館 1972、3

〖04617〗香坂順一　（1972）想和做, 光生館 1972、3

〖04618〗伊地智善繼　（1972）總合中國語入門, 東方書店 1972、5

〖04619〗柴芳太郎　有田忠弘　稲葉昭二　（1972）〔改訂新版〕中國語教科書, ナカニシヤ書店 1972、3

〖04620〗今富正巳　（1972）中國語と日本語翻譯の要領, 光生館 1973、1

〖04621〗相浦杲　金毓本　高維先　王蕙茹　趙書箴　（1972）NHK 中國語入門發音、基本文型, NHK 1972、2

〖04622〗牛島德次　（1972）古代漢語學習手冊——その一（初稿）, 1972、3 油印

〖04623〗大山正春　豬熊文炳　（1972）基本中文, 書籍文物流通會 1972、4

〖04624〗宮越茂夫　（1972）常用中國語會話ハンドブック, 梧桐書院 1972、11

〖04625〗長谷川良一　南醇子　（1972）中國語學習の初步, 中國語
　　　　　　　　1972、5

〖04626〗細田三喜夫　（1972）中國故事たとえ辭典, 東京堂出版
　　　　　　　　1972、12

〖04627〗矢野春隆　橋本南都子　（1972）實踐ビシネス中國語, 實
　　　　　　　　業之日本社 1972、9

〖04628〗柳煙橋　（1972）漢語語法, 世界出版社 1972、1

〖04629〗林曉蓉　長谷川寬　（1972）中國語式辭文例集, 白水社
　　　　　　　　1972、5

〖04630〗竹島金吾　安念一郎　（1972）速修中國語會話, 金星堂
　　　　　　　　1972、4

〖04631〗田中清一郎　（1972）テーブル式中國語便覽, 評論社 1972、
　　　　　　　　3

〖04632〗日中海運會話集製作委員會　（1972）日中海運會話集, 日
　　　　　　　　中海運會話集製作委員會 1972、6

〖04633〗柿崎進　（1972）你好 やあこんにくちは やさしい中國語
　　　　　　　　會話, 教育書籍 1972、10

〖04634〗田中信一　（1972）中國語學習の手引, 海外事情 20～10

〖04635〗牧治雄等編　（1972）初級漢語課本〔新版〕, 三と書房 1972、
　　　　　　　　4

〖04636〗善鄰書院　（1972）改訂急救篇〔會話篇〕, 善鄰書院 1972、
　　　　　　　　4

〖04637〗藤堂明保　松本昭　（1972）新しい 中國文字の本, 出版總
　　　　　　　　と企画 1972、6

1971 年

〖04638〗伊地智善繼　（1971）語法を中心する中國語基礎課本, 東
　　　　　　　　方書店 7～13

〖04639〗今丸邦三　（1971）白水社カセットブックス・入門中國語,
　　　　　　　　白水社 1971、4

〖04640〗矢野春隆　（1971）新稿日中貿易通信文, 光生館 1971、9

〖04641〗藤堂明保　　（1971）注音中國語讀本, 汲古書院 1971、4

〖04642〗興水優　　　（1971）カード式ポケット中國旅行會話, 三修社 1971、9

〖04643〗朱秀峰　　　（1971）國際貿易名詞手冊, 志文出版社 1971、7

1970 年

〖04644〗望月八十吉　高維先　（1970）「中國語學習のポイント」, 光生館 1970、10

1969 年

〖04645〗菊田正信　木山英雄　傳天章　戶川芳郎　（1969）「中文の語法（稿本）上」, 大修館 1969、4

〖04646〗北京語言學院編　香坂順一改編　（1969）新しい中國語會話テキスト版, 光生館 1969、3

1968 年

〖04647〗水世嫦　長谷川寬　（1968）「會話からはいる中國語入門」, 白水社 1968、8

〖04648〗大河内康憲　（1968）「中國語會話入門」, 海文堂　東京 1968、10

3. 語　法

2002 年

〖04649〗植田渥雄監修　楊光俊　王聰　河野愛子著　（2002）中國語の文法と使い方 55, 三修社

〖04650〗太田辰夫　（2002）古典中國語文法改訂版, 汲古書院

〖04651〗何群雄　（2002）初期中國語文法學史研究資料 J·ブレマールの『中國語ノート』, 三元社

〖04652〗金文京　玄幸子　佐藤晴彦譯注　鄭光解說　（2002）老乞大　朝鮮中世の中國語會話讀本，平凡社

〖04653〗日中對照言語協會　（2002）日本語の中國語アスペクト，白帝社

〖04654〗原由起子　（2002）中國語における修飾の樣相，東方書店

〖04655〗平松圭子　大瀧幸子編著　（2002）日本語・中國語形容表現例釋，東方書店

〖04656〗宮田一郎　李臨定　（2002）中國語文法演習テキスト，光生館

〖04657〗李長波　（2002）日本語指示體系の歷史，京都大學學術出版會

2001 年

〖04658〗張　黎　（2001）漢語意合語法學綱要，中國書店

2000 年

〖04659〗何群雄　（2000）中國語文法學事始——『馬氏文通』に至るまでの在華歐人宣教師の著書を中心に一，三元社

〖04660〗朱繼征　（2000）中國語の動相，白帝社

〖04661〗朱繼征　（2000）中國語の文法形式，新瀉大學經濟學部

〖04662〗彭國躍　（2000）近代中國語の敬語システム——陰陽文化認知モデル，白帝社

〖04663〗盧　濤　（2000）中國語における「空間動詞」の文法化研究，白帝社

1999 年

〖04664〗植田均　俞光中　（1999）近代漢語語法研究，學林出版社

〖04665〗太田辰夫　（1999）中國語史通考，白帝社

〖04666〗張　勤　（1999）比較言語行爲論——日本語と中國語を中心に，好文出版

〖04667〗張黎　佐藤晴彦　(1999)中國語表現文法, 東方書店

〖04668〗日中言語對照研究會　(1999)日中言語對照研究論集（創刊號）, 白帝社

〖04669〗彭國躍　(1999)近代中國語の敬語システム—「陰陽」文化認知モデル, 白帝社

〖04670〗山田留里子　(1999)漢日定語比較研究, 北京大學出版社

1997 年

〖04671〗相原茂　(1997)謎解き中國語文法（講談社現代新書）, 講談社

〖04672〗江連隆　(1997)漢文語法ハンドブック, 大修館書店

〖04673〗内藤正子　(1997)中國語研究　ことばの性相, 白帝社

〖04674〗西田太一郎　(1997)漢文法要説, 朋友書店

〖04675〗馬眞　鳥井克之　(1997)マーチェン簡明實用中國語文法——初級から上級までの文法參考書, 駿河臺出版社

1996 年

〖04676〗相原茂　(1996)Why?にこたえるはじめての中國語の文法書, 同學社

1995 年

〖04677〗太田辰夫　(1995)中國語文論集〔語學編·元雜劇編）, 汲古書院

〖04678〗朱德熙著　杉村博文　木村英樹共譯　(1995)文法講義, 白帝社

〖04679〗鳥井克之　(1995)中國文法學説史, 關係大學出版部

〖04680〗守屋宏則　(1995)やさしくかわしい中國語文法の基礎, 東方書店

1994 年

〖04681〗杉村博文　(1994)中國語文法教室, 大修館書店

〖04682〗鈴木直治　(1994)中國古代語法の研究, 汲古書院

〖04683〗望月八十吉　(1994)現代中國語の諸問題, 好文出版

1993 年

〖04684〗李臨定著　宮田一郎譯　(1993)中國語文法概論, 光生舘

1992 年

〖04685〗大河内康憲　(1992)日本語と中國語の對照研究論文集
　　　　　　　　(上)・(下), くろしお出版

〖04686〗劉月華著　平松圭子　高橋彌守彦　永吉昭一郎譯
　　　　　　　　(1992)中國語の表現と機能, 好文出版

1991 年

〖04687〗杉村博文　(1991)中國語研修テキスト現代漢語學校語法,
　　　　　　　　東京外國語大學アジア・アフリカ言語文化研
　　　　　　　　究所

〖04688〗劉月華等著　相原茂監譯　片山博美　守屋宏則　平井和
　　　　　　　　之共譯　(1991)現代中國語文法總覽(下),
　　　　　　　　くろしお出版

1989 年

〖04689〗牛島德次　(1989)日本における中國語文法研究史, 東方書
　　　　　　　　店

1987 年

〖04690〗C. E. ヤーポントフ橋本萬太郎譯　(1987)中國語學研究業
　　　　　　　　書 3 中國語動詞の研究, 白帝社

〖04691〗鮑廷池著　增田榮次譯　（1987）漢文をどう讀みこなすか
　　　　　　　　　　中國古典入門業書Ⅹ〔新裝版〕，日中出版

〖04692〗湯延池著　松村文芳譯　（1987）中國語學研究業書2 中國
　　　　　　　　　　語變形文法研究，白帝社

1986 年

〖04693〗中村正之　木村英樹共譯　（1986）アン•ハシモト著『中國
　　　　　　　　　　語の文法構造』，白帝社

〖04694〗中村正之　木村英樹共譯　（1986）朱德熙著『文法のはなし
　　　　　　　　　　——朱德熙教授の文法問答——』，光生館

1985 年

〖04695〗輿水優　　（1985）中國語の語法の話——中國語文法概論，
　　　　　　　　　光生館中國語研究學習業書8

1984 年

〖04696〗太田辰夫　　（1984）古典中國語文法改定版，汲古書院
〖04697〗志村良治　　（1984）中國中世語法史研究，三冬社
〖04698〗俞　敏　　　（1984）中國語文學論文選，光生館
〖04699〗李亞明　　　（1984）中國語學論文集，不二出版

1983 年

〖04700〗香坂順一　　（1983）白話語彙の研究，光生館
〖04701〗香坂順一　　（1983）中國語研究學習業書七中國語の單語の
　　　　　　　　　話——語彙の世界，光生館

〖04702〗古田敬一　　（1983）レトリック文體——東西の修辭法をた
　　　　　　　　　ずねて一，丸善株式會社

〖04703〗呂叔湘著　大東文化大學外國語學部中國語學科研究室譯
　　　　　　　　　（1983）中國語語法分析問題，光生館

1980 年

〖04704〗太田辰夫　　(1980)中國語歷史文法, 朋友書店

〖04705〗許勢常安　　(1980)初級中國語語法, 大學書林

1979 年

〖04706〗吉川幸次郎　小島憲之　戶川芳郎　(1979)漢語文典業書第一卷, 汲古書院

〖04707〗吉川幸次郎　小島憲之　戶川芳郎　(1979)漢語文典業書第二卷, 汲古書院

〖04708〗吉川幸次郎　小島憲之　戶川芳郎　(1979)漢語文典業書第三卷, 汲古書院

〖04709〗吉川幸次郎　小島憲之　戶川芳郎　(1979)漢語文典業書第五卷, 汲古書院

〖04710〗大河内康憲　北村甫　(1979)助詞對照用例集 1：「の」日本語——AA 諸言語, 東京外國語大學ァシァ

4. 文字

2002 年

〖04711〗加藤弘一　(2002)圖解雜學 文字コード, ナツメ社

〖04712〗白川靜　(2002)白川靜 文字講話 1, 平凡社

〖04713〗白川靜　(2002)白川靜 字書を作る, 平凡社

2001 年

〖04714〗阿辻哲次　(2001)漢字のいい話, 大修館書店

〖04715〗鎌田正　(2001)大漢和辞典と我が九十年, 大修館書店

2000 年

〖04716〗加籐道理　(2000)字源物語, 明治書院

〖04717〗加納喜光　(2000)似て非なる漢字の辞典, 東京堂

〖04718〗寺井泰明　(2000)花と木の漢字学, 大修舘書店

1999 年

〖04719〗阿辻哲次　(1999)漢字と人間, PHP

〖04720〗浦野俊則　(1999)漢字の書 2, 雄山閣出版

〖04721〗蘇培成　尹斌庸　(1999)中國の漢字問題, 大修舘書店

〖04722〗水上靜夫　(1999)漢字を語る, 大修舘書店

1998 年

〖04723〗阿辻哲次　(1998)中國漢字紀行, 大修舘書店

〖04724〗浦野俊則　(1998)漢字の書 1：楷書, 雄山閣出版

〖04725〗佐藤喜代治　(1998)漢語漢字の研究, 明治書院

1997 年

〖04726〗石川忠久　松岡榮志　(1997)漢字とコンピュータ, 大修舘書店

〖04727〗北村陽太郎　(1997)日本簡體字のすすめ——漢字をやさしく, 新風書房

〖04728〗大越美惠子　高橋美和子　(1997)中國人のための漢字の読み方ハンドブック, スリーエーネツとワーク

〖04729〗古藤友子　(1997)日本の文字のふしぎふしぎ——漢字ひらがなカタカナ, アリス館

〖04730〗高田時雄　阿辻哲次　（1997)漢字ワードボックス,大修館書店

〖04731〗張靜賢　松岡榮志　（1997)現代中國漢字學講義,三省堂

〖04732〗日本語倶樂部　（1997)漢字の謎――知れば知るほど面白い,河出書房新社

〖04733〗橋川潤　（1997)漢字の力がついてくる本,集英社

1996 年

〖04734〗魚住和晃　（1996)「書」と漢字,〈講談社選書〉メチエ 76

1995 年

〖04735〗一海知義　（1995)知っているようで知らない漢字,講談社

〖04736〗松岡榮志　（1995)日本の漢字・中國の漢字,三省堂

1994 年

〖04737〗阿辻哲次　（1994)漢字の起源,講談社

1993 年

〖04738〗阿辻哲次　（1993)漢字のベクトル,筑摩書房

〖04739〗佐藤喜代治　（1993)漢字講座,明治書院

1988 年

〖04740〗遠藤哲夫　（1988)漢字の知恵,講談社

〖04741〗野村雅昭　（1988)漢字の未來,築摩書房

〖04742〗長谷川滋成　（1988)難字と難訓,講談社

〖04743〗吉野正治　（1988)漢字の復權,日中出版

1982 年

〖04744〗藤堂明保　(1982)漢字の過去と未來, 岩波書店

〖04745〗原田種成　(1982)漢字の常識, 三省堂

5. 語　彙

2000 年

〖04746〗相原茂　(2000)コミユニケーションのための中国語基本単語 1400, 東方書店

〖04747〗金丸邦三　(2000)中國語新語詞典, 同學社

〖04748〗塚本慶一　(2000)ビジネス中國語キーワード 600, （株）語研

〖04749〗塚本慶一　大森隆之　(2000)日中英對照實戰ビジネス中國語單詞集, 白水社

〖04750〗寺井泰明　(2000)花と木の漢字学, 大修舘書店

〖04751〗矢野光治　周國強　(2000)中國語基本ワードバンク〔改訂増補版〕, 駿河壹出版

〖04752〗李淩燕　鄭超英　鄭正浩　(2000)中國語とつさのひとこと, DHC

1999 年

〖04753〗植田均　(1999)中國語最重要單語 2000, 晃洋書房

〖04754〗王建慧　(1999)CD 付き中國語の常用單語集, 西東社

〖04755〗大島吉郎　(1999)「琉球官話集」語彙索引・附翻刻四種, 近代漢語研究會

〖04756〗「經濟の眼睛」編集部編　(1999)中國語翻譯のための中國外來語要覽〔固有名詞編〕, チヤイナワーク

〖04757〗舒志田　(1999)日中同形異義漢字語の歷史的研究, 富士ゼロックス小林節太郎記念基金

〖04758〗紹文周　　　(1999)繪でわかる中國語基本單語 1790, 明日香出版社

〖04759〗田川純三　　(1999)知っておきたい中國の名言・故事 100選, PHP

〖04760〗陳祖蓓　　　(1999)イラスト上海旅行生活單語 500, 朝日出版社

〖04761〗三上直光　　(1999)苗「フモン」語基礎 1500 語, 大學書林

1998 年

〖04762〗淺野敏彦　　(1998)國語史漢語, 和泉書院

〖04763〗朝日中國文化學院　(1998)中國語基本語 3000, 三省堂化學院

〖04764〗漢語教材研究會　(1998)中國語ワードチェック 3000, 白帝社

〖04765〗大島吉郎　　(1998)容興堂本『水滸傳』語彙索引, 近代漢語研究會

〖04766〗小島憲之　　(1998)漢語逍遙, 岩波書店

〖04767〗谷峰夫　　　(1998)中國語四字成語ドリル, 晃洋書房

〖04768〗邱奎福　　　(1998)中國語常用基本單語 3233, 南雲堂フェニックス

〖04769〗日中學院　　(1998)中國語通譯案內業試驗對策單語集, 日中學院

〖04770〗長谷川滋成　(1998)中國古諺語解說, 廣島大學教育學部國語教育研究室

〖04771〗李凌燕　　　(1998)中國語基本單語＋2000, 語研

〖04772〗矢野光治　　(1998)中國語基本ワード〔改訂版〕, 駿河臺出版

〖04773〗山下輝彦　　(1998)覺えてみよう中國語「必修ボキヤブラリー」, アスク

1997 年

〚04774〛荒川清秀　　(1997)近代日中學術用語の形成と傳播, 白帝社

〚04775〛一海知義　筧久美子　筧文生　(1997)漢語の散歩道, かも
　　　　　　　がわ出版

〚04776〛大瀧幸子　蔡暁軍　(1997)中國語で讀む楽しい四字成語
　　　　　　　12, 同學社

〚04777〛吳念聖　　(1997)基礎中國語分類單語集 1000, 駿河臺出
　　　　　　　版社

〚04778〛瀬戸口律子　佐藤晴彦　(1997)琉球官話課本『白姓官話』
　　　　　　　『學官話』『官話問答便語』語彙索引, 大東文
　　　　　　　化大學東洋研究所

〚04779〛中國語コミユニケーション協會　(1997)中國語コミユニ
　　　　　　　ケーション能力檢定對應 TECC 基本單語 1400
　　　　　　　のすべて, ベネッセコーポレーション

〚04780〛陳生保　国際日本文化研究センター　(1997)中國語の中
　　　　　　　の日本語（日文研フォーラム第 91 回）, 國際
　　　　　　　日本文化研究センター

1996 年

〚04781〛興水優　　(1996)續中國語基本語ノート, 大修館

〚04782〛谷峰夫　　(1996)讀み比べ中國語成語故事, 晃洋書房

〚04783〛莫邦富　　(1996)中國語インターネット用語集, ジヤパン
　　　　　　　タイムス

〚04784〛林　芳　　(1996)カセットテープビジネス中國語單語, ジ
　　　　　　　ヤパンタイムス

〚04785〛林　芳　　(1996)ビジネス中國語單語, ジヤパンタイムス

1995 年

〚04786〛相原茂　荒川清秀編　大川完三郎　山村博文　(1995)中
　　　　　　　國語類義語のニュアンス, 東方書店

〖04787〗漢語教材研究會　(1995)書いて覺えるMEMORY中國語3000,
　　　　　白帝社
〖04788〗陳洲學著　李永寧　加藤昌宏編譯　(1995)中國語常用口語
　　　　　表現1000,東方書店
〖04789〗藤本恆　張黎　胡士雲　(1995)中日對照ビジネス文書大
　　　　　全,東方書店
〖04790〗武柏索　王淑　(1995)中國語量詞500,中華書店

1994年

〖04791〗伊地智善繼監修　王水全　兒玉新次郎編　(1994)例解中國
　　　　　語慣用語,東方書店
〖04792〗郭華江　(1994)日中擬聲語・擬態語,東方書店
〖04793〗黃勤男　(1994)日中英職場で使う工業用語,國際語學社
〖04794〗輿水優　吳敘平　(1994)中國語基本動詞80,東方書店
〖04795〗陳宗顯　(1994)臺灣のことわざ,東方書店

1993年

〖04796〗程郁綴監　唐濤　吉田美穂子　樋口裕子　(1993)中國語常
　　　　　用熟字四〇〇,日東出版社
〖04797〗松本一男　村石利夫　村上孚　(1993)中國ことわざ話題
　　　　　事典,ぎょうせい

1992年

〖04798〗北浦藤郎　蘇英哲　鄭正浩　(1992)50音引き基礎中國語
　　　　　辭典〔第三版〕,講談社
〖04799〗呂叔湘編　牛島德次監譯　菱沼透譯　(1992)中國語用例辭
　　　　　典,東方書店

1991年

〖04800〗上野惠司　(1991)表音ローマ字でひく標準中國語詞典,白
　　　　　帝社

〖04801〗夏宇繼　（1991）中國語キーワード一〇〇, 中華書店

〖04802〗新田大作　福井文雅　（1991）チャレンジ漢和詞典, 福武書店

1989 年

〖04803〗相原茂　白井啓介編譯　（1989）歇後語のはなし──中國ことば遊び, 光生館

〖04804〗波多野太郎　（1989）中國文學語學資料集成〔第三編〕, 不二出版社

〖04805〗波多野太郎　（1989）中國文學語學資料集成〔第四編〕, 不二出版社

1988 年

〖04806〗劉月華　潘文娛　故韡著　相原茂監譯　片山博美　守屋宏則　平井和之譯（1988）現代中國語文法總覽（上）, くろしお出版

〖04807〗上野惠司　（1988）中國語漫筆──ことばの文化 60 話, 白帝社

〖04808〗太田辰夫　（1988）中國語史通考, 白帝社

〖04809〗兒玉德美　（1988）語順の普遍性, 山口書店

〖04810〗高明凱　劉正琰著　鳥井克之譯　（1988）関西大學東西學術研究所資料集刊現代日本語における外來語研究, 関西大學東西學術研究所

〖04811〗朱德熙著　松村文芳　杉村博文譯　（1988）中國語學研究叢書 4 現代中國語文法研究, 白帝社

1987 年

〖04812〗遠藤紹德　（1987）グルメ中國語, 國書刊行會

〖04813〗金若靜　（1987）同じ漢字でも, 學生社

〖04814〗芝田稔　（1987）日本中國ことばの往來, 白帝社

1985 年

〖04815〗芝田稔　島井克之　(1985)新しい中國語·古い中國語, 光生館中國語研究學習業書 4

1984 年

〖04816〗池上禎造　(1984)漢語研究の構想, 岩波書店

〖04817〗伊藤知惠子　(1984)中日植物名稱對照表,（自費出版）

1983 年

〖04818〗上野惠司　(1983)現代中國語成語辭典, 日外アソシエーツ發行、紀伊國屋書店發行

〖04819〗金丸邦三主編　（中國俗文學研究會）(1983)日中ことわざ對照集, 燎原書店

〖04820〗輿水優　(1983)中國語常用語句例解綜合索引（詞語例解綜合索引）, 東京外國語大學語學教育研究協議會

〖04821〗佐藤晴彦　陸安　(1983)小説詞語滙釋戲曲詞語滙釋發音索引, 汲古書店

〖04822〗丁秀山　(1983)中國語常用成語熟語日常會話文例等, 光生館

1980 年

〖04823〗太田辰夫　(1980)『祖堂集』口語語彙索引, 朋友書店

〖04824〗田中秀　(1980)中國語破音字例解, 永和語學社

三、辭典索引

2002 年

〖04825〗相原茂 （2002）はじめての中國語學習辭典（CD 付），
朝日出版社

〖04826〗歐米·アジア語學センター （2002）現代中國語會話辭
典（CD—ROM 付），日東書院

〖04827〗近藤和正 （2002）すぐに役立つモンゴル語會話 日モ·
モ日 常用語小辭典付，テン·ブックス

〖04828〗孫孟 王曙光 （2002）最新實用中國語辭典，隆美出版

〖04829〗日原きよみ （2002）すぐに使える 中國語——日本語
——英語辭典，國際語學社

〖04830〗相原茂 （2002）講談社 中日辭典第二版，講談社

〖04831〗相原茂 （2002）初めての中國語學習辭典，朝日出版社

〖04832〗伊地智善繼 （2002）白水社 中國語辭典，白水社

〖04833〗上野惠司 （2002）基礎中國語辭典，日本放送出版協會

〖04834〗歐米·アジア語學センター （2002）現代中國語會話辭
典，日東書院

〖04835〗謝信之 （2002）國際發音記號表記中國語漢字音辭典，
いるか出版

〖04836〗秦延通 （2002）日中外來語辭典，（中國社會出版社版）
東方書店

〖04837〗鈴木義昭 王文 （2002）日本語から引ける中國語の外來
語辭典，東京堂出版社

〖04838〗蘇文山 （2002）ポータブル 新中日·日中辭典〔繁體
字版〕，三修社

〖04839〗對外經濟貿易大學 商務印書館 小學館共同編集 （2002）
日中辭典第二版，小學館

2001 年

〖04840〗謙田正　米山寅太郎　（2001）大修館漢語新辭典,大修館
　　　　　　書店

〖04841〗孔碧儀　施仲謀　（2001）日本語廣東語辭典,東方書店

〖04842〗松崗榮志　樋口靖　白井啓介　代田智明　（2001）クラウ
　　　　　　ン中日辭典,三省堂

〖04843〗中山時子　戶村靜子　（2001）中國語發音字典新裝版,東
　　　　　　方書店

〖04844〗松崗榮志　三省堂編修所　（2001）康熙字典日本語版
　　　　　　CD-ROM,三省堂

2000 年

〖04845〗北浦藤郎　蘇英哲　鄭正浩　（2000）50 音引き中國語辭
　　　　　　典,講談社

〖04846〗姜晚成　王郁良　（2000）競選日中中日辭典,東方書店

〖04847〗輿水優　（2000）中國語基本語辭典,東方書店

〖04848〗金丸邦三　（2000）日中ことわざ辭典,同學社

〖04849〗中日英語用辭典編集委員會　（2000）日中英對照物理用語
　　　　　　辭典,朝倉書店

1999 年

〖04850〗田野成之　（1999）漢文基本語辭典,大修館書店

〖04851〗石井米雄　千野榮一　（1999）世界のことば１００語辭典
　　　　　　アジア編,三省堂

〖04852〗杉本達夫　牧田英二　古屋昭弘　（1999）デイリーコンサ
　　　　　　イス中日・日中辭典,三省堂

〖04853〗蘇文山　（1999）アクセス中日・日中辭典,三修社

〖04854〗蘇文山　（1999）アクセス中日・日中辭典〔第二版〕,
　　　　　　三修社

〖04855〗蘇文山　　　（1999）アクセス日中辭典,三修社

〖04856〗蘇文山　　　（1999）アクセス中日辭典〔第二版〕,三修社

〖04857〗張一帆　塚越敏彦　（1999）最新中日外來語辭典,日中通
　　　　　　信社

〖04858〗增井金典　（1999）常用漢字語源辭典

〖04859〗伊井健一郎　山田留里子　董静如　（1999）新華字典·漢
　　　　　語拼音版,山西教育出版社

1998 年

〖04860〗『英日中工業技術大辭典』編集委員會　（1998）英日中化
　　　　　　學用語辭典,工業調查會

〖04861〗小石真純　（1998）日英中粉體技術用語辭典,美洋社

〖04862〗重化學工業通信社　（1998）日英中化學プラント用語辭典,
　　　　　重化學工業通信社

〖04863〗日本國際貿易促進協會　（1998）組立式·日中ビジネス
　　　　　　文例辭典〔貿易編〕,日本國際貿易促進協會ビ
　　　　　　ジネス中國語研究會

〖04864〗在日華人漢語教師協會　（1998）中日·日中學習辭典,在
　　　　　　日華人漢語教師協會

〖04865〗杉本達夫　牧田英二　古屋昭弘　（1998）デイリーコンサ
　　　　　　イス　中日辭典,三省堂

〖04866〗武信彰　砂岡和子　（1998）プログレッシブ中國語辭典,
　　　　　小學館

〖04867〗長島猛人　（1998）實用四字熟語辭典,成美堂出版社

〖04868〗日本熊本工業大學　中國高等教育出版社　（1998）日中英
　　　　　　　エレクトロニクス用語辭典,星雲社

〖04869〗相原茂　長谷川良一　小峯王親　（1998）講談社中日辭典,
　　　　　講談社

〖04870〗日　原　　（1998）すぐにつかえる 2 日本語——中國語
　　　　　　——英語辭典,國際語學社

〖04871〗李　紅　　（1998）日中英マルチ辭典,DHC

〖04872〗劉曉民　　　（1998）精選日中縮略語辭典, 大新書局

〖04873〗趙基天　　　（1998）中日字音對照字典部首字母假名順, 同
　　　　　　　　　　學社

〖04874〗趙基天　利波雄一　（1998）ローマ字中日漢字讀み方字典,
　　　　　　　　　　駿河臺出版社

1997 年

〖04875〗上野惠司　　　（1997）標準中國語辭典〔第 2 版〕, 白帝社

〖04876〗黃紅凝　　　（1997）あいうえおで引く中國語常用會話辭典,
　　　　　　　　　　南雲堂フェニックス

〖04877〗竹田晃　坂梨隆三　　（1997）五十音引き講談社漢和辭典,
　　　　　　　　　　講談社

〖04878〗武信彰　阿辻哲次　砂岡和子　吳川　（1997）プログレッ
　　　　　　　　　　シブ中國語辭典, 小學館

〖04879〗三省堂編集所　　（1997）大きな活字の漢字表記辭典〔第 3
　　　　　　　　　　版〕, 三省堂

〖04880〗芝野耕司　　　（1997）JIS 漢字字典, 日本規格協會

1996 年

〖04881〗一海知義　　（1996）風（一語の辭典）, 三省堂

〖04882〗陳岩　山本哲也　（1996）市場經濟下の最新中國新語辭典,
　　　　　　　　　　北九州中國書店

〖04883〗莫邦富　　　（1996）變貌する中國を讀み解く新語辭典, 草思
　　　　　　　　　　社

〖04884〗上野惠司　　　（1996）標準中國語辭典〔第 2 版〕, 白帝社

〖04885〗上野惠司等　　（1996）標準日中辭典, 白帝社

〖04886〗三浦勝利　　　（1996）漢文を讀むための助字小字典, 内山書
　　　　　　　　　　店

1995 年

〖04887〗荒屋勸主編　（1995）中國語常用動詞例解辭典, 日外アン
　　　　　　シエーツ

〖04888〗上野惠司　（1995）新訂現代中國語成語辭典, 日外アンシ
　　　　　　エーツ

〖04889〗北浦藤郎　蘇英哲　鄭正浩　（1995）50 音引き基礎中國
　　　　　　語辭典〔部分改訂〕, 講談社

〖04890〗高橋彌守彦　姜林森　金滿生　朱春躍　（1995）中國語虛
　　　　　　詞類義語用例辭典, 白帝社

〖04891〗野口宗親　（1995）中國語擬音語辭典, 東方書店

1994 年

〖04892〗牛島德次　（1994）中國成語辭典, 東方書店

〖04893〗姜晚成　王郁良　（1994）精選日中·中日辭典, 東方書店

〖04894〗大東文化大學中國語大辭典編纂室　（1994）中國語大辭典,
　　　　　　角川書店

〖04895〗中國機械工業出版社　（1994）日英中機械電氣用語辭典,
　　　　　　東方書店

〖04896〗中國地質出版社　（1994）日英中地學用語辭典, 東方書店

〖04897〗中島幹起　（1994）現代廣東話辭典, 大學書林

〖04898〗日外アンシエーツ編集部　（1994）漢字異體字典, 日外ア
　　　　　　ンシエーツ

1993 年

〖04899〗上野惠司　相原茂　（1993）逆引き中國語辭典, 日外アン
　　　　　　シエーツ

〖04900〗金丸邦三監修　吳侃編著　（1993）中國語新語辭典〔改訂
　　　　　　新版〕, 同學社

〖04901〗興水優　大川完三郎　佐藤富士雄　佐藤醇　（1993）中國語圖解辭典, 大修舘書店（1992 年）

〖04902〗林　大　（1993）現代漢語例解辭典, 小學舘

〖04903〗吹野安監修　石本道明　（1993）四字熟語活用辭典, 創拓社

〖04904〗林　芳　（1993）中國語動詞活用辭典, 東方書店

1992 年

〖04905〗北京商務印書館　小學舘共同編集　（1992）中日辭典, 小學舘

〖04906〗北浦藤郎　蘇英哲　鄭正浩　（1992）50 音引き基礎中國語辭典〔第三版〕, 講談社

〖04907〗呂叔湘編　牛島德次監譯　菱沼透譯　（1992）中國語用例辭典, 東方書店

1991 年

〖04908〗上野惠司監修　王曙光編　（1991）現代中國語常用略語辭典, 白帝社

〖04909〗北浦藤郎　蘇英哲　鄭正浩　（1991）五〇音引き基礎中國語辭典, 講談社

〖04910〗那須雅之　（1991）中國語略語辭典, 東方書店

1990 年

〖04911〗石川忠久　遠藤哲夫　小和田顯　（1990）福武漢和辭典, 福武書店

1988 年

〖04912〗梁春香　（1988）入門中國語基本動詞活用表現辭典, 南雲堂

〖04913〗香坂順一　（1988）初學者も使える中國語虛詞辭典, 光生館

〖04914〗香坂順一　（1988）新しい方式の常用單語集　中國語關連語辭典, 米生館

〖04915〗佐藤利行　中島吾妻　（1988）英・日・中　海事貿易基本用語辭典, 白帝社

〖04916〗增淵法之　（1988）日本中國植物名比較對照辭典, 東方書店

〖04917〗諸橋轍次　渡邊末吾　鎌田正　米山寅太郎　（1988）大修館新漢和辭典〔改訂第二版〕, 大修館書店

1987 年

〖04918〗愛知大學中日大辭典編纂處　（1987）中日大辭典〔增订第二版〕, 大修館書店

〖04919〗張志毅編著　伊地智善繼堅修　澤田啓二　奧田寬譯　（1987）中國語同義語辭典, 東方書店

〖04920〗對外經濟貿易大學　商務印書館　小學館　共同編集　（1987）日中辭典, 小學館

〖04921〗臺灣總督府　（1987）廣東語辭典, 國書刊行會

〖04922〗張淑榮編　德田武校閱　（1987）中日漢語對比辭典, ゆまに書房

〖04923〗飛田良文　呂玉新　（1987）日本語・中國語意味對照辭典, 南雲堂

〖04924〗山口明穗　竹田晃　（1987）岩波漢語辭典, 岩波書店

1986 年

〖04925〗香坂順一　（1986）簡約現代中國語辭典, 光生館

〖04926〗北京語言學院　（1986）簡明中日辭典, 東方書店

〖04927〗愛知大學中日大辭典編纂處　（1986）中日大辭典〔改訂版〕, 大修館

〖04928〗金俊培　金星培著　川瀬正三堅修　（1986）明解中日常用辭典, 燎原

〖04929〗石井一二三　（1986）中古漢字音字典, 名著普及會

1985 年

〖04930〗大河内康憲　孫雷門　丁素菲　（1985）中國語書簡文表現
辭典, 燎原

〖04931〗史群　（1985）最新日中外來語辭典, 東方書店・商務印書館

〖04932〗李壽山　（1985）中日漢字字典, みずうみ書房

1984 年

〖04933〗紫藤城也　（1984）漢文重要語句辭典, 清水書院

〖04934〗藤堂明保　（1984）最新中國情報辭典, 小學館

〖04935〗花田哲夫　（1984）漢和辭典, 集文館

〖04936〗諸橋轍次　（1984）修訂版大漢と辭典卷一（一部～入部）,
大修館書店

〖04937〗諸橋轍次　（1984）修訂版大漢と辭典卷二（八部～口部）,
大修館書店

〖04938〗諸橋轍次　（1984）修訂版大漢と辭典卷三（口部～宀部）,
大修館書店

〖04939〗集英社辭典編集部　（1984）大活字漢字早引字典, 集英社

〖04940〗水野惠　（1984）古漢字典, 光村推古書院

〖04941〗遊佐昇　（1984）中國語發音字典・電碼本, 燎原社

1983 年

〖04942〗倉石武四郎　折敷瀨與　（1983）岩波日中辭典, 岩波書店

〖04943〗藤堂明保　（1983）漢和辭典, 昭文社

〖04944〗北京外國語學校　（1983）詳解日中辭典, 光生館

〖04945〗中山時子　戶村靜子　（1983）中國語發音字典, すずき出
版

〖04946〗呂叔湘主編　牛島德次監議　（1983）現代中國語用法辭典,
現代出版

1982 年

〖04947〗上野惠司　菱沼透　福地滋子　（1982）中國語手紙の書き
　　　　　　方辭典, 東方書店

〖04948〗香坂順一　（1982）現代中國語辭典, 光生館

1980 年

〖04949〗上野惠司　相原茂　（1980）新しい排列方式による現代中
　　　　　　國語辭典, 日外アソシエーツ

〖04950〗瀨戶口武夫　（1980）漢文解釋辭典, 角川書店

〖04951〗劉　華　（1980）現代中國常用語辭典, 柏書房

〖04952〗藤堂明保　（1980）學研漢和大字典, 東京美術

1979 年

〖04953〗加籐常賢　水上靜夫　（1979）中國故事成語辭典, 角川小
　　　　　　辭典

〖04954〗田中清一郎　（1979）中國的諺俗, 白水社

〖04955〗加籐常賢　水上靜夫　（1979）中國故事名言辭典, 角川小
　　　　　　辭典

〖04956〗林巨樹　（1979）國語史辭典, 東京堂出版社

附　录

《日本中國語教學研究總目》人名檢索

A

Antony N
【00480】

阿部博幸
【02295】 【04329】

阿部悟
【04169】

阿辻哲次
【02666】 【02667】 【02668】
【02669】 【02670】 【02671】
【02672】 【02673】 【02674】
【02675】 【02676】 【02677】
【02688】 【04714】 【04719】
【04723】 【04730】 【04737】
【04738】 【04878】

愛知大學中日大辭典編纂處
【04918】 【04927】

安本武正
【02070】 【02233】

安本武政
【03427】

安高芳
【01674】

安井二美子
【00502】 【01802】 【02786】
【03085】 【03131】 【03190】
【03343】 【03426】

安念一郎
【03509】 【04630】

安藤好惠
【00225】 【00226】 【00227】
【00228】 【02087】

安藤彦太郎
【00075】 【00664】 【01265】
【01266】 【01419】 【01452】
【01459】 【03569】 【04552】

安藤陽子
【01420】

安藤好惠
【01570】

安田國子
【03762】

安田明生
【00371】

安田正
【03763】

安熙貞
【01693】

安宇植
【02712】

岸峰眞琴
【00002】

岸陽子
【00880】

奥村訓代
【00137】

奥津敬一郎
【00136】 【02175】 【02533】

奥山佳代子
【02916】

奥田寬

【02536】【02537】【03018】

【03104】【03214】【03364】

【03561】【04919】【02806】

【02352】

B

Bernhard

【03543】

Bernhard Karlgren

【03534】

八角高茂

【04015】

八巻俊雄

【00103】

八木章好

【03761】【03835】【03853】

【03930】【04209】【04381】

白川靜

【04712】【04713】

白帝社編集部

【03737】

白帝社中國語センター

【04553】

白根理惠

【03977】【03978】【04071】

【04072】【04073】【04134】

白海燕

【01657】

白井啓介

【04419】【04842】【04803】

【00196】

白美英

【04312】【04313】

白木通

【02255】【02830】【04435】

白水紀子

【00961】【04535】

白維國

【03124】

白銀志榮

【00457】【00458】【00459】

【00607】【01524】

坂井健一

【02726】【03309】

坂井田ひとみ

【04088】【04198】

坂井裕子

【02180】【03391】

坂口直樹

【04337】

坂梨隆三

【04877】

板谷俊生

【00229】【04218】

板谷秀子

【04218】

半野朗

【04340】

浜口裕子

【04336】

浜田ゆみ
〖03779〗

苞山武義
〖02046〗　〖02047〗

保坂律子
〖02145〗　〖01191〗　〖01791〗
〖01882〗　〖02278〗　〖03643〗
〖03645〗

鮑廷池
〖04691〗

鮑延穀
〖03127〗

鮑延毅
〖02064〗　〖03078〗　〖03187〗

北川修一
〖01491〗

北村甫
〖04710〗

北村陽太郎
〖04727〗

北岡正子
〖01929〗　〖01930〗　〖01931〗

北海道新聞社
〖04375〗

北京商務印書館編東方書店出版
部
〖04604〗

北京大學對外漢語教學中心
〖04547〗

北京放送局日本語部
〖04157〗　〖04312〗　〖04313〗

北京商務印書館
〖04905〗

北京外國語學校
〖04944〗

北京語言學院
〖04374〗　〖04438〗　〖04573〗
〖04926〗　〖04646〗

北浦藤郎
〖02453〗　〖04798〗　〖04845〗
〖04889〗　〖04906〗　〖04909〗

北條格
〖00967〗　〖01027〗

貝塚茂樹
〖02713〗　〖03631〗

本多淨道
〖00160〗

本林教衡
〖03807〗

本田貴彦
〖02687〗

畢淑敏
〖04097〗

卞民岩
〖00203〗

卞惟行
〖03799〗　〖03937〗

表野和江
〖03835〗

濱口富士雄
〖03549〗

濱口英樹

【01969】

濱田ゆみ

　【03721】　【03722】

波多野太郎

　【00185】　【00192】　【01778】

　【02551】　【02610】　【02983】

　【03416】　【03506】　【03595】

　【03602】　【03603】　【03605】

　【03622】　【04804】　【04805】

薄井俊二

　【00548】

布川雅英

　【01661】

C

C. E. ヤーポントフ

　【04690】

Christine Lammarre

　【02163】

Cominos

　【00480】

蔡北國

　【00325】

蔡海云

　【04182】　【04532】

蔡鏡浩

　【00088】

蔡汝浩

　【03977】　【03978】　【04071】

　【04072】　【04073】　【04134】

蔡暁軍

　【04776】　【04221】

蔡楊喜美

　【01423】

倉橋幸彦

　【00577】　【00890】

倉石武四郎

　【00207】　【00212】　【00213】

　【01455】　【03632】　【03633】

　【03639】　【04582】　【04942】

曹德和

　【01957】

曹逢甫

　【01631】

曹麗萍

　【03399】

曹泰和

　【02950】

曹煒

　【02836】　【03317】

柴春華

　【02932】

柴芳太郎

　【04619】

柴森

　【01606】　【03929】

柴田清繼

　【00456】　【04237】　【04238】

柴田武

　【02509】

柴田昭二

【02185】

長島猛人

【01188】 【01249】 【01250】

【01251】 【01252】 【04091】

【04145】 【04146】 【04867】

長谷川寛

【04595】 【01409】 【01455】

【03798】 【04566】 【04567】

【04571】 【04600】 【04601】

【04629】

長谷川良一

【00971】 【00200】 【00831】

【00832】 【00833】 【00834】

【00835】 【01030】 【01254】

【01342】 【01354】 【01359】

【01368】 【01377】 【01384】

【01385】 【01399】 【02647】

【04155】 【04203】 【04568】

【04599】 【04625】 【02673】

【04647】 【04869】 【01152】

長谷川清司

【03601】

長谷川一郎

【00206】 【01435】

長谷川正時

【04559】

長谷川滋成

【04742】 【04770】

長井裕子

【03786】

長井真友子

【03977】 【03978】 【04071】

【04072】 【04073】 【04134】

長田夏樹

【02602】 【03530】

長尾光之

【02324】 【02580】 【03409】

暢素梅

【03719】

巣山恆明

【02601】

朝倉摩理子

【03862】 【03944】 【04048】

朝倉眞理子

【04121】

朝日中國文化學院

【03945】 【04763】

車麗

【04187】

陳愛玲

【03861】

陳愛文

【02586】

陳川舉

【04470】

陳訪澤

【02130】

陳光

【01535】

陳浩

【03720】 【03942】

陳洪傑

【03998】

陳建民

【02523】

陳軍

【00469】【00470】【00471】

【00614】【00615】【00616】

【00617】【00618】【00619】

【00620】【00621】【00622】

陳凱歌

【04142】

陳力衛

【01964】【02745】【03333】

陳萌華

【01772】

陳謙臣

【02776】【03612】

陳榮生

【03465】【04530】

陳如

【03995】【04373】

陳如珪

【00613】

陳生保

【04780】

陳士昌

【03404】

陳淑梅

【03646】【03825】

陳舜臣

【03612】

陳順和

【01248】

陳綏寧

【01184】

陳通生

【01185】【01218】【01219】

【04232】

陳薇

【03887】

陳文芷

【00967】【01024】【01025】

【01026】【01027】【01085】

【01086】【01087】【01088】

【01089】【01090】【01091】

【01092】【01093】【01094】

【01095】【01096】【01135】

【01136】【01137】【01138】

【01139】【01140】【01141】

【01142】【01143】【01144】

【01145】【01146】【01186】

【01299】【01336】【01353】

【02045】【03994】【04233】

【04261】【04561】

陳曉程

【01642】

陳新雄

【00069】【03581】

陳岩

【02264】【04882】

陳業男

【00968】

陳月吾

〖03678〗 〖03924〗

陳眞

〖03993〗 〖04362〗 〖04363〗

〖04373〗 〖04427〗 〖03906〗

陳州學

〖04293〗 〖02203〗 〖02204〗

〖03778〗 〖04361〗 〖03180〗

〖04522〗 〖04788〗

陳卓敏

〖03905〗 〖04428〗

陳宗顯

〖04795〗

陳祖蓓

〖03749〗 〖03805〗 〖04178〗

〖04760〗

成春有

〖01868〗

成戶浩嗣

〖01967〗 〖01972〗 〖01973〗

〖01781〗 〖01880〗 〖02059〗

〖02060〗 〖02140〗 〖02226〗

〖04435〗 〖01652〗

成井勝利

〖01880〗

成瀨武史

〖03705〗

城谷武夫

〖01128〗

城谷武男

〖01015〗 〖01243〗 〖04137〗

城谷武町

〖01016〗

程美珍

〖04294〗 〖04295〗

程艷春

〖03651〗 〖03652〗 〖03866〗

〖03867〗 〖04054〗

程郁綴

〖04796〗

程遠巍

〖01768〗

池本和夫

〖03146〗 〖03208〗

池上貞子

〖04053〗 〖04217〗

池上禎造

〖04816〗

池上正治

〖03351〗

池田博臣

〖00206〗

池田巧

〖00048〗 〖00049〗 〖03550〗

池田武雄

〖04258〗

池田證壽

〖02691〗

赤坂智子

〖03826〗

赤松みのり

〖01173〗

寵黔林

【01790】

川本邦衛

【02618】

川島優子

【02743】

川端加代

【01928】 【02106】

川口榮一

【02573】 【02619】 【03964】

【03965】 【04064】 【04391】

【04433】 【04463】 【04464】

川瀬正三

【04928】

川上久壽

【01386】 【02557】 【02638】

船谷佳子

【03703】

船橋洋一

【04340】

船田秀佳

【03744】

傅天章

【04645】

傅田章

【04089】

舛谷銳

【00498】 【03926】

吹野安

【04903】

崔健

【02252】

崔玉華

【01725】

翠川信人

【04211】

村木新次郎

【03423】

村山敬三

【03878】

村山洋子

【01798】

村上孚

【04797】

村上公一

【00332】 【00377】 【00500】

【00610】 【00745】 【00924】

【03698】 【03699】 【04067】

【04068】 【04103】 【04251】

【04252】

村上嘉英

【01226】 【04447】

村上信貴 【01796】

村石利夫

【04797】

村松惠子

【01797】 【01891】 【02330】

【02398】 【02399】 【02431】

村田茂

【00148】

村田裕子

【00925】 【00926】 【04021】

【04163】

村田忠禧
〖00128〗

村尾康子
〖03752〗 〖04380〗

D

Deng Meihwa
〖01539〗

達藤光曉
〖01826〗 〖01827〗 〖01828〗
〖01829〗 〖01830〗 〖01831〗
〖01832〗 〖01833〗 〖01834〗

達藤雅裕
〖01825〗

大川完三郎
〖00186〗 〖00941〗 〖00942〗
〖00943〗 〖00944〗 〖00993〗
〖01273〗 〖02802〗 〖02913〗
〖03010〗 〖03011〗 〖03152〗
〖03211〗 〖03359〗 〖03457〗
〖03476〗 〖03824〗 〖04180〗
〖04786〗 〖04901〗 〖03101〗

大島吉郎
〖01581〗 〖01921〗 〖02014〗
〖02248〗 〖02301〗 〖02449〗
〖03013〗 〖03360〗 〖03573〗
〖04755〗 〖02094〗 〖03273〗
〖04765〗

大島正二
〖03559〗 〖03560〗

大東文化大學外國語學部中國語
學科研究市
〖04703〗

大東文化大學中國語大辭典編纂
室
〖04894〗

大方孝典
〖00095〗

大河内康憲
〖00096〗 〖00161〗 〖01398〗
〖02170〗 〖02244〗 〖02245〗
〖02246〗 〖02247〗 〖02448〗
〖02473〗 〖02512〗 〖02534〗
〖02590〗 〖02641〗 〖02644〗
〖02803〗 〖02093〗 〖03486〗
〖03556〗 〖03604〗 〖04111〗
〖04648〗 〖04685〗 〖04710〗
〖04930〗 〖03557〗

大河内康憲教授退官記念論文集
刊行會
〖03558〗

大瀧幸子
〖01045〗 〖01110〗 〖01582〗
〖01583〗 〖01710〗 〖01711〗
〖01838〗 〖01922〗 〖02015〗
〖02016〗 〖02017〗 〖02018〗
〖02095〗 〖02096〗 〖02097〗
〖02098〗 〖02099〗 〖02100〗
〖02101〗 〖02171〗 〖02347〗
〖02416〗 〖02599〗 〖02600〗
〖02621〗 〖02739〗 〖02804〗

【02914】【03014】【03150】

【03361】【03492】【03510】

【04214】【04221】【04295】

【04403】【04488】【04655】

【04776】

大内田三郎

【02615】【03830】【04402】

【04615】【03668】

大平桂一

【00551】

大橋志華

【01584】

大森隆之

【04749】

大山正春

【04623】

大石敏之

【01235】【02532】【02571】

大石智良

【04268】

大田完三郎

【01325】

大庭修

【00086】

大西博子

【01470】

大西克也

【01712】【01839】

大西守

【04338】

大西智之

【00402】【01176】【02302】

【02349】【02350】【02351】

【02417】【03363】【02249】

大原信一

【00066】【00078】【00085】

【00135】【00218】【01210】

【02572】【03016】【03534】

【03578】【03584】【04480】

【00199】【00216】【01378】

【01379】【04579】【04581】

大越美惠子

【04728】

大芝孝

【03012】

大塚秀明

【03151】【00035】【00077】

【00084】【01046】【01047】

【01048】【01111】【01112】

【01113】【01114】【01115】

【01116】【01117】【01118】

【02348】【02805】【02915】

【03015】【03212】【03274】

【03362】

代田智明

【04842】

待場裕子

【03804】【04065】【04507】

戴桂芙

【01131】

戴惠本

【01316】【01348】

丹藤佳紀
〖03539〗

淡島成高
〖01692〗〖03350〗

島津幸子
〖01514〗〖02763〗

島津忠夫
〖00198〗

島井克之
〖02457〗〖04815〗〖01646〗

島田虔次
〖01380〗

島田亞寶
〖01857〗

島祐美子
〖00495〗〖00496〗〖00497〗

嶋田恭子
〖04259〗

稲葉昭二
〖04395〗〖04457〗〖04481〗
〖04482〗〖04513〗〖04619〗

德澄雅彦
〖03742〗

德田武校閲
〖04922〗

鄧恩明
〖04236〗

鄧懿
〖04235〗〖04297〗

鎧屋一
〖04098〗

堤博美
〖01147〗

荻庭勇
〖02686〗

地藏堂貞二
〖00602〗〖02366〗〖03996〗
〖03997〗〖04059〗〖04082〗

篠田裕之
〖00680〗

丁大
〖03334〗

丁芳云
〖03203〗

丁鋒
〖03977〗〖03978〗〖04072〗

丁素菲
〖04930〗

丁秀山
〖01029〗〖03613〗〖03620〗
〖03634〗〖04088〗〖04198〗
〖04364〗〖04497〗〖04498〗
〖04499〗〖04557〗〖04822〗

丁伊勇
〖02048〗

冬明
〖03021〗

東淳一
〖01187〗

東方書店〔簡明實用漢語課本〕
編集部
〖03999〗

東方書店業務センター

〖00041〗

東方通信社

〖03912〗

東海大學外國語教育センター

〖03911〗

東海林清

〖01416〗

東京大學教養學部中國語部會

〖03726〗

東郷實

〖04090〗

董紅俊

〖03727〗

董靜如

〖04859〗

董黎民

〖04443〗

董黎明

〖04539〗

董燕

〖03725〗　〖03782〗　〖03783〗

〖03784〗　〖03785〗　〖03908〗

〖03910〗

董志堯

〖01965〗

都染直也

〖00117〗

都筑雅子

〖01536〗　〖01764〗

杜勤

〖02703〗

杜若明

〖03728〗

渡邊安代

〖04439〗

渡邊春夫

〖00649〗

渡邊浩司

〖03786〗　〖04021〗　〖04163〗

渡邊宏明

〖00987〗

渡邊麗玲

〖01813〗

渡邊茂彦

〖02612〗　〖04265〗

渡邊末吾

〖04917〗

渡邊晴夫

〖00521〗　〖00522〗　〖00523〗

〖00524〗　〖03820〗　〖03859〗

〖03939〗　〖04215〗　〖04254〗

〖04491〗　〖01228〗　〖01229〗

〖01261〗　〖03776〗　〖03821〗

〖03822〗　〖04117〗　〖04216〗

渡邊新一

〖03476〗

渡邊雅之

〖02897〗

渡邊昭夫

〖02605〗

渡邊正一

〖01169〗

渡部修

〖02795〗

段伶

〖01182〗

段威

〖01763〗

段躍中

〖03529〗

對外經濟貿易大學

〖04839〗 〖04920〗

多和田峰子

〖01638〗 〖01782〗

E

Elly

〖01468〗

兒野道子

〖02381〗 〖03963〗 〖04286〗

〖04495〗

兒玉德美

〖04809〗

兒玉啓子

〖01060〗

兒玉新次郎

〖04791〗

二階堂善弘

〖00020〗 〖03550〗 〖00057〗

〖00058〗 〖00059〗

二通信子

〖00970〗

F

范曉

〖01658〗 〖01659〗

飯泉彰裕

〖03914〗

飯田敦子

〖03646〗

飯田眞紀

〖03650〗

方經民

〖01663〗 〖01784〗

方美麗

〖01548〗 〖01549〗 〖01789〗

〖02063〗 〖03126〗

方如偉

〖04017〗 〖04098〗

芳澤ひろ子

〖01559〗 〖01905〗

飛田良文

〖00141〗 〖04923〗

豐嶋裕子

〖02387〗 〖02388〗

豐福健二

〖04237〗 〖04238〗

馮寶珠

〖02058〗 〖02061〗

馮富榮

〖01547〗 〖01780〗

馮書

〖02889〗

馮蘊澤

〖01660〗　〖02141〗

服部昌之

〖02426〗　〖02460〗　〖02651〗

〖03339〗　〖03515〗

服部元彦

〖01876〗　〖03076〗

福島邦道

〖03503〗

福地桂子

〖01153〗　〖01255〗　〖04244〗

〖04245〗

福地滋子

〖04947〗

福井文雅

〖04802〗

釜屋修

〖00412〗　〖04266〗　〖04480〗

〖04409〗

副島一郎

〖00612〗　〖00818〗

傅田章

〖03780〗　〖03781〗　〖03907〗

〖04296〗　〖04365〗

富坂聰

〖04000〗

富爾良

〖04001〗　〖04002〗　〖04003〗

富谷至

〖02684〗

富永一登

〖03875〗

G

G・アナトラ

〖03667〗

岡本篤子

〖03743〗

岡本俊裕

〖02172〗

岡本文良

〖00151〗

岡部謙治

〖00552〗　〖02598〗　〖03017〗

〖04062〗　〖04172〗　〖04460〗

岡田臣弘

〖00206〗

岡田玲

〖01472〗

岡田文之助

〖01236〗　〖03213〗　〖04395〗

〖04405〗　〖04457〗　〖04481〗

〖04482〗

岡田英樹

〖04222〗　〖04269〗

岡垣篤幸

〖03533〗

崗部謙治

〖04126〗

崗崎滿義

〖01381〗

崗晴天

〖04517〗

高部千春

〖02680〗 〖02690〗

高村麻美

〖03939〗 〖04254〗

高村麻實

〖00964〗 〖01132〗 〖01247〗

〖04216〗 〖04491〗

高島俊男

〖01290〗 〖01291〗 〖01335〗

〖02837〗

高嶋謙一

〖02196〗

高芳

〖00288〗 〖03809〗

高建斌

〖02990〗

高建新

〖00519〗

高靖

〖01502〗 〖02814〗

高久由美

〖02679〗

高烈夫

〖01124〗

高明凱

〖04810〗

高木百合子

〖03985〗

高木宣

〖03477〗 〖02500〗

高橋めぐみ

〖01632〗

高橋繁樹

〖03400〗

高橋海生

〖01292〗 〖04294〗

高橋晋一

〖03696〗

高橋君平

〖02501〗 〖02521〗 〖02547〗

〖02603〗 〖02604〗 〖02632〗

〖02661〗

高橋均

〖01429〗 〖01433〗 〖03401〗

〖04407〗

高橋良行

〖00819〗 〖00963〗 〖03698〗

〖03699〗 〖04102〗

高橋良政

〖00111〗

高橋茂男

〖02838〗 〖02839〗 〖02840〗

〖02841〗 〖02842〗 〖02843〗

〖02844〗 〖02845〗 〖02850〗

高橋美和子

〖04728〗

高橋彌守彦

【02376】　【02377】　【01530】

【01531】　【01633】　【01634】

【01635】　【01636】　【01758】

【01759】　【01760】　【02041】

【02128】　【02197】　【02198】

【02199】　【02262】　【02316】

【02502】　【02593】　【02594】

【02620】　【02623】　【02773】

【03238】　【03239】　【03242】

【03243】　【03244】　【03245】

【03321】　【03322】　【03323】

【03324】　【03325】　【03326】

【03327】　【03328】　【03329】

【03330】　【03331】　【03332】

【04500】　【04586】　【04686】

【04890】　【01958】

高橋明郎

【01216】

高橋庸一郎

【00139】　【00464】　【04213】

高橋優子

【03697】

高橋由紀子

【02522】

高橋由利子

【01293】　【01294】　【04407】

高潤生

【03679】

高順全

【00291】　【01599】

高田時雄

【00115】　【03588】　【04730】

高田裕子

【03695】

高田智和

【00008】

高畠惟一

【00729】

高維先

【03523】　【03525】　【04583】

【04621】　【04644】

高偉建

【03458】

高增傑

【03487】

葛慧芬

【04033】

葛金龍

【01714】

宮本厚子

【01667】　【01982】

宮本節子

【01536】　【01764】

宮本幸子

【01155】　【04379】

宮本一郎

【04020】

宮部寬

【02722】

宮川浩也

【02882】

宮島琴美

【01553】

宫田和子

【03081】　【03129】　【03130】

宫田一郎

【00640】　【00920】　【00921】

【00922】　【00923】　【01307】

【01983】　【01984】　【01985】

【01986】　【01987】　【01988】

【01989】　【01990】　【01991】

【02650】　【03750】　【04378】

【04596】　【04656】　【04684】

宫尾正樹

【01306】

宫下典男

【02488】

宫越茂夫

【04624】

古川慧能公

【03802】

古川末喜

【03199】

古川裕

【00837】　【00838】　【00839】

【00910】　【00911】　【00912】

【00913】　【00914】　【00915】

【00916】　【00917】　【02142】

【02227】　【02228】　【02229】

【02230】　【02231】　【02394】

【02877】　【03800】　【03801】

【04080】　【04436】　【04437】

古藤友子

【04226】　【04729】

古田島洋介

【03451】

古田敬一

【02988】　【04702】

古田朱美

【03184】

古屋昭弘

【00025】　【00370】　【02143】

【03537】　【03606】　【04852】

【04865】

古澤幸子

【04489】

谷峰夫

【01023】　【02702】　【03704】

【03989】　【03990】　【04288】

【04767】　【04782】

谷口知子

【02849】　【02952】

谷内哲治

【04137】

穀川典代

【03852】

故韡

【04806】

顧春芳

【03882】　【03883】

顧國正

【04205】

顧明耀

【03390】

顧盤明
【02031】

顧順蓮
【01211】【02114】

関根謙
【04285】【04322】【04383】
【03890】【03983】

関口勝
【04320】【04549】

關長龍
【03289】

關光世
【01629】

關西大學大學院東アジア言語教
育研究會
【01490】

關西中國語オノマタペ研究會
【03277】【03278】【03279】
【03280】【03281】【03282】
【03283】【03284】【03285】
【03286】【03287】【03288】

光岡玄
【01224】

廣岡今日子
【03740】

廣江祥子
【03738】

廣麗媚
【03761】

桂弘
【00394】

桂小蘭
【02024】【03375】【03792】

郭春貴
【00259】【01276】【01486】
【02023】【02105】【02353】
【02354】【02450】【02451】
【03732】【03797】【04063】
【04389】【04408】【04519】

郭德玉
【03105】

郭涵瀛
【03438】

郭華江
【04792】

郭清蓮
【00495】【00496】【00497】

郭婷婷
【01620】

郭雅坤
【03647】【03648】【04045】

郭玉傑
【02742】

郭雲輝
【01587】【01713】【01845】
【03643】【03645】

国際日本文化研究センター
【04780】

國際コミュニケーション研究所
【03680】

國金海二
【02496】【03373】

國立國會圖書館專門資料部
〖03563〗
果荃英
〖02513〗〖02622〗

H

Hagenaar
〖01468〗
HSK 研究會
〖04255〗
海外ガイドブック
〖03673〗
海野一隆
〖03100〗
海澤州
〖04175〗〖04563〗〖02586〗
韓荔華
〖01237〗〖03766〗
韓越
〖01489〗
漢語教材研究會
〖03966〗〖04764〗〖04787〗
漢語水平考試部
〖04274〗
漢語研究會
〖04613〗
漢字文獻情報處理研究會
〖03526〗
何彼德
〖02102〗

何鳴
〖04277〗
何群雄
〖01843〗〖01844〗〖04651〗
〖04659〗
何曉毅
〖04259〗
和田安正
〖01812〗
河村誠司
〖04302〗
河内良弘
〖03371〗
河野愛子
〖03655〗〖04029〗〖04649〗
河野直惠
〖01503〗〖02746〗
賀集寬
〖02725〗
鶴島俊一郎
〖04264〗
鶴橋俊宏
〖02205〗
黑坂滿輝
〖04412〗〖00288〗〖03880〗
〖04067〗〖04068〗〖04103〗
黑木實
〖03568〗
黑澤秀子
〖04430〗〖04523〗〖04542〗
黑澤直道

【00289】
横川澄枝
【01677】
横川伸
【01312】【04514】【04572】
横山宏
【04584】
横山信子
【04112】【04386】子【04387】
横山永三
【01159】
横山裕
【00856】
洪潔清
【00437】
洪玉芳
【01721】
洪芸
【00290】
呼美蘭
【01507】【01598】【01719】
【01849】【01850】
胡寶華
【04213】
胡從會
【03293】
胡福生
【00800】
胡金定
【01848】
胡明揚

【02813】
胡山林
【03884】
胡士雲
【03022】【03220】【04789】
胡婉如
【03788】
胡興智
【03682】
胡逸飛
【03837】
胡玉華
【00427】
胡振剛
【03972】
胡志昂
【00895】【04381】
戶川芳郎
【01429】【01437】【01645】
【03549】【04645】【04706】
【04707】【04708】【04709】
戶村靜子
【04843】【04945】
戶井田行世
【02728】
戶崎哲彦
【02385】【02386】
戶田昌孝
【01389】
戶則市子
【02051】

戸張嘉勝

〖01148〗 〖02131〗 〖02210〗

戸張早佳子

〖00012〗

戸沼市子

〖02209〗 〖02320〗 〖03729〗

〖03861〗

花田哲夫

〖04935〗

花澤聖子

〖03844〗

華夏

〖01409〗

滑本忠

〖04090〗

樺島忠夫

〖02689〗

荒川清秀

〖00034〗 〖00110〗 〖00223〗

〖00224〗 〖00392〗 〖00393〗

〖00539〗 〖00540〗 〖00776〗

〖00777〗 〖00778〗 〖00779〗

〖00780〗 〖00781〗 〖00877〗

〖00939〗 〖00990〗 〖01039〗

〖01040〗 〖01041〗 〖01203〗

〖01204〗 〖01205〗 〖01264〗

〖01387〗 〖01461〗 〖01462〗

〖01463〗 〖01690〗 〖01691〗

〖01910〗 〖01912〗 〖01913〗

〖01914〗 〖01915〗 〖02006〗

〖02007〗 〖02086〗 〖02166〗

〖02296〗 〖02337〗 〖02338〗

〖02413〗 〖02433〗 〖02434〗

〖02435〗 〖02436〗 〖02437〗

〖02491〗 〖02527〗 〖02528〗

〖02529〗 〖02561〗 〖02562〗

〖02563〗 〖02588〗 〖02608〗

〖02704〗 〖02731〗 〖02732〗

〖02796〗 〖02902〗 〖02903〗

〖02904〗 〖02905〗 〖03000〗

〖03001〗 〖03002〗 〖03003〗

〖03090〗 〖03091〗 〖03092〗

〖03093〗 〖03143〗 〖03144〗

〖03261〗 〖03262〗 〖03349〗

〖03485〗 〖03497〗 〖03517〗

〖03532〗 〖03649〗 〖03824〗

〖03863〗 〖03864〗 〖03865〗

〖03946〗 〖03947〗 〖03948〗

〖03949〗 〖04051〗 〖04052〗

〖04122〗 〖04170〗 〖04171〗

〖04257〗 〖04327〗 〖04328〗

〖04394〗 〖04456〗 〖04479〗

〖04786〗 〖04774〗

荒岡啓子

〖00876〗 〖01322〗 〖02730〗

〖02901〗 〖02998〗 〖02999〗

〖03094〗 〖03145〗 〖03205〗

〖03260〗 〖03348〗 〖04236〗

荒見泰史

〖00394〗

荒木典子

〖01464〗

荒屋勸

〖00026〗〖01323〗〖01911〗

〖02906〗〖04480〗〖01394〗

〖02414〗〖03206〗〖03607〗

〖04172〗〖04173〗〖04219〗

〖04263〗〖04329〗〖04887〗

黃春玉

〖01600〗

黃當時

〖00070〗〖00893〗〖03582〗

〖04344〗〖04502〗〖04524〗

〖04544〗〖02815〗

黃東柏

〖03857〗

黃紅凝

〖04876〗

黃利惠子

〖01601〗〖01602〗

黃麗華

〖01821〗〖02361〗〖03675〗

〖03991〗〖04066〗

黃林妹

〖04464〗

黃名時

〖00582〗〖00894〗〖02032〗

〖04502〗

黃明曄

〖01238〗

黃勤男

〖04793〗

黃水清

〖04555〗

黃正浩

〖03295〗

彙田寬

〖03153〗

會德興

〖00178〗

會根博隆

〖03472〗

會士才

〖04268〗

會我德興

〖01365〗〖01215〗〖02701〗

霍有明

〖00683〗

J

JTB

〖04349〗

及川淳子

〖02910〗〖03829〗

吉池孝一

〖04301〗

吉川幸次郎

〖04706〗〖04707〗〖04708〗

〖04709〗

吉川雅之

〖03770〗〖03814〗

吉川裕

〖04310〗〖04311〗

吉村敏雄

【03816】

吉村五郎

【00214】

吉島茂

【01313】

吉富透

【03771】

吉見孝夫

【03432】

吉松志奈子

【03815】

吉田惠

【02720】

吉田隆英

【01227】

吉田美穂子

【04796】

吉田妙子

【01808】

吉田清香

【01678】

吉田雅子

【02721】

吉田則夫

【01511】

吉田照子

【02710】

吉野正治

【04743】

吉儀壽雄

【02409】

吉永慎二郎

【00984】

吉原英夫

【00857】

吉澤彌生

【04099】

集英社辭典編集部

【04939】

計鋼

【02110】 【03218】

寄藤明

【00206】

加賀美嘉富

【02614】 【02645】 【04570】

【04576】 【04577】 【04585】

【04518】

加納光

【02021】 【02022】 【02103】

【02104】 【02276】 【04435】

加納陸人

【00260】

加納喜光

【02698】 【03493】 【04717】

加藤阿幸

【01925】

加藤昌宏

【04788】

加藤道理

【03609】

加藤弘一

【04711】

加藤宏紀

【01488】

加藤晴子

【00409】　【00410】　【00411】

【00555】　【00556】　【00557】

【00558】　【00559】　【00560】

【00561】　【00562】　【00563】

【01487】　【01926】　【02019】

【03694】　【03962】　【04234】

【02305】

加籐常賢

【04953】　【04955】

加籐道理

【04716】

加治敏之

【03970】

家野四郎

【00116】

甲斐勝二

【01182】　【02807】　【02917】

賈鳳池

【04518】　【04576】　【04585】

賈永芬

【01316】　【01348】

榎本英雄

【00879】　【03660】　【03871】

【03901】　【03956】　【03957】

【04334】　【04335】　【01270】

【04178】　【04261】　【04400】

菅井柴野

【02258】

菅野禮行

【04423】

菅沼雲龍

【02910】

筧久美子

【02808】　【02809】　【04775】

筧文生

【00173】　【04775】

江藍生

【03296】　【04672】

江英居

【00169】

姜波

【03970】

姜昆

【04224】

姜麗萍

【00266】　【00267】　【00268】

【00269】　【00270】　【00271】

【00272】　【00273】　【00274】

【00275】

姜林森

【04890】

姜琳

【03159】

姜明寶

【03971】

姜晚成

【04846】　【04893】

蔣士珍

【00329】【01521】

蒋文明

【03835】

焦龍顯

【04263】【04219】

角谷聰

【01527】

角田寶

【03962】【04234】【03694】

教材編集委員會

【04326】

教育社

【04554】【04561】

今富正巳

【03951】【04514】【04620】

【03641】

今井敬子

【00541】【00542】【00543】

【00666】【00667】【00668】

【00669】【00670】【00671】

【00672】【00673】【00674】

【01697】【01822】【02167】

【02345】【02439】【02440】

【02441】【02468】

今井俊彦

【01466】

今井潤太郎

【02706】

今井裕子

【00675】

今里禎

【01108】【02442】【02469】

今若静

【04491】

今田好彦

【03654】

今丸邦三

【04639】

今西凱夫

【01175】【04330】

今枝二郎

【04483】【04484】

金德厚

【01326】【04522】

金谷順子

【02020】

金井康

【03369】

金敬愛

【01772】

金敬雄

【02811】

金俊培

【04928】

金立鑫

【01498】【01716】

金路

【02812】【03676】【03677】

金滿生

【04890】

金琦

【00945】

金若靜
　【00783】【03879】【04813】

金森由美子
　【04213】

金山泰正
　【02355】

金丸邦三
　【02918】【03798】【04223】
　【04611】【04612】【04747】
　【04819】【04848】【04900】

金丸良子
　【03773】

金文京
　【04410】【04517】【04652】

金星培
　【04928】

金毓本
　【04621】

金子二郎
　【00176】【02714】

津熊良政
　【01187】

近代漢語研究會
　【03544】【03562】【03574】
　【03583】【03535】

近藤春雄
　【00197】

近藤和夫
　【01000】【03119】【03120】
　【03173】【03460】

近藤和正

【04827】
近藤直子
　【00897】
靳衛衛
　【02109】【02919】
京都外國語大學附屬圖書館
　【03610】
荊明月
　【04228】
「經濟の眼睛」編集部
　【04756】
井坂孝雄
　【04511】
井出靜
　【02297】【02342】【02705】
井出克子
　【02797】
井絵克子
　【01572】
井口晃
　【00395】【00396】【00397】
　【00398】【03476】
井芹貞夫
　【04123】
井上道雄
　【02725】
井上貴仁
　【03653】
井上良雄
　【01107】
井上優

【01573】 【01696】 【01821】

井上志

【00022】

景凯旋

【00087】

久保田美年子

【04277】

久保田瑛子

【04483】 【04484】

久岛茂

【02715】

久野マリ子

【03374】

驹林麻理子

【00098】 【01283】 【01412】

【04293】 【04361】

菊池隆雄

【03878】

菊田正信

【02495】 【02539】 【02591】

【03675】 【04066】 【04520】

【04593】 【04645】

橘波信

【00087】

橘纯信

【03319】

橘弘昌

【03987】

K

Karlgren

【03543】

阚绪良

【03155】

康凤丽

【00292】

康玉华

【03838】 【03885】 【03973】

孔碧仪

【04841】

孔令敬

【04062】

L

Language

【03772】

Language Research Association

【03772】

来思平

【01198】 【02336】 【04324】

【04330】

赖惟勤

【02707】

濑户口律子

【00068】 【00069】 【00333】

【02375】 【02479】 【02499】

【03316】 【03398】 【03490】

〖03580〗〖03581〗〖03586〗

〖03587〗〖04273〗〖04778〗

瀬戸口武夫

〖04950〗

瀬見邦彦

〖02934〗

藍清漢

〖02607〗〖02613〗

蘭梅

〖01566〗〖01567〗

勒衛衛

〖02026〗〖02027〗〖03217〗

〖04171〗

黎波

〖01317〗

李柏令

〖03256〗

李葆嘉

〖00074〗

李長波

〖04657〗

李春

〖00516〗〖00760〗

李大川

〖03773〗

李德津

〖04522〗〖04470〗

李冬梅

〖01683〗〖01907〗

李芳

〖03745〗

李鳳吾

〖00517〗

李光赫

〖01561〗〖01669〗

李國英

〖01681〗

李晗蕾

〖01560〗

李紅

〖04871〗

李鴻谷

〖02789〗〖02889〗〖03135〗

李活熊

〖01679〗

李繼禹

〖03976〗

李開

〖03409〗

李力

〖04064〗

李立冰

〖02892〗

李麗秋

〖03589〗

李麗桃

〖03136〗

李臨定

〖03750〗〖04378〗〖04656〗

〖04684〗

李淩燕

〖04030〗 〖04031〗 〖04752〗
〖04771〗 〖04165〗

李勉東
〖02076〗 〖02238〗

李明
〖00757〗 〖00758〗 〖00759〗
〖01684〗 〖02000〗 〖03993〗

李楠
〖02890〗

李培元
〖01369〗 〖03774〗 〖03775〗
〖04115〗 〖04389〗 〖04449〗

李平
〖04015〗

李奇楠
〖01680〗

李青
〖04114〗 〖04222〗 〖04269〗
〖04322〗 〖04383〗 〖04388〗

李珊
〖01906〗 〖03728〗

李壽山
〖04932〗

李書成
〖00032〗

李順然
〖03196〗 〖03197〗

李素楨
〖04014〗

李薇
〖02891〗

李文生
〖01314〗 〖01347〗

李雪雲
〖04161〗

李亞明
〖03134〗 〖04699〗

李彦學
〖03653〗

李永寧
〖01036〗 〖03195〗 〖04419〗
〖04788〗

李玉敬
〖03945〗

李哲權
〖03934〗

李珍
〖04560〗

李貞愛
〖01562〗 〖01682〗 〖02790〗

李志華
〖04128〗 〖04129〗

裏千家國際局
〖04125〗

豊嶋裕子
〖02050〗 〖02211〗

立石廣男
〖02681〗 〖03240〗

立松昇一
〖00009〗 〖01022〗 〖01134〗
〖03184〗 〖04354〗

利波雄一

【04199】【04200】【04874】

栗原悟

　【04278】

笠原祥士郎

　【04412】

笠征

　【04175】

笠置侃一

　【01147】

鎌田正

　【04715】【04917】

梁愛蘭

　【04174】

梁春香

　【03935】【03936】【04912】

　【03654】

梁紅

　【01810】

梁慧

　【02412】

梁曉紅

　【02792】【02995】【01811】

　【03137】

梁月軍

　【03720】【03942】

廖伊莊

　【04199】【04200】

林博明

　【03877】

林大

　【04902】

林德勝

　【03815】

林芳

　【01199】【04191】【04253】

　【04784】【04785】【04904】

林洪

　【02080】【03257】

林華東

　【00104】

林嘉惠

　【00386】

林巨樹

　【04956】

林俊男

　【03617】

林麗卿

　【01631】

林柳煙

　【03504】【04116】【00142】

林隆司

　【02485】【03473】

林世景

　【03201】

林煒煌

　【01687】

林曉光

　【04033】

林曉蓉

　【04600】【04601】【04629】

林信一

　【01099】

林修三
〖04204〗〖04434〗
林要三
〖01031〗〖01032〗〖03739〗
林玉惠
〖02894〗
林原文子
〖01970〗
林璋
〖01565〗
林智
〖01678〗
凌雲鳳
〖03818〗
淩志偉
〖02793〗〖03088〗〖04268〗
菱昭透
〖02985〗〖03482〗〖01382〗
〖01390〗〖01546〗〖01879〗
〖02139〗〖02273〗〖02428〗
〖02429〗〖02784〗〖02876〗
〖03251〗〖04308〗〖04516〗
〖04799〗〖04907〗〖04947〗
鈴木誠
〖03236〗〖03773〗
鈴木達也
〖01405〗〖02627〗〖02646〗
〖04190〗
鈴木廣光
〖03235〗
鈴木和子
〖02259〗〖02371〗
鈴木基子
〖00726〗〖00903〗〖00904〗
〖01018〗〖01019〗〖01624〗
〖02939〗〖03312〗〖03313〗
〖03394〗〖03395〗〖03396〗
〖03977〗〖03978〗〖04006〗
〖04071〗〖04072〗〖04073〗
〖04134〗〖04190〗〖04282〗
〖04338〗〖04386〗〖04387〗
〖04448〗
鈴木靖
〖04268〗
鈴木康之
〖01526〗〖01752〗
鈴木律子
〖00609〗 子〖03658〗
鈴木晴子
〖02372〗〖02373〗
鈴木慶夏
〖01625〗
鈴木修次
〖00171〗〖02711〗
鈴木秀美
〖04073〗
鈴木義昭
〖00962〗〖01288〗〖01331〗
〖02194〗〖02423〗〖02424〗
〖03897〗〖04283〗〖04837〗
鈴木英夫
〖03500〗

鈴木英昭

〖01214〗

鈴木直治

〖01432〗 〖02260〗 〖02315〗

〖02545〗 〖04682〗

綾部武彦

〖02085〗

劉丹

〖00985〗

劉德有

〖00858〗

劉凡夫

〖02410〗

劉光赤

〖03778〗 〖04472〗

劉虹

〖02002〗 〖02079〗 〖03995〗

劉華

〖04951〗

劉繼超

〖01641〗

劉家業他

〖04390〗

劉景春

〖01315〗

劉靜

〖04117〗

劉蘭英

〖01909〗 〖04391〗 〖03965〗

劉力

〖01037〗 〖03125〗 〖03183〗

〖04018〗 〖04050〗

劉立新

〖03995〗

劉麗

〖02411〗 〖03594〗

劉玲

〖03102〗

劉乃華

〖00385〗

劉平

〖02893〗 〖03804〗

劉綺紋

〖01563〗 〖01865〗

劉青然

〖02527〗

劉瑞明

〖02791〗

劉三富

〖04563〗

劉山

〖01372〗 〖03774〗 〖03775〗

劉樹仁

〖04471〗

劉甦朝

〖00647〗

劉文獻

〖02663〗

劉香織

〖01274〗

劉向軍

【00039】

刘小俊

【04213】

刘晓民

【04032】 【04872】

刘笑明

【03412】

刘忻

【00680】

刘勋宁

【01564】 【01809】

刘一之

【02077】 【02078】 【04212】

刘颖

【03374】

刘月华

【04686】 【04688】 【04806】

刘正琰

【04810】

刘之

【03200】

柳煙橋

【04628】

六谷康朗

【02004】

六谷明美

【03878】

六角恆廣

【00080】 【00205】 【01257】

【01258】 【01259】 【01260】

【01319】 【01373】 【01418】

【01437】 【03531】 【03590】

【03618】 【03627】 【03640】

【03751】 【04450】 【04509】

【04562】 【04584】 【01397】

【03938】 【04034】 【04035】

【04036】 【04037】 【04038】

【04039】 【04040】 【04041】

【04042】 【04043】

瀧澤恭子

【00465】 【04439】

瀧澤俊亮

【02665】

盧春蓮

【02221】

盧鳳俊

【01127】

盧立一郎

【02165】

盧濤

【00520】 【02162】 【02081】

【02794】 【02896】 【03434】

【04663】

盧田孝昭

【03575】

盧萬才

【01568】 【01689】 【02895】

盧曉逸

【01318】 【04488】

盧益中

【03857】

盧曉逸

【04214】

蘆田孝昭
【00063】【00131】【00132】

櫨山健介
【01393】【02425】

魯啓華
【03937】【04158】【04159】
【04160】

魯曉琨
【01688】【02003】【03101】
【04057】

陸安
【04821】

陸儉明
【00518】【01908】【02001】
【00646】

陸明
【03698】【03699】

陸慶和
【01685】【03433】

陸曉光
【03198】【03199】

鹿琮世
【04558】

路玉昌
【04128】【04129】

呂才楨
【01316】【01348】

呂傳紅
【00519】

呂傳

【00986】

呂軍
【00648】

呂清夫
【03138】

呂仁梅
【01686】

呂叔湘
【04799】【04907】【04946】
【04703】

呂小燕
【04028】

呂英傑
【02032】

呂玉新
【00141】【04923】

旅行會話研究會
【03626】

論説資料保存會
【03638】

羅京莉
【03865】

羅奇祥
【04102】【04113】

羅謙
【03826】

羅世蘭
【03817】

羅小東
【04342】【04343】

落合茂

【01275】

落合守和

【03367】

M

MEMO ランダム

【03753】 【03806】 【03928】

【03432】 【04105】 【04164】

Miao Qian

【01665】

麻生晴一郎

【03648】

馬場侯臣

【02138】 【02221】 【03250】

【03432】

馬道山

【01656】

馬鳳如

【00639】 【00918】 【01978】

【04161】 【04218】 【04272】

【04461】 【04487】

馬健全

【04099】

馬清華

【01875】 【02056】 【03079】

馬慎

【03419】

馬挺

【00354】 【01190】

馬小兵

【01544】 【01545】 【02782】

馬欣華

【04542】

馬眞

【01975】 【01976】 【01977】

【03797】 【04013】 【04206】

【04675】

埋橋得良

【03596】 【03542】

梅沙

【04433】 【04463】

梅曉蓮

【00260】

梅澤和幸

【03978】

每日留學年鑑刊行會

【03803】

夢廣學

【00942】 【00943】 【00944】

【00993】 【03457】 【03616】

【03623】 【03732】 【04452】

【04520】

孟丹

【00746】

孟若燕

【03891】

孟子敏

【00378】 【00501】 【03082】

米山寅太郎

【04840】 【04917】

名古屋外國語大學中國語教育法
研究會編
〖03538〗

名古屋外國語大學中國語學科
〖03790〗

明木茂夫
〖01202〗

末岡賓
〖03585〗

末延保雄
〖04607〗

莫邦富
〖03738〗　〖04783〗　〖04883〗

木村秀次
〖02744〗　〖02745〗

木村一
〖02745〗

木村英樹
〖00003〗　〖00265〗　〖00414〗
〖00564〗　〖01262〗　〖01492〗
〖01493〗　〖01841〗　〖02176〗
〖02307〗　〖02308〗　〖02420〗
〖02514〗　〖02540〗　〖02574〗
〖02575〗　〖03967〗　〖04130〗
〖04183〗　〖04314〗　〖04392〗
〖04521〗　〖04678〗　〖04693〗
〖04694〗

木村裕章
〖01588〗　〖01715〗　〖01846〗
〖01847〗　〖01932〗　〖01933〗

木村哲也

〖03290〗

木津祐子
〖00027〗　〖00028〗

木林教衛
〖03754〗　〖03755〗　〖03756〗
〖03757〗　〖03758〗　〖03759〗

木山英雄
〖04645〗

木野井美紗子
〖01302〗

牧田英二
〖01102〗　〖01103〗　〖01222〗
〖01306〗　〖03537〗　〖03925〗
〖04315〗　〖04316〗　〖04317〗
〖04548〗　〖04852〗　〖04865〗

牧野美奈子
〖01792〗　〖01979〗　〖01980〗
〖03080〗

牧治雄
〖04635〗

N

内山加代
〖04432〗

内藤幹治
〖04472〗　〖04518〗　〖04576〗
〖04585〗

内藤正子
〖00101〗　〖00179〗　〖01220〗
〖01367〗　〖01966〗　〖02212〗

【02322】 【02323】 【02458】

【02483】 【02506】 【02507】

【02579】 【03566】 【03913】

【04496】 【04673】 【03453】

内田昌宏

【03541】

内田慶市

【00051】 【00052】 【00053】

【00083】 【02568】 【02569】

【02909】 【03098】 【03955】

【04087】 【04333】 【04399】

内田慶一

【00065】 【03572】 【03577】

那須清

【01253】 【01339】 【01376】

【01434】 【01443】 【01449】

【03468】 【03514】 【03516】

那須雅之

【03349】 【04910】

納村公子

【04165】

南本義一

【01362】

南醇子

【04625】

南雲智

【03915】

能勢良子

【03804】 【04507】

倪建周

【03021】

鳥井克之

【00100】 【00112】 【00830】

【02052】 【02321】 【03061】

【04540】 【04675】 【04679】

【04810】

鳥居久靖

【03521】

牛島徳次

【03356】 【00094】 【02169】

【02471】 【02566】 【02567】

【03571】 【04177】 【04622】

【04689】 【04799】 【04892】

【04907】 【04946】 【00166】

農林水産技術會議事務局

【03600】

O

歐米・アジア語學センター

【04826】 【04834】

歐陽可亮

【01423】

P

潘潔

【03799】

潘文娱

【04806】

潘兆明

【04373】

龐新平

　【03792】

彭飛

　【03417】

彭廣陸

　【04476】【01788】【02277】

　【02880】【02881】【02989】

彭國躍

　【03185】【03186】【00015】

　【01785】【01786】【02879】

　【04662】【04669】

彭浩

　【04016】

彭佳紅

　【00494】【01100】【01101】

彭見明

　【04314】

彭杰

　【01787】

彭澤周

　【02718】

片岡公正

　【01410】

片岡新

　【03674】

片山博美

　【02418】【04688】【04806】

平井和之

　【00044】【00357】【00358】

　【00359】【00360】【00361】

　【00362】【00363】【00364】

【00365】【00366】【00367】

【00368】【00482】【00483】

【00484】【00485】【00486】

【00487】【00488】【00489】

【00490】【00491】【00492】

【00493】【00630】【00631】

【00632】【00633】【00634】

【00635】【00636】【00637】

【00638】【01975】【01976】

【01977】【02274】【02275】

【02430】【04688】【04806】

【04205】

平井勝利

【01781】【01782】【01972】

【01973】【02021】【02022】

【02059】【02060】【02103】

【02104】【02140】【02226】

【02276】【04435】

平木眞快

【04474】

平山久雄

【00060】【00061】【00124】

【00125】【02987】【03606】

平松圭子

【03125】【03183】【04655】

【04686】

平田昌司

【03836】【04275】【04462】

平田一幸

【00156】【01355】

平尾節子

【00369】
平野佐和
【02986】
菩明
【03469】
蒲豊彦
【01119】
朴才煥
【03341】
朴文緒
【03934】
朴貞姫
【01550】
浦野俊則
【04720】 【04724】

Q

祁放
【03961】
齊滬揚
【01626】 【01753】
齊藤匡史
【03461】
齊藤秋男
【01284】
齊藤泰治
【02477】
齊藤洋典
【00105】
齊籐匡

【04265】
啓微
【03679】
齊藤喜代子
【03489】
千島英一
【01083】 【01084】 【03705】
【03706】 【04081】 【04289】
【04290】
千々岩弘一
【01366】
千田大介
【03550】
千野明日香
【00335】 【02769】 【02770】
【02771】 【02851】 【02852】
【02853】 【02854】 【02855】
【02856】 【02857】 【02858】
【02859】 【02860】 【02861】
【02862】 【02954】 【02955】
【02956】 【02957】 【02958】
【02959】 【02960】 【02961】
【02962】 【02963】 【02964】
【02965】 【03046】 【03047】
【03048】 【03049】 【03050】
【03051】 【03052】 【03053】
【03054】 【03055】 【03056】
【03057】 【04268】
千野榮一
【04851】
千原英之進

【04598】

謙田正

【04840】

前川晃

【00190】

前川幸男

【04505】

前川幸雄

【02990】　【03418】

前田繁樹

【04483】　【04484】

前田富祺

【03502】

前田均

【01221】

鈴木常勝

【01867】

鈴木基子

【03980】

鈴木祥史

【01866】

鈴木秀美

【03978】

鈴木義昭

【03981】

錢乃榮

【02195】　【02709】

淺井惠子

【04046】　【04047】　【04120】

淺山佳郎

【01174】

淺野鶴子

【01391】

淺野敏彦

【04762】

橋本高勝

【02328】　【04473】　【04502】

【04544】

橋本南都子

【01303】　【01341】　【04014】

【04627】

橋本實紀

【03415】

橋本壽夫

【00480】

橋本萬太郎著作集刊行會編

【03540】

橋本萬太郎

【00123】　【00147】　【00154】

【00155】　【00163】　【02524】

【03629】　【04690】

橋本永貢子

【01777】　【02136】　【02874】

【03983】　【04189】

橋川潤

【04733】

橋内武道

【01400】

秦耕司

【04563】

秦佳郎

【00909】

秦莉芳
〖04457〗〖04481〗〖04482〗

秦禮君
〖03311〗

秦延通
〖04836〗

青峰
〖03683〗

青木五郎
〖00874〗〖01357〗

清水登
〖00815〗〖00901〗〖00902〗
〖02186〗〖04307〗〖04350〗
〖04491〗

清田潤
〖00162〗

清原文代
〖03869〗〖03952〗

慶穀壽信
〖03536〗

邱奎福
〖03968〗〖03969〗〖04276〗
〖04768〗

邱魁富
〖02810〗

邱質穆著
〖04275〗

邱質朴
〖03836〗〖04462〗

秋谷裕幸
〖03203〗〖03347〗

秋山淳
〖01816〗〖01817〗〖03204〗

秋月久美子
〖03647〗〖04045〗〖04119〗

曲彦斌
〖03292〗

全國高等學校中國語教育研究會
〖04229〗

泉敏弘
〖02341〗〖02467〗〖02492〗
〖03355〗

犬塚優司
〖00399〗

堀黎美
〖04158〗〖04159〗〖04160〗
〖04376〗〖03678〗〖03924〗
〖04248〗〖04504〗

堀田洋子
〖02595〗

R

仁科絲惠
〖02550〗

任鷹
〖01776〗

任遠
〖04115〗

日本國際貿易促進協會
〖03917〗〖04863〗

日本熊本工業大學

【04868】
日本語倶樂部
【04732】
日本中國語檢定協會
【03918】　【03919】　【03920】
【03921】　【04008】　【04009】
【04010】　【04093】　【04094】
【04095】　【04147】　【04148】
【04149】　【04150】　【04151】
【04152】　【04153】　【04154】
【04241】　【04242】　【04372】
【03846】　【03847】　【03848】
【03849】　【03850】　【04303】
【04304】　【04305】　【04306】
【04369】　【04370】　【04371】
【04243】
日本中國語學會中國語ソフトア
カデミズム檢討委員會編
【03733】
日外アソシエーツ編集部
【04898】
日下恒夫
【00097】　【00276】　【00277】
【00278】　【00279】　【00280】
【00281】　【00282】　【00283】
【00284】　【00285】　【00286】
【00287】　【00415】　【00416】
【00417】　【00418】　【00419】
【00420】　【00421】　【00422】
【00423】　【00424】　【00425】
【00426】　【00687】　【00688】

【00689】　【00690】　【00691】
【00692】　【00693】　【00694】
【00695】　【00696】　【00697】
【00698】　【00881】　【00882】
【00883】　【00884】　【00885】
【00886】　【00887】　【00888】
【00889】　【00946】　【00997】
【01121】　【01122】　【01279】
【01280】　【01327】　【04411】
【04534】　【00565】　【00566】
【00567】　【00568】　【00569】
【00570】　【00571】　【00572】
【00573】　【00574】　【00575】
【00576】　【00786】　【00787】
【00788】　【00789】　【00790】
【00791】　【00792】　【00793】
【00794】　【00795】　【00796】
【00797】
日原
【04870】　【04829】
日中對照言語協會
【04653】
日中海運會話集製作委員會
【04632】
日中貿易用語研究會
【03621】
日中學院
【04007】　【04769】
日中學院單語集編集スタッフ
【03793】
日中言語對照研究會

【04668】

茹志娟
【04521】

入矢義高
【00134】 【04031】

阮亮
【03683】

若井佐一郎
【04589】

若林建志
【02464】 【02525】 【02559】
【02560】 【03258】 【03435】
【03819】 【03858】 【04483】
【04484】

S

Shi xiaowei
【01607】

三保忠夫
【03421】

三井啓吉
【00744】

三輪典嗣
【01225】

三木夏華
【01551】

三浦勝利
【04886】

三浦叶
【02658】

三上直光
【04761】

三省堂編集所
【04879】 【04844】

三野昭一
【02640】 【04101】 【04102】
【04135】

三宅登之
【01666】 【01890】 【02148】
【02149】 【02280】 【04250】

三宅章子
【03763】

三志芳
【00992】

三潴正道
【00919】 【02066】 【03749】
【03805】 【04207】 【04249】
【04319】 【04377】 【04440】
【04441】 【04466】

澁谷瑞江
【03729】

森本芙佐子
【01344】 【04250】

森川登美江
【01194】 【01195】

森川久次郎
【00180】 【00181】

森岡文泉
【00730】 【00747】 【02885】
【02886】 【03808】

森宏子

【01800】【01892】【01893】　山本健一
【01992】【02883】【02884】　　【04061】
【02991】　山本康宏
森山卓郎　　【03811】【03812】
　【01669】　山本未英
森野繁夫　　【02888】
　【03808】【04208】　山本賢二
森由美　　【03617】【04384】【04445】
　【03564】　　【04446】
森中野枝　山本哲也
　【01801】【01894】　　【04882】
沙平　山本珠美
　【01126】　　【04046】【04047】
砂岡和子　山川英彦
　【03606】【00462】【00463】　　【03765】
　【00610】【00611】【00816】　山村博文
　【00817】【01078】【01244】　　【04392】【04420】【04786】
　【01245】【01332】【01333】　山岡榮志
　【02768】【02833】【02834】　　【04162】
　【02940】【02941】【02942】　山根眞太郎
　【02943】【02944】【02945】　　【01995】【02152】
　【02946】【02947】【02948】　山口みや子
　【02949】【03041】【03042】　　【01196】
　【03178】【03234】【03314】　山口建治
　【03315】【03890】【03898】　　【03086】
　【03899】【04140】【04359】　山口明穂
　【04424】【04866】【04878】　　【04924】
　【00727】【01289】【00332】　山口守
　【02374】　　【00641】
山岸共　山口英彦
　【02583】　　【02403】

山口直人

〖00379〗 〖00841〗 〖00842〗

〖00843〗 〖00844〗 〖00845〗

〖00846〗 〖00847〗 〖00848〗

〖00849〗 〖01895〗 〖01996〗

〖02282〗 〖02404〗 〖02405〗

〖00748〗 〖00749〗 〖00750〗

〖01803〗

山内啓介

〖02358〗

山内智惠美

〖03809〗 〖03855〗

山内啓介

〖03589〗 〖04006〗

山崎淑子

〖03087〗 〖03133〗 〖03924〗

〖04158〗 〖04159〗 〖04160〗

〖04248〗 〖04376〗

山崎吾妻

〖02558〗

山崎直樹

〖00974〗 〖01896〗 〖02069〗

〖02283〗 〖02334〗 〖02406〗

〖02407〗 〖02887〗 〖02993〗

〖03253〗 〖03344〗 〖03429〗

山添秀子

〖01897〗 〖01993〗

山田繪里

〖00927〗

山田留里子

〖00643〗 〖00752〗 〖01556〗

〖01557〗 〖01670〗 〖01671〗

〖01672〗 〖01673〗 〖01804〗

〖01899〗 〖01900〗 〖01994〗

〖02071〗 〖02072〗 〖03813〗

〖03931〗 〖04013〗 〖04206〗

〖04670〗 〖04859〗 〖04358〗

〖03856〗 〖03766〗

山田人士

〖00043〗

山田眞一

〖00380〗 〖00973〗 〖00381〗

〖00382〗 〖00504〗 〖00505〗

〖00506〗 〖00507〗 〖00508〗

〖00509〗 〖00510〗 〖00511〗

〖00512〗 〖00761〗 〖00851〗

〖00852〗 〖00853〗 〖01034〗

〖01274〗 〖01554〗 〖01555〗

〖03810〗 〖00642〗 〖03932〗

山田忠司

〖01898〗

山下輝彦

〖01308〗 〖01309〗 〖02335〗

〖04383〗 〖04444〗 〖04517〗

〖00503〗 〖00751〗 〖01105〗

〖01345〗 〖02637〗 〖03624〗

〖04024〗 〖04025〗 〖04026〗

〖04027〗 〖04106〗 〖04107〗

〖04108〗 〖04109〗 〖04321〗

〖04322〗 〖04773〗

山下龍二

【00850】

山下清海

【00149】

杉本達夫

【03769】 【02724】 【03537】

【04852】 【04865】

杉村博文

【00006】 【00330】 【00331】

【00460】 【00461】 【00608】

【01262】 【01525】 【01622】

【01623】 【01742】 【01743】

【01744】 【01745】 【01746】

【01747】 【01748】 【01749】

【01750】 【01751】 【01862】

【01863】 【01864】 【02039】

【02040】 【02190】 【02191】

【02192】 【02193】 【02313】

【02314】 【02369】 【02370】

【02478】 【02498】 【02519】

【02520】 【02541】 【02542】

【02543】 【02544】 【02587】

【02616】 【02629】 【02767】

【02831】 【02938】 【03233】

【03824】 【04097】 【04678】

【04681】 【04687】 【04811】

【02636】

杉山明

【00725】 【02832】 【03843】

杉山一也

【01865】

杉天泰史

【02038】

善鄰書院

【04636】

商務印書館

【04839】 【04920】

上村ゆう美

【00546】 【00547】

上海師範大學對外漢語教研室

【04512】

上里賢一

【02721】

上林紀子

【03743】

上山あゆみ

【03593】

上條紀昭

【04273】

上尾龍介

【00175】

上野惠司

【03555】 【03591】 【04260】

【04875】 【00081】 【00194】

【01044】 【01208】 【02470】

【02659】 【03455】 【03456】

【03608】 【03657】 【03658】

【03659】 【03870】 【04057】

【04176】 【04331】 【04332】

【04398】 【04515】 【04527】

【04538】 【04553】 【04606】

【04615】 【04800】 【04807】

【04818】 【04833】 【04884】

【04888】 【04899】 【04908】

【04947】 【04949】 【04885】

上野賢一

【00859】

上野由紀子

【03864】 【03947】 【04171】

【04327】 【04328】

尚俠

【04543】

邵敬敏

【01627】

邵迎建

【03991】

紹文周

【03688】 【03690】 【03842】

【03894】 【04078】 【04188】

【04352】 【04418】 【04758】

渉谷裕子

【03891】

申淑子

【02256】

申亞梅

【01621】

深井實

【00193】 【00091】

深澤春太郎

【03741】

神谷修

【01927】 【02356】 【02357】

【02452】 【02494】 【02538】

【03020】 【03154】 【03370】

【03471】

神林裕子

【03882】

神奈川大學中國語學科

【03551】

神崎多寶子

【01424】 【04065】

神田和正

【01120】

神田弘慶

【02025】

神田千冬

【00684】 【02306】 【02107】

神子貴司

【01348】

沈國威

【01213】 【02189】 【03040】

【03123】 【04079】 【04239】

【04298】 【04299】 【04314】

沈潔

【04138】 【04139】 【04189】

沈力

【01861】 【01955】 【02257】

沈文良

【01129】 【01130】

沈曉文

【03693】

沈躍

【03895】

生敏

【04489】
矢田博士
【04138】
施光亨
【03979】　【04346】
施小煒
【03977】　【03978】　【04071】
【04072】　【04073】　【04134】
施一昕
【04279】
施仲謀
【04841】
石本道明
【04903】
石川正人
【00665】　【00782】
石川忠久
【04726】　【04911】
石村廣
【01818】
石黑やすえ
【04259】
石井米雄
【04851】
石井一二三
【04929】
石林
【03043】　【03044】　【03045】
石綿敏雄
【03354】
石崎博志

【00021】
石崎潮
【02339】　【02340】　【03207】
【03352】
石崎慧如
【00133】
石橋成康
【04376】
石汝傑
【03397】　【04228】　【04411】
石田あや
【00050】
石田和子
【02008】
石田武夫
【02664】
石田友美
【01571】
石田知子
【03353】　【03861】
石毓智
【01528】　【01628】
石原岩太郎
【02725】
辻井喬
【02683】
辻井哲雄
【01448】　【01451】　【03513】
【04581】
辻田正雄

【00345】【00346】【00347】
【00348】【00473】

時衛國

【01611】【01612】【01731】
【01732】【01733】

史建偉

【03804】

史美俊

【03906】

史群

【04931】

史彤嵐

【01512】【01608】【01610】
【01728】【01729】

史有為

【00453】【01515】【01730】
【02123】【02764】【00327】
【00328】【01951】【02034】
【02035】【02036】

矢吹晉

【03546】【04340】

矢嶋美都子

【02402】【04210】

矢田勉

【00018】

矢野春隆

【04627】【04640】

矢野光治

【02607】【02613】【03474】
【03764】【03854】【04023】
【04211】【04320】【04382】

【04443】【04518】【04549】
【04570】【04576】【04585】
【04751】【04772】

矢野賀子

【03428】【04212】

市瀨智紀

【03651】【03652】【03866】
【03867】【03950】【04054】
【04124】

室田岳東

【04104】

是永駿

【03887】【04070】

柿崎進

【04633】

柿市里子

【03368】【03437】【03788】

笹倉一廣

【00045】

手塚宗平

【00153】【03466】

守屋宏則

【00017】【01668】【02001】
【02333】【02401】【02992】
【03084】【03128】【03189】
【03342】【03424】【03425】
【03760】【03929】【04442】
【04476】【04514】【04680】
【04688】【04806】【01321】

舒志田

【04757】

水本敬子
〖03667〗

水谷誠
〖00016〗 〖01361〗 〖01552〗
〖02707〗

水上靜夫
〖03630〗 〖04722〗 〖04953〗
〖04955〗

水世嫦
〖04647〗

水野惠
〖04940〗

水野麗子
〖03778〗

水野蓉
〖04439〗

水野衛子
〖03748〗 〖04142〗

水野義道
〖02397〗 〖03480〗

稅錫昌
〖01627〗

司富珍
〖01513〗 〖01609〗

司馬美子
〖01077〗

寺村政男
〖00030〗 〖03246〗 〖03247〗
〖03335〗 〖03405〗 〖03406〗
〖03407〗

寺岡龍含

〖01402〗

寺井泰明
〖02695〗 〖02967〗 〖03181〗
〖04199〗 〖04200〗 〖04471〗
〖04718〗 〖04750〗

松本惠以子
〖04019〗

松本洋子
〖04100〗

松本一男
〖04797〗

松本昭
〖00047〗 〖00188〗 〖00220〗
〖01436〗 〖02463〗 〖03598〗
〖04637〗

松村文芳
〖00071〗 〖00164〗 〖01193〗
〖01306〗 〖01795〗 〖01884〗
〖01885〗 〖01886〗 〖01887〗
〖01888〗 〖02555〗 〖02634〗
〖02648〗 〖04692〗 〖04811〗

松岡榮志
〖01192〗 〖01223〗 〖02696〗
〖03420〗 〖03747〗 〖03945〗
〖04726〗 〖04731〗 〖04736〗
〖03773〗 〖04842〗 〖04844〗

松井博光
〖04605〗

松井利彦
〖03501〗

松井一夫

【04138】

松浦恆雄

【00373】 【00374】 【00375】

【00376】

松浦勉

【03746】

松崎治之

【00743】

松尾良樹

【02396】

松尾善弘

【01104】 【01371】 【02329】

【03188】 【03528】 【04318】

【04506】

松尾幸忠

【00840】

宋燕

【01755】

宋玉柱

【01756】 【01956】 【02546】

【03179】

宋宗光

【01081】

蘇德昌

【00184】 【01388】 【01754】

蘇林

【00728】 【01080】

蘇培成

【04721】

蘇思純

【02261】 【04416】

蘇童

【04080】

蘇文山

【04838】 【04853】 【04854】

【04855】 【04856】

蘇英哲

【04798】 【04845】 【04889】

【04906】 【04909】

孫國震

【03318】

孫暉

【03804】

孫雷門

【04930】

孫孟

【04828】

孫琦

【01757】

孫汝健

【01529】

孫遜

【03059】

孫宗光

【04547】

T

TLS 出版編集部

【03723】

他一名

【04607】

臺灣總督府

【04921】

太田辰夫

【02654】　【03275】　【03496】

【04607】　【04650】　【04665】

【04677】　【04696】　【04704】

【04808】　【04823】

太田進

【04337】

湯城吉信

【00753】

湯淺邦宏

【01106】

湯延池

【04692】

湯澤質幸

【00072】

唐亮

【04336】

唐濤

【04796】

唐唯

【04060】

唐依力

【01626】

陶紅印

【01644】　【01538】

陶琳

【01770】　【01771】　【02865】

陶山信男

【01246】　【04284】　【04467】

【04490】　【04536】

陶振孝

【03408】

滕志賢

【03310】

藤本恆

【00737】　【00738】　【00739】

【00740】　【00741】　【04246】

【04503】　【04789】　【00836】

【03743】　【04475】

藤井省三

【04156】　【04546】

藤森猛

【00972】

藤山和子

【04558】

藤堂明保

【00182】　【00211】　【00217】

【01407】　【01408】　【03598】

【03614】　【03635】　【03642】

【04578】　【04596】　【04637】

【04641】　【04744】　【04943】

【04952】　【04934】　【03599】

藤田糸惠

【01881】　【02062】

籐井茂利

【01662】

籐原輝三

【04273】　【01154】

鵜殿倫次

【01576】【01824】【01917】

【01918】【02346】【02531】

【02570】【02734】【02801】

【03009】【03099】【03209】

【03265】【03357】

天沼寧

【02723】

田邊鐵

【03786】【04021】

田部井文雄

【04423】

田川純三

【04759】

田村祐之

【01675】【00010】【00023】

【00029】【02953】

田島英一

【02127】【02380】

田禾

【00090】【00350】【01643】

【01871】

田鳩一夫

【00187】

田口理一

【02480】

田口善久

【02317】

田曙光

【04336】

田田佐和子

【00337】【00338】【00339】

【00340】

田野成之

【04850】

田治民

【04474】

田中聰子

【04141】【04556】

田中道代

【03988】

田中寛

【03692】【04281】

田中良

【01147】

田中亮三郎

【04355】【04422】

田中謙二

【03592】

田中清一郎

【04597】【04631】【04954】

【00336】

田中信一

【00039】【04634】

田中秀

【01406】【01441】【01442】

【03611】【04492】【04493】

【04494】【04564】【04824】

田中益見

【02597】

田中有

【02716】

田中則明
【03900】

田子
【01198】

畠山香織
【00625】　【00736】

町田茂
【01793】　【01794】　【01883】
【02146】　【02232】　【02279】

樋口靖
【00626】　【00627】　【00628】
【04842】　【04560】

樋口勇夫
【00629】

樋口裕子
【04796】

桐島熏子
【01159】

土井和代
【00351】

土橋幸正
【01149】

土屋泰男
【04423】

土淵知之
【03060】

W

丸山砂惠子
【01343】

丸尾誠
【01664】　【01981】

萬清華
【00481】　【01889】　【02065】

萬小力
【00126】　【00127】

汪輝驊
【04060】　【03269】

汪有偉
【04504】

汪玉林
【02011】　【03270】

王彩香
【03664】

王長江
【03495】

王聰
【03655】　【04029】　【04649】

王德春
【01109】　【02911】　【03885】
【03973】

王宏
【02446】　【04441】

王蕙茹
【04621】　【03271】

王建慧
【04754】

王京蒂
【03957】

王京蒂
【04178】

王菊铭
〖03662〗

王岚
〖01708〗 〖04404〗

王力
〖00167〗

王立达
〖02785〗

王丽
〖00679〗

王宓
〖04385〗

王慕君
〖04448〗

王桥
〖03210〗

王逎珍
〖01177〗

王勤
〖04466〗

王瑞来
〖03665〗 〖03666〗

王森
〖01837〗

王少锋
〖03959〗

王绍新
〖03979〗 〖04346〗

王淑
〖04790〗

王曙光

〖02300〗 〖02472〗 〖03272〗
〖04179〗 〖04220〗 〖04267〗
〖04828〗 〖04908〗

王水全
〖04791〗

王顺洪
〖04237〗 〖04238〗

王铁桥
〖01234〗

王文
〖04837〗

王希杰
〖02737〗

王孝廉
〖04265〗

王欣雨
〖00680〗 〖03663〗 〖03872〗
〖03873〗 〖04061〗

王宣
〖02447〗 〖03734〗 〖03736〗
〖03796〗 〖03923〗 〖04011〗
〖04377〗

王学群
〖01469〗 〖01579〗 〖01704〗
〖01705〗 〖01706〗 〖01836〗
〖02185〗 〖03529〗

王雅新
〖01578〗 〖00233〗 〖00234〗
〖00235〗 〖00236〗 〖00237〗
〖00238〗 〖00239〗 〖00240〗
〖00241〗 〖00242〗 〖00243〗

【00244】　【00401】　【01703】

【01835】　【02243】　【03858】

王延偉

【03876】　【03897】　【04283】

王彦承

【04516】

王硯農

【01709】　【02445】　【04219】

【04263】　【04479】

王永全

【03470】

王勇

【02092】

王有芬

【02013】

王郁良

【04846】　【04893】

王元武

【04264】

王運珍　【04266】

王占華

【00550】　【01209】　【01580】

【01707】　【01920】　【02012】

【02091】　【03667】　【03869】

【03952】　【04076】

王振鑽

【04090】

王志芳

【00940】　【02090】

王志英

【01701】　【01702】

王智新

【04098】

罔晴天

【04592】

望月八十吉

【01156】　【01244】　【01245】

【01256】　【01799】　【02068】

【02150】　【02151】　【02281】

【02332】　【02400】　【02556】

【02581】　【02582】　【02584】

【02585】　【04683】　【00157】

【00165】　【00204】　【02432】

【02490】　【02508】　【02628】

【02631】　【02639】　【02649】

【02657】　【03522】　【03523】

【03524】　【04583】　【04644】

望月圭子

【01316】　【01348】　【01799】

【02067】　【02331】　【02489】

望月眞澄

【00102】　【02719】　【03083】

尾崎實

【02617】　【02444】　【02660】

【03365】　【03366】　【04406】

【04606】　【04615】

尾崎文昭

【01321】

尾崎雄二郎

【00195】

梶原滉太郎

【03106】

衛德泉

【00549】

魏穗君

【00261】

溫戴奎

【00201】

溫端政

【04407】

溫雅珺

【01586】

溫云水

【01924】

文彬

【03745】

文楚雄

【01974】 【02144】 【04114】

【04222】 【04269】

文慶哲

【02761】

聞き手／編集部

【03419】

屋上圭介

【01841】

吳愛蓮

【02358】

吳浜

【04070】

吳川

【04278】 【04308】 【04878】

吳大綱

【01505】 【02360】

吳紅哲

【02748】

吳鴻春

【03684】 【03820】

吳侃

【04900】

吳禮權

【01720】

吳麗君

【00580】 【00581】

吳麗麗

【03294】

吳淩非

【01508】

吳念勝

【00428】 【00429】 【00430】

【00431】 【00432】 【00433】

【00434】 【00435】 【00436】

【00004】 【00305】 【00306】

【00307】 【00308】 【00579】

【01061】 【01125】 【01506】

【01851】 【03907】 【04102】

【04484】 【04777】 【02179】

【01936】 【01937】

吳世雄

【03023】

吳淑園

【02766】

吳敍平

【04794】

吳岳樺

【02747】

吴悦
【02359】　【04223】　【04489】

吴志剛
【03429】　【04190】　【04338】

吴梅
【03738】

武柏索
【04790】

武吉次郎
【03619】　【04468】　【04469】

武繼平
【03742】

武井満幹
【03700】　【00730】　【01532】
【03808】

武拍索
【04247】

武田次朗
【01296】

武田秀男
【04555】

武信彰
【00140】　【00466】　【00731】
【00732】　【00733】　【00820】
【00821】　【00822】　【00823】
【00824】　【00825】　【00826】
【00827】　【00828】　【00905】
【01295】　【01762】　【02201】
【02578】　【04225】　【04287】

【04347】　【04353】　【04415】
【04421】　【04866】　【04878】

武永尚子
【01021】　【03703】　【04379】

X

西本惠司
【02266】

西川和男
【00624】　【01189】　【03792】
【04512】

西川優子
【00907】　【00908】　【01098】
【01340】　【03791】　【03916】
【04004】　【04005】　【04201】
【04202】　【04225】　【04300】
【04347】　【04415】

西村明
【04302】

西村義樹
【01841】

西村正邦
【04368】　【04432】

西村政人
【03589】　【04006】

西槙光正
【02135】

西山猛
【01543】　【01655】　【01775】
【01968】　【03413】

西田龍雄

〖02717〗

西田太一郎

〖04674〗

西條正

〖00313〗　〖00314〗　〖00315〗
〖00316〗　〖00317〗　〖00318〗
〖00319〗　〖00320〗　〖00321〗
〖00322〗　〖00323〗　〖00324〗
〖00438〗　〖00439〗　〖00440〗
〖00441〗　〖00442〗　〖00443〗
〖00444〗　〖00445〗　〖00446〗
〖00447〗　〖00448〗　〖00449〗
〖00584〗　〖00585〗　〖00586〗
〖00587〗　〖00588〗　〖00589〗
〖00590〗　〖00591〗　〖00592〗
〖00593〗　〖00594〗　〖00595〗
〖00701〗　〖00702〗　〖00703〗
〖00704〗　〖00705〗　〖00706〗
〖00707〗　〖00708〗　〖00709〗
〖00710〗　〖00711〗　〖00712〗
〖00801〗　〖00802〗　〖00803〗
〖00804〗　〖00805〗　〖00806〗
〖00807〗　〖00808〗　〖00809〗
〖00810〗　〖00811〗　〖00812〗
〖00898〗　〖00948〗　〖00949〗
〖00950〗　〖00951〗　〖00952〗
〖00953〗　〖00954〗　〖00955〗
〖00956〗　〖00957〗　〖00958〗
〖00959〗　〖01001〗　〖01002〗
〖01003〗　〖01004〗　〖01005〗

〖01006〗　〖01007〗　〖01008〗
〖01009〗　〖01010〗　〖01011〗
〖01012〗　〖01064〗　〖01065〗
〖01066〗　〖01067〗　〖01068〗
〖01069〗　〖01070〗　〖01071〗
〖01072〗　〖01073〗　〖01074〗
〖01075〗　〖02576〗　〖02624〗
〖02933〗　〖04074〗

西香織

〖02780〗

西野廣祥

〖04543〗

西原一幸

〖02685〗

西槙光正

〖01774〗　〖04301〗　〖01302〗
〖01654〗　〖02219〗　〖02220〗
〖02265〗　〖02391〗　〖02392〗
〖04431〗　〖04500〗　〖04501〗

西槙永志

〖01542〗　〖01653〗　〖02781〗

郗政民

〖03436〗

喜多山幸子

〖00685〗　〖00686〗　〖00785〗
〖01278〗　〖02108〗　〖03156〗
〖03157〗　〖03215〗　〖03216〗
〖03372〗　〖03532〗　〖04324〗

喜多田久仁彦

〖00262〗　〖00263〗　〖00264〗
〖00413〗　〖00784〗　〖02541〗

【03579】【00054】【00067】
【02419】

細田三喜夫
【04626】

下地早智子
【01734】【01858】

夏井邦男
【03412】

夏茜
【03019】

夏宇繼
【04801】

仙田美智子
【01079】

現代新書編集部
【04340】

現代中國語研究會
【03545】

現代中國語研究編輯委員會
【03527】

現代中文研究會
【04587】【04575】

相良逸欣
【04075】

相浦杲
【03498】【04621】

相原茂
【00033】【00092】【00106】
【00107】【00108】【00109】
【00113】【00114】【00118】
【00119】【00120】【00121】

【00129】【00130】【00143】
【00144】【00158】【00159】
【00174】【00183】【00222】
【00387】【00388】【00389】
【00390】【00391】【00525】
【00526】【00527】【00528】
【00529】【00530】【00531】
【00532】【00533】【00534】
【00535】【00536】【00537】
【00538】【00650】【00651】
【00652】【00653】【00654】
【00655】【00656】【00657】
【00658】【00659】【00660】
【00661】【00662】【00663】
【00762】【00763】【00764】
【00765】【00766】【00767】
【00768】【00769】【00770】
【00771】【00772】【00773】
【00774】【00775】【00860】
【00861】【00862】【00863】
【00864】【00865】.【00866】
【00867】【00868】【00869】
【00870】【00871】【00872】
【00873】【00928】【00929】
【00930】【00931】【00932】
【00933】【00934】【00935】
【00936】【00937】【00938】
【00988】【00989】【01038】
【01171】【01172】【01200】
【01201】【01262】【01263】
【01320】【01321】【01387】

【01460】 【01569】 【01814】

【01815】 【02005】 【02082】

【02083】 【02084】 【02164】

【02239】 【02240】 【02241】

【02242】 【02285】 【02286】

【02287】 【02288】 【02289】

【02290】 【02291】 【02292】

【02293】 【02294】 【02465】

【02526】 【02592】 【02606】

【02633】 【02635】 【02653】

【02729】 【02898】 【02899】

【02900】 【02996】 【02997】

【03089】 【03139】 【03140】

【03141】 【03142】 【03202】

【03259】 【03345】 【03346】

【03532】 【03606】 【03614】

【03643】 【03644】 【03645】

【03646】 【03823】 【03824】

【03825】 【03860】 【03861】

【03940】 【03941】 【03942】

【04044】 【04118】 【04166】

【04167】 【04168】 【04256】

【04325】 【04392】 【04393】

【04451】 【04452】 【04453】

【04454】 【04455】 【04476】

【04477】 【04478】 【04510】

【04551】 【04671】 【04676】

【04688】 【04746】 【04786】

【04803】 【04806】 【04825】

【04830】 【04831】 【04869】

【04899】 【04949】 【04324】

【00150】

香坂順一

【04235】 【04948】 【00208】

【00209】 【00215】 【01395】

【01425】 【01426】 【02362】

【02455】 【03488】 【03519】

【03597】 【03838】 【03885】

【03974】 【04279】 【04297】

【04341】 【04342】 【04343】

【04413】 【04414】 【04525】

【04526】 【04527】 【04565】

【04580】 【04594】 【04602】

【04603】 【04608】 【04609】

【04610】 【04615】 【04616】

【04617】 【04646】 【04700】

【04701】 【04913】 【04914】

【04925】

向島成美

【03422】

項夢水

【02816】

蕭国政

【01620】

小倉エージ

【04081】

小倉憲二

【03877】 【03895】 【03960】

小池一郎

【04337】

小出貫英

【03377】

小川恒夫

【00554】

小川恒男

【03103】

小川環樹

【00168】【03631】

小川利康

【00610】【00682】【03268】

【03876】

小川隆

【00404】

小川榮一

【03102】

小川壽一

【01440】

小川泰生

【00152】【01473】【02250】

【02474】【03875】

小川文昭

【00245】【00246】【00247】

【00248】【00249】【00405】

【00406】【00407】【00408】

【00994】【00995】【00996】

【01050】【01051】【01052】

【01053】【01054】【01055】

【01056】【01057】【01058】

【01274】【01374】【01474】

【01475】【01476】【01477】

【01478】【01479】【01840】

【02089】【02174】【02443】

【02535】【02589】

小川學夫

【03402】

小川郁夫

【00403】【00553】【00681】

【01049】【01923】【02173】

【02303】【03669】【03670】

【03671】【03672】【03831】

【03832】【03833】【03834】

【03874】【04127】【04128】

【04129】【04181】【04251】

【04252】【04270】【04271】

【04339】【04461】【04487】

小島環樹

【00172】

小島朋之

【03547】

小島憲之

【00138】【03552】【04706】

【04707】【04708】【04709】

【04766】【04224】

小嶋美由紀

【01603】

小嶋榮子

【01604】【01504】

小方伴子

【01471】

小峯王親

【04869】

小和田顯

【04911】
小栗山惠
【01480】 【02740】
小林さゆり
【02678】
小林二男
【00044】 【00309】 【00310】
【00311】 【00312】 【03476】
小林康則
【04307】 【04531】
小林立
【00202】 【01403】 【01411】
【01453】 【01454】 【01723】
【01724】 【01852】 【01853】
【01854】 【02309】 【02363】
【02421】 【02454】 【02475】
【02476】 【02515】 【02625】
【02655】
小林祥浩
【00999】 【01178】 【02115】
小林以久
【01329】
小木裕文
【04272】
小南一郎
【00177】
小山三郎
【04138】 【04189】
小石真純
【04861】
小寺春水

【02113】
小溪教材研究チーム
【03689】
小學館
【04839】 【04905】 【04920】
小野秀樹
【00250】 【00251】 【00252】
【00253】 【00254】 【00255】
【00256】 【00257】 【00258】
【01481】 【01482】 【01483】
【01484】 【01485】 【01585】
【01842】 【02251】 【02304】
【02741】 【03804】 【04183】
【04314】 【00001】
小野由美子
【01497】
小早川真理子
【03926】
小澤千代子
【03835】
小澤真理子
【01343】
小針朋子
【03772】
肖廣
【03935】
肖勇
【01181】
謝清宏
【01287】 【01351】
謝文慶

〖02187〗〖03392〗

謝信之

　〖04835〗

新保敦子

　〖00089〗

新島淳良

　〖01456〗

新谷秀明

　〖03896〗〖04265〗

新谷雅樹

　〖04322〗〖04383〗

新谷忠彦

　〖00038〗

新井寶雄

　〖00208〗

新田大作

　〖04802〗

星野崇賜

　〖03479〗

星野富裕子

　〖00495〗〖00496〗〖00497〗

星野明彦

　〖04211〗

星野忠國

　〖01033〗〖01360〗〖02395〗

星野朱美

　〖00371〗

邢福義

　〖02028〗

邢紅兵

　〖00325〗

邢鑑生

　〖03881〗〖04184〗

邢明月

　〖03882〗〖03883〗

邢玉芝

　〖03729〗

邢志強

　〖01717〗〖01718〗〖04069〗

幸田痲里子

　〖00498〗

修剛

　〖02312〗

須藤建太郎

　〖03177〗

徐揚

　〖02254〗〖02310〗

徐昌華

　〖02533〗

徐國玉

　〖01522〗〖01739〗〖01740〗

徐建敏

　〖02368〗

徐健安

　〖03691〗

徐晶凝

　〖03792〗

徐列炯

　〖01523〗〖01619〗

徐曼

　〖00603〗〖00604〗〖00605〗

　〖00716〗〖00717〗〖00718〗

【00719】 【00720】 【00721】

【00722】 【00723】 【00724】

【02253】 【03692】 【04136】

【04281】 【04403】

徐琼

【04476】

徐尚揆

【03393】

徐时仪

【02126】 【03039】

徐送迎

【03840】 【03841】

徐一平

【01741】

徐迎新

【01618】

徐仲华

【02518】

徐祖琼

【03776】

許常安

【01447】

許德南

【04131】

許金生

【01494】 【01495】 【01496】

許羅莎

【03158】 【03291】

許清平

【01497】

許秋寒

【03864】 【03947】

許山秀樹

【03249】

許勢常安

【00896】 【00947】 【01062】

【01063】 【01179】 【01180】

【01212】 【01242】 【01350】

【01363】 【01364】 【04530】

【04705】

許祖貽

【04330】

續三義

【00606】 【04483】

玄幸子

【00036】 【01499】 【01500】

【01501】 【01589】 【01590】

【01591】 【01592】 【01593】

【01594】 【01595】 【01596】

【01597】 【01934】 【02030】

【03376】 【04652】

玄宜青

【03160】 【00578】 【00699】

【00700】 【00798】 【00799】

【00891】 【00892】 【01059】

【01123】 【01935】 【02029】

【02111】 【02112】 【02177】

【02178】 【03219】 【03532】

【04167】 【04256】 【04332】

【04477】

荀春生

【01230】【01231】【01232】

【01738】【01954】【03827】

【04396】【03896】

Y

亞東書店

【00875】

言語情報研究所

【04028】

岩本眞理

【00400】【00545】【00676】

【00677】【01916】【02010】

【02088】【03952】

【03869】

岩村忍

【03543】

岩崎皇

【02168】

岩橋伸吉

【03518】

岩田憲幸

【02511】

岩佐昌暲

【00093】【00544】【01206】

【01230】【01231】【01232】

【01269】【03827】【03868】

【04302】【04174】【04175】

【04396】【04563】

塩山正純

【02935】【02936】

閻紅生

【03958】【03996】【03997】

【04059】【04082】

嚴明

【00998】

鹽見敦郎

【04228】

鹽旗伸一郎

【00454】

鹽山正純

【00326】【00455】【02762】

【03649】

鹽田雄大

【03037】【03121】

楊才英

【00341】

楊春

【00031】

楊達

【01558】【02075】【02157】

【02284】【02788】【02994】

【03087】【03133】【03193】

【03255】【03347】【03768】

楊德峰

【01807】【01904】【01998】

楊殿武

【04374】

楊夫青

【03431】

楊光俊

【01806】 【01903】 【02787】

【03430】 【03655】 【04029】

【04649】

杨慧珠

【02509】

杨剑桥

【01876】

杨俊光

【01676】

杨凯荣

【00383】 【00384】 【00513】

【00514】 【00515】 【00644】

【00645】 【00755】 【00756】

【00854】 【00855】 【01035】

【01158】 【01901】 【02154】

【02155】 【02156】 【02235】

【02294】 【03191】 【03192】

【03254】 【03532】 【03767】

【03933】 【04168】

杨立明

【00754】 【01346】 【01999】

【02236】 【03732】 【03925】

【04316】 【04317】 【04523】

【04542】 【04548】

杨丽瓊

【04210】

杨丽雅

【04448】

杨名时

【04591】

杨宁

杨培珠

【01675】

杨培珠

【01197】

杨启桥

【03475】

杨天戈

【02408】

杨天浩

【03769】

杨同用

【00019】

杨为夫

【04550】 【04561】

杨晓

【01674】

杨晓安

【00073】 【02073】 【02074】

【03880】 【04067】 【04068】

【04103】

杨晓文

【03777】

杨行夫

【01311】

杨幸雄

【03939】 【04215】 【04216】

【04254】 【04491】

杨学军

【03132】 【03194】

杨永龙

【01599】

杨愚鲁

【03568】
楊昭
【04016】
幺書君
【04344】
姚偉
【02265】
姚希孟
【01310】
薬進
【03252】
野村邦近
【03851】 【04012】
野村雅昭
【04741】
野島進
【03734】 【03735】 【03736】
【03794】 【03795】 【03796】
【03923】 【04011】
野地潤家
【01439】
野間文史
【02982】 【03075】
野口正之
【02662】
野口宗親
【00353】 【00735】 【03495】
【04891】
野林正路
【03414】
野芒

【03742】
野上正
【03615】
野田耕司
【01873】
野原康宏
【03572】
野澤俊敬
【03922】
野澤勝夫
【02745】
叶君海
【00975】 【00976】 【00977】
【00978】 【00979】 【00980】
【00981】 【00982】 【00983】
葉千榮
【04110】 【04385】
一般外國語問題共同研究グルー
プ【01268】
一海知義
【02692】 【02693】 【02694】
【04735】 【04775】 【04881】
一木達彦
【01819】 【02225】
一橋書店
【04309】
伊地智善繼
【01267】 【01356】 【01421】
【02466】 【04512】 【04618】
【04638】 【04791】 【04832】
【04919】

伊伏啓子
【01575】

伊井健一郎
【02415】 【03766】 【04206】
【04503】 【04859】 【04013】

伊藤さとみ
【01694】 【02798】

伊藤大策
【02799】 【02800】

伊藤道治
【02565】

伊藤徳也
【03263】

伊藤加奈子
【01695】 【01820】 【02009】

伊藤明美
【02343】

伊藤齊
【00064】 【03576】

伊藤訓子
【04522】

伊藤知恵子
【04817】

伊藤英俊
【03570】

伊原大策
【01465】 【01574】 【02298】
【02344】 【02438】 【02530】
【03004】 【03005】 【03095】
【03096】

依藤醇

【01160】 【01161】 【01162】
【01163】 【01164】 【01165】
【01166】 【01167】 【01168】
【02158】 【02159】 【02160】
【02161】 【02237】 【03476】
【03483】 【03484】 【03507】

刈間文俊
【04476】

尹斌庸
【04721】

尹景春
【03702】 【04055】 【04172】
【04240】 【04329】 【04367】
【04430】 【04458】

引山武義
【02053】

引田春海
【04545】 【04569】 【04590】

櫻志娟
【03738】

英日中工業技術大辭典編集委員
會
【04860】

永吉昭一郎
【04686】

永井義男
【04428】

永田均
【01151】

由本樹子
【01997】

遊佐昇
〖04941〗

有馬卓也
〖00856〗

有田忠弘
〖02564〗　〖04619〗

有元佐貴子
〖03541〗

有澤晶子
〖03858〗

于吉文
〖00678〗

于康
〖01698〗　〖02785〗

于克勤
〖01467〗　〖01699〗　〖01823〗
〖03953〗　〖04058〗

于梅芬
〖03728〗

于美香
〖03828〗

于平
〖02586〗

于洋
〖00332〗

于羽
〖03828〗

于振領
〖04053〗

余靄斤
〖00062〗　〖03567〗

余華
〖04111〗

余煥睿
〖04447〗　〖04508〗

余煥叡
〖02234〗

余維
〖01805〗

余延玲
〖04442〗

余志紅
〖04285〗

俞光中
〖04664〗

俞敏
〖04698〗

俞稔生
〖01157〗　〖03972〗　〖02153〗

魚返善雄
〖03543〗

魚小輝
〖00683〗

魚住和晃
〖04734〗

餘維
〖01902〗

輿水優
〖00170〗　〖00221〗　〖00293〗
〖00294〗　〖00295〗　〖00296〗
〖00297〗　〖00298〗　〖00299〗
〖00300〗　〖00301〗　〖00302〗

〖00303〗 〖00304〗 〖00583〗

〖01239〗 〖01240〗 〖01241〗

〖01281〗 〖01282〗 〖01328〗

〖01358〗 〖01370〗 〖01427〗

〖01428〗 〖01429〗 〖01438〗

〖01722〗 〖02727〗 〖02749〗

〖02750〗 〖02751〗 〖02752〗

〖02753〗 〖02754〗 〖02755〗

〖02756〗 〖02757〗 〖02758〗

〖02759〗 〖02760〗 〖02817〗

〖02818〗 〖02819〗 〖02820〗

〖02821〗 〖02822〗 〖02823〗

〖02824〗 〖02825〗 〖02826〗

〖02827〗 〖02828〗 〖02920〗

〖02921〗 〖02922〗 〖02923〗

〖02924〗 〖02925〗 〖02926〗

〖02927〗 〖02928〗 〖02929〗

〖02930〗 〖02931〗 〖03024〗

〖03025〗 〖03026〗 〖03027〗

〖03028〗 〖03029〗 〖03030〗

〖03031〗 〖03032〗 〖03033〗

〖03034〗 〖03035〗 〖03107〗

〖03108〗 〖03109〗 〖03110〗

〖03111〗 〖03112〗 〖03113〗

〖03114〗 〖03115〗 〖03116〗

〖03117〗 〖03118〗 〖03161〗

〖03162〗 〖03163〗 〖03164〗

〖03165〗 〖03166〗 〖03167〗

〖03168〗 〖03169〗 〖03170〗

〖03171〗 〖03172〗 〖03221〗

〖03222〗 〖03223〗 〖03224〗

〖03225〗 〖03226〗 〖03227〗

〖03228〗 〖03229〗 〖03297〗

〖03298〗 〖03299〗 〖03300〗

〖03301〗 〖03302〗 〖03303〗

〖03304〗 〖03305〗 〖03306〗

〖03307〗 〖03308〗 〖03230〗

〖03231〗 〖03232〗 〖03378〗

〖03379〗 〖03380〗 〖03381〗

〖03382〗 〖03383〗 〖03384〗

〖03385〗 〖03386〗 〖03387〗

〖03388〗 〖03389〗 〖03439〗

〖03440〗 〖03441〗 〖03442〗

〖03443〗 〖03444〗 〖03445〗

〖03446〗 〖03447〗 〖03448〗

〖03449〗 〖03450〗 〖03459〗

〖03681〗 〖03520〗 〖03886〗

〖03839〗 〖03975〗 〖03976〗

〖04185〗 〖04131〗 〖04132〗

〖04133〗 〖04820〗 〖04225〗

〖04280〗 〖04781〗 〖04794〗

〖04901〗 〖04345〗 〖04346〗

〖04347〗 〖04415〗 〖04465〗

〖04528〗 〖04529〗 〖04614〗

〖04642〗 〖04695〗 〖04847〗

宇田光

〖00082〗

宇野義博

〖03264〗

雨堤千枝子

〖02510〗

禹永愛

【02138】

玉村文郎

【03505】

玉置重俊

【00467】

原案

【03705】

原口友子

【03888】　【03971】

原口庄輔

【03971】　【03888】

原瀬隆司

【04096】

原田健太郎

【03499】

原田起子

【02223】　【02224】

原田壽美子

【00013】　【00356】　【02057】
【02222】　【02272】　【02552】
【02553】　【02875】

原田松三郎

【02462】　【02487】　【02554】
【03511】　【04307】

原田學吏

【00355】

原田種成

【04745】

原伊作

【00206】

原由紀子

【02461】　【02783】

原由起子

【01779】　【01877】　【02137】
【02267】　【02268】　【02269】
【02270】　【02271】　【02393】
【02427】　【02486】　【02984】
【03077】　【03182】　【03340】
【04654】

園田矢

【04340】

圓山聰子

【02147】

遠藤光曉

【03567】　【00230】　【00231】
【00232】　【01349】　【01700】
【03606】　【03725】　【03782】
【03783】　【03784】　【03785】
【03908】　【03910】

遠藤紹德

【01271】　【01272】　【03358】
【04401】　【04469】　【04485】
【04486】　【04554】　【04812】
【04262】　【03661】

遠藤雅裕

【01577】　【01919】　【03149】
【03266】　【03267】　【02735】
【02736】

遠藤哲夫

【04459】　【04740】　【04911】

Z

在日華人漢語教師協會
【04864】

讚井唯允
【01286】【01306】【01330】
【01855】【01856】【01940】
【01941】【01942】【01943】
【01944】【01945】【01946】
【01947】【01948】【01950】
【02121】【02183】【02310】
【02365】【02456】【03889】

早川通介
【01396】【02626】

澤谷敏行
【02785】

澤崎久和
【04412】

澤山晴三郎
【04574】
【04588】

澤田博美
【02122】

澤田奈保子
【02184】

澤田啓二
【01375】【01949】【02517】
【02643】【04919】

曾根博隆
【00079】【01334】【03237】

增井金典

【04858】
增茂尚志
【04338】
增田榮次
【04691】
增淵法之
【04916】
齋藤泰治
【02422】【02497】
翟東娜
【02777】
翟新華
【03906】
翟艷
【00349】【01537】
翟宜疆
【00734】
戰慶勝
【00007】【00334】【01630】
【02835】【03984】
張崇
【01641】
張聰仁
【04195】
張芳枝
【04292】【04360】
張歌
【03992】
張光正
【04537】
張昊

【01450】

張恆悦

【03777】

張惠先

【04374】

張紀孝

【03480】

張濟卿

【01766】

張繼濱

【03720】【04194】

張建

【03904】【01767】【01963】

【03875】

張靜賢

【04731】

張莉

【02682】

張黎

【01765】【03903】【04087】

【04658】【04667】【04789】

張麗群

【02775】【02864】【03767】

【04168】

張麟聲

【01679】【02482】【02505】

張龍虎

【03242】【03243】【03244】

【03245】【03321】【03322】

【03323】【03324】【03325】

【03326】【03327】【03328】

【03329】【03330】【03331】

【03332】

張明煇

【01183】【01217】

張娜麗

【04196】

張乃方

【03565】【03718】【03902】

【04291】【04425】【04426】

【04496】【04571】

張佩霞

【01870】

張平

【03403】

張起旺

【02202】

張勤

【00946】【01536】【01639】

【01764】【01869】【01961】

【03320】【04666】

張慶雲

【02044】

張仁歐

【02318】

張仁政

【02383】【02503】【02609】

【03241】【03512】【03717】

張若瑩

【00966】

張紹妤

【03402】

張淑榮

〖04922〗

張淑英

〖04192〗

張婉行

〖02413〗

張偉雄

〖03991〗

張文鋒

〖00344〗

張習東

〖01960〗

張筱平

〖00011〗 〖00342〗

張曉衛

〖04085〗

張篠平

〖04169〗

張亞軍

〖01534〗 〖04191〗 〖04358〗

張燕春

〖01962〗

張艷字

〖02043〗

張耀雄

〖03491〗 〖04292〗 〖04360〗

張一帆

〖03547〗 〖03901〗 〖04857〗

張誼生

〖01640〗

張之強

〖02481〗

張志公

〖01352〗

張志毅

〖02044〗 〖04919〗

張忠國

〖02504〗

趙春利

〖00341〗

趙慧欣

〖04193〗

趙基天

〖04873〗 〖04874〗

趙建紅

〖02886〗

趙金銘

〖02319〗 〖04358〗

趙靜

〖00468〗

趙軍

〖00829〗 〖03898〗 〖03899〗

〖04140〗

趙莉萍

〖03464〗

趙間先

〖04092〗

趙凝

〖00984〗

趙晴

〖00343〗 〖02774〗 〖02863〗

趙書箴

【04621】

趙煒宏

【04327】【04328】

趙文華

【02384】

趙賢州

【04359】【04424】

趙秀英

【02382】

趙暘

【04086】

趙怡華

【03748】

折敷瀨興

【01422】【03276】【04942】

針谷壯一

【01878】【01971】

鄭波

【03418】

鄭超英

【04752】

鄭光

【00040】【04652】

鄭國雄

【04538】

鄭亨奎

【02208】【03253】【03344】

鄭紅

【03909】

鄭建

【03418】

鄭麗藝

【00906】

鄭麗蕓

【03548】【04143】

鄭曉青

【01769】【02206】【02207】

鄭新培

【02049】

鄭幸枝

【03724】

鄭懿得

【02522】

鄭正浩

【03970】【04752】【04798】
【04845】【04889】【04906】
【04909】

支洪濤

【01511】

芝田稔

【01414】【02708】【04534】
【04814】【04815】

芝野耕司

【04880】

植村俊亮

【00145】

植田均

【00878】【01042】【01043】
【02299】【02493】【02733】
【02907】【02908】【03006】
【03007】【03008】【03097】
【03147】【03148】【03656】

〖03954〗〖04056〗〖04524〗

〖04664〗〖04753〗

植田渥雄

〖01207〗〖01233〗〖01324〗

〖03655〗〖04397〗〖04491〗

〖04574〗〖04649〗

志村規矩夫

〖04077〗〖04186〗

志村良治

〖01415〗〖04697〗

志贺正年

〖01383〗〖01401〗〖01404〗

〖01413〗〖01430〗〖01431〗

中みき子

〖03467〗

中本正智

〖03594〗

中鉢雅量

〖02966〗

中川千枝子

〖01648〗〖01649〗〖01650〗

〖01874〗〖02054〗〖02484〗

〖02778〗〖02866〗〖02968〗

〖03248〗〖03336〗〖03454〗

中川洋子

〖01651〗

中川祐三

〖02132〗

中川裕三

〖02055〗〖02214〗〖02215〗

〖03062〗

中川正之

〖00146〗〖00352〗〖00474〗

〖00475〗〖00623〗〖01262〗

〖01540〗〖01773〗〖01872〗

〖02213〗〖02325〗〖02326〗

〖02459〗〖02548〗〖02629〗

〖02630〗〖02656〗〖03481〗

〖04079〗〖04144〗〖04239〗

〖04298〗〖04299〗〖04314〗

〖04392〗〖04429〗〖04521〗

〖01647〗

中村浩

〖02611〗

中村浩一

〖02390〗〖02549〗〖02596〗

〖02981〗〖03338〗

中村俊弘

〖01150〗〖02871〗〖02872〗

〖02873〗

中村樓蘭

〖04336〗

中村信幸

〖03478〗

中村正之

〖04693〗〖04694〗

中村雅之

〖00024〗

中島幹起

〖03553〗〖04897〗

中島皓象

〖03730〗

中島惠
〖03787〗

中島吾妻
〖02779〗〖03731〗〖04915〗

中島咲子
〖01274〗

中島悅子
〖02134〗〖02216〗〖02217〗
〖02218〗

中嶋幹起
〖00042〗〖01300〗〖00056〗

中國地質出版社
〖04896〗

中國高等教育出版社
〖04868〗

中國國際放送局日本語部編
〖03893〗

中國國家對外中國語教學指導グ
ループ辦公室漢語水平考試部編
〖04356〗

中國機械工業出版社
〖04895〗

中國科學院語言研究所
〖03637〗

中國社會出版社版
〖04836〗

中國文學語學文獻案內編集委員
會〖03636〗

中國語コミユニケーション協會
〖03712〗〖04083〗〖04084〗
〖04779〗

中國語セミナー21 編
〖04357〗

中國語入門教育研究會編
〖03713〗〖03714〗〖03715〗
〖03716〗

中國語友の會
〖04230〗〖04231〗〖04582〗

《中國語の環》編集室
〖04372〗〖01337〗

中國語編集室
〖01297〗〖01298〗

中檢研究會
〖03707〗〖03708〗〖03709〗
〖03710〗〖03711〗

中里見敬
〖00476〗〖00477〗〖00478〗
〖00479〗〖01468〗

中裏見敬
〖02133〗

中嶋幹起
〖03628〗

中日英語用辭典編集委員會編
〖04849〗

中山時子
〖03732〗〖03914〗〖04092〗
〖04240〗〖04367〗〖04430〗
〖04542〗〖04558〗〖04843〗
〖04945〗

中山文
〖00986〗

中田喜勝

中桐典子
〖02652〗

中西泰洋
〖02867〗

中西正樹
〖03410〗

中野淳子
〖01541〗

中野達
〖00969〗 〖02327〗 〖02389〗
〖03337〗 〖03411〗

中野久夫
〖03788〗 〖03789〗 〖04211〗
〖04541〗

中野謙二
〖03845〗

〖01301〗 〖01338〗 〖02868〗
〖02869〗 〖02870〗 〖02969〗
〖02970〗 〖02971〗 〖02972〗
〖02973〗 〖02974〗 〖02975〗
〖02976〗 〖02977〗 〖02978〗
〖02979〗 〖02980〗 〖03063〗
〖03064〗 〖03065〗 〖03066〗
〖03067〗 〖03068〗 〖03069〗
〖03070〗 〖03071〗 〖03072〗
〖03073〗 〖03074〗 〖04077〗
〖04186〗

中野修
〖00480〗

中裕史
〖03836〗

中澤信三
〖02642〗

鐘ヶ江信光
〖01277〗

塚本慶一
〖01097〗 〖03695〗 〖3721〗
〖03722〗 〖03844〗 〖04197〗
〖04748〗 〖04749〗

塚本尋
〖00472〗 〖01028〗

塚越敏彦
〖04857〗

仲眞紀子
〖01772〗

重化學工業通信社
〖04862〗

重松淳
〖00960〗 〖03890〗

周剛
〖01615〗 〖01616〗 〖01736〗
〖01737〗 〖01860〗 〖02125〗

周國強
〖04751〗 〖01953〗 〖04211〗
〖04351〗 〖04474〗

周荐
〖01517〗 〖01518〗

周薦
〖02829〗

周錦樟
〖02697〗

周靜

周靜賢
【01617】

周莉
【01516】

周龍梅
【01519】

周農
【03884】

周日安
【01952】

周一農
【02765】

周有光
【02937】【03038】【03122】

周閱
【00148】

周昭考
【03649】

朱春躍
【02188】

朱德熙
【04890】

朱廣興
【02385】【04678】【04811】

朱繼征
【02311】【02367】

朱京偉
【01520】【01614】【01735】
【01859】【02037】【02124】
【03889】【04660】【04661】

【02738】

朱美第
【00099】【04354】

朱全安
【03892】

朱新建
【01017】

朱秀峰
【04643】

朱彦
【01613】

朱一星
【02700】

朱迎偉
【03763】

豬熊文炳
【04623】

豬平進
【00076】【00991】

諸橋轍次
【04917】【04936】【04937】
【04938】

竹島金吾
【03702】【03986】【04286】
【04630】

竹島毅
【01529】【01959】【02042】
【02129】【02200】【03702】
【04055】

竹島永貢子
【04285】

竹内好

【00219】 【01444】 【01445】

【01446】 【01457】 【01458】

竹内實

【00210】 【01429】 【03546】

竹内誠

【03701】

竹田晃

【03598】 【04877】 【04924】

竹下永貢子

【03452】

竹月美奈子

【02951】 【01637】 【02846】

【02847】 【02848】

竹越孝

【01533】 【01761】

竹中憲一

【00965】 【01020】 【01082】

【01133】 【02263】 【02378】

【02379】 【03462】 【03463】

竺小梅

【04556】

住田照夫

【01417】

莊瑞蓮

【03058】

紫藤城也

【04933】

祖生利

【02772】

最高裁判所事務總局

【04348】

鱒澤彰夫

【00372】 【00499】 【00742】

【01304】 【01305】 【04018】

【04050】

左思民

【01605】

佐伯慶子

【04605】

佐川年秀

【03683】

佐藤博

【04533】

佐藤富士雄

【01285】 【01510】 【01727】

【01939】 【02033】 【02119】

【02120】 【02182】 【03476】

【03684】 【04417】

佐藤光

【04092】

佐藤亨

【03036】 【03494】

佐藤恒夫

【00554】

佐藤進

【00046】 【00055】 【00108】

【00109】 【00113】 【00114】

【00118】 【00120】 【000121】

【00129】 【00130】 【00143】

【00144】 【00158】 【00150】

【00159】 【00174】 【00183】

【00600】【00813】【02138】

【02221】【03250】【03432】

【00814】【00899】【00900】

【01013】【01014】【01076】

【02117】【02118】【03175】

【03176】【03532】【03549】

【04416】

佐藤利行

【02516】【03174】

佐藤普美子

【00450】【00451】【00452】

【00601】

佐藤晴彦

【00005】【00037】【01279】

【01327】【02577】【03508】

【03903】【04076】【04087】

【04667】【04778】【04821】

【04652】【00014】【00191】

佐藤素子

【00713】【00714】【00715】

【04533】【03438】

佐藤喜代治

【04725】【04739】

佐藤正透

【03685】【03686】

佐藤保

【00189】

佐藤醇

【00044】【04901】

佐藤富士雄

【04901】

佐藤利行

【04915】

佐藤修子

【01127】

佐田智明

【02364】【02699】

佐治圭三

【01392】

佐々木静子

【04470】

佐々木信彰

【04227】

佐佐木勲人

【00596】【00597】【00598】

【00599】【02116】【03971】

【01726】【03888】【01509】

【01938】【02181】

日语假名索引

ア

アグネス・チャン

【03943】

アジア文化國際學院

【04326】

アスペクト編集部

【04049】

アルク

【03554】

ク

クマキ
〖00122〗

ジ

ジエームズ・J・ワン
〖03564〗
ジヤレツクス
〖03687〗

ス

スタジオ
〖03791〗 〖04004〗

セ

セイコーアイ・メデイアサービ
ス企畫・製作
〖03982〗

フ

ファンキー末吉
〖03852〗

ト

トゥルーデイ・マドウツツ
〖01170〗

ナ

ナースの外國語研究會
〖04366〗

ネ

ネコマンマ
〖03791〗 〖04004〗

バ

バターソン
〖00967〗 〖01027〗

ヒ

ヒデヒコ
〖00122〗

プ

プロジエクトD
〖01783〗 〖02878〗

マ

まどか清之
〖04032〗
マルチリンがル編集部
〖03927〗

ヤ

ヤホントフ〖02557〗

ユ

ユネスコ.アジア文化センター—
〖03625〗〖04323〗

图书在版编目（CIP）数据

对外汉语教学论著指要与总目. 第 1 册/李无未，陈
珊珊，秦曰龙主编 . - 北京：作家出版社，2008.7
ISBN 978 - 7 - 5063 - 4271 - 1

Ⅰ.对… Ⅱ.①李…② 陈… ③秦…Ⅲ.①对外汉语教学
- 著作 - 内容提要②对外汉语教学 - 图书目录 Ⅳ.
Z89：H195 Z88：H195

中国版本图书馆 CIP 数据核字（2008）第 039153 号

对外汉语教学论著指要与总目第一册

主　　编：李无未　陈珊珊　秦曰龙
责任编辑：王　炘　翟婧婧
装帧设计：张晓光
责任校对：刘学青
出版发行：作家出版社
社址：北京农展馆南里 10 号　　　　邮码：100125
电话传真：86 - 10 - 65930756（出版发行部）
　　　　　86 - 10 - 65004079（总编室）
　　　　　86 - 10 - 65015116（邮购部）
E - mail：zuojia@ zuojia. net. cn
http：//www. zuojia. net. cn
印刷：清华大学印刷厂
成品尺寸：185 × 260
字数：1000 千
印张：49　　　　　　　　　插页：3
印数：001 - 1400
版次：2008 年 7 月第 1 版
印次：2008 年 7 月第 1 次印刷
ISBN　978 - 7 - 5063 - 4271 - 1
定价：665.00 元